Österreichische Architektur des 19. und 20. Jahrhunderts

von

Dipl.-Ing. Dr. Caroline Jäger

ARCHITEKTUR

Wien · Graz 2005

Bibliografische Information Der Deutschen Bibliothek

Die Deutsche Bibliothek verzeichnet diese Publikation in der deutschen
Nationalbibliografie; detaillierte bibliografische Daten sind im Internet über
http://dnb.ddb.de abrufbar.

**Gedruckt mit Unterstützung des Bundesministeriums für Bildung, Wissenschaft
und Kultur in Wien**

ISBN 3-7083-0263-X
Neuer Wissenschaftlicher Verlag GmbH
Argentinierstraße 42/6, A-1040 Wien
Tel.: ++43 1 535 61 03-22, Fax: ++43 1 535 61 03-25
e-mail: office@nwv.at

Geidorfgürtel 20, A-8010 Graz
e-mail: office@nwv.at

www.nwv.at

Druck: Börsedruck, Wien
e-mail: office@boersedruck.at

Vorwort

Das 19. Jahrhundert pflegte seine Architektur ausschließlich in Stilen zu betrachten, das 20. Jahrhundert nur unter funktionellen Aspekten. So entschieden sich die angehenden Architekten im 19. Jahrhundert für das Studium von >Renaissance< oder >Gotik<, im 20. Jahrhundert hingegen für >Wohnbau<, >Kirchenbau< oder >Städtebau<. Sinnvoll und gewinnbringend für die Zukunft kann die Architekturgeschichte nur als Synthese beider Sichtweisen sein. Daher kann sie nur nach Gebäudetypen gegliedert und unter Berücksichtigung ihres sprachlichen Ausdrucks durch Bauform und Fassadengestaltung geschrieben werden. *Nikolaus Pevsner* postulierte dies erstmals um 1970, indem er die Architekturentwicklung als traditionelle Stilfrage gleichberechtigt neben Architektur als funktioneller Konsequenz der Sozialgeschichte ansiedelt. *Friedrich Achleitner* schlussendlich hilft, die eingeprägten kunstgeschichtlichen Epochenbegriffe durch neue >Sprachlichkeiten< zu ersetzen, die den modernen Anforderungen nach Funktionswahrheit und Materialehrlichkeit eher gerecht werden.

Eine zeitgemäße Geschichte österreichischer Architektur im 19. und 20. Jahrhundert zu schreiben, kann daher nur bedeuten, die chronologische Darstellung zugunsten einer typologischen zu verwerfen, wozu mich neben *Pevsners* >A History of Building Types< *Andreas Lehne* vom Bundesdenkmalamt mit seiner Vorlesung an der Technischen Universität Wien anregte, die ich 2003 auf Vorschlag von *Erich Lehner* weiter führen durfte. Der große Anklang der Vorlesung unter den Architekturstudenten bestärkt meine Annahme, dass ein derartiges Aufbereiten historischen Materials, Wissen als >tote< Materie zu vermeiden hilft und im Gegenteil höchst anregend während des Entwurfsprozesses in neue Architektur umgesetzt werden kann. Ziel ist es, damit über die Universität hinaus den professionell Entwerfenden genauso anzusprechen wie den kulturgeschichtlich interessierten Laien.

Das vorliegende Buch teilt die Gebäude der österreichischen Architekturgeschichte in vierzehn verschiedene Typen ein. Diese Bauwerksgruppen gliedern sich zwischen den Palastbau am Beginn und den Kirchenbau am Ende der Arbeit, die vor 1800 die beinahe einzigen und damit traditionellsten Bauaufgaben der europäischen Baukunst waren. Privater und gemeinnütziger Wohnbau auf der einen und die Bauten für Kultur und Erziehung auf der anderen Seite, gefolgt von den Stätten für Arbeit und Freizeit, flankieren den Kern des Buches über die bis dahin nahezu vorbildlosen Bauwerke einer technischen und sozialen Infrastruktur. Den revolutionären Leistungen österreichischer Architekten und Ingenieure bei der Gestaltung von Verkehrsbauten, Kraftwerken, Krankenhäusern und Irrenanstalten endlich den wohlverdienten Stellenwert innerhalb der Architekturgeschichte zuzuweisen, ist mir vordringlichstes Anliegen.

In diesem Zusammenhang gilt mein ganzer Dank *Herbert Klein*, der mich unermüdlich auf Beispiele über die Grenzen des heutigen Österreich hinaus im gesamten früheren Monarchiegebiet hinwies und darüber hinaus aufopfernd meine Texte lektorierte. Bedanken möchte ich mich auch bei allen, die Fotos beisteuerten und mich bei den notwendigen Reisen hilfreich unterstützten, vor allem aber bei meinen Studenten hinsichtlich ihres nicht selbstverständlichen Interesses.

Inhaltsverzeichnis

1 Militärische und Zivile Bauten der Herrscher und des Staates

1.1 Wehrtechnische Bauten

Jeder Herrscher respektive Staat, trachtet danach, sich anhand seiner Bauten im Inneren wie auch nach außen darzustellen. Dies geschieht sowohl auf militärischer wie auch ziviler Ebene, wobei beides der **Abschreckung** und der **Repräsentation** dient, und nicht nur funktionellen Grundsätzen. So geht um 1900, wie alle Jahrhunderte zuvor, im österreichischen Kaiserreich der überwiegende Teil verbauten Geldes nicht in Kultur- oder Kirchenbauten, sondern in den Festungs- und Wehrbau[1].

1.1.1 Grenzfestungen und Sperren

Festungen decken offensichtlich ein menschliches Urbedürfnis nach Sicherheit ab, auch wenn sie, und das ist die Erkenntnis Europas aus den Napoleonischen Kriegen mit Heeren von mehr als hunderttausend Soldaten, im herkömmlichen Sinne keine Bedrohung mehr darstellen, da sie im Sinne der dynamischen Kriegsführung umgangen werden. „Deshalb ging man im deutschsprachigen Raum zur Errichtung von Lagerfestungen über, die einerseits mit einem Kern (Noyau) ausgestattet waren, der häufig aus einer alten Festung bestand, andererseits von einem Gürtel aus mehreren Werken umgeben waren. Statt der Form der alten Bastionen wurden so genannte Koffer gebaut, die im Graben eines Werkes beschusssicher angelegt wurden. Die österreichische Variante der Neudeutschen Schule unterschied sich von der preußischen durch ihre Sparsamkeit. Die Werke selbst waren polygonal in ihrem Grundriss und wurden in einem Abstand zueinander errichtet, der der jeweiligen Schussweite der Kanonen entsprach."[2]

Eine Gruppe dieser Lagerfestungen wird von Österreich-Ungarn nach Süden gerichtet erbaut. Politischer Hintergrund sind die Unabhängigkeitsbestrebungen des sich im 19. Jahrhundert als Nationalstaat formierenden Italien, der schlussendlich 1860 ausgerufen werden kann. In Österreich betrifft dies die Provinz Lombardei-Venetien, die sich 1848 für unabhängig erklärt, um sich dem Königreich Sardinien-Piemont anzuschließen. Aus diesen Gründen wird unter anderem die aus den napoleonischen Kriegen bestehende strategische Festung Aicha, heute Franzensfeste, an der Kreuzung der Brennerstrecke mit dem Pustertal ab 1833 weiter ausgebaut. Die unter Leitung von *Franz*

---

1 Angaben laut Andreas LEHNE, *Vorlesung Österreichische Architektur des 19. und 20. Jahrhunderts*, Technische Universität Wien, Wintersemester 1997-98 (Mitschrift JÄGER)

2 GRESTENBERGER, *Befestigungsanlagen Tirol und Kärnten*, S. 63

von Scholl errichteten Bauwerke sind der Nordteil einer größer geplanten Festung. Trotz ihrer veralteten Bauweise waren sie sogar granatsicher, immerhin überlebten sie als wichtiger Eisenbahnknotenpunkt den ersten Weltkrieg unbeschadet und werden heute noch aufgrund ihres hervorragenden Zustandes von der italienischen Armee als Depot benutzt.

Von Seiten des Kaiserhauses war *Erzherzog Johann* für den Bau dieser und der anderen k.u.k Befestigungsanlagen in Tirol verantwortlich. Er ließ die Anlagen entgegen den Rat der Experten als Talsperren errichten, vermutlich nicht so sehr aus militärischen Überlegungen, sondern um den armen Tirolern Geld und Arbeit zukommen zu lassen. Heute liegt als einzige dieser Festungswerke die Sperre Nauders noch auf österreichischem Staatsgebiet. Sie überlebte den ersten Weltkrieg, obwohl sie über keinen Panzerschutz verfügt, weil sie nie im aktiven Kampfgebiet lag. Erbaut wurde sie wie Franzensfeste unter der Anleitung von *Franz von Scholl* zwischen 1834 und 1840. Bezeichnend, wie nichtssagend ein Militärhistoriker wie *Grestenberger* die Architektur beschreibt: Ihre Bauweise entspräche dem herrschenden Zeitgeist, der großen Wert auf architektonische Ausgewogenheit legte[3]. Die wohl aus Ziegel aufgemauerte und mit einer Natursteinschicht verkleidete Anlage weist einen hohen Mittelteil auf, dessen Inneres teilweise in den Fels hinein gebaut wurde und die zweigeschoßigen Mannschaftskasematten enthält. Flankiert wird dieser Mittelteil von zwei Seitenflügeln. Ein zweigeschoßiger Vorbau, der Koffer, diente als vorspringende Geschützkasematte und war ursprünglich mit Vorderladerkanonen armiert.

Die berühmteste all dieser österreichischen Grenzfestungen ist das um 1850 als Kernfestung mit mehreren vorgelagerten Befestigungsringen, den Gürtelfestungen, errichtete Przemysl im heutigen Südpolen. Sie wurde als **Prestigeprojekt** zur Verteidigung des Reiches gegen Russland um ungeheures Geld errichtet, - ihr Bau kostete mehr als die gesamte Ringstraße in Wien -, um genau die Schwächen dieses Verteidigungssystems aufzuzeigen, denn sie konnte in den Weiten der großen Tiefebenen des Ostens viel leichter umgangen werden als die als Talsperren wirkenden Tiroler Grenzfestungen, wobei sie als Festung im ersten Weltkrieg nicht eingenommen wurde.

1.1.2 Turmsysteme zur Verteidigung

Ähnlich ist die Anlage eines anderen Verteidigungssystems in Österreich: Das der Maximilianischen Befestigungstürme. Aufgrund der erstaunlichen Unbeweglichkeit der Militärs nach dem Schock der Napoleonischen Kriege wird auch hier ein bereits damals veraltetes Programm durchgezogen. Am ehesten verständlich ist die Errichtung dieses Turmsystems im Donautal bei Linz zur Sperre der prognostizierten Durchmarschroute westlicher Truppen auf Wien, aber auch als **psychologische Reaktion** auf das Auflassen der im 19. Jahrhundert eliminierten durchgehenden Verteidigungsanlagen aus Mau-

---

3   GRESTENBERGER, *Befestigungsanlagen Tirol und Kärnten*, S. 64

ern, Wällen, Gräben und Glacis rund um die wichtigen Städte, für die ein Substitut gefunden werden musste. Türme waren zu allen Zeiten ein zwar nicht allzu effektives, dafür umso symbolträchtigeres Zeichen der Wehrhaftigkeit.

So entsteht zwischen 1831 und 1838, vom verantwortlichen *Erzherzog Maximilian* aus der Privatschatulle bezahlt, dieser Kranz aus 33 Türmen rund um Linz, die erstmals nicht miteinander durch weitere bauliche Verteidigungsanlagen verbunden sind. Vorbild dieser mehrgeschoßigen Geschütztürme ist der bereits vor Napoleon in Frankreich entwickelte Montlambertsche Turm, ein aus konzentrischen Kreisen aufgebautes mehrgeschoßiges Gebilde, das unter anderem auch als Geschützplattform dient. Bei den Maximilianischen Türmen ist der Durchmesser der aus Haustein errichteten, kreisrunden Bauten mit 35 Metern genormt. Seine Gesamthöhe von 12 bis 13 Metern teilt sich in drei Geschoße, wovon das Erdgeschoß als Lager für Munition und Lebensmittel und die oberen Geschoße als Mannschaftsunterkünfte genutzt werden. In der Turmmitte befindet sich sowohl der Brunnen, als Zisterne ausgebildet, wie der Aufzug, der die Versorgung vor allem der obersten Plattform mit Munition gewährleistet. Diese oberste Plattform, die kaum das den Turm samt Graben mit Zugbrücke umgebende Glacis überragt, dient als Aufstellungsort für die Kanonen mit einer Schussweite von eintausend Metern, was die Distanz zum nächsten Turm des Verteidigungsringes fixiert. *Maximilian* lässt eigens für die Türme eine schwenkbare Lafette entwickeln, um mit drei Geschützen gleichzeitig ein Ziel beschießen zu können.[4]

Das Programm, das nicht nur zur Sicherung des Donauüberganges in Linz sondern als Modell für ganz Europa gedacht war, läuft erfolgreich damit an, dass der auf der Simmeringer Heide errichtete Prototyp seine Ausgereiftheit beweist, indem er dem Beschuss stand hält. Dennoch übertrafen seine Errichtungskosten alle Schätzungen, und daran wird letztlich das Gesamtkonzept der 387 Festungstürme, die eine Gürtelbefestigung rund um Europa ergeben hätten, scheitern, obwohl

Abb. 1.1: Das Turmfort Bourguignon (ex Monsival) als Teil des Festungsrings um den Kriegshafen der Monarchie, Pola.

sie sich unter anderem in Paris im deutsch-französischen Krieg 1870-71 sehr bewährt. Lemberg ganz im Osten wäre die am stärksten befestigte Anlage der Monarchie gewesen, und die Gesamtkosten hätte sich auf 17 Millionen

---

4   Vgl. WAGNER, *Reale Utopien*, S. 116f.

Gulden belaufen.[5] Dennoch werden etliche Türme in Europa angelegt, unter anderem in der Lagune von Venedig. Auch das Sicherungssystem des Hauptkriegshafens der Monarchie, Pola, basiert auf ähnlichen Turmforts, die im zweiten Drittel des 19. Jahrhunderts kontinuierlich ausgebaut werden *(Abb. 1.1)*.

Die Maximilianischen Türme um Linz wurden 1858 aufgegeben und seit 1862 verkauft. Sechs Türme sind von ursprünglich zweiunddreißig noch erhalten, einer davon, Turm 11 Beatrix auf dem Pöstlingberg als Grottenbahn für die Kinder. Der dreiunddreißigste Turm, der 1828-29 auf dem Freinberg als Probeturm errichtet wurde, wird nach Umbauten 1837 vom Jesuitenorden als Kolleg verwendet. Der Turm 19 dient nach Umbauten 1959 und 1965 dem Architekten *Gottfried Nobl* als interessante Wohnung einschließlich Atelier. Die zwei Meter dicken Mauerringe erzeugen einen Raumring, der unter anderem als zweigeschoßige, gewölbte und mit Galerie versehene Wohnhalle genutzt wird.[6]

Türme als **Archetypen** der Verteidigung sollten auch im 20. Jahrhundert nochmals auftauchen. Bei den von den Nationalsozialisten zur Verteidigung der drei größten Städte des Dritten Reiches, Berlin, Hamburg und Wien von 1942 bis 1944 angelegten Flaktürmen muss wie zu allen Zeiten ihre **Sinnhaftigkeit** als Wehrbauten in Frage gestellt werden, - schon die mittelalterlichen Geschlechtertürme in der Toskana waren eher symbolische Hüllen zur Schaustellung der Macht ihrer Besitzer, als dem Kampf dienliche Strukturen[7].

Den Auftrag für die Flaktürme gibt Reichskanzler *Adolf Hitler* nach den Luftangriffen der Engländer auf Berlin im August 1940. *Albert Speer* als Rüstungsminister und *Fritz Todt* als Chefingenieur der ausführenden Organisation präsentieren schon einen Monat später *Hitler* Einzelheiten des Flakturmes, als dessen Prototyp der 1937 als Mehrzweckbunker hinter dem Westwall entwickelte so genannte Dietel-Turm dient. *Hitler* beauftragt *Speer* mit der architektonischen Ausgestaltung und die Organisation Todt mit der Durchführung, wobei *Speer* das Projekt an *Friedrich Tamms*, einen Studienkollegen und Partner unter anderem bei der Errichtung der Reichskanzlei in Berlin, weiter reicht. *Tamms* dient auch als Bindeglied zwischen dem Reichsluftfahrtministerium, das die Aufträge als Bauherr vergibt, *Speer* als Rüstungsminister und der ausführenden Organisation Todt, für die *Tamms* unter anderem als Brückenbauer beim Reichsautobahnprogramm involviert ist.

Die Flaktürme in Wien werden als die letzten gebaut, denn anders als Berlin und Hamburg, war Wien bis 1942 nicht in der Einflugschneise der Bomber. Dies ändert sich erst durch die Landung der Amerikaner in Süditalien nach dem gewonnenen Nordafrika-Feldzug, denn von nun liegt die nach Wien ver-

---

5   Vgl. WAGNER, *Reale Utopien*, S. 121

6   ACHLEITNER, *Ö.Arch. 20. Jh. Band I*, S. 185

7   MARZOLF, „Towers of Tuscany", S. 65

lagerte Erdöl- und Flugzeugindustrie in der Reichweite der aus dem Süden anfliegenden Bomber[8]. Aufgrund der bisher gewonnenen Erfahrungen in Berlin und Hamburg werden die Türme als drei Paare angeordnet, die jeweils die Eckpunkte eines Dreiecks mit dem Stephansturm als Mittelpunkt bilden. *Friedrich Tamms* in einem Brief an *Hermann Czech*, Düsseldorf

Abb. 1.2: Befehls- oder Leitturm *(links)* und Geschützturm *(rechts)* des Flakturmpaares im Augarten von Wien.

1965: „Bei der Auswahl der einzelnen Standorte ... wurde davon ausgegangen, dass die ganze Stadt durch die Schussweite der Flakgeschütze (20 bis 22 km) gedeckt war. Natürlich durften die Flaktürme untereinander keinen zu großen Abstand haben, weil nicht nur das horizontale Schussfeld, sondern auch das vertikale in Betracht zu ziehen war."[9] Der eine Eckpunkt war also das Paar der Türme im Augarten *(Abb. 1.2)*, das nächste das der Türme im Arenbergpark und das letzte das im Hof der Stiftskaserne und Esterhazy-Park.

Jeweils zwei Bauwerke ergeben eine Einheit, ein Geschützturm mit runder Plattform und ein Befehls- oder Leitturm, der im Allgemeinen eine eckige Baukörperform aufweist. Durch die nötige enge Anordnung der vier Flakgeschütze und des Feuerleitstandes in deren Mitte wäre es bei der Schussabgabe zu einer wesentlichen Sichtbehinderung der Feuerleit- und Beobachtungsanlagen gekommen, weshalb die beiden Funktionen baulich voneinander getrennt wurden. Alle Bauwerke liegen in Parks oder anderen Freiflächen im gerade in Wien besonders dicht bebauten Stadtgefüge und weisen eine unterschiedliche absolute Bauhöhe auf, was daraus resultiert, dass alle Plattformen im **Verteidigungsdreieck** exakt auf dem selben Niveau liegen mussten, um genaue Messungen und Berechnungen zu gewährleisten. Zu Höhe und Größe der einzelnen Türme schreibt *Tamms* wiederum in dem Brief an *Czech*: „Ausgangspunkt der Planung war die Forderung der Luftabwehr, im Kerngebiet großer Städte eine Flakbatterie ... so aufzustellen, dass sie höher standen als die Firste der umgebenden Dächer. Da außerdem der Schuss-

---

8   ANGERER, *Flakbunker*, S. 23

9   Zitiert nach ANGERER, *Flakbunker*, S. 56 ff.

winkel mit bis 15 Grad unter der Horizontalen angenommen werden musste, war die Höhe der Aufstellung mit 40-50 Meter über Straßenniveau fixiert. Unterhalb der schweren Flakgeschütze wurde eine Plattform für die Aufstellung von leichter Flak zur Bekämpfung von Tieffliegern verlangt. Diese militärischen Forderungen haben in etwa die Größe des zu entwerfenden Flakturmes bedingt."[10]

Diese Türme dienten aber nicht nur der Aufstellung der Flak, Flugabwehrgeschützen also, wie ihre bis heute erhaltene Bezeichnung verrät, die die ausführenden Ingenieure ihnen gegeben hatten. Sie hatten in den nicht militärisch genutzten Geschoßen auch Schutzräume für die Zivilbevölkerung, Krankenhäuser sowie Lagerräume für Kulturgüter. Zu diesem Zwecke waren sie als autarke Systeme mit eigenen Versorgungseinrichtungen für Wasser und Strom (Notstromaggregat) sowie einem Lüftungssystem ausgerichtet. Um diesem Bauprogramm gerechter zu werden, ist die von *Angerer* gewählte Bezeichnung Flakbunker sicherlich die exaktere.

Wie stellen sich diese Türme oder Bunker nun aber in ihrer Außenerscheinung dar? Augrund ihrer Weiterentwicklung sind sie unterschiedlich, und dennoch könnten sie, wie *Riehs* dies zusammenfassend tut, als massive Baukörper aus Beton in stereometrischer, höhengestreckter Form mit einer auskragenden Plattform als Aufbau, dem Schwalbennest charakterisiert werden. *Angerer* meint, dass prinzipiell drei Typen unterscheidbar wären. Der erste wäre der Typ von Berlin und Hamburg-Heiligengeistfeld, der sich durch vier heraustretende Ecktürme, zahlreiche Öffnungen und eine noch offene Gefechtsebene auszeichnet. Die Türme in Hamburg-Wilhelmsburg und im Arenbergpark in Wien sind dagegen schon von geschlossener, kompakter Gestalt ohne ausgeprägte Ecktürme. Die dritte Gruppe basiert auf einem polygonalen, meist 16-eckigen Grundriss, wie die Gebäude im Augarten und in der Stiftskaserne in Wien, wodurch eine runde Silhouette produziert wird. Generell ließe sich sagen, dass die sich verschärfende Kriegssituation die Notwendigkeit einer immer ökonomischeren Architektur, sprich zu tendenziell immer noch mehr geschlossenen Baukörpern heraufbeschworen hat.

Die Konstruktion war nichtsdestotrotz enorm stabil. Sie besteht aus einer massiven Betonhülle der Außenwände von bis zu 2,6 und Deckenstärken von bis zu 3,5 Metern. Die Decken wurden jedoch nicht zwischen die Außenwände gespannt, sondern von einem autarken inneren Stützskelett aus Pfeilern, tragenden Fächerwänden und Unterzugsrasten getragen, sodass beim Wegfall der Außenwände oder Einsturz der Stockwerke die Statik des Gebäudes intakt bleiben würde[11]. Zudem war der Beton von einer extrem hohen Qualität, er wurde schon gerüttelt und wies daher eine konstante Verdichtung auf. Die Mechanisierung der Baustellen war von der Organisation Todt für den Autobahnbau entwickelt worden, und wurde hier übernommen.

---

10   Zitiert nach RIEHS, *Belebte Geschichte*, Diplomarbeit an der TU Wien

11   ANGERER, *Flakbunker*, S. 25

So gab es unter anderem ein Förderband vom Materiallager zum Mischhaus und die Schalung und die Armierungskörbe wurden außerhalb der Baustelle vorgefertigt. Dazu kam, dass ohne Baufugen in einem durchgehend betoniert werden konnte, um eine höhere Festigkeit bei Explosionen[12] zu gewährleisten. Das erklärt die starke **monolithische Wirkung** der Türme. Es muss allerdings hinzugefügt werden, dass dies nur durch das System der Zwangsarbeit sowie den teilweisen Einsatz von Häftlingen aus Konzentrationslagern logistisch überhaupt möglich war.

Zur Entlarvung des ideologischen Stellenwertes der Flaktürme muss nochmals auf ihre kompakte, regelmäßige und häufig oktogonale Grundform zurückgekommen werden. Wenn *Riehs* meint, dass dem Regime generell und *Tamms* insbesondere die mittelalterlichen Ritterburgen wie beispielsweise das von den Staufern errichtete Castel del Monte in Apulien als Vorbild dienten, liegt sie richtig, denn solche Bauten dienten den Nazis als **Ursymbole** für die Germanische Weltherrschaft. Dass dies auch bei scheinbar nur technischen Bauwerken wichtig war, belegt *Tamms* noch mit seiner Nachkriegsbezeichnung der Flaktürme mit Schieß-Dome, in Anlehnung an die Lichtdome des Nürnberger Parteitages[13]. Die Flaktürme erfüllten die zweckrationalen und ästhetischen Vorgaben insbesondere der Luftwaffe, unter deren Regie geplant wurde, wie *Göring* unmissverständlich ausdrückt „... die für ihren Zweck technische Meisterleistungen sind, die aber ebenso sehr die architektonische Schönheit zu neuer Höhe erheben. Mit missverstandener Burgenromantik, mit Zinnen und Türmen ist es für immer aus."[14] *Tamms* dachte ähnlich, denn auch er sieht die Türme als selbst im Detail endgültig geplant an, „aus der gestellten Funktion heraus entwickelt, und in allen Einzelheiten so gestaltet, dass sie sowohl im militärischen als auch im architektonischen Sinn als echte Wehrbauten anzusehen sind, deren Formgebung architektonischen Rang anstreben sollte."[15] Die Diskussion entzündet sich daran, dass die Flaktürme nicht nur als Kriegsbauwerke gedacht waren, sondern im Sinne von *Hitlers* „... das Wort aus Stein [ist] überzeugender als das gesprochene Wort" und „wir werden den Krieg gewinnen, aber sichern werden wir den Sieg durch unsere Bauten,"[16] auch nach dem Kriege noch als **Monumente des Krieges** dienen sollten. Zu diesem Zwecke entwarf *Speer*, der ja den Auftrag für die architektonische Gestaltung erhalten hatte, Fassadenverkleidungen für die Türme, die im Norden in Backstein und im Süden, also in Wien, in Stein ausgeführt worden wären, und selbstverständlich die für die

---

12 ANGERER, *Flakbunker*, S. 21f.

13 Vgl. ANGERER, *Flakbunker*, S. 119: „Was mit dem verheißungsvollen Weihespiel des lichtüberwölbten Nürnberger Reichsparteitages begann, fand seine perverse Vollendung im Wechselspiel von Flakscheinwerfern und Mündungsfeuer."

14 Zitiert nach: ANGERER, *Flakbunker*, S. 65

15 ANGERER, *Flakbunker*, S. 63

16 ANGERER, *Flakbunker*, S. 53

faschistische Reichsarchitektur übliche klassizistisch-monumentale Formensprache aufwiesen. Dass schon bei der Fixierung der Standorte diese Frage mitdiskutiert wurde, belegt insbesondere die städtebauliche Ausrichtung der Flaktürme in Wien. Der Turm in der Stiftskaserne ist genau in der Fortsetzung der Hauptachse des Wiener Kaiserforums situiert, und auch im Augarten liegen die Türme immer im Achsenschnittpunkt der schon seit der Barockzeit vorgegebenen Struktur. Dazu passt, was *Angerer* behauptet: „Sakrale Stimmung sollte auch der Ort verbreiten. Das Arrangement der Bunker auf einer Grünfläche betonte den Kontrast zwischen Beton und Park. ... wie nach Durchquerung eines Hains.“[17] Dies erklärt auch die Position *Tamms* zu den diversen Versuchen einer Nachnutzung, nachdem festgestellt wurde, dass eine Sprengung in den dicht bebauten Gebieten insbesondere in Wien nicht durchführbar ist: „Alle Einzelheiten haben durch die Entwurfsbearbeitung und Modelluntersuchung eine solche Plastizität erhalten, dass sie sowohl im militärischen als auch im architektonischen Sinn als echte Wehrbauten anzusehen sind. Ich müsste es bedauern, wenn die Wiener Türme verändert würden ... Die Hamburger Türme stehen noch, sind aber durch Ausbrüche für Fenster und Aufbauten für Sendeanlagen so verändert worden, dass ihr ursprünglicher Charakter nicht mehr gewahrt ist.“

1.1.3   Kasernensysteme zur Verteidigung

Dieses durch die Flaktürme geschaffene Verteidigungsdreieck in Wien war bereits das zweite derartige System. Denn schon aus Anlass der Märzrevolution von 1848 wurde ein **strategisches Festungsdreieck** aus Arsenal, Rossauer und Franz-Josef-Kaserne[18] angedacht, das die alten Stadtbefestigungen ablösen sollte. Im Unterschied zu diesen wie zu den Flaktürmen diente dieses Verteidigungskonzept Wiens allerdings nicht der Abwehr äußerer Feinde, sondern war vor allem gegen die eigenen Bürger gerichtet. Interessant ist dieser Aspekt hinsichtlich der baulichen Manifestation, denn der Vorschlag für das Arsenal, bereits im Sommer 1848 von *Antoninus Pius de Rigel* vorgelegt und noch als Fort bei der St.-Marxer Linie ausgewiesen, zeigt ein Festungsoktogon mit einer Achsenlänge von 465 Metern. Dieses beinhaltet Artillerie- und Infanteriekasernen, Werkstätten, Kanzleien, Kommandanten- und Offizierswohnungen, Waffendepots für die Armee und einen Exerzierplatz. Im Zentrum lag ein fünfgeschoßiges Oktogon für die Waffensammlung, das die übrigen Gebäude überragt. Das Projekt, dessen Plan sich bis heute im Heeresgeschichtlichen Museum erhalten hat, wurde von der nach den Oktoberereignissen gegründeten Kommission zur Prüfung unter Leitung des Zivil- und Militär-Gouverneurs von Wien, *FML. Baron Welden*, abgelehnt, da

---

17   ANGERER, *Flakbunker*, S. 69

18   DEHIO, *Wien II.-IX. und XX. Bezirk*, S. 73 f.

„es sich hier nicht um eine Verteidigung gegen einen äußeren Feind, sondern im wesentlichen gegen einen Anfall bei einem Volksaufstand handle".[19]

Schon bei diesem Plan für das Arsenal, den *Rigel* auf eigene Initiative und unter Hinzuziehung des Akademieprofessors *Rösner* erstellt hatte, fällt auf, dass dieser als **militärischer Stützpunkt** zu konzipierende Bau ins Zentrum des Entwurfes die **Waffensammlung** stellt. Dies hängt mit dem unmittelbaren Auslöser des Baus, dem Volksaufstand von 1848 zusammen, bei dem durch die Plünderungen des Zeughauses in der Renngasse vom Volk sowohl wertvolle historische als auch reguläre Waffen entwendet worden waren. So beschloss die oberste Militärbehörde, die über Wien und Umgebung verteilten Werk- und Lagerstätten in einer Anlage zusammenzufassen und entsprechend zu sichern. Gleichzeitig sollte mit dieser Zentralisierung auch eine Vereinheitlichung des technischen und administrativen Betriebes des großen Geschütz- und Gewehrerzeugung erzielt werden.

Obwohl zunächst ein einziger militärischer Stützpunkt nicht für ausreichend gehalten wurde, wird 1849 doch als die am besten geeignete Lage für ein konzentriertes Artillerie-Etablissement der vor der Belvedere-Linie liegende heutige Bauplatz in Aussicht genommen. Der Grund war, dass von ihm aus alle Nord-Süd-Bewegungen, der Wiener-Neustädter-Kanal und die Eisenbahnen (Wien-Raaber-, Gloggnitzer- und Verbindungsbahn), aber auch die Stadt beherrscht werden konnten. Die Geschützreichweite würde im Bedarfsfall bis zum Stephansdom reichen. Außerdem lag der Platz in der Nähe der Artilleriekaserne am Rennweg sowie zum Neugebäude mit seinen großen Pulver- und Materialvorräten. Mitte Jänner 1849 werden von der Kommission Planskizzen und Programm für den auszuführenden Gebäudekomplex als Grundlage für einen Architektenwettbewerb vorgelegt, zu dem die bekanntesten Architekten Wiens eingeladen wurden. In diesen Plänen ist das Waffenmuseum nach Vorbild des alten Zeughauses vorgesehen und daher noch sehr viel kleiner als das ausgeführte, heutige Heeresgeschichtliche Museum. Als Pendant zu diesem Bau sollte die Waffenfabrik dienen. Am Wettbewerb beteiligten sich die die Architekten in Form von drei Zweierteams: *Rigel & Rösner, Siccardsburg & Van der Nüll* und *Förster & Hansen*, der bei *Ludwig Förster* im Atelier arbeitete und eigentlich nach Kopenhagen zurückkehren wollte. Keines der ausgearbeiteten Gesamtprojekte genügte jedoch den Anforderungen der Kommission vollkommen. Daher beschloss sie als Kompromiss, die einzelnen Objekte an alle Beteiligten zu vergeben.

Die ursprünglich festgesetzte Bauzeit hätte nur vier Jahre betragen und 31 Einzelobjekte im Gesamtausmaß von 688 auf 480 Meter verteilt. Aufschlussreicher als die vorveranschlagte Summe ist wohl eher der Bedarf von 125 Millionen Ziegeln, der benötigt wurde, um die Unterbringung von 5000 bis 6000 Mann nebst den oben genannten Aufgaben zu erfüllen. Der Auftrag wird vom Kaiser rasch erteilt, am 18. April 1849, womit der Startschuss für eine Reihe an großen Bauvorhaben und gleichzeitig des bedeutendsten Mili-

---

19   Zitiert nach: STROBL, *Waffenmuseum im Arsenal*, S. 14

tärbaus des Kaisertums gelegt wird. Grund für die rasche Durchführung war unter anderem auch, Beschäftigung für mehrere tausend Arbeiter zu schaffen, um die Geschäftsstockung nach der Revolution zu beenden. Dennoch war eine positive Pressepropaganda zur Zerstreuung der Gerüchte unter der Bevölkerung von Nöten: „Vor allem wurde darin betont, dass es sich dabei keineswegs um ein Fort handle, sondern um einen ansehnlichen Hochbau, dessen architektonische Durchführung dem Charakter italienischer Ziegelbauten nahe komme und eben den einem Fort entgegen gesetzten Eindruck hervorrufen werde."[20]

Abb. 1.3: Das Kommandantengebäude als Torbauwerk zum geschlossenen Geviert des Arsenal nimmt formal deutliche Anleihen an der mittelalterlichen Wehrarchitektur Italiens.

Trotz der schweren Bombenschäden, die der Komplex 1945 erlitten hat, ist selbst heute noch diese **Angst** der Bevölkerung durch die symbolische Aussagekraft der gewählten Formensprache leicht nachzuvollziehen. Die Umfassungsbauten der Anlage, erbaut 1849-54 von *Siccardsburg & Van der Nüll*, gliedern sich in die monumentalen Eck- und Mittelkasernen mit großen Innenhöfen und die sie verbindenden Depots, was zusammen mit der imposanten Größe den Eindruck eines schwer befestigten Gevierts erweckt. Auch die Formen der Sichtziegelbauten beziehen sich im Detail auf Vorbilder im italienisch-mittelalterlicher Wehrbau[21]. Das ehemalige Kommandantengebäude *(Abb. 1.3)* stammt von denselben Architekten und wurde 1850 bis 1855 errichtet. Es signalisiert als kubischer, viergeschoßiger Sichtziegelbau mit Innenhof durch die mit Zinnen bekrönten Türmchen an den Ecken nur allzu deutlich den befestigten Sitz einer zentralen Militärverwaltung. Dazu kommt, dass dieses Gebäude als Torbau den Typus der italienischen Stadttürme stark reflektiert[22].

Das bedeutendste Objekt des Arsenal ist unbestreitbar das heutige Heeresgeschichtliche Museum, das als k.u.k. Waffenmuseum von *Ludwig Förster* und *Theophil Hansen* konzipiert wurde. Die Bauzeit zwischen 1850 und 1856 wird überschattet vom Zerwürfnis der beiden Architekten, mit dem Ergebnis, dass ab 1851 nur mehr *Hansen* seine Architektur bestimmt. Dies ist insofern sehr wesentlich, als durch *Hansens* vorangegangenen achtjährigen Griechenlandaufenthalt die byzantinische Baukunst Anregung für eine neu entwickelte Formensprache bieten wird. Dies bedeutet vor allem den Bruch mit dem Klassizismus von *Klenze* und *Schinkel*, deren spektakuläre Bauten in

---

20   Zitiert nach: STROBL, *Waffenmuseum im Arsenal*, S. 18

21   DEHIO, *Wien II.-IX. und XX. Bezirk*, S. 77

22   Vgl. Beschreibung in DEHIO, *Wien II.-IX. und XX. Bezirk*, S. 74

München und Berlin die konzeptionelle Lösung für die gerade erst entstandene Bauaufgabe Museum vorgegeben hatten. Hansen bricht insofern mit der Tradition des Bautyps Zeughaus, der bisher zur Sammlung wie Aufbewahrung historisch wertvoller wie gefährlich einsetzbarer Waffen gedient hatte, als er sie nun als **neuen Bautyp Museum** uminterpretiert. Dennoch nimmt auch er Bezug zur bis dahin üblichen Praxis, ausschließlich in den Schlössern der Herrscher

Abb. 1.4: Das Heeresgeschichtliche Museum in Wiener Arsenal ist der moderne Nachfolger des alten Bautyps Zeughaus.

Sammlungen anzulegen und ausgewählten Gästen zu zeigen, indem er das für die Baukunst bestimmende **Herrschersymbol der Kuppel** für dieses Gebäude heranzieht. Eine bekrönende Kuppel betont unübersehbar den Mittelrisalit *(Abb. 1.4)*, ihrer Fernwirkung durch die doppelschalige Ausführung, die ein zusätzliches Überhöhen ermöglicht, noch steigernd. Diese konstruktiv als Pendentif ausgeführte Kuppel lässt durch ihren oberen Glasteil Licht in den unzweifelhaften Hauptraum, die Ruhmeshalle, darunter sickern, die in der Achse des Einganges liegend über ein rückwärts platziertes Stiegenhaus erschlossen wird. An diesen Hauptraum schließen an beiden Seiten jeweils zwei Nebensäle mit Platzlgewölben an, die die enorme Breitenlagerung des gesamten Baues ergeben und der außen durch vertikale Akzente aus Eck- und Strebepfeilern mit Türmchen gestalterisch entgegen gewirkt wird. Das Einsetzen der Kuppel für eine derartige Bauaufgabe – Kuppeln waren bisher in der Architekturtradition ausschließlich dem erhabenen Zwecke der **Markierung** von Kirchen, Grabkapellen oder Kaiserbauten vorbehalten gewesen -, ist neu. Allerdings wurde dies nicht von *Hansen* erfunden, sondern bereits von *Schinkel* im Alten Museum in Berlin vorweggenommen, genauso wenig, wie die additive Anordnung von gewölbten Ausstellungsräumen originär von *Hansen* stammt. Dies wurde schon von *Klenze* bei der Alten Pinakothek in München angewandt. Neu ist hingegen, in den Kuppeln das Wesen byzantinischer Architektur zu erkennen und in Zusammenklang mit den insbesondere das Heeresgeschichtliche Museum charakterisierenden Blendziegelmustern in leuchtendem Rot und Gelb eine andere Spielart des Historismus in die Architektur einzuführen, die die bisherige griechisch-klassizistische ablösen sollte.

Diese byzantinisch-romantische Formensprache als einzige Facette des freien Historismus anzusehen, der sich am Arsenal insgesamt für die österreichische Architektur so unverwechselbar manifestiert, ist jedoch zu wenig. Schon zeitgenössische Berichte bemerkten zusätzlich gotische wie islamische Stilelemente, die *Hansen* jedoch nicht sklavisch übernimmt, sondern variiert und weiter entwickelt, wie seine aus dem Stalaktitengewölbe entwickelte Sonderform des Kapitells auffällig unter Beweis stellt. Diese Kapitelle

Abb. 1.5: Die schlossähnliche Rossauerka-serne bildete neben dem Arsenal und der nicht mehr erhaltenen Franz-Josef-Kaserne einen der Eckpunkte des älteren Wiener Fes-tungsdreiecks.

treten unter anderem in den zwei Säulenreihen in der Ruhmeshalle auf, die die Galerien tragen.

Die schon mehrfach angespro-chenen gotisierenden Elemente vor allem der Ecktürme, Türmchen und Zinnen, entstanden jedoch nicht nur in Angleichung an den festungsartigen Charakter der um-liegenden Objekte, sondern ent-sprechen dem **romantischen Schlossbau** der damaligen Zeit. So lassen sich *Hansens* Fassaden als Referenz an *Schinkels* Entwurf für Schloss Camenz in Schlesien, der in *Försters* Allgemeiner Bau-zeitung publiziert worden war, und an die eindrucksvolle Marienburg in Westpreußen lesen. Auch die maurisch-sizilianischen Schlösser können un-schwer als Vorbilder ausgemacht werden, genauso wie die Schwalben-schwanzzinnen am Arsenal von Venedig, das ja auch hinsichtlich des Erbau-ungszwecks unmittelbar mit dem Wiener Arsenal übereinstimmt. Zur For-mensprache im Detail sei nochmals rekapitulierend *Strobl* zitiert: „... steht *Hansen* als dem Künstler des 19. Jahrhunderts ein weitumfassendes Reper-toire an Bauideen und Formen der Vergangenheit zur Verfügung, die er je-doch nicht sklavisch übernimmt, ... um sie in sein Werk organisch einbezie-hen zu können. In diesem Bau ist viel Schöpferisches trotz des Eklektizismus enthalten. Der nüchterne, sachliche Historismus, wie er wenig später An-wendung fand, ist hier noch nicht verwirklicht."[23]

Die Affinität zum Schlossbau tritt jedoch nicht nur am Arsenal zutage, son-dern ebenso deutlich an den beiden anderen Eckbauten des Wiener Fes-tungsdreiecks: Der Rossauer Kaserne *(Abb. 1.5)*, - 1865 nach Entwürfen von *Oberst Karl Pilhal* und *Major Karl Markl* errichtet- und der bereits 1898 wie-der abgetragenen Franz-Josef-Kaserne, die ebenfalls als Beamtenentwurf einzustufen ist. Beide Kasernen präsentieren sich durch ihre Gesamter-scheinung eindeutig als befestigte Burgen, allerdings in einer regelmäßigen **Geviertform**, die nicht aus der mittelalterlichen Baukunst stammt, sondern erst mit den Renaissanceschlössern auftaucht, beispielsweise dem von An-cy-le-Franc, das der Architekturtheoretiker *Sebastiano Serlio* im 16. Jahr-hundert entwickelte. Zu kommentieren ist bezüglich Rossauer wie Franz-Josefs-Kaserne, dass ihre Ausführung in Sichtziegelmauerwerk darauf zu-rückzuführen sein könnte, dass sie nicht nur als umschlossene Burgen, son-dern banal als reine Zweckbauten angesehen wurden, für die eine weitere Ver-kleidung zur Ausschmückung der Fassaden als unstatthaft gegolten hätte.

---

23   STROBL, *Waffenmuseum im Arsenal*, S. 30

1.2   Bauten zur Repräsentation der Herrschenden

1.2.1 Burg und Schloss als Herrschersitz

Objekt der Verteidigung war zu allen Zeiten auch der Herrschersitz, im Falle Österreichs die Wiener Hofburg. Mit dem Einreißen der Festungsmauern als dessen Verteidigungsanlage wird Platz für eine neue Art der Repräsentation geschaffen, die nun nicht mehr nur auf die Wohn- und Audienzfunktionen des Kaisers beschränkt ist. Instinktiv vollzogen haben die Habsburger den Bedeutungswechsel ihrer Schlösser zuvor schon in Laxenburg, wo sie sich mit der Franzensburg typologisch zwar eine noch verteidigungsfähige, mittelalterliche Burg errichteten, die jedoch ausschließlich dem Beeindrucken der Staatsgäste dient. Zum Wohnen bauen sich von nun an auch die Habsburger moderne Schlösser mit bürgerlichen Innenräumen, wie beispielsweise die Weilburg in Baden, die nur mehr in ihrer Außenerscheinung repräsentieren.

Kaiser Franz II. (I.) erklärt den alten Sommersitz der Kaiserlichen Familie Laxenburg, der sich seit 1300 im Besitz der Habsburger befindet und bevorzugt der Falken- und Reiherjagd dient, zu seinem Lieblingsort, was er dadurch unterstreicht, dass er ein >neues Gartenhaus in Gestalt einer gothischen Burgveste< 1798 beginnen lässt. „Mit der Franzensburg *(Abb. 1.6)* und dem sie umgebenden Rittergau sollte im Laxenburger Park

Abb. 1.6: Die Franzensburg als Modell-Ritterburg im Schlosspark von Laxenburg.

das Mittelalter, die Zeit der Ahnen, zu neuem Leben erweckt werden. Die Integration von historischen Bau- und Ausstattungsteilen aus bedeutenden Schlössern und Klöstern der Monarchie schien dies zu garantieren. Vom Zeitzeugen *Gaheis* wurde die zweifache Bedeutung des neuen Gartenhauses erkannt und beschrieben: „Man kann dieses Jahrhunderten trotzende Werk der Baukunst aus einem doppelten Gesichtspuncte betrachten. Entweder als Sammlung von jenen merkwürdigen Alterthümern, aus welchem es besteht, und die darin aufbewahrt werden, oder als Kunstwerk."[24]

Diese neue Einstellung wird dadurch unterstrichen, dass bereits unmittelbar nach Fertigstellung 1801 das Bauwerk von jedermann, und nicht mehr nur von Staatsgästen, besucht werden konnte, und zwar in Form eines sorgfältig **inszenierten Rundganges**. Die Runde führte zuerst auf den Hohen Turm, um die Aussicht zu genießen, dann über die Mordgalerie zur Betrachtung der

---

24   Lieselotte HANZL, „Die Franzensburg – Vollkommene Ritterburg und Denkmal Franz' I.", in: *Die Franzensburg in Laxenburg*, S. 35-47; hier S. 36

gesamten Burganlage zum Abstieg in die Tiefen des Kerkers, wodurch die Gefühle Angst und Entsetzen bereitet werden sollten. Als Kontrast zeigte man den Besuchern anschließend die Gemächer eines idealen *Ritters, Maximilian I*, einschließlich Spinnstube und Schlafzimmer der Burgfrau sowie als Abschluss und Höhepunkt die Kapelle. „So war der Hauptcharacter des Edelgestrengen, Besten und Gottesfürchtigen Ritters, und dadurch der Character der Zeiten des Ritterthums vollkommen anschaulich gemacht."[25]

Abb. 1.7: Die Kapelle der Franzensburg wurde aus Spolien der mittelalterlichen Capella Speciosa zusammengesetzt.

Am interessantesten ist der konzeptionelle Ansatz des komplexen Zusammenspiels von Neuschöpfungen der Innendekoration im Sinne einer romantisierenden Gotik und der Verwendung von Spolien, Architekturteilen aus anderen Bauwerken. Diese Spolien werden auf Shoppingtouren des kaiserlichen Antiquitäteneinkäufers Burghauptmann *Michael Sebastian Riedl* von sorgfältig ausgewählten Bauten teils erworben, teils erpresst. Programmatisch zu verstehen ist beispielsweise die Gestaltung der Kapelle in der Franzensburg *(Abb. 1.7)* mit den Marmorsäulen der Capella Speciosa, der 1222 vom Passauer Bischof geweihten Pfalzkapelle der Babenberger in Klosterneuburg. Aber auch bereits baufällige Gebäude, wie das 1792 aufgehobene Kloster Waldhausen, werden buchstäblich ausgeschlachtet, wodurch aus verschiedensten Stiften, Klöstern und Schlössern unter anderem bemalte Ledertapeten oder prachtvolle Kassettendecken in die Franzensburg gelangen. Im Unterschied zu heutigen Schausammlungen, die häufig wenig mehr als tote Archive bilden, werden diese Elemente lebendig in das Gesamtkonzept der Baumeister *Franz Jäger sen. & jun.* integriert und durch unbekümmerte Ergänzungen zu einer vollkommenen Neuschöpfung gemacht.

Etwas abseits und durch einen Wassergraben getrennt, wird parallel zur Franzensburg der so genannte Knappenhof mit Wirtschaftsräumen, Wohnungen, Waffen- und Sattelkammer etc. errichtet. Unmittelbar nach Fertigstellung der Ritterfeste beziehungsweise noch vor Vollendung des Knappenhofes entstand der Plan, diese beiden isoliert bestehenden Bauwerke miteinander zu verbinden, was auch sogleich ab 1803 zum sukzessiven Entfernen der Festungswerke, die selbstverständlicher Bestandteil der Franzensburg als **Modell-Ritterburg** gewesen waren und dem Vergrößern des Großen Teiches, bis die Franzensburg samt Knappenhof als Wasserschloss auf einer Insel stand. Nach dem Abbruch der zwei Brücken ist es bis heute der

---

25   HANZL in: *Die Franzensburg*, S. 39

monumentale Torturm, der ebenfalls zu dieser Zeit dazugefügt wurde, als Eingang nur mittels Fähre zu erreichen.

Für den so genannten Vereinigungsbau, der den Knappenhof samt Torturm mit der eigentlichen Franzensburg verbinden sollte, werden in der Folge die verschiedensten Pläne unter anderem vom Staatsarchitekten *Hetzendorf von Hohenberg* vorgelegt. Erst der Plan von *Felbinger* 1820 befriedigt, wobei sich der Baubeginn durch den Staatsbankrott von 1812 noch bis 1822 verzögert. Obwohl *Felbinger* die gewollten Unregelmäßigkeiten der >mittelalterlichen< Burg geschickt aufnimmt, unterscheiden sich die neuen Baukörper in ihrem Charakter deutlich von jenen der ersten Bauphase. „Die Räume sind in dem neuen zentralen, verglichen mit den existierenden >einzelnen< randständischen >Miniaturgebäuden< massiven und geschlossenen Baukörpern dicht neben- und in zwei Geschoßen teilweise übereinander abgelegt. Das oben beschriebene Erlebnis der Besucher der Ritterfeste, hervorgerufen durch das – bewusst inszenierte – Abschreiten einer bestimmten Raumfolge, wird zugunsten eines zentralen Themas, vorgestellt und vor allem in den zwei großen, den Dynastien der Habsburger und der Lothringer gewidmeten Sälen, weitgehend überlagert. Die beiden ursprünglichen Bedeutungen der Franzensburg als >Sammlung von Alterthümern< und als >Kunstwerk< erfuhren eine wesentliche Bereicherung durch die nun auch zum **Denkmal der kaiserlichen Familie** gewordene Burganlage."[26] Dass immer schon an eine Verherrlichung der Habsburger in Laxenburg durch die Bauten um 1800 gedacht worden war, beweist die ursprüngliche Idee, die heute noch zu besichtigende Grotte im Schlosspark zur Ruhmeshalle umzuwandeln, in der belichtet durch einen Schlosshof die Büsten der Habsburger aufgestellt werden sollten. Es ist dies noch als Fortführung eines typisch spätbarocken Gedankens aufzufassen.

Zu tief verwurzelt war der romantische Gedanke, mittelalterlichen Burgen nicht nur zu restaurieren, wie wir das auch heute im Sinne einer modernen Denkmalpflege für legitim erachten würden, sondern aus Ruinen wieder komplette Burgen im Sinne einer Rekonstruktion oder gar einer Interpratation entstehen zu lassen. Sogar der heute in der Architektur zutiefst verachtete Gedanke, Neubauten in Form von Altertümern zu errichten, bleibt weit über die Franzensburg hinaus das gesamte 19. Jahrhundert hindurch fruchtbar. Von den vielen Beispielen sei Anif bei Salzburg als 1838-48 erfolgter Umbau einer bestehenden Substanz zu einem gotisch-romantischen Wasserschloss genannt, für einen Wiederauf- und Neubau 1874-1906 auf Veranlassung des *Grafen Johann Nepomuk Wilczek* die Burg Kreuzenstein bei Korneuburg. Diese weithin mit markanter Silhouette errichtete Burganlage verwendete in großzügiger Weise nach dem Vorbild von Laxenburg romanische und gotische Spolien aus zahlreichen europäischen Ländern und beherbergt eine

---

26   HANZL in: *Die Franzensburg*, S. 44f.

reiche Ausstattung und Einrichtung aus einer Sammlung vielfältiger mittelalterlicher Kunstwerke.[27]

1.2.2 Konferenzzentren

Abb. 1.8: Die Redoutensäle in der Hofburg sind als Ballveranstaltungssaal wie Konferenzzentrum nach wie vor architektonischer Ausdruck des Wiener Kongresses zur Neuordnung Europas 1815.

Wenn die Franzensburg als konzipierte **Schauburg** die Staatsgäste des Kaisers beeindrucken sowie der Verherrlichung der Vorfahren dienen sollte, so sollten auch die neuen Einbauten in der Wiener Hofburg selbst die konkurrierenden Herrscher Europas beeindrucken. Als erster derartiger Umbau entstand der heutige Zeremoniensaal, zur Erbauungszeit 1804-07 vom Hofarchitekten *Louis Montoyer* als Rittersaal entworfen. Unmittelbarer Anlass war die Abdankung *Kaisers Franz II.* als Römisch-Deutscher Kaiser als Konsequenz der Napoleonischen Kriege, die er durch seine umso feierlichere Inthronisation als Österreichischer *Kaiser Franz I.* am 11. August 1804 kompensierte. Im selben Zusammenhang auch baulicher Art ist der Wiener Kongress von 1815 anzusehen, der in den Räumlichkeiten der Hofburg, unter anderem dem Zeremoniensaal und den seit dem 17. Jahrhundert bestehenden Redoutensälen *(Abb. 1.8)*[28] die Neuordnung Europas nach den Napoleonischen Kriegen versucht. Erstmals fungiert hier Österreich als internationaler Gastgeber und nicht zufällig dienen heute noch, natürlich nach diversen Umbauten, dieselben Räumlichkeiten in der Hofburg als **Kongresszentrum** für internationale politische Zusammenarbeit und Ballveranstaltungsort, beides die Nutzungen, die schon den Wiener Kongress prägten. In funktioneller Hinsicht sind also die Nachfolger der Schlösser der Herrscherhäuser die Veranstaltungszentren, die im 19. Jahrhundert vom Herrscherhaus und im 20. Jahrhundert von der Republik den Bürgern zu Vergnügungszwecken und internationalen Organisationen als Konferenzorte zur Verfügung gestellt werden, eine zugegebenermaßen sehr charmante Lösung zur Neunutzung der repräsentativen Bauten früherer Herrscher.

An diese alte Tradition des Staates als Gastgeber knüpft der österreichische Bundeskanzler *Bruno Kreisky* an, als er sich bemüht, Wien neben New York und Genf als dritten UNO-Standort aufzubauen. Dies führte 1970 zur Ausschreibung eines internationalen Wettbewerbes zur Errichtung des UNO-

---

27   Vgl. DEHIO, *Niederösterreich nördlich der Donau*, S. 665

28   Vgl. DEHIO, *Wien I. Bezirk – Innere Stadt*, S. 439

Zentrums. Obwohl die Jury einen 1. Preis vergab, wurde der 4. Preis von *Johann Staber* realisiert. Die im Grundriss signifikante Ypsilon-Form des Gebäudes ist räumlich nicht relevant und städtebaulich umstritten. Das als Vienna International Center bezeichnete Gebäude wurde später um ein großes Konferenzzentrum erweitert (1983-87)[29]. In architektonischer Hinsicht handelt es sich bei all diesen Bauten aufgrund der Saalfunktionen um großflächige Baukörper, die alleine durch ihr Volumen eine gewisse öffentliche

Abb. 1.9: Das moderne Kongresszentrum in Badgastein, einem altehrwürdigen Kurort, in dem im 19. Jahrhundert die Politik Europas mitgestaltet wurde.

Wirkung ausstrahlen, ohne die Macht dahinter herausstreichen zu müssen. Vielleicht ist gerade deswegen ihre Architektur weder aufregend noch polarisierend, immer zu sehr auf der Suche nach einer neutralen, modernistischen Großform.

Erfreulicher in architektonischer Hinsicht ist das Kongresszentrum in Bad Gastein *(Abb. 1.9)*, das 1968-74 nach Planungen von *Gerhard Garstenauer* als neues und städtebaulich gelungenes Herzstück dieses traditionsreichen Kurortes errichtet wurde, in dem sich schon im 19. Jahrhundert zahlreiche Herrscher, Kaiser wie Kanzler, nicht nur zur Kur, sondern vorzugsweise zu politischen Besprechungen und Verhandlungen trafen. *Garstenauer* reagiert darauf mit einer robusten Stahlbetonkonstruktion aus großen Fertigteilen, die nur an wenigen Punkten des spektakulären Felshanges hochgeführt werden konnten, um mit der Fundierung nicht die Thermalquellen zu gefährden, richtigerweise mit einer zutiefst großstädtischen Architektur aus platzartigen Erweiterungen, langen, besonnten Terrassen und gedeckten Passagen und Gehsteigen[30].

1.2.3 Hauptstadtplanungen

Selbst für das ehrgeizigste Bauprojekt der Monarchie im 19. Jahrhundert gibt wiederum *Napoleon* den Anstoß, als er beim Abzug seiner Truppen 1809 die Festungswerke vor der Hofburg sprengen ließ. Dies führt nicht nur dazu, dass durch diese gewaltsame Veränderung des Geländes vor der Burg plötzlich die gestalterischen Bemühungen für die Hofburg, die bis ins 18. Jahrhundert zurück reichen, um nun **weiträumige Erweiterungsmöglichkeiten** am Äußeren Burgplatz bereichert werden. In weiterer Folge ist das auch An-

---

29   *Wien 500 Bauten*, S. 330

30   ACHLEITNER, *Ö.Arch. 20. Jh. Band I*, S. 219

stoß zu den Ringstraßenplanungen insgesamt. Der Anlassfall *Napoleon* hatte nur allzu deutlich vor Augen geführt, dass Stadtmauern als Verteidigungswälle generell überholt waren. Die **Sprengung der Burgbastei** muss somit als Startschuss für die Anlage der Wiener Ringstraße angesehen werden, die 1860 mit der Genehmigung des sogenannten Grundplanes durch den Kaiser von der Planungs- in die Bauphase übertrat. Es ist jedoch vollkommen unmöglich, die vor allem von *Christian Friedrich Ludwig Förster*, der ab 1836 die Allgemeine Bauzeitung herausgibt, als Agitator vorangetriebenen Ringstraßenplanungen von den parallel und überschneidend erfolgenden Überlegungen zum Wiener Kaiserforum zu trennen.

Abb. 1.10: Das Neue Burgtor als Startschuss für die ein volles Jahrhundert währenden Planungen des Hofburgausbaus nach der Sprengung der Festungswerke Wiens durch die Truppen Napoleons 1809.

Durch die schon angesprochene Vergrößerung des Äußeren Burgplatzes durch den Fall der Burgbastei verlagert sich der Schwerpunkt der schon existierenden Hofburgplanungen weg von einer bloßen Vervollständigung der bestehenden Baulichkeiten, was mit der so genannten Neuen Hofburg und dem Michaelertrakt letztendlich tatsächlich erfolgte, zu einer weiträumigen Abfolge von weiteren Kulturbauten des Kaisers. Diese Kulturbauten, wie die Hofoper, das Hofschauspielhaus (das heutige Burgtheater) und die Hofmuseen als Bauten zur letztendlich öffentlichen Präsentation der kaiserlichen Kunstsammlungen, sollten alle zwischen dem so genannten Nasenbau des Leopoldinischen Traktes der Hofburg, der durch den Anbau des schon angesprochenen Zeremoniensaales 1804-07 entstanden war, und den Hofstallungen *Fischer von Erlachs* von 1721 Platz finden, jedoch den als Paradeplatz genutzten Äußeren Burgplatz sowie die Sicht auf die Hofstallungen frei lassen. Inmitten verschiedenster planerischer Überlegungen für dieses Kaiserforum werden vorerst einmal ein Neues Burgtor *(Abb. 1.10)* (1821) und die beiden Feldherrendenkmäler für Prinz Eugen und Erzherzog Carl (1855-65) aufgestellt, eine kurzsichtige Entscheidung, die die an und für sich schon äußerst komplexen Planungen nur noch erschwerten.

Da die Ringstraßenplanungen im Kreuzungsbereich mit dem Äußeren Burgplatz sehr wohl diese Fragen mit zu lösen hatten, überrascht es nicht, dass eine Vorahnung des Kaiserforums im 1857-58 für den Ringstraßenwettbewerb entwickelten Plan von *Siccardsburg & Van der Nüll* erstmals auftaucht, wobei in diesem Fall die beiden Hofmuseen, getrennt in Kunst- und Naturhistorisches Museum wie heute, im Nordwesten und Südosten des Heldenplatzes zu liegen gekommen wären. Diesen Standort verlegt *Förster* 1862 mit einem dem Burgtor die Stirnseite zukehrenden Gesamtmuseum vor die Hofstallungen, was zunächst auf wenig Gegenliebe stößt. Der Leiter des Hochbauamts *Löhr* bereitet unterdessen einen Wettbewerb für diesen Teilbereich der Ringstraßenplanungen vor, der vom Grundplan 1860 würde abweichen müssen und letztendlich zu vier ernsthaften Projekten führt. *Ferstel* verbindet die Museen in Anlehnung an den Dresdener Zwinger beziehungsweise den Louvre und Palais Royal zu einem geschlossenen Bezirk als Mittelpunkt der Stadt. Auch *Hansen* konzipiert einen geschlossenen Platz, einen den Musen geweihten Bezirk, der jedoch wie *Ferstels* Vorschlag entgegen dem persönlichen Wunsch des Kaisers, nicht die Freihaltung der Sicht auf die Hofstallungen gewährleistete. *Hasenauer* hält sich an Vorgaben und sieht daher keinen Verbindungsbau zwischen den Museen vor, wie das auch *Löhr* selbst, der den bescheidensten Entwurf vorbrachte, macht. *Löhrs* Vorschlag wird zunächst von ministerieller Seite wie von der Jury bevorzugt, doch dann bringt die Polemik der Wiener Künstler und Architekten *Löhrs* Projekt zu Fall. Man wirft ihm zu Recht vor, dass er als vorbereitender Architekt im Wettbewerb unlautere Vorteile gehabt hätte. Daher wird vorerst keiner der Entwürfe angenommen, *Hasenauer* und *Löhr* aber zur Umarbeitung angehalten.

Aufgrund seines Renommees als Planer des Dresdener Forums wird schlussendlich 1869 *Gottfried Semper* als internationaler Gutachter hinzugezogen. Er sagt sogleich, dass nur eine umfassende Lösung mit Hofburganschluss Sinn macht. *Sempers* Gutachten lehnt alle bisherigen Kaiserforum-Projekte als zu >unruhige Pavillonarchitektur< ab. Daraufhin beauftragt der Kaiser ihn mit der Planung der Museen und der Neuen Hofburg, jedoch mit der Auflage, eines der bestehenden

Abb. 1.11: Die Exedra des ausgeführten Hofburgflügels mit dem Feldherrendenkmal im Ellipsenbrennpunkt.

Museumsprojekte sowie dessen Architekten in die Arbeiten mit einzubeziehen. *Sempers* 1869 noch in Zürich entworfener Plan zeigt eine Ehrenhofanlage von einer Größe, die im europäischen Schlossbau einmalig ist. Der Thronsaalbau bildet den Mittelteil, dem Leopoldinischen Trakt vorgesetzt, Kuppel bekrönt, dominierend und flankiert von Flügeln in Richtung zu Volks- und Burggarten mit den Kaiserappartements beziehungsweise dem Gästetrakt. Er löst endlich die unglückliche Situation der Feldherrendenkmäler, in dem er sie in den Brennpunkten des ellipsenförmigen Heldenplatzes stehen lässt. Die gekurvte Front der Hofburg *(Abb. 1.11)* durchbricht auf sehr dramatische Weise das dominierende Rastersystem der Stadtplanung der Zeit. Über die Ringstraße sollen zwei kolossale Triumphbögen gebaut werden, eine Idee, die der Kaiser zu Fall bringt, da das Burgtor dafür hätte geschliffen werden müssen. Im nachhinein stellt sich das als glückliche Tat für eine moderne Verkehrsplanung dar. Der Hintergedanke dieser Triumphbögen war jedoch, die angestrebte Verbindung zwischen Hofburg und Hofmuseen wie angekündigt herzustellen. 1871 wird tatsächlich mit dem Bau begonnen, 1873 sind die Museen im Rohbau fertig gestellt. Für die Weltausstellung im selben Jahr fertigt *Rudolf von Alt* Gesamtperspektiven an, die mit Erfolg ausgestellt werden. Sie vermitteln einen Eindruck von der Dramatik der Platzgestaltung mit ihrer Abfolge von Einengungen und Ausweitungen, der Kombination von ovalem und eckigem Platzraum, wobei die Exedrenflügel, auf den Kulminationspunkt, die Kuppel über dem Zeremonienbau, vorbereiten. *Margaret Gottfried* meint dazu, dass die Exedren per se theatralische Formen und ambivalent seien: einerseits hätten sie eine schützende Funktion, andererseits sind sie gleichzeitig offen. Diese Offenheit ist durch das Fehlen des zweiten Hofburgflügels heute stärker spürbar als im Originalentwurf.[31]

Angesichts der verwirrenden Entstehungsgeschichte sei in den Worten von *Gottfried* nochmals die Entstehungsgeschichte und der Streit um die Urheberschaft rekapituliert: „Zusammenfassend kann gesagt werden, dass die architektonische Grundidee zum Kaiserforum von *Semper* stammt, der aber möglicherweise den Entwurf von *Siccardsburg & Van der Nüll* für deren Stadterweiterungsprojekt von 1858 gekannt hat. Dort taucht nämlich schon die der alten Burg vorgeblendete Fassade auf. Den ersten Entwurf von *Hasenauer* für die Museen hat *Semper* dahingehend verändert, dass er die Kleinteiligkeit eliminiert und damit die Gestaltung des Baublockes beruhigt hat. ... Der Vorschlag, das Burgtheater hinter dem Volksgartenflügel der Burg zu platzieren, geht auf *Hasenauer* zurück, aber auch bei diesem Gebäude beschränkt sich sein entwerferischer Beitrag auf den Mittelrisalit und die Innenausstattung. Zweifelsohne war *Hasenauer* ein sehr gewissenhafter Baumeister. Nach dem Tode *Sempers* scheint er versucht zu haben, sich selbst als den alleinigen Schöpfer der Bauten des Kaiserforums darzustellen. In dem Artikel >Der neue Wiener Styl< im Wiener Tagblatt vom 8. Juli 1881 geht *Camillo Sitte* in Verteidigung von *Gottfried Semper* mit *Hasenauer* gehörig ins Gericht ...“[32]

Abb. 1.12: Der Michaelertrakt als baulicher Endpunkt der Erweiterung der Hofburg.

Hoch interessant ist es unter dem Aspekt der Wandlung der baulichen Umsetzung der Repräsentation der Herrschenden, die sich im 19. Jahrhundert so eindrucksvoll vollzieht, *Sempers* theoretische Schriften hier einzubringen. *Semper* versteht nämlich durchaus Architektur und deren Geschichte als künstlerischen Ausdruck der sozialen Zustände der Gesellschaft.[33] Im Theater wie den neu entstehenden Museen sieht er als

31   GOTTFRIED, *Kaiserforum*, S. 88

32   GOTTFRIED, *Kaiserforum*, S. 90

33   GOTTFRIED, *Kaiserforum*, S. 77

Vermittler **bürgerlicher Geistesbildung** das Gegengewicht zur **fürstlichen Residenz:** „Wenn auch die Museen hier primär der Glorifizierung des Herrscherhauses und seines Mäzenatentums dienen, sind sie demokratisch in ihrem Zweck, Kunstschätze dem Volk näher zu bringen. … Das Wiener Kaiserforum repräsentiert noch in anderer Weise demokratisches Gedankengut: Der erste Bezirk mit seinen aristokratischen Residenzen wird mit den Vorstädten, der Heimat des Bürgertums, verklammert."[34]

Dennoch ist mit *Semper* die endlose Geschichte von Kaiserforum und Hofburgausbau noch lange nicht abgeschlossen. Zwar werden 1891 die Museen eröffnet und der Michaelertrakt der Hofburg *(Abb. 1.12)* 1890-93 fertig gestellt, doch 1894 stirbt *Hasenauer* plötzlich. Die Mitarbeiter *Hasenauers* geben das alte Programm auf, ohne ein neues zu haben. 1899 wird *Friedrich Ohmann* die Bauleitung übertragen, aber er beginnt mit dem Glashaus im Burggarten und der Albrechtsrampe, und nicht mit der Fertigstellung des Kaiserforums. 1906 fordert *Erzherzog Franz Ferdinand* als Oberleitung des Baus das Überdenken der Pläne von *Hasenauer* und *Semper*, die endlich als überdimensioniert und unfinanzierbar erkannt werden. *Ohmann* entwirft nun eine Kolonnade als Gegenstück zum segmentförmigen Bauteil der Neuen Hofburg, da man sich einen Heldenplatz ohne Abschluss zum Volksgarten nicht vorstellen konnte. *Ohmann* wird 1907 durch *Ludwig Baumann* ersetzt, da er den Wunsch des Thronfolgers nach Freihaltung des Leopoldinischen Traktes ignoriert, doch auch seine, *Ohmanns* Entwurf für den Burggartenflügel nicht unähnlichen Pläne, stoßen auf das Veto des Kaisers, den man schlussendlich erst 1913 von der Unmöglichkeit der Vollendung des Kaiserforums zu informieren wagte.

Nach dem Ende der Monarchie konzentrieren sich die Vorschläge für das Kaiserforum interessanterweise auf den ältesten Teil, das 1821-24 nach Entwürfen von *Luigi Cagnola* und *Peter Nobile* erbaute Burgtor, das am zehnten Jahrestag der Völkerschlacht von Leipzig eingeweiht worden war. Ähnliche Überlegungen bestimmen die Zwischenkriegszeit, die nach einem Standort für die Errichtung einer **Gedenkstätte für die Gefallenen** des ersten Weltkrieges sucht, und schlussendlich das Burgtor als schon bestehendes Kriegerdenkmal dazu auserwählt. In einem Wettbewerb mit 173 Einsendungen treibt dann der Ständestaat 1933 diese Absichten voran. Das ausgeführtes Projekt von *Rudolf Wondracek* ist als >Denkmal im Denkmal< konzipiert *(Abb. 1.13)*, und zeigt, wie *Friedrich Achleitner* meint, „alle Attribute einer austrofaschistischen Archi-

Abb. 1.13: Die Gedenkstätte für die Gefallenen des Ersten Weltkrieges im Burgtor.

---

34   GOTTFRIED, *Kaiserforum*, S. 79

tektur – voller Pathos mit dem Anspruch auf Superlative"[35]. Für meine Absichten, Verschiebungen zwischen ursprünglicher Gebäudetypologie und späterer Nutzung aufzuzeigen, ist abseits von der schön-schaurigen Idee, „Kriegshelden, die unter freiem Himmel gekämpft haben und gefallen sind, auch unter freiem Himmel zu ehren", die Feststellung maßgeblich, dass im 19. Jahrhundert aus dem Burgtor ein **Stadttor ohne Mauer** geworden war, und sich hiermit bereits der Wandel von einem architektonisch vollwertigen Bauobjekt zu einem >nutzlosen< Denkmal vollzogen hatte.

Trotz allem Pathos wird heute nicht viel von dieser unverändert bestehenden Gedenkstätte bemerkt. Am ehesten fallen noch die beiden seitlichen Eingänge zum Heldenplatz am Ring mit den Adlern von *Wilhelm Frass* ins Auge, die jeweils auf einer Achse mit den Feldherrndenkmälern und den Seitenrisaliten der Hofstallungen liegen. Damit sind wird bereits mitten in den gigantomanischen Planungen *Hitlers* für die so genannten Führerstädte des Reichs angelangt, denn diese haben alle ihren Ausgangspunkt in der Wiener Ringstraße, die *Hitler* in jungen Jahren unauslöschbar beeindruckt hatte. Dennoch „ging es freilich um mehr als das Hobby eines Mannes, der die nötige Machtfülle besaß, um den in seiner Jugend erträumten Beruf eines Architekten nebenher mit größtem Aufwand doch noch betreiben zu können"[36], meinen dazu *Dülfer, Thies* und *Henke* in ihrer Beschreibung der Baupolitik des Dritten Reiches, obwohl auch dieser Aspekt unbestreitbar insbesondere bei *Hitlers* Planungen für Linz nachgewiesen werden kann.

Hitler will mit dem Ausbau von Linz, der Stadt seiner Jugend, Wien eine Konkurrentin gegenüber stellen. Indiz für die Sonderstellung, die die Pläne für Linz sogar noch gegenüber denen der anderen vier Führerstädte Berlin, Hamburg, Nürnberg und München genoss, ist unter anderem, dass trotz der sich verstärkenden Kriegslage im Jänner 1942 die Arbeiten für Linz weiterlaufen und die Beteiligten unabkömmlich gestellt wurden. Selbst als *Hitler* an den anderen Projekten und an der Außenwelt sein Interesse verloren hatte, war das Modell von Linz, das *Giesler* ihm Mitte Februar 1945 übergeben hatte und seinen Platz im Führerbunker gefunden hatte, der Ort, an dem er alleine oder mit *Giesler* gern verweilte und so bis zum Tod seinem Linz-Traum als Realitätsflucht nachhing.[37] *Hitler* dürfte in seiner Jugend schon Pläne für Linz erarbeitet haben, die nach dem Anschluss Österreichs aktuell wurden. Noch 1939 setzt er *Anton Estermann*, einen Linzer Architekten und Mitschüler als Leiter des Stadtbauamtes ein. Doch dieser verunglückte bald, und so werden, ganz in *Hitlers* üblicher Strategie, immer mehrere gleichzeitig mit derselben Aufgabe zu betrauen, um nicht einen neben sich selbst zu mächtig werden zu lassen, sowohl *Roderich Fick*, ein Münchner Architekturprofessor, wie *Hermann Giesler*, Hitlers Architekt für München, mit den Planungen be-

---

35 GOTTFRIED, *Kaiserforum*, S. 106f. und ACHLEITNER, *Ö.Arch. 20. Jh. Band III/1*, S. 26

36 DÜLFER / THIES / HENKE, *Hitlers Städte*, S. 11

37 Vgl. WAGNER, *Österreichs reale Utopien*, S. 103 f.

traut, an denen im Gegensatz zu den Plänen für andere Städte bis Kriegsende kontinuierlich weitergearbeitet wird.

Was unterscheidet nun die **Führerstädteplanungen** generell von einer repräsentativen Hauptstadtplanung, wie die schon beschriebene für Wien im 19. Jahrhundert und die noch kommende für St. Pölten im 20. Jahrhundert? Da ist zum einen sein Vorsatz, die Bauten so schnell wie möglich zu errichten. *Hitler* möchte seine Bauten noch zu Lebzeiten vollenden, denn er schätzt seine Nachfolger als zu schwach ein: „Kommende Generationen würden sich dann nicht mehr mit architektonischen Fragen zu befassen haben, ihnen verbliebe das Versetzen von Straßenlaternen"[38], sagt er selbst. Daher auch die Hierarchie innerhalb seines Stabes, in dem Architekten und Ingenieure vor Ministern rangieren. Trotz aller Schnelligkeit werden *Hitlers* Bauten in Dimensionen errichtet, die für Jahrtausende gedacht sind. Auch dies ist nicht nur seinem persönlichen Größenwahn zuzuschreiben, sondern enthält eine morbide Komponente. *Hitler* dachte bei der Errichtung der Bauten bereits an ihren Verfall, genauer, wie sie als **architektonische Ruinen** immer noch den Ausdruck der Größe über die Jahrhunderte hinweg bewahren würden. Dafür sind vor allem die verwendeten Materialien, folgerichtig ausschließlich massiver Stein, ausgelegt, was sogar politische Entscheidungen wie den zur Eroberung Norwegens in der sicheren Erkenntnis bevorstehender Materialengpässe bei Granit und anderen Hartsteinen beeinflusst. In diesem Zusammenhang ist beim Ausbau von Linz auf die nahen Granitvorkommen von Mauthausen einschließlich des dort installierten Konzentrationslagers explizit hinzuweisen.

Auch *Hitlers* Bemerkungen zu architektonischen Stilen weisen ganz in diese Richtung. Es gibt keine verschiedenen Baustile, nur eine **ewige Kunst**, die sich an den Formenelementen antiker Bauten auszurichten habe.[39] Schlussendlich sollte man feststellen, dass seine städtebaulichen Konzepte kaum Bauten für das alltägliche Leben der Menschen enthielten, keinen Wohnbau, kaum Grünflächen, keine Versorgungseinrichtungen. Es geht beinahe ausschließlich um Monumentalbauten, Aufmarschplätze und axiale Straßenzüge. „Die Unfähigkeit, die Stadt in ihrer Komplexität zu begreifen, offenbart sich vor allem darin, dass man mit dem totalen Abriss schnell zur Hand war, am liebsten in leeren Räumen plante."[40]

Wie sahen nun *Hitlers* Pläne für Linz konkret aus? Linz war primär als europäisches Kunstzentrum für die in den besetzten Ländern geraubten Kunstschätze geplant. Interessant, dass nicht nur bei den Planungen für das Kaiserforum in Wien, sondern auch hier vor allem Kunstbauten zur Repräsentation der Macht vorgesehen sind. In Linz sollte ein Kunst- und Kulturbezirk um den Opernplatz entstehen, wobei das Hauptaugenmerk auf der Ausgestal-

---

38 DÜLFER / THIES / HENKE, *Hitlers Städte*, S. 19

39 Vgl. DÜLFER / THIES / HENKE, *Hitlers Städte*, S. 19

40 DÜLFER / THIES / HENKE, *Hitlers Städte*, S. 14

tung des Opernhauses mit kostbaren Materialien lag. Daneben war ein Konzerthaus für die Aufführung von Werken *Anton Bruckners* vorgesehen, aber auch ein Operetten- und Künstlerhaus, ein Ausstellungsfreigelände und das Ufa-Premierenkino. Dazu gesellen sich ein naturwissenschaftliches und volkskundliches Museum als Konkurrenz zu Wien. An eher romantischer als sozialer Infrastruktur sind Operncafés, Künstlercafés, Kinos, Varietés und Restaurants mit Sitzgarten vorgesehen. Axial von der geschwungenen Eingangsfront der Oper geht eine Prachtstraße, flankiert von 18 Meter hohen kannelierten Steinsäulen ab, die nach Hitlers Wunsch breiter als die Wiener Ringstraße ausfallen musste. Um Platz für all dies zu schaffen, sollte der die Stadt durchschneidende Bahnbogen der heutigen Westbahnstrecke abgeflacht und der Personenbahnhof am Ende der Achsenstraße neu errichtet werden. Ein Triumphbogen leitet die Achsenstraße östlich der Oper in die innere Ringstraße über.

Als sehr fortschrittlich müssen im Gegensatz dazu die weiteren Planungen vor allem entlang des Donauufers nach dem Vorbild Budapests angesehen werden. Sie sollten Linz neben dem Prädikat als Kunstmetropole zwei weitere Schwerpunkte als Industrie- und Technikstadt sowie als **Fremdenverkehrszentrale** sichern. Für ersteres sind neben einer Hängebrücke die Generaldirektion der Hermann-Göring-Werke (heute VOEST) sowie die Technische Hochschule am Ufer vorgesehen, flussabwärts eine weitere Brücke, und dann die Industrie- und Hafenanlagen. Stromaufwärts liegt ein KdF-Hotel mit Platz für bis zu 2500 Gäste, die mit Dampfschiffen bis ans Schwarze Meer fahren, und nochmals weiter aufwärts das Führerhotel für die zu beeindruckenden Staatsgäste, die mit Barkassen zu den einzelnen Sites geführt werden[41].

Nochmals andere Baukomplexe sind im Nordteil der Stadt jenseits der Donau vorgesehen, eine Führerpfalz als *Hitlers* Alterssitz an den Abhängen des Freinberg, dazu ein riesiges Gauhaus der NSDAP samt Versammlungshalle für 30.000 bis 35.000 Besucher und Aufmarschplatz für 100.000. Auch ein Glockenturm als Wahrzeichen, mit 162 Metern Höhe selbstverständlich den Stephansturm in Wien übertreffend, darf nicht fehlen. Wir werden noch sehen, nicht einmal eine moderne Landeshauptstadtplanung wie für St. Pölten im letzten Jahrzehnt kommt ohne Turm als Hoheitssymbol aus. Seinen **Personenkult** untermauernd sieht *Hitler* die Krypta für ihn und seine Eltern im Fuß des Turmes vor.

Beinahe ironisch, dass von all diesen hohen Ansprüchen an die Repräsentation des Staates nur das Verwaltungszentrum am **Brückenkopf** und die Nibelungenbrücke selbst ausgeführt werden und bis heute bestehen. Neben der imposanten Länge der neobarocken Fassaden ist vor allem bemerkenswert, dass durch die Rampe der Nibelungenbrücke, die weit in den Bereich des Hauptplatzes hinein reicht, die alten Bauten abgetragen und im Originalstil auf anderem Niveau wieder errichtet wurden *(Abb. 1.14)*. Erwähnt sollte

---

41   Vgl. WAGNER, *Österreichs Reale Utopien*, S. 110f.

noch werden, dass die Stadt Linz in den Siebziger und Achtziger Jahren des 20. Jahrhunderts versuchte, mit einem Rathausneubau von *Rupert Falkner* samt weiteren Planungen den Brückenkopf auf Urfahraner Seite aufzunehmen, ein sehr umstrittenes und nicht besonders geglücktes Unterfangen. Übrigens taucht in der österreichischen Architekturgeschichte die Idee eines Brückenkopfes in Form von zwei den Staat repräsentierenden Verwaltungsbauten, die eine wichtige Straßenbrücke

Abb. 1.14: Der Linzer Brückenkopf als Abschluss des Hauptplatzes und klassisches Torbauwerk vor der Nibelungenbrücke.

als Brückenpfeiler flankieren wie vorbereiten, bereits zuvor in Feldkirch in Vorarlberg auf. Hier definieren das Landesgericht einschließlich Gefängnis, 1903-05 auf der einen und das Bundesfinanzamt, 1911-12, auf der anderen Seite, zwei Bauten von *Ernst Dittrich* in der damals für Fortschritt stehenden Fassadensprache des Jugendstils, die Ausfallstraße nach Liechtenstein.

Somit ist die erste im eigentlichen Sinne moderne Hauptstadtplanung in Österreich extrem spät erfolgt. Zur Erklärung der Entstehung dieser neuen Landeshauptstadt St. Pölten, die erst in den Achtziger und Neunziger Jahren des 20. Jahrhunderts vonstatten ging, muss jedoch weiter in der Geschichte zurückgegriffen werden, und zwar in die **Herrengasse** im Zentrum von Wien, die durch Verwaltungsreformen des frühen 16. Jahrhunderts als Ansiedlung des Hochadels in der Nähe der Hofburg in ihrer heutigen Ausprägung entstanden, im 17. und 18. Jahrhundert zur vornehmsten Straße Wiens ausgebaut und in der Triumphzüge zur privaten und politischen Repräsentation, insbesondere anlässlich der Erbhuldigungen der Stände im Landhaus, abgehalten wurden[42]. Eben dieses Landhaus der Niederösterreichischen Stände, das ab 1513 entstand, und seine heutige Ausprägung durch einen spätklassizistischen Umbau von *Alois Ludwig Pichl* 1835-48 erhielt, bei dem unter anderem der Neubau des Herrengassentraktes den Hof geschlossen hat[43], diente ab 1921 zusammen mit der Niederösterreichischen Statthalterei daneben, 1846-47 von *Paul Sprenger* errichtet, als exterritorialer Regierungssitz des Bundeslandes Niederösterreich im neu geschaffenen Bundesland Wien. Dieses eigenartige Arrangement erfolgte aus politischen Gründen, um dem christlichsozial orientierten Niederösterreich im Sinne eines ausgewogenen Föderalismus die sozialdemokratisch ausgerichtete Großstadt Wien gegenüberzustellen. Die damit verbundenen, erheblichen wirtschaftlichen Nachteile dienten letztendlich der 1984 von *Landeshauptmann*

---

42   Vgl. DEHIO, *Wien I. Bezirk – Innere Stadt*, S. 721

43   Vgl. DEHIO, *Wien I. Bezirk – Innere Stadt*, S. 522 ff.

Siegfried Ludwig begonnenen Kampagne für eine neue Landeshauptstadt als stichhaltigstes Argument für den siegreichen Ausgang der Volksbefragung von 1986, in der sich die Bevölkerung anhand der detailliert durchgeführten Standortuntersuchung einstimmig zugunsten von St. Pölten und gegen die anderen Kandidaten Baden und Krems aussprach. Zehn Jahre später wurde dieses neue Verwaltungszentrum für über 3000 Beamte samt einem Kulturbezirk mit Festspielhaus, Landesbibliothek und Landesarchiv sowie Landesmuseum und Ausstellungshalle eröffnet.

Abb. 1.15: Der St. Pöltner Regierungsbezirk entlang des Flusses Traisen.

In diesen zehn Jahren erfolgte ein international ausgeschriebener, letztendlich zweistufiger Architektenwettbewerb, dem eine für hiesige Verhältnisse sensationell kurze Phase des Planungs- und Behördenverfahrens folgten, sowie eine weiterer Wettbewerb für den Kulturbezirk und ein sichtlich effizientes Management von Österreichs größter Baustelle, die vor Ort von der Niederösterreichischen Landeshauptstadt Planungsgesellschaft (NÖPLAN) mit zeitweise über 1000 Beschäftigten koordiniert wurde. Die Gesamtkosten wurde gänzlich durch den Verkauf der Immobilien in der Herrengasse, weitere Grundstücksverkäufe sowie die Privatisierung des Landes-Energiekonzernes finanziert, ohne das Budget zu belasten.[44] Die erste Wettbewerbsstufe für das **Regierungsviertel** war jedoch noch ziemlich enttäuschend ausgefallen. Es gab selbst unter den elf für die zweite Stufe vorgeschlagenen Projekten keinerlei visionären Ansätze, hauptsächlich aufgrund der vollkommen unklar ausformulierten Anforderungen, die vorerst nicht einmal den Standort klar fixierten. Das letztendlich nach einer nochmaligen Überarbeitung ausgeführte Siegerprojekt von *Ernst Hoffmann* geht bei allem Pragmatismus zweifelsohne auf die in der zweiten Stufe ausgelobten Vorgaben eines „offenen, demokratischen und landschaftsbezogenen Regierungsviertels", das dem Flussraum der Traisen einbindet *(Abb. 1.15)*, am besten ein. Der sich schrittweise mit dem Auswahlprozess einstellende Realismus führte zur heutigen Definition des Standortes mit der Vorgabe, der historisch gewachsenen Altstadt von St. Pölten nicht durch ein **zweites Zentrum** Konkurrenz zu bereiten und doch die Neubauten möglichst nahe an Altstadt und Bahnhof zu platzieren. Die auch mögliche Variante von *Wilfried Wang*, der der Nachverdichtung des bestehenden Zentrumsbereiches durch implantierte Bauten nachgegangen war, wurde ebenso verworfen wie die sich in dem unspektakulären Flüsschen Traisen spiegelnden Hochhaustürme von *Wilhelm Holzbauer*.

---

44   Vgl. Otto KAPFINGER, „Hauptstadtwerdung – Regierungsviertel" in: *St. Pölten neu*, S. 32 ff.

Hoffmann erfüllte zweifellos am besten die Vorgaben, hinsichtlich der Höhengliederung der Baukörper, der neu zu schaffenden Stadträume und Verkehrswege ein adäquater Maßstab zu Altstadt zu finden sein müsse, der auch zur Sanierung des ökologisch schwer geschädigten Flusses beitragen würde. Als Alternative zum Phantom der **Beamtenburg**[45] zeigte er die Struktur eines durchlässigen Dienstleistungszentrums mit urbanem Charakter auf, „ein Ensemble

Abb. 1.16: Rhetorik und städtebauliche Komposition eines Regierungsbezirkes am Ende des 20. Jahrhunderts.

überschaubarer, individuell zugänglicher Amtshäuser, die im Erdgeschoß vielfältige Nutzungen besitzen und Bezug zum Außenraum, zu Plätzen, Straßen und Grundflächen aufweisen", wie *Otto Kapfinger* meint, doch: „Städtebau im konventionellen Sinn hat heute nicht mehr die Mittel, um >urbanes Leben< a priori zu garantieren. Es genügt nicht mehr, einen >Platz< gut zu komponieren, wenn niemand dort hingeht ... Das Bild des St. Pöltner Regierungsviertels illustriert genau dieses Dilemma. Es zeigt uns bekannte Muster: Straße, Anger, Passage, Platz, Turm, Tor, Brücke *(Abb. 1.16)*. Die Rhetorik dieser Räume schafft eine gewisse spontane Vertrautheit, und doch bleibt das Bild bloß Metapher, verweist dieser Städtebau mehr auf eine abwesende als auf eine tatsächliche Urbanität."[46] Zur Verteidigung des Architekten muss eindrücklich festgehalten werden, dass dies zum größten Teil ein Fehler der Vorgabe war und ist, die aus sicherheits- und betriebstechnischen Einwänden zu wenig Wohnbauten in der unmittelbaren Umgebung vorsieht, ein Mangel, den auch das privatwirtschaftliche finanzierte >Tor zum Landhaus< 1993-97 von *Boris Podrecca* mit *Wolfgang Pfoser* geplantes Bürogebäude als städtebaulich wichtiger Vermittlungsversuch zwischen Regierungsviertel und Altstadt aufgrund der monostrukturellen Nutzung nicht wirklich beheben wird können.

Die **Rhetorik** einzelner Gebäude in diesem als transparentes Dienstleistungszentrum apostrophierten Regierungsviertel ist dennoch traditionell. Dieses >Tor zum Landhaus< macht unbeabsichtigt dieselbe monumentale Geste wie jedes herkömmliche Stadttor und ohne weithin sichtbaren Markierungspunkt, der wie ein archetypisches Element die Siedlungsform Stadt zitiert, kommt auch diese von *Jan Tabor* als „Städtebau, wie er sich gehört:

---

45   Der eindeutig abfällig gebrauchte, umgangssprachliche Begriff der >Beamtenburg< verweist interessanterweise auf den ausschließlich den Herrschenden zugeordneten Bautyp aus der Gruppe der Schlösser und Paläste.

46   Otto KAPFINGER, in: *St. Pölten neu*, S. 38

klar, kompakt, klassisch"[47] titulierte moderne Hauptstadtplanung nicht aus. Dieser ebenfalls von *Ernst Hoffmann* 1991-97 entworfene und umgesetzte, 65 Meter hohe und begehbare Klangturm soll in seiner Idee jedoch an die fernöstlichen Pagoden mit ihren farbenreichen Glockenspielen erinnern, in dem man mittels Treppen und Panoramalift in unterschiedliche Erlebnisräume, die von den Klängen der Regionen des Landes bis zu Auftragskompositionen gefüllt werden, gelangt. „In einer Zeit, in der das Regieren zunehmend als kommunales Verwalten interpretiert wird, ist hier somit ein Turm entstanden, der nicht mehr wie früher für die klare Rhetorik der Herrschaft steht, sondern als Zeichen für Imaginationskraft und künstlerische Phantasie."[48]

1.3 Bauten der öffentlichen Verwaltung

1.3.1 Bauten für Ratssitzungen

Abb. 1.17: Sitzungssaal und Schiffsmetapher am Beispiel des neuen niederösterreichischen Landhauses.

Wie schwer es immer noch ist, eine repräsentative Sprache ohne Monumentalismus zu finden, zeigt das heutige niederösterreichische Landhaus von *Hoffmann* auf, der zum Herausstreichen der politischen Wichtigkeit des großen Sitzungssaals *(Abb. 1.17)* die illusionistische Form eines Schiffes wählt, das aufgestelzt in einem großen Wasserbecken parallel zur Traisen steht. Diese Symbolik des Ozeanluxusdampfers[49] wurde schon von den Begründern der so genannten klassischen Moderne gerne als Substitut für die traditionelle Machtsymbolik der Palastfassade verwendet, man denke an *Le Corbusiers* Rhetorik oder an das berühmte Chilehaus von *Fritz Höger* im Hamburger Kontorhausviertel, das die ausdrucksstarke Verwaltungszentrale einer Reederei ist, die hauptsächlich Salpeter aus Chile importierte. Die **Schiffsmetapher** scheint in der Sprache der modernen Architektur den Turm als Hoheitssymbol zu ersetzen, obwohl der Turm in Form des Büro-Hochhauses als mehrheitliche Ausdrucksform der Bauaufgabe Verwaltungssitz letztendlich in dieser Sparte das 20. Jahrhundert dominieren sollte.

Welche Schwierigkeiten es für die aufgeklärten Architekten des 19. und 20. Jahrhunderts bedeutet, das **Bild des Palastes** als repräsentativer Herr-

---

47   *St. Pölten neu*, S. 54

48   Roland SCHÖNY in: *St. Pölten neu*, S. 58

49   Jan TABOR in: *St. Pölten neu*, S. 54f.

schersitz endgültig zugunsten von Ausdrucksformen moderner demokratischer Staatsformen zu verdrängen, zeigt die gesamte folgende Baukunst für Regierungs- und Verwaltungsgebäude welcher speziellen Funktion auch immer, auf. Bleiben wir noch bei den Landhäusern, die übrigens, obwohl vom Begriff her vollkommen ident, nichts mit dem Landhaus im Sinne der Villa gemein haben. Die nun folgenden Landhäuser sind der Sitz der Länderparlamente

Abb. 1.18: Die Ehrenhofanlage des burgenländischen Landtages in Eisenstadt.

des föderalistischen Systems, die, sofern sie nicht in bestehenden Barockpalästen, mit denen die alten Landeshauptstädte Österreichs so reichhaltig ausgestattet sind, ihren Unterschlupf finden, neu errichtet werden mussten. Dies trifft nur in den gleichsam im 20. Jahrhundert erst neu gegründeten Landeshauptstädten des Burgenlandes wie Vorarlbergs zu. Das 1926-29 von Wagner-Schüler *Rudolf Perthen* für Eisenstadt entworfene Landhaus *(Abb. 1.18)* ist, wie *Achleitner* deutlich feststellt, noch „als Großform konzipiert, mit leicht angedeutetem >Ehrenhof< in der Mitte und zwei Höfe umschließenden Flügelbauten. ... *Perthen* gelang es, die Bedürfnisse nach Sachlichkeit, räumlicher Effizienz und Addition kleiner Raumeinheiten mit einem alten, repräsentativen Organisationsprinzip (dem Typus Schloss) zu verbinden"[50]. Selbst das erst 1973-80 erbaute Vorarlberger Landhaus in Bregenz von *Wilhelm Holzbauer* und anderen verlässt noch nicht gänzlich die Palastform, indem es deren typische Elemente wie überhöhte Sockel- und Eingangsbereiche und schmale vertikale Glasteilungen alternierend mit Pfeilerreihen einsetzt[51].

Auch *Theophil Hansens* 1871 gebautes Parlament an der Wiener Ringstraße ist nicht ganz frei von typischen Bauelementen des Schlossbaus, wie der Andeutung des Ehrenhofes durch Vorfahrt und flankierende Seitenflügel sowie einem dominanten Mittelrisalit mit Tempelgiebel, auch wenn er so bewusst den griechisch-klassizistischen Stil dafür ausgewählt hatte *(Abb. 1.19)*. *Hansens* Auffassung war: Ebenso wie der

Abb. 1.19: Die Ehrenhofanlage des österreichischen Parlaments an der Ringstraße.

---

50   ACHLEITNER, *Ö.Arch. 20. Jh. Band II*, S. 453

51   Vgl. ACHLEITNER, *Ö. Arch. 20. Jh. Band I*, S. 412

Tempel in der griechischen Kunst, das Forum in der römischen und die Kathedrale in der christlichen den Höhepunkt einer Entwicklung darstellen, „so ist in unserer Zeit ein neues Moment hinzugekommen, wo sich die Aufmerksamkeit der Völker centriert: das Parlament." Für ihn konnte der Stil des Parlaments nur „der classische Stil hellenischer Blütezeit" sein, denn „die Hellenen waren das erste Volk, welches die Freiheit und Gesetzmäßigkeit über alles liebte, und ihr Styl ist auch derjenige, welcher neben der größten Strenge und Gesetzmäßigkeit zugleich die größte Freiheit in der Entwicklung zulässt."[52]

Dennoch gibt es in der Zeit des strengen Historismus um 1870 keine eindeutige Zuweisung eines Stiles an eine Bauaufgabe mehr, auch wenn dies für die Monumentalbauten der Wiener Ringstraße zutreffen mag: „Das demokratische Prinzip des Parlamentarismus erscheint im Stilkleid der alten **Demokratie**, in hellenischer Gestalt (Parlament); der Sammelpunkt bürgerlich-städtischen Lebens holt seine Gestalt aus der vermeintlichen Blütezeit des deutschen **Bürgertums**, dem späten Mittelalter (gotisches Rathaus); der Sitz der Wissenschaften endlich bezieht seine Gestalt vom zeitörtlichen Ursprung des humanistischen Bildungsideals, der italienischen Renaissance (Universität). So besehen, wird die Vielheit und Verschiedenheit der Stilformen zu einer Einheit aus der geistigen Gesamthaltung der damaligen Menschen, für welche die noch nicht emanzipierte Kunst nur ein Mittel zum Zweck war."[53] Was ist dann aber mit dem Budapester Parlament, das ab 1882 von *Imre Steindl* in einem zweifellos gotischen Stile geplant wurde, und sich damit explizit auf das Londoner Parlament von *Charles Berry*, 1835-61, als Vorbild bezieht, oder mit all den neu errichteten Rathäusern Niederösterreichs gegen Ende des 19. Jahrhunderts, die mit Ausnahme von Korneuburg und Kaltenleutgeben ausschließlich Bauformen der Renaissance und des Barock verwenden, wie *Kitlitschka* feststellt[54].

Abb. 1.20: Im romantischen Rathaus von Klosterneuburg wurden mittelalterliche Kirche wie Stadtturm integriert.

Dass die Motive für die Wahl eines bestimmten Stiles vollkommen unterschiedlich sein können und sich im Laufe der Zeit auch deutlich gewandelt haben, zeigt die Gegenüberstellung des Wiener Rathauses von *Friedrich von Schmidt* 1872 entworfen und bis 1883 errichtet, mit dem ebenfalls neogotischen Rathaus von Korneuburg, das 1894-95 von *Max Kropf* erbaut wurde. Das direkte Vorbild für Wien waren die spätgo-

---

52   Zitiert nach: MORAVÁNSZKY, *Die Architektur der Donaumonarchie*, S. 44

53   Gustav KÜNSTLER, *Kleiner Führer zur Alten Kunst und Kultur der Stadt Wien*, S. 77

54   Vgl. KITLITSCHKA, *Historismus & Jugendstil in NÖ*, S. 26

tischen Rathäuser des Bürgertums der flandrischen Städte Brüssel, Brügge und Antwerpen mit ihrem hohen Mittelturm, dem Beffroi[55]. Auch wenn daher das Wiener Rathaus als Stilgemisch mit rustizierendem Sockel und mit Arkaden, die im Gegensatz zu den echten Vorbildern buchstäblich aufs Podest erhoben wurden, errichtet wurde, ist sein markanter Turm nach den spätgotischen Vorbildern, aber als Neubau, errichtet worden. Im Gegensatz dazu wird das Rathaus in Korneuburg *(Abb. 1.20)* nach dem Abbruch der an derselben Stelle stehenden, mittelalterlichen Nikolauskirche neu um den stehen gelassenen Stadtturm von 1440-47 unregelmäßig gruppiert[56]. Es wird also kein Vorbild nachgebaut, sondern aus dem Ort selbst und seinen spezifischen Gegebenheiten eine malerische Neuinterpretation unter Einbeziehung alter, aber auch durch den Abriss ebenso alter Bauteile erzeugt.

Irgendwie bleibt als bautypische Merkmale eines **repräsentativen Verwaltungsbaus** schlussendlich sowohl der Rathaus- oder Stadtturm wie auch Relikte von Palastfassadenkompositionen. Gut ersichtlich ist diese Einstellung noch im Rathaus von Amstetten, das auf einen Entwurf des Ferstel-Schülers *Eugen Sehnal* 1897-98 zurückzuführen ist. Es nimmt den städtebaulich markanten Eckplatz zwischen Rathausstraße und

Abb. 1.21: Palastfassadenrelikt am Rathaus von Spital am Semmering.

Hauptplatz ein, und markiert diese Situierung mittels des übereck gestellten Turmes samt zweigeschoßigem Erker an der abgeschrägten Gebäudeecke. Diese beiden aus der spätgotischen Bautradition kommenden Elemente werden mit renaissancehaften Giebeln in der Dachzone samt dazugehörigen Risaliten kombiniert[57]. In weiterer Folge werden je nach persönlicher Vorliebe der Architekten einmal eher die eine und dann wieder die andere Variante zur Signalisierung eines Rathauses gewählt, wenn sich auch die Stilsprachen bereits weit weg von allen Historismen bewegt haben. So muss das Rathaus von Spital am Semmering von *Paul Gütl*, einem Otto Wagner-Schüler 1906-07 entworfen, aufgrund der strengen Ordnung und dem weit ausladenden Kranzgesims[58] eindeutig der Palastfassadentypologie zugerechnet werden *(Abb. 1.21)*, wohingegen das Rathaus von Rottenmann, für das sich *Josef Hofbauer* 1912 in einem Wettbewerb von mehr als hundert Teilnehmern durchsetzte, einen „dominanten Turm, der seine secessionisti-

55   Vgl. MORAVÁNSZKY, *Die Architektur der Donaumonarchie*, S. 48

56   Vgl. DEHIO, *Niederösterreich nördlich der Donau*, S. 544

57   Vgl. KITLITSCHKA, *Historismus & Jugendstil in NÖ*, S. 26

58   Vgl. ACHLEITNER, *Ö.Arch. 20. Jh. Band II*, S. 304

sche Verwandtschaft nicht leugnen kann"[59], vorsah. Ein radikales Umdenken erfolgte nach dem zweiten Weltkrieg, wohl mitverursacht durch die materielle Verknappung dieser Zeit, wie das Villacher Rathaus von *Karl Hayek*, 1950-52 erbaut, mit seiner laut *Achleitner* >Würde der Armut<[60] am deutlichsten aufzeigt. Heute tendiert der Rathausbau wieder mehr zum Ausdruck der Macht, die sich nun aber nicht mehr so mit Symbolen beladen durch Palastfassade und Turm präsentiert, sondern eher durch eine Auswahl edler Materialien, ansonsten aber Wert darauf legt, als **Servicestelle am Bürger** verstanden zu werden. Beispielhaft für diese neuesten Tendenzen sind der Umbau des Sitzungssaales im Alten Rathaus von Perchtoldsdorf durch *Hans Hollein*, 1976 sowie die Erweiterung des Rathauses in Wels durch *Luger & Maul*, 1995 und der Gemeindeamt-Umbau in Nüziders von *Bruno Spagolla* 1996-99.

1.3.2 Bauten für Ministerien und Ämter

Parallel läuft die Entwicklung der Formensprache bei den Verwaltungsbauten der Staatsmacht wie Ämtergebäuden und Ministerien, die sich in funktioneller Hinsicht nur durch den Wegfall des repräsentativen Versammlungssaales und der ausgedehnteren Bürofunktionen von der obigen Gruppe unterscheiden. Ein Ministerium in der Palastfassaden-Sprache, diesmal allerdings in seiner neobarocken Ausprägung, ist das ehemalige Kriegsministerium am Stubenring von *Ludwig Baumann*, 1909-13 der gänzlich anders und unvergleichlich aufregender komponierten, vollkommen modernen Palastfassade der Postspar-Casse von *Otto Wagner* gegenüber gestellt. In unmittelbarer Nähe dazu befindet sich eine ebenso rückständige Neuinterpretation des Turmmotives als Hoheitszeichen in Gestalt des

Abb. 1.22: Pathos eines Verwaltungsbaus der Moderne am Beispiel Grazer Stadtwerke

so genannten Bundesamtsgebäudes in der Vorderen Zollamtstraße, von *Peter Czernin* 1980-86 in einer postmodern-ägyptizistischen Stilcollage ausgefertigt. Viel nüchterner, um bei dem beinahe als Ensemble zu bezeichnenden Ämterviertel der Vorderen Zollamtsstraße zu verweilen, zeigt sich das ehemalige Amtsgebäude der Marine-Sektion des Kriegsministeriums von *Fenderl & Bach*, 1906-08, das sich beinahe schon als moderner Verwaltungsbau präsentiert und jedenfalls ohne weithin sichtbare Hoheitszeichen, von den sehr zurückhaltenden Wappen der einzelnen Hafenstädte abgesehen, auskommt. Da fahren Bauten wie das Verwaltungsgebäude der Grazer

59   ACHLEITNER, *Ö.Arch. 20. Jh. Band II*, S. 299

60   ACHLEITNER, *Ö.Arch. 20. Jh. Band II*, S. 96

Stadtwerke am Andreas-Hofer-Platz von *Rambald von Steinbüchel-Rhein-wall*, 1928-32, obwohl ohne jedes Ornament, allein aufgrund ihrer Baukör-permodulierung *(Abb. 1.22)* wieder eine viel stärkere Rhetorik auf, um noch bei den architektonisch gelungenen Beispielen zu bleiben.

Dieser Rückfall in ein gewisses **Pathos** ist auch den verschiedenen Arbeits-ämtern von *Stiegholzer & Kastinger* in Wien zur selben Zeit nicht ganz fremd, obwohl alle diese Architekturen schon deutlichste Hinweise auf eine ange-strebte und bis heute im Verwaltungsbau unablässige Transparenz aufwei-sen, die sich in den Baulichkeiten deutlich niederschlagen sollte. Stellt man in diesem Zusammenhang das berühmte Stiegenhaus des Arbeitsamtes Lie-sing, von *Ernst Anton Plischke* 1932 entworfen, dem des Arbeitsamtes in der Siebenbrunnenfeldgasse von *Stiegholzer & Kastinger*, 1928 entworfen, ge-genüber, erkennt man, dass derselbe gestalterische Wille sich in beiden ma-nifestiert. Zwar ausschließlich im politischen Geist interpretiert und doch nicht weniger gültig, ist der Kommentar von *Gmeiner & Pirhofer*, den *Plisch-ke* selbst in seine 1989 veröffentlichte Monografie aufnimmt: „Die Radikalität der Transparenz machte vor dem Zustand der Arbeitslosen auch nicht halt. Aufklärung wurde so zur Offenlegung der Hoffnungslosigkeit. Und die stren-ge architektonische Ordnung figurierte als scharfer Kontrast gegenüber dem Verfall der inneren und äußeren Lebensordnung der Arbeitslosen."[61]

Dieses Arbeitsamt von *Plischke* dient heute als **Ikone der Moderne** in der österreichischen Architektur, da es alles vorwegnimmt, was seither den neu-zeitlichen Bürobau ausmacht, - ein reiner Eisenbeton-Skelettbau an der Fas-sade mit Glas oder großen Platten verkleidet, dazu ein nach tayloristischen Beobachtungen der Bewegungsabläufe der Beamten entwickelter, streng ra-tionaler Grundriss. Zur generellen Aussage sei abschließend *Plischke* selbst zitiert: „Das Amt als öffentliches Gebäude ist auch von der Straße aus durch die Glaswand klar übersehbar. Hier gibt es keine Geheimnisse hinter un-durchsichtigen Schalterwänden: Dies war im Hinblick auf den besonderen Charakter des Amtes ein prinzipieller erzieherischer Programmpunkt in mei-nem Konzept, und ich habe versucht, daraus den typischen Charakter des Baues zu entwickeln."[62]

---

61   PLISCHKE, *Ein Leben mit Architektur*, S. 136

62   PLISCHKE, *Ein Leben mit Architektur*, S. 125

2 Private Repräsentations- und Wohngebäude

2.1 Stadtpalais

Der Typus des Stadtpalais nimmt in der Hochgründerzeit vor allem im Zusammenhang mit der finanziellen Prosperität des neu entstandenen Großbürgertums und dessen Streben, als Geldadel mit dem Hochadel gleichzuziehen, einen ungeahnten Aufschwung. Bauliches Vorbild war der repräsentative Adelspalast in der Stadt, der in Wien besonders in der **Herrengasse** und im Viertel südlich des Grabens ab dem 2. Viertel des 16. Jahrhunderts prosperierte. Die Umwandlung der Stadt von einer Struktur, die durch mittelalterliche Bürgerhäuser bestimmt war, in eine Stadt aus Adelspalästen nach römischem Vorbild, hatte seinen Anfang genommen, als nach der ersten Türkenbelagerung *Kaiser Ferdinand I.* 1533 seine Residenz als römisch-deutscher Kaiser endgültig nach Wien verlegte und einige Reichsbehörden gründete. Dies führte zu einen Zuzug der internationalen **Hocharistokratie**. Erst die Schlacht am Weißen Berge gegen den protestantischen böhmischen Adel brachte jedoch durch die Enteignung der böhmischen Güter nach der Niederlage für die österreichische Hocharistokratie, die die konfiszierten Güter übernahm, den finanziellen Schub, der den ersten barocken Bauboom an Stadtpalästen ab 1650 auslösen sollte.[63]

Mit einem späten Nachfahren dieser Adelspaläste in unmittelbarer Nachbarschaft zur Hofburg, dem heutigen Palais Pallavicini am Josefsplatz, das von *Johann Ferdinand Hetzendorf von Hohenberg* noch für den *Grafen Fries* 1783-84 erbaut wurde, sollte eine neue Art des **repräsentativen Wohnpalastes** in der Innenstadt begründet werden. Das Palais zeigt recht typisch in seinen Grundrissen ein weiteres Charakteristikum dieser städtischen Adelspaläste, das zumeist nicht zur Sprache gebracht wird. Dergleichen Bauwerke bestanden nämlich nicht nur aus den repräsentativen Räumlichkeiten der Empfangssalons, die sich an der Hauptfassade spiegelten, sondern in den Hofflügeln auch aus den vollkommen unrepräsentativen Wohneinheiten für die Bediensteten, denn die erst 1782 aufgehobene Hofquartierspflicht schrieb jedem Arbeitgeber vor, für seine Arbeitnehmer Wohnraum kostenlos zur Verfügung zu stellen. *Johann Graf Fries* war also der erste Adelige Wiens, der nun die Wohnräume in den Hinterhöfen seines neuen Palastes gewinnbringend vermieten konnte, was in der folgenden Gründerzeit den mehrheitlich bürgerlichen Hausbesitzern Wiens zu ungeheurem Reichtum verhelfen sollte.

---

63   Vgl. DEHIO, *Wien I – Innere Stadt,* S. XXVII und XXXIII

Abb. 2.1: Das Palais Pallavicini führte mit seiner als skandalös schlicht empfundenen Fassade zu einem ähnlichen Skandal in der Nachbarschaft der Hofburg, wie später das >Looshaus< am Michaelerplatz.

Dennoch ging das Palais Pallavicini *(Abb. 2.1)* vor allem aufgrund seiner als skandalös empfundenen Fassade in die Geschichte ein. Deren frühklassizistische Gestaltung wurde als so revolutionär schlicht empfunden, dass schlussendlich 1786 zur Kompensation ein Karyatidenportal und Attikafiguren hinzugefügt werden mussten, ein Skandal, der sich ein Jahrhundert später nochmals in genau derselben Art und Weise beim Looshaus am Michaelerplatz wiederholen sollte. Gerade aber der geschlossene, blockhafte, Charakter des Baukörpers führte in Zusammenhang mit den ersten echten Mietwohnungen in seinem Inneren dazu, dass das Palais Pallavicini als wichtiger Vorläufer der Wiener Zinshausarchitektur des 2. Viertels des 19. Jahrhunderts angesehen wird.[64] *Feuchtmüller* merkt allerdings zu Recht an, dass es gerade die kubische Baumasse ist, die der kritisierten Fassade Würde und Monumentalität verleiht und, dass das Gebäude eine neue Auffassung in der Architektur betont, „die eine aus dem Inneren kommende Raumgliederung ebenso ablehnt wie eine oberflächliche Dekoration"[65].

Der Bau der **Ringstraße** anstelle des Glacis, was sich nicht nur durch das Aufgeben der alten Befestigungen aufgrund verteidigungstechnischer Neuerungen ergab, sondern sogar massiv eingefordert wurde, um endlich wieder zentrumsnahe bebauungsfähige Grundstücke zu erhalten, ermöglichte endlich der neu entstandenen **Finanzaristokratie,** mit ihren Wohnresidenzen mit der Hofaristokratie durch die Ringstraßenpalais gleichzuziehen. Sicherlich ist auch das der Grund für die Entscheidung, die Ringstraße als Kombination öffentlicher Monumentalbauten mit privaten noblen Wohnhäusern zu errichten. Da der Staat zur Finanzierung seiner Monumentalbauten diese Bürgerpalais brauchte, gibt es ganz bewusst Anreize zum Grundstückskauf in Form von Steuerbegünstigungen. So präsentierten sich die Neureichen nicht nur höchstpersönlich beim Corso, dem Auf- und Abspazieren am Ring von der Oper bis zum Schwarzenbergplatz, um zu sehen und vor allem gesehen zu werden, sondern ihre **Mietpalais** taten dasselbe in Konkurrenz zu den Palästen des alteingesessenen Adels. Interessant in diesem Zusammenhang ist, wie die Abgrenzung der beiden Gesellschaftsschichten sich auf die Architek-

---

64 Vgl. DEHIO, *Wien I – Innere Stadt,* S. 355 und *Architektur Wien. 500 Bauten,* Wien 1997, S. 84

65 FEUCHTMÜLLER, *Biedermeier,* S. 12

tur der Palais auswirkte. Da an der Ringstraße die beiden Typen gezwungenermaßen nebeneinander standen und die vorgeschriebene Traufhöhe keine Möglichkeit der gesellschaftlichen Differenzierung einräumte, ging schlussendlich der Hofadel dazu über, weniger Wohngeschoße bei gleicher **Traufhöhe** zu bauen, um anzuzeigen, dass er es im Unterschied zum emporgekommenen Großbürgertum nicht notwendig hatte, ein Einkommen durch möglichst viele vermietbare Wohnungen im Mietpalais anzustreben.[66]

Ein gutes Beispiel für ein derartiges Palais des Hofadels ist das Palais des *Erzherzog Wilhelm*, auch Palais des Hoch- und Deutschmeisters am Parkring *(Abb. 2.2)*, das von *Theophil Hansen* 1864-69 gestaltet wurde. Der Baublock war zwischen zwei ursprünglich symmetrisch angelegten Miethäusern mit ebenfalls prächtigen Schaufassaden zur Ringstraße angelegt, von denen er sich durch nicht ganz die gleiche Traufhöhe und größere Geschoßhöhen abgrenzte. Auf das zweigeschoßige Sockelgeschoß folgen nur mehr die dominierende Beletage, die die repräsentativen Wohn- und Empfangsräume des Hausherrn an der Fassade durch eine freistehende ionische Kolonnade am Mittelrisalit auffallend anzeigt und darüber ein abschließendes Attikageschoß. Auch die Innengestaltung dieses Palais ist im Ringstraßenkontext ungewöhnlich, denn das Erdgeschoß besteht aus Stallungen in Form einer mächtigen, dreischiffigen Basilika mit sechs Flachkuppeln auf dorischen Säulen und Thermenfenstern über dem Gebälk[67], weil der Bauherr Erzherzog Wilhelm, der das zölibatäre Habsburgeramt des Hoch- und Deutschmeisters bekleidete, als ausgesprochener Pferdenarr galt.

Abb. 2.2: Größere Geschoßhöhen unterscheiden an der Ringstraße die Adelspalais von den Mietspalais.

Viel prächtiger als die im Inneren doch eher schlicht ausgefallenen Wohnräume von *Erzherzog Wilhelm* waren da schon die **Beletagen** der beiden wichtigen Bankierspaläste an der Ringstraße, die in ihren Festsaalgestaltungen ungeheuren Einfluss auf andere Prachtbauten der Hochgründerzeit ausübten. Das spätere der beiden, das für den Bankier *Gustav Epstein* ebenfalls von *Theophil von Hansen* 1868-71 entworfene Palais, zeigt dennoch eine gewisse >Demokratie< hinsichtlich der Fassadengestaltung, denn das erste Stockwerk wird hier nicht zu Lasten der übrigen Stockwerke überbetont und

---

66   Vgl. MORAVÁNSZKY, *Die Architektur der Donaumonarchie*, S. 57

67   Vgl. DEHIO, *Wien I. Bezirk – Innere Stadt*, S. 350f. und *Architektur Wien. 500 Bauten*, S. 130

– was bei Palais noch seltener war – die Mieter der oberen Etagen konnten dieselbe Treppe benutzen, wie der Hauseigentümer.[68]

Am Einflussreichsten für die folgende Palais-Architektur der gesamten Donaumonarchie war jedoch das früheste aller historistischen Palais in Wien, das *Christian Ludwig Förster* 1861-63 für die Bankiers *Eduard* und *Moritz von Todesco* in der Kärntnerstraße *(Abb. 2.3)* errichtete. Das Formenrepertoire des Außenbaus lehnt sich an die venezianische Renaissance wie etwa *Sansovinos* Libreria von S. Marco an. Die Wahl der Vorbilder für die Privatpalais der Großbankiers des 19. Jahrhun-

Abb. 2.3: Das Privatpalais einer Bankiersfamilie wie der Todescos knüpft in seiner Stilsprache aus programmatischen Gründen bei den Florentiner Renaissancepalästen an.

derts in den Stadtpalästen der italienischen Renaissance, den ersten Banken der Geschichte, liegt nahe. Auch das Palais Epstein bezieht sich übrigens auf römische Renaissanceformen. Dennoch übte die programmatische Innenausstattung des Palais Todesco, für die wiederum *Theophil von Hansen* 1865 verantwortlich zeichnete, eine noch größere Nachfolgewirkung aus, als die Fassadengestaltung. Hansens Komposition für den **Festsaal**, den Hauptraum durch zwei korinthische Doppelsäulen aus rotem Marmor von einem Annex zu trennen, findet sich im Speisesaal des Palais von *Erzherzog Wilhelm* 1864-67, im Brahmssaal des Musikvereinsgebäudes 1867-70, im Budgetausschusssitzungssaales des Parlaments 1871-83 sowie im Festsaal der Börse 1873-77 wieder[69].

Doch nicht nur Bankiers und Industrielle wurden geadelt und damit zum Großbürgertum, das sich Paläste als private Wohnhäuser leisten konnte, sondern auch die Ringstraßenarchitekten und Baumeister wie *Hansen* und *Otto Wagner*, der beim Palais Epstein noch als Baumeister und nicht als entwerfender Architekt fungiert hatte, stiegen bald in diese Kategorie auf. Wagner setzt diesen seinen neuen gesellschaftlichen Status beim Ensemble der Miethäuser am Rennweg 1, 3 und 5 darin um, dass er das mittlere Haus für sich selbst als Privatpalais reservierte und dementsprechend aufwändiger gestaltete[70]. Da *Wagner* später nochmals unter anderem als der Stararchitekt für Miethäuser auftauchen wird, soll hier nun gleich die Abgrenzung zwischen Mietpalais und **Miethaus** erfolgen – in ersterem bewohnte der Eigentümer eine oder mehrere Etagen, während in den Häusern der zweiten Gruppe ausschließlich Mietwohnungen zu finden waren. *Wagner* wird dieses

---

68   Vgl. MORAVÁNSZKY, *Die Architektur der Donaumonarchie*, S. 59

69   Vgl. DEHIO, *Wien I. Bezirk – Innere Stadt*, S. 394f.

70   *Architektur Wien. 500 Bauten*, S. 146

Schema später zumindest für die gestalterischen Grundsätze durchbrechen, in dem er zwar seine Stadtwohnungen wechselnd in verschiedenen Miethäusern aufschlägt, die gesellschaftliche Repräsentation jedoch auf seine diversen Vorortevillen verlegt.

Noch etwas sei an dieser Stelle angeschlossen – die alten Adelspalais hatten aus funktionellen Gründen offene Innenhöfe, die bei den Ringstraßenpalais jedoch obsolet wurden und daher meist ein Glasdach erhielten, wodurch sie zur erschließenden Halle werden. Erst im Massenmiethausbau, dem privaten der Zinshäuser wie im öffentlichen der Wohnhöfe der Zwischenkriegszeit, wird dieses Merkmal nicht nur aus funktionellen Gründen wieder auftauchen. Vor allem die Großwohnhöfe verweisen ganz bewusst auf eine Typologie, die früher nur den höchsten gesellschaftlichen Schichten vorbehalten war, eben auf den **Hof**, der sowohl auf den Kaiserhof wie die damit verbundenen Bautypen Palast und Schloss verweist.

2.2 Land- und Sommerfrischevillen

Damit befinden wir uns inmitten der schwierigen Abgrenzung der verschiedensten **Begriffe** für die meisten Bautypen des repräsentativen Wohnens. Der bereits vorgestellte Palasttyp wurde im 19. Jahrhundert zum Mietpalais in der Innenstadt, in dem selbst der Hausherr nur mehr eine Wohnung innehatte. Sicherlich ist das gerade in Wien um die Mitte des 19. Jahrhundert explosionsartig auftretende Platzproblem mit Ausschlag gebend, die Repräsentation des gesellschaftlichen Status vom Stadtpalast auf ein Landschloss oder Landhaus zu verlegen, wo man sich hinsichtlich Baukörperausdehnung und Komposition der Gesamtanlage den als Vorbild dienenden Residenzschlössern der Fürsten früherer Jahrhunderte annähern konnte.

2.2.1 Landschloss

Ausgangspunkt für den Typus des Landschlosses ist, häufig in der sehr höfischen Tradition als Jagdschloss benützt, naheliegend die **Burg**. Im Deutschen, wo die Trennung in Burg und Schloss im Gegensatz zu anderen Ländern auch in der Sprache eindeutig ist, hebt die Burg den Festungscharakter hervor. Irgendwo inmitten von Verteidigungsanlagen ist dann ein unbedeutendes Bauwerk, der Palas als Wohnturm der Burg, anzutreffen. Das Schloss hingegen, obwohl der Begriff selbst immer noch von Begriffsinhalt der abgeschlossenen und demnach wehrfähigen Anlage kommt, wird eindeutig mit einer Prachtentfaltung im Wohnen assoziiert. Entwicklungsgeschichtlich geschieht diese Wandlung von Burg zu Schloss im Spätmittelalter, als sich der repräsentative Wohnzweck von den Zwängen der Befestigung in unmittelbarere räumlicher Nähe zu lösen vermochte. Dadurch konnte die Bauform des Palas vom vertikalen Wohnturm abgehen und sich in die Länge strecken. Dies war bei der befestigten Burg unmöglich, denn die Minimierung des Umfanges der Verteidigungsanlage ist eines der wesentlichsten Kriterien. Es bilden sich zwei prinzipielle Schlosstypen schon in der Renaissance heraus: Einer bleibt nach wie vor mehr dem Gedanken der vollkommen umschlossenen Anlage verhaftet, der daher die Baumassen um einen geometrisierten, zumeist viereckigen **Innenhof** gruppierte (Vierflügelanlage). Das Bild der Burg bleibt noch sehr lange durch die hervortretenden und hochgezogenen **Ecktürme** erhalten, auch wenn diese genau wie eventuell vorhandene Tortürme keine Verteidigungsfunktion mehr zu erfüllen haben.

Eines der wenigen Beispiele in Österreich, das diesen Typus einer Vierflügelanlage in ein Landhaus des 20. Jahrhunderts übersetzt hat, ist das Landhaus Lehenhof am Thierberg bei Kufstein, 1903 erbaut *(Abb. 2.4)*. Erdacht hat seine Architektur der bekannte Münchner Architekt *Gabriel von Seidl*, der wie sein Bruder *Immanuel* und andere Vertreter der Münchner Schule, in der Übergangsphase der Architektur vom Historismus zur Moderne eine romantische Grundhaltung zeigt, die

Abb. 2.4: Ein romantischer Landsitz orientiert sich noch am Beginn des 20. Jahrhunderts am Vorbild einer typischen Vierflügelanlage des Burgenbaus.

vor allem aus der Heimatschutzbewegung ihre Motivation erhält. Dies erklärt, warum dieser überaus repräsentative Landsitz an seiner Kopfseite Elemente wie die über drei Geschoße reichende Loggia aus Arkadenstellungen mit gebauchten Steinsäulen enthält, die schon während der Renaissance aus dem Burgenbau übernommen wurden.[71]

Der andere Typus, der des in die Breite orientierten, ausgedehnten Baukörpers mit oder ohne Seitenflügel, deutet eher auf Vorbilder in den italienischen Stadtpalästen hin. Doch selbst die daraus sich hauptsächlich in Frankreich entwickelnde Dreiflügelanlage, die einen offenen **Ehrenhof** als empfangenden Eingangsbereich und einen besonders ausgestalteten Mittelbereich als prächtige Kulisse für den Auftritt des Fürsten vorsieht, weist an ihren Baukörperenden so genannte **Eckpavillons** auf, turmartige Risalite mit hohen Zeltdächern, letzte Reminiszenz an den Burgenbau der Vorbilder.

In den Neuinterpretationen dieser beiden Typen des 19. Jahrhunderts finden sowohl der burgenartige Hoftypus wie der längs gestreckte Residenztyp seine Verwendung als ländliches Lust- oder Jagdschloss. Im Gegensatz zu ihren großen Vorbildern können diese Bauwerke aufgrund ihrer privateren Funktion auf viele Repräsentationsräume verzichten und stehen dadurch in funktioneller Hinsicht den in der Baukunst Europas zwischendurch entstandenen Typen der palladianischen Landhäuser näher. „Grundriss und Baukörper folgen in etwa den gleichen Anordnungen wie ihre Vorbilder, jedoch mit

---

71 Vgl. ACHLEITNER, *Ö.Arch. 20. Jh. Band I*, S. 319

reduzierten Verbindungen von Raum zu Raum ... und aufwendigen Treppenhäusern. Im Allgemeinen herrscht Symmetrie bei gleichrangigen Raumgruppen, die sich im Vestibül und Hauptsaal als Zentrum gruppieren."[72]

Solche Bauten errichten sich die Mitglieder des Kaiserhauses im 19. Jahrhundert bevorzugt als Wohnhäuser, mit relativ bürgerlichen Innenräumen bei doch bescheidener, aber immer noch eindeutig repräsentativer Außenerscheinung. Neben den palladianischen Landhäusern, die im angelsächsischen Raum wie später in Übersee, zum Typus des repräsentativen Wohnhauses am Lande schlechthin für alle reichen Gesellschaftsschichten werden, dienen in Österreich Typen des französischen Klassizismus wie Petit Trianon im Versailler Schlosspark eher als Ausgangspunkt. *Feuchtmüller* meint dazu hinsichtlich der näher liegenden Vorbilder, dass die Streckung des Baukörpers zur reinen Richtungsentfaltung ohne Seitenflügel wie noch in *Fischer von Erlachs* Entwurf schon bei *Hohenbergs* Gloriette in Schönbrunn von 1775 erkennbar sei.[73] Es tritt jedenfalls genau dieselbe gesellschaftliche Tendenz, die wir schon bei den Ringstraßenpalais gesehen haben, auch beim Bau der Landschlösser und Landhäuser ein. Das Großbürgertum trachtet nach Schlössern als bürgerliche Wohnhäuser und die Adeligen nach bewohnbaren, bürgerlichen Villen anstelle ihrer Schlösser. Für die Architektur der Außenbaukörper sind in beiden Fällen nur mehr die Mittelteile der großen Schlossanlagen prägend[74].

Die zwei markantesten Beispiele dafür sind am Beginn des 19. Jahrhunderts für Österreich noch im Umfeld Wiens zu finden, die späteren Beispiele stammen allesamt aus den bevorzugten Gebieten der Sommerfrische, ein Phänomen, auf das noch erklärend zurückgekommen wird. Für einen der frühesten Bürgerlichen, der sich ein Schloss bauen konnte und durfte, steht *Johann Heinrich Freiherr von Geymüller*, der 1805-09 als Bankier wesentlichen Anteil an der Aufbringung der von *Napoleon* geforderten Kriegskontribution hat[75], die das Kaiserhaus längst nicht mehr bezahlen konnte. Sein vom Volksmund recht treffend mit Geymüller-Schlössl bezeichnetes Wohnhaus in Pötzleinsdorf, um 1810 erbaut, ist die individuelle Abwandlung eines Palastes zu einem Bürgerhaus, wobei das von *Feuchtmüller* verwendete Attribut schlicht[76] für diese dekorative Mischung von ägyptischen, maurischen und gotischen Formen uns heute eher nicht mehr zutreffend erscheint.

Als Gegenstück sollte man sich die 1823 in Baden bei Wien erbaute Weilburg vor Augen führen, denn „*Kornhäusels* Verdienst ist es, dass er die große monumentale Form wahrt, ihr aber eine intime, bürgerliche Note ver-

---

72   *Lexikon der Weltarchitektur*, S. 561 f.

73   FEUCHTMÜLLER, *Biedermeier*, S. 11

74   Vgl. weiterführend Einführung zur >Villa< in WEISSENBACHER, *Hietzing Band II*

75   *Österreich-Lexikon*, S. 399

76   FEUCHTMÜLLER, *Biedermeier*, S. 19

leiht"[77]. Dennoch, dieses von *Lehne* als „modernes Wohnschloss in der Sprache des Revolutionsklassizismus mit bürgerlichen Innenräumen" bezeichnete Bauwerk für den Bruder des Kaisers, *Erzherzog Karl*, war immer noch das größte neu erbaute **Schloss** Mitteleuropas zu seiner Zeit, mit ausgedehnten halbrunden Stallungen links und rechts. Obwohl erst nach 1945 von den Russen zerstört, ist heute neben der Attikaplastik nichts mehr erhalten. Trotz des Anstriches des Bürgerlichen sind seine Vorbilder verschiedene Schlösser Europas, vor allem aber das Belvedere in Wien. Diese formale Parallelität, - beides sind lang gestreckte Anlagen mit beherrschendem Mittelrisalit und turmartigen Eckbauten -, hat noch eine andere Komponente darin, dass der Bauherr des Belvedere, der über die Türken siegreiche *Prinz Eugen von Savoyen*, der Bauherr der Weilburg der über *Napoleon* bei Aspern siegreiche Feldherr *Erzherzog Karl* war. Hinsichtlich des Unterschiedes in der Formensprache konstatiert *Feuchtmüller* prägnant: „Freilich löst der Klassizist die Aufgabe ganz auf seine Weise. Er lässt die Baukörper ohne Überleitung durch Schrägflächen und dekorative Verkleidungen in ihrer klaren Grundform wirken." Der Säulenportikus ist also weder neoklassizistisches Attribut, wie bei der Technischen Universität in Wien, noch Vorhalle wie beim Eisenstädter Schloss, sondern Bestandteil des Baukörpers, mit ihm durch den gleichlaufenden Sockel, Gesims und Attika verbunden. Die Reihe des Portikus aus acht ionischen Säulen, die mit den jeweils seitlichen vier Fensterachsen ausgewogene Gesamtproportionen schafft, ist nicht als vordrängender Risalit, sondern gleichsam als Raumfolie[78] ausgebildet, und die Fenster sind ohne Zierrat als Gegensatz zu den räumlichen Elementen, einfach in die Wand eingeschnitten.

Der Wunsch der Adeligen nach bewohnbaren Bauwerken kommt auch durch die Änderung der Bezeichnung ihrer Landschlösser mit **Villen** zum Ausdruck. Es geschieht dies in Anlehnung an die Landhäuser des Typs, den *Andrea Palladio* im späten 16. Jahrhundert für die Landresidenzen der venezianischen Adeligen entwickelte, und der seitdem vor allem im Nordwesten Europas wie in den Vereinigten Staaten extrem populär wurde. Die Villa Toscana *(Abb. 2.5)*, die ab 1867 für die Familie des *Großherzogs Leopold II. von Toskana* bei Gmunden erbaut wurde, ist einer der wenigen österreichischen Bauten dieses Typs und nicht zufällig von einem Hansen-Schüler, *Ernst Ziller*, als Synthese von *Hansens* Rezeption der griechischen Tempelarchitektur mit dem palladianischen Tempelbau entworfen, wie *Prokop* meint: „In seiner Urform ein axialsymmetrisch organisierter kubischer Baukörper, der um eine zentrale atriumartige Halle mit hyperthraler Beleuchtung angeordnet war. Die klassizierende Außenerscheinung war vor allem durch die beiden Giebelportiken in der Hauptachse geprägt." Nicht untypisch und extrem aufschlussreich über gesellschaftliche wie ästhetische Wandlungen um die Wende vom 19. zum 20. Jahrhundert ist die weitere Geschichte des Baues. Umbauten

---

77   FEUCHTMÜLLER, *Biedermeier*, S. 22

78   Begriff nach FEUCHTMÜLLER

für, neben anderen, *Johann Orth*, den Sohn *Leopolds II.*, ersetzten aus klimatischen Gründen das flache Satteldach zur Belichtung der Halle durch einen turmartigen Aufbau, der mit der Entfernung der Giebelportiken die Außenerscheinung des Gebäudes dem ländlichen Ambiente anpassen sollte. Schlussendlich wurde die Villa 1913 versteigert, nachdem *Johann Orth* seit 1890 als verschollen galt und 1911 für tot erklärt wurde und gelangte so in den Besitz *Margarete Stonboroughs*, die das Gebäude von *Rudolf Perco* modernen Anforderungen gemäß (Heizungsanlage, sanitäre Einrichtungen, Speisenaufzug) umbauen ließ. „Die gesellschaftlich neu aufstrebenden Schichten der Industriellenfamilien erwarben – zweifellos auch im Sinne eines Legitimationsanspruches – nicht selten alte Adelssitze und ließen sie umbauen und moder-

Abb. 2.5: Die Villa Toskana basiert auf einem für die österreichische Villenarchitektur seltenen zentralsymmetrischen Grundriss.

nisieren. ... Nicht mehr die Rekonstruktion eines hypothetischen historischen Bauzustandes stand im Vordergrund – im Gegensatz zu den Intentionen des Historismus – sondern vor allem die Sicherung des vorhandenen Bestandes, der durchaus in der Formensprache der zeitgenössischen Architektur revitalisiert und ausgebaut werden kann und darf."[79] Diese Umsetzung des alten Typus in die Sprache der Moderne erfolgte jedoch noch nicht an diesem Besitz von *Margarete Stonborough*, sondern an der von *Paul Engelmann* und ihrem Bruder *Ludwig Wittgenstein* entworfenen Stadtvilla in der Kundrathstraße in Wien III 1926-28, dann allerdings wirklich konsequent, auch im Vergleich mit den bis heute erhaltenen Entwürfen von *Perco* für die Villa Toskana.

Der romantische Späthistorismus führt für die ästhetische Weltanschauung des späten 19. Jahrhundert wieder mehr den Burgencharakter der Schlösser in den Vordergrund. Neubauten, collagieren nun aber nicht mehr die klischeehafte Vorstellung des Mittelalters durch ausgiebigen Spolieneinsatz, sondern realisieren, wie Schloss Miramare *(Abb. 2.6)* bei Triest, den Traum des weißen Schlosses am Meer[80]. *Erzherzog Maximilian* hat wahrscheinlich nicht nur als Bauherr, sondern auch als Architekt dieses individuell-romantische Schloss entworfen und *C. Junker*, ein relativ unbekannter Architekt, wird ihn bei der Überwachung der Ausführung 1856-60 unterstützt haben. Aber auch die Villa Warrens in Payerbach, 1854 von *Otto Thienemann* für den im Dienste des Handelsministeriums stehenden Propagandisten der Semmeringbahn entworfen, ist so eine perfekte Inszenierung eines Indivi-

---

79 PROKOP, *Perco*, S. 90-95

80 Begriff nach LEHNE, *Vorlesung zur Österreichischen Architektur des 19. und 20. Jahrhunderts* an der Technischen Universität Wien im Wintersemester 1997-98

Abb. 2.6: Miramare bei Triest, der >Traum des weißen Schlosses am Meer<, als Modell in Minimundus bei Klagenfurt.

dualisten, der seine **Villa als Burg** baut, um als bürgerlicher Aufsteiger sich mit scheinbar feudalem Glanz zu umgeben. Die Villa Warrens ist ein Landhaus von der Funktionalität der Räumlichkeiten, allerdings nicht in neopalladianischen, sondern in neogotischen Formen mit asymmetrischen Akzenten am Baukörper, die Ausdruck des Zufälligen, des Gewachsenen sein sollen. Ganz im Sinne dieses romantischen Historismus fehlt auch nicht der mit Zinnen bestückte Eckturm als Symbol

Symbol der befestigten Burg. Dieses Bauwerk wurde durch seine Publikation in *Försters* Bauzeitung so populär, dass es als Schrittmacher für die folgenden Landsitze dieser Art diente.[81]

Was sich schon angedeutet hat, nämlich wie schwierig es ist, eine Abgrenzung von dergleichen Bautypen allein über Begriffe vorzunehmen, lässt sich bestens anhand der nächsten Beispiele illustrieren, die beide im Gebiet von Reichenau an der Rax liegen. Das Gebiet des Semmering nahm mit der Eröffnung der Semmeringbahn ab Mitte des 19. Jahrhundert einen ungeheuren Aufschwung als das Sommerfrischegebiet gehobener Wiener Gesellschaftsschichten, die nicht mit *Kaiser Franz Joseph I* in dessen Sommerresidenz Bad Ischl zogen. Der Bruder des Kaiser, *Erzherzog Karl Ludwig* hielt sich viel lieber im Gebiet der Auerhahnjagd um Reichenau auf, nicht weil er ein leidenschaftlicher Jäger gewesen wäre, sondern weil er dort als begeisterter Naturwanderer seinen **Sommersitz** bis weit in den Spätherbst hinein ausdehnen konnte. Da zu seinen Pflichten die Repräsentation des Kaiserhauses gehörte, gab er schließlich 1870, um auch Audienzen abhalten zu können, bei *Heinrich von Ferstel* die Villa Wartholz in Auftrag. Ob es sich bei diesem Bau nun um ein Schloss oder eine Villa handelt, kann jedenfalls nicht eindeutig beantwortet werden. In allen Dokumenten und Ausführungen wird das Gebäude als Villa bezeichnet, was wohl auf den Wunsch seines Bauherrn nach einem Landsitz „von privatem, intimem Charakter, bei dem das Element des individuell Wohnlichen in Verbindung mit dem Landschaftserlebnis im Vordergrund stehen sollte", wie *Schwarz* dazu anmerkt[82], zurückzuführen ist. Keinesfalls durfte aufgrund der gesellschaftlichen Funktion des Auftraggebers auf die Repräsentation durch das Bauwerk selbst verzichtet werden, was durch die Wahl des Stils der Neorenaissance und andere als charakteristisch angesehene Merkmale des Schlossbildes, wie ein Turm, die mit

---

81   KOS (Hrsg.), *Die Eroberung der Landschaft*, S. 514

82   SCHWARZ, in: Denkmalpflege in NÖ, Band 8, *Sommerfrische*, S. 17

Schieferplatten gedeckte Dachzone mit Gaupen und Kaminen, Asymmetrie und die Integration einer Kapelle bewerkstelligt wurde. „Diese Merkmale wecken Assoziationen, die sich in der nachträglich ortsüblichen Bezeichnung Schloss oder Schlössl niederschlagen"[83]. Auch baulich schlagen sich die Widersprüchlichkeiten zwischen Repräsentation und dem Wohnlichen nieder. So wurde die Hauptfassade nach Osten auf Fernwirkung berechnet und mit einer vorgelagerten Haupttreppe versehen. Dadurch beraubte man die Bewohner des spektakulären Gebirgspanoramas, nur der liebliche Ausblick ins Schwarzatal blieb erhalten.[84]

Ganz anders hingegen das Verhältnis Schloss – Villa bei dem in unmittelbarere Nachbarschaft entstandenen Schloss des Baron *Nathaniel Rothschild*, des Finanziers von *Erzherzog Karl Ludwig*. Bei diesem Landsitz geht es einzig darum, den eroberten gesellschaftlichen Rang dieses jüdischen Bankiers auch baulich und damit für alle sichtbar darzustellen. Jüdische Familien durften seit 1831, und das nur mit einer Ausnahmeverfügung, überhaupt Grund und Boden erwerben, und *Nathaniel Rothschild* persönlich erhielt 1887 aufgrund großer Verdienste um die Stabilität des Staates die Hoffähigkeit verliehen. Vor diesem Hintergrund wird erst verständlich, warum die ab 1884 in Reichenau errichtete Villa wie ein Schloss aussehen musste, und zwar wie ein französisches Loireschloss aus der Renaissance, das daher von den in Frankreich ausgebildeten Architekten *Bauqué & Piro* zu Kosten, die zehnmal so hoch wie bei der Villa Wartholz des echten Erzherzogs waren, entworfen wurde. Der Zweck des Bauwerks bestand einzig darin, den Lebensrahmen zur Verdeutlichung der endlich erreichten gesellschaftlichen Gleichstellung abzugeben. Obwohl das Gebäude in Einreichplänen wie offiziellen Dokumenten als Wohnhaus, Villa, Herrschaftstrakt, Eigenthum oder Besitzung bezeichnet wird, nennt es sein Besitzer gerne ein neues Schloss und legt größten Wert auf die im Sinne des Späthistorismus gewünschte Schlosssilhouette durch überreich eingesetzte Türmchen, Zierrauchfänge, Balkone und Giebel. In Wahrheit ist jedoch die vorhandene Diskrepanz zwischen Funktionalität und Stilechheit deutlich ausgeprägt und vielleicht auch der Grund dafür, dass das Gebäude weder fertig gestellt noch von den *Rothschilds* jemals bewohnt wurde. Dass dies vielleicht ohnehin nie angestrebt wurde, könnte der Ausspruch des Barons, eine Laune hat es geschaffen, eine Laune gab es weg, nur allzu deutlich veranschaulichen.[85]

„Durch den sozialpolitischen Wandel wird das Lebensbild des Adels für nobilitierte Aufsteiger maßgeblich und bietet auch für diese eine Möglichkeit zur Machtrepräsentation. Damit wird das Schloss als Bauform grundsätzlich für jeden Bauherrn möglich. ... Die Diskrepanz zwischen historisierender Form und modernem Bedürfnis spiegelt die Labilität der gesellschaftlichen Situati-

---

83   KOS (Hrsg.), *Die Eroberung der Landschaft*, S. 521 ff.

84   SCHWARZ, in: Denkmalpflege in NÖ, Band 8, *Sommerfrische*, S. 17

85   Erika OEHRING, „Zur Bildhaften Wirkung der Architektur in der Landschaft", in: KOS (Hrsg.), *Die Eroberung der Landschaft*, S. 520-528; hier: S. 524

Abb. 2.7: Das Jagdschlössl des Grafen Czernin bei Böckstein als romantischer Landsitz nach altdeutschen Motiven.

on wider …"[86], wird im Zusammenhang mit der Gegenüberstellung der Villa Wartholz des *Erzherzog Karl Ludwig* mit dem *Rothschild*-Schloss angemerkt. Doch auch *Kaiserin Elisabeth* klagt beim ihr gewidmeten, 1882-86 von Carl Hasenauer entworfenen **Jagdschloss**, der Hermesvilla im Lainzer Tiergarten, ein: „Schön und modern, aber ungemütlich."[87] Erst englische Grundrissmuster, die im Gefolge mit den aus romantischen Motiven erfundenen Baukörpersilhouetten sukzessive in die Architektur der Landsitze Eingang finden, verbessern die Wohnlichkeit der Objekte. Manchmal passiert dies, wie beim Jagdschlössl *(Abb. 2.7)* des *Grafen Czernin* in Böckstein, 1902 von *Josef Wessicken*, einem ehemaligen Mitarbeiter von *Friedrich Schmidt* erbaut, aufgrund nationalromantischer Vorstellungen, die zu einer Verbindung von altdeutschen und englischen Elementen (Mischung von Burg- und Landhauscharakter) führen. *Achleitner* meint dazu jedoch: „Da es sich um einen Wiederaufbau nach einem Brand handelt, kann nicht genau gesagt werden, wieweit sich *Wessicken* an den Altbestand angepasst hat."[88] Im Detail präzisiert *Achleitner* diese späten Entwicklungen nochmals bei der Beschreibung des so genannten Seeschlössls in Velden, das 1914-15 nach einem Entwurf von *Emmerich Gavanda* errichtet wurde: „Ab der Jahrhundertwende findet in Österreich der englische Grundriss mit zentraler Halle, relativ funktionaler Aufteilung der Räume und einer starken Konturierung der Außenwände (Vorsprünge, Erker, gedeckte Terrasse, etc.) größere Verbreitung, was eine Abkehr von den palladianisch-klassizistischen, funktionsneutralen Grundrissmustern bedeutete. Gleichzeitig fand aber, gegen Jugendstil und Moderne, eine Aufarbeitung und Verbürgerlichung des Barocks statt, so dass viele repräsentative Villen eine merkwürdige Mischung aus diesen beiden Traditionen darstellen."[89]

2.2.2 Landhaus

Den Bautyp der Villa, bei den Römern das Herrenhaus der Landeigentümer und in der Renaissance ebenfalls Landsitz der herrschenden Schichten, macht sich hingegen im 19. und 20. Jahrhundert das Bürgertum komplett zu

86 KOS (Hrsg.), *Die Eroberung der Landschaft*, S. 524 ff.

87 WEISSENBACHER, *Hietzing Band II*, S. 48 f.

88 ACHLEITNER, *Ö.Arch. 20. Jh. Band I*, S. 219

89 ACHLEITNER, *Ö.Arch. 20. Jh. Band II*, S. 92

Eigen. Wie oben gezeigt, wird die Villa als Landhaus gesellschaftlich eindeutig den Bürgern zugewiesen, wohingegen die Adeligen in Landschlössern residieren, auch wenn sie gerne nur in Villen gewohnt hätten. Geografisch hingegen bleiben Landhaus und Landschloss weit weg von der Stadt, wohingegen die Villa im 19. Jahrhundert als Haus des Großbürgertums am Stadtrand zu liegen kommt[90], und insbesondere im 20. Jahrhundert, wo die Villa als Begriff für jedes anspruchsvolle Einfamilienhaus dient, ist diese häufig wieder in der Stadt zu lokalisieren, obwohl ihr Begriff eindeutig mit Landhaus übersetzt wird. Im 19. Jahrhundert lässt sich ziemlich eindeutig die Ausbreitung dieses Typs entlang der neu entstehenden Bahnlinien aus Wien heraus nachweisen. Diese Villen wurden also tatsächlich noch als Landhäuser für ein Zweitleben der Städter auf dem Lande erbaut, und zwar schon vermehrt von der obersten Schichte des kunstliebenden Bürgertums neben den Mitgliedern des Kaiserhauses und des Adels. Von Anfang des Jahrhunderts bis etwa 1840 erscheinen diese Villen ausschließlich im Stil des so genannten Biedermeierklassizismus, der österreichischen Variante des Revolutionsklassizismus, blockhaft, kubisch und symmetrisch[91], wie uns der westliche Abschnitt der Marchetstraße in Baden bei Wien anhand von vielen Bauten *Josef Kornhäusels* exemplarisch vor Augen führt. Erstmals entstehen durch neuartige gesellschaftliche Rahmenbedingungen nicht nur solitäre Einzelbauwerke, sondern ganze **Villenensembles**, eine Tendenz, die sich im Laufe des 19. und im 20. Jahrhundert noch verstärken wird.

Um den Umschwung in der Stilsprache für Villen in den Vierzigerjahren des 19. Jahrhunderts von Spätklassizismus auf Frühhistorismus, von blockhaft-kubistisch auf bizarre Gliederungen in Grund- und Aufriss[92], darzustellen, sollte man jedoch wiederum auf zwei exzeptionelle Einzelbauwerke zurückgreifen. Das Landhaus des *Freiherrn von Sina* in Mauerbach, 1840 vermutlich nach einem Entwurf von *Alois Pichl* erbaut, zeigt noch die stereometrischen Gestaltungsprinzipien eines späten Ausläufers des französischen Revolutionsklassizismus, wie *Kitlitschka* im Detail aufführt: „Vierkanter mit streng symmetrisch angeordnetem Mittelrisalit in der Hauptfront samt Palladio-Fenstermotiv im 1. Obergeschoß und ... betont repräsentativ durch den hohen Sockel des Souterrains, der vor der Hauptfront als langgezogene Erdgeschoßterrasse verbreitert wird"[93].

Ein derart gestaltetes Landhaus wird von uns heute viel eindeutiger der Villentypologie zugeordnet als die Villa Pereira in Altenburg bei Greifenstein an der Donau, 1844 für einen Adeligen, *Louis Baron von Pereira*, den Inhaber der Herrschaft Königsstetten, erbaut. Obwohl diese Villa, bei der *Theophil Hansen* die übersichtliche Grundrissdisposition einer seiner Badener Villen

---

90   *Lexikon der Weltarchitektur*, S. 671

91   Vgl. KITLITSCHKA, *Historismus und Jugendstil in NÖ*, S. 99

92   Vgl. KITLITSCHKA, *Historismus und Jugendstil in NÖ*, S. 99f.

93   Vgl. KITLITSCHKA, *Historismus und Jugendstil in NÖ*, S. 100

weiterentwickelt und mit nahezu archäologischer Genauigkeit seine architekturhistorischen Kenntnisse der Antike aus der Athener Zeit in klassizistische Schmuckelemente verarbeitet, erscheint uns der Bau heute eher als Burgenabkömmling. Dies dürfte neben der beherrschenden Hanglage am Turmaufbau des Westtraktes liegen, der mit den Formen der Tudor Gotik und dem Byzantinischen als romantisch assoziiert wird. Genau dies versucht der Begriff des Romantischen Historismus zu fassen. Die Villa Pereira, die neben *Hansen* von *Ludwig Förster*, in dessen Büro *Hansen* arbeitete, entworfen wurde, ist deutlich auf die sie umgebende Landschaft ausgerichtet. Dieser Ansatz wird Kennzeichen aller späteren Sommerfrischevillen, bei Stadtrandvillen hingegen komplett obsolet. Diese Eigenschaft manifestiert sich bei der Villa Pereira darin, dass es neben Vorhalle, großer, mittlerer Säulenhalle, die als Speisesaal dient und Gesellschaftssaal, die **Aussichtshalle** an der Hauptfront gibt, die den Blick über die Donau Richtung Stockerau erlaubt.[94]

Wie schon angesprochen, hat die weitere Entwicklung der Landvilla vor allem mit dem Phänomen der **Sommerfrische** zu tun. Ging es bei den ersten Sommerfrischeansiedlungen wie Baden oder Mödling, noch allein um die Tatsache, vor allem der Hitze des Sommers in Wien zu entfliehen, so wird bereits bei den Villen in der Hinterbrühl die landschaftliche Szenerie als Kulisse des gesellschaftlichen Lebens angesehen – ein zentraler Gedanke des Zeitalters der Romantik. Ermöglicht wurde dieses Miteinbeziehen von spektakulären Gebirgslandschaften durch das zügige Ausdehnen des Eisenbahnnetzes, das schlussendlich ein ebenso schnelles Erreichen der Reichshauptstadt Wien von Payerbach oder Reichenau, wie vorher von Baden oder Mödling aus, erlaubte. Zudem war der Grunderwerb im Semmeringgebiet durch die Klosteraufhebungen von Neuberg 1786 und Gloggnitz 1803 besonders günstig. Die Überwindung des traditionellen Typs Landhaus begünstigte noch ein weiterer Faktor, nämlich dass durch den Eisenbahnbau plötzlich andere Schichten als der Adel und das ihn nachäffende Großbürgertum zu Villen kamen, wie beispielsweise *Matthias Schönerer*, der Erbauer der Südbahnlinie bis Gloggnitz, der den 1849 erbauten Buchenhof erwerben konnte und 1865 zu einer ländlichen Villa umbauen ließ.[95] Auch das Landhaus des berühmten Wiener Professor für Medizin, Dr. *Ferdinand von Hebra*, Mitbegründer der Kuranstalt in Reichenau, ist von *Wilhelm Flattich*, dem Architekten der Südbahngesellschaft ab 1869 in einer komplett anderen Art und Weise entworfen worden. Der Entwurf war so revolutionär, dass sich *Flattich* in *Försters* Allgemeiner Bauzeitung rechtfertigen musste. Er wählte als Gestaltungsform eine kompakte, regelmäßige Struktur mit einer Giebelfront nach Westen, die sich am **Ausblick** auf die Rax orientierte, was uns heute vollkommen logisch erscheint, damals aber für Unverständnis sorgte. Auch *Flattichs* **Materialwahl** war unkonventionell, aber er hatte die Materialien bereits beim Eisenbahnbau erprobt. Die Villa erhielt einen Sockel und Unterbau aus

---

94   KITLITSCHKA, *Historismus und Jugendstil in NÖ*, S. 100f.

95   Vgl. KOS (Hrsg.), *Die Eroberung der Landschaft*, S. 247

sichtbar belassenen Bruchsteinen, darüber ein Erdgeschoß aus unverputztem Ziegel- und Bruchsteinmauerwerk, da der Putz in der rauen Gebirgsluft abwittern würde und nochmals darüber ein ausgebautes Dachgeschoß in schindelverkleideter Riegelbauweise aus Holz. „Die durchaus einbekannten formalen Übereinstimmungen mit Eisenbahnwärterhäusern *(Abb. 2.8)* wurden von den Zeitgenossen keinesfalls als Abwertung der Villa verstanden, sie bedeuteten vielmehr die Orientierung der Bauaufgabe am da-

Abb. 2.8: Die von *Flattich* entwickelten Eisenbahnwärterhäuser entlang der Südbahnstrecke stehen formal wie materialtechnisch in Zusammenhang mit der 1869 erbauten Villa Hebra in Reichenau.

mals modernsten Baugegenstand, der Eisenbahn, die ja als Gipfel der Fortschrittlichkeit galt. ... Überlegungen von Bauherr und Architekt beruhten auf einem ganz neuen Verständnis des Erholungswertes eines Landhauses, nämlich der heilklimatischen Entwicklung der Gebirgsluft, wie er von Professor *Hebra* viel früher als von den anderen Zeitgenossen erkannt worden ist."[96] Da *Flattich* kein Baukünstler, sondern Ingenieurarchitekt war, war er offensichtlich eher geneigt, die modernen Gestaltungswünsche *Hebras* zu verwirklichen.

Wirklich zu boomen begann die Sommerfrische in Reichenau dennoch erst, als die Erbfolge des Hauses Habsburg nach dem Tod des *Kronprinzen Rudolf* 1889 auf die Linie *Karl Ludwigs* überging. Reichenau löste damit Bad Ischl als mondäne Sommerfrische ab, wodurch die Bauspekulation mit Zweitwohnsitzen beginnt. Der Kriegsgewinnler *Ritter von Hertberg* gewann die Kontrolle über die Domäne Reichenau und beginnt 1883 mit der Parzellierung nach einem Plan von *Lothar Abel*, dem Planer von Parkanlagen im Ringstraßenbereich. Neu-Reichenau erhält ein System von Radial- und Ringstraßen zur systematischen Verbauung mit Einfamilienhäusern nach Art eines **Cottage**, das nur teilweise realisiert wurde. Interessant ist, dass die Gestaltungsformen der Häuser zwar nach den Prinzipien des Späthistorismus asymmetrisch zur Akzentuierung der Schauseiten mit Erkern und Ecktürmchen ausgestattet, zugleich aber zweckdienlich auf die Wohnbedürfnisse ausgerichtet sind. Dies führte unter anderem zu den offenen Holzveranden für den Wohnsalon im Freien bei schönem Wetter[97], die durch ihre Laubsägearbeiten den charakteristischen Heimatstil dieser Häuser ausmachen, kultiviert von lokalen Baumeistern wie unter anderem *Carl Postl*.

---

96   KOS (Hrsg.), *Die Eroberung der Landschaft*, S. 513 ff.

97   KOS (Hrsg.), *Die Eroberung der Landschaft*, S. 517 f.

Abb. 2.9: Die Silhouette der Villa Blumenthal bei Bad Ischl interpretiert formal die mittelalterlichen Stabkirchen Norwegens.

Die Ursprünge dieser Architektur sind in internationalen Strömungen wie dem Schweizerhausstil und der Cottagebewegung zu suchen, die anfangs importiert wurden. Importiert wurden nicht nur Stile, sondern ganze Häuser, wie die Villa Lovasy, die 1890 als **skandinavisches Fertigteilhaus** gekauft und nach Reichenau versetzt wurde. Wie wenig wichtig ein Bezug zur Baukunst der Heimat war, zeigt das Parallelbeispiel in Bad Ischl: „Die Villa *(Abb. 2.9)* des bekannten Librettisten und Schriftstellers *Oscar Blumenthal* soll zuerst auf der Weltausstellung in Chicago gezeigt worden sein. Die Demontierbarkeit verbindet sie jedenfalls mit den norwegischen Stabkirchen, die sie in einer nationalromantischen Weise kopiert. Die räumliche Organisation der Villa ist jedoch eher englisch."[98]

Trotz aller Exotismen nimmt auch das Interesse an der alpenländischen Volksbaukunst zu dieser Zeit der wachsenden Nationalismen zu. So kauft unter anderem der >Reichenauer< *Erzherzog Karl Ludwig* ein Vorarlberger Bauernhaus auf der Weltausstellung 1873 in Wien und lässt es in der Semmeringgegend aufstellen, wo es unter dem Namen Carlshof firmiert. Stärker experimentierend setzt sich der Architekt *Franz von Neumann*, der die Passhöhe des Semmering für die Architektur durch eine Villensiedlung in Hanglage erschließt, mit dem **Bauernhaus** auseinander, wie die Motivation zur Villa Schönthaler, 1892 von ihm entworfen, hervorhebt: „Ein Holzbau im Sinne der Vorbilder in unseren Alpenländern" soll errichtet werden, zudem als Ständerbau in Zimmermannstechnik. „Ein solcher Entschluss war zu jener Zeit, wo man noch zumeist bei Villenbauten Architekturmotive städtischer Bauweise unbekümmert um Landschaft und klimatische Verhältnisse zur Anwendung brachte, nahezu ein Novum."[99] Anstatt einer unreflektierten Verwendung von Schweizerhaus-Motiven orientierte sich *Neumann* an konkreten westösterreichischen Vorbildern der Tiroler und Salzburger Bauernhausarchitektur. Im Sinne einer modernen Architekturauffassung kann man *Neumann* einzig vorwerfen, dass er sich nicht an den Beispielen der lokalen Bautradition des niederösterreichisch-steirischen Raumes orientierte. Die Charakteristika dieses neuen Heimatstils sind am besten an seinem eigenen Landhaus, der Villa Neumann *(Abb. 2.10)* von 1894 ablesbar: Über der Sockelzone aus Bruchstein mit tief liegender Verfugung ist das Erdgeschoß in Ziegelbauweise errichtet, das teils verputzt, teils mit Holz verkleidet ist. Die obere Etage manifestiert sich als hölzerne

98   ACHLEINER, *Ö.Arch. 20. Jh. Band I*, S. 32

99   Vgl. PUSCH / SCHWARZ, *Architektur der Sommerfrische*, S. 91-94; Zitat S. 94

Schachtel in Blockbauweise mit verzahnten Ecken. Das Dach ist von mäßiger Neigung, Holzschindel gedeckt und mit Steinen beschwert. Das Glockentürmchen mit dem Sterzglöckerl und der umlaufende Balkon mit ausgesägten Lattenbrüstungen (Ganglzier) vervollständigen den Eindruck des Alpin-Ländlichen, denn die anderen Attribute wie der Bruchsteinsockel gab es schon bei der Villa Hebra. *Franz von Neumann* errichtete am Semmering neben der Villa Schönthaler und seinem eigenen Landhaus in einer ähnli-

Abb. 2.10: *Franz von Neumanns* eigenes Landhaus als typischer Vertreter des von ihm geprägten Semmeringstils, einer romantischen Interpretation alpiner Bauernhäuser in Tirol und Salzburg.

chen Art und Weise noch folgende Landhäuser: Villa Prenninger 1898, Unsere Hütte 1898-1903 und Villa Kleinhans 1900.

Noch einmal dreißig Jahre später greift ein äußerst fortschrittlicher Architekt, *Adolf Loos*, wiederum Charakteristika dieses von *Flattich* und *Neumann* geprägten **Semmeringstils** auf. Das Landhaus Khuner am Kreuzberg, 1928-30 errichtet, überrascht durch seine traditionsgebundene Bauweise als Blockbau über einem Sockel aus Bruchsteinmauerwerk sowie einem weit vorspringenden, mäßig geneigten Satteldach. Dennoch verließ *Loos* sein Credo auch bei diesem Bau nicht, denn er baut keine Gucklochfenster mehr, wie sie Bauernhäuser in den Bergen aus klimatischen Gründen einst besessen hatten. Dank den neuen technischen Errungenschaften der doppelten Fensterscheiben und der Zentralheizung kann er gleichsam den Logenplatz für den individuellen Landschaftsgenuss, den die offene Veranda der Sommerfrische-Landhäuser repräsentierte, in Form der großen Erdgeschoßhalle, die durch ihre riesigen Glas-

Abb. 2.11: Ausblick auf den Schneeberg von der Halle des Landhauses Khuner.

fenstertüren den ständigen Blickkontakt mit der Landschaft ermöglichte, gleichsam ins Haus hinein holen. Diese Erdgeschoßhalle, zweigeschoßig mit Galerie und auf die schönste Aussicht nach Norden zum Schneeberg hin *(Abb. 2.11)* ausgerichtet, dient selbstverständlich als Hauptaufenthaltsraum. Neu ist zudem, dass das Haus auch im Winter optimale Gebrauchsqualitäten aufweist, was auf Rollen laufende, Metall beschlagene Fensterläden und der behagliche Kamin neben der Zentralheizung erlauben. Außerdem war von vornherein die Erreichbarkeit des Landhauses per Automobil eingeplant, einschließlich der Ausübung sportlicher Aktivitäten, die man mit dem Auto vom Landhaus aus leicht erreichen kann. Auch diese Zeichen einer neuen Zeit manifestieren sich baulich durch integrierte Garage und Chauffeurswohnung. Dieses Landhaus Khuner, von *Schwarz* poetisch als allerletzte Blüte in der Architektur der Sommerfrische tituliert[100], entstanden aus der Interpretation des Tiroler (Bauern-)Hauses durch städtische Architekten, beeinflusst maßgeblich die Entwicklung des so genannten **Tiroler Stiles**, eines Ablegers der Moderne in den dreißiger Jahren des 20. Jahrhunderts für alpine Zentren.

2.2.3 Berghaus

Wie schon angedeutet, verlagert sich der Schwerpunkt der Sommerfrische vom Landschaftsgenuss, bei dem die Landschaft als Hintergrundkulisse des gesellschaftlichen Lebens dient, nach dem ersten Weltkrieg und dem damit verbundenen Untergang dieses gesellschaftlichen Lebens, zu einem Landschaftsgenuss, den man sich erst durch **sportliche** Betätigung erobern muss. Zudem wird die Exklusivität der Sommerfrische für Adel und Großbürgertum zugunsten des beginnenden Massentourismus aufgehoben. Welche Auswirkungen dies auf die Architektur hat, beschreibt *Friedrich Achleitner* anhand von Kitzbühel trefflich: „Kitzbühel ist auch ein Zentrum der Entwicklung des so genannten Tiroler Stiles, die eng mit der Verwandlung eines einst exklusiven Ferienortes zum touristischen Massentummelplatz zusammenhängt. Eine große Rolle in dieser Entwicklung spielt der ansässige Maler *Alfons Walde*, der, selbst ausgebildeter Architekt, die Elemente lokaler Baukultur stilisierte und zu plakativer Wirkung brachte; was bei Walde noch durchaus als künstlerischer Entwicklungsprozess zu verstehen ist, wurde später durch die Blut- und-Boden-Ideologie im Verein mit handfesten kommerziellen Interessen zu jener touristischen Einkleidungsarchitektur, die nur mehr als Verpackung bestimmter Inhalte anzusehen ist. Das Schlimme an dieser Entwicklung ist weniger die vermeintliche Tiroler Selbstdarstellung als die mit ihr einhergehende Intoleranz tatsächlicher Architekturleistungen gegenüber."[101]

Diesen Bauten der Architekten *Robert Oerley*, *Helmut Wagner-Freynsheim*, *Alfons Walde*, *Lois Welzenbacher*, *Clemens Holzmeister* und *Roland Rainer* in dem von *Achleitner* skizzierten Sinne entspricht der Begriff **Berghäuser**, auch wenn sie nicht immer an spektakulären Stellen des Hochgebirges angesiedelt sind und mit **Berghütten** von der Funktionalität her nichts zu tun haben, denn sie vermögen das >Alpine< in die Baukunst zu übersetzten. Das wohl einprägsamste aller Berghäuser ist das legendäre Haus am Hahnenkamm, *Clemens Holzmeister* eigenes Landhaus in Kitzbühel aus dem Jahre 1930, das auf seine tatsächlich hochalpine Lage in Material- wie Formwahl reagiert. Es ist als Turmhaus mit Pultdach ausgeführt und über dem hohen, eingezogenen Mauersockel, der durch Wirbelbildung das Haus weitgehend vom Schnee freihält, komplett in Schindelverkleidung ausgeführt[102].

---

100 Vgl. PUSCH / SCHWARZ, *Architektur der Sommerfrische*, S. 110-113; S. 113

101 ACHLEITNER, *Ö.Arch. 20. Jh. Band I*, S. 313

102 Vgl. ACHLEITNER, *Ö.Arch. 20. Jh. Band I*, S. 314

Naturgemäß städtischer präsentieren sich dagegen die Häuser im Stadtgebiet von Kitzbühel, wenn auch nur in ihrem von der englischen Wohnkultur beeinflussten Inneren, wie der zentralen, vertäfelten Halle als Verbindung ins Obergeschoß bei *Robert Oerleys* Villa Rechnitzer von 1910. Auch die Einfamilienhäuser und Pensionen, die der Wiener Architekt und Loos-Schüler *Helmut Wagner-Freynsheim* als Variationen zum Landhaus Khuner entwarf, verbinden die bürgerlich-städtische

Abb. 2.12: Das Einfamilienhaus Amfaldern in Kitzbühel, ein typisches Berghaus der >Alpinen Moderne< der Zwischenkriegszeit.

Wohnkultur innen, „die sich vor allem in sehr gut und sensibel geplanten Raumbeziehungen und durch die Verwendung unterschiedlicher Raumhöhen und Bodenniveaus ausdrückt", äußerst geschickt mit Holzbauten mit flachen Sattel- oder Pultdächern in der lokalen Bautradition außen[103]. Diese Bauten von *Wagner-Freynsheim* wie das Einfamilienhaus Amfaldern *(Abb. 2.12)* am Reischfeld von 1931-32 oder die Pension Fyra Vindar, 1933 errichtet, erscheinen uns heute als Inbegriff dieses neuen Tiroler Stiles.

Tatsächlich immer noch mitten in die Natur eingebettet ist heute noch ein anderer, laut *Achleitner,* Schlüsselbau der modernen Tiroler Architektur, das 1932 erbaute Landhaus des Dr. Zach in Reith bei Seefeld. Sein Architekt *Franz Baumann* entwickelt, vom Bauherrn mit unbeschränkten Gestaltungsvollmachten ausgestattet, ein **alpines Haus** für die Lage mitten im lichten Lärchenwald, dass zwar „mit den plakativen Merkmalen von *Alfons Walde* (auf einer Seite abgeschlepptes, flaches Satteldach, angezogenes, außen vorspringendes Sockelmauerwerk, mächtiger Kamin, ...) ausgestattet", und dennoch weder folkloristisch im Detail noch die Imitation eines Bauernhauses ist. *Baumann* verwendet selbstverständlich neue Materialien wie Beton, Blechdach und im Inneren Furniere als großflächige Wandvertäfelungen. Die Raumaufteilung geht auf bescheidene städtische Wohnbedürfnisse ein und schafft einen hakenförmigen, lichtdurchfluteten Wohnbereich auf zwei Ebenen, der auch geborgene Bereiche aufweist. „Es gibt nicht das kleinste Detail, angefangen von den Beschlägen bis zum Kachelofen und den Deckenleuchten, das einer anderen Kultur (auch nicht der bäuerlichen) nachempfunden wäre."[104]

---

103 ACHLEITNER, *Ö.Arch. 20. Jh. Band I*, S. 314

104 ACHLEITNER, *Ö.Arch. 20. Jh. Band I*, S. 329; vgl. auch: HAMBRUSCH / MORODER / SCHLORHAUFER, *Franz Baumann*, S. 146-149

2.2.4 Haus am Hang

Das Landhaus Zach von *Baumann* ist von seiner Situierung her ein typisches Haus am Hang. Dieser Begriff sollte in die Baukunst der Moderne jedoch nicht so sehr aufgrund seiner topografischen Lage, sondern auch als Stilkennzeichen wie Definition einer spezifischen Baugattung auftauchen. Unterscheidbar sind auf jeden Fall zwei grundsätzliche Typen, an denen noch heute die offizielle Zuordnung zum Thema **Bauen in der Landschaft** seitens der Behörden wie der Architekturkritik getroffen wird. Gemeinhin werden die Baukörper, die aus dem Hang heraus stehen, also ihre Giebelseite dem Tal zuwenden, als trutziger und wenig in die Landschaft eingegliedert angesehen, obwohl sie auf der Tradition der bäuerlichen Kultur in den alpinen Regionen, die ihre Wohn- wie Stallgebäude selbstverständlich aus dem Hang heraus drehte, aufbauen.

Abb. 2.13: >Bauen in der Landschaft< am Beispiel des Landhaus Draxler am Attersee, 1988.

Prototypisch für diesen Widerspruch ist das Haus Kolig an der Gerlitzenstraße von *Manfred Kovatsch*, das noch zum Zeitpunkt seiner Errichtung 1975-77 als Provokation angesehen wurde, obwohl es in Proportionierung, Formensprache und Materialwahl auf genau die traditionelle bäuerliche Bauform des quer zum Hang stehenden, schmalen Objektes zurückgreift. Es tut dies allerdings ohne Anbiederung an das Klischee des alpinen Hauses als Produkt der Reflexion einer regionalen Baukultur und Ergebnis eines intellektuellen Standpunktes.[105] Dass dennoch kurz nach oder aufgrund der Diskussion um das Haus Kolig ein gedanklicher Umschwung in der Öffentlichkeit eintrat, zeigt das Landhaus Draxler *(Abb. 2.13)* in Nussdorf am Attersee, 1988 von *Johannes Spalt* geplant, das bereits gemeinhin als geglücktes Beispiel für das Bauen in der Landschaft angesehen wird, von der Architekturkritik hingegen als blanke Retrospektive der avantgardistischen Leistungen der Baukunst der frühen Dreißiger Jahre. Welche viel stärkeren Aussagen zu diesem Thema getroffen werden können, hatte zu diesem Zeitpunkt längst *Josef Lackner* in Fortführung der vitalen Tiroler Architektur des 20. Jahrhunderts bei seinen Häusern Berger in Aldrans, 1972-73 und Maier in Hatting, 1977, vorgeführt. Insbesondere das Einfamilienhaus in Hatting präsentiert sich als Holzschindel bekleidetes UFO, und wahrt damit perfekt die feine Balance zwischen Avantgarde und Bodenständigkeit. Weiter ist im Ausdruck der Zeit das alpine Haus bis heute nicht fortgeschritten.

Lackners Expressionismus, so persönlich seine Formensprache auch ist, ist dennoch undenkbar ohne seine Vorreiter *Ernst Anton Plischke* und *Lois Welzenbacher*, deren Bauten zum Haus-am-Hang-Topos um 1930 viel stärker

---

105   Vgl. ACHLEITNER, *Ö.Arch. 20. Jh. Band II,* S. 86

auf die Geländemodulation eingehen und dadurch mit der Umgebung wesentlich stärker in Beziehung treten. So gehen beim Haus
Heyrovsky von *Welzenbacher*,
1932 am Lohningstein über Thu-
mersbach errichtet, die Terrassen
und Balkone in die Wiese über,
und auch bei *Plischkes* 1933-34
entworfenem Haus Gamerith in
Unterbuchberg am Attersee *(Abb.
2.14)* führen die Türen von den
Wohnräumen mitten in die Heu-
wiese.[106] Wie sehr der Ausblick
die individuelle Form der Häuser

Abb. 2.14: Funktionalistisches >Bauen in der Landschaft< am Beispiel des Landhaus Gamerith am Attersee, 1933-34.

beeinflusste, sollte man daraus ersehen, dass sich beim Haus Heyrovsky
durch die Fassadenkrümmung jeweils ein anderer Fensterblick ergibt, ein
Faktum, das auch bei *Lackners* Haus in Hatting noch vollkommen stimmt.
Aber auch für *Plischke* war dieser aus Japan importierte Gedanke des spezifischen Rahmens eines Ausblickes, der am Anfang des 20. Jahrhunderts sowohl in der bildenden Kunst wie der Architektur auftaucht, so bestimmend,
dass er während des Entwurfsstadiums den Umriss des Hauses vor Ort mit
Holzlatten fixierte, um sowohl die richtige Fensterhöhe, wie die gesamte
Haussilhouette, die mit dem dahinter stehenden Wald in Einklang gebracht
werden sollte, zu fixieren[107].

Dennoch unterscheiden sich die Ansätze von *Plischke* und *Welzenbacher*
grundsätzlich. Während Welzenbacher eher auf expressive und emotionale
Qualitäten der Architektur Wert legt, und mit einer auf Bewegung und Blick-
führung gerichteten Interpretation der **Topografie** die Bindung seiner Bauten
an die Landschaft sowie die Darstellung des Lebensgefühls seiner Bewohner
erreicht[108], geht *Plischke* komplett von einem funktionalistischen Entwurfsan-
satz aus: „Der Bau ist ein reiner Holzskelettbau. Um das von dem Hügel he-
rabkommende Wasser aufzufangen, sind die durchlaufenden Steher auf Be-
tonblöcke gestellt. Damit ist eine teure Isolierung vermieden. Um gute Fuß-
bodenwärme zu sichern, besteht der Boden aus einer massiven Platte eng
gefügter Baumstämme. Zwischen Zimmerdecke und Dachsparren besteht ein
isolierender Luftraum. Die sichtbare Trennung zwischen Decke und Dach ergibt eine auflockernde und klare Differenzierung der Baukörper. Die durch-
laufende Fensterwand steht unabhängig, frei auskragend, vor der Skelettkonstruktion. Der Dachüberhang schützt das Fenster vor der Sommermit-

---

106 Vgl. ZSCHOKKE, Walter, „Bauen in der Landschaft", in: *Architektur im 20. Jahrhundert. Österreich*, S. 61-65

107 Vgl. dazu: *Architektur im 20. Jahrhundert. Österreich*, S. 166

108 Vgl. *Architektur im 20. Jahrhundert. Österreich*, S. 165

tagssonne, lässt aber die volle Wintersonne zu. ..."[109] Dieser Ansatz beeinflusst heute noch Architekten, die sich dennoch wie *Lackner* in der Formensprache deutlich von ihren Vorbildern *Welzenbacher* und *Plischke* zu lösen vermochten. Daher muss man Bauten, wie das Haus Benedek *(Abb. 2.15)* von *Volker Giencke*, 1987 in Graz errichtet, oder das Haus Fischer beim Bräuhof in Grundlsee, 1972-78 nach der Konzeption von *Florian Beigl* und

Abb. 2.15: >Bauen in der Landschaft< am Beispiel des Haus Benedek in Graz, 1987.

Konrad Frey, als ihren Vorbildern durchaus würdige Weiterentwicklungen dieser Gedanken zum Bauen in der Landschaft und dem Haus am Hang ansehen. Ihre Entwicklungen gehen weit über den heutigen Standard hinaus, vor allem hinsichtlich ihrer spektakulären Primärkonstruktionen.

2.2.5 Seevilla

Lassen sich aus den Landhäusern der Gebirgssommerfrischen des 19. Jahrhunderts für das 20. Jahrhundert Berghaus- und Haus-am-Hang-Typologien ableiten, die vor allem aus funktionell-klimatischen Überlegungen abstammen, so lässt sich wohl auch ein spezifischer Typ für die Sommerfrische an den Seen feststellen. Das Gebiet des Salzkammerguts kann zu dieser spezifischen Unterscheidung nicht herangezogen werden, denn es weist sehr wohl beide landschaftlichen Charakteristika, nämlich Seen und Berge als Attraktion für die Sommerfrische auf und ist zudem aufgrund seiner klimatischen Besonderheiten eher der Gebirgssommerfrische zuzurechnen. Nicht zu unrecht bemerkt *Achleitner* im Zusammenhang mit dem oben erwähnten Haus Fischer in Grundlsee, dass „dieses Haus mit dem Konstruktionsprinzip des Schirmes und der nahe liegenden Assoziation seines natürlichen Bruders, des Schwammerls, vermutlich die selbstverständlichste Antwort auf das Klima des steirischen Salzkammerguts ist".[110] Auch der heutige Seegasthof *(Abb. 2.16)* in Rindbach bei Ebensee, 1887 als Sommerfrischevilla von *Leopold Theyer* für einen Wiener Arzt entworfen, zeigt in der Außenerscheinung Verwandtschaft mit der den Semmering prägenden Architektur. Auch hier besteht der Sockel aus Bruchsteinquadern und ist das Obergeschoß über dem gemauerten Erdgeschoß ist in Blockbauweise ausgeführt. Auch sonst tauchen die typischen Charakteristika der Sommerfrischearchitektur auf, von der Eingangsloggia, die so bemessen ist, dass sie einen **Freisitz unter Dach**

109 *Architektur im 20. Jahrhundert. Österreich*, S. 166

110 ACHLEITNER, *Ö.Arch. 20. Jh. Band II*, S. 200

ergibt, über die Laubsägearbeiten am Balkon und in den Giebelzwickeln bis zum Erker mit gemütlicher Sitznische als Annex zum großen Wohnraum des Erdgeschoßes.

Dennoch, genau diese Elemente prägen auch das Bild des so genannten Wörtherseestils, ein Begriff, der eher als Personalstil *Franz Baumgartners* denn als regionale Architekturausprägung anzusehen ist[111]. Hauptsächlich dafür verantwortlich war die große Popularität *Baumgartners*, die er mit zwei Musterbauten auf der Landeshandwerkerausstellung in Klagenfurt 1911 gewann und die ihm in der Folge eine solche Menge an Aufträgen für Privathäuser bescherte, dass er syste-

Abb. 2.16: Typische Sommerfrischevilla des Salzkammergut von 1887: Seegasthof in Rindbach bei Ebensee.

matisch Typen für diese Bauaufgaben entwickeln konnte. *Baumgartner*, resistent gegen alle von Wien ausgehenden Architekturdoktrinen eines *Wagner* oder *Hoffmann*, fühlte sich einem **Heimatstil** im Sinne der internationalen Nationalromantik verbunden, in der Elemente der süddeutschen Richtung mit norddeutsch-skandinavischen sowie englischen Vorbildern eine recht fruchtbaren Synthese eingingen. *Baumgartner* dürfte sich als Lehrer in Klagenfurt beziehungsweise an der Villacher Kunstgewerbeschule intensiver mit den theoretischen Schriften dieser Vorbilder auseinander gesetzt haben als so mancher nur praktizierende Architekt, denn Österreich weist nicht allzu viele gebaute Beispiele dieser Protagonisten auf. Von *Paul Schulze-Naumburg*, einem der bekanntesten Vertreter der süddeutschen Schule und Wortführer der Heimatschutzbewegung gibt es allerdings mit der Villa Mendelsohn in Ebensee von 1908 ein typisches Beispiel für eine echte Sommerfrischevilla im **Salzkammergut** einschließlich des im Gegensatz zur Villa bis heute erhalten gebliebenen Bootshauses, einer Baukategorie, die die **Wörtherseearchitektur** meiner Meinung nach viel deutlicher prägt als der Villenbau. Auch von *Hermann Muthesius*, einer der prägenden Figuren des Deutschen Werkbundes und Autor von heute noch grundlegenden Werken der Architekturgeschichte, die auf die bürgerliche Bau- und Wohnkultur großen Einfluss ausübten, gibt es mit der Villa Würzburger in Wels von 1909-12 wenigstens ein gebautes Beispiel für ein typisches englisches Landhaus in der Berliner Neuinterpretation der Zeit, das *Baumgartner* zutiefst geprägt haben könnte.

---

111   Vgl. dazu SCHURZ, „Franz Baumgartner im Spiegel der Zeit", S. 72

Abb. 2.17: Wörtherseevilla von *Baumgartner*: Villa Maire in Velden, 1920.

Baumgartners eigene Leistung besteht nun darin, dass er aus diesen großen Vorbildern ein allgemein gültiges Vokabular für die insbesondere nach dem ersten Weltkrieg heraufkommenden viel kleineren und weit weniger protzigen Bauaufgaben auf dem Villensektor zu prägen vermochte, die noch dazu immer unverkennbar ihm persönlich zuzuordnen sind: Seine „Häuser und Villen stellen meist verschiedene Kombinationen der gleichen Elemente dar, wie etwa Erker, Loggien, Giebelfelder und Vorbauten. Obwohl diese Elemente schwer zu beschreiben sind, kann man sie leicht erkennen, sie besitzen also eine sehr charakteristische Physiognomie"[112], meint dazu *Achleitner*, und attestiert ihm auch einen erstaunlichen Erfindungsreichtum in der räumlichen Konzeption. Genauer auf diese erste Phase in Baumgartners Schaffen geht *Schurz* bei der Beschreibung der Villa Maire *(Abb. 2.17)* in Velden von 1920 ein, wobei die beschriebenen Attribute in allen Glanzpunkten seiner frühen Phase, ob der Villa Sophie (Mösslacherhaus II) in Velden von 1910 über die Pörtschacher Villen Luckmann, Turkovic und Almrausch, alle von 1913, anzutreffen sind. Im Inneren finde eine neue Wohnkultur durch Großzügigkeit und englische Wohnvorstellungen statt, die sich in einer klar dominierenden Halle und Speisezimmer mit **vorgelagerter Laube** beziehungsweise **Veranda** manifestierten, in der an den lauen Sommerabenden sowohl verweilt wie diniert werde, wohingegen man sich in den heißen Nachmittagsstunden in die Halle zurück ziehe, in der auch die kühleren Tage am **offenen Kamin** oder beim **Kachelofen** verbracht werden. Im Souterrain, wie heute noch in der Villa Sophie beibehalten, befinden sich Küche, Speisekammer und Dienerzimmer, wobei *Schurz* explizit feststellt, dass in Baumgartners Häusern „auch das Personal mit Sorgfalt und Anstand untergebracht war". Auch die innere Vertikalerschließung für die Dienerschaft entspreche den englischen Vorbildern. Die oberen Geschoße beinhalten die Ruhe- und Schlafräume. Hinsichtlich der Außenerscheinung verwende *Baumgartner* nur bei den kleineren Bauten Symmetrie zur Repräsentation, sonst erzeugen die Raumannexe des englischen Grundrisses wie der Erker als gemütliche und heimelige Sitznische mit umlaufender Holzbank, der zumeist die Südwestecke des Hauses betone, im Zusammenklang mit der Laube oder Loggia als Übergang zur Natur eine pittoreske Asymmetrie. Diese Dacherker mit Altan weisen auf Vorbilder im Biedermeier zurück, wobei die klar geschnittenen Dachformen als Ganzwalm in der süddeutschen Tradition diese wiederum

---

112 ACHLEITNER, *Ö.Arch. 20. Jh. Band II*, S. 16

konterkarieren.[113] Als besonders schön wird von *Achleitner* im Zusammenhang mit dem Vorbild des englischen Landhauses die Konzeption der Halle der Villa Almrausch mit Laube und Erker und offener Treppe mit eingebundener Sitznische bezeichnet, wobei er anfügt: „Eine Art von Kombination, die auch *Adolf Loos* gerne, allerdings weniger folkloristisch verwendete."[114]

Die späteren Phasen *Baumgartners* zeigen dann, wie *Schurz* zweifelsfrei feststellt, eine „Reorganisation seiner Grundrisse weg vom englischen Landhaus hin zur nationalen Heimatschutzbewegung (Regionalismus) mit Tendenzen zur Versachlichung"[115]. Auch *Achleitner* attestiert *Baumgartner* in dieser Periode „einen Höhepunkt an geschlossener Baukörperwirkung" wie beispielsweise bei den Bauten des Villensensembles

Abb. 2.18: Wörtherseevilla: Haus Krommer in Velden, 1933.

in der Rosentaler Straße in Velden vom Ende der Zwanzigerjahre. Weitergetrieben werden diese Entwicklungen *Baumgartners* Richtung **Sachlichkeit** von *Oskar Schober* beim Haus Wulfenia, 1932 und *Franz Tropper* beim Haus Krommer *(Abb. 2.18)*, 1933, beide in Velden, um den Einfluss der Architektur *Baumgartners* für die Region zu untermauern. Ohne Einfluss hingegen blieb das Haus Heimdall, das *Josef Hoffmann* in Auen, Gemeinde Schiefling am See 1923-26 für den Wiener Baurat *Eduard Ast* errichtete und 1934 umbaute, obwohl auch *Hoffmann* in dieser Phase den selben Weg wie *Baumgartner,* nämlich den der **Reduktion** in der Formensprache ging. *Hoffmann* fand durch diesen Weg bei seinen letzten Bauten noch Anschluss an die Internationale Moderne, *Baumgartner* war dies nicht vergönnt. Er entwirft sein Spätwerk nach wie vor in seinem regionalen Stil.

2.2.6 Strandhaus

Ein hochinteressantes Nachspiel erlebt der Typus der Landvilla schlussendlich durch zwei österreichische Protagonisten der internationalen Moderne an einem Haustypus, der auf österreichischem Territorium eigentlich nicht existieren kann, weil ihm die dazugehörige Landschaft fehlt. Es handelt sich bei diesem Paradoxon um das repräsentative **Ferienhaus** am Meeresstrand. Der 1913 aus Wien emigrierte *Rudolph M. Schindler* baut mit dem schon 1922 geplanten und 1925-26 errichteten Lovell Beach House in Newport, Kalifornien *(Abb. 2.19)*, eine der frühesten Ikonen der modernen Architektur. Aller-

---

113 Vgl. dazu SCHURZ, „Franz Baumgartner im Spiegel der Zeit", S. 75

114 ACHLEITNER, *Ö.Arch. 20. Jh. Band II*, S. 16 und 68

115 SCHURZ, „Franz Baumgartner im Spiegel der Zeit", S. 74

dings lässt er sich nicht von *Philipp Johnson* und *Henry-Russell Hitchcock* für deren 1932 abgehaltene Ausstellung Modern Architecture - International Exhibition in New York vereinnahmen, was ihn schnell der Vergessenheit anheim fallen ließ. Erst in den Achtziger Jahren des 20. Jahrhunderts wurde seine als regionales Phänomen einer unsauberen Moderne abgestempelte Architektur in größerem Rahmen wieder entdeckt und gewürdigt.

Abb. 2.19: >Österreichisches< Ferienhaus: Lovell Beach House in Kalifornien.

Schindler hatte bereits 1932 polemisch dagegen protestiert, für irgendeinen Stil vereinnahmt zu werden: „Ich bin weder ein Stilist, noch ein Funktionalist, noch irgendein anderer Sloganist. Meine Bauten verkörpern die Auseinandersetzung mit verschiedenen architektonischen Problemen, auf deren Existenz man in dieser Ära der Rationellen Mechanisierung vergessen hat. Für mich ist die Frage, ob ein Haus wirklich ein Haus ist, wichtiger als die Tatsache, dass es aus Stahl, Glas, Kitt oder Heißluft besteht"[116]. *Schindlers* Vereinnahmung für die Moderne hatte seinen Grund darin, dass er mit dem Strandhaus Lovell alle berühmten fünf Punkte, die *Le Corbusier* an das moderne Bauen stellte, genau getroffen hatte, ohne sie allerdings zu kennen: Das Haus ist auf Stützen über den Boden hochgehoben, es hat einen freien Grundriss, eine freie Fassade, bandartige Fenster, nutzbare Terrassen auf dem Flachdach und einen zweigeschoßigen Wohnraum. Dennoch lässt sich präzise nachweisen, dass alle diese Punkte originär von Schindler in Reaktion auf die Lebensgewohnheiten des Bauherrn wie auf die Lage des Hauses entwickelt worden waren. *Dr. Philipp Lovell* betrieb eine erfolgreiche Heilpraxis und redigierte in der Los Angeles Times eine extrem populäre Kolumne über Körperpflege, Sonnenbaden und Wasserkuren, woraus sich die abgeschirmten Sonnenterrassen zum Nacktbaden, die offenen Schlafbalkone für das Nachtlager in Open Air sowie das generelle Hochheben des gesamten Hauses durch die fünf Stahlbetonrahmen, um vom stark begangenen Strandweg nicht eingesehen zu werden, plausibel von selbst erklären.[117] Der zweigeschoßige Wohnraum sowie das großzügige Freihalten des Meeresblickes stehen jedoch ganz in der Tradition der Sommerfrischevillen wie generellen Entwurfsprinzipien von Schindlers großen Lehrern *Adolf Loos* und *Frank Lloyd Wright*.

Schindler wird in den dreißiger Jahren fast nur mehr mit dem billigen, hölzernen, Balloonframe-System, der in Amerika entstandenen und längst konven-

---

116 KAPFINGER / STILLER, „Neutra und Schindler", S. 131

117 Vgl. KAPFINGER / STILLER, „Neutra und Schindler", S. 122 f.

tionalisierten Bauweise, die große Freiheit zur Improvisation auf der Baustelle erlaubt, weiter experimentieren, was ganz im Gegensatz zur Architekturauffassung seines früheren Freundes und acht Jahre nach ihm emigrierten Konkurrenten *Richard Neutra* steht, der auf größtmögliche Vorausplanung und Vorfertigung seiner präzisen Stahlbauten Wert legt. *Neutra* trifft mit seinen Luxusvillen für die Neureichen und Hollywoodstars Kaliforniens deren Lebensgefühl so genau, dass er im Gegensatz zu *Schindler* kometenhaft zu Berühmtheit aufsteigt. Ohne im Detail auf einzelne Bauwerke dieser späten Ableger der Landhäuser des 19. Jahrhunderts eingehen zu wollen, die *Neutra* bis in die Sechziger Jahre des 20. Jahrhunderts entwirft, sei doch darauf hingewiesen, dass sie alle bei reduziertester Konstruktion und minimalen Details das schwellenlose ineinander Fließen des Innen- und Außenraumes zum Ziel haben. Sein subtiles Rahmen der Natur durch luftige Pavillons[118] ist auch ein Ansatz, den die Sommerfrischearchitektur des 19. und frühen 20. Jahrhunderts bereits vorprogrammiert hatte.

Noch ein dritter österreichischer Individualist, der sich ebenfalls nicht so leicht von der Internationalen Moderne vereinnahmen ließ, trägt zur Entwicklung des Themas Strandhaus in der Zwischenkriegszeit bei. *Josef Frank*, der mit einer Schwedin verheiratet ist, entwirft und baut zwischen 1924 und 1936 fünf Sommerhäuser auf der südschwedischen Ferienhalbinsel Falsterbo für Verwandte und Freunde seiner Frau, die heute wohl alle als beispiel-

Abb. 2.20: >Österreichisches< Ferienhaus: Villa Claëson in Südschweden.

hafte Bauten der Moderne durchgehen würden, obwohl sie weder der Doktrin der weißen Putzarchitektur noch der puristischen Stahlrohrmöbel entsprechen. *Frank*s bürgerliche Interieurs, allesamt höchst wohnliche und dabei freundliche, lichtdurchflutete und großzügig Raumsequenzen, deren erstaunliche Qualitäten sich vor allem im Durchschreiten erschließen, wurden schon in der Stuttgarter Weißenhofsiedlung, zu der Frank als einziger österreichischer Architekt die Einladung des Werkbundes erhielt, als Franks Bordell beschimpft. Sie verarbeiten aber exakt die in langer österreichischer Tradition entwickelten Merkmale der Sommerfrischearchitektur wie überdachte Loggien als Sitzplätze für laue Sommernächte im Freien oder lauschige Kaminecken für die kühleren Ferientage. Auch in der Materialwahl versteht es *Frank* vorzüglich, auf die klimatischen Gegebenheiten und die regionale Tradition Falsterbos einzugehen, ohne die reduzierte Formensprache der internationalen Moderne zu verlassen. So präsentiert sich die Villa Claëson *(Abb. 2.20)* von 1927 als Sichtziegelbau, der seine einzelnen Kuben wohlabge-

---

118   Vgl. KAPFINGER / STILLER, „Neutra und Schindler", S. 133

stimmt übereinander verschachtelt, wohingegen die Villa Carlsten von 1927 wie die Villen Låftmann und Seth von 1934-35 dasselbe in der horizontalen Holzstulpschalung der skandinavischen Baukunst zustande bringen. Wiederum anders ist der Ansatz bei der Villa Wehtje von 1936, die mit ihrem rosa verputzen Mauerwerk, den klassischen Steinverkleidungen der Gründerzeitvillen innen und den teilweise geschwungenen Grundrissen wieder stärker zur herkömmlichen repräsentativen Sommervilla der Reichen des 19. Jahrhunderts zurückkehrt: „In his architecture Frank was greatly occupied with these spatial questions. His own buildings are a combination of modern dynamic space and an almost 19th century plan organization that is reminiscent of *Camillo Sitte's* diagrams of medieval squares and urban spaces", konstatieren *Bergquist* und *Michélsen*, die Autoren der Monografie über Frank's Falsterbovillen[119]. Im Gegensatz zum Loos'schen Raumplan haben Franks Villen jedoch nicht die umschlossenen kubischen Volumina, sondern sind beeinflusst durch das freie Gruppieren des Raumes in der englischen Tradition, womit nochmals unmissverständlich auf eine Landhaustradition zurückverwiesen wird.

2.3 Stadtrandvillen

Der Typus, auf den die Stadtrandvilla zurückgreift, ist der des Gartenpalais, das sich die Fürsten und Adeligen schon länger außerhalb der Residenzstädte errichteten, jedoch aufgrund der langsamen Verkehrverbindungen in halbwegs naher Distanz zu den Zentren. Da das Gartenpalais als **Sommerresidenz** und daher nicht allzu stark auf Repräsentation ausgerichtet sein musste, handelt es sich im Allgemeinen um nicht allzu ausgedehnte Gebäudekomplexe, die in ihrer Architekturausstrahlung auf eine gewisse Leichtigkeit Wert legen. Aus diesen zumeist längs gestreckten, schlanken und nur ein, maximal zweigeschoßig, ausgeführten Baukörpern entwickelt sich im 19. Jahrhundert so manche Sommervilla. Der allgemeine Sprachgebrauch pflegt im Gegensatz dazu den Begriff Villa eher auf die kompakteren, punktförmigen Baukörper der Zentralbautradition anzuwenden, als auf die in die Länge orientierten Palastnachfolger. Daher ist diese Unterscheidung beizubehalten, da sie ein einigermaßen greifbares Kriterium in der äußerst unklaren Benennung all dieser Gebäudetypen darstellt. Waren Villa wie Palais von Umfang der Bauvolumina darauf ausgerichtet, neben der Besitzerfamilie eine ganze Menge sonstiger dienstbarer Wesen, wie Haus-, Garten-, Koch- und Erziehungsgehilfen und -gehilfinnen, in den Wohnverband mit aufzunehmen, bildet sich mit dem 20. Jahrhundert zunehmend der Typus des echten Einfamilienhauses heraus. Obwohl dieses Unterscheidungskriterium vom bisher verwendeten des Baukörpertypus in einen funktionellen Typus umschwenkt, ist doch in dieser Kategorie eine eigenständige Bauform anzuerkennen, die sie sich im Sprachgebrauch in der Benennung mit **Haus** plus Familienname des Besitzers niederschlägt. Diese Bezeichnung wird niemals auf alle Einfa-

---

119 BERGQUIST / MICHÉLSEN, *Josef Frank Falsterbovillorna*, S. 13

milienhäuser angewandt, sondern immer nur für die repräsentativen, die tatsächlich in der Tradition der Villa stehen. Generell ist anzumerken, dass aufgrund der unglaublichen Fülle von Beispielen nur ganz wenige zwecks Demonstration der Charakteristika herangezogen werden können, und dass es für diese Gebäudetypen extrem schwierig ist, durchgehende Entwicklungslinien festzulegen.

2.3.1 Gartenpalais

Von den zur Demonstration der Wandlung dieses Baukörpertypus, der in seiner Entstehung bestimmt ins 16. Jahrhundert zurückreicht und seine Blütezeiten im 17. und 18. Jahrhundert erlebte, herangezogenen Beispielen österreichischer Architektur, wird nur der „bedeutendste klassizistische Palastbau Wiens"[120], das Palais Rasumovsky, eindeutig und immer als Palais bezeichnet. Für die beiden anderen hier angeführten Bauten, das Palais Stoclet und das Palais Stonborough-Wittgenstein werden sehr wohl auch die Bezeichnungen Villa oder Haus gebraucht, wohl aber deshalb, um einem fashionablen Understatement zu gefallen.

Das Palais Rasumovsky *(Abb. 2.21)*, 1806-07 von *Louis Montoyer* entworfen, entspricht unbestreitbar in allen Kriterien der Tradition des barocken Gartenpalais. Sein streng kubischer Baublock mit mittleren vorgebauten Säulenportiken beziehungsweise Risaliten thront auf dem Geländerücken, der den Donaukanal begleitet und sein großer englischer Garten fiel auch tatsächlich bis zu diesem ab. Dennoch wendet sich nur seine schmälere Seite dem Donaukanal zu, wobei allerdings dessen dreiachsiger Säulenportikus mit ionischen Riesenpilastern im Gegensatz zum fünfachsigen Richtung Gartenseite übergiebelt ist. Die Innendisposition ist durch die westeuropäisch-palladianischen Vorbildern verpflichtete Achse Vestibül-Kuppelsaal-Festsaal bestimmt. Die ehemaligen Wohnräume im Erdgeschoß wie im ersten Obergeschoß werden durch wohnliche Dimensionen und eine schlicht-elegante Ausstattung charakterisiert[121], obwohl

Abb. 2.21: Der Säulenportikus des Palais Rasumofsky Richtung Donaukanal.

der Grundriss durchaus einem der Idealpläne von *Serlios* Architekturbildern entstammen könnte, wie Feuchtmüller meint. Dennoch stellt auch er eine nüchterne Konzeption fest, die „für revolutionäre Lösungen bezeichnend ist"[122].

---

120   DEHIO, *Wien II. bis IX.*, S. 86f.

121   DEHIO, *Wien II. bis IX.*, S. 86f.

122   FEUCHTMÜLLER, *Biedermeier*, S. 15

Wie nachhaltig dieser Typus des Gartenpalais die Villenarchitektur des 19. Jahrhunderts bis spät in den Historismus hinein prägen sollte, zeigt deutlich *Otto Wagners* erster Sommersitz für seine Familie, die 1886-88 in der Hüttelbergstraße errichtete Villa Wagner I. Sie entspricht dem Typus des palladianischen Landhauses mit symmetrischem, längsgestreckten Grundriss entlang des Hangrückens in Form eines dominierenden, eineinhalb geschoßigen Mitteltraktes mit weit vorkragendem Dach und daran angefügten, niedrigeren Seitenflügeln mit nun verglasten dorischen Säulenstellungen als seitliche Pergolen. Der Haupttrakt in den drei Mittelachsen hat sich noch nicht von den monumentalen ionischen Säulenstellungen, die auch das Palais Rasumovsky prägten, gelöst, und in diesem Falle eine Loggia mit Kassettendecke bilden[123]. Diese Loggia inszeniert zusammen mit der barockisierenden gegenläufigen Freitreppe, den Flügeln und der Symmetrie die repräsentative Prospektfassade. Die nicht minder großzügige Querachse des Einganges führt von einem niedrigen Entree in die hohe Halle. *Achleitner* meint dazu unvergleichlich knapp zusammenfassend, dass es sich um die Adaption eines palladianischen Wohnkonzeptes für eine moderne Lebensform im Stile der freien Renaissance handle[124].

Mittlerweile hatten jedoch die rasant wachsenden Häusermassen die Sommerresidenzen knapp außerhalb der Städte eingeholt und sozusagen umschlossen. Die exorbitant angestiegenen Grundstückkosten machten es zu Ende des 19. Jahrhundert auch für die Reichen, die sich eine ausgedehnte Villa leisten konnten, unmöglich, sich das zur vollen Repräsentationsentfaltung früher notwendige Grundstück mitzukaufen. Daher entsteht nun aus dem Typus des freistehenden Gartenpalais eine Art **Quetschvilla**, die daraufhin konzipiert wurde, in eine geschlossene Häuserzeile einzuwachsen. Bestes Beispiel für die gestalterisch sehr gelungene Integration eines derartigen Baukörpers ist die von einem Wagner-Schüler *Otto Schönthal* 1900-01 entworfene Villa Vojcsik in der typischen Vorstadtumgebung der Linzer Straße in Hütteldorf, einer Hauptausfallstraße nach Westen. Ganz in der *Wagnerschen* Manier stellt *Schönthal* den Baukörper frei und bindet ihn nur durch niedere Seitenrisalite an die Nachbarbauten an, ein Gestaltungsprinzip, das *Wagner* selbst bei seinen Mietpalais am Schottenring und am Rennweg sowie bei den Miethäusern entlang der Wienzeile erprobt und das auch schon *Theophil Hansen* beim Hoch- und Deutschmeisterpalast des Erzherzog Wilhelm an der Ringstraße angewandt hatte.

Die die Dachlinie berührenden Fenster der Seitenrisalite der Villa Vojcsik würden an das Palais Stoclet in Brüssel *(Abb. 2.22)*, 1905-11 von *Josef Hoffmann* entworfen erbaut, erinnern, meint *Sarnitz*[125]. Das Palais Stoclet ist sicherlich hinsichtlich Baukörperdimensionierung und Raumprogramm eindeutig als spätes Beispiel eines typischen Gartenpalais anzusehen. Unge-

---

123   Vgl. *DEHIO, Wien X. bis XIX.*, S. 312 f.

124   ACHLEITNER, *Ö.Arch. 20. Jh. Band III/2*, S. 107

125   *Wien 500 Bauten*, S. 254

mein beeindruckend ist neben der virtuosen Flächenbehandlung *Hoffmanns* mit bronzierten Bordüren als einzigem Ornament vor allem die geniale asymmetrische und umso dramatischere Ausbalancierung der einzelnen Baukörperkubaturen gegeneinander. Der die Längendimension bestimmende Hauptbaukörper wird durch den vertikalen Turm als einzigem Repräsentationsobjekt determiniert.

Abb. 2.22: Das >babylonische< Palais Stoclet von *Hoffmann* in Brüssel.

Doch *Hoffmann* gelang es schon nicht mehr, diesen äußerst modernen Ansatz in seinen vielen folgenden Bauaufgaben in diese Richtung noch weiter zutreiben, das sollte in Österreich vor allem *Adolf Loos* vorbehalten bleiben. *Hoffmann* selbst kehrte zu einem reduzierten Neoklassizismus zurück, wie unter anderem die Wiener Villen Skywa-Primavesi von 1913 und Eduard Ast auf der Hohen Warte von 1909 schon deutlich veranschaulichen.

Davon kann er sich nicht mehr lösen, auch nicht bei den Bauten Mitte der Zwanziger Jahre, wie der Villa Knips *(Abb. 2.23)* in der Nusswaldgasse, die doch hinsichtlich ihrer Ornamentik wieder eher flächigen Art-deco-Elementen zugetan ist. Dennoch ist die Grundkonzeption ein Kubus mit ausgebautem Walmdach und hohen Kaminen, was das *Dehio*-Handbuch mit in freier Biedermeierrezeption sprachlich zu fassen versucht[126], allerdings prinzipiell im-

Abb. 2.23: Die >biedermeierliche< Villa Knips von *Hoffmann* in Wien, 1924.

mer noch von Typus lang gestrecktes Gartenpalais in der Nachfolge der gleichsam verflachten Dreiflügelanlage des Schlossbaues. Der Hauptkubus mit dem Walmdach hat nun den Mittelportikus mit Giebel ersetzt und die angefügten niedrigeren Baukörper stehen anstelle der Seitenflügel oder Flügelportiken.

Nicht von *Loos*, jedoch in einer sehr Loos'schen Manier ist das letzte echte Gartenpalais Wiens errichtet, das Palais Stonborough-Wittgenstein *(Abb. 2.24)* in der Kundmanngasse, das von *Paul Engelmann* und *Ludwig Wittgenstein* 1926-28 entworfen wurde. Es befindet sich in unmittelbarer Nachbarschaft zum Palais Rasumovsky mehrere Meter über dem Straßenniveau. Allerdings ist das Palais Stonborough-Wittgenstein kein ganz eindeutig lang

---

126   Vgl. *DEHIO, Wien X. bis XIX.*, S. 589f.

Abb. 2.24: Mathematisch-abstrahiertes Gartenpalais von *Ludwig Wittgenstein* für seine Schwester: Palais Stonborough.

gestreckter Palasttypus mehr, sondern weist schon auf den zweiten Strang der Landhausarchitektur, der Villa in der Zentralbautradition, hin. Tatsächlich wurde sie ursprünglich von *Engelmann* als römische Atrium-Villa angelegt, wobei das Atrium bei der Ausführungsvariante in eine zentrale Halle als Verkehrsraum des Erdgeschoßes transponiert wird. *Wittgenstein* sind vor allem die Vereinfachungen, ganz im Sinne der logischen **Abstraktion** eines Mathematikers, zuzuschreiben, die in ihrer Präzision der Details wie der zahlenmäßigen Proportionierung auf seine Ausbildung als Maschinenbauingenieur zurückweisen: Die Türklinken aus gebogenen Stahlstangen wie die nackten Glühbirnen als Luster ergeben im Zusammenspiel mit dem Edelputz sogar für den heutigen Betrachter noch die spröde und unwirtliche Atmosphäre eines Rohbaus oder einer Fabrikanlage, was ganz im Widerspruch zum Raumprogramm des Palais liegt.[127] Die Turmidee als herrschaftliche Geste, die beim Palais Stonborough im Gegensatz zum aufgesetzten echten Turm des Palais Stoclet einzig durch das Aufragen des Kubus visualisiert wird, kultiviert *Loos* parallel und gleichzeitig zu seinem letzten Hinweis auf die Villentypologie. Besonders deutlich wird dies vor allem auch durch die spektakuläre Situierung der Villa Müller, die *Adolf Loos* 1930 in Prag realisieren kann.

2.3.2 Vorortevilla und repräsentatives Einfamilienhaus

Für das 19. Jahrhundert fällt es schwer, über die Vorortevilla zu sprechen, denn sie ist zu diesem Zeitpunkt schlicht das Landhaus, das im Gegensatz zum Stadthaus für den Landaufenthalt der Familien vor allem zum Zwecke der Sommerfrische erbaut wurde. Mit dem schon geschilderten Einholen der bestehenden Landvillen durch die **wachsende Stadt** entsteht erst die neue Bauaufgabe der Vorortevilla. Diese Entwicklung folgt tatsächlich erst so spät, dass sie sich schon mit der ebenfalls neuen Bauaufgabe Einfamilienhaus überschneidet. Bis heute hat sich daher der allgemeine Sprachgebrauch angewöhnt, für repräsentativere, also vom Raumprogramm her ausgedehnten, Einfamilienhäuser ungeniert den Begriff Villa einzuführen, und die stehen aufgrund der Platzproblematik ausschließlich am Stadtrand und in den Vororten.

---

127 Vgl. Axel DRIESCHNER in: *Architektur im 20. Jahrhundert. Österreich*, S. 142

Bautypologisch werden alle diese Villen, wie schon mehrfach herausgearbeitet, eher auf den Zentralbautypus zurückverfolgt. Wenn man davon ausgeht, dass in einer gewissen Weise sowohl das Gartenpalais wie die Villa sich auf die Landhäuser *Andrea Palladios*, die er für die ausgedehnten Landbesitzungen der venezianischen Adeligen auf der Terra Ferma entwickelte, zurückführen lassen, so muss schon für diese anfänglichen Bauten attestiert werden, dass sich zwei prinzipielle Ansätze herauskristallisieren. Einmal das Haupthaus mit direkt angebauten Flügeln in Form der landwirtschaftlich genutzten Anbauten, die gleichsam eine Art Ehrenhof bilden, und Anlagen ohne Nebenbauten wie die berühmte Villa Rotonda, die durch die zentrale Kuppel überhöht und mit vier komplett identisch ausgeführten Seitenansichten auf einer Hügelkuppe unweit von Vicenza thront. Dieser Bau des späten 16. Jahrhundert kann mit gutem Recht als Ahnherrin aller Vorortevillen angesehen werden, was uns hilft, den Begriff der Villa im 20. Jahrhundert auf die eher punktförmigen, zentral orientierten Bauten dieser Art einzugrenzen.

Diese prinzipielle Baukörperausformulierung, allerdings reduziert um die klassizistischen Formenelemente Kuppel und seitliche Säulenportiken, erscheint als brauchbarer Weg für die Konzeption der Familienvillen nach der Jahrhundertwende. Bei der formalen Ausschmückung der Baukörper, die im Allgemeinen aus einem ein- bis zweistöckigen gedrungenem **Kubus** mit vierseitigem Walmdach auf quadratischem Grundriss bestehen, wird

Abb. 2.25: Laut *Otto Wagner* >Münchner Bräustil<: Villa Umrath in Graz.

mit verschiedensten Regionalsprachen operiert. Zum einen taucht das Idiom des süddeutschen Heimatstils auf, das die historisierenden Dachaufbauten und Erkeranbauten, die die typischen Villenensembles des späten 19. Jahrhunderts vorwiegenden ausschmückten, in Fledermausgaupen und ähnliche, leicht barock angehauchte Stilelemente umwandelt. Ein sehr schönes Beispiel dafür ist die Villa Umrath in Graz *(Abb. 2.25)*, die *Johann Baltl* 1912-13 durch einen Umbau des Baubestandes von 1848 für Baron *Ludwig Watzfeld* schuf. Eine andere Variante zeigt *Josef Hoffmann* beim Haus Moll II auf der Hohen Warte von 1906, die eines sehr geometrisierten Jugendstildekors. Heute noch werden derartige Baukörper, Kuben mit allseitig komplett heruntergezogenem Walmdach als der Villentyp schlechthin angesehen, obwohl man zugeben muss, dass vom funktionellen Standpunkt aus diese Form sich nicht sehr gut zum Wohnen eignet. Größtes Manko ist wohl die schlechte Belichtbarkeit der innen liegenden Räume, die bei den palladianischen Beispielen noch vollkommen unproblematisch, ja spektakulär schön über die Lichtöffnungen am Tambour der zentralen Kuppel erfolgen konnte.

Otto Wagner demonstriert an seiner Villa Wagner II in der Hüttelbergstraße, die auf einem Entwurf von 1905 basiert, der 1912 verwirklicht wurde, was passiert, wenn man einem derartigen Villenbaukörper das Walmdach entzieht. Mit dem herabgezogenen Dachgesims, das *Achleitner* präzise als Krempe ohne Hut entlarvt, schafft er den visuellen Ausgleich. Überhaupt ist dieses Spätwerk ein Meisterwerk der summarischen Reduktion und Konzentration. Wagner schafft einen asymmetrischen Grundriss aus der Pragmatik, den großen Wohnraum nicht durch eine achsiale Erschließung zerteilen zu wollen. Der dazu erforderliche seitliche Eingang, durch die Ausschmückungen von *Kolo Moser* besonders akzentuiert, wird durch die strenge Ordnung der Fenster im Obergeschoß wieder ausgeglichen. Überhaupt hat *Wagner* seine Prinzipien nur oberflächlich verlassen, seine Disziplin der Proportionen und Attribute, wie das Kranzgesims, sind immer noch historistische Stilmerkmale, wenn auch funktionalistisch umgedeutet und daher secessionistisch frei und nicht mehr neo[128]. Wagner selbst schätzt die Villa richtigerweise schon als modernes Einfamilienhaus ein, nicht ohne Seitenhieb auf die in dieser Zeit reüssierenden Villen der süddeutschen Schule: „Hier handelt es sich um ein ganz einfaches Einfamilienhaus für den Sommerbedarf [auch das nicht zufällig, die Sommerfrische-Villen waren im repräsentativen Sinne immer schon sehr abgespeckt und daher für moderne und einfachere Lösungen bahnbrechend; Anm. d. Verf.]. Bei der Grundrisslösung waren vor allem maßgebend, das Verlangen von starker Lichtzuführung in die Räume, die zweckliche und individuelle Anordnung derselben, Einfachheit und Dauerhaftigkeit der Ausführung, Verwendung jener Materialien, welche uns die Industrie in der letzten Zeit in die Hand gegeben. ... Alle diese Dinge müssen jedes Bauwerk in Bezug auf Formgebung und künstlerische Durchbildung intensiv beeinflussen. Dass die Berücksichtigung solcher Prämissen keinen Münchner Bräustil gebären kann, ist einleuchtend."[129]

Radikaler als *Wagner* sind in Hinsicht auf die Reduktion der Baukörper von repräsentativen Einfamilienhäusern *Adolf Loos* und *Josef Frank,* und zwar gleichzeitig zum Errichtungsjahr der Villa Wagner II. Das Haus Scheu, von *Loos* 1912 als provokantes Manifest zum neuen Wohnhaus mit Flachdach, das die Möglichkeit bot, den verbauten Boden als Reservefläche und Terrasse zurückzugewinnen, mitten im Villenviertel von Hietzing erbaut, ist bei genauer Betrachtung die ultimative Abstraktion des Gartenpalais-Typs auf abgetreppte Kuben in Längsaddition. Es ging bei der Baubehörde nur aufgrund diverser zeichnerischer Tricks und des Einflusses des Bauherrn durch, und muss tatsächlich schockierend auf die spätbürgerliche Nachbarschaft gewirkt haben[130]. Nicht weniger verstörend dürften die nur knapp danach 1913-14 von *Josef Frank, Oskar Wlach* und *Oskar Strnad* in der Wilbrandtgasse *(Abb. 2.26)* im Döblinger und Währinger Cottage errichteten Häuser mit ge-

---

128   Vgl. ACHLEITNER, *Ö.Arch. 20. Jh. Band III/2,* S. 108

129   Otto Antonia GRAF, *Otto Wagner. Das Werk des Architekten,* S. 648

130   Vgl. ACHLEITNER, *Ö.Arch. 20. Jh., Band III/2,* S. 48

schlämmten Sichtziegelwänden gewesen sein, die ebenfalls komplett ohne Dach auskommen.

Strnad und *Frank* sind die eigentlichen Vorreiter des kleinen Einfamilienhauses, obwohl *Loos* die Vorarbeit durch die Formenreduktion außen leistete. *Loos* bleibt allein aufgrund der sozialen Stellung seiner Auftraggeber im Großbürgertum länger dem Wohnen in der Villa verhaftet, obwohl sein **Raumplan** sich sowohl zur kompakten Schichtung komplexer Raumfolgen und Raumgefüge wie zur Differenzierung der Bereiche im Einraumhaus bestens eignet. *Loos* ist sicher am stärksten dem Englischen Vorbild verhaftet, das in der aktuellen Diskussion der Zeit dem Biedermeier als Erzieher entgegengesetzt wurde.

Abb. 2.26: Gleichzeitig zur Villa Umrath errichtet: Haus in der Wilbrandtgasse 3 von *Josef Frank* in Wien XIX.

Beides sind jedoch großbürgerliche Ansätze des Wohnens. *Strnad* und seine Schüler kannten jedoch auch noch *Baillie Scott's* „Häuser und Gärten", 1912 und sind daher genauso strikt gegen das Konzept des Gesamtkunstwerkes, dessen Auswirkungen auf des individuelle Wohnen *Loos* ja so polemisch schon 1900 im Neuen Wiener Tagblatt mit dem Artikel „Vom einem armen reichen Manne"[131] schilderte, der das Leben in *Hoffmanns* Palais Stoclet schlicht vorweg nahm. *Frank* und *Strnad* stimmen überein, dass „die angenehmsten Einrichtungen seit jeher diejenigen waren, die sich der Bewohner selbst im Lauf der Zeit zusammengestellt hat und denen keinerlei Absichtlichkeit anzusehen ist."[132] Hierin besteht der Unterschied zu *Loos*, der mit seinem Raumplan sehr viel strikter die verschiedenen Bereiche dieses dreidimensionalen Grundrisses vorgeben muss, und damit auch einen Gutteil der Einrichtung. Seine individuellen Raumhöhen zur Unterscheidung intimerer Bereiche sowie die irregulären Verschachtelungen der Räume auch übereinander bedingen eine eingebaute Einrichtung, wohingegen *Frank* und *Strnad* viel neutralere Raumhüllen schaffen. *Loos* legt zudem noch sehr viel mehr Wert auf eine klassische Fassadenkomposition, wie beispielsweise das Haus Moller in Währing von 1927-28 in der symmetrischen Außengestaltung trotz des verschachtelten Raumgrundrisses dahinter zweifelsfrei aufzeigt[133]. Darauf antworten *Josef Frank* und *Oskar Wlach* mit dem Haus Beer in Hietzing noch 1929 prompt, indem sie mit dessen nun tatsächlich asymmetrischer Fassade direkt das Haus Moller reflektieren.[134] Damit sind wir, wenn auch in einer anderen Formensprache, wieder bei der Tradition der Landvilla des Historismus mit ihren unregelmäßigen Giebeln und Erkertürmchen angelangt.

---

131 LOOS, *Ins Leere gesprochen*, S. 198 ff.

132 HAIKO, Peter, „Traditionalistische Moderne und undogmatische Avantgarde", in: *Architektur im 20. Jahrhundert. Österreich*, S. 23-30; hier: S. 24f.

133 Vgl. Axel DRIESCHNER in: *Architektur im 20. Jahrhundert. Österreich*, S. 148

134 Vgl. Axel DRIESCHNER in: *Architektur im 20. Jahrhundert. Österreich*, S. 152

Abb. 2.27: Einfamilienhaus als ironischer >weißer Traum< am Stadtrand: Haus Praun

Damit ist für das 20. Jahrhundert eigentlich das Repertoire des freistehenden repräsentativen Einfamilienhauses am Stadtrand in den Grundzügen abgesteckt, bei allem Respekt vor den unverkennbaren **Personalsprachen** der individuellen Architekten. Das Wohnhaus Wittmann in Etsdorf am Kamp, 1970-75 von *Johannes Spalt* konzipiert, modelt den Ansatz des römischen Atriumhauses im versenkten Mittelbereich des zentralen Wohnraumes um. *Hans Purin* zeigt 1975-76 am Haus Mähr in Feldkirch in aller Puristik die Möglichkeiten des zweigeschoßigen Kubus mit auskragendem Flachdach auf, diesmal in ausgefachter Holzständerbauweise. *Szyszkowitz & Kowalski* erproben beim Haus Zusertal in Graz 1980-82 nochmals die volle Entfaltung der repräsentativen Wirkung durch das gestalterische Hochziehen des Baukörpers und *Klaus Kada* hängt beim Haus Praun *(Abb. 2.27)*, ebenfalls in Graz 1985-86 umgesetzt, einem letzten weißen Traum vom kleinen Landschloss nach, allerdings im unrepräsentativsten Fassadenmaterial Wellblech und einer latent dekonstruktivistischen Formensprache.

3 Werkswohnhäuser, Siedlungen und Reihenhäuser

Für die Entwicklung des individuellen Wohnens im 20. Jahrhundert ist der Palais- und Villenbau nicht das alleinige Vorbild. Natürlich bleibt der Luxus des Adels und des Großbürgertums, denen bis heute das Wohnen in der Villa vorbehalten ist, der herbeigesehnte Wohntraum für die Massen. Im Gegensatz dazu geht es aber bei den in diesem und im nächsten Kapitel beschriebenen Wohnformen um das buchstäbliche Dach über dem Kopf für die gesamte Bevölkerung, eine essentielle Frage, die sich für die westlichen Gesellschaften seit der zweiten Hälfte des 18. Jahrhunderts stellte.

Im Zusammenhang mit der Anfang des 19. Jahrhunderts einsetzenden Industrialisierung entsteht das Problem der Unterbringung der Arbeiter, was bis zum Ersten Weltkrieg als rein **private** Angelegenheit der Firmen und ihrer Inhaber betrachtete wurde. Kommunen und der Staat fühlen sich zuvor dafür nicht zuständig, denn die bis etwa um 1800 geltende **Hofquartierspflicht** hatte das Problem unterstandsloser Massen nicht entstehen lassen. Welche Entwicklung die Behausungsfrage im 19. Jahrhundert nehmen sollte, beschreibt *Weihsmann* treffend: „Der Staat wie die Kommunen überließen die Lösung der allgemeinen Wohnungsfrage zunächst dem unkontrollierten Spiel freier Marktkräfte. Inzwischen erkannten aber weitsichtige Unternehmer und Politiker den unmittelbaren Bezug zwischen baulicher und sozialer Situation und sahen auch den kausalen Zusammenhang zwischen Wohnungselend, gesellschaftlicher Verelendung, Seuchen und Kriminalität. Vor allem waren es die humanitär-kapitalistischen Großunternehmer selbst, die sich ab der Mitte des 19. Jahrhunderts – aus welchen persönlichen Motiven immer – um bessere Unterbringung der Arbeiter kümmerten. Man wollte die Facharbeiter (die ersten Arbeiter überhaupt, die regelmäßig Lohn bezogen) stärker an die Fabrik binden, sie durch bessere Wohn- und Lebensbedingungen zu höherer Produktivität bringen und ihre Loyalität zum Fabrikherrn fördern. Schließlich waren die fabrikseigenen Arbeiter durch den objektiv vorhandenen Fortschritt weniger radikal und konnten so von der Arbeiterbewegung in den – bereits von Arbeitsniederlegungen und Klassenkämpfen zerrütteten – Städten abgespalten werden."[135] Dem ist nur anzufügen, dass die ersten Arbeitersiedlungen alle nicht in den Städten standen, sondern in unmittelbarer **Umgebung der Industrieanlagen**, die sich im Allgemeinen in der freien Landschaft befanden, zumeist an Gewässern, die zur Energiegewinnung und Abwasserbeseitigung und aber auch für den Transport der Güter herangezogen werden konnten.

---

135 WEIHSMANN, *Das Rote Wien*, S. 64

3.1 Zeilenförmige Arbeiterwohnhäuser

Vorbilder für alle derartigen Anlagen finden sich vor allem im am frühesten aller europäischer Staaten industrialisierten England. New Lanark in Südschottland kann als prototypisches Beispiel herangezogen werden. Die noch Ende des 18. Jahrhunderts, nämlich 1784, von *Richard Arkwright*, dem Erfinder des automatischen Webstuhles, und dem Glasgower Bankier und Unternehmer *David Dale* gegründete Spinnerei befindet sich im tief eingeschnittenen Flusstal des Clyde. Ab 1810 nutzte der Schwiegervater des Sozialutopisten *Robert Owen* die Anlage zur Erprobung seiner Utopie einer humanen Gesellschaft. Zu diesem Zwecke ließ er zur Unterbringung seiner Arbeiter langgestreckte Zeilen drei- bis fünfgeschoßiger Wohnhäuser in Sichtmauerwerk aus grauem schottischem Granit errichten. Die Tiefe der Blöcke bestand in einer, maximal zwei Raumtiefen, wobei die Blöcke aber nicht durch einen Längsgang, sondern vertikal über jeweils eigene Stiegenhäuser erschlossen wurden[136].

3.1.1 Mehrgeschoßiger Zeilenhaustyp

In Österreich dürfte das am frühesten von diesen Entwicklungen beeinflusste Gebiet Vorarlberg gewesen sein, das derartige Ideen wohl mit den aus England bezogenen Webstühlen und Spinnereimaschinen importierte. Das wahrscheinlich älteste erhaltene Beispiel Vorarlbergs ist das aus 1850 stammende Wohnhaus der ehemaligen Textilwerke Schindler in Kennelbach. In diesem Fall ist allerdings der gereihte, mehrgeschoßige Zeilentyp, wie wir ihn aus New Lanark kennen, mit einer Laubengangerschließung kombiniert. Es gibt also für je zwei Wohneinheiten ein offenes Stiegenhaus.[137] In ihrer äußeren Erscheinung stärker als das Kennelbacher Beispiel an die **englischen Vorbilder** anschließend sind die Arbeiterhäuser der Südbahngesellschaft in der Eichenstraße in Wien-Meidling, 1870 von *Wilhelm Flattich* als funktionale Zeilenbebauung entlang der Südbahntrasse in Sichtziegelmauerwerk konzipiert. Ihre Viergeschoßigkeit, die den Bauten trotz der Kleinteiligkeit die Monumentalität von Industriebauwerken verleiht[138], ist ein deutlicher Hinweis auf die außergewöhnlich städtische Lage der Anlage.

Die erste größere, **planmäßig** angelegte Arbeitersiedlung entsteht im Wehrgraben der oberösterreichischen Stadt Steyr parallel zum Ausbau der Waffenfabrikation des *Josef Werndl*. Dieser legt nach dem sozialen Vorbild der Industrieherren Englands und der Vereinigten Staaten, deren Anlagen er aus seiner Ausbildungszeit in den USA kennt, in unmittelbarer Nachbarschaft zu

---

136 Vgl. Grundrisse der Häuser Double (Water) Row No. 5 & 11 In: *Nomination of New Lanark for inclusion in the World Heritage List,* Scotland 2000, S. 46

137 Vgl. Grundriss in: ACHLEITNER, *Ö.Arch. 20. Jh. Band I,* S. 445

138 Vgl. *Wien 500 Bauten,* S. 221

seinen Fabrikationsanlagen und seiner eigenen Villa im Wehrgraben eine Schwimmschule und eine größere Reihenhaussiedlungen für seine Arbeiter an. Noch erhalten sind die ältesten in Form von acht plus zwei zweigeschoßigen Häusern direkt entlang der Wehrgrabengasse 67-81 in der Pufferau *(Abb. 3.1)*, die *Franz Arbeshuber* für *Werndl* 1870 plante. Es handelt sich um zweigeschoßige Mehrfamilienreihenhäuser in geschlossener Bauweise auf etwa

Abb. 3.1: Arbeitersiedlung Steyr-Pufferau nach englischem Reihenhaus-Vorbild.

zwanzig Meter tiefen Gartengrundstücken mit an der hinteren Grundgrenze liegenden Holzschuppen. Jedes Haus enthält vier Abteilungen, was relativ große Wohneinheiten von 45-50 Quadratmetern ergibt, also Zimmer, Küche, Kabinett-Wohnungen.

Da diese Wohnungen im Vergleich zu den zehn Jahre später errichteten Häusern am Eisenfeld großzügig bemessen sind, ist denkbar, dass hier Wohnungen für einen Stamm von **Facharbeitern** geschaffen wurden[139]. 1875-88 erarbeiten *Franz Arbeshuber* und *Anton Plochberger* auf der Eisen-Insel, ebenfalls im Wehrgraben gelegen, wiederum für *Josef Werndl* als Fabrikherrn eine ausgedehnte Werkssiedlung aus vier ebenerdigen Einzelhäusern und achtzehn Doppelhäusern, die so genannte Eisensiedlung. Die jeweils acht Wohneinheiten in den Doppelhäusern waren bei weitem nicht so großzügig wie bei den Reihenhäusern in der Wehrgrabengasse und bestanden nur aus einem Zimmer von zwanzig Quadratmetern. In den Einzelhäusern gab es jedoch jeweils drei Wohneinheiten mit zwei Einzelzimmern und einer Wohnung mit Zimmer, Küche und Kabinett in der Größe von rund vierzig Quadratmetern. „Jede Hausreihe hatte also eine bessere Wohneinheit, die vermutlich von einer dem Fabrikherrn verantwortlichen Person bewohnt wurde. Die Klosetts befanden sich in schmalen Bauwichen zwischen den Doppelhäusern, je vier, sodass auf zwei Familien ein Klosett kam. ... Die zweigeschoßigen Kopfbauten an der Schwimmschulstraße wurden vermutlich alle schon 1875 gebaut, die an der östlichen Seite der Straße 1876/77 wahrscheinlich alle von *Anton Plochberger* entworfen und ausgeführt. Die östliche Seite der Eisen-Insel weist nochmals zwanzig zweigeschoßige Häuser mit je vier Wohneinheiten, bestehend aus Zimmer, Küche und Kabinett mit insgesamt rund fünfzig Quadratmetern auf, und wurde 1878 entworfen. 1888 entstehen die letzten zehn Häuser der Siedlung. Heute ist die Siedlung eine echte Reihenhaussiedlung, denn schon ab der Jahrhundertwende gingen die Häuser teilweise ins Eigentum der Mieter über, was bei den ebenerdigen Häusern den Effekt des sukzessiven Ausbaus und der Anpassung an

---

139 Vgl. ACHLEITNER, *Ö.Arch. 20. Jh. Band I*, S. 109f.

die Wohnvorstellungen der Besitzer hervorrief".[140] Allerdings gibt es nicht nur in Steyr derartige, von *Weihsmann* mit „zweigeschoßiger Reihenhausverbauung im neugotischen Cottage-Stil, der von England übernommen wurde, allerdings ohne deren typische Vorgärten"[141] umschriebene Fabrikssiedlungen, sondern auch in Ebensee und St. Martin bei Linz.

Zur selben Zeit um 1880 entsteht auch in Pölfing-Brunn eine Bergarbeiter-Kolonie der Graz-Köflacher Eisenbahn- und Bergbaugesellschaft, die zu den interessantesten Arbeitersiedlungen Österreichs zu zählt, da sie bereits **flexibel zuteilbare** Grundrisse aufweist. Es handelt sich im Prinzip um erdgeschoßige Doppelhäuser ohne fixe Gartenzuteilung, deren durchlaufender Mittelflur als Erschließung eine unterschiedliche Belegung der Häuser ermöglicht: Entweder können vier einzelne Räume vermietet werden, oder das Haus wird quer oder längs in zwei Wohneinheiten zerteilt. Natürlich kann es auch von nur einer Familie benutzt werden, wobei der Flur dann auf der einen Seite als Vorraum dient. Die Häuser wurden ebenfalls seit den fünfziger Jahren privatisiert, die Gärten nach dem Prinzip von Schrebergärten flexibel bewirtschaftet[142].

3.1.2 Zeilenförmige Spännertyp

Abb. 3.2: Die Cottage-Architektur der Hämmerle-Häuser in Dornbirn.

Aus den zeilenförmigen Reihenhäusern entwickeln sich in der Folge sukzessive verschiedene Spännertypen, eine planerische Möglichkeit, Stiegenhäuser einzusparen. Ein Beispiel dafür sind die so genannten Italiener-Häuser der Firma S. Jenny in Hard bei Bregenz, um 1890 entlang der Landstraße erbaut. Auch die starke **Ausnutzung des Volumens** bis unter die Mansard-Dächer hinein[143] deutet auf das Bestreben der Ökonomisierung beim Bau von Arbeiterwohnhäusern um diese Zeit. Aber auch **Mietwohnungen in Reihenhausform** entstehen durch Übernahme und lokale Abwandlung des englischen Reihenhaus-Vorbildes, wie bei den Arbeiterreihenhäusern der Textilwerke Hämmerle in Dornbirn von 1907 *(Abb. 3.2)*. *Otto Mallaun*, auf den etliche Arbeiterwohnhaussiedlungen in Vorarlberg zurückzuführen sind, zeichnet sich auch hier vor allem durch eine engagierte

140　ACHLEITNER, *Ö.Arch. 20. Jh. Band I*, S. 105f.

141　WEIHSMANN, *Das Rote Wien*, S. 77

142　Vgl. ACHLEITNER, *Ö.Arch. 20. Jh. Band II*, S. 290

143　Vgl. ACHLEITNER, *Ö.Arch. 20. Jh. Band I*, S. 441

Gestaltung der gestaffelten Baukörper[144] aus, die den Charakter der früher sehr starren Zeilen deutlich zugunsten eines romantischen Erscheinungsbilds der Cottage-Architektur korrigiert.

Für die Entwicklung von Mehrfamilienhausformen mit Mietwohnungen, die als **Vorgänger für die Wohnblöcke** zur Linderung der Massenwohnungsnot des 20. Jahrhunderts angesehen werden müssen, sind unter anderem verschiedene Wohnhäuser der Österreich-Alpinen Montangesellschaft in Eisenerz zwischen 1872 und 1922 wesentlich. Einer der frühesten Blöcke in der Vordernberger Straße 82-84 *(Abb. 3.3)* zeigt für

Abb. 3.3: Die außen liegenden Treppenhäuser der Arbeiterwohnhäuser in Eisenerz.

das Jahr 1872 eine beachtliche Grundrisslösung, bei der außen liegende **Treppenhäuser** jeweils zwei Wohnungen erschließen, so dass durchgehende Zimmer-Küche-Kabinett-Wohnungen mit Querlüftung entstehen. Wenn man vom Klosett im Erdgeschoß absieht, sind die Wohnungen mit rund sechzig Quadratmetern im Obergeschoß beachtlich groß[145]. Bei den Wohnhäusern in der Vordernberger Straße 50-56, 1915 von *Victor Forabosco* konzipiert, sieht man deutlich, dass durch das Herausschieben des Stiegenhauses die Einförmigkeit der Zeilen unterbrochen werden kann, wobei der Fortschritt dieser von *Achleitner* als Vorgänger gebräuchlicher Typen des sozialen Wohnbaus bezeichneten Grundrissaufteilung darin liegt, dass nun die **WC-Gruppe** bereits auf einer Ebene mit den Wohnungen zu liegen kommt. Die spätesten Typen in Eisenerz in der Kolonie Münichtal, zwischen 1900 und 1922 entstanden, zeigen die sparsamste Erschließung in Form von **Vierspännertypen** mit den Klosetts auf dem Stiegenpodest auf[146], wobei dieser Typ ausgedehnter auch bei der Mürzbogensiedlung der Gebrüder Böhler AG in Kapfenberg, 1900-1905 von *Hans Frauneder* geplant, zur Anwendung kam, mit deutlichem Schwerpunkt auf einer Verbesserung der Außenraumgestaltung als bisher: „Die Anlage nutzt in einer eher schematischen Form die vorhandene Situation, die Reihung der Blöcke lässt geordnete und sehr unterschiedliche Außenräume entstehen. Während die Straße eher streng und abweisend wirkt, ist der breite, angerartige Hof, verstärkt durch die Stiegenhäuser, ein genutzter Kommunikationsraum."[147]

---

144 Vgl. ACHLEITNER, *Ö.Arch. 20. Jh. Band I*, S. 427

145 Vgl. ACHLEITNER, *Ö.Arch. 20. Jh. Band II*, S. 174

146 Vgl. ACHLEITNER, *Ö.Arch. 20. Jh. Band II*, S. 173

147 ACHLEITNER, *Ö.Arch. 20. Jh. Band II*, S. 226

3.1.3 Zeilenförmiger Laubengangtyp

Abb. 3.4: Offener Pawlatschengang der Arbeitersiedlung Marienthal.

Das bereits erwähnte Wohnhaus der ehemaligen Textilwerke Schindler in Kennelbach hat schon darauf hingewiesen, dass in Österreich eher Typen mit Laubengangerschließung, als echte englische Reihenhäuser mit jeweils eigenen Stiegenhäusern bei den frühen zeilenförmigen Arbeiterwohnhäusern zur Anwendung kamen. Dies liegt vermutlich an der Tradition der **Pawlatschen**, die aus dem Friaul, der Lombardei oder vom Balkan in den Wiener Raum gelangt und dort als billige Erschließung[148] von Wohnhäusern schon im späten 18. und frühen 19. Jahrhundert etabliert waren. Daher ist die >Open Stairway<, die auf der Londoner Weltausstellung 1851 am >Prince Albert Model House< als hoch fortschrittlich angepriesen wurde – „Der Bewohner vermag demnach von der Straße aus den Zugang zu seiner Wohnung zu verfolgen und kommt (von Begegnungen auf der Treppe abgesehen) mit gar keiner oder höchstens mit der Wohnpartei in Berührung, deren Türe oder Fenster er passiert. Was aber von Wichtigkeit ist: Die Kontrolle der Öffentlichkeit folgt gleichfalls dem Bewohner bis an die Türe" – zumindest im Wiener Raum keine Neuigkeit mehr. Neu ist allerdings der Einsatz bei Arbeiterwohnhäusern, die es vorher nicht gegeben hatte. Daher ist das Laubenganghaus ein Instrument der herrschenden Klasse sowohl als Panoptikum (Kontrolle) als auch als private Enklave (Regenerierung der Arbeitskraft), wie Weihsmann feststellt. Der zweite Faktor, dass es außerdem Aufschließungskosten durch das Wegfallen von Treppenanlagen spart, indem es die Wohnungen durch einen vorgelagerten Gang erschließt, wird dieses Prinzip nicht zufällig im kommunalen Wohnbau der Zwanzigerjahre wiedererstehen lassen[149]. Selbst in den letzten Jahren feiert die Laubengangerschließung im Massenwohnbau zusehends eine Renaissance, nicht zuletzt aufgrund der nun aber positiv empfundenen sozialen **Zwangskontaktzone**, die der zunehmenden Anonymität entgegen wirken soll. Ein typisches Beispiel ist das Personalwohnhaus des Landeskrankenhauses in der Kennelbacherstraße in Bregenz, 1992-95 von *Helmut Kuess* geplant und ausgeführt.

Eine der frühesten Anwendungen des offenen Pawlatschengangs *(Abb. 3.4)* zur Erschließung der Wohneinheiten im Obergeschoß finden wir bei der nicht nur durch die sozialen Studien von *Marie Jahoda* bekannt gewordenen Arbei-

---

148   Vgl. WEIHSMANN, *Das Rote Wien*, S. 78

149   WEIHSMANN, *Das Rote Wien*, S. 70

tersiedlung Marienthal in Gramatneusiedl, die von *Hermann* und später *Eduard Todesco* ab etwa 1830 im Zusammenhang mit ihrer Baumwollgespinst- und Wollwaren-Fabrik angelegt wurde. Die heute noch bewohnten und kaum verbesserten sieben zweigeschoßigen Wohnblöcke beidseits der Hauptstraße mit etwa sechzig Wohneinheiten, um 1860 errichtet, zeigen im Grundriss eine additive Aneinanderreihung schmaler Wohneinheiten aus einer Küche mit anschließendem Wohnzimmer von insgesamt etwa dreißig Quadratmetern. Im Erdgeschoß werden die Küchen direkt vom Hof aus erschlossen, der auf der anderen Seite der Küchenfront gegenüber durch gemauerte Schuppen, die den Wohnungen zugeordnet sind, eingefasst wird. Pro Block gibt es eine Treppe zum offenen Pawlatschengang im Obergeschoß, der hofseitig aus Holz auf Eisenkonsolen den einzelnen Wohnungen vorgelagert ist. Die Ansichten der Gebäude spiegeln straßenseitig die monotone Aneinanderreihung der regelmäßigen Achsfolge der Fenster beziehungsweise Türen wider, wobei bemerkenswerter Weise die Fenster bereits durch seriell hergestellten Terracottaelemente umrahmt werden und die erwähnten Brennholzschuppen hinter den Häusern bewusst in das architektonische Konzept miteinbezogen wurden[150].

Im Süden Österreichs ist das funktionelle Erschließungskonzept das gleiche, die formale Ausführung allerdings etwas unterschiedlich. In den alpinen Regionen wird der Laubengang gänzlich aus Holz und in Kombination mit dem weit vorspringenden Dach als dringend notwendiger Witterungsschutz konstruiert, typisches Kennzeichen des so genannten **Knappenhauses**. Das Arbeiterwohnhaus des *Mayr Freiherr von Melnhof* in der

Abb. 3.5: Knappenhaus in Köflach.

Dillacherstraße 1 von Köflach aus dem Jahre 1870 ist eines der ältesten noch unverändert erhaltenen Wohnhäuser dieses Typs mit elf Wohneinheiten pro Geschoß und einem ausgebauten Dachgeschoß, so dass hier dreißig Arbeiterfamilien untergebracht werden konnten. Zwei Klosetts pro Geschoß sind vom zweigeschoßigen, sonnenseitigen Laubengang *(Abb. 3.5)* aus zugänglich, der heute noch als erweiterter Wohnraum zu funktionieren scheint. „Das Haus hat, durch die Art und Lage der Holztreppen, mit dem Quergiebel in der Mitte, noch etwas vom Charakter landwirtschaftlicher Objekte. Spätere Bauten ähnlichen Typs, meist mit innenliegenden, jedoch offenen Stiegenhäusern, wirken städtischer, proletarischer"[151], meint *Achleitner* einprägsam zur architektonischen Sprache des Gebäudes.

---

150 Vgl. KITLITSCHKA, *Historismus & Jugendstil in NÖ*, S. 132 und WEHDORN / GEORGEACOPOL-WINISCHHOFER, *Baudenkmäler der Technik und Industrie in Österreich, Band 1*, S. 160f.

151 ACHLEITNER, *Ö. Arch. 20. Jh. Band II*, S. 240

Abb. 3.6: Die loggenartige Laubenganger-schließung des Arbeiterwohnhauses in Rosental an der Kainach.

Deutlich südlicher wirkt hingegen ein nur wenige Kilometer entferntes weiteres Mehrfamilien-Laubenganghaus der Graz-Köflacher Eisenbahn- und Bergbau-Gesellschaft in der Karlschachtstraße in Rosental an der Kainach von 1880. Es muss dies an der Ausformulierung der **gemauerten Lauben** als Segmentbogenarkaden auf viereckigen Pfeilern liegen, was den Eindruck einer südlichen Loggia hervorruft *(Abb. 3.6)*. Zwanzig Zimmer-Küche-Wohneinheiten zu je 35 Quadratmetern werden auf diese Art und Weise erschlossen, dazu größere Endwohnungen mit 44 beziehungsweise 46 Quadratmetern. Neu ist die Abmauerung des Ganges in der Mitte, stellt *Achleitner* fest, und kommentiert zukunftsweisend: „Die Tendenz zu kleineren Einheiten (trotz Massenwohnhaus) wurde im 19. Jahrhundert viel diskutiert, da die großzügigen Kontaktzonen der Lauben immer wieder zu gegenseitigen Störungen und Streitigkeiten geführt haben."[152]

Doch auch diese reinen Laubengangformen werden durch Kombination mit Spännertypen zu Zwischenformen umformuliert, wie die geschwungenen, abgewinkelten Blöcke, ausgehend vom mandelförmigen Grundstück bei der Pulverfabrikskolonie in Trofaiach, 1920-22 von *Raphael Meneghel* konzipiert, vorführen. Die Stiegenhäuser dieser Zwei- und Dreispännertypen mit einläufigen Treppen parallel zur Außenwand sind hier durch offene Loggien verbunden[153].

3.2 Zwei- oder Mehrfamilienhaustyp

Neben den zeilenförmigen Arbeiterhaustypen gibt es auch einige Beispiele von Doppel- bzw. Vierfamilienhäusern, die sich nicht als längsgestreckten Baublöcke, sondern punktförmige Einzelbaukörper präsentieren. Der eingeschoßige Typus eines Arbeiterhauses für vier bis sechs Familien geht aufgrund seiner Entstehungsgeschichte als **Mühlhausentyp** in die Literatur ein: Ab 1853 baute der Unternehmer *Émile Muller* bei Mühlhausen im Elsaß eine Arbeitersiedlung aus herkömmlichen Einzelhäusern mit individuellen Gärten. Dies erfolgte im Auftrag des Königs *Louis Bonaparte*, um ein billigeres Haus, als das auf der Londoner Weltausstellung 1851 mit großem Erfolg gezeigte von *Henry Roberts,* zu finden. Muller entwarf ein Vierfamilienhaus mit kreuzförmiger Raumeinteilung, dessen Viertel in doppelstöckiger Bauweise einen

---

152 ACHLEITNER, *Ö.Arch. 20. Jh. Band II*, S. 297

153 Vgl. ACHLEITNER, *Ö.Arch. 20. Jh. Band II*, S. 312ff.

Vorraum mit separatem Eingang, eine Küche mit eigenem Wasseranschluss, eine Wohnstube (die gute Stube) und zwei Schlafkammern besaßen. Die Aborte waren außen angebaut.[154]

Dieser Typ ist unter den österreichischen Arbeiterhäusern nur sehr selten anzutreffen, jedoch in der Arbeitersiedlung der Freiherrlich Drasche von Wartingberg'schen Bergverwaltung in der Proleberstraße von Leoben, 1898 von *Josef Zeiros* errichtet, durchaus vorhanden, wobei die eingeschoßigen Häuser heute jeweils nur mehr von einer einzigen Familie bewohnt werden *(Abb. 3.7)*. Als aufgestockte Doppelhäuser, die so großzügig angelegt waren,

Abb. 3.7: Arbeiterwohnhaus nach dem >Mühlhausentyp< in Leoben.

dass man sie notfalls auch als Vierfamilienhäuser nach dem Mühlhausenprinzip belegen konnte, sind auch *Otto Mallauns* Zweifamilien-Arbeiterhäuser in der Hämmerle-Siedlung in Feldkirch-Gisingen 1906 konzipiert[155], sozusagen zwei übereinander gestellte Häuser nach dem Vorbild von Leoben. Auch diese Arbeiter-Kolonie hat ihr Erscheinungsbild bis heute nur unwesentlich verändert. Dennoch stirbt mit den gestiegenen Ansprüchen an das Wohnen dieser Vier- bis Sechsfamilien-Typ sozusagen zugunsten des echten Reihenhauses für nur eine Familie pro sichtbarer Hauseinheit aus.

3.3 Arbeiter-Reihenhäuser

Die ersten echten Reihenhaussiedlungen in Österreich sind nach wie vor Werkssiedlungen, wie die Schachtsiedlung der Österreichisch-Alpine Montangesellschaft in Fohnsdorf-Wasendorf, 1920-22 von *Raphael Meneghel* und anderen geplant. *Achleitner* vermutet hier eine Sonderstellung im österreichischen Siedlungsbau, als, vermutlich über ein Kruppsches Vorbild, ein direkter Einfluss des deutschen Expressionismus nachzuweisen wäre. Die Anlage besteht aus 28 Einfamilien-Häusern, die in sechs Einheiten mit Reihen von drei bis sieben Häusern in **Diagonalstellung** (Verzahnung) organisiert sind. Die Häuser gruppieren sich um einen dreieckiger Hofraum mit den Holzlagen und der Waschküche in einer Talmulde in der Mitte als heute noch gemeinschaftlicher Anger. Durch die Reihung der steilen Giebel entsteht eine pittoreske Situation in „romantisierender Biederkeit des freistehenden Giebelhauses", wobei zu bedenken ist, dass durch die Diagonalstellung trotz

154 WEIHSMANN, *Das Rote Wien*, S. 64

155 ACHLEITNER, *Ö.Arch. 20. Jh. Band I*, S. 439

Abb. 3.8: Die Diagonalstellung der Reihenhäuser am Ehrenheimweg in Leoben.

Reihung ein vierseitiger Ausblick entsteht, also die Gesamtwohnfläche pro Haus von immerhin 73 Quadratmetern besonders gut genutzt werden kann. Die betonte Ausbildung der Vorder- und Rückseiten führt zur Vermutung, dass hier ein Typ für städtischere Umgebungen entwickelt wurde. Seit die Häuser 1970 privat an Bewohner verkauft wurden, ist eine stärkere Umbau- und Renovierungstätigkeit festzustellen[156]. Zeitgleich und typengleich dazu entsteht auch in Leoben eine Reihenhaussiedlung für Bergleute am Ehrenheimweg, nur dass die Häuser in Fachwerk *(Abb. 3.8)* als Tribut an die schlechte wirtschaftliche Situation nach dem ersten Weltkrieg errichtet werden, wohl eines der bedeutendsten Zeugnisse eines Bauens für das Existenzminimum[157].

Abb. 3.9: Die scheinbar gewachsene Struktur der Knappensiedlung bei Hüttenberg.

Wohl den Höhepunkt und auch den Abschluss dieser Entwicklung bildet die Knappensiedlung der Österreichisch-Alpinen Montangesellschaft am Knappenberg über Hüttenberg *(Abb. 3.9)* 1921-23 errichtet, bei der es den renommierten städtischen Architekten *Theiss & Jaksch* gelang, im besten Sinne anonyme, **gewachsene Strukturen** aus den Besonderheiten des terrassierten Geländes einschließlich des Baumbestandes zu entwickeln. Dennoch setzt sich diese Siedlung an einem steilen, nach Südwesten orientierten Hang auf 1080 Meter Seehöhe aus nur wenigen typisierten Elementen und Baustoffen zusammen. So kommen beispielsweise nur drei Fensterformate zur Anwendung und prinzipiell baut die gesamte Siedlung von 108 beziehungsweise 154 Einfamilienhäusern in gekuppelter und gereihter Bauweise auf nur fünf Standardgrundrissen auf. Auch die Dachneigung von 45 Grad resultiert aus der leichteren Ausmittlung der Walmdächer bei den Eckhaustypen. Prinzipiell werden die einzelnen Wohneinheiten, die je nach Gelände zu lebendig variierten Gruppen von zwei bis acht Hauseinheiten pro Block zusammengefasst werden, vom Erdgeschoß aus erschlossen, in dem sich um einen Vorraum

156 Vgl. ACHLEITNER, *Ö.Arch. 20. Jh. Band II*, S. 186

157 ACHLEITNER, *Ö.Arch. 20. Jh. Band II*, S. 263

verschiedenste Zimmer und Kammern gruppieren. Über eine einläufige Treppe gelangt man ins talseitige Untergeschoß mit Wohnküche, Spüle, Sitzplatz, WC und Kleintierstall. Die Hausgrößen bewegen sich zwischen 55 und 61 Quadratmetern, nur ein Ecktyp von 78 Quadratmetern wurde insgesamt viermal gebaut. Die Untergeschoße sind aus 20 cm starken Hohlbetonsteinen aufgemauert, einfach verputzt, und darüber in Holzblockbauweise ergänzt. Die Dacheindeckung bestand ursprünglich aus imprägnierten Bretterschindeln, jetzt aus Asbestzementplatten. Das Erscheinungsbild der gesamten Anlage ist trotz des von 1978 bis 1980 erfolgten Privatverkaufes immer noch sehr einheitlich und scheinbar aus der bodenständigen Tradition abgeleitet.[158]

3.4 Gartenstadt- und Heimatschutzsiedlungen

Eine andere Art von durchgeplanten Siedlungen aus relativ kleinen Einzelbaukörpern nimmt sich wiederum ein englisches Vorbild, nämlich das **Cottage** des 19. Jahrhunderts. Derartige Siedlungen wie beispielsweise Blaise Hamlet bei Bristol, eine 1811 von *John Nash* im Auftrag eines Quäker-Bankiers als Siedlung für pensionierte Landarbeiter entworfen, unterscheiden sich deutlich von den zeilenförmigen Reihehäusern für die einfachen Arbeiter, denn sie gehen in Richtung Villenarchitektur. Es handelt sich dabei um pittoresk gestaltete, punktförmige Einzelbaukörper, maximal zweigeschoßig und im Allgemeinen nur von ein bis zwei Familien bewohnt.

Die ersten Cottage-Viertel Österreichs in Wien-Währing haben tatsächlich auch nichts mit Werkswohnhäusern zu tun, ihre Architektur wird aber sehr schnell zum Vorbild für die **Meisterhäuser** in so manch nachfolgender Werkssiedlung, weshalb an dieser Stelle kurz darauf eingegangen werden soll. Die Zielsetzung des am 13. April 1872 unter wesentlicher Beteiligung *Heinrich von Ferstels* gegründeten Wiener Cottage-Vereins, bestand anfangs in der Entwicklung von **Normtypen** für Wohnobjekte und nicht so sehr in der möglichst ausgeprägten Individualität eines Einzelbaus, was als typisches Kennzeichen einer Villa angesehen wird. Dennoch weisen die als Normtypen entwickelten Bauten zumeist unregelmäßige Grundrisse auf und sind durch Erker, Holzveranden und abgetreppte Giebel gegliedert, wie es *Ferstel* in der 1860 gemeinsam mit *Rudolf von Eitelberger* veröffentlichten Schrift über das bürgerliche Wohnhaus und das Wiener Zinshaus vorgeschlagen hatte. In dieser ersten Phase des Cottage-Vereins waren *Carl von Borkowski* als Chefarchitekt und daneben *Anton Zöchmann, Julius Deininger* und *Karl Haas* als Architekten mit der Entwicklung und Errichtung einer aus Einzelbauwerken bestehenden Gartenstadt beschäftigt, basierend auf, es sei nochmals hervorgehoben, Normtypen für Wohnobjekte. Erst in der zweiten Phase des

---

158 Vgl. SCHWALM-THEISS, *Theiss & Jaksch,* S. 62-65 und WEHDORN / GEORGEACOPOL-WINISCHHOFER, *Baudenkmäler der Technik und Industrie in Österreich, Band 2*, S. 160f.

Cottage-Vereins nach 1884 ging es um die Planung von opulenten, vornehmen Familienvillen, deren Gestaltung in erster Linie vom Aspekt der äußeren Wirkung bestimmt wurde, und auch den umgebenden Garten miteinbezog[159]. Erst dieser zweite Typ bestimmte in der Folge das Erscheinungsbild der großbürgerlichen Vororte der Klein- wie Großstädte Österreichs, ja der gesamten Monarchie.

Als bekanntestes und typischstes Beispiel für die Einarbeitung der Cottage- und **Gartenstadtidee** in eine Werkssiedlung ist in Österreich die Kruppsche Werkssiedlung in Berndorf anzusehen, 1843 von den Deutschen *Hermann Krupp* und *Alexander Schoeller* gegründet und bis zum ersten Weltkrieg vor allem unter *Arthur Krupp* und dessen Chefarchitekten *Ludwig Baumann* ab 1888 sukzessive ausgebaut. Am Gipfel ihrer Prosperität um 1900 hatte die Siedlung immerhin 12.000 Einwohner, die alle auf irgendeine Weise von der Fabrik, in der hauptsächlich Koch- und Essgeschirr aus Reinnickel hergestellt wurde, abhängig waren. *Weihsmann* beschreibt die Anlage als „gartenstadtmäßig und idealistisch mit herrschaftlichem beziehungsweise bürgerlichem Touch durch die villenartigen Mehr- und Einfamilienhäuser. ... Die Mischbebauung aus Reihenhäusern, freistehenden Punkthäusern und Mehrfamilienwohnblocks sollte durch Kleingärten dazwischen einen freundlicheren und dörflicheren Charakter bekommen. Ein malerisches Ganzes mit Cottage-Charakter wurde angestrebt, um Heimatgefühl zu erzeugen."[160] *Tabor* drückt dies drastischer aus: „... auch städtebaulich eine eigenartige Kreuzung aus aufgeklärtem Paternalismus und barockem Fabrikfeudalismus, ... eine Social-Idylle, wie *Karl Kraus* es nannte, mit an der Hauptstraße, die die Achse zwischen Kirche und Schlossvilla bildet, Villen und Doppelhäusern für die höheren Angestellten, wohingegen die Arbeiterhäuser sich in Tallage befinden."[161]

Abb. 3.10: Gartenstadt in Graz: Bachmann-Kolonie am Leonhardsbach.

Aus dem Kommentar von *Weihsmann* war schon herauszulesen, dass sich die Gartenstadtidee zusehends zu einer Heimatschutzbewegung auf Vereinsbasis herausbildet. Ergebnis derartiger Bestrebungen ist beispielsweise die Bachmann-Kolonie (auch: Kolonie am Leonhardsbach) in Graz, die der Wagner-Schüler und prominente Vertreter der Gartenstadt- und Heimatschutzbewegung *Adolf Ritter von Inffeld* 1910 bis 1913 entwarf. Die Siedlung besteht aus 23 Reihenhäusern und insgesamt 80

159   KITLITSCHKA, *Historismus und Jugendstil in NÖ*, S. 103f.

160   WEIHSMANN, *Das Rote Wien*, S. 79

161   TABOR / HASLINGER, *Architektur und Industrie*, S. 24 f.

Wohnungen „im zeittypischen Verschnitt von Familien- und Mietshäusern", wobei in der letzten Bauphase bei den vier- und fünfgeschoßigen Häusern an der Sonnenstraße Spekulation und Grundstücksausschlachtung vollends überhand nahm, obwohl die Siedlung 1913 in >Der Architekt< noch als Gartenstadt vorgestellt wurde. „*Dr. Bachmann* hat offensichtlich *Inffeld* und den Verein für Heimatschutz benutzt, um für seine spekulative Wohnkolonie die nötige propagandistische und öffentliche Unterstützung zu erhalten." Dennoch attestiert *Achleitner* dem Entwurf einen äußerst geschickt gelösten Wechsel von Einfamilien- und Mietshäusern, einer südlichen Anbindung mit freistehenden Doppelvillen an die offene Bebauung des Ruckerlberges, die dann nicht ausgeführt wurde, und beachtliche Freiraumqualitäten. Schöne, spätsecessionistische Details der Fassadengliederung, eine plastische Behandlung und dadurch Akzentuierung des Straßenraumes sowie die Ausnutzung der Topografie befriedigen noch heute *(Abb. 3.10)*. Die Qualität liegt zweifellos in der Übersetzung von *Sittes* Städtebau nach künstlerischen Grundsätzen in eine im bürgerlichen Kulturverständnis fortschrittlich romantisch gebundenen Architektur, auch wenn die Grundrisse und Wohnungstypen diese Qualitäten kaum zeigen, sie entsprechen eher den Normen der Zeit.

Herauszustreichen ist auf jeden Fall, was *Achleitner* im Zusammenhang mit der Bachmann-Kolonie in Graz noch anführt: „Hier war bereits ein städtebauliches Vokabular ausgebildet, das später im Siedlungsbau des Dritten Reiches, unter einer ideologischen Dunstglocke, zur historischen Legitimation und zur Verschleierung kollektiver Machtstrukturen missbraucht wurde."[162] Auf diese Siedlungen der späten 30er und frühen 40er Jahre des 20. Jahrhunderts wird, um die Chronologie zu wahren, jedoch erst nach den Genossenschafts- und Gemeindesiedlungen im Gefolge der Siedlerbewegung zu Beginn der 20er Jahre eingegangen. Nachzutragen ist, dass, wie aus den Bezeichnungen zu schließen, nicht ganz ohne politisch-ideologischen Hintergedanken bereits vor dem ersten Weltkrieg weitere Siedlungen nach der Gartenstadtidee in Österreich entstanden sind, wie die **Gartensiedlung** Ostmark in der Fasangartenstraße in Wien-Hietzing, 1912-13 von anderen Wagner-Schülern, *Heinrich Schmid & Hermann Aichinger* konzipiert sowie die Kleinhäuslersiedlung der Siedlungsbaugenossenschaft Heimstätte in der Hanriederstraße in Linz, 1912-14 nach Planungen von *Mauriz Balzarek*.

Die unmittelbar nach dem ersten Weltkrieg besonders in Wien akute Wohnungsnot durch Kriegsheimkehrer und Flüchtlinge aus den ehemaligen Monarchiegebieten verleiht diesen schon bestehenden Bewegungen eine ungeheure Dynamik. Da sehr schnell **wilde Siedlungen**, so genannte Brettldörfer, auf privatem wie Gemeindegebiet besonders am westlichen Stadtrand zum Wienerwald entstehen, muss schnell gehandelt werden. Das gesellschaftliche Machtvakuum, das durch den Zusammenbruch der monarchistischen Gesellschaft und des Kapitals im Gefolge der Kriegsniederlage entstanden

---

162   ACHLEITNER, *Ö.Arch. 20. Jh. Band II*, 397ff.

war, verschafft der Sozialdemokratie Rückhalt in den hungernden und unterstandslosen Massen, wobei die erste Phase des Wohnbaus noch stark vom kleinbürgerlichen Ideal der **Siedlerbewegung** geprägt ist. Selbst die potentiell linken, fortschrittlichen Architekten wie *Adolf Loos, Josef Frank, Franz Schuster* und *Margarete Schütte-Lihotzky*, die sich alle in der Siedlerbewegung engagieren, knüpfen zuerst an der Gartenstadtidee an, ganz wie die Politik der Stadtbaudirektoren bis zu *Jakob Reumann* als Bürgermeister. So wird daher erst einmal die Siedlerbewegung, die aus Deutschland und England kam, gefördert und institutionalisiert. Man gründet den Hauptverband für Siedlungs- und Kleingartenwesen im Jänner 1921 sowie die GESIBA (Gemeinwirtschaftliche Siedlungs- und Baustoffanstalt) zur Baustoffbeschaffung. Offensichtlich nicht unwesentlich für die Beeinflussung der Architekten wie Politiker in Wien war die Tatsache, dass der Deutsche *Heinrich Tessenow*, Architekt der ersten kontinentalen Gartenstadt Hellerau bei Dresden 1908-09, schon von 1913 bis 1919 Lehrer an der Kunstgewerbeschule in Wien war. Immerhin erhält er 1921 den Auftrag zur Errichtung der ersten **Gemeindesiedlung** im Raum Wien, der Siedlung für die Beamten der städtischen Brauerei in Schwechat-Rannersdorf, die seine einzige Realisierung in Österreich bleiben sollte.

Wie funktionierte nun dieses sehr effektive Bauprogramm der Gemeindesiedlungen? Die Architekten des Siedlerhauptverbandes erstellten die gültigen Bebauungspläne, die zwar nie dem Gemeinderat vorgelegt wurden, dennoch aber als Grundlage für die einzelnen Siedlungen der insgesamt 31 Siedlungsgenossenschaften dienten, die bis zum Ende dieses Programms 1926 durch den neuen Bürgermeister *Karl Seitz* durchgeführt wurden. Angeblich wäre für das Ende ausschlaggebend gewesen, dass das ambitionierte Wohnbauprogramm der Gemeinde auf dem zur Verfügung stehenden Bauland in der Reihen- und Doppelhausbauweise der Siedlergenossenschaften nicht durchführbar war. Die drei **Mustersiedlungen** Hermeswiese, Weißenböckstraße und Freihof wurden von dem beamteten Architekten *Hugo Mayer*, *Karl Ehn* und *Karl Schartelmüller* errichtet, die anderen von jungen freischaffenden Architekten, wobei das Siedlungsamt die Aufsicht führt. In den ersten Baujahren werden die Siedlungen auf 350-400 m² Einheiten errichtet, die später auf die Hälfte der Grundfläche reduziert werden. Die Wohnfläche der Haustypen variiert zwischen 48 und 64 Quadratmetern. 40 Prozent der Baukosten werden von der Siedlergenossenschaft aufgebracht, 15 Prozent durch Eigenleistung der Siedler, der Rest wird durch Gemeindezuschüsse finanziert.

Die ausgeführten Hausformen sind unterschiedlich, jedoch zumeist einstöckige Reihen- beziehungsweise Doppelhäuser und zu Gruppen vereinigt. Ermöglicht wird anfangs der Anbau eines Kleintierstalles, der aber schnell zu angebauten Bädern mutiert. Manche Siedlungen bestehen auch aus mehrstöckigen Wohnhausbauten, wie bei der Wohnhausanlage >Auf der Schmelz<, ja sogar **Villentypen,** wie bei der Wohnhausanlage >Am Tivoli<, *(Abb. 3.11)* kommen zum Einsatz, wodurch mit dem Vorbild der Villa im Grünen die ursprünglichen Nutzgärten schnell zurückgedrängt werden. Der Grundriss der ersteren Reihen- oder Doppelhaustypen weist deutliche Paral lelitäten beispielsweise zu den Knappenhäusern bei Hüttenberg auf. Im Erdgeschoß befinden sich neben dem Vorraum entweder ein Wirtschaftsraum mit integrierter Spüle samt Küche und Wohnzimmer oder eine Wohnküche mit Spüle oder eine Küche mit kleiner Waschküche als Not-Bad. Über Holztreppen erschlossen liegen dann im Obergeschoß Elternschlafzimmer und nach Geschlechtern getrennte Schlafkammern.

Abb. 3.11: Die Villentypen der gemeinnützigen Wohnhausanlage >Am Tivoli<.

Als Baumaterialien, billiger, weil gemeinschaftlich über die GESIBA erworben, dienen Holz sowie Ziegel- oder Schlackenmauerwerk. Ein zusätzlicher Vorteil liegt in Bauerleichterungen seitens der Baubehörde für diesen Typ, wodurch beispielsweise auf die kostspielige, feuersichere Trennwand zwischen den Siedlungshäusern zugunsten einer Wohnungstrennwandausführung verzichtet werden konnte.[163]

Die erste Wohnhausanlage nach diesem Modell entstand 1919-20 auf dem ehemaligen Exerzierplatz >Auf der Schmelz< *(Abb. 3.12)* im 15. Wiener Gemeindebezirk, auf dem sich bereits wilde Siedlungen zu entwickeln begonnen hatten. Die Übergabe des Bauplatzes von der Heeresverwaltung verzögerte sich allerdings, sodass die Planungen von *Hugo Mayer* für 765 Wohneinheiten in zwei Bauabschnitten nur teilweise zur Ausführungen gelangten. Das funktionelle Programm der späteren kommunalen Wohnhöfe ist mit der geschlossenen Randbebauung mit Waschküche und Bädern, Versammlungssaal, Geschäften, Kinderfreundehaus und Kinderspielplatz schon komplett vorhanden, allerdings in der architektonischen Ausprägung der nur zweigeschoßigen Baukörper geprägt vom „etwas romantischen, jedoch bereits versachlichten Stil der Heimatschutzbewegung"[164]. Nicht nur die Übergabe des Bauplatzes wurde durch die Heeresverwaltung verzögert, ihr ist auch die nur

Abb. 3.12: Versachlichte Heimatschutzarchitektur am Beispiel der Wohnhausanlage >Auf der Schmelz<.

minderwertige Qualität der zum Einsatz gelangten Baustoffe zu verdanken, denn sie hatte alle damals verfügbaren Baustoffe beschlagnahmt.[165]

---

163   Vgl. WEIHSMANN, *Das Rote Wien*, S. 93-108

164   ACHLEITNER, *Ö.Arch. 20. Jh. Band III/2*, S. 140

165   Vgl. WEIHSMANN, *Das Rote Wien*, S. 97

Die in der Architekturgeschichte wohl bekannteste Anlage einer Siedlergenossenschaft ist die Siedlung Wien-West oder >Am Heuberg<, begründet darin, dass neben *Hugo Mayer* für die Magistratsabteilung 22, der die Wohnbautätigkeit generell in der Folge unterstehen sollte, und einigen anderen Architekten, *Adolf Loos* zwischen 1921 und 1924 in ihre Planung involviert war. Es ist allerdings nur schwer zu belegen, wie weit der Lageplan der Siedlung, deren Layout jedenfalls stark von der Topografie bestimmt ist, von *Loos* stammt. Auch bei der Planung der einzelnen Häuser ging es *Loos* bestimmt nicht um die Wiedererkennbarkeit seiner Architektur, sondern darum, ein Wohnmodell zu schaffen, das jedem Siedler ermöglichte, mit Hilfe des Nutzgartens einen Teil des Lebensunterhaltes seiner Familie zu sichern. *Loos* beschäftigte sich also hauptsächlich mit der **Lebensform** der Siedler, was sich in seinem Entwurf in der Funktion der Wohnküche sowie der damit verbundenen Wirtschaftseinheit Spüle-Waschküche-Torfstreuklosett zur Kompostbereitung niederschlägt. Dennoch lässt sich schon die traditionelle Handschrift von *Loos* erkennen, wenn man sich die Ausformulierung des Wohnzimmers mit Sitzecke und Kamin sowie die direkte Verbindung zum Schlafgeschoß vor Augen hält, bürgerliche Standards, die für *Loos* auch zum Wohnen am Existenzminimum unabdingbar dazu gehörten. Bemerkenswert ist zudem, dass *Loos* die etwas lockereren Bauvorschriften für die Siedlerhäuser dazu benutzte, sein Patent **für ein Haus mit einer Mauer** zu entwickeln. Damit konnten die Häuser mit geringstem konstruktiven Aufwand errichtet werden, denn nach dem ersten Haus benötigten die nachfolgenden in der Reihe jeweils nur mehr eine tragende Mauer, da die Außenwände als Leichtkonstruktion selbsttragend ausgeführt wurden.[166]

Die Siedlungsanlage Rosenhügel, die 1921-26 unter Federführung von *Hugo Mayer* & *Emil Krause* in Wien XII entstand, ist bereits das ausentwickelte Modell einer Wiener **Selbstversorgersiedlung**. Allerdings attestiert *Achleitner* der Basler Freidorfsiedlung des Bauhaus-Architekten *Hannes Meyer* eine gewisse Vorbildwirkung. *Novy* meint, dass die Bedeutung der Siedlung nicht in ihren architektonischen Ansprüchen lag oder liegt, sondern in ihrem durchdachten Modell der Wohnraumbeschaffung durch Selbsthilfe ... Ihre Stärke lag in der Konsequenz und Radikalität, mit der sie Alternativen zur teuren privatwirtschaftlichen Versorgung fand, und zwar auf allen Ebenen, von der Baustoffbeschaffung bis zur Organisation des Wirtshauses,"[167] eine Feststellung, die jedoch für alle Siedlungen unter der Ägide des Siedlerhauptverbandes gleichermaßen zutreffen sollte.

Neben weiteren von Beamten der Magistratsabteilung 22 geplanten Gemeindesiedlungen Wiens, wie Hermeswiese und Lainz-Speising, beide von *Karl Ehn* und anderen um 1923, lässt sich vor allem bei der spätesten Siedlung Lockerwiese, 1928-32 von *Karl Schartelmüller* ein „Qualitätssprung in architektonischer Hinsicht" gegenüber den früheren Siedlungen feststellen. Schon

---

166 Vgl. ACHLEITNER, *Ö.Arch. 20. Jh. Band III/2*, S. 197f.

167 Zitiert nach: ACHLEITNER, *Ö. Arch. 20. Jh. Band III/1*, S. 325f.

allein die Verlagerung von der Selbstversorgersiedlung zur **Wohnsiedlung** (Gartengrößen statt 350m2 nur 70m2) brachte andere Voraussetzungen und Möglichkeiten, also einen deutlichen Schritt in Richtung Gartenstadt. *Schartelmüller* schafft mit dem Reihenhaus, das sich manchmal zum Block verdichtet, im Prinzip Gassen- und Hofräume, wobei die Gassen durch bewusste Krümmungen in ihrer Räumlichkeit und Dimension besonders erlebbar gemacht wurden. Die durch Randbebauungen entstandenen weiträumigen Höfe wurden, besonders im nordwestlichen Teil, durch Gassenfragmente fast willkürlich aufgefüllt, so daß ein sehr artikuliertes Netz von baulichen Beziehungsgruppen entstand."[168]

Unter der extremen Beschränkung der Mittel unmittelbar nach dem zweiten Weltkrieg wird in Wien noch einmal auf das Prinzip der Gemeindesiedlung zurückgegriffen, leider, ohne dieses Modell weiterhin zu versuchen, was wohl an den politischen Vorgaben scheiterte. Bei der Per-Albin-Hanson-Siedlung WEST, einer Siedlung von über 1000 Wohnungen, die die finanzielle Hilfe Schwedens ermöglichte, greifen die Architekten *Friedrich Pangratz, Franz Schuster, Szephan Simony* und *Eugen Wörle* von 1947-51 und 1954-55 auf das Gartenstadtkonzept der Zwanzigerjahre zurück, indem sie die 65 Prozent zweigeschoßigen Einfamilien-Reihenhäuser und 35 Prozent dreigeschoßigen Wohnblöcke durch Wohnstraßen, Gartenwege und Durchgänge weit entfernt vom urbanen Städtebau der kommunalen Wohnblocks hielten[169]. Die Innovation besteht deutlich in den ausgefeilteren Wohnungsgrundrissen, die *Wachberger* folgendermaßen beschreibt: „Um die dringendste Wohnungsnot zu beseitigen, entschloss man sich zur Errichtung so genannter **Duplexwohnungen**, worunter man Kleinwohnungen verstand, welche später mittels einfacher baulicher Änderung durch Zusammenlegung zweier Wohnungen normale Großwohnungen ergaben. ... Die Wohnungsgrundrisse unterschieden sich wesentlich von jenen der Zwischenkriegszeit, nicht nur hinsichtlich ihrer Größe, sondern vor allem durch die funktionell bedingte Zuordnung der einzelnen Räume unter besonderer Bedachtnahme auf die geänderten Wohngewohnheiten. Anstelle der zentralen Badeeinheiten erhielt selbstverständlich jede Wohnung ein Badezimmer ..."[170]

Ergänzend muss angeführt werden, dass Siedlungen in der Art der oben beschriebenen Gemeindesiedlungen in den Zwanzigerjahren nicht nur in Wien entstanden, sondern sehr wohl auch in anderen Städten Österreichs. Erwähnenswert ist in diesem Zusammenhang zweifelsohne die Siedlung Scharlinz, eine Planung des Linzer Stadtbauamtes unter *Kurt Kühne* aus den Jahren 1919 bis 1926 sowie die Schutzbundsiedlung der Gemeinde Knittelfeld, 1924 nach Planungen von *Franz Schuster* und *Franz Schacherl* entstanden.

---

168 ACHLEITNER, *Ö.Arch. 20. Jh. Band III/2*, S. 29f.

169 Vgl. ACHLEITNER, *Ö.Arch. 20. Jh. Band III/1*, S. 271

170 WACHBERGER, „Die Zeit von 1945 bis zur Gegenwart", in: *Kommunaler Wohnbau in Wien*, ohne Seitenangaben

Abb. 3.13: Die Grazer Gemeindesiedlung >Freihofanger< zeigt genau jene Architektur der Heimatschutzbewegung, die die national-sozialistische Ideologie bei ihren Werks-siedlungen später missbrauchen sollte.

Einer der Hauptgründe, warum nach dem zweiten Weltkrieg aus rein politischen Überlegungen auf die Fortführung dieser Tradition verzichtet wurde, liegt darin, dass sich das nationalsozialistische Regime des Dritten Reiches ausgerechnet die Ideen der Gartenstadt- und Siedlerbewegungen für ihre Wohnbautätigkeit aneignete: „Der **Siedlungsbau des Nationalsozialismus** unterscheidet sich von den rein ideologischen Parteibauten insofern, als die verwendeten Mittel eher die ideologischen kaschieren, als darstellen. Das heißt, die NS-Planer bedienten sich eines architektonischen Vokabulars, das bereits vor ihrer Zeit im konservativ-bürgerlichen Bauen der Heimatschutzbewegungen und auch zum Teil in der englisch-deutschen Gartenstadtbewegung ausgebildet wurde. Natürlich waren das germanische Steildach und die bewusst handwerkliche Bauideologie im Sinne der politischen Ideologie bruchlos anwendbar, aber sie waren a priori nicht politische Elemente der Architektur ...".[171] Deutlich sieht man diese nahtlose Fortsetzung, wenn man beispielsweise die Siedlung Freihofanger, 1925 in Graz (Abb. 3.13) oder die Arbeiterhäuser der Vorarlberger Kammgarnspinnerei, 1924-25 in Hard bei Bregenz errichtet, mit den zahlreichen Werkssiedlungen der Reichswerke Hermann Göring, alle zwischen 1939 und 1945 in verschiedenen Industriestädten Österreichs, wie Linz-Bindermichl, Steyr-Münichholz, Eisenerz-Leopoldsteinsiedlung oder Kapfenberg-Schirmitzbühel, vergleicht. Von der städtischen Blockrandbebauung bis zur aufgelockerten Reihenhaus- und Einfamilienhaussiedlung ist alles vorhanden, einschließlich der weitläufigen, geschlossenen Wohnhöfe oder der Wohnstraßen, die als Sackgassen ausgebildet sind – eine heile, biedermeierliche Welt.[172]

3.5 Reihenhaussiedlungen heute

Aus der politischen Brandmarkung der Gartenstadt- und Heimatschutzsiedlungen im Gefolge der Nachwirkungen des Faschismus in Österreich wie in Deutschland resultiert anfangs, dass sich nur die Sprache der internationalen Moderne, die zu Beginn der 30er Jahre des 20. Jahrhunderts auch in Österreich bereits vollständig ausformuliert ist, nach dem zweiten Weltkrieg für

---

171 ACHLEITNER, Ö.Arch. 20. Jh. Band I, S. 108f.

172 ACHLEITNER, Ö.Arch. 20. Jh. Band I, S. 109

kollektiv geplante Siedlungen durchsetzen kann. Allerdings bleiben diese Siedlungen Einzelfälle besonders hartnäckiger Architekten wie *Roland Rainer*, denn prinzipiell neigen die Gemeinden und Genossenschaften dazu, das Kind mit dem Bad auszuschütten, also komplett auf den Reihenhausbau zu verzichten. Erst durch mühsame Beweisführung der regionalen Vorarlberger wie Steiermärkischen Architektenschaft und unter Einfluss der Ökologiebewegung gelingt zu Beginn der 80er Jahre, die Wende in der gemeinnützigen Wohnbautätigkeit, die diesen städtebaulichen Ansätzen nun wieder eine Chance gibt.

3.5.1 Werkbundsiedlungen

Die ersten Reihenhaussiedlungen in der vollkommen neuen Sprache der internationalen Moderne entstehen in Österreich vor allem auf Initiative von *Josef Frank*, der 1921 noch in der Siedlung Hoffingergasse in Wien XII für den Siedlerhauptverband tätig ist, genau wie *Adolf Loos, Franz Schuster* oder *Margarete Schütte-Lihotzky*. Die beiden letzteren gehen ins Ausland und kommen dort in Kontakt mit der Architektursprache der so genannten internationalen Moderne, besser gesagt, entwickeln diese mit. *Josef Frank*, Gründungsmitglied des CIAM, also der Organisation, die hauptsächlich für die Verbreitung dieser ersten internationalen Architektursprache verantwortlich zeigt, nützt die Werkbundtagung 1930, um nach dem Vorbild der Weißenhofsiedlung in Stuttgart auch für Wien eine derartige **Mustersiedlung** durchzusetzen, die schlussendlich 1930-32 in einem Areal entlang der Veitingergasse in Wien-Lainz umgesetzt wird. „Während es in Stuttgart mehr um Fragen der Baurationalisierung und Erprobung neuer Baumethoden ging, legte *Frank* das Schwergewicht auf die Relation von Bauvolumen und Wohnwert, also auf die Frage, wie mit einem Minimum an Raumaufwand ein Optimum an Räumlichkeit erzeugt werden kann."[173] *Frank* sucht unter den Ausländern Geistesverwandte wie *Häring, Lurcat* und *Rietveld*, daneben lädt er aber die junge Avantgarde Österreichs aus Loos-, Hoffmann-, Strnad- und Behrens-Schülern ein, dazu *Adolf Loos*, obwohl dieser ein alter Werkbundgegner war und seinen Antipoden *Josef Hoffmann*. Daneben holt er aus Amerika ausgewanderte Altösterreicher wie *Neutra* und *Grünberger*. Auch im Unterschied zu Stuttgart tritt in Wien das Konzept einer Siedlung gegenüber jenem einer **Wohn-Ausstellung** zurück, was zur Entwicklung von 30 Typenhäusern in verschiedenen Kombinationen einschließlich des Interieurs führt. Ohne Anspruch auf Vollständigkeit sei hier nur kurz auf einige der interessantesten Planungen der österreichischen Architekten eingegangen, denn die Wiener Werkbundsiedlung ist bei ihrer Renovierung 1985 von *Krischanitz* und *Kapfinger* ohnehin ausführlich dokumentiert worden.

Neben einem interessanten Kopfbau des jungen *Oswald Haerdtl* mit Raumknick und Dachatelier, der aber kaum als typenhafter Beitrag zur allgemeinen

---

173   ACHLEITNER, *Ö.Arch. 20. Jh. Band III/I*, S. 60-63

Themenstellung verstanden werden kann, schafft *Adolf Vetter* in einem schmalen, prismatischen Haus von 71 Quadratmetern einen großzügigen Grundriss, der sich aus dem bewusst „gestreckt" entwickelten Weg durch das Haus ergibt. *Adolf Loos* schafft es auf 93 Quadratmetern, die Elemente des bürgerlichen Wohnens in komprimierter Minimaldefinition für den Arbeiter- und unteren Mittelstand wiederzugeben, unzweifelhaft dank seiner langjährigen Erfahrungen. Selbstverständlich ist sein Wohnraum zweigeschoßig mit Galerie ausgeführt. *Josef Frank* erreicht anhand des Tricks eines durchgebundenen Wohnzimmers im Erdgeschoß, auf dem im Obergeschoß quer dazu ein Raum gleicher Größe mit vorgelagerter Terrasse auflagert, die Sparvariante eines großzügig wirkenden Terrassenhauses auf 100 Quadratmetern. *Anton Brenner* rundet das zukunftsträchtige Spektrum an Varianten mit einem kleinen Hakenhaus von 63 Quadratmetern um einen wohnzimmergroßen Hof mit Rahmung als Atrium ab.

Abb. 3.14: Plastische Durchbildung einer Reihenhaussiedlung der Moderne: Malfatti-Siedlung in Wien-Hietzing.

Damit sind die Grundrisse derartiger Wohnhaustypen für den Rest des Jahrhunderts restlos abgesteckt. Hinsichtlich plastischer Durchbildung als Reihe *(Abb. 3.14)* bzw. begehbarer Volumina sowie topografischer Einbindung[174] zeigt jedoch *Siegfried C. Drach* in seiner Parallelaktion zur Werkbundsiedlung, der Malfatti-Siedlung in Wien-Hietzing, ebenfalls von 1930-32, die ergänzenden Möglichkeiten auf.

Trotz dieser perfekten Vorarbeit in der Zwischenkriegszeit knüpft die kommunale Wohnbautätigkeit nach dem Zweiten Weltkrieg aus ideologischen Überlegungen nicht an diese Wohnformen an. Immerhin waren die Häuser der Werkbundsiedlung in der Veitingergasse nicht für private Eigentümer errichtet worden, sondern standen im Besitz der Gemeinde Wien, die den Wohnraum vermietete. Es war also auch abwicklungstechnisch bewiesen, dass derartige Wohnmodelle als Mietwohnungen funktionieren konnten. Dennoch errichtete die Gemeinde wie die anderen Wohnbaugenossenschaften Österreichs nach der Per-Albin-Hansson-Siedlung WEST Mietwohnungen beinahe ausschließlich als Geschoßwohnbauten. Erst die jahrzehntelange Kritik hartnäckiger Prediger führte vereinzelt zu Gegenbeispielen. Hervorzuheben ist in dieser Hinsicht vor allem das theoretische wie praktische Lebenswerk von *Roland Rainer*, das unablässig um diesen Themenschwerpunkt kreist. Erstmals die dauerhafte Lebensfähigkeit seiner Wohnbaumodelle beweisen konnte *Rainer* bei der Siedlung am Mauerberg am Südrand von Wien, wo zwischen 1958 und 1964 43 ebenerdige

---

174   Vgl. ACHLEITNER, *Ö.Arch. 20. Jh. Band III/2*, S. 38

Einfamilienhäuser in verdichteter Bauweise, wie hinkünftig Doppel-, Reihen- und Atriumhausformen auf sonst im Einfamilienhausbau unüblich kleinen Grundstücken heißen sollten, entstanden. Der steile Südwesthang mit schöner Fernsicht in die Landschaft wird durch versetzte und gestaffelte Anordnung der ansonst parallel und mit identen Grundrissen vorgesehenen Einzelhauseinheiten für jeden gleichwertig nutzbar. Das Gelände ist in der Mitte nur durch Fußwege sowie Treppen mit Rampen erschlossen und autofrei gehalten. Die Autoabstellplätze liegen am Rand der Siedlung, deren Gelände durch Terrassen und Stützmauern sowie durch Böschungen geformt wird. Alle Häuser wurden in möglichst sparsamer Bauweise errichtet, was unter anderem in offen sichtbaren Holzdecken oder Einbauschränken als Raumteiler anstelle von Trennwänden zum Ausdruck kommt. Darüber hinaus richtet sich die Hausgestaltung nach Vorgaben wie den Himmelsrichtungen, sodass sich die Räume nach Süden zur Aussicht und Sonne durch große, mittels langer Sonnenbrecher geschützter Verbundglasscheiben hin öffnen, nach Norden und Osten hingegen nur wenige Fenster aufweisen, alles Maßnahmen, die für den heutigen Passivhausbau selbstverständlich geworden sind. Die südseitigen Sitzplätze sind durch Holztrennwände voneinander getrennt, an den Nordseiten werden durch Schuppen kleine Eingangshöfe gebildet.[175] Bekannter als die **Terrassenhaussiedlung** Mauerberg sollte jedoch *Rainers* **Gartenstadt-Siedlung** in Puchenau bei Linz werden, in der er von 1965 bis heute in mehreren Bauetappen die ersten Ideen weiterentwickelte, nicht ohne bei aller Begeisterung für dieses Wohnmodell an Grenzen und berechtigte Kritik zu treffen, wie zu große Dichte oder zu wenig angenommene Anbindung an den öffentlichen Verkehr.

Am schnellsten fruchtbar in eine neue Architekturbewegung umgesetzt wurden Ansätze wie die von *Rainer* in Vorarlberg. Die Entstehungsgeschichte der Reihenhaussiedlung Halde in Bludenz zeigt dies symptomatisch auf: Sie ist durch eine **Privatinitiative** ihrer Bewohner zustande gekommen, die die **Zersiedelung** des Hanges vermeiden und ökonomisch bauen wollten und sich daher *Hans Purin* als gemeinsamen Architekten leisteten[176]. *Purin* kommt wie *Rudolf Wäger* nicht aus der akademisch ausgebildeten Architektenszene, sondern aus dem traditionellen Zimmermannshandwerk, was erklärt, warum die Anlage und Konstruktion der

Abb. 3.15: Vorarlberger Reihenhaussiedlung nach dem Vorbild >Halde< in Bludenz.

175   Zu den Angaben vgl. Roland RAINER in: *Neue Architektur in Österreich. 1945-1970*, S. 113

176   Vgl. ACHLEITNER, *Ö.Arch. 20. Jh. Band I*, S. 406f.

Häuser der Siedlung Halde mit Ausnahme der hangsichernden Feuermauern aus Holz gebaut ist. Diese Bescheidenheit und Holzbautradition, die *Wäger* bei der Siedlung Ruhwiesen in Schlins, 1971-73, oder *Purin* bei den Häusern in der Langener Straße 326-331 in Kennelbach nochmals in Reihenhaustypen manifestierten *(Abb. 3.15)*, begründet den hervorragenden Ruf des Vorarlberger Regionalismus, der dadurch federführend im heutigen energiesparenden Wohnhausplanung auf Basis bauphysikalischer Überlegungen wurde. Als eines von unzähligen Beispielen seien nur die **Solarreihenhäuser** der Wohnanlage Furxstraße in Batschuns von *Walter Unterrainer* 1996-97 errichtet, genannt.

3.5.2 Partizipationssiedlungen

Abb. 3.16: Der >Mühlhauseneffekt< am Beispiel der Schachtsiedlung in Fohnsdorf-Wasendorf.

Als Ergebnis des zuvor mehrfach beschriebenen Privatverkaufes diverser Arbeiter- und Reihenwohnhäuser ergibt sich, dass die ursprünglich aus identen Einzelhäusern zusammengesetzten Siedlungen nach dem privaten Erwerb und der damit verbundenen Renovierungen, Verbesserungen und Ausbauten nun vielfach zu einem abwechslungsreichen Erscheinungsbild gefunden haben, was *Achleitner* mehrfach mit **Mühlhauseneffekt** tituliert *(Abb. 3.16)*.

Diese Vielfalt nahmen schlussendlich die Architekten um die Mitte des 20. Jahrhunderts als gestalterischen Ausgangspunkt zur Überwindung der vielfach kritisierten Uniformität, die den ursprünglichen Arbeitersiedlungen anhaftete, in den von ihnen geplanten Reihenhaussiedlungen. Selbstverständlich ließ dies die Großsiedlung in Mühlhausen auch zu einem Mekka aller Partizipationsarchitekten wurde, wie *Achleitner* zeittypisch 1983 festhält[177].

Diese **Mitbestimmungsmodelle** bei Reihenhaussiedlungen entstanden daher folgerichtig in dem Bundesland Österreichs, das zweifelsohne die meisten Arbeiterreihenhaussiedlungen aufweist, der Steiermark, die sich dadurch einen Namen als regionales Zentrum innovativer Architektur nach dem Zweiten Weltkrieg machte. Das Land schuf durch günstige Förderungsbestimmungen in Zusammenspiel mit der Aktivität einiger Architekten, bei Wohnsiedlungen ein einmaliges Phänomen für Österreich,[178] dessen Vorteil unbestreitbar in dem hohen Maß der Identifikation der Nutzer mit dem Gebauten besteht.

---

177 ACHLEITNER, *Ö.Arch. 20. Jh. Band II*, S. 261

178 Vgl. ACHLEITNER, *Ö.Arch. 20. Jh. Band II*, S. 132

Als repräsentatives Beispiel für ein derartiges Partizipationsmodell kann die Eschensiedlung in Deutschlandsberg, 1973-75 gebaut, herangezogen werden, deren Vorarbeiten durch *Eilfried Huth* weit in die Sechzigerjahre und die Zeit der Bürogemeinschaft mit *Günther Domenig* zurückreichen. Huth entwickelte für diese Siedlung einen Grundrisstyp für eine standardisierte Grundstücksbreite von 12 Metern, die mit innen liegender zweiläufiger Treppe und quer liegend versetzten Geschoßen von vornerein so konzipiert war, dass sie für den zukünftigen Bewohner ein Optimum von Planungsbeteiligung und Eigenleistung zuließ. Für den Architekten ist ein derartiger Planungsprozess um vieles schwieriger und aufregender, denn seine Rolle besteht plötzlich auch in der eines Impulsgebers und Beraters. Außerdem verliert er seine Monopolstellung hinsichtlich der Gestaltungsfrage. Die Ergebnisse dieser neuen Situation kommentiert *Achleitner* bei der Eschensiedlung in Deutschlandsberg folgendermaßen: „Der Besucher ist zunächst durch die Willkür der Formen, durch den gestalterischen Mut einzelner Siedler überrascht. ... Die architektonische Kernfrage der Partizipation ist ja wohl nicht die, wieweit der Bauherr eigenständig kreativ zu sein vermag, sondern inwieweit er fähig wird, seine Wünsche mit Bewusstsein zu artikulieren und sich mit den vom Architekten angebotenen Möglichkeiten auseinander zu setzen, sie im Rahmen seiner Vorstellungen und Bedürfnisse zu benützen. ... Die Anlage zeigt in einer sympathischen Weise, dass es zwischen wildem Bauen und einer Architektenarchitektur ein breites Band des Konsenses und der Deckung geben kann, ... neue kollektive Qualität ..."[179]. An weiteren Reihenhaussiedlungen in der Steiermark, die aufgrund von Mitbestimmungsprojekten entstanden sind, sind die Reihenhaussiedlung Gerlitz in Graz-Puntigam von *Eilfried Huth* und *Irmfried Windbichler*, 1975-81 entstanden, sowie die Reihenhaussiedlung Mitterling in Bad Radkersburg von *Gernot Lauffer* und *Helmut Croce* 1978-79 und 1981-82 noch zu erwähnen.

3.5.3 Kommunale Reihenhausanlagen

Aufgrund der starren Strukturen des gemeindenahen Wohnbaus kann im Raum Wien erst am Beginn der Achtziger Jahre des 20. Jahrhunderts an die Vorarbeiten der Vergangenheit angeknüpft werden. Die Innovationen bestehen hier allerdings nicht so sehr in Grundrissausbildung oder energietechnisch optimierten Bauweise, sondern in **städtebaulichen Konzepten** für die triste Großstadtperipherie. Den Beginn macht

Abb. 3.17: Städtebauliches Experiment: Siedlung Pilotengasse in Wien-Aspern.

---

179   ACHLEITNER, *Ö.Arch. 20. Jh. Band II*, S. 163ff.

die Siedlung Biberhaufenweg in Wien-Aspern 1981, bei der die Architekten *Heinz Tesar, Otto Häuselmayer* und *Carl Pruscha* erstmals wieder das Selbstbewusstsein aufbringen, an die Gartenstadt- und Heimatschutzbewegung anzuknüpfen, und dazu auch von ihren gemeinnützig agierenden Auftraggebern angehalten werden. Ihr damals postmoderner Ansatz apostrophiertes Thema bestand darin, unverwechselbare und daher stark identitätsstiftende Orte durch traditionelle städtebauliche Elemente wie Torbau, Hof und Anger zu schaffen, um die sich die physiognomisch einprägsamen Bauten in herkömmlicher Putzarchitektur gruppieren. *Adolf Krischanitz* dient als weiterer Impulsgeber, der wahrscheinlich aufgrund seiner vorangegangenen Auseinandersetzung mit der Sprache der internationalen Moderne bei der Sanierung der Wiener Werkbundsiedlung 1985 das Potential zur Überwindung der Postmoderne schöpfen kann. Allerdings knüpfte er zu stark an den Gartenstadt- und Heimatschutzideen der Jahrhundertwende an, um wirklich innovativ zu wirken. Die Siedlung Pilotengasse, wiederum in Wien-Aspern, ist 1989 das Projekt, das *Krischanitz* erlaubt, seinen neuen Ansatz städtebaulich umzusetzen. Die parallelen, linearen Reihen der Architektur der klassischen Moderne werden nun erstmals nicht durchbrochen oder versetzt, um malerische Plätze, Höfe und Straßenknicke zu erzeugen, sondern sie werden entlang von leicht gebogenen Linien *(Abb. 3.17)*, die sich zwiebelförmig um einen axial angeordneten Kern ausbreiten, angeordnet. Was im Lageplan eher wie ein belangloses grafisches Layout aussieht, ergibt in Wirklichkeit im Zusammenspiel mit einer auffällig kräftigen Farbabstufung starke Bilder, die wiederum die Unverwechselbarkeit des Ortes zur Identifikation erzeugen. Den dritten Versuch in diese Richtung unternimmt *Raimund Abraham* 1991 beim Masterplan für die Siedlung Traviatagasse im Süden Wiens, wobei er mit „rigider Geometrie der gestaltlosen Peripherie eine neue Identität zu geben versucht"[180]. Diese fällt allerdings zu hart aus, um für den Menschen als Bewohner und Nutzer annehmbar zu sein.

---

180 *Wien 500 Bauten*, S. 359

4 Miethäuser, Klein- und Großwohnanlagen

Im folgenden Kapitel geht es um den Wohnbau für die Massen, eine Bauaufgabe, die, wie schon erwähnt, vor der Aufhebung der Hofquartierspflicht Ende des 18. Jahrhunderts nicht bekannt war. Dennoch hatte die Hofquartierspflicht auch im Stadtzentrum von Wien ihre baulichen Spuren hinterlassen. Mit der Verlegung des Kaiserhofes 1533 nach Wien musste das Hofquartierwesen für die zahlreichen Hofbediensteten und Amtleute Wohnmöglichkeiten finden, was schmerzlich zu Lasten des angestammten Bürgertums ging und „den Weg zur Ausbildung des Miethauses bereitet, mit dem eine bauliche Umformung des Stadtkörpers einherging. Viele der bisher ein- bis zweistöckigen Bürgerhäuser wurden auf bis zu sechs Geschosse erhöht, zwei oder mehrere Parzellen zusammengelegt und zu einer neuen Einheit verbunden."[181]

Von allen prinzipiellen Möglichkeiten, die Baukörper von **Massenwohnbauten** auszubilden, präsentiert sich die Mehrheit als Wohnhöfe, von den Stiftshöfen vor und um 1800 bis zu den so genannten Superblocks des **kommunalen Wohnbaus** in der Zwischenkriegszeit des 20. Jahrhunderts. Man kann mit gutem Recht den **Wohnhof** als die Wiener Tradition im Wohnbau schlechthin ansehen. Der Begriff der Wohnhöfe kann jedoch nicht nur auf geschlossene Baublöcke, die als Einheit geplant und gebaut wurden, angewendet werden. Er muss genauso auf die so genannte Blockrandbebauung angewandt werden, in der sowohl die bei weitem größte Anzahl der Zinshäuser in der Gründerzeit errichtet wurden, wie auch im städtischen Bereich viele genossenschaftlich organisierte Wohnbauten nach dem Zweiten Weltkrieg. Nur in Randzonen und vor allem in den Kleinstädten sowie sogar noch kleineren Orten wird nach dem Zweiten Weltkrieg der **Zeilenbau** für den mehrgeschossigen Wohnblock forciert, eine Entwicklung, die mittlerweile zu Recht als fehlgeleiteter Städtebau anzusehen ist. Nur marginal sind in Österreich die punktförmigen Mehrfamilienwohnhäuser vertreten, sowohl in ihrer scheinbar nobleren Variante der **Stadtvilla** wie auch als echtes **Wohnhochhaus**.

4.1 Wohnhöfe

4.1.1 Stiftshöfe

Der Ursprung der Wiener Tradition der Wohnhöfe ist allerdings nicht in den umgebauten Bürgerhäusern zu suchen, sondern in den Stiftshöfen. Schon *Kaiserin Maria Theresia* hatte die **Klöster** aufgefordert, in ihren Niederlassungen in Wien, den Höfen, Mietwohnungen einzurichten. In josephinischer Zeit kulminiert dieser Vorgang in der Errichtung ausgedehnter Anlagen auf

---

181   GAUSS, „Die historisches Entwicklung des Wohnhauses in Wien", S. XLIV

den Gründen aufgelassener Klöster. Als ein Abkömmling dieser Stiftshöfe sind die vom aufstrebenden Großbürgertum als verzinsbare Kapitalanlage erbauten spätklassizistischen **Großmiethäuser** anzuführen.

Gut verdeutlichen lässt sich die Auflage, Mietwohnungen in bestehenden Klosterhöfen einzurichten, am bedeutendsten erhaltenen Stiftshofkomplex der Innenstadt, dem Heiligenkreuzerhof. Der weitläufige Baukomplex reicht bis ins Hochmittelalter zurück und besteht aus einem Konglomerat verschiedener Gebäude wie der Prälatur und der Kapelle des *Hl. Bernhard*, daneben aber auch aus einem ausgedehnten Zinshaus mit unregelmäßigem, aus mehreren Hofeinheiten zusammengewachsenem Grundriss um zwei Innenhöfe, einen riesigen in Form eines längsgestreckten Rechtecks und eines intimeren, dem Binderhof. 1769-71 wurde der bestehende Komplex durch *Adalbert Hild* aufgestockt und im josephinischen Plattenstil zur Vereinheitlichung neu fassadiert.[182]

Abb. 4.1: Manufakturhof der Vorgründerzeit: Melkerhof in Wien-Josefstadt.

Das früheste und prominenteste Beispiel für den Umbau von bestehenden Klöstern zu Miethäusern ist der Schottenhof des Schottenklosters, der 1826-32 durch Aufstockung und Neufassadierung nach Plänen von *Josef Kornhäusel* unter der Bauleitung von *Josef Adelpoldinger* aus den erst 1673-81 neu erbauten Wohntrakten für den *Abt Schmitzberger* nun eine biedermeierliche Großwohnanlage machte.[183] So wird der bisher **klerikale Hof** während des Vormärzes durch Funktionswechsel zum Profanbau. Diese Erfahrungen machen *Kornhäusel* zu einem begehrten Architekten für die spätklassizistisch-biedermeierlichen Großwohnhäuser, die mit ihrer Gangküchenanordnung in gewisser Weise den späteren Typus der typisch hybriden Zinskaserne der Gründerzeit vorwegnehmen, wie am charakteristischsten wohl beim ebenfalls 1826 errichteten Seilerhof am Heumarkt nachzuvollziehen. Die alten geistlichen oder weltlichen **Wirtschaftshöfe** wurden aber nicht nur zu Großwohnhöfen, sondern besonders etwas außerhalb des Stadtzentrums auch zu **Manufakturhöfen** umgestaltet, wobei es zu einer einzigartigen Durchmischung von Gewerbe und Habitat mit unterschiedlichen Wohn- und Werkstätten kam. Der Melkerhof in der Florianigasse *(Abb. 4.1)*, 1838 errichtet, ist heute noch mit seinen Kleinst-, Klein-

---

182 Vgl. DEHIO, *Wien, I. Bezirk - Innere Stadt*, S. 374 ff.

183 Vgl. DEHIO, *Wien, I. Bezirk - Innere Stadt*, S. 157

und Mittelwohnungen ein typisches Beispiel für ein vorstädtisches Manufakturwohnhaus für den Mittelstand im Biedermeier.[184]

4.1.2 Geschlossene Wohnhöfe der Gründerzeit

Trotz dieser Tradition der Stiftshöfe finden wir in der Gründerzeit nur selten geschlossene Wohnhöfe vor. Erst ganz am Ende in der Spätgründerzeit gibt es durch die **Nebeneinanderreihung von Doppeltraktern** einen komplett geschlossenen Hoftyp, wobei diese Höfe außer ihrem Namen nichts mehr mit den Qualitäten der recht großzügigen und offenen Stiftshöfe gemein haben. Der Grund liegt in der Parzellenstruktur der Gründerzeitviertel, die die freien Flächen zwischen den alten Vorstadt- und Vorortekernen mit einem Straßenraster überlagerten, der große Blöcke zur Verbauung ergab. Diese großen Blöcke wurden im Allgemeinen aus spekulativen Gründen nochmals in kleinere Untereinheiten von etwa 20 Meter Straßenfront pro Grundstück unterteilt, sodass nur selten ein gesamter Block von einem einzigen privaten Bauherrn erworben werden konnte.

Der seltene Fall, dass ein **ganzer Block als Einheit** geplant und gebaut wurde, tritt beim Roberthof in der Unteren Donaustraße ein. Dennoch besteht der 1855 errichtete geschlossene Wohnhof eigentlich aus vier einzelnen Häusern, man erkennt aber aufgrund der einheitlichen Gestaltung des Baukomplexes durch die Ringstraßenarchitekten *Siccardsburg & Van der Nüll* die Grundgrenzen nicht. Typisch für die Frühgründerzeit ist die überraschend

Abb. 4.2: Beamtenzinshaus Rudolfshof: Erschließung der Wohnungen mittels Pawlatschen im Glas überdachten Hof.

schlicht ausgefallene Architektur[185], wie *Weihsmann* meint. Zur Straße hin sind die üblichen repräsentativen Zimmerfluchten angeordnet, in den Hofecken jeweils die Stiegenhäuser. Um diesen Kommentar von *Weihsmann* zu verstehen, sollte man sich das Beispiel eines hochgründerzeitlichen Wohnhofes anderer Ringstraßenarchitekten wie den Heinrichshof von *Theophil Hansen*, 1861-62 entstanden, vor Augen führen, der seine Vorbilder im Palastbau nicht verleugnet. Dagegen ist der Rudolfshof *(Abb. 4.2)*, ebenfalls von *Hansen* 1871 am Schlickplatz erbaut, ein deutlich bescheideneres Massenzinshaus mit einer sehr reduzierten Formensprache. Viel interessanter als die Fassadensprache ist hingegen der funktionelle Ansatz, die Kleinwoh-

---

184 Vgl. Felix CZEIKE, „Wiener Wohnbau vom Vormärz bis 1923" in: *Kommunaler Wohnbau* (ohne Seitenangabe)

185 WEIHSMANN, *Das Rote Wien*, S. 73

nungen für **Beamte** über Pawlatschen innerhalb eines glasüberdeckten Wohnhofes zu erschließen, womit *Hansen* hier an eine andere Wiener Bautradition, die des Familienzinshauses mit Pawlatschen in der Vorstadt anschließen kann. Diese Form wurde leider in den späteren Massenwohnungsquartieren zu Gunsten einfacher, oft sehr kleiner Lichthöfe aufgegeben.[186] Als Bauherr des Rudolfshofes diente der Erste Allgemeine Beamtenverein, also kein privater Spekulant, denn auch den besser bezahlten Beamten machte zu dieser Zeit bereits die enorme **Mietzinssteigerung** zu schaffen. So konnte beim Rudolfshof erstmals der Mietzins wieder unter dem den Beamten ausbezahlten **Quartiergeld** gehalten werden.[187]

Als ein Beispiel für eine spätgründerzeitlichen Wohnhof wollen wir unter den unzähligen Beispielen den Gumpendorfer-Hof, einen Entwurf des Stadtbauamtes von 1902 herausgreifen, da ihn *Achleitner* als „besonders schön organisierten Doppeltrakter mit zwei Treppenhäusern und einem zentralen Hof" apostrophiert. „Bürgerlicher Wohnungszuschnitt mit je drei Wohnungen pro Trakt und Geschoß. Interessant ist der einfache Grundriss mit den breiteren Raumzonen an den Außenseiten und den schmaleren an den Hofseiten, die jedoch als Fluchten (ohne Gang) angelegt sind. Der Grundriss verrät in seinen Merkmalen Ambitionen Richtung Zinspalais, was auch die Straßenfassade bestätigt."[188]

Abb. 4.3: Der Hamerling-Hof in Wien-Josefstadt über einer spitzwinkeligen Eckparzelle.

Auffällig ist auch, dass vor allem Zinshäuser auf Grundstücken in besonderen städtebaulichen Situationen wie **spitzwinkelige Eckparzellen** in der Spätgründerzeit bevorzugt mit **Hof** tituliert werden. Als ein Beispiel sei dafür der Hamerling-Hof *(Abb. 4.3)* von *Carl Bittmann*, 1905 erbaut, angeführt, dem *Achleitner* eine Ecklösung auf relativ hohem Niveau[189] attestiert. Aber auch der Rüdiger-Hof von *Oskar Marmorek*, 1902 an der Hamburgerstraße errichtet, ist in diese Kategorie einzureihen: „Markantes, eher unwienerisch entwickeltes Haus, das auf der Westeinfahrt einen besonderen visuellen Schwellenbereich markiert, der aber im Stadtgrundriss keine Entsprechung hat. ... Interessant die räumliche Durchbildung des Erdgeschoßes und die freie Gestaltung des zweieinhalbgeschossigen Sockels."[190]

186   *Architektur Wien. 500 Bauten*, S. 184

187   *Architektur Wien. 500 Bauten*, S. 184

188   ACHLEITNER, *Ö.Arch. 20. Jh. Band III/1*, S. 189

189   ACHLEITNER, *Ö.Arch. 20. Jh. Band III/1*, S. 224

190   ACHLEITNER, *Ö.Arch. 20. Jh. Band III/1*, S. 170

In der Spätgründerzeit taucht in den inneren Bezirken noch eine neue Form des Wohnhofes auf, wobei der Hof bei diesem Typ nicht mehr geschlossen ist. Es ist dies der **Straßenhof**, bei dem die Schauseite zur Straße hin sackartig eingebuchtet ist.[191] Auch wenn diese Form bestimmt aus rein kapitalistisch-funktionalistischen Überlegungen entstanden ist – die begehrte repräsentative Straßenfront wird durch die Einbuchtung stark verlängert – könnte sie als später Nachfahre des barocken Ehrenhofes angesehen werden, eine Sichtweise, die dem vorherrschenden Zeitgeist der ausklingenden Gründerzeit entsprechen würde.

4.1.3 Städtische Blockrandbebauung und Lückenbebauungen

Es verwundert nicht, dass beinahe jeglicher vermietbare Wohnraum, der im 19. Jahrhundert geschaffen wurde, aufgrund von Grundstücks- und Bauspekulation entstanden ist, wenn man sich vor Augen hält, dass bis nach dem Ersten Weltkrieg die Beseitigung der Wohnungsnot nicht als öffentliche Aufgabe, sondern als Privatangelegenheit angesehen wurde. Weihsmann stellt dazu im Anhang an seine Beschreibung der ersten Vorgängermodelle der Volkswohnhäuser, wie den oben genannten Rudolfshof für Beamte, fest: „An dieser Stelle soll noch einmal festgehalten werden, dass alle diese sozialen Unterkunftsmöglichkeiten – zaghafte Versuche zur Minderung der Wohnungsnot – doch sehr bescheiden waren und im Verhältnis zu den Zinshäusern eher die Ausnahme bildeten."[192]

Der Typ des **Zinshauses,** in welcher Variante auch immer, ob **Nobelmiethaus** in der Ringstraßenzone oder den so genannten besseren Vierteln hauptsächlich des III. und IV. Bezirkes von Wien, **bürgerliches Miethaus** in den Vorstädten oder **Arbeitermiethaus** als Massenquartier im Anschluss an die Fabriken der Außenbezirke, ist untrennbar mit der städtischen Blockrandbebauung verbunden. Die Baukörperformen der Typen, die in allen Phasen der Gründerzeit vertreten sind, wie der **Straßentrakter** oder das **Seitenflügelhaus** nach dem L-, U- oder T-Typ[193] gehen bereits auf die spätklassizistischen und biedermeierlichen Wohnhausformen in den Vorstädten zurück. So ist beispielsweise das Zinshaus Dittmann in der Resslgasse, 1831 von *Josef Kornhäusel* entworfen, ein spätbiedermeierliches Seitenflügelhaus nach dem U-Typ *(Abb. 4.4),* allerdings noch mit Pawlatschen zur Erschließung der Wohneinheiten im Obergeschoß um den U-förmigen Hof.[194] Die offenen Pawlatschen, die oftmals auch als Holzvorbau verglast sein konnten,

---

191   Vgl. GAUSS, „Historische Entwicklung des Wohnhauses in Wien", S. LIII

192   WEIHSMANN, *Das Rote Wien*, S. 73

193   Vgl. GAUSS, „Historische Entwicklung des Wohnhauses in Wien", S. L ff.

194   *Wien 500 Bauten*, S. 162

Abb. 4.4: Zinshaus Dittmann: spätbiedermeierliches Seitenflügelhaus nach dem U-Typ.

werden um 1840 mit der Frühgründerzeit zu geschlossenen Gängen, die in Zukunft das Arbeitermiethaus sparsam erschließen helfen sollten.

Diese zum geschlossenen Wohngang umgewandelte Pawlatschenerschließung ist das typische Kennzeichen der als **Zinskasernen** bezeichneten Massenwohnhäuser der Hochgründerzeit, die auf die explosionsartig anwachsende Bevölkerung Wiens, die von rund 440.000 Einwohnern 1840 auf 815.000 Einwohner 1870 anstieg, nur durch Aufstockung und Zubauten, heißt Auffüllung der noch verbliebenen Höfe und Gärten zur optimalen Nutzung der hochbegehrten Grundflächen reagieren muss. Sparsam war dieser Typ nicht nur durch die Einsparung von Stiegenhäusern aufgrund der Gangerschließung, die viele Kleinstwohnungen zu versorgen vermag, sondern auch, weil zu diesem Gang hin die Hälfte des Wohnraumes belichtet und belüftet wurde. Aus dieser Grundrissausbildung der einzelnen Wohneinheiten, bei der man vom Gang aus sofort die Küche betritt, resultiert die andere Bezeichnung dieses Haustyps mit **Gangküchenhaus**. Noch ein Name kursiert dafür, **Bassena-Haus**, was darauf Bezug nimmt, dass Wasserversorgung und WC bei diesem Haustyp ausschließlich außerhalb der Wohnungen am Gang liegen. Selbst als in der Spätgründerzeit beim bürgerlichen Miethaus eine Verbesserung in sanitärer Hinsicht durch Verlegung der Bäder und Toiletten in den Wohnungsverband eintrat, betraf diese Entwicklung die Zinskasernen kaum. Dennoch musste um 1870 ein Arbeiter mindestens 25 Prozent seines Lohnes für eine derartige Wohnung aufbringen. Viele waren dadurch gezwungen, noch **Untermieter** oder **Bettgeher** in diese ohnehin sehr kleinen ein- bis eineinhalb-Zimmer-Wohnungen aufzunehmen, in Neulerchenfeld und Ottakring immerhin 37 Prozent der Bevölkerung. Die Mieten werden in der Hochgründerzeit so teuer, dass die ärmere Bevölkerung gezwungen ist, aus den Vorstadtvierteln innerhalb des Linienwalles in die Vororte außerhalb abzuwandern, in denen am grünen Anger weitere monotone Rasterstädte entstehen. Erst in der Spätgründerzeit können besser verdienende Arbeiter in noch unverbaute Peripheriegebiete der Vorstädte wie den Südwesten von Margareten zurückwandern.[195]

Aus der oben geschilderten Situation ist verständlich, dass beim Arbeiterzinshaus kaum Wert auf eine anspruchsvolle **Fassadengestaltung** gelegt wurde. „Charakteristisch für die äußere Erscheinung des frühgründerzeitlichen Mietwohnhauses ist die schmuckarme Gleichförmigkeit der Fassaden, die sich nach dem Prinzip der gleichmäßigen Reihung zu einheitlichen, kaum

---

195   Vgl. CZEIKE, „Wiener Wohnbau vom Vormärz bis 1923", ohne Seitenangabe

akzentuierten Straßenwänden zusammenschließen."[196] In der Hochgründerzeit ändert sich dies allerdings. Aus repräsentativen Zwecken verwendet man nun vom italienischen Renaissancepalast abgeleitete Formen an den sichtbaren Fassaden, deren Dekorationselemente neuerdings seriell vorgefertigt und per Katalog verkauft werden. Eine Nobilitierung des Zinshauses zum Wohnpalast wurde damit angestrebt, nicht nur für den Nobelmiethaustyp, sondern in abgestuftem Ausmaß für alle, unabhängig vom sozialen Status. Dies ist die Idee des in der Kunstgeschichte als strenger Historismus bezeichneten Fassadenstiles, die erst im Späthistorismus durch Mischungen mit neobarocken oder altdeutschen Elementen zu oftmals originellen Schöpfungen führt, und durch die progressiven Sprachen des Secessionismus wie Jugendstil endgültig überwunden werden kann.[197]

Otto Wagner ist als jahrzehntelanger Spekulant bei der Errichtung von groß- und kleinbürgerlichen Miethäusern und höchst progressiver Architekt und Theoretiker prädestiniert, die Fassadensprache des Miethauses vom Neorenaissancepalast zu einer neuen Formensprache der Versachlichung zu revolutionieren, wobei im voraus anzumerken ist, dass er dennoch niemals den traditionellen **Kanon der Palastfassade** von schwerer Sockelzone über einheitlich flächig gestaltete Geschoßzonen bis zu einer auskragenden Gesimszone verlassen wird. Dies entspricht ganz seiner persönlichen Doktrin eines ästhetischen Funktionalismus, durch den *Wagner* im Miethausbau unter anderem die Entwicklung vom reinen Wohnhaus zum gemischt genutzten Wohn- und Geschäftshaus in eleganter Weise zum Ausdruck bringen konnte. Die erste nennenswerte Auseinandersetzung von *Otto Wagner* als selbstständiger Architekt und Unternehmer mit der Materie erfolgte 1877-78 beim

Abb. 4.5: *Otto Wagners* Interpretation der italienischen Palastfassade am Miethaus Schottenring.

Miethaus am Schottenring *(Abb. 4.5)*, wo *Wagner* noch deutlich unter den formalen Einflüssen von *Theophil Hansen* steht. Bei der Fassadengestaltung dieses in eine Häuserreihe eingebundenen Nobelmiethauses, in dem *Wagner* bis 1882 die Beletagenwohnung als seine eigene okkupierte, nimmt er deutlich Bezug zu den typischen Dekorationselementen der Monumentalbauten wie die Palais der Ringstraße, wie sie *Hansen* unter anderem beim Palais Epstein, das *Wagner* noch als Baumeister mitbetreute, verwendet. Daher kommen die kräftig in Terracottarot gestrichenen tönernen Gliederungselemente sowie die mächtigen Konsolen, die das weit auskragende Dach mit

---

196   GAUSS, „Historische Entwicklung des Wohnhauses in Wien", S. LII

197   Vgl. GAUSS, „Historische Entwicklung des Wohnhauses in Wien", S. L bis LIII

kassettierter Unterseite tragen. Vollkommen individuell hingegen ist die Fassadengestaltung des ersten und zweiten Obergeschosses mit schwarzweißem Dreiecksmuster von textilem Charakter, ausgeführt in durchgefärbtem Sgraffitoputz[198] und deutlich auf Renaissancebeispiele Oberitaliens hinweisend. Typisch für Wagner sollte der hier bereits eingeschlagene Weg der klaren Abgrenzung der Fassade zu den Nachbarhäusern hin bleiben. Am Schottenring besteht diese in rustizierten Lisenen, die über die Traufe mittels bekrönender Obelisken hinausgezogen werden, ein Motiv, das *Wagner* aus der venezianischen Palastfassade der Renaissance übernimmt.

Weit weniger auffällig ist die Fassadengestaltung, die *Wagner* bei den Miethäusern in der Stadiongasse 1882-83 einschlägt, obwohl sie eine zukunftsweisende Klarheit mit zweigeschossigem, gebändertem Putzsockel und darüber einer Supraposition additiver Ädikulafenster[199] innerhalb der beinahe völlig planen Fassadenfläche aufweist, die nur mehr ganz zart die Quaderbauweise der Vorbilder imitiert. Konsequent weiter verfolgt *Wagner* diesen Weg bei den berühmten Wienzeilehäusern am Naschmarkt, 1898 begonnen, wo er die glatten Fassadenflächen über den Sockelgeschossen mit floralen, vollkommen frei angeordneten Mustern einmal als Goldintarsien, einmal als Fliesenmuster (Majolikahaus) **ornamentiert**. Ausgeprägt ist bei diesen Häusern bereits die neue Nutzung der Sockelgeschoße als Geschäfts- und Bürolokale, was sich in der vollkommenen Auflösung des Sockelmauerwerks zu Pfeilern zwischen großzügigen Öffnungen niederschlägt, die durch eine vorgesetzte Eisen-Glaskonstruktion die neuen Funktionen deutlich artikulieren – ein für uns heute noch vollkommen selbstverständliches Repertoire.

Wagner beschließt seine Entwicklung einer modernen Sprache für die Palastfassade an den Miethäusern Neustiftgasse 40 Ecke Döblergasse 1909-12, in den Häusern, in denen er schlussendlich selbst sterben sollte. *Achleitner* meint dazu, dass hier *Wagner* „die höchste **ästhetische Reduktion** seiner Mittel erreicht, die mit dem Purismus von *Loos* konkurrieren konnte." Deutlich kommt an der Fassade zum Ausdruck, dass die frühere Hierarchie der Wohngeschoße seit der Erfindung des Aufzuges egalisiert wurde. Dennoch urgieren die strenge Proportionierung der Fenster, die gleichen Achsabstände und ein kräftiges Kranzgesims immer noch die abstrahierten Prinzipien der Renaissance. Einzig die Ecklösung weicht davon ab, indem sie aus funktionellen Gründen der gleichwertigen Belichtung auch der Eckräume die „Logik des Grundrisses in die Fassade projiziert".[200]

Ergänzt und bereichert wird das Fassadengestaltungsrepertoire in dieser Phase der Spätgründerzeit durch weitere, nicht so bekannte Architekten, wie *Ernst Epstein*, der wie *Wagner* eine Unzahl an bürgerlichen Miethäusern plante und errichtet, unter anderem aber auch für *Adolf Loos* als Bauleiter

---

198 Vgl. DEHIO, *Wien I. Bezirk – Innerer Stadt*, S. 836

199 Vgl. DEHIO, *Wien I. Bezirk – Innerer Stadt*, S. 865

200 ACHLEITNER, *Ö. Arch. 20. Jh. Band III/1*, S. 203

beim berühmt-berüchtigten Haus am Michaelerplatz diente. 1910 entsteht in der Lerchenfelderstraße ein Miethaus von *Epstein*, das hier unter anderem deswegen erwähnt werden sollte, weil es die spätgründerzeitliche **Hintereinanderreihung von Doppeltraktern** in exemplarischer Weise aufzeigt. Aber auch die Fassadengestaltung findet *Achleitner* bemerkenswert: „Es mag sein, dass ihn die Loossche Dialektik von Sprechen und Schweigen, die plakative Konfrontation von semantisch-plastischen Elementen (Säulen, baywindows, Marmorverkleidungen und Marmorgesimse) mit glatten Putzflächen beeinflusst hat. Trotzdem handelt es sich um eine eigenständige Arbeit und um eines der schönsten Häuser des Bezirks."[201]

Als Endpunkt in der Entwicklung der Zinshausfassade in der Blockrandbebauung der Gründerzeit sollte das Miethaus in der Stolberggasse herangezogen werden *(Abb. 4.6)*, 1911-12 von *Alfred Marek* errichtet, denn es knüpft wieder an den Beginn im Biedermeierklassizismus an. *Achleitner* meint zukunftsweisender, dass „die kühne Fassade von *Epstein* sein könnte, obwohl sie, durch den kräftigen Riffelputz, ein Gestaltungselement von Josef Hoffmann zum Hauptthema hat. Besonders schön ist, dass diese kräftige Textur mit der eigenartigen Tiefenwirkung nur von den Nachbarhäusern gefasst wird, die Fenster einfach herausgeschnitten sind und die Fassade nur nach oben, durch ein Attikageschoß und eine angedeutete Giebellinie, ihren Abschluss findet." [202]

Abb. 4.6: Miethaus Stolberggasse in Wien-Margareten: Reminiszenz an den Biedermeierklassizismus.

Besonderes Augenmerk ist der **Ausgestaltung der Baublockecken** in den Gründerzeitvierteln entlang den wichtigen Ausfallstraßen zu widmen[203]. Die Frühgründerzeit beschränkt sich bei Eckhäusern darauf, maximal einen diagonal gestellten Eckerker in der Beletage anzubringen, der dann in der Hoch- und Spätgründerzeit mittels weit über die Trauflinie hinausragender Kuppel- oder Helmaufsätze zu einem deutlichen Landmark in der städtebaulichen Gleichförmigkeit der Gründerzeitviertel wird. Aus heutiger Sicht sehr bedauerlich ist, dass die oft phantastischen Dachräume unter diesen Eckaufsätzen in keinster Weise als Innenraum genutzt wurden. Am ehrlichsten sind Lösungen wie die Gitterkuppel Ecke Hütteldorferstraße – Gürtel, die erst gar nicht derartige Innenräume vorgaukeln.

---

201   ACHLEITNER, *Ö. Arch. 20. Jh. Band III/1*, S. 224 und 226

202   ACHLEITNER, *Ö.Arch. 20. Jh. Band III/1*, S. 175

203   Diesem Thema habe ich bereits breiteren Raum in meiner Dissertation: *EckAnsichten. Was uns die Gebäudeecke über Architektur mitteilt. Eine analoge Studie*, Wien (Technische Universität) 2000 gewidmet.

Abb. 4.7: Turmartiges Eckhaus: Ensemble Steggasse in Wien-Margareten.

Architektonisch anspruchsvolle Ecklösungen anderer Art wie die zwei turmartig versetzten Hausteile des Miethauses Steggasse *(Abb. 4.7)*, 1901-02 von *Jože Plečnik* errichtet, die mittels filigraner um die Ecke geführter Balkone eine Drehbewegung unterstreichen[204], animieren gerade heute wieder zur Wiederaufnahme des Themas **Eckhaus** im mehrgeschossigen Wohnbau innerhalb dichtbebauter Stadtstrukturen. Aus den Achtzigerjahren sind dazu das Wohnhaus Langgasse von *Franco Fonatti* sowie das Wohnhaus Anschützgasse von *Helmut Wimmer*, beide in Wien XV, anzuführen. Auch der so genannte Kohlstatt-Turm in Innsbruck, von *Peter Lorenz* bereits 1984 entworfen und 1995-96 dann endgültig gebaut, ist eine späte Replik auf das Thema Gitterkuppel zur Kennzeichnung einer Baublockecke der Gründerzeit.

Dennoch ist mit dem Ende der Gründerzeit die städtische Blockrandbebauung im Mietshausbau keinesfalls zu Ende. Kaum bekannt ist, dass sich selbst der kommunale Wohnbau der Zwischenkriegszeit immer noch der Typologie der kapitalistischen Miethäuser bedient, und zwar bei **Lückenverbauungen** in den Rastervierteln, die ganz in der Nachfolge der Arbeiterwohnhäuser dazu genutzt werden, städtischen Arbeitern oder Angestellten wie beispielsweise denen des Straßenbahnbetriebsbahnhofes Breitensee in unmittelbarer Nähe ihres Arbeitsplatzes von der Stadt geförderte Mietwohnungen anbieten zu können. Die angesprochene Lückenverbauung südlich der Hütteldorferstraße (Cervantesgasse 16 von *Holey*, Gründorfgasse 4 von *Ried*, Meiselstraße 73 von *Schöll*, Kelchgasse) aus dem Jahre 1928 verdient in mehrfacher Hinsicht eine genauere Betrachtung: „Von sechs bis acht Parzellen eines Baublocks wurden zwei bis drei angekauft und kleine Wohnbauten (unter denselben Normen wie bei den Großanlagen) errichtet, wobei für die einzelnen Projekte jeweils verschiedene Architekten herangezogen wurden. Die Höfe wurden entkernt und zusammengeschlossen und gärtnerisch gestaltet. Es entstanden idyllische Bereiche, wobei gerade hier ein relativ hoher Standard der Gestaltung und die Verwendung besserer Materialien (Klinkerziegel) die Überlegenheit des kommunalen Wohnbaus über die spätgründerzeitlichen kapitalistischen Bauten beweisen sollten: Gärten mit Hecken, Rosenbüsche, kleine Brunnen kontrastieren mit den kahlen Mauern der kärglichen Hinterhöfe, weite Räume stehen gegen trostlose Lichtschächte." ... „Die Straßenfronten jener kleinen Bauten südlich der Hütteldorferstraße, als vorbildliche Lückenverbauung bereits genannt, zeigen einen besonders typischen, sehr

---

204 Vgl. ACHLEITNER, *Ö.Arch. 20. Jh. Band III/1*, S. 175

sympathischen Querschnitt durch die Möglichkeiten, die sich den einzelnen Architekten boten."[205]

Doch nicht nur diese städtebaulichen Aspekte der Lückenverbauungen der Zwischenkriegszeit verdienen Beachtung. In ihnen wurden auch **Verbesserungen der Grundrisse** eher ausprobiert als bei den großen kommunalen Wohnhöfen. So werden bereits 1924 von *Anton Brenner*, einem Architekten, der bald nach Frankfurt ging und später am Bauhaus lehrte, beim Wohnhaus Rauchfangkehrergasse Schränke als Trennwände eingeplant und auch teilweise vorgefertigte Einrichtungen im kommunalen Wohnbau durchgesetzt.[206] Aber auch beim Ludo-Hartmann-Hof in der Josefstadt konnte der Architekt *Cäsar Poppovits* ebenfalls 1924-25 einige Wohnungen mit Badezimmern und Dienstmädchenkammern einplanen[207], beides erstmalig und ungewöhnlich bürgerlich für Mietwohnungen der Gemeinde Wien.

Dringend zu lösende Probleme ganz anderer Art sollten jedoch Lückenverbauungen in den Gründerzeitrastervierteln nach dem Zweiten Weltkrieg mit sich bringen. Zu schaffen machte den Planern in erster Linie die exorbitant angewachsene **Verkehrsbelastung** der immer noch straßenseitig orientierten Wohnungsgrundrisse, wie beispielsweise die Balkone in der Wohnhausanlage Panikengasse *(Abb. 4.8)* in Wien-Ottakring aus dem Jahre 1972 von den Architekten *Hedy* und *Michael Wachberger*. Als Reaktion auf dergleichen zunehmende Unzumutbarkeiten müssen Versuche wie die Wohnhausanlage Ottakringer Straße – Hernalser Gürtel, 1977 von *Krawina & Oberhofer* entworfen, gesehen werden, die als Lösung desselben Problems gestaffelte, schmale Maisonette-Wohnungen einführten, die eine betonte Hinwendung zum Hof- (Garten-) Raum ermöglichen[208]. Dass sich das Grundproblem bis heute nicht verändert hat, zeigen Wohnbauten wie das Kommunale Wohnhaus Zentagasse - Margaretenstraße in Wien V, von *Lautner, Scheifinger, Szedenik & Schindler* 1991-94 errichtet. Hier wird die Lösung darin versucht, dass die Wohnungserschließungsgänge, übrigens den alten Pawlatschengängen in den Höfen der Vorstadthäuser des 18. und 19. Jahrhunderts in Material und Konstruktion ziemlich ähnlich, verglast an die Straßenseiten verlegt wurden, um die Hauptwohnräume zu den ruhigen Innenhöfe der Blockrandbebauung orientieren zu können.

In der unmittelbaren Nachkriegszeit artikuliert sich aber auch eine andere grundsätzliche **Kritik** am System des Mietwohnbaus. Polemisch artikuliert wird sie vor allem vom Maler *Friedensreich Hundertwasser*, der in einem Ausstellungspamphlet 1957 Protest gegen die 90-grädigen Ecken von Wien

---

205　Karl MANG, „Architektur einer sozialen Evolution. Kommunaler Wohnbau der Gemeinde Wien zwischen dem Ende der Monarchie und dem Bürgerkrieg", in: *Kommunaler Wohnbau* (ohne Seitenangabe)

206　Vgl. MANG, „Architektur einer sozialen Evolution", ohne Seitenangabe

207　Vgl. MANG, „Architektur einer sozialen Evolution", ohne Seitenangabe

208　Vgl. ACHLEITNER, *Ö.Arch. 20. Jh.* Band III/2, S. 171

Abb. 4.8: Wohnhausanlage Panikengasse: verkehrsbelastete Straßenfassade.

anmeldet. Der Protest richtet sich fairerweise nicht dagegen, dass man die Rasterviertel der Gründerzeit wie die kommunalen Wohnhöfen der Zwischenkriegs in ihrer blockhaften Gleichförmigkeit errichtet hat, sondern dass die linealabhängigen Architekten diese kubischen Gestaltungsprinzipien immer noch im Wohnbau anwenden: „Doch man baut Würfel, Würfel! Wo bleibt das Gewissen ...".

Hundertwassers Forderungen, die er ein Jahr später in seinem Verschimmelungsmanifest gegen den Rationalismus in der Architektur niederschreibt, gehen auch in Richtung Mitbestimmung im Wohnbau: „Man soll den Baugelüsten des einzelnen keine Hemmungen auferlegen! Jeder soll bauen können und bauen müssen und so die wirkliche Verantwortung tragen für die vier Wände, in denen er wohnt." Zudem kritisiert er die Restriktionen, die den Mietern durch die Mietverträge auferlegt sind: „Ein Mann in einem Mietshaus muss die Möglichkeit haben, sich aus seinem Fenster zu beugen und – so weit seine Hände reichen – das Mauerwerk abzukratzen. Und es muss ihm gestattet sein, mit einem langen Pinsel – so weit er reichen kann – alles rosa zu bemalen, so dass man von weitem, von der Straße sehen kann: dort wohnt ein Mensch, der sich von seinen Nachbarn unterscheidet ...".[209]

Erst vierundzwanzig (!) Jahre nach seinem Verschimmelungsmanifest erhält *Hundertwasser* tatsächlich die Möglichkeit, seine damaligen Forderungen in ein kommunales Wohnhaus der Stadt Wien in gebaute Architektur umzusetzen, was eine heftige **Polemik** innerhalb der Architektenschaft entfacht. Aus einer mittlerweile wieder größeren emotionalen Distanz lässt sich an sachlicher Kritik dennoch einiges festhalten. Erstens ist das Haus unter Ausschluss jeglicher Mitbestimmung der zukünftigen Bewohner entstanden, die auch im nachhinein keine Chance zur Veränderung im Sinne der oben geforderten Bemalung der Fassade, soweit der Pinsel reicht, hatten. Die Grundrisse entsprechen zweitens dem zum damaligen Zeitpunkt geläufigen Standard im geförderten Wohnbau, und sind keineswegs veränderbar oder innovativ. Drittens kamen die Planer, die *Hundertwassers* Ideen in baubare Struktur umsetzten, auch nicht ohne Lineal aus, ja, die schiefen Säulen beziehungsweise bepflanzbaren Dächer wurden mit großem statischen Aufwand und noch viel mehr Materialverbrauch erst ermöglicht. Und viertens ist, ob bewusst oder unbewusst, die Gesamtform des Baukörpers in seinen Grundzügen nicht recht anders als die der umgebenden Gründerzeitmiethäuser. Sogar die Akzentuierung der Blockecke mittels Turm kam wieder zur Anwendung. Dennoch ist das Hundertwasserhaus mittlerweile zum berühmtes-

---

209 Alle Zitate nach CONRADS, *Programme und Manifeste*, S. 149f.

ten Miethaus Wiens avanciert, das eine Touristenfrequenz aufweist, die sich sukzessive an die des Schlosses Schönbrunn annähert. Wenn es allerdings gelingen sollte, durch dieses eine Haus wenigstens für einige seiner Besucher die durchaus berechtigte Kritik am Massenwohnbau der Gründerzeit Wiens wach zu halten, erfüllt es seinen Zweck in vorbildlicher Weise. Denn parallel zum Ruhm des Hundertwasserhauses hat sich gezeigt, dass sich renovierte Wohnungen in den Zinskasernen der Gründerzeit wieder steigender Beliebtheit erfreuen, natürlich nach Beseitigung der sanitären wie größenmäßigen Mängel, und unter dem Aspekt, dass in Wohnungen, in denen heute Singles oder maximal Paare leben, früher auch zehn und mehr Personen Unterkunft gefunden haben.

Die von *Hundertwasser* eingeforderte Mitbestimmung bei der Festlegung des Wohnungsgrundrisses und der zukünftigen Wohnungsgröße setzt ein sehr viel stillerer Mensch, der Architekt *Ottokar Uhl* beim Wohnhaus Feßtgasse *(Abb. 4.9)* in Wien-Ottakring 1973-80 endgültig in gebaute Wirklichkeit um. Ohne den damaligen Stadtrat wäre dieser erste kommunale Wohnbau mit **Mieterbeteiligung** nicht zustande gekommen, meint dazu *Achleitner*. Die Festlegung des Architekten bestand in einer variabel nutzbaren Struktur in Scheibenbauweise mit Achsabständen von 6 beziehungsweise 4,8 Metern, einer Trakttiefe von 15 Metern und nicht tragende Außenwänden. Dazu wurden die Nasseinheiten sowie die Treppenhäuser vom Architekten fixiert. Die zukünftigen Mieter konnten in getrennten Planungsgesprächen ihre Grundrisse individuell entwickeln. Auch die Außengestalt des Bauwerks entstand in seiner endgültigen Form erst durch die Mieter, die beispielsweise die Fenster

Abb. 4.9: Mitbestimmungsprojekt im kommunalen Wohnbau: Feßtgasse in Wien-Ottakring.

aus einer Anzahl von Typen auswählen konnten. Dazu konnte man sich in Form der Balkonkonstruktionen variable Raumreserven schaffen, die die Größe der Wohnungen beeinflusste. „Gestalterisch interessant ist, dass es *Uhl* trotz der selbstgewählten Fesseln immer noch gelang, auch einen ästhetischen Standard und eine persönliche Architektursprache zu realisieren."[210]

Zum Schluss soll hier ein **heutiger Wohnbau**, 1991 von *Dieter Henke & Marta Schreieck* konzipiert, an der vorher noch unverbauten Ecke eines gründerzeitlichen Rastergevierts in der Frauenfelderstraße vorgestellt werden, in dem alle bisherigen Ansätze und Kritiken der städtischen Blockrand- und Lückenverbauungen zu Ende gedacht zu sein scheinen. Leichte Trennwände erlauben einigermaßen flexible Wohnungsgrundrisse, ohne den Bauprozess

210 ACHLEITNER, *Ö.Arch. 20. Jh. Band III/2*, S. 170

Abb. 4.10: Fassadenarchi-
tektur einer heutigen Blockrandbebauung: Wohnbau
Frauenfelderstraße in Wien
XVII.

durch Planungsgespräche im Vorfeld allzu lange zu blockieren, beziehungsweise auch für Mieter, die nicht von Anfang an vorgesehen waren. Die Fassadengestaltung mittels verschiebbarer Jalousienelemente erlaubt sowohl die Ausbildung einer Pufferzone zur nicht allzu stark befahrenen Straße wie ein gewisses Maß an scheinbar individueller Fassadengestaltung *(Abb. 4.10).* Die einzelnen Wohneinheiten bestehen aus einem wohlausgewogenen Mix zwischen durchgestapelten Maisonetten und Kleinwohnungen in Erdgeschoss. Die Zugangstreppe ist offen und doch überdeckt und beliefert als Angelpunkt der Ecksituation die stegartigen Laubengänge, die die einzelnen Wohnungen erschließen.[211] Selbst eine im Hof errichtete gewerblich genutzte Halle weist auf Vorbilder in der Gründerzeit zurück. Wenn man nun meint, dass die Ausführung des Hauses als Stahlbetonskelettbau mit allgegenwärtig sichtbarem Einsatz von Metall und Glas zur Wandverkleidung beziehungsweise Raumabschließung, das eigentlich Neue für den Mehrfamilien-Wohnhausbau Wiens wäre, täuscht man sich hingegen gründlich. *Siegfried C. Drach* hatte bereits beim Wohnhaus in der Neulinggasse 1935-38 das Treppenhaus mit Stahlblech verkleidet und die Hoffassade dieses zarten Stahlbetonskelettbaus komplett verglast ausführen lassen[212].

4.1.4 Kommunale Wohnhöfe der Zwischenkriegszeit

Noch vor dem Eingreifen des Staates in die akute Wohnungsnot Wiens setzten sich autonome Institutionen wie Vereine und Genossenschaften das Ziel, Arbeiterwohnungen zu niedrigen Preise zu vermieten. Allerdings blieben diese Versuche unter den liberal-kapitalistischen Gepflogenheiten der Gründerzeit zum Scheitern verurteilt, auch wenn der Staat zeitweise sogar eine Steuerbefreiung für alle gemeinnützigen Unternehmungen gewährte. Der Ertrag der Mieten auf dem freien Wohnungsmarkt war nämlich immer noch größer. So musste beispielsweise der 1886 gegründete Verein für Arbeiterhäuser nach acht Jahren das Handtuch werfen. Sein Vermögen diente aber als Grundlage für die Stiftung von **Volkswohnungen** des Stadterweiterungsfonds, 1894 ins Leben gerufen, und kann damit endgültig als Beginn des kommunalen Wohnbaus in Wien angesehen werden.[213]

---

211   Vgl. Walter ZSCHOKKE, in: *Architektur im 20. Jh. Österreich*, S. 286

212   Vgl. ACHLEITNER, *Ö.Arch. 20. Jh. Band III/1*, S. 127

213   Vgl. WEIHSMANN, *Das Rote Wien*, S. 79f.

Am 10. Juli 1896 wird in Fortsetzung der oben angeführten Entwicklung die *Kaiser Franz Joseph I.* Jubiläumsstiftung für Volkswohnungen und Wohlfahrtseinrichtungen gegründet, die die „Bautätigkeit Wiens zugunsten der minderbemittelten Bevölkerung auf das Wohltätigste beeinflussen sollte". Hauptaufgabe wäre der Beweis, „dass man auf einer rationell finanziellen und ebenso soliden technischen Basis den Anforderungen der Hygiene und allen Bedürfnissen der minderbemittelten Classen vollkommen entsprechende Wohnhäuser zu solchen Gestehungskosten erbauen kann, dass erstens der Mietzins unter Berücksichtigung des Gebotenen billiger ist als bei den Unternehmungen des Wohnungswuchers, und dass zweitens diese Häuser trotzdem das gleiche Erträgnis liefern, wie alle anderen bürgerlichen Capitalsanlagen von gleicher Sicherheit."[214]

Für einen Bauplatz an der Grenze von 14. und 16. Bezirk wird noch 1896 ein Wettbewerb zur Errichtung von Volkswohnungen ausgeschrieben, der in seinem gewünschten Programm als Vorstufe zu den Einrichtungen der kommunalen Wohnhöfen der Zwischenkriegszeit anzusehen ist, auch wenn er auf allerdings verbesserten Grundrissen des gründerzeitlichen Mietshausbaus aufbaut. Die Blockrandbebauung sollte höchstens dreistöckig ausgeführt werden, was deutlich niedriger ist als die seit den Bauordnungen von 1870 und 1883 erlaubten fünf Geschosse inklusive Erdgeschoss und Mezzanin bei einer Maximalhöhe von 25 Metern, die die Massenwohnviertel der Gründerzeit prägen. Auch die Baugrundausnützung mit einer Verbauungsziffer von nur 45 Prozent ist für die Spätgründerzeit einmalig niedrig, wenn man bedenkt, dass die Bauordnung von 1895 eine Reduzierung des Hofausmaßes auf 15 Prozent des gesamten

Abb. 4.11: Die Jubiläumshäuser des Lobmeyer-Hofes: Volkswohnungen auf Stiftungsbasis.

Grundstückes zuließ. Im Unterschied zu den Arbeiterwohnungen in den Zinskasernen wurde hier fixiert, dass jede Wohnung einen Vorraum aufzuweisen und Küchen wie Aborte Licht und Luft direkt aus dem Freien zu empfangen hätten, eine eindeutige Absage an die Gepflogenheiten des Gangküchenhauses. Dazu sollte jede Wohnung bereits ein eigenes WC und jedes Gebäude eine Waschküche aufweisen. Erstmals tauchen auch die künftigen Gemeinschaftseinrichtungen der kommunalen Wohnhöfe wie Kinderhort, Badeanlage, Bibliothek und Vortragssaal in diesem vorgegebenen Programm auf.[215] Ein Teil dieser, als Lobmeyerhof beziehungsweise Jubiläumshäuser,

---

214 CZEIKE, „Wiener Wohnbau vom Vormärz bis 1923", ohne Seitenangabe

215 Vgl. GAUSS, „Historische Entwicklung des Wohnhauses in Wien", S. LII und LIII mit WEIHSMANN, *Das Rote Wien*, S. 80 und CZEIKE wie oben

bekannten Anlage, die 1898-1901 in der Gegend des Gutraterplatzes errichtet wurde, existiert heute noch *(Abb. 4.11)*.

Erst der Zusammenbruch der Donaumonarchie mit wirtschaftlichem Chaos und Hunderttausenden Wohnungs- und Arbeitslosen im Gefolge des verlorenen Ersten Weltkrieges führt dann zu einer konsequenten Verfolgung des damit schon eingeschlagenen Programms durch die sozialdemokratische Stadtregierung in Wien. Gerechterweise sollte angemerkt werden, dass die Vorleistungen in der Infrastruktur wie eines in Europa vorbildlichen Straßenbahnsystems noch unter dem christlichsozialen Bürgermeister *Karl Lueger* vor dem Krieg geschaffen worden waren. Die **Sozialdemokraten** schafften es jedoch, die loyale Beamtenschaft der Monarchie unter einer Führungsriege fähiger und schnell handelnder Spezialisten für den sozialen Wohnungsbau zu instrumentalisieren, unter anderem *Hugo Breitner* als ehemaligen Länderbankdirektor für die finanziellen Agenda, den Anatomieprofessor *Julius Tandler* als Leiter des Unterstaatssekretariats für Volksgesundheit und Wohlfahrtswesen, dessen Leitspruch, wer Kindern Paläste baut, reißt Kerkermauern nieder, sich tatsächlich bewahrheitete, und *Robert Danneberg* als Schöpfer der Neuen Wiener Gemeindeverfassung. Die Finanzierung des wahrhaft ambitionierten **Wohnbauprogramms der Zwischenkriegszeit** gelang nach den vergeblichen Versuchen gegen Ende der Gründerzeit schlussendlich aufgrund der Umbesteuerung des Kapitals. Um die zum Verzweifeln hohe Arbeitslosigkeit in den Griff zu bekommen, ging es beim Wiener Programm im Gegensatz zur Parallelaktion des Neuen Frankfurt unter *Ernst May* nicht um den experimentellen Einsatz neuer maschineller Baumethoden, sondern um die Beschäftigung möglichst vieler Arbeitskräfte. Auch schnelles Handeln genoss oberste Priorität, wodurch Wien seinen ersten Fünf-Jahres Plan vier Jahre vor Russland umsetzt.

Die architektonischen Auswirkungen dieser Zielsetzung besteht in handwerklich hochqualitativem Bauten, die allerdings im Unterschied zu den Bauten des Norddeutschen Expressionismus oder dem schon um 1913 begonnenen Amsterdamer Wohnbauprogramm, aus dem allerdings bisher nicht konkret nachweisbar, aber doch viele Anregungen stammen dürften, nicht komplett in Sichtziegelbauweise errichtet wurden. Dennoch zeigen beispielsweise Bauten wie der

Abb. 4.12: Detailgestaltung des Wiener Kommunalen Wohnbaues: Anklänge an den nordischen Expressionismus.

Wohnbau in der Weimarer Straße von *Konstantin Peller* 1928-29 errichtet, oder der in unmittelbarere Nachbarschaft liegende Bau von *Karl Dirngruber* 1924-25 erbaut, untrüglich diese **Qualitäten**, sowohl in der plastischen Ausbildung von Elementen wie den Balkonen wie in der phantasievollen Detaillierung des doch teilweise sichtbar belassenen Ziegelmauerwerkes *(Abb. 4.12)*.

Die erste Phase des sozialdemokratischen Wohnbauprogramms, ident mit dem ersten Fünf-Jahres Plan von 1919-1924, ist gekennzeichnet durch eine Art **Notprogramm**, das mit dem Umbau von Kasernen und Baracken zu Wohnungen beginnt, aber auch schon neue, kleine Anlagen, noch stark in Anlehnung an das bürgerliche Zinshaus der Blockrandbebauung schafft. Am offensichtlichsten ist dies durch die Erschließung der Stiegenhäuser noch von der Straße aus, wie wir sie nach wie vor am Metzleinsthaler-Hof in Wien-Margareten von *Hubert Gessner*, 1919-1923 vorfinden. Diese von außen erschlossene Blockrandbebauung wandelt sich schnell zu einer **Erschließung** über die Höfe, die dann bis zum abrupten Ende der Ära der Gemeindebauten durch den Bürgerkrieg beibehalten wird. Der Hof, der durch ein Portal, das bewusst als signalhaftes Tor ausgebildet ist, betreten wird, übernimmt die Verteilerfunktion zu den Stiegenhäusern, was selbst bei nicht allzu großen Höfen in dicht bebautem Gebiet wie dem Vogelweidhof von *Leopold Bauer*, 1926-28 an der Hütteldorferstraße errichtet, zu einer gleichsam romantisch-einprägsamen (>Märchenhof<) wie funktionell sicheren Eingangssituation führt.

„Man übernahm also die gewachsene Blockverbauung, aber die Forderung nach Lift, Luft, Grünanlagen standen nun an erster Stelle im Gegensatz zu den Blöcken der Gründerzeit, die aus einzelnen Parzellen bestanden, mit kleinen Höfen, durch hohe Mauern getrennt, und zusätzlich mit Werkstätten oder kleinen Fabriken bebaut."[216] Deutlich lässt sich die Entwicklung erkennen, dass die Wohnanlagen insgesamt immer größer wurden, aber auch die **Höfe** mit dem Fortschreiten des Bauprogramms immer noch großzügiger in den Dimensionen und ausgefeilter in der **gärtnerischen Ausgestaltung** ausfallen, wie der zweifellose Höhepunkt dieser Entwicklung im George-Washington Hof am Wienerberg, 1927 von *Karl Krist* und *Robert Oerley* entworfen, mit den jeweils den verschiedenen Höfen unterschiedlich zugewiesenen Baumpflanzungen (Ahornhof, Birkenhof, Fliederhof) vorbildlich aufzeigt. Die Höfe nehmen jedoch nicht nur die Erschließungsfunktion wahr, sondern vor allem die sozialen **Gemeinschaftseinrichtungen** wie die Kindergärten, Bäder und Waschanlagen, medizinischen Beratungsstellen, Versammlungshäuser und Bibliotheken auf. Dies stellt sowohl das hervorstechendste Merkmal wie den progressivsten Entwicklungsschritt des Wiener Gemeindebaus bis heute dar.

Der George-Washington Hof ist schon zu der Gruppe der **Großanlagen** zuzurechnen, die eher Richtung Gartenstadt- und Heimatschutz und endlich der Annahme *Sittescher* Prinzipien des Städtebaus gehen. „Die Anlage, eine der größten ihrer Art in Wien, gehört typologisch zu den Superblocks, deren typischer Pathos aber durch die kleinstädtische Detailformulierung mit Toren, Türmchen und Erkern wieder etwas zurückgenommen wurde"[217], meint dazu *Achleitner*. Schöner noch lassen sich diese aus der Tradition der Baukunst

---

216   MANG, „Architektur einer sozialen Evolution", ohne Seitenangabe

217   *Architektur Wien. 500 Bauten*, S. 199

Abb. 4.13: Romantische Gestaltungsdetails am Sandleiten-Hof in Wien-Ottakring.

der vorangegangenen Jahrhunderte entwickelten Gestaltungsprinzipien am Linden-Hof in Währing, 1924-25 von *Karl Ehn* entwickelt und am Sandleiten-Hof in Ottakring, 1924-27 von *Emil Hoppe*, *Otto Schönthal* und *Franz Matuschek*, *Siegfried Theiss* und *Hans Jaksch*, *Franz Krauss* und *Josef Tölk* konzipiert vorführen. Beim Linden-Hof wurden „die Schmuckgärten, dem hügeligen Gelände entsprechend, durch breite Gartenterrassen eingeebnet und die Häuserverbauung stufenweise angepasst", was es ermöglichte, den größten Teil der Wohnräume nach Süden zu orientieren. Außerdem konnte man so den alten Baumbestand des Czartoryski-Parkes einschließlich des namengebenden Lindenbaumes in die Anlage integrieren[218]. Die Prinzipien eines **romantischen Städtebaus,** wie gekürzte Straßenfluchten mit Blickpunkten und Perspektiven sowie heimeligen Plätzen lassen sich am idealsten an der größten aller Wohnanlagen dieser Zeitspanne, dem Sandleiten-Hof *(Abb. 4.13)* vorführen, der damit und mit der kleinteiligen und sorgfältigen Detailgestaltung der plakativen Zuordnung zu den so genannten Superblocks entkommen ist.

Diese Zuordnung einschließlich der damit verbundenen Kritik am Gesamtprogramm, das hermetisch abgeschlossene, trutzige Burgen für die Arbeiterschaft mit diesen Wohnhöfen geschaffen hätte, trifft am ehesten auf die Architektur so mancher Wagner-Schüler zu, die aufgrund ihrer Ausbildung mehr Wert auf Monumentalität und Axialität als Gegenposition zur oft heimattümelnden Gartenstadtbewegung legten. Anstoß gebend für diese Zuordnung ist oft die von Planungsseite durchaus gewollte, einprägsame **Zeichenhaftigkeit** gewisser Architekturelemente wie der Turm am Lasalle-Hof eines *Hubert Gessner* von 1924 oder die expressive Reihung mehrerer sehr plastisch ausformulierter Türme am Karl-Marx-Hof von *Karl Ehn* von 1926, die durchaus einen positiven grafischen Wert darstellen.

Obwohl der Karl-Marx-Hof mittlerweile bekannter zu sein scheint, war zur Erbauungszeit der Höhepunkt dieses Bauprogramms der Gemeinde Wien die als **Ringstraße des Proletariats** titulierte Bebauung entlang des Margaretengürtels, wobei die oben angeführte Bezeichnung vor allem aufgrund der schlossartigen Konzeption des Reumann-Hofes von *Hubert Gessner* ab 1924, was sogar *Josef Frank* dazu veranlasste, ihn als **Arbeiterwohnpalast** zu bezeichnen[219], geprägt wurde. *Karl Mangs* Detailbeschreibung verrät un-

---

218   Vgl. WEIHSMANN, *Das Rote Wien*, S. 392

219   *Architektur Wien. 500 Bauten*, S. 167

ter anderem auch schon die nach
wie vor gültige Kritik, obwohl sie
selbstverständlich auch neutral
gelesen werden kann: „Palastarchitektur mit Ehrenhof samt domi-
nant überhöhtem Mittelteil, abgeschlossen gegen die Straße durch
funktionslose, vorgezogene Laubengänge mit Pavillons in der Art
von Wächterhäuschen, im Hof eine kleine Wasseranlage – Bassin
mit Springbrunnen – Rudiment barocker Wasserspielanlagen, in der

Abb. 4.14: Zeichenhafte Architektur der Superblocks am Beispiel Engelshof.

sich das Schloss spiegeln sollte. Die vor dem Bau liegende Gartenanlage
wird miteinbezogen in die Gesamtwirkung und hat damit ähnliche Funktion
wie der Schlosspark ...“[220]

Auf die Spitze getrieben wird diese Entwicklung 1930 von *Rudolf Perco* bei
der Wohnhausanlage Friedrich-Engels-Platz, die mit ihrer rigorosen, teils
sieben Geschosse hohen Randverbauung, einer „versteinerten Monumentalität und maßstabsprengenden Kreuz-Achsialität" hauptsächlich Anlass für die
gegnerische Propaganda im Bürgerkrieg von 1934 gab, die den **Superblocks** eine Wehr- und Festungsabsicht unterstellen wollte. Auch heute noch
ist die monumental konzipierte Platzeinfahrt mit den beidseits des Torbaus
ausgeformten Wohntürmen beeindruckend *(Abb. 4.14)*, nicht zuletzt durch
die „konstruktivistischen Zutaten, wie vorgesetzte Balkongruppen und em-
porstrebende Pfeiler mit riesigen Fahnenstangen", deren „expliziter Expressionismus der technischen Funktion in der damaligen österreichischen Architekturszene eine Ausnahme darstellte", wie *Weihsmann* absolut zutreffend
konstatiert.[221] Hier und auch an den „versachlichten Fassaden", sind schon die
schlechteren Entwicklungen im Wohnbau des kapitalistischen Westens wie des
realsozialistischen Ostens nach dem Zweiten Weltkrieg vorprogrammiert.

Ähnlich ernüchternd fiel noch ein anderes Experiment bei der Suche nach
einer **modernen Formensprache** aus, das im Zuge des kommunalen Wohnbaus der Zwischenkriegszeit ausprobiert wurde. Beim Winarsky- und Otto-
Haas-Hof *(Abb. 4.15)* wollten so namhafte Architekten einer sich formierenden Architektenszene der Moderne wie *Behrens, Frank, Hoffmann,
Schütte-Lihotzky, Loos, Schuster, Strnad* und *Wlach* schon 1924 „mit ihrem
Werk den Beweis erbringen, dass in der kubischen Wirkung der Baumassen,
im Verzicht auf schräge Dachflächen, in der ruhigen horizontalen Lagerung,
in der räumlichen Größe der Trakte und Höfe, in der vollkommenen Weglas-
sung aller dekorativen Zutaten an den Mauerflächen und Dachabschlüssen
alles das ausgedrückt werden kann" was notwendig ist, „um zu dem Ziel eines

---

220   MANG, „Architektur einer sozialen Evolution", ohne Seitenangabe

221   WEIHSMANN, *Das Rote Wien*, S. 426f.

Abb. 4.15: Auf der Suche nach einer unpathetischen, >modernen< Formensprache der Großwohnanlagen: Otto-Haas-Hof.

wahrhaft modernen, bewusst demokratischen Großstadtbildes zu gelangen."[222] Gerade dadurch aber erscheinen uns diese beiden Wohnhöfe heute grauer und einförmiger, als viele andere Beispiele der Epoche, denn es fehlt ihnen wohl die Luftigkeit und Leichtigkeit, die sonst die Qualität der Architektur der klassischen Moderne zu einem Gutteil ausmacht.

Die Großwohnanlagen der Nachkriegszeit meiden vor allem aus ideologischen Überlegungen, an denen aber nicht nur Politiker sondern im selben Ausmaß auch die Architekten, die Hofform als in jeder Hinsicht zu traditionslastig. Hochhäuser und Zeilenbebauungen werden als die alleinigen Formen künftiger Architektur angesehen, bis man deren Nachteile in der unkontrollierten Durchlüftung und Zugwirkung wie der nicht vorhandenen Abschirmung des Straßenlärmes erkennt.[223] Erst starke Architektenpersönlichkeiten wie *Viktor Hufnagl* wagen sich Ende der Sechziger Jahre daran, auf die Fehler der Fünfziger Jahre wieder mit Hofformen bei Großwohnanlagen zu reagieren. Bei einer kritischen Wohnbauausstellung im Rahmen der ÖGFA formulieren *Hufnagl* und *Windbrechtinger* erstmals wieder das Thema der **traditionellen Wiener Wohnhöfe**[224], denn, wie *Hufnagl* es drastisch formuliert, „der skizzenhafte Abriss von Hofbeispielen zeigt, dass alles menschliche Leben in gebauten Höfen mündet: der Bauernhof, der Gasthof, der Pfarrhof, der Klosterhof, der Burghof, der Schlosshof, der Gartenhof – und wenn wir Architekten uns in den nächsten Jahren im Rahmen der Stadterneuerung und Stadterweiterung immer gründlicher mit den urbanen Räumen, insbesondere mit Wohnen in Wiener Höfen beschäftigt haben – der Friedhof."[225]

Es bleibt nicht nur bei der Polemik, sondern in der Wohnhausanlage >Am Schöpfwerk< haben *Hufnagl* und andere von 1967-80 Gelegenheit, die alte Hoftradition in Kombination mit neuen Erkenntnissen vor allem über die Wohnungsgrundrisse, in gebaute Realität umzusetzen. *Hufnagl* baut hier schon alle rasant nach dem Zweiten Weltkrieg entwickelten **modernen Wohnungstypen** wie Maisonetten mit Laubengangerschließung, Split-Level-Wohnungen und zweigeschossige Atelierwohnungen mit Luftraum und großzügiger Ter-

222   MANG, „Architektur einer sozialen Evolution", ohne Seitenangabe

223   Michael WACHBERGER, „Die Zeit von 1945 bis zur Gegenwart", in: *Kommunaler Wohnbau* (ohne Seitenangabe)

224   *Architektur Wien 500 Bauten*, S. 223

225   HUFNAGL, *Bauten – Projekte, Gedanken – Theorien, - Erfahrungen – Erkenntnisse*, S. 144

rasse ein. Dazu plant er seht bewusst wieder in den „elementaren, zeitlosen Raumformen des Städtebaus: Straße, Platz und Hof … Höfe als städtische Außenräume, für differenzierte Hofgemeinschaften, als Oasen der Stille gegen Straßen und Verkehrslärm abgeschirmt, als Spielräume für Kinder, als Ruhe- und Erholungszonen, als Park, als Gärten mit Bäumen, …"[226]

Auch *Rob Krier* und *Hedy Wachberger* greifen dieselben Themen in der Wohnhausanlage Breitenfurterstraße in Wien-Liesing, ab 1981 geplant, wieder auf. *Krier* erkennt allerdings zusätzlich etwas, was sehr wesentlich zur Überwindung der Kritik an derartigen Großwohnanlagen generell beitragen müsste. „Nicht Zeile, nicht Maschine, sondern das Haus als kleine Einheit, wo sechs, acht, manchmal zwölf Familien wohnen. Was darüber liegt, ist nicht gut! Sobald die Batterie der Briefkästen ein paar Meter ausmacht, wissen wir ja, was passiert. Nicht nur, dass die Briefkästen versaut werden, sondern die Stiegenhäuser und Garagen werden unsicher. Es ist ungeheuer wichtig, dass die Gemeinschaft nicht zu groß wird, weil man so viele Bekannte in seinem Leben gar nicht sammeln kann." *Krier* versucht auch durchzusetzen, dass die Nachbarhäuser jeweils von den anderen Architekten gebaut werden, um die Monotonie immer derselben Architektenhandschrift zu vermeiden, kann sich damit aber bei den beteiligten Kollegen nicht durchsetzten.[227] Noch ein Kommentar, immerhin von *Dietmar Steiner* vorgebracht, dem man bestimmt keine Rechtslastigkeit seiner Architekturkritiken vorwerfen kann, scheint mir, im Zusammenhang mit der als **postmodern** apostrophierten Stilsprache dieser Wohnhausanlage vorgebracht, wichtig zu sein. „Ich weiß, dass 1988 die Vorstellungen von 1982 am Markt der so genannten zeitgefühlten Innovationen nicht mehr gefragt sind – warten wir noch ein Jahrzehnt, es wird sich lohnen, weil grundsätzliche Qualitäten der Stadt nicht durch aktuelle Ideologien vernichtet werden können."[228]

Als kleiner Nachschlag zum Thema Wohnhöfe sei noch ein Projekt erwähnt, nämlich die Wohnanlage Alte Poststraße *(Abb. 4.16)* der Architekten *Szyszkowitz & Kowalski*, zeitgleich zur Breitenfurterstraße in Wien 1981/82-84 in Graz errichtet. Laut eigener Aussage wählten die Architekten bewusst die Hofform als städtebauliche Vorgabe für das ansonsten als Mitbestimmungsprojekt durchgeführte Vorhaben, denn es war

Abb. 4.16: Rückkehr zum Wohnhof: Mitbestimmungsprojekt Alte Poststraße in Graz.

226 HUFNAGL, *Bauten – Projekte, Gedanken – Theorien, - Erfahrungen – Erkenntnisse*, S. 143 f.

227 KRIER im Interview: „Spaß am Pittoresken in der Stadt", in: *Architektur & Bauforum* Nr. 154 / 1993, S. 70

228 in: *Bauwelt 88/37*; zitiert nach: *Wettbewerbe 78/79*, S. 28

wichtig, „einen architektonisch prägnant und einprägsam formulierten Ort zu schaffen, der dem fragmentarisch-chaotischen Charakter der Umgebung einen städtebaulichen Halt und eine Orientierung gibt und den Wünschen der Bewohner einen architektonischen Ausdruck verleiht".[229] Diese Anlage zeigt deutlich auf, dass der Anflug von Monumentalität, der häufig mit der typologischen Form des Wohnhofes verbunden scheint, durch adäquate Planung restlos abgestreift werden kann.

4.2 Wohnbau in Zeilenform

Wie wenig der zeilenförmige Großbaukörper als für die spezifischen Verhältnisse Österreichs geeignete Struktur im Massenwohnbau anzusehen ist, zeigen die Experimente, die von Zeit zu Zeit dahin unternommen wurden. Sie stehen immer am Beginn einer Blütezeit des Wohnbaus und wurden normalerweise nach wenigen errichteten Bauten als nicht den Anforderungen entsprechend aufgegeben. Ausnahme ist der Wohnbau der unmittelbaren Zeit nach dem Zweiten Weltkrieg, als die Gepflogenheiten der internationalen Architekturszene die aufgrund der Ereignisse sich nur mühsam erholende Landschaft der einheimischen Baukunst derartig dominierte, dass solange komplett entgegen den Erfahrungen der Vergangenheit gebaut wurde, bis sich Irrtümer, wie Großwohnanlagen in Zeilenform, aufgeklärt hatten.

Abb. 4.17: Wiener Durchhaus >Sünnhof<:   Traditioneller Wohnbau in Zeilenform.

Eine Form des zeilenförmigen Massenwohnhauses, die sich noch vor den spezifischen Rastervierteln der Gründerzeit für die durchaus vorhandenen sehr tiefen und schmalen Parzellen der Vorstädte Wiens entwickelt hatte, ist die des so genannten **Durchhauses**. Wie am Beispiel des Sünnhofes nachzuvollziehen, handelt es sich hier um erste bauliche Maßnahmen zur beginnenden Verdichtung in der 1. Hälfte des 19. Jahrhunderts, sozusagen um „einen großstädtischer Einschub in die noch kleinteilige vorstädtische Struktur des Bezirks".[230] Die durchgehend viergeschossige Verbauung des Sünnhofes verbindet die Landstraßer Hauptstraße mit der Ungargasse in Form eines langgestreckten öffentlichen Durchganges *(Abb. 4.17)*, von dem die beidseits angrenzenden Wohnungen einer schon bestehenden älteren Bebauung noch aus dem 18. Jahrhundert erschlossen werden. Bei diesem 1823 durchgeführten Umbau hat der Architekt *Peter Gerl* die quer zum Durchgang liegende Hauptfassade zur Landstraßer Hauptstraße durchaus repräsentativ mit Portalrisalit und dekoriertem Korb-

229 GLEININGER, *Szyszkowitz+Kowalski 1973-93*, S. 78

230 *Architektur Wien. 500 Bauten*, S. 150

bogenportal[231] ausgestaltet, wohingegen die den Durchgang begleitenden Hoffassaden durch ihre monotone Aneinanderreihung von Fenster- und Türöffnungen im Sinne der bisherigen Architekturgepflogenheiten als vollkommen ungestaltet zu gelten haben. Dennoch prägt sich uns heute gerade deren vor allem durch die Pawlatschenübergänge hervorgerufener Charme ein. Trotz aller gegenwärtig zu erkennender Vorteile des Durchhauses setzte sich diese Zeilenform im Massenwohnbau der Gründerzeit Wiens nicht durch. Die dafür notwendige tiefe Parzellenstruktur wird bei der Erschließung der Brachen zwischen den existierenden Vorstädten und Vororten zugunsten der Rasterstruktur, die die Blockrandbebauung favorisiert, aufgegeben.

Erst *Wilhelm Holzbauer* kehrt, bei übrigens in allen Bundesländern geförderten Versuchen zum >Wohnen Morgen<, als moderne Alternative zur Praxis der Lückenverbauung für die dichten Gründerzeitviertel bei seinem Projekt in Wien XV zur Tradition des Durchhauses zurück. Die bekannte Typologie Straße – Hof wird in eine neues lineares System transferiert, wobei das städtebauliche Rückgrat eine Fußgänger-Wohnstraße mit Geschäften bildet, parallel begleitet von zwei Grünräumen, die die Funktion von Wohnhöfen übernehmen. Die Wohnungstypen sind natürlich im Vergleich zum Durchhaus des 18. und 19. Jahrhunderts erheblich aufgewertet, alle durchgebunden, also sowohl mit einem Straßen- wie einem Hofanteil versehen. In den drei unteren Etagen befinden sich sowohl Etagen- als auch Split-Level-Wohnungen mit direkten Zugängen von außen, was meiner Meinung nach nicht so sehr dem Reihenhaus entspricht, wie *Achleitner* meint, sondern durchaus schon beim Durchhaus-Typ gängige Praxis war. In den oberen Zonen befinden sich in den beiden mittleren Baukörperzeilen zwei Reihen von Maisonette-Wohnungen, die über offen verglaste Laubengänge erschlossen sind, neuerlich ein Hinweis auf die Tradition, diesmal als Transformation der typisch Wienerischen Pawlatschen in den Hinterhöfen. Dadurch haben nun bei *Holzbauer* auch die zur Mitte hin vorkragenden Wohnungen in den jeweils oberen Geschoßen einen unmittelbaren Anteil an der Wohnstraße. Ein Effekt dieser subtilen Wohnungsverteilung ist die Überschaubarkeit und damit Eigenkontrolle der Erschließungswege als Sicherheitsfaktor wie Sichtkontakt. „Man kann mit Recht behaupten, dass mit dieser Wohnanlage eine echte Alternative zum großstädtischen Wohnen im Karree und ein Modell für die Sanierung abgewohnter und baufälliger Teile von Rastervierteln gelungen ist"[232], meint anerkennend dazu *Achleitner*. Dennoch hat sich dieses Modell bis heute nicht weiter durchgesetzt.

Die Blütezeit des Wohnens in Zeilenform erfolgte jedenfalls unter anderem wegen den oben bereits geschilderten Gründen der internationalen Favorisierung dieses Typs für den Massenwohnbau, der unmittelbar nach der unzumutbar dichten Blockrandbebauung der Gründerzeitviertel berechtigt schien. Schon die weit großzügiger angelegten Wohnhöfe der Zwischen-

---

231   Vgl. DEHIO, *Wien II. bis IX. und XX. Bezirk,* S. 116

232   ACHLEITNER, *Ö.Arch. 20. Jh. Band III/2,* S. 141 ff.

kriegszeit hatten vor allem darauf reagiert. So ist es nicht verwunderlich, dass der erste Versuch einer Zeilenbauweise noch in die Ära des zweiten Fünfjahresplanes zur Beseitigung der Wohnungsnot fällt. Diese Parallele drückt sich auch im städtebaulichen Gestaltungsansatz der Johann-Mithlinger-Siedlung in Wien X aus, die schon 1929 als Mischung zwischen Zeilen- und Hofsystem geplant wurde: „Die treffend **Rasterstadt** genannte Anlage ... besetzt in der städtebaulichen Entwicklung einen beachtlichen Schritt: der Architekt des Magistrats, *Karl Schmalhofer*, verließ das übliche Hofsystem zugunsten einer offenen Struktur, die aus gleichen Baublöcken aufgebaut ist, was plangrafisch ein strenges Muster ergibt, jedoch in der gebauten Realität eine große räumliche Vielfalt produziert. Die nord-südlich verlaufenden grünen Gassen zeigen abwechselnd einen gegensätzlichen Charakter. Während die eine einen streng gefassten Raum abgibt, der nur durch die Höhen der Blöcke und eine Baumgruppe artikuliert ist, bringt die andere eine Sequenz von hofartigen Räumen ... Das Raffinement der Struktur liegt natürlich schon in der Form des Elements begründet: die Blöcke sind aus zwei T-Traktern zusammengesetzt und haben sowohl eine raumschließende als auch eine raumausgrenzende Seite. ... Die Anlage ist ein früher Beweis, dass auch eine offene Blockbebauung städtebauliche Qualitäten besitzen kann."[233]

Abb. 4.18: Wohnbau der Nachkriegszeit: Parallel ausgerichtete Hauszeilen in Wien XX.

Genau das war der feste Glaube dieser Zeit. Unter der Prämisse des Wiederaufbaus, der vor allem als endgültige Verbesserung der Gepflogenheiten der Gründerzeit angesehen wurde, sollten endlich die geschlossenen öden Straßenfronten aufgebrochen und das soziale Grün zum öffentlichen Grün gemacht werden, auch in innerstädtischen Lagen, alles Ideale der Gartenstadtbewegung. *Roland Rainer*, der einflussreich publizierende Stadtarchitekt, formuliert diese Ansätze in seinem Buch >Die Behausungsfrage< treffend und nicht nur die Gründerzeitblocks, sondern genauso die kommunalen Wohnhöfe der Zwischenkriegszeit betreffend: „Die mangelhafte Durchlüftung des geschlossen umbauten Blocks, die schlechte Belichtung und die ungünstigen Grundrisse der Eckwohnungen geben bald Anlass, den rings umbauten Block zu öffnen, die Ecken auszuklinken und damit sowohl die körperlich massige Erscheinung des Baublocks als auch die des geschlossenen Innenhofes zu zerstören. Der nächste Schritt führt folgerichtig zu ungebrochenen, **parallelen Hausreihen**." Was *Rainer* jedoch auszeichnet, ist, dass er im Gegensatz zu beinahe allen anderen Theoretikern wie Architekten dieser Zeit hellsichtig auch die Nachteile dieser Bauweise anfügt: „Solange sie [die parallelen Hausreihen] auf beiden Seiten einer Fahrstraße

---

233 ACHLEITNER, *Ö.Arch. 20. Jh. Band III/1*, S. 270

stehen, kann die Illusion des umbauten Straßenraumes noch aufrechterhalten werden. Aber bei folgerichtiger Lösung der Aufgabe müssen die vielen, gleichen Wohnungseinheiten auch hinsichtlich ihrer Besonnung gleich behandelt und daher in die gleiche Richtung zur Sonne gebracht werden; im Zeitalter des motorisierten Verkehrs wird die Straße überdies zum wohnfremden, störenden und gefahrbringenden Element ...“[234] Diese Beschreibung trifft haargenau auf Wohnhausanlagen wie die von *Franz Schuster* um 1950 an der Siemensstraße errichtete zu, um nur ein Beispiel von vielen *(Abb. 4.18)* herauszugreifen. Zur Ehrenrettung der damaligen Planer ist allerdings hervorzuheben, dass zu diesem Zeitpunkt die Störungen durch den Straßenverkehrs weder vorhanden noch in ihrer endgültigen Dimension für die Zukunft absehbar waren.

In den folgenden Jahren wurden diese anfänglich noch in traditioneller Massivbauweise errichteten Wohnhauszeilen das Experimentierfeld für vorgefertigte **Montagebauweisen** in Beton, als vermeintlich alleiniger Zukunft des Wohnbaus. Abgesehen von den zwangsweise sich einstellenden anfänglichen technisch-bauphysikalischen Fehlern liegt das Versagen dieser Wohnblocks jedoch nicht in der Bauweise selbst begründet, sondern vor allem in den städtebaulichen Vorgaben, - zu große Anlagen, zu großzügig erlaubte Bauhöhen, nicht vorhandene Infrastruktur. Dennoch ist auch in dieser Phase des Wohnbaus die nochmalige Verbesserung der Grundrisse höchst lobenswert hervorzuheben, wie beispielsweise die knappe Beschreibung eines der renommiertesten Projekte, der Wohnhausanlage Vorgartenstraße von *Carl Auböck*, *Carl Rössler* und *Adolf Hoch*, 1959-62 errichtet, noch im Jahr 1970 widerspiegelt: „Vier Nord-Süd-orientierte zehngeschossige Baublöcke in offener Bauweise. Die Wohnräume liegen nach Süden, mit Loggien. Im Erdgeschoss befinden sich nur Wirtschaftsräume. Fernheizwerk. Schachtelbauweise (tragende Querscheiben), Schüttbeton.“[235]

Erst ab den Achtzigerjahren des 20. Jahrhunderts, vor allem durch die Ökobewegung nach der Ölkrise Mitte der Siebziger Jahre beeinflusst, werden Versuche unternommen, die **städtebaulichen Defizite** der oben beschriebenen Wohnhausanlagen zu korrigieren, ohne die Vorteile der Zeilenform aufzugeben. Ersichtlich ist dies unter anderem bei der Situierung der beiden von *Anton Schweighofer* geplanten Zeilen *(Abb. 4.19)* in der Wohnhausanlage auf den ehe-

Abb. 4.19: Zeilenförmiger Wohnbau mit städtebaulichen Ansätzen: Bauteil *Schweighofer* auf den Gräf + Stift Gründen in Wien XIX.

234   zitiert nach: WACHBERGER, „Die Zeit von 1945 bis zur Gegenwart“, ohne Seitenangabe
235   *Neue Architektur in Österreich 1945-70*, S. 97

maligen Gräf + Stift Gründen, die einen angerförmigen Platz zu definieren versuchen.

Abb. 4.20: Zeilenförmiger Wohnbau mit plastisch-gestalterischen Ansätzen: Bauteil *Gerngroß - Richter* auf den Gräf + Stift-Gründen in Wien XIX.

Aber auch die horizontal-linearen Fassaden, die trotz der Loggien und Balkone in den Sechziger und Siebziger Jahren zu einer einfallslosen **Monotonie** erstarrt waren, werden bei solchen Anlagen erstmals wieder durch Vor- und Rücksprünge, Klettergerüste für Bepflanzungen und Einsatz anderer Materialien als nur Beton, mit Leben erfüllt, wie die in ihrer architektonischen Gestaltung wahrhaft zukunftsweisende Zeile von *Helmut Richter* und *Heidulf Gerngroß* in derselben Anlage *(Abb. 4.20)* deutlichst vor Augen führt. *Richter* arbeitet in diese Richtung in den nächsten Jahren sehr konsequent weiter, und entwickelt beispielsweise bei der Wohnbebauung entlang der wahrhaft stark befahrenen Brünnerstraße 1986 Lösungen mit diversen Pufferzonen, durch straßenseitig mit Glastafeln geschlossene Laubengänge und offenen, zerklüfteten und abwechslungsreich gestalteten Garten- oder Hoffassaden. Außerdem beweist er, dass Montagebauweisen in Stahlbeton nicht zwangsweise zu aneinander gereihten rechtwinkeligen Wohnungsboxen führen müssen, sondern die Grundrisse und erst recht die Erschließungsteile sehr viel lustiger gestaltet werden können.

Die Vorarlberger Architekturszene, der neben der Grazer Szene eine gewisse Sonderstellung einschließlich der Führungsposition innerhalb Österreichs attestiert werden muss, findet in der Zeilenform bei Kleinwohnanlagen nicht nur gefällige und abwechslungsreiche Gestaltungsformen, - als ein Beispiel unter vielen sei die Wohnanlage Negrellistraße in Lustenau von *Baumschlager & Eberle*, 1992-94 errichtet, genannt, - sondern dazu noch durch den Einsatz diverser Leichtbauweisen mit Metall- und Holzelementen Ausdrucksformen, die perfekt in die spezifische Zwischenregion des Rheintales passen, in der längst kein Unterschied mehr zwischen Stadt und Land zu ziehen ist. Als schönes Beispiel dafür, wiederum nur eines von vielen, ist die Wohnanlage Ölzbundt, 1997 von *Hermann Kaufmann* für eine typische Einfamilienhausgegend Dornbirns entwickelt, anzuführen. In derartig sensiblen Nachbarschaften würden Großwohnanlagen, wie die bei Anerkennung aller plastischen Qualitäten der Baukörpergestaltung einfach untragbar monumentale, zweihundert Meter lange **Wohnzeile** am Kapellenweg in Wien-Nord, 1986 von *Boris Podrecca* und anderen entworfen, einfach vollkommen unmöglich sein. Auch an den Stadträndern Wiens sind dergleichen Monster nicht unbedingt angebracht, denn sie lösen keines der immer noch existierenden Probleme des Massenwohnbaus in irgendeiner qualitätvollen Weise.

Längst schon wäre Zeit gewesen, dies anhand von Bauten wie *Harry Glücks* berühmt-berüchtigtem **Wohnpark** Alt-Erlaa in Wien zu erkennen. Hier geht es nicht um Kritik an den einzelnen Wohnungen oder gar den sensationell großzügigen Gemeinschaftseinrichtungen, sondern einzig um die alle Maßstäblichkeit einer Nachbarschaft, in diesem Falle der gesamte Stadtlandschaft empfindlich beeinträchtigende **Monumentalität** als Zeichen einer bestimmten, sicherlich mit besten Absichten versehenen gesellschaftspolitischen Ausrichtung. Monumente haben im Wohnbau einfach nichts verloren, eine ewige Weisheit, die genauso auf die noch folgenden Wohnhochhäuser anzuwenden ist.

Dennoch ist es nicht so leicht, hier eine Grenze zwischen gelungen und nicht gelungen einfach nur anhand der Gesamtgröße oder der Baukörperhöhe zu ziehen, wie das Grazer Parallelbeispiel zum Wohnpark Alt-Erlaa, die **Terrassenhaussiedlung** in St. Peter der *Werkgruppe Graz* und anderer Planer, 1965-78 konzipiert und errichtet, eindrucksvoll unter Beweis stellt. Mit viel Einfühlungsvermögen der Planer werden hier immerhin 522 Wohneinheiten, aufgeteilt in ebenfalls nur vier paarweise aus der Nordost-Südwest-Achse etwas versetzte Wohnblöcke, als städtische Großwohnanlage gebaut. Allerdings weisen die Zwischenräume, durch die Tiefgarage unter der Anlage komplett als abwechslungsreiche Fußgängerzone ausgebildet, alle Merkmale einer positiv erlebbaren städtischen Umwelt auf. Offensichtlich ist es den Pla-

Abb. 4.21: Idylle in der Terrassenhaussiedlung Graz – St. Peter.

nern in Zusammenarbeit mit den künftigen Bewohnern, die aufgrund der flexiblen Bauweise ihre Terrassenwohnungen samt Außenräumen *(Abb. 4.21)* mitbestimmen konnten, gelungen, eine, wie *Achleitner* zugesteht, „neue Qualität nicht nur der privaten Innen-Außenraumbeziehung, sondern vor allem auch der gesamträumlichen Disposition"[236] zu erreichen. Übrigens, das als Raumreserve für gemeinschaftliche Nutzung angelegte Kommunikationsgeschoß wird heute noch gut funktionierend von den Bewohnern selbst verwaltet und es herrscht nachweislich immer noch höchste Zufriedenheit unter den Bewohnern, auch wenn derzeit die ersten baulichen Abnützungserscheinungen auftreten. Ähnliche Qualitäten gesamträumlicher wie fassadengestalterischer Art wie in Graz - St. Peter erreichen die Wohnhausanlage Fliegerhorst von *Günther Feuerstein*, 1968-72 in Hörsching sowie die Wohnhausanlage Wienerberggründe Graz von *Ralph Erskine* und *Hubert Riess,* 1982-87 errichtet. Beide sind in ihren gestaffelten Bauhöhen weit weniger auffällig und

---

236 ACHLEITNER, *Ö.Arch. 20. Jh. Band II*, S. 393 f.

bestechen durch die „beherrschte Zufälligkeit und den Formenreichtum durch Variation als Sprache".[237]

4.3 Stadtvillen

Neben der Hofform und der Zeilenform finden wir im Mehrfamilienwohnbau auch **punktförmige Haustypen** vor. Die in ihrer Höhenausdehnung mäßig ausgeprägten Formen von Punkthäusern im Mehrfamilienhausbau firmieren neuerdings unter der Bezeichnung Stadtvillen, obwohl ihre Entstehung wenigstens in Österreich bis in die Blütezeit des kommunalen Wohnbaus der Zwischenkriegszeit zurückverfolgbar ist. Die von der Gemeinde Wien in Zu-

sammenarbeit mit dem Stadtbauamt errichtete Wohnsiedlung >Am Tivoli< beim Grünen Berg, 1927-30 nach der Planung von *Wilhelm Peterle* entstanden, wird schon in den damaligen Berichten als villenartige Kolonie bezeichnet. „Hier ging man vom rigorosen Reihenhaustyp beziehungsweise vom kasernenhaften Wohnblock zum gemütlicheren Villentyp bürgerlicher Baukultur über", meint

Abb. 4.22: Mehrfamilienwohnhaus am Wienerberg: Kommunale postmoderne Stadtvilla.

Weihsmann, und schon vorher: „Die Großsiedlung gehört zu den wenigen des Typus der englischen Gartenstadt und ist mit Sicherheit die letzte ihrer Art im damaligen Wien."[238]

Dennoch muss mit *Achleitner* nochmals betont werden, dass es sich hier beispielsweise im Unterschied zu *Josef Hoffmanns* Kaasgrabenkolonie von 1912 in Wien-Döbling, an der sie formal einige Anleihen nimmt, hinsichtlich der Bauherrenschaft ein kommunaler Wohnbau ist. In den Grundrissen ist dieser Ansatz deutlicher, denn es handelt sich im Prinzip um zwei unterschiedliche Modelle von Vierfamilienhäusern auf Basis des Mühlhausentyps, eines Standardtyps des Arbeiterwohnhauses. Dazu existiert ein drittes Modell mit mittigem Treppenhaus und pro Geschoß zwei Wohnungen.[239] Vom formalen Aspekt her folgerichtig tauchen dergleichen Mehrfamilienhaustypen mit der Sprache der Postmoderne in den Achtziger Jahren des 20. Jahrhunderts im gehobenen, jedoch gemeinschaftlich organisierten Wohnbau an den Stadträndern wieder auf. Die in ihrer Formensprache am deutlichsten in der

---

237 Skriptum zur Exkursion >Wohnbau in Graz< des Instituts für Wohnbau der Technischen Universität Wien, 1987

238 WEIHSMANN, *Das Rote Wien*, S. 286 f.

239 Vgl. ACHLEITNER, *Ö. Arch. 20. Jh. Band III/1*, S. 320 f.

Tradition der oben angeführten Beispiele stehenden Bauten sind wohl die auch deutlich als Stadtvillen am Wienerberg *(Abb. 4.22)* bezeichneten mehrgeschossigen Wohnhäuser von *Gustav Peichl,* 1985 im Zuge der Bebauung der Wienerberggründe in Süden der Stadt errichtet. Auch das ebenfalls von der öffentlichen Hand geförderte Mehrfamilienwohnhaus in der Gatterburggasse, von *Anton Schweighofer* 1989 geplant, ist in seiner Gestik unter die Stadtvillentypologie einzuordnen.

Dazwischen liegen einige Projekte der **ökologisch-alternativ** orientierten, **experimentellen Szene**, die ebenfalls mit Fug und Recht als Stadtvillen-Mehrfamilienhäuser einzuordnen sind, obwohl ihre Bewohner und Mitinitiatoren mit Sicherheit den Villenbegriff aufgrund seiner traditionellen Affinität zum großbürgerlich-kapitalistischen Lebensstil ablehnen würden. Dennoch handelt es sich bei diesen Grundrissen nicht um billige Wohnformen für das Existenzminimum, sondern um deutliche Ansprüche an einen gehobenen, um nicht zu sagen, bürgerlichen Wohnstandard. Der Hintergrund für den Zusammenschluss zu Wohngemeinschaften ist bei dieser Klientel nicht im ihnen zur Verfügung stehenden begrenzten finanziellen Rahmen zu suchen, sondern in ihrem ökologischen Bewusstsein, das ausschließt, sich für den Ressourcen raubenden Individualwohnbau zu entscheiden.

Einer der frühesten Versuchsbauten in diese Richtung war wohl die Wohnanlage >Flexibles Wohnen< der *Werkgruppe Linz* (Architekten *Frohnwieser, Pammer, Telesko und Werthgarner*), eine 1968 mit dem Oberösterreichischen Landeskulturpreis ausgezeichnete interdisziplinäre Zusammenarbeit von Soziologen, Mathematikern und Rechtswissenschaftern mit den Planern und zukünftigen Bewohnern. Die Architekten gaben ein additiv zusammengesetztes Traggerüst mit festgesetzter Ausstattung an Ver- und Entsorgungsleitungen vor, in dem nach individuellen Wünschen der Bewohner die nichttragenden Bauteile einschließlich aller Fassadenelemente angeordnet werden konnten. Daher waren Wohnungstypen und -varianten nahezu unbeschränkt möglich, von der Garcionnere bis zur Großwohnung und von Etagenwohnungen bis zu zweigeschossigen Ausprägungen. Die vorgesehene Flexibilität und die Variationsmöglichkeiten wurden von den Bewohnern voll und ganz angenommen, sodass letztendlich keine Wohneinheit einer anderen gleicht. Auch dies ist wohl einer der Gründe für die Identifikation der Nutzer mit dem Objekt von der ersten Mitbestimmungsphase weg. Die Neugierde, wie es denn der Nachbar mache, und die gegenseitige Anregung förderten die Hausgemeinschaft, die dann auch die gemeinsamen Interessen von den Stiegenvorplätzen bis zu den Hobbyräume diskutierten.[240]

Konsequent weiter entwickelt hat den Gedanken der gemeinsamen Erschließung als planerischem Ausdruck einer freiwillig eingegangenen Hausgemeinschaft der Architekt *Fritz Matzinger* gleich in mehreren Projekten. Das früheste davon, 1974-75 bei Leonding erbaut, das unter dem exotischen Namen Zwölferturm-Künstlerklause >Les paletuviers< in die Literatur einge-

---

240   Vgl. ACHLEITNER, *Ö.Arch. 20. Jh. Band I*, S. 172 f.

gangen ist, besteht aus 16 Wohneinheiten zu je 121 Quadratmetern, die in zwei Gruppen so angeordnet sind, dass sich je eine **gemeinsame Halle** ergibt, die sowohl der Erschließung wie gemeinschaftlicher Interessen dient. Ziel dieses sowohl soziologisch wie bauwirtschaftlich interessanten Konzeptes war es, im Prinzip zweigeschossige Reihenhäuser durch das zusätzliche Raumangebot der Halle in Richtung **Wohngemeinschaft** zu erweitern, und zwar unter günstigsten raumwirtschaftlichen Bedingungen. Die Errichtungskosten wurden zusätzlich durch den Einsatz vorgefertigter Raumzellen in Leca-Beton gesenkt.[241]

Zu einer neuen Dimension weiter ausgebaut wurden dergleichen Ansätze endgültig von *Georg Reinberg* und *Martin Treberspurg*. Letzterer beschreibt den Ansatz des Mehrfamilienhauses in der Wintergasse in Purkersdorf, 1987 als **Gruppenwohnprojekt mit Partizipation** umgesetzt, folgendermaßen: „Grundgedanke war die Zusammenfassung durchaus verschiedener Wohneinheiten zu einem kompakten Baukörper mit einheitlichem Erscheinungsbild. ... Sechs mehrgeschossige Wohneinheiten und eine Garcionnere gruppieren sich um einen glasüberdachten Innenhof als Kernstück der Anlage. Der begrünte Hof dient als Spielbereich für die Kinder, als Besucherraum oder erweiterter halböffentlicher Bereich für diverse Feste."[242] Dieser Ansatz ist noch nicht über den von Matzinger erreichten Status hinausgelangt, weist aber bereits einige Verbesserungen aus der gewonnenen Erfahrung des Gebrauches auf, wie, dass zusätzlich zur Erschließung über die gemeinschaftliche Halle, die einen manchmal nicht erwünschten intensiven Kontakt unter den Bewohnern zwangsweise herbeiführt, ein individueller Gartenausgang für jede Wohneinheit sinnvoll sein kann. Wahrhaft zukunftsweisend ist jedoch das solare Konzept, das hinter dieser Gemeinschaftsanlage steckt. Die südorientierten Fassaden und die Hanglage erlauben große Glasflächen und vorgelagerte Wintergärten zur Aufheizung, wobei durch ein einfaches Luftzirkulationssystem auf der Basis temperaturdifferenzgesteuerter Ventilatoren die in den Glashäusern gewonnene Wärme auf eine möglichst große Speichermasse übertragen und für das gesamte Haus nutzbar gemacht wird, in dem die Warmluft durch Lüftungskanäle in den Ziegelsplitt-Hohlkörperdecken in die tiefer gelegenen Gebäudeteile geblasen wird und so auch die Wärme aus dem mit Glas überdachten Hof genutzt werden kann.

Interessant ist der letztere Ansatz für die vorliegende Arbeit jedoch nicht durch die smarte energietechnischen Ausnutzung, sondern weil diese mithilfe eines traditionellen architektonischen Elementes der Villenarchitektur erfolgen konnte, das einer intelligenten Neuinterpretation unterzogen wurde, was *Treberspurg* in der Einleitung zu seiner theoretischen Auseinandersetzung, 1994 unter dem Titel >Neues Bauen mit der Sonne< veröffentlicht, deutlich nachvollziehbar macht. Sein expliziter Hinweis auf die Villenarchitektur der Sommerfrische mit ihren typischen Wintergärten als Anregung, sollte ausreichend legitimieren, diesen neuen Mehrfamilienhaustyp mit Stadtvillen zu kennzeichnen.

---

241 Vgl. ACHLEITNER, *Ö.Arch. 20. Jh. Band I*, S. 68

242 TREBERSPURG, *Neues Bauen mit der Sonne*, S. 136 f.

4.4　Wohnhochhäuser

Genauso bürgerlich wie der ideelle Hintergrund, der zur Entwicklung des Stadtvillen-Typs im Wohnbau führt, ist auch der Hintergrund des ersten Hochhauses in Wien. Um das seit 1913 leerstehende Grundstück, auf dem sich nun das Hochhaus in der Herrengasse in der Wiener Innenstadt befindet, überhaupt bebauen zu können, verfällt der neue Bauherr 1929 auf den Gedanken, unter Inanspruchnahme des Wohnbauförderungsgesetzes ein Wohnhaus zu errichten. Zur effektiven Ausnutzung des äußerst wertvollen Bauplatzes werden die Architekten *Theiss & Jaksch* beauftragt, die Bedingungen für ein Hochhaus zu untersuchen. Darüber hinaus ging es aber für die christlich-soziale Bundesregierung darum, eine **Antithese zum kommunalen Wohnbauprogramm** der Sozialdemokraten der Stadt Wien zu entwickeln.[243] Es mag dies vielleicht in seiner Bewohnerstruktur gelungen sein, denn die Mehrzahl der Wohnungen waren Ledigen-Wohnungen ohne Küchen und einige prestigeträchtige Wohnungen für Prominente, hinsichtlich des Symbolgehaltes des Baukörpers gelang diese Gegenposition zu den angeblichen Wohn-Palästen des Arbeiterproletariats nicht. Dafür sorgten schon damals Behörden wie der Denkmalschutz, sodass letztendlich eine Baukörperausformulierung entstand, die ohne weiteres als Blockrandbebauung um zwei großzügige Höfe mit Eckbetonung durch Überhöhung wie für die Gründerzeit üblich angesehen werden kann[244]. Der 52 Meter hohe Hochhausteil, der einzige Teil des Baublocks, der übrigens auch konstruktiv tatsächlich einem Hochhaus angemessen als Stahlskelett konstruiert wurde[245], ist sorgfältig so konzipiert worden, dass er nur von einigen wenigen Punkten jenseits der Ringstraße in seiner vollen Höhe gesehen werden kann.

Unbedingt hervorzuheben ist, dass bereits im Zuge dieses ersten Wohnhochhauses restlos alle Themen und Probleme zur Sprache kamen, die die Wohnhochhausdiskussion bis heute bestimmen. Schon damals zeigt die **Bewohnerstruktur** auf, dass nur eine ganz besondere Bevölkerungsschicht bereit ist, eine Wohnung in einem Hochhaus zu beziehen, und es daher nicht zu rechtfertigen ist, diesen Bautyp im so genannten sozialen Wohnbau zu verwenden, wie die stets kritisierten Beispiele der Sechziger und Siebziger Jahre, in denen jeder Kleinstadtbürgermeister Österreichs glaubte, seine Fortschrittsglauben durch ein Wohnhochhaus an der Peripherie weithin sichtbar zur Schau stellen zu müssen, ausreichend beweisen. Junggesellenwohnungen, die heute unter Single-Wohnungen laufen, und Prestige-Wohnungen in Wohnhochhäusern, die ohnehin nur als schicke Zweit- oder Drittwohnsitze genutzt werden, finden deshalb ihre privaten Abnehmer, weil

---

243　Vgl. SCHWALM-THEISS, *Theiss & Jaksch*, S. 95

244　Vgl. dazu ACHLEITNER, *Ö.Arch. 20. Jh. Bd. III/1*, S. 43: „Der Stahlskelettbau mit 16 Geschossen bildet das Eck einer Blockrandbebauung mit zwei Höfen, die sich mit der Hauptgesimskante an die Gassenprofile hält."

245　Statik: *Rudolf Saliger*

das Hochhaus sowohl in seiner Ausdrucksfähigkeit wie in seiner Lozierung ein **Naheverhältnis zu Machtzentralen** aller Art aufweist. Das zeigen bis heute sehr deutlich die Adressen der diversen Wohnhochhäuser. Das Hochhaus in der Herrengasse ist eine späte Reminiszenz an die Paläste des Hofadels in der Nähe des Herrschersitzes Hofburg. Weiters ist es wohl keineswegs zufällig, dass die neuere Generation an Wiener Hochhäusern im unmittelbaren Umfeld zur UNO-City angesiedelt ist. In einer gewissen Weise mussten Flächenwidmungskonzept und Masterplan für diese Donau-City, von *Hans Hollein, Coop Himmelb(l)au, Adolf Krischanitz* und *Heinz Neumann* 1991-92 entwickelt, die aufgrund des Volksentscheides abgesagte Weltausstellung kompensieren, physisch auf der Expoplatte und symbolisch in Form von Hochhäusern.

Abb. 4.23: Die ambitionierten Wohnhochhäuser entlang der Wagramer Straße.

Unter der Prämisse des vorher Gesagten als sinnvoll anzusehen ist daher zwar ein Büro- und Wohnhochhaus für die Diplomaten der Vereinten Nationen, wie der bereits 1993 fertig gestellte Andromeda-Tower von *Wilhelm Holzbauer*, der sogar formal mit seiner konkaven Form auf die UNO-City zu reagieren versucht.[246] Hingegen sind die anderen, kurz danach errichteten Wohnhochhäusern *(Abb. 4.23)* entlang der Wagramer Straße, trotz aller ambitionierten Versuche von *Coop Himmelb(l)au* hinsichtlich Klimafassaden, Skylobby und Wintergärten für die Bewohner sowie Loftkonzept für die Wohnungen, wenig geglückt. Vor allem die **städtebaulichen Defizite** sind hier wie an der derzeit entstehenden Wienerberg-City eklatant und erinnern frappant an die nun mehr als ein Jahrhundert lang angeprangerten Zustände in den Mietskasernen der Gründerzeit: zu dichte Bebauung, fehlende Abstandsflächen zwischen den Baukörpern, die zu schlecht belichteten Wohnungen in den unteren Etagen führen, Windverwirbelungen, die das Verweilen zwischen den Türmen stark beeinträchtigen, keine gemeinschaftlichen Einrichtungen wie Kinderspielplätze in unmittelbarere Nähe, keine ausreichende Versorgungsinfrastruktur und zudem, neuerdings bei der Wienerberg-City, keine ausreichende Anbindung an den öffentlichen Verkehr.

---

246   Vgl. *Architektur Wien. 500 Bauten*, S. 331

5 Gebäude für Handel und Verkauf

Traditionell wird bei dieser Gebäudekategorie aus funktionellen Gründen in zwei Gruppen unterschieden, zum einen in Bauten für Handel und Verkauf verderblicher Ware, zum anderen in Bauten für Handel und Verkauf unverderblicher Ware. Obwohl mit ziemlicher Sicherheit anzunehmen ist, dass der Verkauf verderblicher Ware am Beginn stand, müssen in der Baukunst Gebäude für den Handel und Verkauf unverderblicher Waren als die älteren angesehen werden. **Handelshallen** vor allem für Tuch, gelten in der europäischen Bautradition als die ersten öffentlichen Handelsplätze, die eine bestimmte bauliche Form ausgeprägt haben. Zumeist wurden sie auf den Marktplätzen der Handelsstädte zusammen mit den Funktionen eines heutigen Rathauses errichtet. Sie wiesen ein offenes Gewölbe im Erdgeschoß auf, in dem wetterunabhängig gehandelt werden konnte. In dem großen Versammlungssaal darüber tagte der Stadtrat und es wurde Gericht gesprochen[247]. Vor diesem Entwicklungsschritt wurde ausschließlich privat in den Handelshäusern und Handelspalästen der Kaufleute gehandelt und verkauft. Die englische Bezeichnung *market house* für den Typ der Handelshalle in kleineren Dimensionen deutet diesen Zusammenhang in der Benennung deutlicher an als die deutsche Bezeichnung **Rathaus** für genau denselben Bautyp auf Marktplätzen. Im Verständnis eines 19. und 20. Jahrhundert entsprechen die dort vor sich gehenden Verkaufsgeschäfte jedoch eher einer **Warenbörse,** denn einem Kaufhaus.

Der Verkauf verderblicher Ware passierte bis ins 19. Jahrhundert ausschließlich auf öffentlichen Plätzen. Diese Art von Markt war im Allgemeinen den unteren gesellschaftlichen Schichten als Käufer wie Verkäufer vorbehalten, zeitlich befristet und daher mit keinen fixen baulichen Einrichtungen verbunden. Da diese Märkte täglich neu aufgeschlagen wurden, erforderten sie keine Warenlager, was ja zur Anlage der Tuchhallen geführt hatte. Örtlich lassen sich diese **Marktplätze** in Österreich bis ins 13. Jahrhundert nachweisen, worauf die Ortsbezeichnungen >Neumarkt<, >Hoher Markt<, etc. hinweisen. Hinsichtlich manifestierbarer baulicher Strukturen ist festzustellen, dass im Süden in exakter Fortführung der Tradition bestehende Kolonnaden oder Arkaden aus antiken Baukulturen zu Marktzwecken umgewidmet wurden. In einer späteren Phase werden dann offene **Portiken**, die diesen Strukturen am ähnlichsten sind, auch wenn sie nicht aus der Antike stammen, für diese Zwecke herangezogen. Dennoch findet erst das 19. Jahrhundert adäquate technische Möglichkeiten zur Errichtung geschlossener Bauten für Marktzwecke, denn unabdingbar dafür ist die Gewährleistung einer

---

247 Diese erklärt das räumlich-örtliche Naheverhältnis zwischen Gerichtssprechung und Handel, denn die Mehrzahl der behandelten Fälle betrafen Wirtschaftsdelikte oder Handelsstreitigkeiten, sodass beispielsweise die Qualität der Ware in Ausübung der Gerichtsbarkeit sogleich in einer Amtshandlung vor Ort überprüft werden konnte.

großzügigen Belichtung wie Belüftung sowie einer ausgefeilten Wasserver- wie Entsorgung, alles Funktionen, die mit Hilfe geliehener Typen aus der Bahnhofs- wie Gewächshausarchitektur erstmals bewältigt werden konnten.[248]

5.1 Bautypen für den Handel und Verkauf nicht verderblicher Ware

Im Laufe des 19. Jahrhunderts verschwenken sich die beiden Bautypen. Für den freien Verkauf unverderblicher Waren an die besser- und höhergestellten gesellschaftlichen Schichten bilden sich in Anlehnung an den baulichen Typus des orientalischen **Basars** (persischer Ausdruck für >Markt<) elegante Passagen und Galerien heraus, glasüberdachte Geschäftsstraßen, die in der Gestaltung ihrer Innenfassaden deutliche Anlehnungen an Kolonnaden, Ar- kaden und Portici aufzeigen und dies häufig in ihrer Benennung unterstrei- chen. Die angrenzenden Häuser, ganz dem Vorbild des Basars entspre- chend, weisen nur in den an den Straßenraum angrenzenden Zonen Ge- schäftsfunktionen auf. Der Rest der Räumlichkeiten ist Wohn- und Büronut- zungen vorbehalten, womit wir beim sich im 19. Jahrhundert ebenfalls aus- bildenden Typ des Geschäftshauses angelangt sind, das in jedem Fall an ei- ne Geschäftsstraße angrenzt, nicht notwendigerweise jedoch an eine über- dachte Galerie oder Passage. Gestalterisch erforderte dieser Gebäudetyp ein vollkommenes Umdenken, denn im Gegensatz zum bisherigen bürgerli- chen Handelshaus oder Stadtpalast der Kaufleute, die eher auf die Siche- rung der gelagerten Waren, als als möglichst massive Strukturen geplant wurden, ist nun eine möglichste Öffnung der Verkaufszonen im Sockelbe- reich erforderlich, um die Waren sichtbar der potentiellen Kundschaft anzu- bieten. Dies schlägt sich sowohl in der Grundrissausbildung wie der Fassa- dengestaltung deutlich nieder und wird überhaupt erst aufgrund neuer Mate- rialien und Technologien im Bauwesen ermöglicht. Die zwar nicht funktio- nellste, doch konsequenteste und ökonomischste Ausbildung dieses Typs er- lebt um die Jahrhundertwende vom 19. zum 20. Jahrhundert ihre Blütezeit in den innerstädtischen Warenhäusern.

5.1.1 Passagen und Galerien

Die Vorbilder für die Passagen, Galerien und Warenhäuser des 19. Jahrhun- derts kommen aus Frankreich. Voraussetzung war die 1791 in Österreich er- folgte Einführung der **Gewerbefreiheit**, die den Einzelhandel möglich mach- te. Dadurch entstehen erste **Einkaufsstraßen** in Form aneinander gereihter Verkaufslokale entlang stark frequentierter Verkehrsverbindungen, die in An- lehnung an die damals einzig mögliche Bauweise für massive und dennoch

---

248 Vgl. Paul HOLBERTON, >Markthallen<, in: *Lexikon der Weltarchitektur*, S. 758 ff.

weit gespannte Erdgeschoßräume (Verkaufs-) **Gewölbe** genannt wurden. Ein typisches Wiener Spezifikum ist der Einbau diverser Verkaufslokalitäten in schon bestehenden Durchhäuser, wie das heute noch existierende Raimundhaus in Mariahilf aufzeigt, das 1863 einheitliche Verbaue für die Geschäftslokale erhielt. Im Gegensatz zu den innerstädtischen Passagen und Galerien waren diese Geschäftspassagen in den Vorstädten im Allgemeinen nicht überdacht. Den Ursprung der Idee **überdachter** Einkaufspassagen in den Basaren des Orients macht ihre Bezeichnung im 19. Jahrhundert deutlicher als heute. Berühmtes Vorbild ist der 1825 errichtete Grand Bazar in Paris, der über 300 Einzelgeschäften Platz bot[249].

Dass am Anfang diese Einkaufsstraßen, auch wenn sie in **nobler innerstädtischer Lage** angesiedelt waren, nicht notwendigerweise eine Überdachung aufweisen mussten, zeigt in Wien das Beispiel des Seitzerhofes, von *Friedrich Stache* 1838-40 errichtet, an dessen Stelle sich heute der Tuchlaubenhof befindet. Eines der frühesten Beispiele für eine überdachte Ladenstraße ist das heute leider ebenfalls umgebaute >Lange

Abb. 5.1: Ferstel-Passage in Wien: überdachte Ladenstraße mit zweigeschoßigen Verkaufsgewölben und das Hexagon als Gelenksraum.

Haus< in der Rotenturmstraße, das *Ludwig Förster* 1843 gestaltete. Durch ein rundbogiges Straßenportal gelangte man in die lang gestreckte, durch die seitlichen Läden als Basar gestaltete Passage zur Kölnerhofgasse, wobei der leichte Knick in der Längsachse durch einen achteckigen, zentralen Pavillon mit Zeltdach optisch korrigiert wurde[250]. Auch die heute noch unverändert existierende Ferstel-Passage *(Abb. 5.1)* in der ehemaligen Österreichisch-Ungarischen Nationalbank, 1855-60 nach Plänen von *Heinrich von Ferstel* errichtet, weist einen zentralen Gelenkraum als Hexagon auf. Das sehr komplexe Bauprogramm mit Ladenstraße, Bank und Börse ist damals nicht unüblich und erinnert an den ursprünglichen Zusammenhang zwischen all diesen uns heute so unterschiedlich erscheinenden Bauaufgaben. Vorbilder dafür finden sich vor allem in England, aber auch im heutigen Italien,

---

249   Vgl. LEHNE, *Wiener Warenhäuser*, S. 7

250   Vgl. LEHNE, *Wiener Warenhäuser*, S. 14

damals noch österreichisch, wie El Tergesteo in Triest, 1840-42 errichtet. Neben der Anregung durch *Ludwig Förster* könnte laut *Schwarz* im konkreten Fall der Ferstelpassage als weiteres berühmtes Vorbild die Hamburger Passage >Sillem's Bazar< gedient haben, die allerdings zweigeschoßig mit umlaufender, durchgehender Galerie ausgeführt war. Bei der Ferstel-Passage handelt es sich hingegen um einen eingeschoßigen Bautyp mit drei Durchgangsarmen, wobei die angeschlossenen Geschäftslokale in hohen, gewölbten Räumen untergebracht sind, die mittels Zwischendecken so unterteilt werden, dass die oben liegenden Lagerräume durch Wendeltreppen erschlossen sind.[251]

Der zweite große **Passagenbau** Wiens, der Kärnthner-Hof *Otto Thienemanns*, entsteht 1874-76 in einem Randbereich der Ringstraße zwischen Mayseder- und Führichgasse. Der gewaltige, über acht Parzellen reichende Bau wies einen 50 Meter langen, als Basar genutzten Hofraum auf, der 29 >Gewölbslokalitäten< beherbergte, und dessen architektonische Gestaltung laut *Lehne* wohl auch im Zusammenhang mit *Hasenauers* Rotunde am Weltausstellungsgelände von 1873 zu sehen ist. Der riesige Hofraum war über dem Mezzanin durch ein Glasdach mit einer zentralen, elliptischen, sechzehn Meter hohen **Glaskuppel** abgeschlossen, die im Scheitel durch einen Sonnenbrenner mit 63, am Fuß gar mit 660 Flammen erhellt wurde, bereits elektrisch gezündeten Gaslampen. 1912-14 ist dieses Gebäude leider abgerissen worden.[252]

Lange Zeit scheint es, dass die bisher beschriebene Art von innerstädtischen Baukomplexen zum Handel und Verkauf von Waren durch die sich immer mehr einbürgernden Einkaufszentren an der städtischen Peripherie komplett verdrängt werden würden. Erst Ende des 20. Jahrhunderts setzt sich die Erkenntnis durch, dass eine gewisse Einkaufsatmosphäre, die zweifelsohne einen Hauch von **Luxus** verströmt, damit unwiederbringlich aussterben würde, ganz abgesehen von der Verödung der historischen Stadtkerne ohne geschäftliche Nutzungen. Da zweifelsfrei eine verkehrstechnische Anbindung für den privaten Autoverkehr zum Einkauf in derartigen Lagen nicht mehr zu verantworten ist, muss der Mehrwert derartiger Geschäftsareale in anderen Werten gesucht werden. Anregungen in Hülle und Fülle dazu birgt die Auseinandersetzung mit der eigenen Vergangenheit. So verwundert es nicht, dass mittlerweile für all die verschiedenen Aspekte von Einkaufspassagen und Galerien des 19. Jahrhunderts auch in der österreichischen Architektur wieder neu errichtete Beispiele anzutreffen sind.

Die Landstraßer Passage eines *Ernst A. Hoffmann* wurde im Zuge des Ausbaus des U-Bahn-Netzes 1991-95 geschaffen, um die traditionelle Hauptgeschäftsstraße des 3. Gemeindebezirks mit der in der nächsten Seitenstraße angesiedelten U-Bahnstation oberirdisch attraktiv zu verbinden. Als unattrak-

---

251 Vgl. LEHNE, *Wiener Warenhäuser*, S. 15f.

252 Vgl. LEHNE, *Wiener Warenhäuser*, S. 16f.

tive **Subkultur** pflegen sich derartige Geschäft-
passagen an allen stark frequentierten U-Bahn-
Zugängen mittlerweile von selbst einzustellen,
auch unterirdisch. Dem Einkaufsverhalten und
damit der Lukrativität der Lage scheint das aber
keine Abstriche zu bescheren. Die Gestaltungs-
qualität lässt in den meisten Fällen allerdings zu
wünschen übrig. Den Typ der eleganten, beinahe elitären innerstädtischen Einkaufspassage
für Luxusgüter des 19. Jahrhunderts versucht
Wilhelm Holzbauer in den Ringstraßen-Galerien
(Abb. 5.2) 1993 neu aufleben zu lassen: „In den
mehrgeschoßigen Ladenpassagen wurden
hochwertige Materialien wie Naturstein, Messing
und Chrom verwendet, um das Ambiente mit
den traditionellen Mitteln des Luxus auszustat-
ten. Ein Konsumtempel mit großstädtischen
Ambitionen."[253]

Abb. 5.2: Revival der luxuriö-
sen innerstädtischen Ein-
kaufspassage: Ringstraßen-
Galerien in Wien.

Ein anderer Ansatz liegt der Taubenmarktarkade
in der Linzer Altstadt zugrunde, die nach dem
Wettbewerbsgewinn 1986 von zwei Architekturbüros gemeinsam (*Schönfeld,
Reinberg, Treberspurg und Pertlwieser, Steinlechner*) bis 1992 realisiert
wurde. Von vier existierenden Straßen führen überdachte Passagenäste ins
Zentrum der **Einkaufsarkade**, das als mehrgeschoßiger, witterungsunab-
hängiger Veranstaltungsbereich mit filigranem, tonnenförmigem Glasdach
ausgeführt wurde. In der Idee der gewinkelten Passagenäste, die sich nach
den vorgegebenen Hausstrukturen ergeben, ist deutlich die Vorstellung des
Basars als **Labyrinth** überdeckter Gassen[254] nachzuvollziehen, auch wenn
mit einer Tiefgarage im Untergeschoß das Problem der Anlieferung den heutigen Anforderungen gemäß gelöst werden konnte.[255] In den oberen Geschoßen befinden sich übrigens Büros und Wohnungen.

Ähnliches wie bei der Taubenmarktarkade in Linz versucht die erst kürzlich
eröffnete Rathausgalerie in Innsbruck, die *Dominique Perrault & RPM* auf
Grundlage des Gewinns des internationalen Wettbewerbs von 1996 gestalteten *(Abb. 5.3)*. *Boeckl* formuliert die Ausgangslage folgendermaßen: „Intensive Suburbanisierung, Reduktion der historischen Kernstadt auf eine Touris-
muskulisse und öffentliche Funktion als Hebel ihrer Sanierung durch Einführung alt-neuer kommerzieller Funktionen andererseits – das war das Szena-
rio beim aktuellen Innsbrucker Stadtumbau. Die Rathausgalerien realisieren
das derzeitige Bild von Öffentlichkeit: Konsum und Entertainment als einzige

---

253   *Wien 500 Bauten*, S. 90

254   Stichwort >Basar< in: *Lexikon der Weltarchitektur*, S. 70f.

255   Vgl. TREBERSPURG, *Neues Bauen mit der Sonne*, S. 208

Abb. 5.3: Heutige Verknüpfung von Handel und Verwaltung: Rathausgalerie in Innsbruck.

Möglichkeit, dafür heute noch eine Basis zu generieren."[256] So kam es zum komplexen Bauprogramm mit einem großen Hotel und dem Rathausbüro zusätzlich zu den insgesamt 22 Geschäftslokalen und der Abrundung des Ganzen durch verschiedene Gastronomieeinrichtungen. Zusammengehalten wird all dies durch eine winkelförmige Hauptpassage, deren Blickachse vor allem über die Glasdecke verfolgbar ist. Zusätzlich weist diese Hauptspassage noch an diversen Punkten zubringende Ein- und Ausgänge auf, die teilweise mitten durch die Geschäftsflächen führen. Die neuartige Technologie der elektronischen Warensicherung macht es möglich. Trotz einer linearen, geometrischen Linienführung und einer sowohl farblich wie materialmäßig technoiden Gestaltung erfreut sich diese Architektur durch geschickte Balance wie zeitgemäßem Service ganz offensichtlich einer hohen Akzeptanz. Architekturhistorisch bewerkenswert ist auf jeden Fall die erneute Kombination der **Rathausfunktion mit der Warenhalle,** ganz so, wie im Mittelalter in den Zentren von Handelsstädten.

Abb. 5.4: Funktionalistische Fassadengestaltung an einem modernen Geschäftshaus: Akademiehof in Wien.

Wie wesentlich allerdings die Lage für das Funktionieren jeglicher Art von Arkade ist, führt der von *Roland Rainer* und *Gustav Peichl* 1991 gestalterisch hervorragend gelöste Akademiehof *(Abb. 5.4)* am Rande des Karlsplatzes nur allzu deutlich vor. Die Erdgeschoßzone, die als Geschäftspassage ausgebildet ist, weist trotz des U-Bahn-Abganges eine zu geringe **Passantenfrequenz** auf, um erfolgreich belebt zu sein. Der Besucherstrom zur darüber liegenden Ausstellungshalle des Kupferstichkabinetts der Akademie der Bildenden Künste ist ganz offensichtlich nicht ausreichend. An der Fassade deutlich ablesbar ist hingegen die intellektuelle Auseinandersetzung der beiden Architekten mit der komplexen Aufgabenstellung der traditionellen **Geschäftshausfassade** am Ende der Gründerzeit, auf die wir gleich im Anschluss einzugehen haben: Über der völlig verglasten Passagenzone des Erdgeschoßes scheint der geschlossene Kubus des Ausstellungsbereiches mit seiner schweren Steinverkleidung geheimnisvoll zu schweben. Die darüber liegenden vier Bürogeschoße mit einem Curtain-Wall aus dezent farbig

---

256   BOECKL, „Dominique Perrault / RPM. Rathausgalerien in Innsbruck", S. 66

unterlegtem Glas und die darauf folgenden, terrassiert zurückgesetzten Wohngeschoße, zeigen ganz pragmatisch die Zonierung der unterschiedlichen Funktionen.[257]

5.1.2 Geschäftshäuser

Diese zuletzt geschilderte gemischte Nutzung von innerstädtischen Geschäftshäusern des 19. und 20. Jahrhunderts mit Verkaufszonen in den ersten beiden Geschoßen und darüber befindlichen Wohnungen und Büros entsteht in der Gründerzeit in Wien entlang der großen **Geschäftsstraßen** des Zentrums: Kärntnerstraße, Graben, Rotenturmstraße, Kohlmarkt und darüber hinaus entlang der Mariahilferstraße als wichtigster Verbindung des Zentrums mit dem Westbahnhof. Anfänglich wäre die noch zu konzipierende Ringstraße für diese neue Funktion eines **Geschäftsboulevards** vorgesehen gewesen, der von Basaren, Handelshäusern und Warenlagern gesäumt wird.[258] Letztendlich entsteht die Ringstraße bekanntlich anders, als Mischung öffentlicher Monumentalbauten mit repräsentativen Wohnbauten.

Für diesen **neuen Bautyp** des Geschäftshauses muss erst sukzessive ein **adäquater Fassadenausdruck** gefunden werden, denn anders als bei reinen Passagenbauten, wo sich die Geschäftslokale nur im Inneren befanden, erfordert die Unterbringung großer Ladengeschäfte in städtischen Wohnhäusern die Ausbildung einer zweigeteilten Fassade, die sich in vollkommenem Widerspruch zur bisherigen Palastfassade als einzig zulässiger Gestaltungsvariante für dergleichen Bauaufgaben befindet. *Lehne* stellt fest, dass dieses gestalterische Problem den Prozess der Überwindung des Historismus sehr beschleunigen wird. Das >Eisernes Haus< genannte Thonet-Haus in der Kärntnerstraße, 1876 von *Helmer & Fellner* erbaut, zeigt sehr genau diese gestalterische Problematik auf. Eine traditionelle Palastfassade, reduziert auf drei Obergeschoße, sitzt auf einem schon völlig aufgelösten zweigeschoßigen Sockel auf. Die technologische Innovation dieser Lösung für die Verkaufsgeschoße ist im Grundriss deutlich zu sehen: doppelte Eisensäulen mit einem doppeltem Paar Eisenstützen als statische Bündelpfeiler tragen im Bereich der zweigeschoßigen Geschäftszone die Front, wobei die Mauerflächen der drei Obergeschoße mit poliertem Stein verkleidet sind. Es ist also schon erkannt worden, dass die Pfeilerquerschnitte durch den Einsatz gusseiserner Säulen, deren Hauptlieferant *R. Ph. Waagner* war, zumeist in Verbindung mit schmalen, dahinter stehenden Mauerpfeilern, deutlich reduzierbar sind. Beim Thonet-Haus wird in den zeitgenössischen Beschreibungen sogar der Gewinn inklusive Verzinsung nachgerechnet, den die Erweiterung der Auslagenfläche durch die gusseisernen Säulen abwirft[259].

---

257   Vgl. WAECHTER-BÖHM, „Variation zum Thema Moderne. Roland Rainer und Gustav Peichl. Der neue Akademiehof in Wien-Innenstadt", S. 84

258   Vgl. LEHNE, *Wiener Warenhäuser*, S. 11f.

259   Vgl. LEHNE, *Wiener Warenhäuser*, S. 23

Beim ein Jahr nach dem Thonet-Haus errichteten Haus der Herzogin von Castries in der Rotenturmstraße experimentieren dieselben Architekten *Helmer & Fellner* ganz offensichtlich bei der gestalterischen **Lösung der Fassadenproblematik**, was dieses Haus entwicklungsgeschichtlich bedeutsam werden lässt. Erdgeschoß und Mezzanin werden zu einer einheitlichen Geschäftszone zusammengefasst, in dem eine architektonisch durchgestaltete, massive und vorspringende Granitverkleidung ihre Selbstständigkeit betont. Die Wandfläche ist in diesem unteren Bereich fast zur Gänze geöffnet und folglich in Pfeiler aufgelöst, deren Rhythmus nun konsequenterweise nicht mehr den Fensterachsen der Obergeschoße entspricht. Die Pfeiler rahmen einzig die notwendigen Portale und Schaufenster. Die Geschäftszone hat sich gestalterisch komplett vom übrigen Haus abgesetzt, was mit Hilfe eines durchgehenden Balkons nochmals unterstrichen wird. Auch die Ausführung der Fassade im oberen Bereich ist innovativ. Sie ist als bemerkenswert geschlossene, fast spätklassizistische Zone zum ersten Mal in Wien zur Gänze mit polierten Platten aus verschiedenfarbigem Marmor verkleidet, von dessen wertvoller und spiegelnder Oberfläche man sich eine entmaterialisierende, das Gewicht der Mauerfront reduzierende Wirkung erhoffte.[260]

Abb. 5.5: Erste Curtain-Wall an einem Geschäftshaus in Wien: Ankerhaus am Graben.

Noch fortschrittlicher, da nach amerikanischem Vorbild für Geschäftshäuser mit einer echten **Curtain-Wall** Fassade versehen, ist das von *Otto Wagner* 1894 am Graben errichtete Ankerhaus *(Abb. 5.5)*. Wie weit sich Wagner, sicherlich aufbauend auf der bahnbrechenden Arbeit von *Helmer & Fellner*, bei diesem Haus vom Herkömmlichen zu lösen vermochte, zeigt als Parallelbeispiel das nicht einmal vier Jahr zuvor von *Andreas Streit* für eine New Yorker Lebensversicherung nebenan am Stephansplatz errichtete Palais Equitable, das zwar einen mit Glas überdeckten Innenhof mit einer interessanten räumlichen Lösung der Hauptstiege aufweist, die angeblich schon für einen künftigen U-Bahn Aufgang vorgesehen war[261], sich an der Fassade aber nicht von einem späthistoristischen altdeutschen Neobarock zu lösen vermag. Das Ankerhaus hingegen zeigt einen vollkommen transparenten Glaskäfig in den beiden unteren Geschoßen vor die Fassade gehängt, hinter dem die Pfeiler sichtbar bleiben, eine diaphane Struktur als Teil des künstlerischen Konzepts, wie Lehne herausarbeitet. Auch für die Geschoße darüber sucht Wagner nach einem neuen Ausdruck, indem er sie

---

260 Vgl. LEHNE, *Wiener Warenhäuser*, S. 22

261 *Architektur in Wien*, S. 66

fast komplett in schlanke, gebänderte Pfeiler auflöst[262]. *Achleitner* resümiert: „Wenn auch die Verhältnisse und der Maßstab der Wiener Innenstadt noch die Erinnerung an die klassische Dreiteilung des Palastschemas erlauben, so sind doch bereits die Gesetze der modernen Großstadt bestimmend: der in Glas aufgelöste Gebäudesockel wird zum Bestandteil des urbanen Lebens, die darüber liegenden Geschoße drücken die durch den Aufzug erreichte Egalität aus, und das konturenreiche, transparente Dachatelier ist, durch die dargebotene Qualität einer faszinierenden innerstädtischen Situation, eine Verneigung gegenüber dem Genius Loci."[263]

Die hier von *Wagner* gefundene Lösung betont die Skelettkonstruktion, die auch in Zukunft diesen Bauten zugrunde liegen sollte, schon in der Fassade. Das vom Wagner-Schüler *Joze Plečnik* 1903-05 für die Brandstätte entworfene Zacherlhaus ist eine klare Weiterentwicklung dieses Konzepts, nun allerdings schon für eine durchgängige **Rasterstruktur** aus Eisenbetonstützen als innerer Tragkonstruktion, die in den Obergeschoßen über der aufgelösten

Abb. 5.6: Vertikale Wülste in der polierten Granitfassade des Zacherlhauses: Tektonischer Hinweis auf die Rasterstruktur.

Geschäftszone eine vorgehängte, vollkommen glatte Fassaden-Oberfläche aus polierten Granitplatten erhält, deren vertikale Wülste *(Abb. 5.6)* aber tektonisch immer noch auf die Wagnersche Pfeilerfassade des Ankerhauses verweisen.[264]

Den anderen Weg im tektonischen Ausdruck der Fassaden beschreitet *Max Fabiani* bei seinen famosen Geschäftshausbauten, dem Artariahaus am Kohlmarkt von 1900-02 und dem Büro- und Geschäftshaus für Portois & Fix in der Ungargasse, 1899-1900 entworfen. In beiden Fällen trennt er sowohl in der Materialwahl wie durch ein kräftiges Horizontalgesims deutlich in eine Zone für die Geschäfte und eine für die darüber liegenden Büros. Es steht nun aber das Zeigen der Stützenkonstruktion nicht im Vordergrund, ganz im Gegenteil. Der Hintergrund ist wohl in einer neuen Fassung der **Bauordnung** zu suchen, die ab 1883 in bestimmten Fällen die Ummantelung eiserner Stützen durch feuerhemmende Materialien vorsah. *Fabiani* reagierte darauf, indem er die Stützen der Geschäftszone durch Steinverkleidungen massiv ausführte. Die darüber liegenden Obergeschoße erscheinen trotz ihrer relativen Geschlossenheit durch eine radikale Flächigkeit und der Nichtübereinstimmung ihrer Fensteröffnungen mit denen der Portalzone als beinahe

---

262   Vgl. LEHNE, *Wiener Warenhäuser*, S. 27

263   ACHLEITNER, *Ö.Arch. 20. Jh. Band. III/1*, S. 42

264   Vgl. Matthias BOECKL in: *Architektur im 20. Jahrhundert. Österreich*, S. 128

schwerelos[265]. *Fabianis* geometrisches Flächenmuster bei Portois & Fix ist zudem als Reaktion auf das ein Jahr zuvor fertig gestellte >Majolika-Haus< *Otto Wagners* an der Wienzeile anzusehen.[266]

Abb. 5.7: *Loos'* Antwort auf die durchbrochene Sockelzone der Geschäftshäuser.

Auch noch das Geschäftshaus Goldmann & Salatsch, 1909-11 von *Adolf Loos* am Michaelerplatz unter großem Aufsehen errichtet, ist in gewisser Weise eine Antwort auf die geteilte Fassade dieses Bautyps, allerdings ganz anders gelöst. *Loos* verlegte die Auslagen, riesige gebogene Spiegelscheiben, in eine zweite Raumebene hinter die Vorhalle von vier mächtigen Säulen und einer weitgespannten Betonkonstruktion, um der tektonischen Problematik der allzu aufgelösten Geschäftszone im Sockelbereich des Hauses, das traditionell durch eine schwere Quaderrustika das **architektonische Grundgesetz** des Tragens und Lastens deutlich zum Ausdruck bringt, zu entgehen *(Abb. 5.7)*. „*Loos* hatte diese Rechnung bis zu einem gewissen Grad ohne den Wirt gemacht, schon relativ bald nach der Fertigstellung wurden Vitrinen zwischen den Säulen aufgestellt."[267]

Womit wir bei der **Laden-** wie **Auslagengestaltung** angelangt sind. „Am Ursprung des normalen Ladengeschäftes steht das Gewölbe, das vom Mittelalter bis in die späte Barockzeit gebräuchlich war. Erst zu Beginn des 19. Jahrhunderts wurde der Bogenöffnung ein so genanntes **Kastenportal** vorgeblendet, eine Vitrinenkonstruktion, in die die Ladeneingangstür integriert war. Seit der Biedermeierzeit verzichtete man daher häufig bei Neubauten, bei denen ohnehin die ganze Straßenfront für Läden mit Kastenportalen genützt werden sollte, auf eine spezifische künstlerische Gestaltung des meist additiv in Rundbogen geöffneten Erdgeschoßes. Der Platz zur Präsentation der Ware in den flachen, vor die Rundbogenpfeiler geblendeten Vitrinen war allerdings nach wie vor begrenzt,"[268] was erst durch den Einsatz neuer Materialien wie Eisen und heute Stahl, die eine Vergrößerung der Stützenspannweite auch im hochbelasteten Erdgeschoß erlaubten, geändert werden konnte.

---

265   Vgl. LEHNE, *Wiener Warenhäuser*, S. 23 ff.

266   Matthias BOECKL in: *Architektur im 20. Jahrhundert. Österreich*, S. 125

267   LEHNE, *Wiener Warenhäuser*, S. 26

268   LEHNE, *Wiener Warenhäuser*, S. 27

Adolf Loos war einer der ersten, der begann, sich nicht nur mit der Problematik der Gesamtfassade durch diese Auflösung der Erdgeschoßzone auseinander zu setzen, sondern mit der Gestaltung der Geschäftsportale wie der Glasvitrinen als Auslage. Seine **schwarzen Granitportale**, die er sowohl beim Schneidersalon Kniže am Graben, 1910-13 wie bei der Buchhandlung Manz am Kohlmarkt 1912 und noch bei der Bankfiliale der Zentralsparkasse in der Mariahilferstraße 1914 verwendete, werden zu seinem unverwechselbaren Markenzeichen. Dennoch sind sie jedes Mal an die

Abb. 5.8: Vergrößerung der Schaufensterfläche durch Eingangspassage.

spezifische Situation angepasst. Beim Schneidersalon üben die gerundeten Pfeiler im Zusammenhang mit dem Körper des schwarzen Granitportals eine psychologische Sogwirkung auf den Kunden. Bei Manz wird bereits der Eingangsbereich zu einem Teil des Inneren, indem die sehr breite Eingangsnische beidseitig durch ins Innere führende Vitrinen begleitet wird, und die noch in der Fassade wirksame Milchglasdecke aus dem Geschäftsinneren in diese kleine Passage vorwächst *(Abb. 5.8)*. Bei der Bankfiliale drückt das hochgewachsene Granitportal nichts anderes als die pure Macht des Geldes aus.

Die Loossche Interpretationen dieser für die Wiener Tradition typischen **Vitrinen-Schaufenster** sollte in den Dreißiger und Vierziger Jahren des 20. Jahrhunderts einigen aus den gegebenen politischen Umständen zur Emigration gezwungenen jungen österreichischen Architekten ermöglichen, sich in den USA schnell wieder eine Karriere aufzubauen. Der berühmteste davon ist zweifellos *Victor Gruen*, der mit seinen nach Amerika geretteten Referenzen für Portalgestaltungen und Geschäftseinrichtungen wie der Bristol-Parfümerie oder Herrenmoden-Deutsch in Wien, in denen er *Loos* als Vorbild, aber in einer weiter purifizierten und abstrahierten, moderneren Sprache, verarbeitet[269], schnell zu neuen Aufträgen in New York kam. *Gruens* erste selbstständige Arbeit in New York, das Lederwarengeschäft für Ludwig Lederer, 1939 an der Fifth Avenue eingerichtet, lebt vom Umsetzen einer Strategie, die *Loos* schon angewandt hatte. Da der enorm dichte Fußgängerstrom ein kürzeres Verweilen auf dem Gehsteig vor der Auslage nicht gestattete, verlegte *Gruen* den Gehsteig in voller Ladenbreite ein Stück in das Geschäft hinein. Die Seiten- und Rückwände dieser **Nische** waren mit grauem,

---

269 Vgl. Otto KAPFINGER, „Victor Gruen und Rudi Baumfeld. Traumkarriere einer Partnerschaft", in: BOECKL, *Visionäre und Vertriebene*, S. 255-279; hier: S. 260

undurchsichtigem Glas verkleidet und trugen kleine Schaukästen, die sehr intensiv, bühnenartig ausgeleuchtet wurden.[270] Jedenfalls tauchte der Laden sofort in allen wichtigen Fachjournalen und sogar im New Yorker auf, was *Gruen* mit seiner damaligen Partnerin *Elsie Krummeck* den Blitzstart einer Traumkarriere, auf die wir noch zurückkommen werden, mit weiteren Geschäftsgestaltungen unter anderem für die Kette Barton's Bonbonnerie ermöglichte.

Aber auch sein späterer Partner *Rudi Baumfeld* und dessen Partner der Wiener Zeit, *Norbert Schlesinger,* machten sich einen Namen auf dem Gebiet der **Portal-** und **Geschäftsgestaltungen** für verschiedene Modegeschäfte, in dem sie die Steinplatten und Holzprofile-Vorbilder von *Loos* in eine zeitgemäßere Sprache für die Vitrinen mit zarten Nirostaprofilen übersetzten, wie beim Damenmodengeschäft Immendorf, 1934 oder der Boutique Hello 1935. Die Inneneinrichtung dieser Geschäfte lehnte sich in ihrem Ausdruck jedoch deutlich mehr an *Josef Frank* als an *Adolf Loos* an. Frische Farben an Böden, Wänden und durch Vorhänge sowie zierliche Möbel ersetzen[271] die schwere Exklusivität der Schneidersalons von *Loos*, die die Atmosphäre englischer Wohnhallen in die Geschäftsarchitektur transponierte.

Abb. 5.9: Eine der signalhaften Portalgestaltungen von *Hans Hollein.*

Selbst in der gegenwärtigen Auslagengestaltung ist das Thema der **Vitrinenfassade** noch nicht komplett abgehakt, wie *Elsa Prochazka* 1991 mit der Bibelwerk Buchhandlung in der Wiener Innenstadt aufzeigt, auch wenn die Architekturkritik die Vitrinen als symbolische Bücherregale zu lesen vermeint.[272] Dazwischen liegen die Epoche machenden Portal- und Geschäftsgestaltungen eines *Hans Hollein*, die alle von ihrem unauslöschbar einprägsamen, signalhaften Gesicht leben. Ihre Gestaltung geht anfangs weit über die nach außen wirksame Gestalt hinaus. Beim Kerzenladen Retti am Kohlmarkt *(Abb. 5.9)*, 1964-65 gebaut, wird in den axonometrischen Darstellungen deutlich, dass *Hollein* hier *Gruens* Ansatz für die Lederboutique an der Fifth Avenue weiterentwickelt. Die noch offene Ausbuchtung des Straßenraumes im New York wird nun am Kohlmarkt geschlossen und gleichsam zu einem **Vorzimmer** im Geschäft selbst. Die Wandbehandlung ist deutlich die Fortsetzung von *Gruens* Ansatz. Das graue, raumhohe Glas mutiert zum zeitgeistigen geschliffenen Aluminium, naturbelassen eloxiert, in das die bei *Gruen* noch aufgesetzten Vitrinen eingelassen sind.

270   Vgl. KAPFINGER, „Victor Gruen", S. 263f.

271   Vgl. KAPFINGER, „Victor Gruen", S. 261

272   *Wien 500 Bauten*, S. 73

Selbst die theatralische Beleuchtung der Vitrinen lernt *Hollein* von *Gruen*, der ja vom Theater in Form der Kleinkunstbühne kam[273]. *Hollein* treibt in weiterer Folge vor allem das **Signalhafte**, das als sehr direkte Aussage über die verkaufte Ware bei Retti begonnen hatte, in seinen Portalgestaltungen weiter. Die CM-Boutique, 1966-67 in der Tegetthoffstraße entstanden, wird die von *Hollein* kreierte Fassade sogar als Firmenzeichen weiterführen.[274] Bei den exzessiv publizierten Läden für den Juwelier Schullin in den Siebziger- und Achtziger-Jahren treibt Hollein die Überhöhung der verkauften Ware bis ins Auratische und somit an die Spitze und damit letztendlich die Grenze zum Kitsch.

Trotzdem muss man *Hans Hollein* uneingeschränkte Bewunderung für die **Inszenierung** des zu verkaufenden Inhalts aussprechen. Diese erreicht er nicht nur durch die plakative Anpreisung an der Portalfassade, sondern ebenso gekonnt durch die Einbauten in den Geschäftslokalen selbst. Berühmtestes Beispiel hier war wohl sein leider nicht mehr existierendes Verkehrsbüro im Opernringhof von 1976-78. Dieses thematisierte nicht nur den Traum des exotischen Reisezieles, sondern führt

Abb. 5.10: Parasitäre Geschäftsarchitektur: >Herauswachsen< der Auslage aus dem Verkaufsgewölbe.

zurück zum ursprünglichen Thema der Geschäftsgestaltung, wie es weder ein *Loos* noch die damit geschaffene Tradition des privaten Wohnzimmers als Verkaufsraum jemals auszudrücken verstanden. *Hollein* kehrt zurück zur ursprünglichen Aussage des Gewölbes als Verkaufsraum, in das die den jeweiligen Moden wie jeweiligen Waren entsprechende Auskleidung als möglichst kurzfristige Inszenierung hineinzusetzen ist. Früh taucht dieser Ansatz bei der von *Hans Prutscher* 1924-25 für den Wiener Juwelier Hügler in Badgastein gestaltete Dependance auf, die sich gleichsam als **parasitäre Architektur** in die schon bestehende Badeschloss-Stiege hineinreklamiert[275]. Aber auch etliche Geschäftsumbauten der Achtziger Jahre des 20. Jahrhunderts der so genannten Grazer Schule thematisieren dasselbe, *Irmfried Windbichler* bei der Casa Piccola in Graz *(Abb. 5.10)* genauso wie *Günter Domenig* 1979-80 beim Humanic-Schuhgeschäft in der Wiener Alserstraße, bei dem

---

273   *Victor Gruen* war in den Zwanziger und Dreißiger Jahren unter seinem ersten Familiennamen *Victor Grünbaum* Organisator und Mitbegründer des >Politischen Kabaretts<, für das er mit einem seiner engsten Freunde *Jura Soyfer* unter anderem die Texte verfasste. Vgl. KAPFINGER, „Victor Gruen", S. 255-279

274   Vgl. *Neue Architektur in Österreich 1945-1970*, S. 149

275   Vgl. ACHLEITNER, *Ö.Arch. 20. Jh. Band I*, S. 222

das „graphisch akzentuierte gespinstartig-filigrane Design des Geschäftsinneren in den Außenraum wuchert".[276]

5.1.3 Waren- und Kaufhäuser

Vor allem hinsichtlich der Auswirkungen auf die Architektur muss im 19. Jahrhundert deutlich zwischen Geschäftshäusern und Warenhäusern unterschieden werden, wobei letztere im 20. Jahrhundert gerne als Kaufhäuser tituliert werden, ohne dass sich ihr Typus gravierend verändert hätte. Geschäftshäuser beinhalten maximal in den beiden untersten Geschoßen eine Verkaufsnutzung. In den oberen Geschoßen sind Wohnungen und Büros vorgesehen. Ein Teil der Geschäftszone kann als Läden an andere ausgemietet sein. Beim Warenhaus (Kaufhaus) hingegen beinhaltet das **gesamte Gebäude in allen Stockwerken eine einzige Nutzung**, was sich insbesondere an der Fassade ganz anders ausdrücken lässt. Daher interessiert neben dem ökonomischen Aspekt an diesem neuen **zukunftsweisenden** Bautyp vor allem die Architekturentwicklung. Diese ging zügig voran, da durch die starke wirtschaftliche Konkurrenz in kurzen Intervallen die gerade erst nach modernsten Kriterien errichteten Gebäude wieder abgerissen und noch spektakulärer neu errichtet wurden, was unter anderem dazu führt, dass bis heute kaum noch Bauten aus dieser Epoche stehen geblieben sind. Andererseits wird nach innovativen Bautechnologien gesucht, um die schnelle Errichtung zu ermöglichen. Die kaum zu unterschätzende Bedeutung des Warenhauses (Kaufhauses) für die Entwicklung der modernen Architektur[277] gründet sich darauf, dass mit neuen Baumaterialien wie Gusseisen als Ständerkonstruktion, Stahl und Beton genauso experimentiert wurde wie mit großflächigem Einsatz von Glas und Beleuchtungsvorrichtungen, um die Waren präsentieren zu können. Dazu war anfangs eine eigene Energieversorgung nötig, mit der schon um 1900 Aufzüge und Rolltreppen mitversorgt wurden.

Bautypologisch wird an die **altrömische Marktbasilika** angeknüpft, wodurch starke Parallelen zur sakralen Architektur auftauchen, die sich in Form der mehrschiffigen Halle mit Galerien in den Obergeschoßen niederschlägt, eine Form des Innenraumes, die schon die großen Kathedralen des Mittelalters prägte. Das Faktum des heiligen Geldes sowie die starke Inszenierung der ausgestellten Ware führen in Kombination mit der Skelettkonstruktion und dem exzessiven Einsatz von Beleuchtung zu einer neuen **Lichtmystik**, die die zeitgenössische Architekturkritik diesen Waren- und Kaufhäusern attestiert. Dennoch weisen die meisten dieser Warenhäuser zwar im Inneren, angehaucht von den großen zeitgleich errichteten Markthallen, sichtbar die unverhüllte Eisenskelettkonstruktion auf, außen jedoch traditionelle Palastfassaden in Stein, um in ihrer eleganten innerstädtischer Lage nicht aus dem Rahmen der umgebenden Architektur zu fallen. Das innen liegende Stiegen-

---

276   ACHLEITNER, *Ö.Arch. 20. Jh. Band III/1*, S. 230

277   Vgl. LEHNE, *Wiener Warenhäuser*, S. 6

haus wird, wie bisher bei Schlössern und Palästen üblich, als Inszenierungsort genutzt. Die Innovation besteht darin, dass die mehrgeschoßigen Galerien, die über dieses Stiegenhaus erschlossen werden, zugleich als Tribünen für das Publikum dieses **Schauspiels des Einkaufs** dienen, sozusagen als Theaterlogen. Genau dies war intendiert, denn das aufstrebende Bürgertum konnte in diesen Warenhäusern die aufgrund der industriellen Revolution nun billiger produzierbaren Luxuskonsumgüter des Hofes und des Adels erstehen, und wollte dabei auch gesehen werden.[278]

Um die Mitte des 19. Jahrhunderts beginnt in Paris der Boom der Warenhäuser, die sich schnell in benachbarte Häuser hinein ausdehnen. Verstärkt durch die Abrisspolitik eines *Baron Haussmann* als Stadtpräfekten, aber auch durch die sich überstürzende Entwicklung insgesamt entstehen so bei den Neubauten ganz andere Hausdimensionen, eine Entwicklung, die in Wien erst sehr verspätet einsetzen wird. Durch den Ausbau der Verkehrsmittel vergrößert sich zudem das Einzugsgebiet, was den **Detailgeschäften** den Vorteil der Nahversorgung nimmt, und dadurch den spezialisierten Einzeletablissements zu Profit verhilft. Dieser Faktor erklärt vor allem die zeitliche Rückständigkeit des Warenhaussektors in Österreich, denn Wien erhielt erst gegen die Jahrhundertwende ein gut ausgebautes öffentliches Verkehrsnetz.

Wohl nicht zufällig ist daher eines der frühesten Warenhäuser Österreichs in Graz, das unrichtigerweise als Geschäftshaus Lechner titulierte so genannte Eiserne Haus am Lendkai, Ecke Südtirolerplatz, von *Josef Benedikt Withalm* als zweigeschoßige Eisenkonstruktion geplant, 1847-48 allerdings mit gemauertem Sockelgeschoß ausgeführt[279]. Hier wird im Unterschied zur später sich herauskristallisierenden Geschäftshausfassade, die durch die Auslagenzone in Glas eine tektonisch zu leichte Sockelzone aufweist, traditionsbehaftet reagiert.

Das erste echte Warenhaus Wiens entsteht mit dem Haas-Haus I von 1865-67 am Stock-im-Eisen-Platz gleich an der prominentesten Stelle der Innenstadt gegenüber dem Stephansdom[280]. *Lehne* meint dazu, dass sich in der Wahl des Bauplatzes und der Architekten *Siccardsburg & Van der Nüll*, die als die berühmtesten Ringstraßenarchitekten galten, der Anspruch des neuen Unternehmertums deutlich manifestiert, was sich auch in der architektonischen Gestaltung der Fassaden und den Gaskandelabern davor, die sonst nur Monumentalbauten vorbehalten waren[281], ablesen lässt. Dieses Warenhaus der Teppichfirma *Philipp Haas* und Söhne entstand sechsgeschoßig auf

---

278 Vgl. LEHNE, *Wiener Warenhäuser*, S. 8f.

279 Vgl. ACHLEITNER, *Ö.Arch. 20. Jh. Band II*, S. 426

280 Das Haus am Stock-im-Eisen-Platz 6 (heute: 4) wird nach schweren Kriegsschäden abgebrochen und 1953 durch einen Neubau von *Carl Appel, Max Fellerer* und *Eugen Wörle* ersetzt. Das heute an dieser Stelle befindliche Haas-Haus III von *Hans Hollein* folgte dem 1987 abgerissenen Vorgängerbau.

281 LEHNE, *Wiener Warenhäuser*, S. 33

einer erst durch die gründerzeitlichen Regulierungen entstandenen, unregelmäßigen Parzelle und besteht im Inneren aus einer **Ständerkonstruktion** von sechs Gusseisensäulen pro Geschoß mit Decken aus Holzbalken, die zwischen Eisentraversen eingefügt wurden. Trotz der unregelmäßigen Grundstücksform ist die dreiteilige **Steinfassade** symmetrisch konzipiert. Die dreiachsigen Seitenteile weisen in allen Geschoßen Rundbogenfenster auf, die in der erdgeschoßigen Auslagenzone als verflachte Arkade konzipiert sind. Der vorspringende Mittelrisalit, der den Eingang enthält und mit einem Segmentbogengiebel überhöht wird, besteht aus die großen Rechtecköffnungen in der Mitte flankierenden, kannelierten Vollsäulen, wobei Eisentraversen erst die weitgespannten Sturzlängen ermöglichen und somit die neue Technologie außen wahrnehmbar machen.[282]

Im Gegensatz zum ersten Haas-Haus, das tatsächlich eine ausschließliche geschäftliche Nutzung mit Verkaufsräumen, Warenlager und Firmenbüros aufwies, sind die als Warenhäuser titulierten Gebäude Stephansplatz 9 bis 11 mit den beiden Rothbergerhäusern, die das ältere Warenhaus *Anton Kranner* flankieren, hinsichtlich ihrer gemischten Nutzung mit Wohnungen in den Obergeschoßen eher als Geschäftshaustypen anzusehen, was sich deutlich an ihrer Fassadengestaltung ablesen lässt. Die in der Sprache einer nordischen Renaissance gehaltenen Palastfassaden weisen nur für die zwei- beziehungsweise dreigeschoßigen Geschäftszonen „vorgeblendete Curtain-Wall-artige Metallkonstruktionen auf, in deren orthogonalen Raster Glas- und rahmende Granittafeln eingespannt"[283] sind. Das von *Helmer & Fellner* 1879-80 errichtete Krannerhaus dazwischen weist im Mezzanin einen praktisch die gesamte Grundfläche einnehmenden **stützenlosen Raum** auf, Vorzeichen der herannahenden möglichst stützenfreien Verkaufsräume des 20. Jahrhunderts. Bei den beiden Rothbergerhäusern, ebenfalls von *Helmer & Fellner* 1884-85 und 1893-95 errichtet, die durch einen hinter dem Krannerhaus gelegenen Verbindungstrakt mit Spiegelkorridoren zusammengeschlossen wurden, ist das prinzipielle Warenhauskonzept mit mehrgeschoßigen Galerien schon in den beiden dreigeschoßigen Innenhöfen mit großen, doppelläufigen, geschwungenen eisernen Haupttreppen mit Marmorplatten ablesbar.

Zeitgleich mit dem späteren Rothbergerhaus darf *Otto Wagner* sein erstes Warenhaus planen, das 1896 eröffnete Warenhaus Neumann auf der Kärntnerstraße[284]. Das umfangreiche Raumprogramm von zehn Verkaufssälen und zahlreichen Nebensälen teilt sich auf einen Straßentrakt und einen um ein halbes **Geschoß versetzten Hintertrakt** auf. Dazwischen liegt ein querrechteckiger Hof mit spektakulärer Velum-Glasdecke, die von pultförmigen Fachwerkträgern abgehängt wurde, und das gerade, dreiläufige, das zweite Obergeschoß erschließende Stiegenhaus enthält. Die Straßenfassade be-

---

282 Vgl. LEHNE, *Wiener Warenhäuser*, S. 124

283 LEHNE, *Wiener Warenhäuser*, S. 144

284 Kärntnerstraße 19; nach Kriegsschäden 1949 Abbruch und Neubau durch *Carl Appel*; heute Kaufhaus >Steffl<

steht in den beiden unteren Geschoßen aus einer weit vorgeschobenen, teilweise vergoldeten schmiedeeisernen Curtain-Wall Konstruktion, darüber aus einer verflachten und abstrahierten Palastfassade mit Marmorputzoberfläche und Dekor aus vergoldetem Porzellan.[285]

Dennoch entstehen die sowohl in ihren Baukörperdimensionen wie in ihrer großzügigen Innenraumanordnung voll ausgereiften Warenhäuser erst um die Jahrhundertwende an der Mariahilferstraße. Das früheste von 1894-95, >Zur großen Fabrik< oder Warenhaus *Stephan Esders*, lässt heute noch als Teppich- und Möbelhaus Leiner, wenn auch im Detail in den Fassaden verändert, die ursprüngliche Konzeption und Dimension erkennen. Es existiert ebenfalls noch der Zubau zum Warenhaus Herzmansky in der Stiftgasse 3, 1896-97 von *Max Katscher* errichtet, der sowohl in seiner Fassade wie in seinem Innenraum die ursprüngliche Pracht dieser Warenhausgeneration nach wie vor zur Schau stellt *(Abb. 5.11)*. Über einer tiefen Parzelle erhebt sich eine fünfgeschoßige Ständerarchitektur aus schmiedeeisernen Stützen, angelegt als großer Innenhof mit Galerien, die von Pfeilern mit Stuckumhüllung und Säulen mit Kunstmarmor-

Abb. 5.11: Einzig überlebende Warenhausfassade Wiens aus der Blütezeit um die Jahrhundertwende.

ummantelung in Onyximitation in Supraposition getragen werden. Zur Inszenierung mit oft **spektakulären Dekorationen** trug die offene, zweiarmige, dreiläufige eiserne Hauptstiege mit bronzierter Zinkornamentik und Marmorauftritten am Ende des Hofes gewichtig bei. Sie wurde leider 1963 abgebrochen. Die Fassade ist entsprechend der Ständerkonstruktion weitgehend in Glas aufgelöst und nur in der Attikazone mit gekuppelten Rundbogenfenstern in der Steinverkleidung geschlossen.[286] „Angesichts der relativ schmalen Proportionen der im Straßenverband stehenden Front entschloss man sich bei dem geradezu lapidar einfach gestalteten klassizierenden Fassadenaufbau zu einem rhythmischen System, das auch der Struktur des dahinter liegenden dreischiffigen Hallenraumes entspricht", meint *Lehne*, und fügt weiter hinzu, dass diese Front die einzige, auch in vielen Details der ursprünglichen Gestaltung wie den an den Erdgeschoß-Pfeilern montierten steinernen Tafeln mit Hinweisen auf das Warenangebot, erhaltene alte Warenhausfassade Wiens ist.[287]

Die spektakulärste **Warenhausfassade** Wiens entstand zweifellos 1903 aus einem geladenen Wettbewerb für den Erweiterungsbau der Firma Gerngross

---

285   Vgl. LEHNE, *Wiener Warenhäuser*, S. 166

286   Vgl. LEHNE, *Wiener Warenhäuser*, S. 170

287   LEHNE, *Wiener Warenhäuser*, S. 36

entlang der Mariahilferstraße. Im Ausschreibungstext wurde für die Fassade als Stil ausdrücklich eine gemäßigte Moderne verlangt, die offensichtlich *Ferdinand Fellner (III) junior* am besten zu erfüllen schien, weshalb der Auftrag an *Helmer & Fellner* ging. *Fellners* Entwurf lehnt sich bewusst nicht so sehr an das vorbildhafte Berliner Warenhaus Tietz von *Bernhard Sehring* (1898) an, sondern an Beispiele seines Lehrers *Victor Horta* in Brüssel. *Fellner* hatte sich für eine mittlere, breite Glaswand über alle fünf Geschoße entschieden, die seitlich von einachsigen und in den oberen Geschoßen zurückgesetzten Steinrisaliten flankiert wurde, wobei er deutlich die weiche, amorph-vegetabile Sprache *Hortas* der glatten, einheitlichen Flächengestaltung eines *Sehring* vorzog. *Lehne* kritisiert dennoch, dass im Vergleich zu *Hortas* vorbildhaften Werken „das System trotz verschiedener Bemühungen um eine im Sinn des Jugendstils organische Gestaltung dieser Rahmungen (die vertikalen Metallständer überspinnen die horizontalen Gesimse) doch eher konventionell gerastert" erscheint.[288] Von den beiden anderen erhaltenen Konkurrenzentwürfen empfindet *Lehne* den von *Gotthilf-Miskolczy* und *Alexander Neumann* wegen seiner „Transparenz der Fläche und der Akzentuierung durch die elegant geschwungenen Vordächer, die den eigentlichen Clou bilden"[289], deutlich origineller und fortschrittlicher als den von *Franz von Krauss*. Im Anschluss resümiert *Lehne* die Entwicklung der Warenhausfassade in Wien dahingehend, dass sich „der Trend zu einer immer weiter gehenden Verglasung der Fassadenfläche deutlich verfolgen lässt", wobei er nicht vergisst, die von *Adolf Behne* 1923 in >Der moderne Zweckbau< geäußerte Kritik daran anzufügen: „Der Gedanke, die Etalage auf das fünffache zu vergrößern ist – nüchtern die Sache betrachtend – ein schiefer Gedanke, denn nur Schaufenster des Erdgeschoßes sind tatsächlich Schaufenster ...". Dem ist nach wie vor nichts hinzuzufügen.

Abschließend sollte man dennoch nochmals auf den Bau des Warenhauses Gerngross von *Helmer & Fellner*, 1902-04 tatsächlich in die Realität umgesetzt, zurückkehren, denn der nun im Unterschied zu den Vorgängerbauten mit gekrümmten **Galeriewänden** versehene **Hauptverkaufsraum**, ein Innenhof mit farbig ornamentiertem Glasdach, war in seinen Dimensionen wie seiner Wirkung in dekoriertem Zustand tatsächlich eine höchst spektakuläre Inszenierung der Ware und zweifelsohne ein theaterähnliches Schauspiel, wie die Schauzeichnungen und überlieferten Fotos belegen. Erwähnenswert ist außerdem, dass es sich bereits um eine reine fünfgeschoßige Betonständerkonstruktion der Firma G. A. Wayss & Co mit je drei fassadenparallelen Pfeilerreihen im vorderen und im hinteren Abschnitt handelte, zwischen denen der beschriebene Hof samt zweiarmiger **Freitreppe**, deren gekrümmte Arme sich an einer dem Eingang gegenüberliegenden Plattform treffen, eingezwängt befindet. Zur Vorstellung von den Dimensionen des gesamten Etablissements sollte man sich auch vergegenwärtigen, dass Gerngross da-

---

288   LEHNE, *Wiener Warenhäuser*, S. 37f.

289   LEHNE, *Wiener Warenhäuser*, S. 39

mals rund 700 Mitarbeiter hatte, die ein eigenes Speiselokal im Hintertrakt füllten, das Raumprogramm des Warenhauses durch Wintergarten und Konditorei abgerundet wurde, und an sozial fortschrittlichen Einrichtungen nicht nur eine ärztliche Ordination enthielt, sondern auch eine eigene Feuerwehr. Die technische Ausstattung war mit fünf Aufzügen, einer Rolltreppe, Zentralheizung, Ventilationsanlage, Staubsaugeranlage, Telefon, elektrischem Licht, Notstromaggregat und sogar einer Berieselungsanlage der Parterreschaukästen sowie eigenen Hydranten im Haus wohl auf der Höhe der Zeit.[290]

Dass zu dieser Zeit auch in der österreichischen Architektur das Potential dieses Gebäudetyps für kleinere und größere Revolutionen in der Baukunst erkannt wurde, beweisen vor allem die erhaltenen **Wettbewerbsbeiträge** aus der Zeit von der Jahrhundertwende bis zum ersten Weltkrieg. Das Projekt für ein Warenhaus von *István Benkó Medgyaszay*, erstellt in der Klasse *Otto Wagners* 1902, zeigt in der für die Darstellung gewählten Nachtperspektive alles, was *Erich Mendelsohn*, der große deutsche Kaufhausarchitekt der Zwischenkriegszeit, in die Tat umsetzen sollte: „Das Warenhaus ist durch seine vollständige gläserne Transparenz eine große Lichthöhle geworden, die strahlt und den gesamten leuchtenden Innenraum zum funkelnden Schauspiel macht ..", schreibt *Graf* dazu in seinem >Die vergessene Wagnerschule< und *Moravánsky* verwies darauf, dass bei dieser Entwurfsperspektive des beleuchteten Baus Tendenzen mondäner Architekturfotografie der Dreißigerjahre vorweggenommen werden.[291] *Otto Wagner* selbst zeigt bei seiner Planung für ein Warenhaus am Karlsplatz von 1903 sowohl kolossale Dimensionen wie die relativ große **Nutzungsneutralität** eines derartigen Baues auf, indem mit nur geringen Abwandlungen einmal eine Hotelnutzung, eine Universitätsbibliothek beziehungsweise ein Stadtmuseum für dieselbe Grundriss- wie Aufrissstruktur vorgesehen werden[292], ein Charakteristikum, das derartige Bautypen bis heute prägt.

Der letzte große vor 1914 in Wien errichtete Warenhausbau war der heute >Stafa< genannte Zentralpalast an der Mariahilferstraße Ecke Kaiserstraße von 1910-11, der aber der vorher geschilderten Entwicklung nicht zugerechnet werden kann, weder architekturhistorisch als Eckturm konzipiert, noch hinsichtlich seiner Funktion als **Kollektivwarenhaus**[293]. „Der zylindrische Bau mit glasgedecktem Innenhof hatte nicht nur architektonisch eine provokante Form, sondern war auch wirtschaftspolitisch eine Kampfansage an die Großkaufhäuser, die der Sozialpolitiker und Architekt *Jakob Wohlschläger* ohne jegliche staatliche oder städtische Hilfe machte. Das Konzept sah vor, notleidenden Kleingewerbetreibenden Ausstellungs- und Verkaufsmöglich-

---

290 Vgl. LEHNE, *Wiener Warenhäuser*, S. 176

291 Vgl. LEHNE, *Wiener Warenhäuser*, S. 49f.

292 Vgl. LEHNE, *Wiener Warenhäuser*, S. 45ff.

293 Vgl. LEHNE, *Wiener Warenhäuser*, S. 41

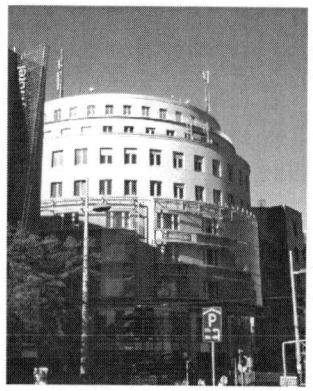

Abb. 5.12: Neuinterpretation des Kollektivwarenhauses >Stafa< als überdimensionale Litfasssäule und Eckturm.

keiten zu bieten."[294] Dennoch muss attestiert werden, dass sich sein Konzept als flexibel genug erwies, um bis heute eine ähnliche Funktion wie früher erfüllen zu können, in einer Formensprache, die sich wie selbstverständlich mit den Änderungen im Laufe der Zeit mitzuentwickeln verstand. So glaubten bis zu den Umbauten der allerletzten Jahre die Uneingeweihten, dass es sich um einen Bauwerk aus der Zwischenkriegszeit handle, dessen glatte Fassaden durchaus mit der originellen Baukörperstaffelung übereinstimmten.[295] Heute könnte man den **zylindrischen Eckbaukörper** für die Paraphrase einer Litfasssäule in städtebaulichen Dimensionen halten *(Abb. 5.12)*, an dessen Hülle die diversen **Werbebotschaften** in der Tradition einer zeitgemäßen Screen-Wall weithin sichtbar angebracht werden. Wurde im Biedermeier allmählich auf eine architektonischen Ausgestaltung der Sockelzonen verzichtet, da sie ohnedies hinter den Geschäftsportalen verschwanden, so führte die Konsequenz der um die Jahrhundertwende als Warenhausfassaden entwickelten vollkommen transparenten Außenhüllen für Geschäftsbauten des 20. Jahrhunderts dazu, dass sich eine herkömmliche Fassadengestaltung überholt hat. Der Inhalt ist die Botschaft, und der stellt sich entweder hinter Glas ganz von selbst aus oder die Fassaden sind eine einzige Werbetafel, beides Tendenzen, die die zeitgenössische Architektur restlos prägen.

5.2 Bautypen für den Handel und Verkauf verderblicher Ware

Der Begriff Warenhaus verweist heute noch darauf, dass eine seiner typologischen Vorstufen das **Lagerhauses** ist, aus dem sich in England und Amerika bereits zu Beginn des 19. Jahrhunderts das Warenhaus zu entwickeln begann. Bei diesem Waren-Lagerhaus spielte die architektonische Inszenierung keinerlei Rolle. In ebenerdigen oder in mehreren, in Ständerbauweise in Holz oder Gusseisen grundrissgleich übereinander angeordneten Hallen wird die Ware auf flachen Tischen ausgelegt und mit wenig Personal verkauft.[296] Der andere Vortyp für Geschäftshäuser ist wie beschrieben der orientalische Basar, also die überdachte Ladenstraße, die zu den Einkaufsgalerien und Passagen führte.

---

294 ACHLEITNER, *Ö.Arch. 20. Jh. Band III/1*, S. 214f.

295 Vgl. Vgl. LEHNE, *Wiener Warenhäuser*, S. 44

296 Vgl. LEHNE, *Wiener Warenhäuser*, S. 7

Diese beiden grundsätzlichen Typen für Gebäude des Verkaufs prägen auch den Verkauf verderblicher Ware im 19. und 20. Jahrhundert. Die **Hallenform** wird bei Markthallen, egal ob Einzel- oder Großhandelshallen, heute immer noch angewandt, allerdings ausnahmslos eingeschoßig. Die andere Form ist die des offenen Marktes, der sich aus aneinander gereihten, kleinen **Verkaufsbuden** zusammensetzt, die im Gegensatz zum Basar oder der eleganten, innerstädtischen Ladenstraße keine einheitlich gestaltete Großform bilden. Im besten Falle werden die pavillonähnlichen Einzelbauten in einer ähnlichen architektonischen Sprache ausgestaltet. Nur ganz wenige dieser offenen Märkte konnten sich bis Ende des 20. Jahrhunderts behaupten, da sie als rückständig und oft neueren Hygienebestimmungen nicht entsprechend galten. Erst in allerletzter Zeit ist ein Revival dieser Geschäftsform festzustellen, wie die beiden Wiener Beispiele des Naschmarktes und des Brunnenmarktes aufzeigen.

5.2.1 Offene Märkte

Der Naschmarkt auf der so genannten >Zeile< wurde erst nach der Einwölbung des Wienflusses um 1900 an die heutige Stelle verlegt, und interessanterweise von verschiedenen Architekten gestaltet. Die ersten **Pavillons** näher zum Karlsplatz entstanden 1902 nach Plänen von *Franz von Krauss*, das Marktamt und die anderen Gebäude wie öffentliche Toilettenanlagen, Kapelle und Gasthäuser in der Nähe der Stadtbahnstation Pilgramgasse

Abb. 5.13: Pavillons am Naschmarkt: Mittelzeile mit Kopfbau.

um 1915-16 nach Entwürfen von *Friedrich Jäckel*. Vor dieser geplanten Entwicklung auf Basis einer strengen Konzeption mit zwei Verkaufsstraßen, einer repräsentativen **Mittelzeile** mit Kopfpavillons, Querstraßen und Durchhäusern *(Abb. 5.13)* bis zur Schleifmühlgasse[297] als erster Phase lag der sogenannte „Freie Markt" auf der Wieden und beinhaltete auch einen Großmarktanteil, der erst 1980 in die neu errichteten Großmarkthallen nach Inzersdorf verlegt wurde.

Älter als der Naschmarkt sind andere offene Märkte Wiens, wie beispielsweise der Brunnenmarkt außerhalb des Linienwalles in Wien-Ottakring, der in seiner jetzigen Form auf eine Neuerrichtung im Jahre 1786 nach einem

---

297   Vgl. ACHLEITNER, *Ö.Arch. 20. Jh. Band III/1*, S. 197

Brand von 1785 zurückgeht[298]. Der Brunnenmarkt besteht interessanterweise aus zwei sehr deutlich unterscheidbaren Teilen, einem **Straßenmarkt** in der Brunnengasse aus **mobilen** Ständen, die Abend für Abend weggeräumt werden, und **fixen Ständen** in gemauerten Häuschen am Yppenplatz, die 2001-2002 nach einem Konzept der Architektin *Silja Tillner* modernisiert wurden. Heute präsentieren sie sich als unauffällige Glasboxen, die sich an einer gemeinsamen Betonrückwand, die als Rückgrat auch alle Installationen aufnimmt, anlehnen.

5.2.2 Markthallen

In der zweiten Hälfte des 19. Jahrhunderts musste Wien die flächendeckende Versorgung seiner rasant anwachsenden Bürger in völlig neuen Dimensionen überdenken und strategisch planen, denn die offenen, freien Märkte konnten den Bedarf nicht mehr abdecken. So entstanden in Wien III die **Zentralen Markthallen** als Planungen des Wiener Stadtbauamtes 1864-65 nach dem Vorbild von Les Halles in Paris, die 1850-55 errichtet worden waren und *Ludwig Förster* schon 1859 in der von ihm seit 1828 herausgegebenen Allgemeinen Bauzeitung publiziert hatte. Neu daran ist vor allem, dass Markthallen plötzlich als architektonisch zu gestaltende Bauaufgabe angesehen wurden, die publiziert wird. Diese Einstellung ändert sich bedauernswerterweise wieder in der Mitte des 20. Jahrhunderts, als aus verkehrstechnischen Gründen die **Großmärkte** in die **städtische Peripherie** abwandern und dort ohne jede gestalterische Planung auszukommen vermeinen.

Ergänzend zu den Zentralen Markthallen werden zur **Nahversorgung** der weiter explosionsartig anwachsenden Bevölkerung diverse **Detailmarkthallen** in den Vorstädten und Vororten Wiens angelegt, am Phorusplatz für 4. und 5. Bezirk, in der Neustiftgasse für den 7. Bezirk und in der Stadiongasse, Ecke Bartensteingasse für den 8. Bezirk. Der Beschluss zum Bau dieser Detailmarkthallen wird vom Wiener Gemeinderat im Frühjahr 1879 gefällt, und im Gegensatz zu den wenige Jahre zuvor erbauten Zentralmarkthallen, die aus einer filigranen Gusseisenkonstruktion mit einer basilikal angehauchten Hülle in Ziegel bestehen, werden die

Abb. 5.14: Detailmarkthalle Nussdorferstraße: Teil eines Nahversorgungssystems für die Wiener Bevölkerung in der Gründerzeit.

---

298 Angaben laut Herrn STAUD, dem Nachfahren einer Dynastie von Marktstandinhabern auf dem Yppenplatz, in einem Radiointerview im Programm Ö1 im Frühsommer 2003

Detailmarkthallen nun wieder ausschließlich in verputzter Massivbauweise errichtet. Heute ist nur mehr die nach einer Planung von *Friedrich Paul* 1879-80 errichtete in der Nussdorferstraße *(Abb. 5.14)* erhalten, seit kurzem jedoch auch nicht mehr in der ursprünglichen Nutzung. Sie konstituiert sich als eingeschoßiger Zentralbau in Form eines nahezu regelmäßigen Fünfecks von etwa 21 m Seitenlänge, dessen Mittelraum nach Art einer Basilika überhöht ist und durch Obergadenfenster belichtet wird. Der Haupteingang mit Hauptstiege manifestiert sich in einem zweigeschoßigen Portalbau an einer Seite, dem schräg gegenüber ein ebenerdiger Bauteil mit Kellerabgang platziert wurde. Außen weist der Bau eine klassizistische Formensprache mit Putzquaderung, Zahnschnitt und Hauptgesims auf, dazu Rundbogenfenster und schmale Pfeilerstellungen. Die flachen Pultdächer werden über dem massiven Mauerwerk von eisernen Dreiecksbindern gehalten, die Keller sind mit Platzlgewölben versehen und beinhalten unter anderem den Eiskörperraum mit Kühlständen und Abwasserrinnen für das Schmelzwasser[299], also den damaligen Stand der Haustechnik zum Kühlen verderblicher Ware.

5.3 Einkaufszentren und Supermärkte

In der Architekturgeschichte waren die beiden zuvor geschilderten Arten nicht nur hinsichtlich des Warenangebotes sondern auch hinsichtlich der gesellschaftlichen Schichte der Konsumenten vollkommen getrennte Welten. Das dem Adel nachstrebende neue Großbürgertum des 19. Jahrhunderts war das Kaufpublikum der Luxusgüter in den eleganten, innerstädtischen Galerien und Arkaden. Den Einkauf der Lebensmittel auf offenen Märkten wie in Markthallen besorgten für diese Schichte deren Dienstboten. Daher hielten sich in Gebäuden zum Handel- und Verkauf verderblicher Ware sowohl auf Kunden- wie auf Verkäuferseite ausschließlich die unteren Bevölkerungsschichten auf. Erst im Verlauf des 20. Jahrhunderts werden sich sowohl das **Warensortiment** wie das **Publikum** in modernen Einkaufszentren zu mischen beginnen. Nicht verwunderlich, dass derartige Entwicklungen in einem Land mit nicht so traditionellen gesellschaftlichen und wirtschaftlichen Strukturen, den Vereinigten Staaten von Amerika, ihren Ausgangspunkt nehmen. In der baulichen Ausformulierung der beiden Gebäudetypen, die nach dem Zweiten Weltkrieg unaufhaltsam die gesamte Alte wie Neue Welt erobern sollten, ist ein österreichischer Architekt maßgeblich beteiligt, *Victor Gruen*, der als Designer von noblen innerstädtischen Boutiquen diesseits und jenseits des Atlantik seine ersten Erfahrungen gesammelt hat.

Gruen befand sich noch als *Victor Grünbaum* in Wien mitten in der Planungsphase zum Umbau eines Kaufhauses auf der Mariahilferstraße, als ihn der Einmarsch *Hitlers* in Österreich 1938 zur dramatischen Flucht veranlasste. Da es ihm gelingt, seine Bücher wie Projektbeschreibungen als Referen-

---

299   Angaben laut WEHDORN / GEORGEACOPOL, *Baudenkmäler der Technik und Industrie in Österreich, Band 1*, S. 34f.

Abb. 5.15: Mittels Gitter beschattete Parkplätze am Dach eines Einkaufszentrums: Europapark in Salzburg.

zen zu retten, schaffte er es ungewöhnlich schnell, als Architekt in New York wieder Fuß zu fassen. Bei einer ersten Phase von Geschäftsumgestaltungen sollte es nicht bleiben. *Gruen* hatte bereits 1943 in einem Artikel für das Architectural Forum seine Prinzipien für künftige **Shopping-Centers** formuliert. 1949 ist es soweit, dass er das erste vorstädtische Großkaufhaus auf der sprichwörtlich grünen Wiese neben dem Flughafen von Los Angeles errichten darf. Millirons Department Store veränderte das in Amerika schon übliche Schema des vorne und/oder hinten von Parkplätzen umgürteten Baublocks dramatisch. *Gruen* und seine Co-Planer *Krummeck* und *Baumfeld* führten die **Autos über Rampen aufs Dach** der 100 mal 100 Meter großen Einkaufshalle, um von dort die Kunden mittels Rolltreppen ins Geschäft hinunter zu bringen, eine Anordnung, die in Österreich erst 1997 beim Salzburger Einkaufszentrum Europapark von *Massimiliano Fuksas* zur Anwendung kommt *(Abb. 5.15)*.

Abb. 5.16: Vitrinenfenster durchbrechen die Supermarkt-Box: Merkur Deutsch-Wagram.

Den Realitäten der Autostadt Los Angeles entsprechend gab es bei Milliron auch keine konventionellen, zu einem Gehsteig hin orientierten Auslagen. *Gruen* konzipierte dagegen kleine, der Fahrtrichtung diagonal entgegengerichtete **Display-Pavillons**, die im Vorbeifahren inspiziert werden konnten[300]. Auf diese Art einer Auslagengestaltung von Supermärkten verzichteten die österreichischen Architekten bis 1993-94, als die jungen Architekten von *The Office* beim Merkur-Supermarkt in Deutsch-Wagram mit ähnlichen Vitrinen, aus den Wellblechfassaden herausgeklappten, gerahmten und beleuchteten Schaufenstern *(Abb. 5.16)*, in der Fachwelt Aufsehen erregten. Die Fenster in Deutsch-Wagram dienten aber nicht mehr nur der unarrangierten Ausstellung der Waren dahinter, sondern gleichermaßen der Belichtung der dahinter liegenden Arbeitsplätze. Mit diesem aus einem beschränkten Wettbewerb hervorgegangenen Projekt nimmt das Klischee der langweiligen, mit Werbeträgern überfrachteten, an der städtischen

---

300 KAPFINGER, „Victor Gruen", S. 264

Peripherie angesiedelten Supermarktbox endlich ein Ende[301]. Das Architektenteam konnte hier eine konsequente, alle Bereiche umfassende Gestaltung durchsetzen, ein Denkansatz, der mittlerweile aus dieser zur Zeit boomenden Auftragssparte nicht mehr wegzudenken ist.

Doch zurück nach Amerika zu *Victor Gruen* und seiner Philosophie vom zum **multifunktionalen Vorstadtzentrum** erweiterten Einkaufszentrum am Stadtrand, das er beim Northland Center in Detroit 1951-54 zu verwirklichen vermochte. „Northland war deshalb eine Pionierleistung, weil hier erstmals Verkehrsflächen und Fußgängerbereiche konsequent getrennt sind und weil es als erstes modernes Fußgängerzentrum dem Raumcharakter einer **Marktstadt** entspricht", meint *Kapfinger*. Es gab neben dem überhöht in der Mitte angesiedelten Hauptkaufhaus andere Läden sowie Vortragssäle, Klubräume, Postamt, Restaurants, Friseur, Zahnarzt, Kinderkrippe und weiteres, was das Northland Center weit über ein reines Einkaufszentrum hinaus zu einem auch kulturellen und gesellschaftlichen Aufgaben dienenden regionalen Zentrum erhob. Dazu oder dadurch war es Amerikas erfolgreichstes Shoppingcenter mit 40-60.000 Besuchern täglich. *Gruens* Büro war zum Zeitpunkt seiner Errichtung bereits ein riesiges Konglomerat mit über 300 Mitarbeitern und Assoziierten, unvorstellbare geschäftliche Dimensionen für die zeitgleichen europäischen Architekturbüros.

Gruens Ideen waren in Amerika so erfolgreich, weil ihm traditionelle europäische Stadträume als Vorbild für die Gliederung der regionalen Einkaufszentren dienten. Fußwege und Kolonnaden führen wie Gassen zu Plätzen und hofartigen Bereichen unterschiedlichen Charakters, in denen es großzügige Freiflächen, versehen mit Baumgruppen, Blumenbeeten, Sitzbänken, Wasserbecken, Mosaiken und Skulpturen von zeitgenössischen Künstlern gab.[302] Seinen

Abb. 5.17: Zum Supermarkt umgebaute Gemeinschaftseinrichtung der kommunalen Wohnhausanlage >Am Tivoli<.

Ansatz für das Programm der vorstädtischen amerikanischen Zentren könnte *Gruen* aus der genauen Studie der **Infrastruktureinbauten** der Wohnhöfe der Zwischenkriegszeit in Wien gewonnen haben, die bekanntermaßen nicht nur Läden zur Nahversorgung hatten. Bemerkenswert aus heutiger Sicht ist, dass aus deren damaligen Großstrukturen wie Versammlungslokalen, Kinos oder Zentralwäschereien mittlerweile zumeist Supermärkte geworden sind, wie unter anderem im Winarsky-Hof oder bei der Wohnhausanlage am Tivoli *(Abb. 5.17).*

---

301 SOMMER, *Architektur für die Arbeitswelt*, S. 59

302 Vgl. KAPFINGER, „Victor Gruen", S. 266

Österreich war noch lange nicht reif für das Verständnis von *Gruens* späterem Wirken als Stadtplaner zur Wiederbelebung der >Herzen der Städte< und als Umweltplaner, was sich in der Farce der Anerkennung seiner Architektenbefugnis anlässlich seiner Rückkehr in den Siebzigerjahren und seinem leisen Tod widerspiegelt. Einzig *Roland Rainer* begreift die theoretischen Ansätze *Gruens*, die dieser nachlesbar niedergeschrieben hat, rechtzeitig und arbeitet sie zu seinem Planungskonzept für die heimischen Verhältnisse Wiens um. Pro 90.000 Einwohner sollte ein **überregionales Zentrum** entstehen, das wie bei *Gruens* Southdale-Center von Minneapolis, Minnesota, 1952-56 vorgeführt, nicht nur als Einkaufsmarkt sondern auch der Ergänzung der Bezirksinfrastruktur dient. Ansatzweise verwirklicht wird dies beim Ekazent Hietzing von *Wolfgang* und *Traude Windbrechtinger* 1962, das neben zwanzig Geschäften Büros, ein Apartmenthotel, Restaurant, Café und eine Tiefgarage in Ergänzung zum bestehenden **Bezirkszentrum** aus Kirche, Bezirksamt und Hotel aufweist.[303] Auch gestalterisch kann das Ekazent in Hietzing einigermaßen mit den Vorgaben *Gruens* mithalten, selbst wenn uns diese Sprache heute als unzeitgemäß erscheint.

Abb. 5.18: Lebensmittelmarkt in alpiner Landschaft: M_Preis St. Anton am Arlberg.

Diese als amerikanisch apostrophierten Einkaufszentren brauchen verhältnismäßig lange, bis sie in Österreich als alltägliche Bauaufgabe akzeptiert wurden. Erst heute schlägt sich dieses neue Selbstbewusstsein in einer anspruchsvollen Architektur nieder, mit der die gesichtslose Gestaltung der **Supermarkt-Boxen** ein Ende nimmt. Neben funktionellen Verbesserungen wie weit ausladenden Vordächern und einer natürlichen Belichtung innen sind es städtebauliche Kniffe, die im Zuge der Errichtung von Einkaufszentren nun die Öde der Peripherie zu optimieren versuchen. Es scheint, dass selbstverständliche Ansätze *Gruens,* wie die tradierten Werte der Innenstädte für neue Anforderungen zu adaptieren, für die Siedlungsränder erst mühevoll wiedererlernt werden müssen. In dieser Hinsicht zeichnet sich in Österreich die Firmenpolitik des Innsbrucker Diskonters *M_Preis* (früher: Mölk) als überragend heraus. „Wenn man vor zehn Jahren erklärt hätte, dass einmal Lebensmittelmärkte, noch dazu in einer alpinen Region *(Abb. 5.18)*, Bestandteil eines modernen Architekturtourismus sein werden, wäre man als verrückt oder zumindest als Spaßvogel angesehen worden. Supermärkte und ähnliche Einrichtungen waren feste Bestandteile jener kaputten Ortsränder, in denen alle gewerblichen und andere Funktionen abgeladen wurden, für die in den alten Orten kein Platz vorhanden oder vorgesehen war. Schon allein die Parkierungsflächen für den

---

303   Vgl. ACHLEITNER, *Ö.Arch. 20. Jh. Band III/2,* S. 11

gar nicht so ruhenden Verkehr nehmen Flächen in Anspruch, die zwischen den auf Abruf gebauten Hallen keinen wie immer gearteten Raum zuließen. Für diese Art von kommerziellen und ökonomisch ausgereizten Bauten, die höchstens als Werbeträger fungierten, war Architektur nicht vorgesehen, schon gar nicht eine, die in irgendeiner Form kulturellen Anspruch signalisierte."[304]

Ausschlaggebend für das Umdenken bei Mölk dürfte die Auszeichnung des M_Preis-Marktes in Lienz 1993 mit dem Preis des Landes Tirol für Neues Bauen gewesen sein, denn seither beschäftigt Mölk bewusst zwei Dutzend Architekten der jungen und mittleren Generation für ihr Netz von mittlerweile 130 Filialen. Neu ist, dass die Architekten nicht nur als Designer der Karosserie, sondern in alle Fragen und Entscheidungen von der **Standortwahl** bis

Abb. 5.19: Lebensmittelmarkt mit Ein- und Ausblicken: M_Preis in Wenns im Pitztal.

zur **Warendisposition** einbezogen werden. „Im Grunde sind es Banalitäten wie Tageslicht in den Innenräumen, Ein- und Ausblicke *(Abb. 5.19)*, Parkmöglichkeiten und kommunikative Kaffeehaus-Ecken mit Bäckereien, die M_Preis Läden von der lichtlosen und luftleeren Tristesse anderer Nahversorger unterscheidet. ... M_Preis spricht von aktiven Beiträgen zur Umwelt und mit Stolz davon, verantwortungsbewusst gebaut zu haben."[305] Der hohe Marktanteil der Kette hat mittlerweile regionalpolitisch seine planerischen Spuren hinterlassen, wie beispielsweise beim Neubauviertel in Telfs, wo M_Preis die Umfeldplanung zu seinem Supermarkt über die eigenen Architekten mitbestimmen konnte. „So wandelt sich in diesem Falle das übliche Bild vom Investor, der zwar Steuergelder bringt, aber die Ortsränder verschandelt, zum Vorbild einer qualitätvollen Siedlungsplanung."[306]

Die Architekten von M_Preis reagierten sensibel darauf, dass mittlerweile die **Nahversorgung** der kleineren Gemeinden von **Lebensmittelmärkten** übernommen werden muss, da es in den Landgemeinden im Unterschied zu großen Städten mit höherem Spezialisierungsgrad kein Überleben des Einzelhandels durch spezielle Angebote gibt. Die hohen Sympathiewerte der M_Preis Märkte gründet sich darauf, dass sie die **kommunikative Funktion** der früheren Läden im Ort zu übernehmen vermögen. Die Autos verschwinden im Schatten unter den Baukörpern, aber dennoch nicht im Keller. Dafür gibt es vor den Märkten nun wieder nette Sitzplätze in Kombination mit Buffet

304 ACHLEITNER, „M-Preis in Wenns", S. 120

305 SCHLORHAUFER, „Architektur aus Selbstverständnis", S. 107

306 WAECHTER-BÖHM, *Austria West*, S. 25f.

Abb. 5.20: Kommunikativer Treffpunkt Lebensmittelmarkt: M_Preis in Silz im Inntal.

oder Café, in denen der Dorftratsch wie gewohnt weiter geführt werden kann. Ein- und Ausblicke vermeiden nicht nur klaustrophobische Gefühle in den Märkten, sondern wirken appetit- und somit kaufanregend durch eine schön platzierte Produktauswahl. Warme Oberflächenmaterialien weitab von der bisher für diese Bauaufgabe üblichen Palette aus dem Industriebau, die zwar pflegearm, aber abstoßend waren, schaffen eine neue Identifikation der Kunden mit dem Geschäft, was wahrscheinlich am stärksten zur Corporate Identity der M_Preis Lebensmittelmärkte beiträgt, stärker als die Firmenfarben und Logos der Konkurrenz. Am deutlichsten lassen sich diese Charakteristika derzeit an den M_Preis Lebensmittelmärkten in Wenns, 2001 von *Köberl & Tschapeller*, in Silz *(Abb. 5.20)*, 2002 von *Türtscher, Zeich und Niederrist* und in St. Anton am Arlberg, 2003 errichtet, aufzeigen.

Auch andere Verkaufsketten haben sich mittlerweile ähnlicher Konzepte verschrieben, die zumeist nicht so umfassend gedacht sind, sondern vor allem durch große Architektennamen **werbewirksam** sein sollen, wie beispielsweise die Baumax-Wettbewerbe klar darlegen[307]. Eine intensivere Analyse wäre hier höchst angebracht.

---

307   Vgl. KANDELER-FRITSCH, „Megabaumax. Architektur als Strategie", S. 73-95

6 Dienstleistungs- und Produktionsstätten

Die in diesem Kapitel zusammengestellten Gebäude werden heute generell als **Bauten für die Arbeitswelt** charakterisiert, wobei diese in früheren Zeiten weder von den Bauten für das Wohnen zu trennen waren, noch als Architektur angesehen wurden. Geldgeschäfte wurden wie die handwerkliche Produktion in denselben Häusern abgewickelt, in denen auch gewohnt wurde. Nur die gesellschaftliche Schicht war eine andere, und das formt den Unterschied zwischen den Bautypen. Die Geldgeschäfte liefen in den Palästen der reichen Handelsherren ab, die Produktion von Gütern in den Häusern der ärmeren Handwerker, in denen Arbeitgeber wie Arbeitnehmer gemeinsam wohnten. Es gibt mit ganz wenigen Ausnahmen keine **Fabriken** vor 1800, wenn man von Mühlen und Hämmern, die beide als **Werke** bezeichnet werden, von Anlagen zur Gewinnung von Rohstoffen, wie Sudpfannen zur Salz- oder Brennöfen für die Erz- oder Kalkgewinnung absieht. Alle diese Orte waren deutlich an den Standort gebunden, entweder an das Rohstoffvorkommen, mehr noch an Energiequellen, wie Wasserkraft oder Brennholz. Sie befanden sich ausnahmslos in abgelegenen Gegenden weitab der nächsten Ansiedlungen.

Im Gegensatz dazu ist das **Bankwesen** eine vollkommen städtische Angelegenheit. Das Verborgen von Geld gegen Zinsen war den Christen sehr lange aus religiösen Gründen verboten und daher im Prinzip nur den Juden erlaubt. Daher wird das Geldgeschäft erst mit der gesellschaftlichen Neuorientierung im Zuge der Renaissance als notwendige Nebenerscheinung des Handels akzeptiert. Frühestes Zentrum des Bankwesens ist folglich Italien, und da insbesondere die Lombardei und Florenz. Viele bekannte Bauherrn der Renaissance wie die *Rucellai* und *Strozzi*, waren Bankherren, ihre Paläste folglich die ersten Bankgebäude und wie Tresore schwer gesichert, massiv aus Steinquadern und mit möglichst wenig Öffnungen in den unteren Geschossen ausgeführt. In diesen Palästen konnten die Geldgeschäfte von der Öffentlichkeit unbeobachtet abgewickelt werden.

6.1 Banken- und Börsen

Im Mittelalter wurde mit allem im Freien gehandelt, auch mit Geld, auf **Bänken**, die nicht nur symbolisch umgedreht wurden, wenn jemand Bankrott (banca rota für umgedrehte Bank) machte. Heute wird selbst der Gebäudetyp nach dieser ursprünglichen Art des Handels auf der Sitzbank benannt. Auch viele andere Ausdrücke des Bankwesens wie Girokredit oder Lombardsatz, zeigen nach wie vor den geografischen Ursprung des Bankwesens auf. Neben den Stadtrepubliken Italiens waren vor allem die Tuchwelthandelsstädte Flanderns, Brügge und Antwerpen, Zentren des Handels und damit des Geldgeschäftes. Letzteres erklärt, warum die Börse der deutlich ältere Bautyp als die Bank ist, denn die Tuchhallen in diesen Städten waren die ersten **Warenbörsen**. Dennoch existiert auch die Börse als speziell für diesen

Zweck deklariertes Bauwerk an einem festgesetzten Ort erst seit rund 1800. Die 1802 erbaute Börse der österreichischen Monarchie in Triest ist neben Paris und St. Petersburg eine der frühesten überhaupt. Der klassizistische Hallenbau des *Antonio Molani* wird 1844 durch einen moderneren Bau mit davor liegender Passage ersetzt und zum Vorbild für viele darauf folgende Börsen im In- wie Ausland.[308]

Das Zentrum der Börse bildete der große **Versammlungssaal** als Nachfahre der Handelshalle und damit weiterer Hinweis auf den Zusammenhang zwischen Börse, Bank und Bauten für den Handel. Im funktionellen Gegensatz bestanden Banken in der Anfangsphase, selbst nachdem sie sich aus dem Verband mit dem Handelspalast gelöst hatten, nur aus einzelnen Büroräumen, ein Mittel zur Wahrung der **Anonymität** der Kunden. Der **Kassensaal**, der das klassische Bild der Bank in der Architekturgeschichte beherrscht, entsteht später.

6.1.1 Börsengebäude

Abb. 6.1: Die Wiener Börse als befestigter Palast am Prachtboulevard der Monarchie.

Die Unterscheidung in eine **Börse für den immateriellen Handel** im Gegensatz zur bisherigen Produktenbörse, geht in der Zeit vor sich, aus der die beiden einzigen Börsengebäude des heutigen Österreich erhalten sind. In der Hochgründerzeit erhält die 1771 als Institution gegründete Wiener Börse *(Abb. 6.1)* ihren festen Ort am Prachtboulevard der Monarchie. Dieser Neubau an der Ringstraße, 1874-77 von *Hansen* in Zusammenarbeit mit *Tietz* errichtet, stellt sich vor allem in der Entwurfsperspektive von *Rudolf von Alt* aus dem Jahre 1867 als „einer der am stärksten gegliederten Baukörper der Ringstraße dar"[309], wohl, um sich von der geschlossenen Wohnbebauung abzuheben. Nicht verwunderlich, dass der Baukörperkonzeption der Typ des **befestigten Palastes** der italienischen Bank- und Handelsherren als Vorbild dient, an den vor allem die als Ecktürme erhöhten Seitenrisalite erinnern. Im Gegensatz dazu bestimmen dünne Terrakottaplatten und kontrastierend heller Stein das Fassadenbild, eine Kombination, die, wenn auch in veredelter Form, doch an die Sichtziegelbauten der Industrie angelehnt ist. Was wir heute an

---

308   Vgl. Andreas LEHNE, *Vorlesung Österreichische Architektur des 19. und 20. Jahrhunderts*, Technische Universität Wien, Wintersemester 1997-98 (Mitschrift JÄGER)

309   *Architektur Wien. 500 Bauten*, S. 116

der Ringstraße vorfinden, ist ein Wiederaufbau nach dem Brand 1956, der den **Börsesaal**, eine zentral gelegene Säulenhalle, komplett zerstörte. *Erich Boltenstern* legte damals einen modernen Bürokranz aus Glas und Ziegel um den ausgebrannten früheren Börsensaal, der nur mehr als Hof dient.[310] Der neue Börsensaal, der in den letzten Jahren als Folge der Computerisierung des Börsewesens ebenfalls aufgelassen wurde, fand beim Wiederaufbau in verkleinerter Form im ebenfalls zerstörten Kopftrakt am Schottenring seine Bleibe.

Nicht lange nach der Errichtung der Börse an der Ringstraße wurde die neue **Produktenbörse** (heute: Odeon) nach Plänen von Karl König 1887-90 an der Taborstraße fertig gestellt. Die Wahl des Architekten und der Adresse zeigt die Zweitklassigkeit und damit die niedrigere Wertigkeit dieses Typs im Vergleich zum Prachtbau an der Prunkstraße der Monarchie auf. Dies bezieht sich jedoch nicht auf die Architektursprache, die in monumentalem Neobarock einen Saaltrakt mit basilikalem Querschnitt beherbergt. Besonders die korinthischen Kolonnaden, die im großen Börsensaal die Seitenschiffe von den Hauptschiffen trennen, beeindrucken noch heute durch ihre Dimensionen.[311]

6.1.2 Bankengebäude

Im Gegensatz zu den prachtvollen Börsengebäuden des 19. Jahrhunderts sind die ersten Banken bescheiden. Das früheste Bankgebäude Wiens, die Erste Österreichische Sparkasse am Graben aus dem Jahre 1836, ist im Prinzip ein **vergrößertes Biedermeierwohnhaus**. Der nächste Bankenbau, die Allgemeine Österreichische Bodencreditanstalt *(Abb. 6.2)*, 1885-86 nach Plänen von *Emil Förster* erbaut, muss dagegen als erste richtige Bank bezeichnet werden, denn sie ist eine Palazzo-Strozzi - Palazzo Medici-Riccardi-Interpretation mit vielen Details, wie die Konsolen nach *Benedetto da Maianos* S. Croce Modell, die auf noch andere **Vorbilder in der Florentiner Renaissance** zurückverweisen[312]. Bemerkenswert bei dieser Baukörperkonzeption ist auf jeden Fall die Adaption eines derartigen Palasttyps für eine eigenartige, bügeleisenförmige Grundstückskonfiguration und

Abb. 6.2: Ehemalige Boden-Creditanstalt in der Tradition Florentiner Renaissancepaläste als erste Banken.

---

310 Vgl. ACHLEITNER, *Ö.Arch. 20. Jh. Band III/1*, S. 22

311 DEHIO *Wien II. bis IX. und XX.*, S. 21

312 Vgl. DEHIO *Wien I. Bezirk – Innenstadt*, S. 280 f.

die sehr aufwändige Haustechnik unter anderem mit einer Rohrpost, einem eigenen Telefonnetz und autarker Stromversorgung.

Der größte Schritt in der Entwicklung eines neuzeitlichen Bankgebäudes wird jedoch schon 1880 mit dem Wettbewerb für den Wiener Giro- und Kassenverein getan, an dem sich *Otto Wagner* beteiligt. Sein sehr raffiniert angelegter Grundriss wird zwar nicht gebaut, aber *Wagner* verwendet ihn gleich wieder als Konzept für den zwei Jahre später ausgeschriebenen Wettbewerb zum Neubau der Länderbank in der Hohenstauffengasse. Ab 1883 wird dieser Bau nach *Wagners* Vorschlägen tatsächlich errichtet und zu seinem Renommeebau, der ihm schlussendlich zum Auftrag für die Postsparkasse verhelfen sollte. Neu und zukunftsweisend an diesen Bankbauten ist, dass *Wagner* im Büro- und Kassentrakt **Eisen und Glas** als Baumaterialien verwendet, um einerseits „einen bewussten Umgang mit dem Licht" zu erreichen und andererseits „ein problemloseres Versetzen der Leichtwände in den um den Saal herumgeführten Bürogeschossen zu erlauben"[313], wie *Achleitner* feststellt. Die Straßenfassade zur Hohenstauffengasse ist im Gegensatz zum Inneren fest im Korsett einer freien Renaissance verankert, ganz, wie es sich für ein Bankgebäude des 19. Jahrhunderts geziemt.

Abb. 6.3: Fassade der Postsparkasse: Bankpalast als >beschlagene Geldkiste<.

Diese Fassadensprache verlässt *Otto Wagner* auch bei der heute noch als modern bezeichneten Postsparkasse nicht, die in zwei Etappen 1903-06 und 1908-12 errichtet wurde, auch wenn zahlreiche ungewohnte Details eine neuartige Auseinandersetzung mit dem Material verraten. Die Hauptfassade, die zwar etwas zurückversetzt, aber in charakteristischer Prospektbeziehung zur Ringstraße steht, zeigt das vertraute Palastfassadenschema mit kräftigem Sockelgeschoß, Mittel- und Seitenrisaliten, einem weit ausladenden Kranzgesims und Dachaufbauten.[314] Dennoch ist dies nun kein massiver Tresor mit möglichst dickem, fest gefügtem Mauerwerk mehr, sondern bestenfalls die **beschlagene Geldkiste**, als die sie von den Zeitgenossen rezipiert wurde. Die Fassade besteht aus einer >Haut< von Marmorplatten, die mit Eisenbolzen, mit Bleifolie bezogen und mit Aluminiumkappen, „angenagelt" wurden *(Abb. 6.3)*. Im großen Kassensaal schafft Wagner zweifellos den Höhepunkt des gesamten Bauwerks, eine lichtdurchflutete **Basilika des Geldes**, deren ästhetischer Anspruch dem Image des neu gegründeten und sich als besonders fortschrittlich verstehenden Instituts entspricht. Der vermeintlich sichtbare Aufbau der Kon-

313 ACHLEITNER, *Ö.Arch. 20. Jh. Band III/1*, S. 18

314 Vgl. ACHLEITNER, *Ö.Arch. 20. Jh. Band III/1*, S. 15 f.

struktion bestimmt die architektonische Konzeption, wodurch sogar Elemente der technischen Installation, etwa die freistehenden Zylinder der Luftheizung, zu Skulpturen werden. Dieser Ansatz nimmt deutlich Tendenzen der High-Tech-Architektur des fortgeschrittenen 20. Jahrhunderts vorweg, die gleichfalls gerne für Bankengebäude zur Anwendungen gelangen.

Das Hauptgebäude der Creditanstalt-Bankverein in der Schottengasse *(Abb. 6.4)*, von *Ernst von Gotthilf-Miskolczy* und *Alexander Neumann* parallel zum 2. Bauabschnitt der Postsparkasse errichtet, könnte als Antwort auf die unter anderem von *Loos* geäußerte Kritik am Kassensaal der Postsparkasse verstanden werden. Hier sitzen die Beamten in gut **belichteten** Arbeitsräumen, wohingegen sich das Publikum in der weniger belichteten Zone aufhält. Ansonsten kommt an diesem Ge-

Abb. 6.4: Das Hauptgebäude der Creditanstalt-Bankverein: Repräsentationsarchitektur innen wie außen.

bäude kein Zweifel auf, dass es sich um die Darstellung der absoluten Repräsentation handelt. Schon im Grundriss, der aus zwei sich in einem Oktogon kreuzenden Raumachsen besteht, - eine Konzeption, die dem Sakralbau wie dem Palastbau vorbehalten war -, wird dies sichtbar. „Nach dem Verständnis der Zeit konnten die Inhalte Sicherheit, Beständigkeit, Solidität nicht nur mit den adäquaten Materialien Stein, Bronze und Hartholz, sondern auch mit kulturgeschichtlich resistenten Formen (vor allem aus der klassischen Tradition) ausgedrückt werden, vor allem, wenn es sich um collageartige Überlagerungen und prunkvolle Verdichtungen handelte."[315]

Es darf aber nicht übersehen werden, dass trotz aller Repräsentation die funktionelle Anordnung deutlich besser ausgefallen ist, als bei *Wagner*. Die passagenartig angelegte Haupthalle des Erdgeschosses fasziniert noch heute durch die übersichtliche Organisation. „Im Obergeschoß gliedert sich der Bau in eine klare Figur mit einem kreuzförmigen Mitteltrakt und einer umlaufenden Randbebauung, so dass vier gleichgroße Höfe entstehen, die über Glasdächer die im Erdgeschoß liegenden Arbeitsräume belichten. ... Da in den oberen Geschoßen die außen liegenden Trakte nur einhüftig organisiert sind, entsteht ein überaus großzügig angelegter hallenartiger Umgang, der ebenfalls über die Höfe gut belichtet ist."[316] Der zweite Haupteingang am Schottenring verlor 1923 aus steuertechnischen Gründen sein Stiegenhaus, womit das Oktogon im Direktionsgeschoss, das dort als Fest- und Versammlungssaal und somit Allerheiligstes der Gesamtkonzeption fungiert, ein ge-

---

315 ACHLEITNER, *Ö.Arch. 20. Jh. Band III/1*, S. 21 f.

316 ACHLEITNER, *Ö.Arch. 20. Jh. Band III/1*, S. 21 f.

räumiges Foyer erhielt. Dennoch ist zum Zeitpunkt der Errichtung zweifelsohne das Stiegenhaus als ein unabdingbares **Symbol der Repräsentation** angesehen worden. Auch hier ist deutlich ein Einstellungswandel festzustellen. Die beiden erfolgreichen Architekten planten noch weitere bemerkenswerte Bankengebäude in Wien, unter anderem die Österreichische Länderbank am Hof, 1913-15 und die ehemalige Österreichische Creditanstalt für Handel und Gewerbe in der Renngasse, 1916-21, seit dem Umbau von *Gustav Peichl* 1988-89 als Kunstforum genutzt.

Abb. 6.5: Eine zarte Hülle umgibt seit dem Umbau zum Kundenzentrum eine mehrgeschossige Kundenhalle.

Betrachtet man die heutigen **Bankzentralen**, so hat sich nicht viel verändert. Das von *Wilhelm Holzbauer* 1989 an der Lassallestraße errichtete >Headquater< der Bank Austria zeigt zwar, wie schon von *Otto Wagner* beim sensationell nüchternen Hoftrakt der Länderbank in der Hohenstauffengasse vorweggenommen, an der Rückseite **unhierarchische** Bürofassaden in gleichmäßiger Reihung, die Gestik des Einganges lässt dagegen keinen Zweifel am traditionellen Repräsentationsanspruch aufkommen. Auch das ehemalige Hauptgebäude der Zentralsparkasse in der Vorderen Zollamtstraße, 1962-65 von *Artur Perotti* als Stahlbetonskelettbau angelegt, nimmt seit dem Umbau zum Kundenzentrum der Bank Austria 1992 durch den ehemaligen Perotti-Mitarbeiter *Günther Domenig*, wieder ein klassisches Thema der Bankengebäude auf, das der zentralen Halle. In diesem Fall wurde aus dem ehemaligen Innenhof eine imposante mehrgeschossige **Kundenhalle**, in die die galerieartig umlaufenden Büros sich sehr offen als gänzlich neue Raumsequenz[317] orientieren. Bemerkenswert ist zudem die Umgestaltung der Fassade, die nun als zarte Stahlglaskonstruktion *(Abb. 6.5)* sowohl das Besonnungs- wie das Reinigungsproblem intelligent bewältigt.

6.1.3 Nationalbanken

Nationalbanken sind als eigener Typus anzusehen, da sie den Börsentyp mit dem Bankengebäude vereinen. Deutlich ist dies beim Palais Ferstel in der Herrengasse zu sehen, das eigentlich als Neubau der ehemaligen Österreichisch-Ungarischen Nationalbank von *Charles von Moreau* von 1819-24 anzusehen ist. Der 1855-60 von *Heinrich von Ferstel* genau gegenüber dem alten Gebäude errichtete Neubau hat aus diesem Grund einen großen **Börsensaal** mit hammer beam Decke über dem Café Central und auf der ande-

---

317 Vgl. *Architektur Wien. 500 Bauten*, S. 144

ren Seite der Passage die Räumlichkeiten für die Nationalbank. Die derzeit gebräuchliche Bezeichnung mit Ferstel-Palais weist sehr deutlich auf den auch von der Allgemeinheit akzeptierten Zusammenhang zwischen Palast und Bankgebäude hin.

Die heutige Nationalbank an der Alserstraße, noch vor dem ersten Weltkrieg begonnen und zwischen 1918 und 1925 durch *Glaser & Eisler* umgebaut, ist nur deswegen nicht so repräsentativ ausgefallen, da es sich um das eigentliche **Hintergebäude**, die Druckerei, handelt. Der Zusammenbruch der Monarchie führte dazu, dass das Hauptgebäude auf dem Otto-Wagner-Platz davor, 1911-18 vom Wagner-Schüler *Leopold Bauer* konzipiert, nicht mehr zur Errichtung kam. Ursprünglich war gedacht, dass das **prächtige Amtsgebäude** mit mächtigem Bürohausturm und einer dreigeschossigen Kolonnade, die in den Straßenraum hinein schwingen würde, deutlich die Insignien der Macht des Geldes zeigen würde.

Von den beiden schon genannten Architekten *Glaser & Eisler* gibt es mit den **Nationalbankfilialen** in Bregenz und Eisenstadt Beispiele, wie eine derartige Bauaufgabe sich in den Zwanzigerjahren in ihrer repräsentativen Gestik zu wandeln vermochte. Ist Bregenz, 1925 errichtet, noch gänzlich in einer spätsecessionistisch-klassizistischen Formensprache verhaftet, zeigt Eisenstadt *(Abb. 6.6)*, 1928-29 gebaut, eine vollkommen neue Variation des Palastfassa-

Abb. 6.6: Nationalbankfiliale Eisenstadt: Städtebauliches wie ideelles Pendant zum Esterhazy-Schloss.

denschemas mit betontem Putzsockel und Beletage. Gesimsbänder unterstreichen die Horizontalität, wobei die Gesamtkomposition dennoch kubisch und ruhig und keinesfalls mehr klassizistisch ist.[318] Nichtsdestotrotz ist der Bau immer noch deutlich ein **Palast des Geldes**, wenn auch endlich mit asymmetrischer Ansicht und Turmansatz.

6.1.4 Bankfilialen

Selbst Bankfilialen, die im seltensten Fall als eigenständige Gebäude errichtet, viel häufiger aber als **Läden des Geldes** in die Untergeschosse bestehender Strukturen eingebaut werden, verlassen im 20. Jahrhundert nur zäh die bereits eingeschlagene Ausdruckfähigkeit nach Macht durch Geld. Drei mehrmals publizierte Beispiele über das gesamte Jahrhundert verteilt, belegen dies beispielhaft. Über die ehemalige Anglo-Österreichische Bank II auf

---

318   Vgl. ACHLEITNER, *Ö.Arch. 20. Jh. Band II*, S. 452

Abb. 6.7: *Podreccas* Antwort auf *Wagners* Postsparkasse: Bankfiliale in der Josefstadt.

der Mariahilferstraße, später Filiale der Zentralsparkasse und damit heute der Bank Austria, die von *Friedrich Kurrent* erst in den Sechzigerjahren als Bau von *Adolf Loos* aus dem Jahre 1914 wieder entdeckt wurde, schreibt Achleitner sehr eindeutig: „Das ambivalente Verhältnis von *Loos* zu Geld und Luxus im Portal (9 m hoch, 5 m breit, aus schwarzem Granit) bekommt sogar eine sakrale Komponente. Charakteristisch für *Loos* ist auch die rituale Entwicklung einer strengen, sich steigernden Raumsequenz, die von der Straße in die große, kühle, Marmor bekleidete und ausschließlich von oben belichtete Tempelhalle führte (Geldverkehr als Kult)."[319]

Die zweifelsohne als Antwort auf derartige **auratische** Kompositionen gedachte legendäre Bankfiliale der Zentralsparkasse auf der Favoritnerstraße, von *Günther Domenig* 1975-79 als **amorphes**, sich den Straßenraum eroberndes Gebilde aus Knochen, Sehnen und geschuppten Häuten entwickelt, ist nicht weniger sprechend. Trotz des „pulsierender Formenduktus ... ist *Domenig* Baumeister genug, um die räumliche Organisation einer Bank mit seinen Raumvorstellungen zu synchronisieren. Der Besucher findet sogar die gewohnten, wenn auch transformierten Raumsituationen vor: Entree, Kassenhalle, zurückgezogene Beratungsbereiche."[320]

Deutlich mehr in der klassischen Sprache der Architektur gehalten präsentiert sich dagegen die Bankfiliale der Ersten Österreichischen Sparkasse, die *Boris Podrecca* 1994 in der Josefstadt aus dem aufgelassenen Albertkino formte. Obwohl auch diese Gestaltung eine **architecture parlante** wie *Domenigs* Bankfiliale ist, rezipiert sie *Wagners* Postsparkasse und damit die Wiener Tradition. Die Haut besteht bei *Podrecca* aus *Wagners* bevorzugtem Material, Aluminium, allerdings aus rechtwinkeligen Tafeln, die von Fugenabstandshaltern in Form symbolischer Geldmünzen in Position gerückt werden. Auch der abends beleuchtete Eckspalt ist eine Anspielung auf *Wagners* tektonisch offene Eckkanten *(Abb. 6.7)*.

6.2 Bürobauten

Heute noch dienen viele Bürobauten der Repräsentation, was sich an den dafür bevorzugt ausgewählten Baukörpertypen nachvollziehen lässt. Zum einen existiert nach wie vor der **Villentyp** als einer der ältesten Bürobauten

319 ACHLEITNER, *Ö.Arch. 20. Jh. Band III/1*, S. 213 f.

320 ACHLEITNER, *Ö.Arch. 20. Jh. Band III/1*, S. 277 ff.

der Architekturgeschichte. Bei größerem Platzbedarf lassen sich im Allgemeinen die Büroräumlichkeiten nur mehr schwer auf den **zentral** orientierten Grundrissen einer Villa organisieren, was zu ihrer Breiten- oder Höhenausdehnung des Baukörpers führt. Darauf basieren die beiden anderen bevorzugten Formen im Bürobau, der **breit gestreckte Palastbaukörper** und der **aufragende Turmtyp**. Mit dem zeilenförmigen Typ lässt sich recht schön eine gleichwertige und damit hierarchisch flache Aneinanderreihung einzelner Büroeinheiten ausdrücken, obwohl auch derartige Gebäude durch ihre Gestaltung im einzelnen zu schlossähnlichen und damit sehr repräsentativen Formen tendieren können. Am deutlichsten visualisieren die Macht heute die Bürohochhäuser, die derzeit auch in Wien wieder in Mode gekommen sind.

6.2.1   Die Direktionsvilla

In der Direktionsvilla manifestiert sich das **Büro des Direktors** als Einzelbaukörper. Aus der schon zitierten früheren Einheit zwischen dem Wohnhaus und dem Arbeitsplatz ergibt sich zwangsweise, dass die in der Hierarchie am höchsten stehende Person, zumeist in Personalunion Firmeninhaber wie Direktor, in einem gehobenen Bau den Betrieb nach außen hin zu repräsentieren habe. Das dafür anschaulichste und überhaupt ein sehr frühes Beispiel für ein diesbezügliches Gebäude der Arbeitswelt befindet sich in der Saline von Chaux, dem Areal zur Salzgewinnung der französischen Könige in Arc-et-Sénans in der Provinz Franche-Comté. Hier ist die gesamte Anlage von *Claude Nicolas Ledoux* 1775-79 so konzipiert worden, dass im **Focus** der Gesamtkomposition, visualisiert im Achsenschnittpunkt, das Büro des Direktors liegt. Der Baukörper dieses Büros für sich genommen ist ein Kubus mit vorgestelltem Säulenportikus. Im Zusammenhang mit den daran beidseitig anschließenden Sudhäusern kann der Bau aber auch als Mittelrisalit einer schlossähnlichen, breit gestreckten Zeile interpretiert werden.

Auch in Österreich findet man in den größeren Fabrikanlagen Direktionsvillen vor, vor allem in Arealen, die auf die Gründerzeit zurückgehen. Zumeist sind die Direktionsvillen in Einfahrtsnähe situiert und liegen daher im Gegensatz zu Arc-et-Sénans nicht mehr im geografischen Zentrum der Gesamtanlage. In ihrer Ausdrucksfähigkeit unterscheiden sich diese >Industrievillen< nicht von den anderen Villen der Zeit. Heute noch werden derartige Villen gerne als kleinere Bürogebäude adaptiert, vor allem die verschiedenen Vorortevillen als so genannte **Kanzleien** der diversen Dienstleister. Häufig finden sich mittlerweile auch neu errichtete Bürogebäude von vergleichbaren Dimensionen in den entsprechenden Villenvierteln, was sich aus der Strukturierung der Städte hinsichtlich Verkehrserschließung und Infrastruktur von selbst ergibt.

Das Bürohaus Grothusen im Hietzinger Villendistrikt ist in der Hinsicht erwähnenswert, denn es erlaubt sich in seiner Architektur, dennoch komplett auf Repräsentation zu verzichten, die **Adresse** allein tut dies. Dieses von *Hans Puchhammer* und *Gunter Wawrik* 1970-72 konzipierte konsequente

Beispiel zum Thema Skelett und Haut „reagiert auf die Lage (im Villenviertel) zeitgemäß kompromisslos"[321], meint dazu *Tabor*. „Gute Architektur passt immer und überall", fügt er hinzu, und meint damit die im doppelten Sinne transparente Konzeption des Gebäudes, seine Klarheit und die Logik der Konstruktion. Dennoch antwortet das Gebäude formal nicht auf seine Umgebung. Es enthält sich diesbezüglich neutral der Aussage – auch das konsequent, sobald man das Transparente mit der unhierarchisch organisierten Firmenstruktur in Verbindung bringt. Der neue Duktus dieser Zeitspanne war, auf eine repräsentative Hülle überhaupt zu verzichten. Heute ist Glas allerdings das Material geworden, mit dem im Allgemeinen gerade wieder Luxus und Repräsentation ausgedrückt werden, ein Rückgriff in die barocken Begriffswelten, auch wenn sich die Detailsprache selbstverständlich gewaltig verändert hat.

Abb. 6.8: Neuinterpretation der Direktionsvilla: Bürohaus Codico.

Genau dies drücken jüngere Bürohausbeispiele desselben Typs aus. Das Verwaltungsgebäude Schömer in Klosterneuburg, 1985-88 von *Heinz Tesar* für den Firmeninhaber und Kunstmäzen *Essl* errichtet, verschweigt kaum, dass es als **Palazzo** verstanden werden will. Der Unternehmer präsentierte hier ursprünglich in den aus diesem Grunde verschwenderisch bemessenen Erschließungsvolumina seine **Kunstsammlung**, bevor er sie aus Platzgründen doch in ein dafür errichtetes Museum auslagern musste. Im Schömer-Haus, wie es bescheidenerweise genannt werden wollte, wird eine lichtdurchflutete Halle von drei Galeriegängen umfangen, die die zentral platzierte Stiegenhaus-Skulptur umfingen[322]. Ähnlich vom Anspruch an die Baukörperausformulierung, innen jedoch ohne Kunstsammlung als ineinander fließendes Großraumbüro mit **Arbeitsgalerie** konzipiert, stellt sich das Bürogebäude Codico in Perchtoldsdorf *(Abb. 6.8)*, 1991 von *Diether S. Hoppe* geplant, dar. Ein nach außen hin eingeschossiger Kubus mit mittig aufgesetzter **Glaspyramide** als Dachlaterne, die klassische Villa, obwohl sie durch ihre freie Komposition erstaunlicherweise vollkommen ohne Achsensystem auskommt.

Dieselbe **Autarkie** des Baukörpers, die die Bürohäuser des Villentyps auszeichnet, weist das Lichtstudio Bartenbach *(Abb. 6.9)* auf, 1988 in Aldrans bei Innsbruck von *Josef Lackner* errichtet. In diesem Fall wird sie dadurch erreicht, dass sich ein spiralförmig angelegtes Großraumbüro über vier Ge-

---

321 TABOR / HASLINGER, *Architektur und Industrie*, S. 67

322 Vgl. TABOR / HASLINGER, *Architektur und Industrie*, S. 89

schosse aus der Landschaft heraus in die Höhe windet.[323] Ähnliche Tendenzen Richtung Turm als Symbol der Repräsentation zeigt das Betriebsgebäude von Alcatel bei Lustenau, das *Baumschlager & Eberle* 1993 planten. „Es versteht sich als Einzelobjekt im Niemandsland. ... Der Bürobereich schwebt in großer Geste über Lager und Montage".[324] Die Direktionsvilla hat sich somit **aufs Dach** der eigentlichen Betriebsanlage gesetzt.

Abb. 6.9: Autarkes Bürogebäude: Lichtstudio Bartenbach.

6.2.2 Der zeilenförmige Büropalast

Direktionsvillen stehen genau wie die den eigentlichen Produktionsstätten **vorgelagerten**, breit gestreckten Bürotrakte deshalb im Eingangsbereich respektive an der Hauptzufahrt, um der Firma eine noble Erscheinung in Form einer prachtvollen Fassade zu geben. Mit diesem sorgfältig gepflegten Gesicht können vielfältigste Botschaften über die Firma nach außen hin erzählt werden, vom hergestellten Produkt über den eigentlichen Produktionshergang bis zum heute bevorzugten sauberen Image. Im 19. Jahrhundert dienten diese vorgestellten Büro- und Wohntrakte sicherlich auch dazu, die mit einem deutlich negativen **Image** behafteten eigentlichen Produktionsstätten nach außen hin zu verbergen.

Abb. 6.10: Der Märchenpalast wirbt für das Produkt: Insektenpulverfabrik Zacherl.

Eines der sprechendsten Gebäude dafür ist das laut *Wehdorn* und *Georgeacopol-Winischhofer* „letzte unverändert erhaltene Beispiel einer romantisierenden Industriearchitektur in Wien"[325], die Insektenpulverfabrik Zacherl *(Abb. 6.10)* in der Nusswaldgasse, 1888 von *Karl Mayreder* geplant. Der zweifelsohne architektonisch interessanteste Teil ist das Büro- und Wohngebäude entlang der Nusswaldgasse, das sich als maurisch-persisch-ägyptischer Palast innen wie außen manifestiert. Der breit gelagerte, zweigeschossige und flach gedeckte Baukörper ist in der Mitte durch eine zwiebelförmige Kuppel flankiert und von zwei minarettartigen Türmchen akzentuiert, wobei diese Aufbauten, selbst die Kuppel, nur dekorativen Charakter aufweisen und im Inneren nicht in Erscheinung treten. Die erzeugte

---

323 *Architektur im 20. Jahrhundert. Österreich*, S. 240

324 SOMMER et al., *Architektur für die Arbeitswelt*, S. 80

325 WEHDORN / GEORGEACOPOL-WINISCHHOFER, *Baudenkmäler der Technik und Industrie in Österreich*, Band 1, S. 100

173

Assoziation dient als **Werbeträger** für das **Produkt**, die aus einem nordpersischen pflanzlichen Wirkstoff hergestellten Mottenkugeln. Hinter dieser Werbefassade verbergen sich ein lang gestrecktes, zweigeschossiges Magazingebäude, die ehemalige Teppichklopfhalle, Werkstätte, Mühle mit Staubfilterraum darüber und vieles anderes einer komplexen Industrieareals.

Abb. 6.11: Das Dach über dem Bürotrakt dient als >Schirm<: Konzept von *Roland Ertl.*

Roland Ertl versteht es, diesen Typus des breit gelagerten Bürotraktes vor der eigentlichen Industriehalle ab den Siebzigerjahren des 20. Jahrhunderts zu einem Standardtyp mit einer großem Variationsfähigkeit auszubauen, was seinen Ruf als exzellenten Industriearchitekten in Oberösterreich begründet. Bemerkenswert ist vor allem die **Nobilitierung** des Bürogebäudes durch ein mit Abstand zum eigentlichen Baukörper darüber gespanntes leichtes Dach, das unbewusst Assoziationen zu Baldachin und Schirm, den traditionellen Insignien privilegierter Personen, hervorzurufen vermag. Selbstverständlich wird in der zeitgenössischen Architekturkritik nicht damit reüssiert, sondern der funktionelle Aspekt dieser abgehobenen Dächer herausgestrichen, die eine gute Klimatisierung der Räume darunter aufgrund der ständigen Durchlüftung garantieren, aber auch das konstruktive Problem der Bedachung von außen liegenden Rahmen als Haupttragwerke zu lösen vermögen. Im Originalton von *Tabor* klingt die Beschreibung eines dieser Bauten von *Ertl*, des Büro- und Werkstättengebäudes Pichler *(Abb. 6.11)* in Hörsching, 1981-82 errichtet, dann so: „Das formale Konzept der Anlage beruht auf dem Kontrast zwischen einem filigranen, transparenten Bürogebäude und einem geschlossenen, kubischen Werkstättengebäude … Das Bürogebäude ist ein Großraumbehälter, der in einen Stahlrohrrahmen gehängt ist. Das Dach gleicht einer Blechmembrane, die als Regen- und Sonnenschirm dient"[326]. Das Bürogebäude der Drahtseilfabrik Teufelberger in Wels von 1986 entspricht ebenfalls dieser Diktion von *Ertl*, hier in einer deutlich größeren Dimension.

Als faszinierendes Werk am Ende des 20. Jahrhunderts muss das Büro-, Schulungs- und Ausstellungshaus der Firma Bene in Waidhofen an der Ybbs, 1988 von *Laurids Ortner* entworfen, angeführt werden. *Tabor* verkennt völlig *Ortners* deklariert baukünstlerische Absichten, wenn er schreibt, dass „die rhythmische Regelmäßigkeit der plastischen Rasterfassade und das Fehlen der Sockel- und Dachzone die Maßstäblichkeit und Zweckbestimmung des Bauwerks verschleiern."[327] Ganz im Gegenteil, *Ortner* übersetzt diese Attri-

---

326   TABOR / HASLINGER, *Architektur und Industrie*, S. 138

327   TABOR / HASLINGER, *Architektur und Industrie*, S. 104

bute bisheriger Villen- und Palastarchitektur in unsere Zeit. Bei der
Wahl der Gesamtform des Büro-
baus als Halbzylinder auf ellipti-
scher Basis *(Abb. 6.12)*, dessen
Haupteingang auf Mezzaninhöhe
liegt, und nur durch eine Gangway
in Form einer Rolltreppe unter
freiem Himmel erreichbar ist, zieht
er alle Register der traditionellen
Repräsentationsarchitektur. Auch
das warme Rot, das er für alle
vorgeblendeten Fertigteilfassaden
dieses Industriekomplexes als

Abb. 6.12: Büro-, Schulungs- und Ausstellungshaus von Bene: Büropalast heute.

Corporate Identity verwendet, war zu allen Zeiten die Farbe der weltlichen
und kirchlichen Macht. Im 19. und 20. Jahrhundert hat sich diese Macht von
Politik und Religion in die Wirtschaft verschoben, was in *Ortners* Industriearchitektur in äußerst positivem Sinne zum Ausdruck kommt. Endlich werden
derartige Bauaufgaben legitim der **Baukunst** zugerechnet.

Im Nachsatz zu den vorangestellten Beispielen muss herausgestrichen werden, dass dieser breit gelagerte Gebäudetyp den Bürohausbau Österreichs
außerhalb der Großstadt Wien deutlich dominiert, allerdings ohne die große
Gestik des Palastnachfolgers, wie sie am bisher Beschriebenen so deutlich
abzulesen war. Zumeist als rein **funktionelle Bauaufgabe** betrachtet,
schwingt bei fast allen Bürogebäuden doch ein kleinwenig von der Repräsentation des Büropalastes mit, soviel, wie die in den allermeisten Fällen hierarchisch ziemlich flach strukturierten Unternehmen sich als Image für eine auf-
geklärte Gesellschaft leisten können, um akzeptiert zu bleiben. Es ist sehr
schwer, dieses Quantum an Bauten wie dem Winzerhaus in Göttelsbrunn,
1974 von *Diether S. Hoppe*, dem RSB-Bürogebäude in Fussach, 1989 von
Ernst Giselbrecht oder dem Laborgebäude in Wien-Ottakring von *Nehrer &
Medek* 1993, überhaupt in Worte zu fassen.

6.2.3 Der Büroturm

Die nun folgenden Bürohaustypen müssen als die eigentliche formale Ausprägung dieses neuen Aufgabenbereiches der Architekturgeschichte angesehen werden. Sie entstehen erstmals mit dem Ende des 19. Jahrhunderts,
allerdings nicht wie in den USA, als echte **Hochhäuser**. Das sehr traditiona-
listisch denkenden konservative Österreich manifestiert die neu entstandene
Macht der Wirtschaft eher durch Türme an nach wie vor als Palasttypen konzipierten Bürohausbauten, denn durch Türme als Bürohausbauten wie im von
Traditionen unbelasteten Amerika. Für diese Phase, die überall in Europa
durch eine gewisse nationalromantische Haltung geprägt ist, die prinzipiell
zur Ausprägung von Türmen an Bauten in Anlehnung an die Burgen und Kirchen als ureigentliche **nationale** Architekturen neigt, hat sich in *Hubert*

Abb. 6.13: Symbolträchtige Schaufassade mit Turmattitüde: Druck- und Verlagsanstalt >Vorwärts<.

Gessners Gebäude der Druck- und Verlagsanstalt Vorwärts *(Abb. 6.13)* in Wien-Margareten von 1907 ein sehr schönes Beispiel erhalten, wenn auch heute nur mehr der symbolträchtige Schaufassadenteil mit turmartig bekrönendem Abschluss besteht. Dass sich mit derartigen Kompositionen immer noch signifikante Bürohausfassaden kreieren lassen, beweißt *Boris Podreccas* Gebäude für die Basler Versicherung am Donaukanal aus dem Jahre 1990. Selbstverständlich ziert hier nun nicht mehr weithin sichtbar eine **Uhr** den turmartig ausgebildeten Teil, sondern das **Firmenlogo**.[328]

Die schon angesprochene zweite Phase des Turmes als Bürohaus per se ereilt Österreich erst nach dem Zweiten Weltkrieg im Gefolge der generellen Amerikanisierung aller Lebensbereiche. Aufgrund der besonderen politisch-gesellschaftlichen Befindlichkeit durfte in dieser Phase jedoch keineswegs irgendein Machtanspruch demonstrativ zur Schau gestellt werden, weder vom Staat in seinen Verwaltungsbauten noch von privater Seite. Daher entstehen zwar prinzipiell Bürohausbauten, die additiv in der Höhe so gestapelt werden, dass aus dem Verhältnis Grundriss zu Höhe eine turmähnliche Gestalt attestiert werden muss, es fehlt aber jegliche Repräsentationsattitüde. Die Einzelzellen der Büros werden möglichst **demokratisch** aneinander und übereinander gereiht. Sowohl der >Ringturm< von *Erich Boltenstern* 1953 konzipiert, als auch des Globus-Gebäude von *Margarete Schütte-Lihotzky* und *Wilhelm Schütte*, 1956 am Hochstädtplatz entstanden, bezeugen dies eindeutig. Beide Beispiele sind dadurch, dass sie ihre Stahlbetonrahmen-Konstruktionen in den Fassaden ehrlich zur Schau stellen, weniger elegant und transparent als *Roland Rainers* Böhlerhaus von 1958 oder *Georg Lipperts* ehemaliges Hoffmann-La Roche Gebäude von 1961.

---

328 Über die Uhr im öffentlichen Raum als das Symbol der Modernität des ausgehenden 19. Jahrhunderts, das weit ins 20. Jahrhundert hinein nachwirkt, ließe sich überhaupt ein ganz eigenes Kapitel gestalten. Uhren an Gebäuden im Zusammenhang mit turmartigen Bauteilen stehen im privaten wie im öffentlichen Sektor für Repräsentation, ganz wie früher Zinnen für die weltliche und Kreuze für die christliche Macht. Erst seit der Mitte des 20. Jahrhunderts wird die Symbolik der Uhr durch Logos und Schriftzüge, die weithin sichtbar an den Fassaden als Botschaft an die Passanten angebracht werden, abgelöst – immer noch sehr gerne mit Türmen als Unterkonstruktion.

Erst eine so starke Persönlichkeit wie *Karl Schwanzer* getraut sich nach dieser Phase des zurückhaltenden, beinahe anonymen Bürohausbaues, mit dem Philips-Haus am Wienerberg, den heraufziehenden neuen Zeiten ein signifikantes Wahrzeichen zu setzten, das seit 1963 die südliche Stadtkante Wiens laut *Tabor* als Stadttor-Dominante prägt[329]. Spektakulär war jedoch nicht die absolute Größe oder Höhe des Gebäudes, wie die seit 1994 rundherum sich ansiedelnden Hochhäuser des Businesspark[330] schnell aufzeigen, sondern vor allem die Konstruktion, eine beidseits aus zwei Pylonen auskragende **Brückenkonstruktion** in vorgespanntem Stahlbeton, deren Spannbetonbalken als bandförmige Fensterbrüstungen dienen. Von ähnlicher **Signifikanz** ist *Schwanzers* anderer berühmter Bürobau, das Verwaltungsgebäude

Abb. 6.14: >Architecture parlante<, die Zylindertürme der BMW-Zentrale in München.

von BMW in München *(Abb. 6.14)*, das sich selbst in der Nachbarschaft der ebenso einprägsamen Bauten des Olympiastadions aus demselben Errichtungsjahr 1972 durch seine einzigartige formale Ausbildung zu behaupten vermag. Die 100 Meter hohe **Hängekonstruktion** des Verwaltungsgebäudes, das im Gegensatz zur heterogenen Werksanlage ein kompaktes Hochhaus mit klar ablesbarer Form darstellt, die symbolisch für die Präzision und technische Vollkommenheit des hergestellten Produktes steht. Besser kann das Image einer Automobilfabrik einfach nicht dargestellt werden.

Es muss aber auch angemerkt werden, dass dieses Hochhaus wie auch das Forschungs- und Rechenzentrum der Voest-Alpine *(Abb. 6.15)* in Leoben, das gleichzeitig zu BMW von *Eilfried Huth* mit *Günther Domenig* und *Heribert Altenbacher* konstruiert wurde, nicht nur Türme zur Firmenrepräsentation darstellen, sondern sehr wohl auch als fortschrittliche Grundrisslösungen erfunden wurden. Sie zeigen die „logische Entwicklung von der traditionellen, kommunikationsgünstigeren Gebäudeform mit Mittelgang zur vollflexiblen Bauform: bei kürzerer, horizontaler Verbindung zwischen den Arbeitsgruppen und Abteilungen ist jede dem Arbeitsablauf entsprechende Anordnung möglich",[331] merkt *Bode* zu BMW an. In Leoben bestimmten **Erreichbarkeitsmodelle** für die EDV die Entfernungen. Zudem konnte dort durch ein eigens entwickeltes Innenwandsystem jedes Geschoß, das prinzipiell als Großraum konzipiert war, den Erfordernissen entsprechend unterteilt werden.[332] Die

329 TABOR / HASLINGER, *Architektur und Industrie*, S. 125

330 Erstes Bürohochhaus des Business-Park Wien für die Firma Wienerberger von *Atelier 4*, 1990

331 BODE / PEICHL, *Architektur aus Österreich seit 1960*, S. 72

332 Vgl. BODE / PEICHL, *Architektur aus Österreich seit 1960*, S. 80

Abb. 6.15: Hängeturm in Corten: Architektonisches Aushängeschild der Voest in Leoben.

vorgehängte, dreidimensionalräumlich wirkende Fassade aus Corten, einem träge rostenden Edelstahl, sollte auftragsgemäß die Hüttenerzeugnisse der Voest-Alpine als Demonstrativbau zur Schau stellen.[333]

Es ist sehr bedauerlich, dass in der gegenwärtigen Hochkonjunktur für Bürohochhäuser in Wien kaum mehr eine dieser hochintelligenten Auseinandersetzungen mit der Bauaufgabe zum Tragen kommt. Das gegenwärtige Niveau des österreichischen Hochhausbaus reicht derzeit kaum über eine rein formale Behübschung hinaus. Es fehlt jede wie immer geartete **inhaltliche** Auseinandersetzung, städtebaulich, konstruktiv und funktionell-organisatorisch.

6.3   Produktions- und Lagerstätten in der Industrie

Es ist notwendig, dem nun Folgenden einige allgemeine Überlegungen voranzustellen. Aus architektonischer Hinsicht ist dem Industriebau die allergrößte Divergenz hinsichtlich der Ausformulierung der Gebäudehüllen zu attestieren. Begründet liegt dies in mehrerlei Hinsicht wohl in der historischen Entstehungsgeschichte des Industriebausektors. Da dergleichen Bauaufgaben lange Zeit als reiner **Zweckbau** ohne architektonischen Anspruch betrachtet wurde, wurde sie zumeist tatsächlich als Hülle ohne Gestaltungsabsicht und damit ohne Architekten als Baukünstler allein nach rationalen Überlegungen ausgeführt. Anfangs wurden für so genannte Fabrikbauten, die es generell erst seit etwa der Mitte des 19. Jahrhunderts als wahrgenommene Bauform gibt, einfach bestehende Strukturen, die geeignet schienen, adaptiert. Dabei handelte es sich meistens um Schlösser oder Klöster, oft, weil deren Baulichkeiten groß genug und zudem in der ursprünglichen Nutzung nicht mehr gebraucht wurden. Aber auch die schon existierenden Lagerhäuser für Salz oder Getreide dienten als Vorbilder für neu zu errichtende Industrieanlagen. Ersteres Faktum beeinflusste weitgehend die Gestalt des Außenbaus von Fabriken im 19. Jahrhundert, letzteres die Konstruktionsweise und damit das Innere. **Hallentypen** gibt es vor dem Industriebau dennoch schon in mehreren Sektoren des Bauens, von den Kirchenbasiliken zu den Handelshallen, von den großen Ratsversammlungssälen der italienischen Stadtrepubliken bis zu Hofstallungen. Ob Industriehallen ein- oder mehrge-

---

333   Vgl. auch TABOR / HASLINGER, *Architektur und Industrie*, S. 131

schossig ausfallen, bestimmten bis heute einzig funktionelle Faktoren von der Energieversorgung über die Belichtung bis zum Gewicht der Maschinen. Auch die Außenerscheinung war und ist zu allen Zeiten eher von der Suche nach dem billigsten Material für die doch im Allgemeinen größere Ausmaße erreichenden Bauten bestimmt, denn von Überlegungen zum baukünstlerischen Ausdruck. Polemisch bezeichnet mit Fug und Recht daher *Degenhart Sommer*, Professor für Industriebau an der Technischen Universität Wien und bezeichnenderweise an der Fakultät der Bauingenieure angesiedelt, die Rolle der Architekten im Industriebau polemisch mit „Sonderfachleute für die Behübschung"[334]. Dennoch möchte ich versuchen, die nun folgenden Industrie- und Produktionsstätten Österreichs im 19. und 20. Jahrhundert rein nach architektonischen Gesichtspunkten in Gebäudetypen einzuteilen, und nicht nach ihrer speziellen Zweckwidmung, wie sonst eher üblich, in Mühlen, Brauereien, Textilfabriken und dergleichen.

6.3.1 Mehrgeschossige Hallen

Für die Betrachtung der letzten beiden Jahrhunderte erscheint es sinnvoll, mit dem mehrgeschossigen Hallentyp zu beginnen, denn er stirbt als Produktionsstätte im 20. Jahrhundert zugunsten des eingeschossigen Hallentyps langsam aus. Das liegt zum einen in den Anforderungen selbst begründet. Die produzierenden **Maschinen** werden immer größer und damit auch schwerer, was die konstruktiven Möglichkeiten der Deckenausbildung bald überschreitet. Schwere Maschinen haben heute ihre eigenen Maschinenfundamente, die vollkommen unabhängig von den Baulichkeiten direkt im Boden verankert werden. Ultima Ratio: Bei Änderung des Maschinenparks muss oft die gesamte Produktionsstätte niedergerissen und neu errichtet werden. Da mit zunehmender Mechanisierung die Zahl der Arbeitnehmer sinkt, fällt bald auch das zweite Kriterium, das im 19. Jahrhundert zur Errichtung der mehrgeschossigen Produktionshallen geführt hatte, die natürliche und möglichst gute **Belichtung** des einzelnen Arbeitsplatzes in den **Manufakturen**. Andererseits erklärt gerade das, warum die mehrgeschossige Produktionshalle des 19. Jahrhunderts als funktionelles Vorbild für die mehrgeschossigen Bürobauten des 20. Jahrhunderts herangezogen wurde.

Eine der frühesten **Fabriken** Österreichs ist die 1793-97 in Kleinneusiedl von *Ignaz Theodor Pachner von Eggenstorf* errichtete Papierfabrik an der Fischa, die als Bautyp erstmals den neuen Anforderungen einer maschinellen Papierproduktion Rechnung trägt. Der dreigeschossige gemischte Produktions- und Verwaltungsbau beinhaltet im untersten Geschoß die Stampfwerke zur Zerfaserung des Haderns sowie die Walzwerke zur Glättung der hergestellten Papierbögen. Die Räume in den oberen Geschoßen dienten der Sortierung, Ausrüstung und Verpackung, während die geräumigen Mansarden als Trockenböden für die geschöpften Papiere bestimmt waren. Die **Hängeböden** waren bisher schon Charakteristikum der **Papiermühlen** gewesen, die

---

334 Zitiert nach: TABOR / HASLINGER, *Architektur und Industrie*, S. 11

Abb. 6.16: Schlossarchitektur im frühen Industriebau: Theresienmühle in Gramatneusiedl zur Textilerzeugung.

erdgeschossigen Maschinenhallen im Gegensatz dazu brandneu. Dennoch zeigt der Außenbau deutlich Reminiszenzen an den spätbarocken **Schlossbau**,[335] ganz genauso wie die ehemalige Theresienmühle in Gramatneusiedl. Dieser ebenfalls an der nicht gefrierenden Fischa gelegene Bau wurde am Anfang des 19. Jahrhunderts in den „typischen Formen der Hofbauamtsarchitektur" als monumentale U-förmige Anlage *(Abb. 6.16)* zur Textilerzeugung über einem Baukern aus dem 17. Jahrhundert in drei Geschossen errichtet.[336]

Gramatneusiedl ist nur eines der Beispiele für die Anfang des 19. Jahrhunderts im südlichen Wiener Becken zahlreich errichteten mechanischen **Bauwollspinnereien**, die die zuvor gebräuchlichen Textilmanufakturen aufgrund des Konkurrenzdruckes des früher industrialisierten Englands ablösten. Zunächst verlangte man von diesen Bauten der ersten Generation nicht mehr, als „solide, zuverlässige und technisch taugliche Gehäuse abzugeben für all die neuen Prozesse, die hinter ihren Mauern abliefen. ... Das aufgehende Mauerwerk bestand aus Naturstein oder Ziegeln, das Satteldach war mit Schindeln, Brettern oder Tonziegeln gedeckt. Die schmucklosen Fassaden waren rhythmisiert durch regelmäßig angeordnete, hochformatige Fensteröffnungen. Die Tiefe der Gebäude betrug zunächst nicht mehr als etwa neun bis zehn Meter bei einer Länge um die 20 Meter. Die **Geschoßzahl** variierte zwischen drei und fünf, selten – wie etwa bei der sechsgeschossigen Johann-Faktorei in Pottendorf – waren es mehr. Die zur Erschließung notwendigen Stiegenhäuser befanden sich im Gebäudeinneren an den Stirnseiten oder in vor die Fassade gesetzten Stiegenhaustürmen. Der zentrale Motor, das Wasserrad, war im Untergeschoß montiert und trieb mittels einer **Transmissionsanlage** die Maschinen in allen Stockwerken an."[337]

Im Gegensatz zu diesen frühen Fabrikanlagen weitab der Städte bemühten sich Produktionsstätten innerhalb Wiens viel deutlicher, sich mit ihrer Außengestaltung in die **Stadtlandschaft** einzufügen. Die 1850 erbaute erste Wiener Tabakfabrik am Rennweg, die leider mittlerweile abgerissen wurde, zeigte dies deutlich. Das Äußere dieses im wesentlichen als **verputzter** Ziegelbau errichteten Gebäudes zeigt die „gering plastische, elegante Architek-

335 Vgl. STADLER, Gerhard A., „Bauform und Architektur der frühen Fabriken in Niederösterreich" in: Technisches Museum Wien (Hrsg.), *Massenware Luxusgut*, S. 164-175; hier S. 171f.

336 DEHIO, *Niederösterreich südlich der Donau, Teil 1*, S. 586f.

337 STADLER, „Bauform und Architektur der frühen Fabriken in Niederösterreich", S. 174f.

tur der Gründerzeit", wie *Wehdorn* und *Georgeacopol-Winischhofer* meinen. Der Haupttrakt am Rennweg war eine U-förmig um einen überdachten Hof gruppierte Anlage mit Büroräumlichkeiten zur Straße hin und den großen **Arbeitssälen** in den Flügelbauten. Die Hauptfassade war symmetrisch mit Einfahrtstor in der Mittelachse ausgebildet und „durch die gleichmäßige Achsteilung großer Segmentbogenfenster bestimmt, zwischen denen in den Obergeschossen breite Lisenen angeordnet sind. Die Ziegelpfeiler im Keller, die sich nach oben konisch verjüngen, tragen die Decke in Form kleiner Tonnengewölbe. Das Erdgeschoß des Haupttraktes ist mit böhmischen Platzln zwischen Gurtbögen eingewölbt, sonst finden sich Holztram bzw. Dübelbaumdecken. Die Arbeitssäle zeigen offene Holzdecken, deren Längsträme von je einer Reihe Holzsäulen mit einfachen blockförmigen Kapitellen getragen werden."[338] Das zweite Wiener Produktionsgebäude der österreichischen Tabakregie in der Thaliastraße wurde 1893-98 errichtet. *Wehdorn* und *Georgeacopol-Winischhofer* meinen dazu, dass dieser „städtische Fabrikbau" mit seinem „Neorenaissance-Charakter die Formen des zeitgenössischen **Wohnbaus** aufnahm und sich daher auch heute noch gut in das historische Stadtbild von Ottakring einfügt"[339], obwohl es sich wiederum von der Konzeption her um eine „schlossartige Anlage" handelt, wie *Achleitner* anmerkt. „Es ist vielleicht kein Zufall, dass in der Literatur nirgends ein Planer zu finden ist, denn es ist in der Tat anonyme, ärarische Architektur mit den Vorzügen typologischen Standards, wie sie für Schulen, Kasernen, Amtsgebäude und auch Fabriken im städtischen Verband angewendet wurden."[340] Weiters meint *Achleitner*, dass die Anlage betont großzügig ausgeführt wurde, „eindrucksvoll auch die Konstruktion der hohen, hellen Säle … mit … schmalen, gusseisernen Säulen und relativ weit gespannten preußischen Kappen. Man hat pro Arbeiter(in) einen Luftraum von 10 m³ veranschlagt und auch für eine mechanische Entstaubung gesorgt".

Wie schnell jedoch dieses **Schloss-Image** der städtischen Fabriken in das einer bedrückenden **Fabrikskaserne**[341] durch die Gestaltung als typischer Wohnbau der Gründerzeit mit absolut gleichförmigen Fassaden umschlagen kann, zeigt das Ensemble der 1890 gegründeten Schokoladenfabrik Manner an der Grenze zwischen 16. und 17. Bezirk in Wien auf. Das immer noch bestehende Fabrikgebäude, das 1910-13 durch den Architekten und Baumeister *Josef Grünbeck* errichtet wurde, umfasst zwei riesige Häuserblocks der Gründerzeit, die unter der dazwischen liegenden Privatstraße unterirdisch verbunden sind. Die größtenteils fünf bis sechsstöckige Trakte bilden riesige Innenhöfe mit Kesselhaus und anderen Nebengebäuden. Die Fassadenge-

---

338 WEHDORN / GEORGEACOPOL-WINISCHHOFER, *Baudenkmäler der Technik und Industrie in Österreich*, Band 1, S. 26

339 WEHDORN / GEORGEACOPOL-WINISCHHOFER, *Baudenkmäler der Technik und Industrie in Österreich*, Band 1, S. 84

340 ACHLEITNER, *Ö.Arch. 20. Jh. Band III/2*, S. 179f.

341 WEHDORN / GEORGEACOPOL-WINISCHHOFER, *Baudenkmäler der Technik und Industrie in Österreich*, Band 1, S. 88

Abb. 6.17: Wohnbau oder Produktionsstätte: Schokoladenfabrik Manner in Wien.

staltung der verputzten Ziegelbauten bildet durch additive Aneinanderreihung der Segmentbogenfenster ein einheitliches architektonisches Bild, das an den Wohnbau der Gründerzeit angeglichen ist *(Abb. 6.17)*. Nur die Sprossenteilung der Fenster weist auf einen Industriebau hin.

Ein sehr viel „kühnerer Beitrag zum Thema Gerüst und Haut" ist dagegen die Anlage der Agentor-Werke, einer Galvanisierfabrik, die ab 1894 im 7. Wiener Gemeindebezirk, also ebenfalls im Umfeld von gründerzeitlichen Wohnhausbauten angelegt wurde. „Dabei handelt es sich nicht nur um einen der ersten **Eisenbetonbauten** Wiens, sondern auch um eine besonders intelligente Ausbildung der Deckenauflager und Brüstungszone, wobei die Eisenbetondecke schalenartig gebogen in einen schmalen Träger unter er Sohlbank übergeführt wird. Dadurch wird nicht nur der Lichteinfallswinkel verbessert, sondern auch eine Minimierung der Decken-Brüstungszone erricht, die nicht unwesentlich zur kühnen Ästhetik dieses reinen Zweckbaus beiträgt"[342], meint dazu unübertroffen prägnant *Friedrich Achleitner*. Die Außenerscheinung des Zubaus in der Wimbergergasse wird von den Sichtziegelpfeilern des Systems Henebique geprägt, in das *Ludwig Dillmann* 1902 das ursprünglich von *Carl Brodhag* als kombinierte Eisen-Monier-Konstruktion entworfene Traggerüst umplante.

Abb. 6.18: Erster Einsatz von Sichtbeton an einer städtischen Fassade: Jubiläumswerkstättenhof in Wien.

Ebenfalls in der neuen Konstruktionsart mit Stahlbetonplattendecken auf Mittelstützen als Geschoßdecken und damit auf hohe Tragfähigkeit ausgebildet wurde der Jubiläumswerkstättenhof in Mariahilf, 1908-09 von *Otto Richter*, *Leopold Ramsauer* und *Karl Stigler* entworfen und errichtet. Die Fassade *(Abb. 6.18)* dieses laut *Achleitner* „markanten Beispieles des Wiener Industriebaus nach der Jahrhundertwende, der durch eine besondere tektonische

---

342 ACHLEITNER, *Ö.Arch. 20. Jh. Band III/1*, S. 217; auch ACHLEITNER bezieht die Information im Detail aus: WEHDORN / GEORGEACOPOL-WINISCHHOFER, *Baudenkmäler der Technik und Industrie in Österreich, Band 1*, S. 32

Klarheit und Ausgewogenheit von Struktur und Füllung (großflächige Eisenfenster) besticht"[343], nutzt hier ebenfalls schon das neue Material, indem die schlanken Trennstützen zwischen den Fenstern aus Drahtglas in Metallrahmen im **Stampfbeton** ausgeführt wurden. Allerdings wurden diese Pilaster und einige Parapetfelder dann mit Sichtziegeln ausgekleidet. Beton **sichtbar** an der Fassade in einem derartig städtischen Umfeld einzusetzen, war offensichtlich schlicht undenkbar, nicht einmal bei der dreigeschossigen Halle der ehemaligen K. k. Militär-Aeronautischen Anstalt in Fischamend, die um 1910 vollkommen auf freiem Feld errichtet wurde[344]. Jedenfalls ist der Jubiläumswerkstättenhof eines der bedeutendsten Beispiele eines Gebäudekomplexes, in dem die Idee, sowohl eine Vielzahl von verschiedenartigen Gewerbe- und Industriebetrieben, als auch Volkswohnungen in einer Einheit zusammenzufassen, verwirklicht wurde.[345]

Dass zu diesem Zeitpunkt längst höchste **architektonische Ansprüche** an innerstädtische Fabrikanlagen gestellt wurden, stellt die gleichzeitig 1908-09 errichtete Bäckerei des Ersten Wiener Konsumvereins in der Hasnerstraße von *Hubert* und *Franz Gessner* heute noch eindrucksvoll zur Schau. Diese Brotfabrik mit einer Tagesproduktion von 18.000 Kilogramm steht in mitten in einer Reihe von anderen Bauten *Hubert Gessners*, der sich „zum Spezialisten für Brotfabriken und Lebensmittel-Lagerhäuser" entwickelt hatte. Zwischen dem Lagerhaus für die Konsumgenossenschaft 1905 und den Unionsbrotwerken in Salzburg von 1924 hat *Gessner* insgesamt dreizehn solcher Anlagen in Österreich, Böhmen, Mähren und Ungarn errichtet.[346] „Das Fabriksgebäude der Otto-Wagner-Schüler [in Ottakring] hat eine ganz außerordentliche Qualität; Dies gilt nicht nur für die bekleidete, streng aufgebaute Fassade, sondern vor allem für den von der technischen Inneneinrichtung unabhängigen Innenausbau ...",[347] worin *Achleitner* eine Neubewertung von Arbeitsstätten generell sieht.

Das sich hier schon anbahnende Charakteristikum der Industriearchitektur des 20. Jahrhunderts, das darin besteht, die Hülle von Produktions- wie Lagerstätten möglichst **unabhängig** von der Tragkonstruktion zu halten, entfaltet sich erst voll bei der Tabakfabrik in Linz von *Peter Behrens* und *Alexander Popp* 1929-1935, ein grundlegender Um- und Erweiterungsbau der bereits seit 1850 sich an diesem Standort befindlichen Tabakregie. *Behrens*, der zu dieser Zeit die Professur an der Wiener Akademie der Bildenden Künste inne hatte, was ihm dieses gewaltige Bauvorhaben in der Tradition eines Staatsarchitekten einbrachte, schafft hier eine der „großen internatio-

---

343 ACHLEITNER, *Ö.Arch. 20. Jh. Band III/1*, S. 198

344 Vgl. DEHIO, *Niederösterreich südlich der Donau, Teil 1*, S. 444f.

345 Vgl. WEHDORN / GEORGEACOPOL-WINISCHHOFER, *Baudenkmäler der Technik und Industrie in Österreich, Band 1*, S. 28

346 Vgl. TABOR / HASLINGER, *Architektur und Industrie*, S. 30f.

347 ACHLEITNER, *Ö.Arch. 20. Jh. Band III/2*, S. 176f.

nalen Leistungen des Industriebaus der dreißiger Jahre, deren Bedeutung (nicht nur für Linz) gar nicht hoch genug eingeschätzt werden kann."[348] Dies bezieht sich sowohl auf die äußerst **fortschrittliche** Bautechnologie, mit der den hohen Anforderungen aus der Produktion am Strang, der kontinuierlichen Klimatisierung mit 80 Prozent konstanter Luftfeuchtigkeit und der durchgehenden Belichtung entsprochen werden konnte, als auch auf die hohen ideellen Ansprüche, die gestellt wurden. „Seine schwungvolle Fassade, sein dynamisches Aussehen, seine ungewöhnlich reiche künstlerische Ausstattung sowie der hohe soziale und arbeitshygienische Standard der Anlage sollten den wirtschaftlichen Aufstieg Österreichs anleiten und symbolisieren."[349]

Abb. 6.19: Ausdruck einer extremen Fortschrittlichkeit: Tabakfabrik in Linz.

Auch die Architekten selbst stellten fest, dass offensichtlich endlich ein adäquater **Ausdruck** für einen modernen Industriebau gefunden worden war *(Abb. 6.19)*. „Das Antlitz dieses Bauwerks sagt jedermann, was es ist – ein Fabrikbau. So wie sich innen Geschoß über Geschoß, Arbeitssaal an Arbeitssaal reiht, so gibt auch das Äußere diesen horizontalen Rhythmus wieder."[350] Hinsichtlich der funktionellen Fortschrittlichkeit heben die Architekten unter anderem folgende Punkte hervor: Sie wählten einen mehrgeschossigen Skelettbau für die zu bewältigenden 230 Meter Gebäudelänge, um den zu erwartenden laufenden Änderungen in der Betriebsanordnung, sprich der Neuaufstellung und Umstellung der Maschinen gerecht werden zu können. Das Tragskelett besteht aus einer mit unter anderem Zellenbeton ummantelten Stahlkonstruktion, der geschossweise vom Skelett getragen die Außenhaut aus 38 cm Aristohohlsteinmauerwerk und 5 cm Kork vorgelagert ist. Bei herkömmlicher Bauweise hätte bei diesen Anforderungen und einer Wandhöhe von bis zu 28 Metern die Wandstärke 1,6 Metern betragen. Diese Anordnung und die horizontale Streifenbildung des Mauerwerks, die vertikale Zusammenhänge tunlichst vermeidet, gibt die Gewähr, dass ohne besondere Vorkehrungen Rissbildungen nicht auftreten können. Die aufgrund der hohen Luftfeuchtigkeit notwendige, dampfbetriebene Klimaanlage bedingte zudem, dass auf das dichte Schließen der Lüftungsflügel der horizontal durchlaufenden Fensterbänder größter Wert zu legen und Holz in diesem Bau in jeder Hinsicht zu meiden war. Erstmals wer-

348 ACHLEITNER, *Ö.Arch. 20. Jh. Band I*, S. 195

349 TABOR / HASLINGER, *Architektur und Industrie*, S. 32 f.

350 Zitiert nach: *Architektur im 20. Jahrhundert. Österreich*, S. 154

den zudem für eine flexible Leitungsführung Montageschlitze entlang der Außenwände vorgesehen.[351]

Da es so sehr die Einstellung trifft, die wir vor allem heute guter Architektur abverlangen, seien *Behrens* und *Popp* im Original von 1933 zur ästhetischen Aussage dieses Bauwerks zitiert: „Wie bei allem architektonischen Schaffen bestand aber die Aufgabe zuallererst darin, für das Bauwerk die seiner Eigenart entsprechende typische Form zu finden. ... So wie sich im Innern Geschoß über Geschoß, Arbeitssaal an Arbeitssaal reiht, so gibt auch das Äußere diesen horizontalen Rhythmus wieder, der nur dort unterbrochen wird, wo die Stiegenhäuser und die Aufzüge mit ihren Längsfenstern die vertikale Bewegung innerhalb des Gebäudes auch im Äußeren zum Ausdruck bringen. Nicht der Straßenflucht in ein paar Polygonalpunkten folgend, sondern von der Geraden in die Kurve übergehend, erstreckt sich die Bauflucht. Die Monumentalität dieses Bauwerks besteht darin, dass jegliche kleinliche Gliederung vermieden wurde, dass lediglich Wert darauf gelegt wurde, gute Proportionen der Baumassen zu schaffen, die allein das architektonisch Wertvolle an einem Bauwerk sein können. Industriebauten von solcher Geschlossenheit in ihrer Wirkung sind immer wieder der Beweis, dass ingenieurmäßige Sachlichkeit noch lange nicht die ästhetische Schönheit eines Bauwerks bedingen muss. Hier bedarf es der gestaltenden Hand des Architekten, der aus Konstruktion und Form die höhere Einheit schafft."[352]

6.3.2 Eingeschossige Hallen

Im 20. Jahrhundert wird die mehrgeschossige Produktionshalle durch die eingeschossige abgelöst. Ein Hauptgrund war zweifelsohne das zunehmende **Gewicht** der Maschinen. Ein Produktionszweig, der schon sehr früh, nämlich noch im letzten Drittel des 19. Jahrhunderts von dieser Entwicklung betroffen war, war die **mechanische Weberei**. „Zunächst wurden die mechanischen Webereien noch in den bereits bewährten, den Spinnereien ähnlichen Geschoßbauten eingerichtet, doch schon bald erzwangen die schweren, aus Gusseisen gefertigten Webstühle, ein völlig neues bauliches Konzept: Weiträumige Hallen mit Sheddächern gewährleisteten den Produktionsablauf in einer Ebene," schreibt dazu *Stadler*, und nennt als Beispiel die 1869 nach Plänen des Architekten *Carl Tietz* entstandene Felixdorfer Weberei. „Ihre Konstruktion beruht auf einem Raster von schlanken gusseisernen Säulen, die stark dimensionierte hölzerne Dreiecksbinder des Sheddaches tragen. Die Fassade ist symmetrisch aufgebaut und zeigt einen überhöhten Mittelrisaliten mit kräftig vorspringenden Mauerpfeilern, die von turmähnlichen Aufbauten abgeschlossen werden."[353]

---

351 Vgl. ACHLEITNER, *Ö.Arch. 20. Jh. Band I*, S. 195 ff.

352 >profil<, 1933/5; zitiert nach ACHLEITNER, *Ö.Arch. 20. Jh. Band I*, S. 195 ff.

353 STADLER, „Bauform und Architektur der frühen Fabriken in Niederösterreich", S. 175

Abb. 6.20: Fassadengestaltung einer ausgedehnten Produktionshalle um 1900.

Das Bedürfnis nach einer Fassadengestaltung im **traditionellen** Sinne der Baukunst war auch bei diesen eingeschossigen Industriehallen sehr groß, wie *Achleitners* Beschreibung der Vorarlberger Kammgarn Spinnerei *(Abb. 6.20)* von 1896 (1909 erweitert) in Hard bei Bregenz deutlich macht. „Die flache Shedhalle hat eine Raumgruppe vorgelagert (Büros, Werkstätten, etc.), die als Mauerbau auch die repräsentative Funktion der Anlage übernimmt, währen der eigentliche Spinnereisaal eine rationelle, raumsparende Eisenkonstruktion besitzt."[354] Falls man meint, dass diese Tendenz in der heutigen Industriearchitektur überwunden ist, sollte man sich als gegenteiliges Beispiel die Produktionshalle Funder II in St. Veit an der Glan vergegenwärtigen, der *Günther Domenig* 1992 Schau- und Seminarräume an der Eingangsseite voranstellte, die in ihrer aufwändigen Gestaltung in nichts den schlossartigen Industriefassaden des 18. und 19. Jahrhunderts nachstehen.

Heute betrachten wir im Großen und Ganzen den Industriebau als Zweckbau, der seine **Schönheit** durch die **Ablesbarkeit** seiner Funktion an seiner Gestaltung erhält. Diesen Paradigmenwechsel zur Aufwertung des Zweckbaus verdanken wir Architekturtheoretikern wie *Jean-Nicolas-Louis Durand*, der ganz im Sinne des französischen Rationalismus die Priorität der Konstruktion und der Zweckmäßigkeit gegenüber vagen und subjektiven Schönheitsvorstellungen betonte. Bezeichnenderweise vollzog sich dieser Wechsel in der Architektureinstellung zumindest in den theoretischen Arbeiten bereits um die Wende vom 18. auf das 19. Jahrhundert, also ein ganzes Jahrhundert, bevor all dies in die Praxis des Bauens umgesetzt wurde. *Durand* verspottete schon damals jene Architekten, welche ein Projekt mit der Fassade anfangen. Ihm schien es „lächerlich und fruchtlos, die Gebäude durch eingebildete und kostspielige Mittel zu verzieren, ... während die Natur und die gesunde Vernunft uns so sichere und einfache Mittel in der bloßen Konstruktion darbietet."[355]

Dieser Exkurs in die Architekturtheorie soll bezeugen, wie rückständig und **konservativ** die Architektur des österreichischen Industriebaus im 19. Jahrhundert generell war. Eine aus heutiger Architektensicht wunderschöne Komposition wie die bedauerlicherweise mittlerweile abgerissene Sichtziegelmauerwerkshalle der Süßwarenfabrik Cabos in Wien-Hütteldorf, 1902-03 von *Fröhlich*, *Stigler* und *Rous* mit einer **Shedkonstruktion** aus Eisenfach-

---

354 ACHLEITNER, *Ö. Arch. 20. Jh. Band I*, S. 442

355 Zitiert nach: TABOR / HASLINGER, *Architektur & Industrie*, S. 12

werken von *Max Wahlberg* erbaut, zeigt dies nur allzu deutlich. *Tabor* kommentiert, dass sich diese Halle bautechnisch kaum von Anlagen in England um 1870 unterscheidet.[356]

Dennoch ist die Entwicklung neuartiger Konstruktionsweisen offenbar keineswegs linear, sondern im Gegenteil geradezu sprung- und schubhaft vor sich gegangen. Nur wenige Jahre nach dieser Eisenfachwerkskonstruktion kamen bereits komplizierte Konstruktionen aus Eisenbeton für **Laternensheds** zur Anwendung, wie bei den zwischen 1912 und 1920 entstanden Produktionshallen der aus dem Wehrgraben auf die Ennsleiten ausgelagerten[357] Steyr-Daimler-Puch-Werke.[358] Diese Strukturen waren bereits so fortschrittlich, dass sie selbst noch beim letzten Umbau 1991, einer Werksplanung, bei der *Wolfgang Jäger* die statische Berechnung innehatte, zur anstandslosen Wiederverwertung gelangten. *Sommer* schreibt dazu: „Trotz der äußerst schwierigen Bodenverhältnisse sind hier Bauten entstanden, die als Industriedenkmäler gelten. ... Durch ihre einfache klare Gliederung und durchgängige Rastermaße ist es ihnen möglich, inzwischen eine Vielzahl von verschiedenen Produktionen im Laufe ihres Bestandes aufzunehmen. Es hat sich herausgestellt, dass es gerade bei diesem Bauwerk der ehemaligen Steyr-Werke möglich ist, eine komplett andere Nutzung mit relativ geringem Aufwand unterzubringen. Die Belichtung der Halle über die großzügigen Shedkonstruktionen ist ausreichend. Ihre Kleinmaßstäblichkeit könnte als Beispiel für manchen heutigen Industriebau dienen."[359] Interessant ist, welche städtebaulich-architektonischen Überlegungen bei der Entstehung dieses neuen Industrieareals zwischen 1912 und 1920 angestellt wurden. So wurde durch mutmaßliche Intervention des Thronfolgers *Franz Ferdinand*,

356   TABOR / HASLINGER, *Architektur & Industrie*, S. 24

357   Die Vorläuferfabriken der Steyr-Daimler-Puch-Werke sind die von *Josef Werndl* ab der Mitte des 19. Jahrhunderts zu einer höchst erfolgreichen Waffenproduktion (auf Basis der Erfindung des Hinterladergewehres von *Werndl* und *Holub*) ausgebauten alten Mühlen und Hämmer im Wehrgrabenareal von Steyr sowie im bei Garsten liegenden Ort Letten. Ab 1894, fünf Jahre vor *Werndls* Tod, begann man mit einer Fahrrad- und Flugzeugmotorenerzeugung, um sich aus der ersten wirtschaftlichen Krise zu befreien. Dies führte zum zweiten Aufschwung der Werke mit der Automobilproduktion ab 1916, die zur Verlegung der Erzeugung aus dem zu engen Wehrgraben nach Ennsdorf auf die Hohe Ennsleiten führte, was zudem einen Eisenbahnanschluss bieten konnte. Die Entstehung dieses bis ins Mittelalter zurückverfolgbaren Industrieareales im Wehrgraben war an die Wasserkraft der Kanäle der Steyr als Energiequelle gebunden gewesen, Voraussetzungen, die mit dem 20. Jahrhundert obsolet wurden. Zur Geschichte des Wehrgrabens vergleiche: Hans STÖGMÜLLER, *Wehrgraben. Führer durch Geschichte und Arbeitswelt*, Steyr 1987 und Walter WIPPERSBERG, *Die Stadt Steyr*, Linz 1990, insbesondere S. 94-114: „Josef Werndl und die Industrialisierung" bis „Die Industrie übersiedelt. Der Verfall des Wehrgrabens";

358   ACHLEITNER, *Ö.Arch. 20. Jh. Band I*, S. 113

359   SOMMER et al., *Architektur für die Arbeitswelt*, S. 24

der eine Bauweise anordnete, die keine Sheds am Horizont sichtbar machen würde, die Eingangssituation so gestaltet, dass der repräsentative Kopf- und Verwaltungsbau an der vorderen Kante der exponierten Terrasse der Ennsleiten liegt und einen gewissen Blickfang im Ensemble liefert.[360]

Abb. 6.21: Die notwendigen Sheddächer bestimmen die Fassadengestaltung.

Wie sehr mit der Ausprägung des Shedtyps in Eisenbeton nach dem Vorbild von Steyr die endgültige Konstruktions- und Funktionsform für Industriehallen des 20. Jahrhunderts gefunden wurde, sollen die nächsten beiden Beispiele eindrucksvoll aufzeigen. Das Presswerk der Aluminiumwerke in Braunau-Ranshofen, das von *Lukas M. Lang* und *Peter Czernin* 1970 entworfen wurde, unterscheidet sich nur dadurch, dass nun Stahlbetonfertigteile anstelle der ursprünglich vor Ort geschalten Eisenbetonbauweisen zum Einsatz kamen und die Außenwände nun aus Stahl- und Aluminiumblechen bestehen.[361] Ein hinsichtlich seiner Gestaltung überdurchschnittlicher und dennoch einem gewissen **Standard** im Industriebau entsprechender Bau wie die Stempelfabrik Trodat *(Abb. 6.21)* in Wels von *Roland Ertl* aus den Achtzigerjahren des 20. Jahrhunderts zeigt mit seiner bewusst gestalteten Fassadenarchitektur aus Betonfertigteilen insofern einen Einstellungswechsel auf, als nun die Sheds zur Innenbelichtung nicht mehr hinter der Fassade versteckt, sondern im Gegenteil bewusst als Gestaltungsmittel herangezogen und zur Schau gestellt werden.

Neben dem beliebig sowohl in Längs- wie in Querrichtung erweiterbaren Sheddachhallentyp kristallisiert sich als zweiter Typ um die Wende von 19. zum 20. Jahrhundert ein eher längs gestreckter **Werkshallentyp** heraus, der sich die uralte Bauform der dreischiffigen **Basilika** mit Belichtungsmöglichkeit über die in der Baukunst so genannten Obergaden zu Nutze macht. Die Werkshalle der Wiener Maschinenfabrik Ernst Krause in der Engerthstraße *(Abb. 6.22)*, die 1904-05 von *Georg Parthilla* entworfen und mit einer zarten Eisenkonstruktion von *R. Ph. Waagner* ausgestattet ist, entspricht genau diesem Typ, der „durch den Kontrast von kräftiger Mauer (Hülle) und filigraner Innenkonstruktion neben der zeittypischen auch eine eigenständige architektonische Qualität besitzt"[362]. Die an der Straße liegende dreischiffige,

360   Vgl. ACHLEITNER, *Ö.Arch. 20. Jh. Band I*, S. 111f.

361   TABOR / HASLINGER, *Architektur und Industrie*, S. 65

362   ACHLEITNER, *Ö.Arch. 20. Jh. Band III/1*, S. 104

basilikale Halle ...[363] besaß seitliche Galerien und wurde von hoch liegenden Fensterbändern belichtet. Heute noch beeindruckt die Erweiterung dieses Produktionsareals um eine Stahlbetonhalle aus dem Jahre 1937, die *Bruno Bauer* entworfen hat, durch die Klarheit der mit den Momentenlinien mitgeschalten Rahmenkonstruktion. Dieser im 20. Jahrhundert ebenfalls sehr geläufige Bautyp der einschiffigen Rahmenhalle

Abb. 6.22: Industrielle Halle mit basilikalem Querschnitt: Maschinenfabrik Krause & Co.

aus Stahlbeton oder Stahl ist zwar in der Länge beliebig erweiterbar, allerdings in der Breitenausdehnung limitiert, einerseits durch die nur begrenzt mögliche konstruktive Spannweite der Obergurte der Rahmen und andererseits hinsichtlich der Seitenbelichtung.

Heute scheinen im Industriebau die Architekten als die zitierten Sonderfachleute für **Behübschung** wieder im Vormarsch zu sein, was auch gut ist, denn die „statisch-starr empfundenen Bau-Fundamente"[364] gerade in diesem durch die Ingenieure geprägten Segment werden dadurch notwendigerweise aufgebrochen. Bahnbrechend war diesbezüglich zweifelsohne der Bau des Funder III-Werkes bei St. Veit an der Glan durch *Coop Himmelb(l)au* 1990, ein Paradebeispiel für Image-Architektur[365], wie *Tabor* meint. Das war auch vom Bauherrn so gewünscht: „Das Unternehmen wurde zuvor nach einer schwierigen ökonomischen Situation saniert, und die signalhaften neuen Bauten wurden von den Mitarbeitern und der Öffentlichkeit auch als Zeichen neuer Kraft und neuen Selbstbewusstseins verstanden"[366], stellt *Steiner* dazu klar. Die anonyme Kiste aus Stahlbetonfertigteilen mit der handelsüblichen Blechfassade war bereits geplant, als die Architekten beigezogen wurden. Sie entwickelten mit einem bestaunenswerten Sensorium für die immer schon signalhaft eingesetzten Bauteile einer Fabrik eine neue Zeichenhaftigkeit, die insbesondere am roten Kamm der Mittelbrandwand, der explodierenden Ecke, in der der Präsentations- und Empfangsraum untergebracht ist, sowie in den tanzenden Kaminen der Energiezentrale zum Ausdruck kommt.

363   Inf.: WEHDORN / GEORGEACOPOL nach ACHLEITNER; vgl. auch: Christoph HAAS / Klaus PRISTOUNIG, *E_151. Umnutzung einer Maschinenfabrik*, Diplomarbeit den der Technischen Universität Wien 2003

364   TABOR / HASLINGER, *Architektur und Industrie*, S. 108

365   TABOR / HASLINGER, *Architektur und Industrie*, S. 108

366   *Architektur im 20. Jahrhundert. Österreich*, S. 258

6.3.3   Industrielle Türme

Die Türme symbolisierten in Industriekomplexen von Anfang an die Produktivität, indem seit dem Siegeszug der Dampfmaschine der **Schornstein** zum monumentalen Mittelpunkt jeder Anlage wurde.[367] Kaum eine der großen Industrieanlagen, die sich im 19. Jahrhundert nicht mit vollauf dampfenden **Schloten** darstellen ließ wie beispielsweise das Ternitzer Stahlwerk auf einer Farblithografie von *M. Schmölch* um 1875[368]. Heute hat sich das Verhältnis etwas umgekehrt. Rauchende Fabrikschlote werden gemeinhin als Symbole der Luftverschmutzung durch die Industrie angesehen. Nichtsdestotrotz dienen Kamine nach wie vor als Signets, wie eben die tanzenden Kamine von Funder III, im Unterschied zu früher häufig jedoch als reine Signetträger, also Unterkonstruktionen zum Anbringen von Logos und Werbung aller Art. Aus kompositorischer Sicht sind sie für die Architekten willkommene vertikale Elemente, die die Horizontalität der Industriehallen in gestalterischer Hinsicht ausbalancieren helfen. Natürlich hat sich auch die Materialität verändert. Waren die Industrieschornsteine im 19. Jahrhundert als standardisierter Typ in Sichtziegelmauerwerk ausgeführt, sind sie im Allgemeinen heute Stahlrohre, die statisch häufig durch eine Zusatzkonstruktion gestützt werden müssen.

Abb. 6.23: Umspannwerk am Präbichl, vor 1925 erbaut: Suche nach einer adäquaten Architektur für ein technisches Bauwerk in der Landschaft.

Es gab und gibt noch andere funktionelle Türme im Verband einer Fabrik. Interessant ist, dass diese Türme oder turmähnlichen Bauwerke nicht wie die Fabrikschlote mit einem gewissen stolzen Selbstverständnis als unabdingbare Bestandteile der Produktion zur Schau gestellt werden. Ganz im Gegenteil, man versuchte lange, ihren technischen Charakter nach außen hin zu **tarnen**, indem sie wie Festungs- oder Kirchtürme aussehen. Der Transformator der Vorarlberger Kammgarn Spinnerei ist ähnlich dem Umspannwerk der Österreichischen Siemens-Schuckert-Werke am Präbichl *(Abb. 6.23)* dieser Gruppe zuzurechnen. *Achleitner* schreibt dazu: „Dieses Umspannwerk ist ein besonders Beispiel dafür, wie in den zwanziger Jahren historische Bautypen für die landschaftliche Einbindung von technischen Objekten herangezogen wurden. Der mittelalterliche Wehr- oder Wachturm signalisiert hier eine gewachsene Beziehung zur Landschaft."[369]

---

367   Vgl. WEHDORN / GEORGEACOPOL-WINISCHHOFER, *Baudenkmäler der Technik und Industrie in Österreich, Band 1*, S. XX

368   STADLER, „Bauform und Architektur der frühen Fabriken in Niederösterreich", S. 169

369   ACHLEITNER, *Ö.Arch. 20. Jh. Band II*, S. 177

Abb. 6.24: Der Malzdarreturm prägt die Silhouette der Ottakringer Brauerei.

Einzig bei Brauereien werden die Malzdarretürme zum **Wahrzeichen** des spezifischen Produktionsvorganges und daher doch deutlich als Türme dargestellt. Dies führt dazu, dass Brauereien sofort als solche erkannt werden, interessanterweise, obwohl ihre Darretürme vollkommen unterschiedliche Formgebung aufweisen. Der 1894-95 errichtete verputzte Rundbau von ca. 12m Durchmesser und 30 m Höhe bis zur Schornsteinoberkante nach dem in Europa nur etwa fünf- bis sechsmal errichteten Ringhofferschen Runddarre[370] ist in der Reininghausbrauerei in Graz nach wie vor sichtbar erhalten. Brautechnisch ebenfalls als Stockwerksdarre von etwa 30 Metern Höhe ausgebildet ist der Malzdarreturm der Ottakringer Brauerei in Wien, den *Franz Vonck* 1907-08 über einem annähernd quadratischen Grundriss mit achteckigem Aufbau und steilem Zeltdach entwarf *(Abb. 6.24)*. Diese noch immer voll funktionsfähige Darre, bei der das im Keller eingeweichte Darregut über einen Aufzug in die oberste Horde gehoben und durch Klappvorrichtungen auf die darunter befindlichen Böden gebracht, wo es dann im Gegenstromprinzip durch heiße Luft getrocknet wird, ist mittlerweile durch ihre charakteristische Gestalt zum Wahrzeichen für die Brauerei und den Bezirk geworden.[371]

Es muss darauf hingewiesen werden, dass bei dergleichen Türmen sich die äußere Form aus der Funktion mehr oder weniger von selbst ergibt. Dennoch ist auf ein bisschen Dekor wie eine Putzgliederung durch Kordon- und Hauptgesimse bei Reininghaus beziehungsweise durch eine kräftige horizontale Nutung bei Ottakringer nicht verzichtet worden, da es sich ja um Industrieanlagen in einer städtischen Umgebung handelt. Erst die klassische Moderne bringt hier ein Umdenken in dem Sinne, dass nun zwar auf jegliches Ornament, jeden Dekor zugunsten von glatten Putzoberflächen und einfachen geometrischen Formen verzichtet wird, im Gegenzug aber das gesamte Gebäude eine Form erhält, die sehr wohl einen Rückschluss auf seine Funktion zulässt. So führt etwa *Lois Welzenbacher* beim Innsbrucker Adambräu von 1926-29(31) nun das Sudhaus selbst in Form eines Turmes auf quadratischer Basis aus, eine Form, die in etwa der Malzdarre der Schlossbrauerei Sorgendorf bei Bleiburg in Kärnten entspricht, die allerdings ganz im Sinne der Industriearchitektur der 2. Hälfte des 19. Jahrhunderts als Sichtziegelbau mit Lisenengliederung und segmentbogenförmigen Fensterstürzen ausgebildet wurde. *Welzenbacher* schneidet hingegen zusätzlich zu den kleinen quadratischen Fensteröffnungen,

370 Vgl. WEHDORN / GEORGEACOPOL-WINISCHHOFER, *Baudenkmäler der Technik und Industrie in Österreich, Band 2*, S. 46

371 Vgl. WEHDORN / GEORGEACOPOL-WINISCHHOFER, *Baudenkmäler der Technik und Industrie in Österreich, Band 1*, S. 80

die er über die gesamte Oberfläche verteilt dort angeordnet hat, wo sie im Inneren zur Belichtung benötigt werden, noch große Schaufensteröffnungen zur Straße hin ein, um dem Passanten **Einblick** in die Vorgänge der Produktion (Sudkessel) zu gewährleisten, - „eine für die damalige Zeit aufregende Maßnahme. Er zeigt, dass die Form nicht nur Mitteilung über die Funktion, sondern auch deren Darstellung, ja Erklärung sein kann."[372]

6.4 Produktions- und Lagerstätten in der Landwirtschaft

Jedenfalls als bauliche Vorbilder für den Industriebau generell müssen landwirtschaftliche Produktions- und Lagerstätten angesehen werden, die eine Tradition in der europäischen Baukunst bis weit übers Mittelalter zurück aufweisen. Die römische Baukunst weist schon Getreidespeicher und Ölmühlen auf, da sie ja bereits die städtische Bevölkerung Roms weitab von den eigentlichen Anbaugebieten mit Nahrungsmitteln konstant zu versorgen hatte. Die Archäologie des 19. Jahrhunderts war in diesen Relikten eines antiken Großreiches jedoch deutlich weniger als an deren anderen Baudenkmälern interessiert, weshalb für die im 19. Jahrhundert sich anbahnenden ähnlichen Bauaufgaben ganz im Gegensatz zu den Kulturbauten diese Bauwerke keine Vorbildfunktion wahrnahmen.

6.4.1 Speicher und Silos

Erst die Generation von Architekten der klassischen Moderne, der in Österreich als einer der wenigen *Lois Welzenbacher* mit Sicherheit zuzuordnen ist, war von einem Typ Bauwerk fasziniert, das den landwirtschaftlichen Lagerstätten zuzurechnen ist, nämlich von der amerikanischen Erfindung der Silos. Die Architekten der Moderne waren von diesen landwirtschaftlichen **Lagertürmen** vor allem deshalb so angetan, weil sie ohne architekturhistorische Zwänge einfach nur ihre Funktion ausdrücken mussten, und dies als monolithische Körper im neuen Material Beton kompromisslos taten. Kompromisslos heißt in dem Falle naht- und fugenlos sowie ohne jede Verzierung. Dies war nicht immer so, denn die ersten österreichischen Silo-Erbauer Mitte der Dreißiger Jahre des 20. Jahrhunderts bemühten sich noch, diesen befremdlichen Bauwerken, die sie mitten in die Landschaft stellten, mittels Satteldach ein bodenständiges Aussehen zu verleihen. „Erst verhältnismäßig spät erkannte man, dass die Gestaltung von der Eigenart des Bautyps ausgehen muss, ... In den sechziger Jahren hat der Linzer Architekt *Reinhold Kroh senior* in Oberösterreich und in Salzburg rund vierzig Silos und Futtermischwerke errichtet, unter denen viele sind, die durch ihre das Lapidare der geometrischen Körper hervorhebende Gestaltung beeindrucken," schreibt *Tabor* und bringt als Fotobeispiele unter anderem das Mischfutterwerk Pöchlarn sowie die Getreidesilos von Hörsching.[373]

---

372 ACHLEITNER, Ö.Arch. 20. Jh. Band I, S. 387

373 TABOR / HASLINGER, *Architektur und Industrie*, S. 55

Kroh, der zweifelsohne nicht zu den meistge- nannten Architekten dieser Zeitspanne in Öster- reich zählt, vermutlich, da sich seine Domäne auf Bautypen beschränkt, die gemeinhin nicht der hohen Baukunst zugerechnet werden, ob- wohl Silos beziehungsweise Speicherbauwerke einmal viel stolzer am Lande als die **Kirchen unserer Zeit** angesehen wurden, regte dennoch manch berühmten Zeitgenossen durch seine Bauten an, wie die Perlmoser Zementwerke, 1970 von *Karl Schwanzer* in Mannersdorf an der Leitha erbaut, zweifelsohne belegen. *Schwanzer* wählte in dem Fall das Material Sichtbeton, mit- tels Gleitschalung fugenlos hochgezogen des- halb, weil es die Umwandlung des Kalkgesteins über das Produkt dieser Betriebsstätte in ein felsenhaftes Bauwerk unmittelbar vor Augen führt[374], ein frühes Beispiel für Corporate Identi- ty. Wie viel Spielraum für den gestalterischen

Abb. 6.25: Moderner Getrei- desilo: Beton-Monolith durch Gleitschalung.

Aspekt, also die eigentliche Architektur, immer noch übrig bleibt, führte *Die- ther S. Hoppe* 1989 an dem Getreidesilo der Firma Polsterer in Pottendorf *(Abb. 6.25)* eindrucksvoll vor, nicht nur an dem gebauten Lagerturm, sondern auch, indem er den Firmeninhaber anlässlich des runden Geburtstages fünf- zig verschiedene Entwürfe für diesen Silo skizzierte[375].

Diese Lagertürme sind die Nachfolger anderer landwirtschaftlicher Speicher- bauten, die die reichen österreichischen Agrarlandschaften nördlich der Do- nau bis weit nach Mähren hinauf heute noch in beeindruckender Weise prä- gen, auch wenn sie nicht mehr in der ursprünglich zugedachten Verwendung stehen, den so genannten **Schüttkästen**[376]. Diese hoch aufragenden, durch meist dreigeschossigen Aufbau und steile Satteldächer gekennzeichneten Trockenböden und Lagerhallen für das Getreide entstanden im Zuge des po- litischen und wirtschaftlichen Wiederaufbaus nach den Wirreren des Dreißig- jährigen Krieges in der zweiten Hälfte des 17. oder zu Beginn des 18. Jahr- hunderts.[377]

---

374   Vgl. TABOR / HASLINGER, *Architektur und Industrie*, S. 63

375   Kopie im Privatbesitz von Diether S. HOPPE

376   andere Bezeichnungen: >Granarium< oder >Kasten< bzw. Troad- oder Traid- kasten; vgl. Herbert KNITTLER, „dass alles zur rechten Zeit aufs beste versil- bert werde. Getreidespeicher in der frühen Neuzeit" in: *Speicher, Schüttkästen*, Band 21 von *Denkmalpflege in Niederösterreich*, S. 10-15; hier: S. 10

377   Vgl. Werner KITLITSCHKA, „Die Erhaltung von Speicherbauten als Aufgabe der Denkmalpflege", in: *Speicher, Schüttkästen*, Band 21 von *Denkmalpflege in Nie- derösterreich*, S. 6-9; hier: S. 6

Abb. 6.26: Über Jahrhunderte gleich ausgeführter Bautyp zur Getreidelagerung: Schüttkasten in Mähren.

Da das zwar gereinigte und gedroschene Getreide noch feucht gelagert werden musste, und dadurch nicht allzu hoch aufgeschichtet werden konnte, entwickelte man diesen Bautyp *(Abb. 6.26)* von großen, längsrechteckigen Bauten aus (Lehm-)ziegeln mit luftigen Holzdecken ohne allzu große Raumhöhe übereinander, die in Querrichtung durch querrechteckige, vergitterte Fensteröffnungen sowohl die bestmögliche Belichtung wie **Belüftung** der Getreides gewährleisteten. Aus Gründen der Bodenfeuchtigkeit wie des Ungeziefers wurden das Erdgeschoß nicht zur Lagerung des teils als Saatgut, teils als Vorrat eingelagerten Getreides verwendet und daher oft gewölbt ausgeführt. Die Breite der Gebäude war von der möglichen Spannweite der Holzdecken limitiert, die häufig noch eine Reihe von Mittelstützen aufgrund der hohen Lagerlasten aufwiesen, und aus demselben Grunde im Erdgeschoss häufig mit Gewölben versehen waren. Die Länge des Bauwerks entwickelt oft imposante Ausmaße von bis zu zwanzig Fensterachsen, die im Zusammenhang mit der zumeist erhöhten Lage, die die Trockenheit des gesamten Bauwerkes gewährleisten musste, und dem Wappen- und Figurenschmuck eine gewisse Monumentalität und Erhabenheit verleiht. Besonders die frühen Bauten weisen noch deutlichen Verteidigungscharakter mit Schießscharten und Zinnenbekrönungen auf, doch im Barock wird eher der Reichtum der Inhaber (Schlösser und Klöster) besonders an den aufwändig gestalteten **Giebelfassaden** zum Ausdruck gebracht. Dieser so zweckmäßige Bautyp wird bis ins 20. Jahrhundert beibehalten, wo ihn dann endgültig die Silos als Lagertürme ablösen sollten. Im 19. Jahrhundert ändern sich maximal Kleinigkeiten, die vor allem die Gestaltung betreffen. In erster Linie werden nun die Giebelwände nicht mehr als schwungvolle barocke Elemente ausgeführt, sondern als streng klassizistische Tempelfassaden in Putz wie der 1828 erbaute Fruchtspeicher in Mittergrabern[378].

Die Dimension und Ausführung dieser gewaltigen, im Wesen barocken Schüttkästen auf dem Lande prägte auch die städtischen Typen wie beispielsweise die Kornspeicher von Brotfabriken, wie die Großbäckereien seit dem sich abzeichnenden Ende des Handwerks auch auf den Sektor der Nahrungsmittelerzeugung genannt werden. Die Anlage der Anker-Brot-Fabrik in der Absberggasse in Wien-Favoriten zeigt in ihren beiden Getreidespeichern

---

378 Vgl. Ulrike KNALL-BRSKOVSKY, „Gemauerte Schüttkästen in Niederösterreich", in: *Speicher, Schüttkästen*, Band 21 von *Denkmalpflege in Niederösterreich*, S. 16-23; hier: S. 22

gleich beide Typen, den des traditionellen Bodenspeichers und den neueren Typ des Silos, in diesem Falle 1927 erbaut. Der alte **Kornspeicher**, 1900 vom Architekten *Friedrich Schön* erbaut, besteht aus einem kubischen, viergeschossigen Baukörper in Sichtziegelmauerwerk mit einer Wandstärke von 60 bis 90 Zentimetern, der in klassischer Manier mit einer Lisenengliederung, einer Sockelzone aus regelmäßigem Quadermauerwerk und teilweise Blindfenstern gestaltet ist. Das Sichtziegelmauerwerk ist mit dem flachen Pultdach das einzige Zugeständnis an einen reinen Zweckbau. Da er sich jedoch im städtischen Gefüge befindet, hat er doch wenigstens teilweise noch wie ein Palast auszusehen, mit ordentlichen Fenstern und einer ablesbaren horizontalen Zonierung. Innen jedoch ist er weitgehend an die Bauweise von Schüttkästen angelehnt und demnach eine mächtige Holzkonstruktion, teilweise mittels Schiffsankern an das Außenmauerwerk angehängt. Neu ist nur die Technik, mittels Elevatoren das entstaubte Getreide in das oberste Geschoß hochzuheben, von wo es über Blechrohre im freien Fall verteilt oder zur Mühle gefördert wurde.[379]

Nur kurze Zeit nach diesem noch recht traditionell errichteten Kornspeicher wird mit dem 1912-13 durchgeführten Bau des städtischen Getreidelagers am Wiener Handelskai das zu seiner Zeit modernste Silo- und Bodenspeichergebäude in Betrieb gehen. Das gesamte Speichergebäude in den gigantischen Ausmaßen von 140 Metern Länge und 23,4 Metern ist einschließlich der Dachkonstruktion ein Stahlbetonskelettbau auf einer Betonplatte, der über ein Fassungsvermögen von 2400 Waggons im Bodenspeicher und zusätzlich 600 Waggons in Silos aufweist. Er diente als Umschlagplatz für Getreide von Donauschiffen auf die Eisenbahn, das mithilfe eines ähnlichen Systems aus vertikalen Elevatoren und horizontalen Förderbändern sowie Fallrohren wie in der Absberggasse technisch bewältigt wurde. Seine imposante Erscheinungsform mit dem elfgeschossigen turmartigen Mittelbau, dessen oberste Stockwerke hinter einem steilen pyramidenförmigen Dach verborgen sind, und aus den zwei lang gestreckten achtgeschossigen Seitenflügeln mit Mansarddächern, alles nochmals durch ein Laternengeschoss überhöht, erinnert in der Dominanz der Donaukai-Silhouette an die großen Schüttkästen des nördlichen Niederösterreich, wobei nun allerdings die Fassaden mit einem Raster von senkrechten Stützen und waagrechten Deckenbalken das Konstruktionssystem unmittelbar zeigen[380].

---

379 Vgl. WEHDORN / GEORGEACOPOL-WINISCHHOFER, *Baudenkmäler der Technik und Industrie in Österreich, Band 1*, S. 36

380 Vgl. WEHDORN / GEORGEACOPOL-WINISCHHOFER, *Baudenkmäler der Technik und Industrie in Österreich, Band 1*, S. 18; ACHLEITNER gibt als Architekten *Karl Krepp, Friedrich Mahler* und *Albrecht Michler* an; seit einem Umbau von 1986/87 durch *Requat & Reinthaller* dient das Gebäude als Hotel, wodurch wenigstens die ursprüngliche Silhouette des Bauwerks einigermaßen erhalten bleiben konnte.

6.4.2 Gehöfte

Anders als bei den Speichern und Silos, die als Lagerhäuser von Anfang an dem Zweckbau zugerechnet wurden, der ohne architektonischen Anspruch im klassischen Sinne auszukommen hatte, wurden die landwirtschaftlichen Gehöfte immer schon der Baukunst zugeordnet, was der Ausdruck **Bauernhof** deutlich genug zum Ausdruck bringt. Natürlich sind damit nicht irgendwelche kleinen Bauernhäuser gemeint, in denen die abfällig als Häusler bezeichneten unfreien Bauern zu leben hatten, sondern Bauwerke, die durchaus herrschaftlichen Ansprüchen gerecht werden. Bis zu den Bauernkriegen waren derartige Höfe tatsächlich im Besitz des Adels, doch die befreiten Bauern des Barock konnten sich in den guten Anbaugebieten des Alpenvorlandes durchaus leisten, ihren Reichtum in deren Manier zur Schau zu stellen. Das taten sie vor allem durch ihre Bauwerke, den so genannten **Vierkantern**, die in einem um einen annähernd quadratischen Hof gruppierten geschlossenen Geviert von durchwegs zweigeschossiger Struktur bestehen. Diese Bauwerksstruktur deckt alle unterschiedlichen Funktionen eines Bauernhofes ab, vom Wohnraum für die Familie des Bauern bis zu seinen unfreien Mitarbeitern, den Knechten und Mägden, über Stallungen für das diverse Vieh bis zu ausreichendem Speicherplatz für Ernte und Saatgut sowie Stellplatz für das zunehmende Arbeitsgerät. Natürlich birgt dieser vierseitig geschlossene Baukörper eine gewisse Schutz- und Wehrfunktion, wobei allerdings im Gegensatz zum selben Typ bei Schlössern, der so genannten Vierflügelanlage, auf echte Wehrbauteile wie Türme und Gräben verzichtet wurde oder werden musste. Dieser spätestens im 17. Anfang des 18. Jahrhunderts fertig entwickelte Bautyp erfährt im 19. Jahrhundert nur mehr winzige Modifikationen, wie beispielsweise dem geschnitzten Holzzierwerk im Giebelfeld.

Abb. 6.27: Fohlenhof Kalwang nach angeblich mährischen Vorbildern.

Im Unterschied dazu finden wir an landwirtschaftlichen Sonderbauten wie beispielsweise **Gestüten**, die nach wie vor direkt einer adeligen Herrschaft, einem großen Kloster oder einem Bistum zugeordnet sind, doch andere Ausprägungen. Diese Pferdehöfe lehnen sich definitiv mehr an die Schlossarchitektur an. Da kann ein Fohlenhof wie der von *Rudolf Ritter von Guttmann* in Kalwang *(Abb. 6.27)*, 1907 nach Plänen des Leobener Stadtbaumeisters *Anton Gold* erbaute, dann schon die Grundgeometrie einer U-förmigen **Ehrenhofanlage** mit überhöhtem und prächtiger geschmückten Mittelteil aufnehmen, auch wenn die Formensprache im Detail nationalromantisch und damit das Handwerk betonender Regionalismus ist. Gutmann war ja auch kein Adeliger durch Blutabstammung mehr, sondern ein Industriebaron des ausklingenden 19. Jahrhunderts.[381]

Trotz dieser beider Feststellungen zum Bautyp landwirtschaftlicher Gehöfte fällt es unheimlich schwer, für eine österreichische Architektur des 19. und 20. Jahrhunderts eine allgemeine Aussage zu treffen. Zu wenige Beispiele stehen zur Verfügung. Diese Bauaufgabe scheint im 19. Jahrhunderts kontinuierlich abgenommen zu haben und im 20. Jahrhundert ausgestorben zu sein, oder beinahe, denn der Vetterhof bei Lustenau

Abb. 6.28: Neuerbauter Bauernhof am Ende des 20. Jahrhunderts im Rheintal.

(Abb. 6.28), 1992-96 nach Planungen von *Roland Gnaiger* errichtet, ist als heutiger Bauernhof bleibend für die Architekturgeschichte anzuführen. In der Anordnung der multifunktionellen Aufgabenbereiche, die ein Wohn- und Viehhof heute noch zu erfüllen hat, sehr traditionell als beinahe vierseitig umschlossener, zweigeschossiger **Block** ausgeführt, zeigt er in der Formensprache doch eine sehr neuzeitliche Architektur mit Pultdächern und horizontalen Fensterbändern, die im Kontext mit der durchgehenden horizontalen Holzverschalung eine sehr gute Verknüpfung mit dem letzten Rest bäuerlicher Landschaft im Rheintal Vorarlbergs eingehen. Und doch haben die Architekturdoktrinen des 20. Jahrhunderts mit ihrer Forderung nach einer funktionellen Raumanordnung auch hier die traditionelle Durchmischung von Wohnen und Arbeiten wie in allen anderen Lebensbereichen aufgelöst. Hinter der nach außen hin als ein Hof erscheinender Gesamtform verbirgt sich eine Teilung in einen quadratischen **Wohnhof** und einen längsrechteckigen **Viehhof**, die mittels Querriegel voneinander getrennt sind.[382]

---

381 Vgl. ACHLEITNER, *Ö.Arch. 20. Jh. Band II*, S. 216

382 Vgl. WAECHTER-BÖHM, *Austria West*, S. 34 f. und KAPFINGER, *Baukunst in Vorarlberg seit 1980*, 3/23

7 Bauten für Transport- und Verkehrssysteme

Bauten für Transport- und Verkehrssysteme fallen am meisten aus dem traditionellen Rahmen der in der Architekturgeschichte behandelte Bauwerke. Dennoch steckt in ihnen neben den Bauten für militärische Einrichtungen das größte Investitionsvolumen, das im gesamten Baugeschehen überhaupt verbraucht wird. Die Architekturgeschichte kann nur einen geringeren Teil dieses Baugeschehens darstellen, denn der absolut größere Teil spielt sich im Bereich des **Tiefbaus** ab, dient also dem Ausbau der Wegeführung nach bestimmten Anforderungen des Geländes. Darstellbar für die Baukunst bleiben bei aller Verschiedenheit der Verkehrssysteme von natürlichen wie künstlichen Wasserstraßen, Schienenwegen über Land und in der Stadt sowie dem Straßenbau samt Folgeeinrichtungen bis zur Luftfahrt nur die Produktions-, Wartungs- und Verwahrungsstätten der Verkehrsmittel selbst, Lagerplätze samt Umschlagseinrichtungen, Stationsgebäude für Ankunft und Abfahrt der Passagiere sowie die sichtbaren Teile des Tiefbaus wie Tunnelportale, Brückenkonstruktionen und Überwachungshäuser.

7.1 Bauwerke zur Nutzung von Wasserwegen

7.1.1 Werften und Anlegestellen

Es sei vorangestellt, dass auf dem Staatsgebiet des heutigen Österreich nur mehr ganz wenige **Anlagen** aus der Fluss- wie Binnenseenschifffahrt dargestellt werden können, obwohl die österreichische Schifffahrt bis zum ersten Weltkrieg großen Anteil daran hatte, dass die Donau unterhalb Wiens im 19. Jahrhundert für die Güter- wie Personenschifffahrt mittel Dampfschiff überhaupt genutzt werden konnte. Mit dem Niedergang der Monarchie verlor Österreich einen Grossteil des Territoriums, zu dessen Nutzung die Donau als Hauptbinnenwasserweg ausgebaut worden war. Die 1. Donaudampfschifffahrtsgesellschaft (1. DDSG) war erstmals 1823 und nach dem fehlgeschlagenen Start nochmals 1829 gegründet worden, um mittels in England und Amerika zu diesem Zeitpunkt bereits regelmäßig in Verkehr stehender Dampfschiffe vor allem den Getreidetransport von Ungarn flussaufwärts nach Wien intensivieren zu können. Daneben sollten im regelmäßigen Personenverkehr die wichtigsten Städte der Monarchie, Wien und Budapest via Pressburg effektiv verbunden werden.

Letztendlich war auch die Abwicklung des zunehmenden Warenaustausches mit dem riesigen Osmanischen Reich über die Donau eines der angestrebten Ziele. Ähnliches wie über das Schicksal der Binnenschifffahrt muss über die österreichische Seefahrt im 20. Jahrhundert angemerkt werden, die im 19. Jahrhundert sowohl im zivilen wie im militärischen Bereich durchaus noch die einer Weltmacht angemessene Bedeutung aufweisen konnte. Triest war Hauptumschlagplatz für Handelsgüter aller Art, was sich vor allem daran er-

Abb. 7.1: Die Werftanlagen des Haupt-kriegshafens der Monarchie in Pola.

kennen lässt, dass es eindeutiger Ziel- und Endpunkt aller frühen und wichtigen Verkehrsprojekte der Monarchie war. Pola wurde ab dem 2. Drittel des 19. Jahrhunderts zum Hauptkriegshafen der Monarchie ausgebaut, was eine noch heute imposante Bautätigkeit von diversen Befestigungsanlagen[383] über Werften- und Hafenanlagen *(Abb. 7.1)* bis zu den dazugehörigen Wohnquartieren für die Matrosen und Werftarbeiter einschließlich Kirche und Friedhof in Gang setzte. Letztendlich haben die politischen Umwälzungen der Weltkriege es mit sich gebracht, dass diese beiden wichtigen **Seehäfen** der Doppelmonarchie verlustig gingen und Österreich zu einem Binnenstaat degradiert wurde.

Parallel dazu verlief die Entwicklung der Schifffahrt an der Donau unterhalb Wiens. Die 1. DDSG, die den Donautransport von ihrer zweiten Gründung 1829 bis zum Verlust von etwa 85% aller ihrer Einrichtungen und Besitzungen im Zweiten Weltkrieg dominierte, hatte ihre älteste **Werft** in Alt-Ofen bei Budapest errichtet und besaß mit den **Kohlegruben** von Fünfkirchen (Pecs) eine weit über die ureigenste Aufgabe der Ressourcensicherung für die Dampfschifffahrt hinaus gehende Industrieanlage samt dazugehörigen, recht fortschrittlichen Wohn- und Sozialeinrichtungen.[384] Nur das Gebäude der Schifffahrtsdirektion, physischer Ausdruck des **Sitzes der Gesellschaft**, stand von Anfang an in der Reichshauptstadt. Richtigerweise war der Bau 1855-57 unmittelbar am Geschehen errichtet worden, am Donaukanal in Wien in der Gegend der heutigen Weißgerberlände, wo leider nur mehr die Dampfschiffstraße sowie der Kai als Straßenname daran erinnern, dass der Donaukanal als das stadtnächste Bett der Donau der wichtigste **Wasserweg** zur Hauptstadt gewesen war[385]. Das Schifffahrtszentrum bei der Reichsbrücke am heutigen Donaustrom, das von 1978 bis zur noch nicht allzu lange zurückliegenden Liquidierung der 1. DDSG deren Generaldirektion beinhaltete, ist nur mehr ein letzter Abglanz dieser prachtvollen Zeiten der österreichischen Schifffahrt, die die alte Generaldirektion der 1. DDSG am Donaukanal mittels verschiedener symmetrischer Turmgruppierungen in einer klassizisti-

---

383 Vgl. insbesondere GRESTENBERGER, *Festung Pola*

384 Vgl. GRÖSSING / FUNK / SAUER / BINDER, *Rot-Weiss-Rot auf Blauen Wellen*, ua. S. 56, 76, 79, 129 und 143

385 Vgl. ua. Ankunft des Dampfschiffes >Amsterdam< aus Linz im Donaukanal beim Karls-Kettensteg vor der Schanzel-Kapelle aus: CZEIKE, *Wien. Geschichte in Bilddokumenten*, S. 132 und Dampfschiff >Maria Anna< am 12. September 1837 im Donaukanal vor der Anfahrt nach Linz aus: GRÖSSING / FUNK / SAUER / BINDER, *Rot-Weiss-Rot auf Blauen Wellen*, S. 55

schen Architektursprache so signi-
fikant zum Ausdruck brachte.[386]
Jedenfalls konnte dieser alte Ver-
waltungspalast in seiner Gestik
mehr **Dampferarchitektur** vermitteln, als das neue Schifffahrtszentrum, das angestrengt in diese
Richtung entworfen wurde.[387] Übrigens ist in dem Zusammenhang
darauf hinzuweisen, dass *Otto
Wagners* Verwaltungsgebäude der
Nussdorfer Wehr- und Schleusenanlage *(Abb. 7.2)*, 1894-98 entstanden, in seiner Sprachlichkeit

Abb. 7.2: Vorahnung der >Schiffsarchitektur<
der Moderne: *Wagners* Verwaltungsgebäude
der Nussdorfer Wehr- und Schleusenanlage.

deutlich auf die Generaldirektion der DDSG am Donaukanal Bezug nimmt.

Für die **Personenschifffahrt** wurden nur an einigen wichtigen Orten entlang
der Wasserstraßen und Binnenseen **Stationsgebäude** gebaut, ein **Anlege-
steg** hatte in vielen Fällen zu genügen. Für das 19. Jahrhundert könnte sich
ein Standardtypus parallel den Bahnhöfen der Monarchie herausgebildet haben, wie er noch in Aggsbach und Spitz an der Donau zu sehen ist, was anhand von historischem Plan- wie Bildmaterial aber erst zu verifizieren wäre.
Es haben einfach zu wenig gebaute Beispiele überlebt. In Linz ist dies wie
vermutlich in vielen andern Fällen auch auf die Errichtung von Hochwasser-
dämmen entlang der Uferbereiche der dicht besiedelten Gebiete zurückzuführen. Bei der neuen Anlegestelle der DDSG in Linz, die offensichtlich nach
der Hochwasserkatastrophe von 1954 nochmals höher gelegt werden musste, nimmt der Entwurf des 1955-56 ausgeführten Gebäudes von *Eugen
Wachberger* vor allem davon seine Anregung. Ein quadratischer Baukörper
von 21 x 21,5 Metern mit einer nur geringen Höhenentwicklung, um das weit-
reichende Blickfeld von der Nibelungenbrücke nicht zu stören, ist als Stahlskelett auf sechs Stahlskelettstützen entlang des Stromes so aufgelagert,
dass er über die Dammkrone hinaus in den Hochwasserbereich des Fluss-
raumes hineinzukragen scheint. Sogar die Verbindungstreppe zum Lan-
dungssteg, die einer Lukenöffnung gleich den Boden des Warteraumes
durchstößt, ist so ausgebildet, dass sie bei Hochwasser angehoben werden
kann.[388]

---

386   Vgl. GRÖSSING / FUNK / SAUER / BINDER, *Rot-Weiss-Rot auf Blauen Wellen*,
      S. 69, 114 und 175

387   1979-81 errichtet; Entwurf: *Heinz Scheide*; Vgl. ACHLEITNER, *Ö.Arch. 20. Jh.*,
      Band III/1, S. 88: „Die Architektur des Schifffahrtszentrums übernimmt vorder-
      gründig die Gestik einer Dampferarchitektur, ohne wirklich zu den Problemen
      einer echten Transformation vorzudringen."

388   Vgl. *Neue Architektur in Österreich, 1945-70*, S. 82f.

Auch die Schiffsanlegestelle in Hard bei Bregenz für die Binnenschifffahrt am Bodensee, die 1990-93 nur als Teil eines ursprünglich größeren **Hafengebäudes** von den Architekten *Dietrich, Untertrifaller, Kastner* und *Schluder* ausgeführt wurde, kommt ohne platte nautische Rhetorik aus, wie *Kapfinger* meint: „Das blaue Prisma formt mit dem leichten Stahl-Baldachin davor, der glitzernden Wellblech-Box daneben und dem schräg angedockten Steg für die Hohentwiel ein frisches Ensemble mit verträumter Back-Stage-Atmosphäre."[389]

Abb. 7.3: Werftensemble Korneuburg.

Bemerkenswert ist auf jeden Fall, dass sich Architekten mittlerweile getrauen, für die repräsentativeren Bauwerke nicht nur der Schifffahrt Materialien wie Wellblech anzuwenden, die im Allgemeinen als Kennzeichen des reinen Zweck- und damit Industriebaus angesehen werden. Diesem Segment der Ingenieursarchitektur wurden zuvor im Schifffahrtsbereich nur die Werftanlagen sowie die Hafenbereiche für den Güterverkehr einschließlich ihrer Speicher- und Lageranlagen zugerechnet. Heute fasziniert uns jedoch an dergleichen **Weftensembles** die Mischung aus technischem Gerät wie Hafenkräne oder Slippanlagen mit weiträumigen Hallenbauten, die im 19. Jahrhundert ausschließlich in Sichtziegelumhüllung ausgeführt wurden, wie der noch erhaltene aquarellierte Fassadenplan der Werkstättenhalle der DDSG-Werft in Pancevo aus dem Jahre 1857[390] beispielhaft aufzeigt. Mittlerweile sind die meisten dieser Anlagen aufgelassen, selbst die 1852 gegründete Korneuburger DDSG-Schiffswerft[391]. Dennoch ist in diesem Areal *(Abb. 7.3)* noch ein wenig dieser spezifischen Industrieatmosphäre des 19. Jahrhunderts erhalten geblieben und kann es voraussichtlich durch eine vorwiegend kulturelle Neunutzung der noch vorhandenen Sichtziegelhallen sowie einem Museumshafen für historische Schiffe von Sammlern auch bleiben.

Die Schifffahrtsanlage der Stadtwerke Klagenfurt, 1978-81 am Friedelstrand des Wörthersee nach einem Entwurf von *Günther Domenig* und *Volker Giencke* errichtet, schaffte schon vor Jahren und damit weit einer derzeit aktuellen Architekturströmung vorauseilend, genau diese Atmosphäre mit einem Neubau zu kreieren *(Abb. 7.4)*. „Um die Uferzone für die Öffentlichkeit freizuhalten, wurde die gesamte Schiffswerft mit Trockendock, Werkstattschiene, Kranbahn und Anlegestegen auf eine ... Insel gelegt, nur durch eine kleine Brücke mit dem Festland verbunden. Da das bauliche Volumen möglichst

389 *Baukunst in Vorarlberg seit 1980*, 2/9

390 GRÖSSING / FUNK / SAUER / BINDER, *Rot-Weiss-Rot auf Blauen Wellen*, S. 59

391 DEHIO, *Niederösterreich nördlich der Donau*, S. 537

klein zu halten war, sind im Erdgeschoss nur Werkstätten, Büro- und Aufenthaltsräume ange-siedelt, während Garderoben, Sanitär- und La-gerräume und Haustechnik in einem Kellerge-schoss unter der Wasserlinie verschwinden. Trockendock und Kellerwannen wurden aus Sperrbeton an Land hergestellt, dann einge-schwommen und an der Pfahlgründung bis in 30 Meter Tiefe aufgelagert. Dem Entwurf liegt die Absicht zugrunde, die Volumen der Bauten mög-lichst aufzulösen, aber auch ihre technische Funktion zu betonen. Lediglich der Kranträger, in Form eines Schiffsrumpfes über der Anlage schwebend, hat eine zweite Bedeutungsebene: *Domenig* und *Giencke* beweisen hier, dass auch heute noch eine Verbindung von technischer Ar-chitektur mit einer hochentwickelten Kulturland-schaft möglich ist."[392]

Abb. 7.4: >Werftatmosphä-re< der Schifffahrtsanlage am Wörthersee bei Klagen-furt.

Dieser letztere Satz von *Achleitner* liefert ein be-zeichnendes Bild des ausgehenden 20. Jahr-hunderts, das lange Zeit glaubte, seine **Ufer** von industriellen Anlagen frei-halten zu müssen, eine Folge der Umweltschäden, die diese Anlagen früher anrichteten. Mittlerweile ist dies komplett überholt, was sich in dem derzeiti-gen Einstellungswandel gegenüber dem baukulturellen Wert ganz offensicht-lich niederschlägt. Nicht nur die Londoner Docklands an der Themse sind mittlerweile zu einem begehrten innerstädtischen Wohn- und Büroareal ge-worden, auch in Österreich beginnen viele zu bedauern, dass seine derarti-gen Ensembles wie die alten Verladeanlagen der DDSG in Zwischenbrücken am Wiener Praterkai oder die Lagerhäuser entlang des Linzer Donaukais be-reits unwiederbringlich dem Abriss zum Opfer gefallen sind.[393]

7.1.2 Schiffskanäle und Regulierungsbauwerke

Vor der Erfindung der Dampfschifffahrt, die im Allgemeinen *Robert Fulton* zugeschrieben wird, der 1807 erstmals den Hudson River zwischen New York und Albany mit dem Dampfschiff >Clearmont< befuhr, war es das größ-te Problem der Flussschifffahrt, zwar talwärts die Strömung für die Fortbe-wegung nutzen zu können, für die **Bergfahrt** aber die Kraft von Tieren oder Menschen einsetzen zu müssen. Dieser Bergremork war für größere Fahr-zeuge durch den Einsatz von Dutzenden von Knechten und Pferden ein-schließlich der Pflege der Treppelwege sowie dem Bereithalten einer kleinen

---

392 ACHLEITNER, *Ö.Arch. 20. Jh. Band II*, S. 59f.

393 Vgl. Abbildungen in GRÖSSING / FUNK / SAUER / BINDER, *Rot-Weiss-Rot auf Blauen Wellen*, S. 74, 107 und 134

Flotte von Hilfsschiffen schlicht unrentabel.[394] Anders hingegen liegen die Kosten-Nutzen-Verhältnisse beim Lastentransport auf zu diesem Zweck eigens angelegten Schiffskanälen wie dem Wiener Neustädter Kanal, der ab 1797 bis 1803 mit einer Länge von 37 Kilometern zwischen Wiener Neustadt und Wien unter Kostenbeteiligung *Kaiser Franz II. (I.)* gebaut und von 1801-22 als Staatsbetrieb geführt wurde. Auf der Strecke, die ihr Gesamtgefälle von 93 Metern mittels 46 **Schleusen** überwinden musste, an der Oberfläche 11 und an der Sohle 5,5 Meter breit war, wurden standardisierte Kähne von 23 Metern Länge und 2 Metern Breite mit 30 Tonnen Last von nur einem Pferd gezogen. Dieses konnte innerhalb von zwei Tagen die Strecke bewältigen, was eine deutliche Verbesserung des wachsenden Warenaustausches der merkantilistischen Wirtschaft bedeutete. Der in den schweren Zeiten der Napoleonischen Kriege erbaute Kanal wurde dazu benützt, Holz, Braunkohle, Bausteine und Ziegel nordwärts nach Wien und hauptsächlich Salz nach Süden zu bringen. Zu keinen Zeiten ist jedoch, wie häufig behauptet, angedacht gewesen, die gesamte Strecke bis Triest, wohin von Wien aus um 1800 bis zu 20.000 Pferde täglich unterwegs waren, mittels eines Kanals zu bewältigen. Trotz Konkurrenz der neu errichteten Eisenbahn wurde der Kanal von 1822-69 unter Pächtern weiter betrieben. Erste Privatisierungen lassen aufgrund der Bodenspekulation in Stadtnähe die Schifffahrt dort um 1880 absterben, wohingegen im Südteil bis ins 20. Jahrhundert Arbeitsfuhren mit Ziegeln und Bausteinen stattfanden.[395]

Ganz anders gelagert ist hingegen die Entstehung des heutigen Donaukanals in Wien, dessen **Länden** nach dem Fall der Befestigungsmauern der Stadt im 19. Jahrhundert neu zu gestalten waren. Nicht zufällig ging die erste Regulierung der Donau ziemlich parallel zum Ringstraßenbau 1869-75 vor sich. 1892 wird mit dem Stadtbahnbau zur öffentlichen Verkehrserschließung der mittlerweile explosionsartig angewachsenen Metropole ein so genannter **Generalregulierungsplan** notwendig, der die koordinierte Planung und Abwicklung von Stadtbahnbau, Wienflussregulierung und Donaukanalverbauung gewährleistet, denn das Einfädeln eines öffentlichen Verkehrssystems in die dicht bebaute Stadtmorphologie schien am sinnvollsten über die noch freien Flächen dieser allerdings durch Hochwasser gefährdeter Flussbette. Den ausgeschriebenen Gestaltungswettbewerb gewinnt *Otto Wagner*, der von 1894 bis 1908 künstlerischer Beirat der Donau-Regulierungskommission ist. Zwei der insgesamt vier geplanten Wehr- und Schleusenanlagen sowie die Kaianlagen im engeren Stadtbereich werden in der Folge zügig errichtet. Zuerst wird die Anlage in Nussdorf am oberen Donaukanaleingang erbaut, die als Nadelwehr das von *Engerth* konstruierte **Schwimmtor** oder **Sperrschiff** ersetzt. Diese Wehr- und Schleusenanlage ermöglicht Hochwasser- und Treibeisschutz beziehungsweise durch die zuverlässige Regulierung des

---

394   Vgl. dazu GRÖSSING / FUNK / SAUER / BINDER, *Rot-Weiss-Rot auf Blauen Wellen*, S. 9

395   Vgl. SLEZAK, *Kanal. Nostalgie. Aspangbahn*, S. E8

Wasserspiegels die Führung der Stadtbahn über den Vorkai. Zu entwerfen waren jedoch nicht nur dieses Eingangsbauwerk in den Donaukanal sowie die weiteren Schleusenanlagen im Verlauf, sondern auch die **Kaianlagen** entlang des zentrumsnahen Bereiches des Donaukanals, die zur Versorgung der Stadt mit Lebensmittel dienten. Daraus resultieren die heute noch existierenden Zufahrtsrampen im Bereich des Schwedenplatzes, die auch zu den Markthallen entlang des Kais führten. Von *Wagner* wurden zudem diverse Brücken über den Donaukanal entworfen, von denen leider keine ausgeführt ist.[396]

Was die gesamte 1894-98 errichtete Anlage so interessant macht, ist die neuartige Einstellung derartigen Bauaufgaben gegenüber. Heute begeistert der künstlerische Beitrag *Otto Wagners*, der es meisterhaft verstand, eine Harmonie zwischen den technischen Einrichtungen, der Konstruktion und der Baukunst herzustellen. So ließ er die gesamten Kaimauern einschließlich der Schleusenbereiche, die Gebäudesockel des Ver-

Abb. 7.5: Ikonografie eines Denkmals: Die Löwenpylone der Nussdorfer Wehranlage.

waltungs- wie Kettenmagazingebäude der Nussdorfer Wehr- und Schleusenanlage, und des Schützenhauses der Staustufe Kaiserbad sowie die Wehr- und Brückenauflager aus massiven Granitquadern herstellen, was alleine für die Nussdorfer Wehr- und Schleusenanlage einen Bedarf von 40.000 behauenen Steinen ergab. *Wagner* begründete dies mit der ewigen Dauer des Materials, er meinte damit jedoch nicht nur den Widerstand gegen mechanische Abnützung, sondern sicherlich auch den im kunsthistorischen Kontext zu sehenden Wert dieses Materials, das genau aus dem Grund für Denkmale wie Grabmale bevorzugt eingesetzt wird. Mittlerweile hat sich herausgestellt, dass die Zeit *Wagner* recht gibt. Heute kommt nur mehr der **kunsthistorische Wert** der Anlagen zum Tragen, seit die ursprünglichen technischen Funktionen aufgelassen beziehungsweise mit einer neueren Technologie versehen wurden. So dienen die mit Löwenstatuen geschmückten Pylone der Nussdorfer Wehranlage *(Abb. 7.5)*, die früher als Stemmpfeiler dienten, die zusammen mit der Wehrkrone im Ernstfall den Druck einer 40 Meter breiten und 10 Meter hohen Wasserschicht aufnehmen konnten, seit dem Umbau von 1971-75 nur mehr der Visualisierung der ursprünglich sensationell präzisen Technik dieser Nadelwehr, mit der sich der Wasserspiegel im Donaukanal auf den Zentimeter genau regulieren ließ.[397]

---

396   Vgl. GERETSEGGER / PEINTNER, *Otto Wagner,* S. 116

397   Die beweglichen Teile des Nussdorfer Wehres waren eiserne Ständer, die an kräftigen Stahlachsen drehbar an der Konstruktion der Wehrbrücke, die die auf einer Insel liegenden Gebäude mit dem Ufer verband, aufgehängt waren. Beim

Abb. 7.6: >Architecture parlante< am Schützenhaus der ehemaligen Staustufe Kaiserbad im Wiener Donaukanal.

Auch die Kammerschleuse der Staustufe Kaiserbad, 1904-08 errichtet, die den Schiffsverkehr im Donaukanal ermöglichte, ist, seitdem nach Kriegszerstörungen 1945 die Reste der Wehranlage abgetragen wurden, nicht mehr in Funktion. Dennoch hat das Schützenhaus, das den stationären Wehrkran mit eingebautem Windwerk[398] sowie hinter dem großen Glasfenster den Kranführerstand beherbergte, mittlerweile Kultstatus als Baudenkmal erreicht. Seine Fliesenverkleidung, blau mit weißen Wellen *(Abb. 7.6)*, ist das beste Beispiel für **sprechende Architektur**, also die Ablesbarkeit der Funktion an der Gestaltung, geworden. Wohl unbewusst ist sie damit ein später Nachfolger der französischen Revolutionsarchitektur[399], die als erste Baukultur die modernen Bauaufgaben der Neuzeit auch gestalterisch zu bewältigen versuchte. Übrigens wurden bei diesen spektakulären Bauwerken die Baustellen zum Teil nach gänzlich neuen Verfahren geführt, wie beispielsweise der Materialtransport über Vollbahngeleise. Das Nussdorfer Wehr machte zudem Tiefbauarbeiten bis zu 25 Metern notwendig, was zu eingehenden Studien über die Caissonkrankheit genutzt wurde.

Die **Wienflussbauten** vom Stadtpark bis zur Einmündung in den Donaukanal, ebenfalls Bestandteil des Generalregulierungsplanes von 1892, wurden hinsichtlich ihrer architektonischen Ausgestaltung nicht von *Otto Wagner* betreut, sondern seit 1898 von *Friedrich Ohmann* mit dem Auftrag zur Bearbeitung sämtlicher Hochbauten und Brücken. Ab 1904 erarbeitet *Ohmann* die Detailplanungen für die „Portalanlage Johannesgasse, den Gewölbeab-

---

Öffnen des Wehrs wurden sie mit Ketten hochgezogen, und an die Unterseite des Horizontalträgers angelegt. Beim Schließen hingegen wurde das Wehr mit Hilfe eines Laufkrans durch Herunterlassen von Schützentafeln geschlossen, nachdem die als Führung dienenden Ständer in lotrechte Stellung geklappt waren. Vgl. GERETSEGGER / PEINTNER, *Otto Wagner,* S. 119 f.

398 Der Wehrkran diente zum Aufstellen und Niederlegen der beiden unabhängigen Wehrgerippeteile, die senkrecht zur Stromrichtung gedreht in einer Vertiefung des Kanalbetts umgelegt wurden. Auf der Schleuseninsel befand sich das Schalterhäuschen mit der elektrischen Anlage. Bei aufgestelltem Wehr diente die Krone als Fußgängersteg zur Überquerung des Donaukanals. Die Kammerschleuse hatte die gleichen lichten Abmessungen wie die noch existierende und in Betrieb befindliche Schleusenkammer in Nussdorf. Vgl. GERETSEGGER / PEINTNER, *Otto Wagner,* S. 139

399 Vgl. TABOR / HASLINGER, *Architektur und Industrie,* S. 12

schluss und die Wienflussterrassen im Stadtpark, Beleuchtungs- und Bepflanzungsanlagen, ein nicht ausgeführtes Grottenprojekt, die Milchtrinkhalle, die Stuben-, Marxer- und Radetzkybrücke sowie der Zollamtssteg und zudem für die Sanierung aller bestehenden Brücken,"[400] wie *Friedrich Achleitner* penibel aufzählt. „Obwohl von den Beamten die Arbeiten sehr unterstützt wurden, fehlte die politische Protektion. So konnte zwar der architektonische Brennpunkt ... mit der Ohmannschen barock-impressionistischen Vision von einer großstädtischen Parklandschaft mit Krämpfen baulich gerade noch fertig gestellt werden, zur Aufstellung der vorgeschlagenen Brunnenplastiken und zur Ausführung des Wasservorhangs (vor dem übelriechenden Loch) kam es dann nicht mehr".

Dass der Zollamtssteg *(Abb. 7.7)*, den *Ohmann* zusammen mit *Josef Hackhofer* 1903 entworfen hat, die „eigentlich ästhetische Reparatur des ungelösten Punktes im regulierten Wienflussbecken, das die diagonal querende Stadtbahn hinterlassen hat,"[401] sein sollte, und er außerdem seit dem Bau des Kriegsministeriums seine eigentliche Funktion verloren hat, stört heute niemanden. Die Faszination als **Gesamtkunstwerk** ist wie bei

Abb. 7.7: Technisch-atmosphärisches Gesamtkunstwerk Wienflussverbauung.

den Wagnerschen Donaukanalbauten offensichtlich größer und auf jeden Fall länger anhaltend als ihr funktioneller Wert. Der Punkt, von wo man unzweifelhaft den besten Ausblick auf das Ensemble der Wienflussverbauung genießen kann, ist die Stadtparkbrücke, die 1985 so desolat war, dass sie an fünf geladene Architekten samt konstruktiven Beratern zur Neuerrichtung ausgeschrieben wurde. Stärker in Erinnerung als der letztendlich bis 1987 ausgeführte, viel konservativere Entwurf von *Hermann Czech* wird wohl das Projekt von *Otto Häuselmayer* mit *Wolfdietrich Ziesel* als Statiker in Erinnerung bleiben, das im Ansatz eine in zwei Tragwerksebenen aufgelöste, unterspannte und dadurch sehr filigran dimensionierte Stahlbrücke vorsah. Die untere Tragwerksebene, ein Fischbauchträger, wies eine Aussichtsplattform zum Verweilen auf, die mit jedem der Promenadenwege von *Ohmann* verbunden war. Das obere Tragwerk mit dem Fußgeherweg als schnelle Überquerungsmöglichkeit war als Zweigurtträger ausgeführt. Die gesamte Konstruktion zeichnete sich durch ein geringes Gesamtgewicht aus, und war durch zusätzliche Abspannungen so konstruiert, dass kein Horizontalschub auf die empfindlichen historischen Widerlager ausgeübt worden wäre.[402]

---

400   ACHLEITNER, *Ö.Arch. 20. Jh. Band III/1*, S. 81

401   ACHLEITNER, *Ö.Arch. 20. Jh. Band III/1*, S. 83

402   Angaben aus: ZIESEL, *Ingenieurbaukunst*, S. 148-151

Ziesel kann erst 1995 beim Hackinger Steg, der Ober St. Veit über den Wien-fluss und eine Hauptausfallstraße hinweg mit der Stadtbahnstation Hütteldorf verbindet, seine Vorstellungen eines filigranen **Fußgängersteges** zu Ende des 20. Jahrhunderts verwirklichen, diesmal in Zusammenarbeit mit den Architekten *Henke & Schreieck*. Es fällt auf, dass dieser Entwurf genauso wie der noch minimalistischere Illsteg in Feldkirch, von *Martin Häusle* 1989 zusammen mit dem Tragwerksplaner *Klaus Bollinger* entwickelt und umgesetzt, vollkommen ohne die gestalterischen Attribute auskommen, die selbst noch den Stadtparkbrücken-Entwurf von *Häuselmayer* und *Ziesel* prägten.

Abb. 7.8: Zartgeschwungenes Überbrücken der weiten Abstände zwischen den massiven Granitauflagern: Mozartsteg in Salzburg.

In der Tradition musste eine Brücke entweder durch einen oder mehrere Bögen das Überbrücken symbolisieren oder durch hoch aufragende Brückenpfeiler seine Widerlager akzentuieren. Am Anfang des 20. Jahrhunderts schauen daher die gestalterisch wie konstruktiv besten und erstklassigen Beispiele so aus wie der Salzburger Mozartsteg *(Abb. 7.8)* des berühmten Brückenkonstrukteurs *Ignaz Gridl*, 1903 erbaut, oder der Döblinger Steg in Wien von 1910-11 mit seinen stark historisierenden Granitpylonen. Am Ende des 20. Jahrhunderts wird hingegen der Ehrgeiz der Konstrukteure wie Gestalter darauf verwendet, die Tragfähigkeit der Brücken nicht mehr in ihrem Materialaufwand zu visualisieren. Der Hackinger Steg ist als möglichst transparente, vollkommen horizontale Röhre mit Drahtseilabspannung konstruiert, wohingegen der Illsteg die gekurvt überhöhte Gehwegplatte als Obergurt eines räumlichen Gittertragwerks mit einer freien Spannweite von 37 Metern heranzieht[403]. Selbst auf die nicht klassischen Gestaltungsattribute einer Brücke wie Beleuchtungssteher, materiell wirksame Brückengeländer und eindeutige Schwellenbereichsausbildungen wird mittlerweile komplett verzichtet, wie die in die Handläufe integrierte Beleuchtung beim Illsteg sowie die Glastafeln als Geländerfelder beim Hackinger Steg deutlich machen.

---

403 Für die Angaben zum Illsteg vgl. KAPFINGER, *Baukunst in Vorarlberg seit 1980*, 7/11

7.2 Stations- und Verkehrsbauwerke von Schienenwegen

Chronologischerweise müsste die Überschrift Verkehrs- und Stationsbauwerke von Schienenwegen heißen, denn bei allen Streckensystemen und gerade in den Anfangsjahren wurde zuerst der Tiefbauteil geschaffen, und oft erst sehr viel **später** die entsprechenden **Hochbauten**, wie die großen Wiener Kopfbahnhöfe, die leider alle im Zweiten Weltkrieg endgültig zerstört wurden, ausnahmslos beweisen. Oft bestanden die ersten Hochbauten nur aus vergänglichen Holzhütten, die erst sukzessive durch feste Bauten für Stallungen und Lokomotivsschuppen sowie Magazinräume ersetzt wurden. Der notwendigen Sicherung und Wartung der Strecken ist eine zweite Gruppe von Hochbauten zu verdanken, die viel wichtiger als die **Bahnhofsgebäude** selbst waren, nämlich die **Streckenwärterhäuschen**. Heutige Architekturzeitschriften behandeln hingegen unter Bauten für Schienenwege in erster Linie Bahnhöfe und Haltestellen. Daneben scheinen **Stellwerke** in jüngster Zeit als Bauaufgabe für Architekten eine gewisse Faszination auszuüben.

7.2.1 Bauten der Pferdeeisenbahn

Eine der wichtigsten europäischen Wegerouten war die Auslieferungsroute für Salz aus dem Salzkammergut, dem schon auf die Hallstattzeit zurückgehenden Industriegebiet Mitteleuropas schlechthin, nach Böhmen. Das Salz konnte flussabwärts auf der Traun bis Mauthausen gebracht werden, von wo es einerseits über die Donau verteilt wurde, andererseits am **Landweg** über das dadurch reiche Freistadt nach Prag. Dieser Straßenweg war im 18. Jahrhundert breit ausgebaut, nichtsdestotrotz gab es aber schon seit dem 14. Jahrhundert Überlegungen, ihn durch einen Donau-Moldau-Kanal zu entlasten. Angespornt durch den Erfolg des Wiener Neustädter Kanal wurde 1807 eine Vorbereitungskommission für den Kanalbau eingesetzt, das jedoch durch ein Gutachten des Prager Universitätsprofessors *Franz Josef Ritter von Gerstner* aufgrund der zu bewältigenden Höhendifferenz von 500 Metern, was 290 Schleusen bedeutet hätte, als undurchführbar erklärt wurde. Erst *Gerstners* Sohn *Franz Anton* erhielt 1824 die Konzession für den Bau einer Eisenbahn zwischen Donau und Moldau[404], die als Pferdeeisenbahn Budweis-Linz-Gmunden die erste **Schienenbahn** des europäischen Festlandes wurde.

Der Bau wurde 1825 von Budweis aus begonnen. Zur Finanzierung hatten sich mehrere Bankhäuser zur k.k. priv. ersten österreichischen Eisenbahngesellschaft zusammengeschlossen. Durch technische Schwierigkeiten ver-

---

404 Mit einer Zeichnung veranschaulichte Gerstner seine Berechnung, nach der ein Pferd auf der Eisenbahn acht- bis zehnmal so viel ziehen könne wie auf der Straße. Vgl. PFEFFER / KLEINHANNS, *Budweis-Linz-Gmunden*, S. 26

teuerte sich der Bau erheblich und auch die Bevölkerung leistete Widerstand. Zudem gab es Meinungsverschiedenheiten mit *Gerstner jun.*, die schlussendlich 1828 zu seiner Ablöse als Bauleiter führten. *Gerstner jun.* hatte nämlich bei zwei Studienaufenthalten in England die dortigen Eisenbahnen kennen gelernt und drang nun darauf, den Bau Dampflokomotivengerecht zu erstellen. Sein Nachfolger *Matthias Schönerer* blieb bei der anfangs kostengünstigeren Variante der Trassierung ohne Lokomotivbetrieb, was beim schlussendlich doch um die Jahrhundertmitte erfolgenden Umstieg auf Lokomotivbetrieb zu einem Umbau der zu steilen Steigungen und zu engen Kurvenradien führte. Anderseits ist *Schönerer* zu verdanken, dass die bis 1832 fertig gestellte Route in Linz anstelle von Mauthausen mit den alten **Salzmagazinen** endete, und daher von 1834-36 nach Gmunden zu einer endgültigen Streckenlänge von 160 Kilometern verlängert werden konnte.[405] Von da an konnten das Salz bereits in Gmunden-Seeplatz von den Schiffen auf die Pferdeeisenbahn verladen werden. Übrigens ist das 1835 errichtete Stationsgebäude Englhof bei Gmunden der heute älteste noch immer dem regulären Eisenbahnbetrieb dienende Bahnhof Europas.[406]

Die **Ober-** und **Unterbauten** der Strecke bestanden aus hölzernen Querschwellen, die teils auf einer Schotterbettung, teils auf einer 40-50 Zentimeter hohen Steinsetzung aufgebracht waren. Mit ihnen verzapft waren die Geleisbäume, viereckig behauenen Langhölzer von mehreren Metern Länge, auf die schmiede- wie gusseiserne Flachschienen aufgenagelt wurden.

Abb. 7.9: Massive Steinbogenbrücken zeigen heute noch den Verlauf der Südrampe der Pferdeeisenbahn im Mühlviertel an.

Zur Überwindung von Geländeunebenheiten dienten aufgeschüttete Dämme sowie eine Unzahl von insgesamt 1066 Brücken und Durchlässen. Die kleineren Brücken und insbesondere die des ersten Streckenabschnittes von Budweis bis Kerschbaum, der so genannten Nordrampe, waren Holzkonstruktionen, die größeren mittels Sprengwerk unterstützt, wie bei der Brücke über die große Edlbrucker Schlucht, die 22,7 Meter lang und 18,4 Meter hoch ist. Die Südrampe bis Linz weist hingegen schon durchgehend in Stein gewölbte Brücken- und Durchlässe, die in der Art der zweibogigen Kronbachbrücke bei Waldburg *(Abb. 7.9)* ausgeführt waren.

Zur Bahnerhaltung und Bewachung wurden einzelne Streckenabschnitte an Pächter vergeben, für die fest bewohnbare **Wachthäuser** erbaut wurden, 35-

---

405 Vgl. ZAUNER, Alois, „Historische Verkehrswege durch das Mühlviertel", in: DEHIO, Oberösterreich, *Band I Mühlviertel*, S. LVI-LIX; hier: LVIII

406 Stand 1982; vgl. PFEFFER / KLEINHANNS, *Budweis-Linz-Gmunden*, S. 154

50 m² groß mit Stube, Rauchküche und Vorraum, die oft, wie das Wachthaus Nr. 26 bei Rainbach heute noch bewohnt werden. Als Auf- und Abladeplätze (**Packhöfe**) dienten die in gleichmäßigen Abständen liegenden Kreuzungs- und Umspannplätze (Stationsplätze), die in der Regel aus einem Stationsgebäude mit Dienst- und Wohnräumen des Personals und einem oder mehreren Stallgebäuden einschließlich Futtermagazinen sowie Schmieden bestanden.

Abb. 7.10: Die Architektur des ehemaligen Stationsplatzes Lest steht in der Tradition landwirtschaftlicher Bauten der Region.

Stationsplätze mit größerer Güterverladung wiesen zudem Magazine und oft auch Ausbesserungswerkstätten auf, anfänglich Holzbauten, die später, wie 1841-42 in Lest *(Abb. 7.10)*, durch Steinbauten ersetzt wurden. Alle Stationsplätze wiesen zudem **Gastwirtschaften** auf, die nicht nur von Personal beziehungsweise den Fahrgästen stark frequentiert wurden, sondern auch beliebte Ausflugsziele waren. Kerschbaum und Lambach besaßen die ersten Bahnhofsgastwirtschaften in unserem Sinne, Lambach mit dem stärksten Umsteigeverkehr sogar 14 Fremdenzimmer. Manche Stationsplätze wie Maxlhaid waren in schon existierenden Bauernhöfen (Seeauerhof) untergebracht, deren Ökonomie aber weiter betrieben wurde.[407] Es verwundert also nicht, dass alle Gebäude hinsichtlich ihres Stiles an die bestehende Tradition **landwirtschaftlicher Gebäude** anknüpften.

7.2.2   Eisenbahnbau und Bahnhöfe

Eigentlich recht früh erkannte man in Österreich die **Dampf** betriebenen Eisenbahn als zukunftsorientiertes Verkehrsmittel, wobei die Initiatoren der ersten Eisenbahnstrecken nicht im Kaiserhaus, sondern unter den Bankiers *Salomon Freiherr von Rothschild* (Nordbahn) und *Simon Georg Freiherr von Sina* (Südbahn) zu suchen sind. Das erklärt die Reihenfolge der Errichtung des **Streckennetzes**, das sich nicht an den Erfordernissen des Personenverkehrs orientierte, sondern der Erschließung von **Rohstoffquellen** galt. Im Falle der Kaiser-Ferdinands-Nordbahn waren dies die Kohlenreviere bei Mährisch-Ostrau und Witkowitz, im Falle der Südbahn ging es um die Effizienzsteigerung der Verbindung der Hauptstadt Wien mit Triest als Haupthandelshafen. Nebeneffekt der 1837 als erste Eisenbahn eröffneten Nordbahn war, dass sich die Dampflokomotiven in Mähren vor Ort mit ihrer zum Antrieb notwendigen Kohle versorgen konnten[408]. Die Südbahn schließlich

---

407   Zu den Angaben über Tief- wie Hochbauten vgl. PFEFFER / KLEINHANNS, *Budweis-Linz-Gmunden*, S. 65-75

408   Vgl. HEINERSDORFF, *Die Kaiserlich-Königlichen Eisenbahnen Österreichs*, S. 9

brachte durch ihre **Meeranbindung** mit sich, dass die in England und Amerika gebauten ersten Dampflokomotiven nun nicht mehr in zerlegtem Zustand über den Semmering bis Wien gebracht werden mussten.

Abb. 7.11: Eine Wasserstation für die mit Dampf betriebenen Lokomotiven überlebte in Deutsch-Wagram.

Aus all dem erklärt sich, dass beim Bahnbau in erster Linie die Fertigstellung des Streckennetzes zur **Betriebsfähigkeit** wichtig war, und folglich die Hochbauten später dazukamen. Von der ersten eröffneten Strecke für eine Dampf betriebene Eisenbahn, dem Abschnitt Wien-Floridsdorf bis Deutsch-Wagram der später bis Krakau führenden und damit Brünn anbindenden Kaiser-Ferdinands-Nordbahn, ist bezeichnenderweise das älteste erhaltene Gebäude die Wasserstation in Deutsch-Wagram *(Abb. 7.11)*, die zwischen 1850 und 1854 errichtet wurde. Der verputzte Ziegelbaukörper enthält das Pumpwerk samt gusseisernem Wasserreservoir mit einem Fassungsvermögen von 26m^3 Wasser, von schweren Eisenträgern gestützt unter dem Dachstuhl angebracht. Obwohl die Wohnung für den Pumpenwärter in einem niedrigeren Anbau untergebracht ist, erscheint das gesamte Gebäude in der Physiognomie eines prächtigeren Wohnhauses mit Zierarchitekturen in Form von aufgeputzten Eckquaderungen, Putzfaschen zur Fensterumrahmung sowie einem durch Gesimse als Tempelfront gestalteten Giebelfeld. Nichts außer dem an der Rückseite versteckten Schornstein der Dampfpumpen deutet auf den technischen Charakter dieses Bauwerks hin[409]. Der Nordbahnhof in Wien selbst wurde überhaupt erst von 1858-65 nach Entwürfen von *J. Stummers* durch *Ehrenhaus & Hoffmann* errichtet[410], ein wahrhaft prächtiger Sichtziegelbau, der die Formensprache der Tudor-Gotik zu einem schlossartigen Komplex verarbeitet.

Als Vorarbeit zur Erreichung des Adriahafens Triest von Wien folgte 1841 die Eröffnung der Strecke Wien-Gloggnitz, die für *Sina* vom damals schon sehr bekannten Eisenbahningenieur *Matthias Schönerer* trassiert wurde. Schönerer, der mit den verschiedenen Methoden des Bahnbaus in England und Amerika vertraut war, entschied sich sehr österreichisch für eine Mischung aus beiden. Dies Bestand darin, die möglichst geradlinige **Streckenführung** der Engländer mit dem oft abenteuerlich kurvigen, aber billigen und raschen Bahnbau der USA sinnvoll zu kombinieren. So entstand auch der erste **Eisenbahntunnel** unter den Weingärten bei Gumpoldskirchen (>Busserltun-

409 Zu den Angaben vgl. WEHDORN / GEORGEACOPOL-WINISCHHOFER, *Baudenkmäler der Technik und Industrie in Österreich, Band 1*, S. 146

410 Vgl. HEINERSDORFF, *Die Kaiserlich-Königlichen Eisenbahnen Österreichs*, S. 14f.

nel< durch den Fuchsbichl) und entwickelte sich zur Attraktion des schnell einsetzenden Ausflugs- und Sommerfrischeverkehrs auf dieser Strecke, die Mödling-Hinterbrühl, Baden, Wiener Neustadt und Gloggnitz erschloss[411]. 1844 wird die Strecke Mürzzuschlag-Graz eröffnet, 1849 die Verlängerung bis Laibach und 1850 die Arbeit auf der Endstrecke bis Triest aufgenommen. Nur das Reststück über den Semmering bedeutete zwischen 1844 und 1854 nach wie vor eine sechsstündige Fahrt zwischen den jeweiligen Eisenbahnendpunkten auf der schon 1728 ausgebauten Straße, die Steigungen bis rund 16 % aufwies.

Nach mehreren Vorschlägen zur Bewältigung dieser Herausforderung unter anderem von *Negrelli* kommt der junge *Karl Ritter von Ghega*, der der 1842 eingerichteten Eisenbahngeneraldirektion angehörte, nach eingehenden Studien der amerikanischen Bergstrecken zu dem Ergebnis, dass **Steigungen** zwischen 15 und 27 Promille von Lokomotiven in Zukunft[412] bewältigbar sein würden. Trotz dieses Risikos projektierte *Ghega* seine Trasse über den Semmering 1846 auf dieser Basis fertig. Jedoch erst die Revolution von 1848 brachte den Anstoß zur schnellen Beauftragung als willkommene **Arbeitsplatzbeschaffung**. Die Strecke wurde, um parallel und damit schneller arbeiten zu können, in vierzehn Baulose unterteilt an private Firmen vergeben, die jedoch unter der Oberleitung der Staatsingenieure der Eisenbahngeneraldirektion nach genauen Terminvorgaben zu arbeiten hatten. Bis zu zwanzigtausend Arbeitnehmer waren daher plötzlich in der zuvor einsamen Gegend entlang der 42 Kilometer langen Strecke gleichzeitig tätig, was zu teils schrecklichen Arbeitsbedingungen führte.[413]

---

411 Vgl. HEINERSDORFF, *Die Kaiserlich-Königlichen Eisenbahnen Österreichs*, S. 27f.

412 Erst im Zuge des Semmeringbahnbaues wurden auf Basis eines international ausgeschriebenen Wettbewerbes unter Lokomotivfirmen vier Modelle ermittelt, die in einer Wettfahrt 1851 die neu errichtete Semmeringstrecke bewältigen konnten. Durch Kombination der besten Eigenschaften findet dann der damit beauftragte Professor der Technischen Universität Wien *Wilhelm von Engerth* die Semmeringlokomotive, die trotz der 5 Achsen in zwei Drehgestellen auch die engen Kurvenradien von nur 190 m bewältigt. Vgl. dazu: Richard WITTASEK-DIECKMANN, „Die Semmeringbahn", in: *Denkmalpflege in NÖ, Band 29*, S. 18f. und HEINERSDORFF, *Die Kaiserlich-Königlichen Eisenbahnen Österreichs*, S. 31 und Peter ENDERLE, „Wilhelm Freiherr von Engerth", S. 57-68 in: ARTL / GÜRTLICH / ZENZ, *Vom Teufelswerk zum Weltkulturerbe*

413 Anfangs kamen die Arbeiter aus Wien, hausten in Erdlöchern und Felsspalten, da es in der verschlafenen Gegend durch den unvorhergesehen plötzlichen Baubetrieb keine Unterkünfte gab. Später entstehen Barackendörfer mit bis zu 400 Menschen pro Baracke, Kramladen, Bäcker, Schneider und Schuhmacher, da mit den später benötigten Fachkräften wie Steinmetze aus dem Friaul, Deichgräbern aus Slowenien, Zimmerleuten aus Welschtirol, Maurern aus Böhmen und Bergleuten aus dem Erzgebirge auch deren Familien mitkommen, was einer zusätzlichen Bevölkerung von bis zu 30.000 Menschen in der Region

Abb. 7.12: Staatsarchitektur nach dem Vorbild Roms: Viadukt der Semmeringbahn.

Interessanterweise vermied *Ghega* bei aller Aufgeschlossenheit den modernen Technologien gegenüber eiserne Brücken und Übergänge, sodass für die Semmeringstrecke die Bezeichnung **gemauerte Bahn** entstand.[414] Die Architektur der großartigsten Einzelbauwerke wie das Schwarza-Viadukt bei Payerbach-Reichenau, das doppelstöckigen Viadukt über die >Kalte Rinne< *(Abb. 7.12)*, die Galerie durch die Weinzettlwand und die Portale des Krausel- wie des 1200 Meter langen Scheiteltunnels folgen daher dem Vorbild römisch-antiker Brücken, Kanäle und Wasserleitungen. *Schwarz* behauptet, dass die Wahl dieses klassizistischen Baustiles anstelle der romantisierenden Gotik, in der unter anderem ein noch einstöckiger Entwurf für das Viadukt über die >Kalte Rinne< mit überhöhten Spitzbögen als Plan erhalten ist, auch politisch motiviert war. Die Neogotik wurde nach der Revolution von 1848 mit deutschnationaler Gesinnung gleichgesetzt, wohingegen die römisch-antiken Vorbilder als **Staatsarchitektur** zum Ausdruck der imperialen Ordnung der Monarchie ideologisch willkommen waren.[415] Übrigens wurde mit der Errichtung der Stationsgebäude wie der anderen für den Bahnverkehr unerlässlichen Hochbauten erst 1853 begonnen, nachdem die erste Lokomotive die gesamte Schienenstrecke erfolgreich passiert hatte. Diese heute noch zum überwiegenden Teil existierenden Hochbauten wurden als gestalterische Einheit mit den Tiefbauten identifizierbar in einer **standardisierten Materialpalette** aus dem natürlichen, grünlich-grauen sowie einem hellgelblichen Gestein der Gegend in Kombination mit Sichtziegelmauerwerk ausgeführt. Die 1854 regulär eröffnete Semmeringstrecke erhielt somit eine unverwechselbare Corporate Identity.

Neben der technischen Meisterleistung stand der **romantisierende** Gedanke, typisch für die erste Hälfte des 19. Jahrhunderts, vor allem in den zeitge-

---

führt. Die katastrophalen sozialen und hygienischen Zuständen führen dazu, dass 1718 Menschen ums Leben kamen, nur 89 davon bei echten Arbeitsunfällen auf der oft ungesicherten Baustelle in unzugänglichen Felswänden, in Tunnels und in den Steinbrüchen. Der Rest durch Skorbut, Typhus und Cholera, unter anderem auch fast 500 Säuglinge und Kleinkinder, die auf dem eigens eingerichteten Friedhof im Klamm begraben sind. Vgl. PAP, Johann Robert, „Carl Ritter von Ghega – ein Venezianer verändert die Eisenbahn", in: *Denkmalpflege in NÖ, Band 29*, S. 20-24 und PAP, *Weltkulturerbe Semmeringbahn*

414 HEINERSDORFF, *Die Kaiserlich-Königlichen Eisenbahnen Österreichs*, S. 30

415 Vgl. Mario SCHWARZ, „Stilfragen der Semmeringarchitektur (1) – Unterkapitel: >Historismus und Ingenieurbauten< sowie >Neuartige Synthese von Natur und Baukunst<", in: KOS (Hrsg.), *Die Eroberung der Landschaft*, S. 509-513

nössischen Rezensionen des weltweit Aufsehen erregenden Bauwerks im Vordergrund. Nicht zufällig ist die Burgruine Klamm fixer Bestandteil der **Semmeringfahrt**, so, wie die ständig wechselnden Ausblicke unter anderem in Schwindel erregende Tiefen als das Erlebnis der Zeit angesehen wurden. Eine verwandte Einstellung lässt sich bei der 1901-09 errichteten Tauernbahn *(Abb. 7.13)* attestieren. „Bemerkenswert für das technische Konzept des

Abb. 7.13: Einbindung in die Landschaft: Tauernbahn bei Burg Ober-Falkenstein.

Bahnbaus ist die Rücksichtnahme auf die landschaftlichen und baukulturellen Gegebenheiten. So wurde die Burgruine Ober-Falkenstein im Zuge des Bahnbaus rekonstruiert. Eine vielfältige Kombination von Brücken, Viadukten, Galerien und Tunnels (je nach Gegebenheit in Naturstein oder Eisen) stellt ein Optimum an **Einbindung in die Natur** her. Geradezu ins Schwärmen geraten zeitgenössische Darstellungen, wenn sie die geschichtlichen Ereignisse an den von den Kunstbauten berührten Orten schildern. Es ist keine Übertreibung, wenn man behauptet, dass diese Zusammenschau von Kultur, Technik und Natur an den technischen Großleistungen dieser Zeit auch sichtbar ist. Umso erfreulicher ist die Tatsache, dass die teilweise neue Trassierung der Tauernbahn in den späten sechziger und frühen siebziger Jahren [des 20. Jahrhunderts] zu Brückenbauten geführt hat, die sich würdig an diese Tradition anschließen und in einer noch kühneren Form die Topographie der Landschaft zur Darstellung bringen."[416]

Aber auch die 1882 errichtete Trisannabrücke der Arlbergbahn formte mit der Nähe der Burg Wiesberg und der Talschlucht mit einem Kraftwerk ein „eindrucksvolles Ensemble von Natur, Geschichte und Technik".[417] Zudem zeigt diese einst zweitgrößte und kühnste Brücke Europas auch recht gut die Auswirkungen der technischen Weiterentwicklung der Eisenbahn auf. 1922 musste das Stahltragwerk wegen der Elektrifizierung der Bahn, die schwerere Lokomotiven mit sich brachte, durch eine Unterkonstruktion verstärkt werden. 1964 erfolgte innerhalb von 11 Stunden eine totale Auswechslung des Tragwerks wegen des zweispurigen Ausbaus der Arlbergbahn.

---

416 ACHLEITNER, *Ö.Arch. 20. Jh. Band II*, S. 89; Angaben insbes. zur Falkensteinbrücke bei Obervellach: Entwurf: *Franz Aigner*, Ausführung: *Konrad Beyer & Co.* (Graz), 1970-74: zwei Stahlbetonbögen und aufgeständerter Bahnkörper, Gesamtlänge 396 m, Bogenspannweiten 120 und 150 m, Bogenstiche 36,8 und 46 m und 90 m über Tal; das Gratschacher-Viadukt der alten Trasse ist noch dahinter erhalten;

417 ACHLEITNER, *Ö.Arch. 20. Jh. Band I*, S. 345

Abb. 7.14: Jugendstilbahnhof Salzburg.

Es ist sehr interessant zu beobachten, in welchen Stilen der 2. Hälfte des 19. Jahrhunderts die Wiener **Kopfbahnhöfe** der wichtigsten Bahnlinien der Monarchie errichtet wurden. Es scheint nicht zu gelten, was sonst als Maxime den repräsentativen Bauwerken dieser Zeit auferlegt wurde, dass einzelne Stilsprachen den diversen Funktionen generell zugeordnet wurden, also dass beispielsweise alle Bahnhöfe in Neogotik wie der Nordbahnhof auszuführen gewesen wären. Es folgen Beispiele für alle wesentlichen Strömungen, der Westbahnhof der Kaiserin-Elisabeth-Bahn, 1857-59 unter Einflussnahme des wichtigsten Hofarchitekten *Moritz Löhr* in einer relativ freien Interpretation der Florentiner Frührenaissance, Nordwestbahnhof (1870-73) und Kaiser-Franz-Josefs-Bahnhof (1871-72) in relativ nichts sagender Spätrenaissance-Barock-Mischung und Staatsbahnhof (1870) wie Südbahnhof (1874 von *Wilhelm Flattich*) in neoklassischen Formen. Bei den etwas kleineren Hauptbahnhöfen der wichtigsten Destinationen des Personenverkehrs entstehen nach der Wende zum 20. Jahrhundert einige schöne Beispiele für den Jugendstil, wie der Salzburger Hauptbahnhof *(Abb. 7.14)* von 1906 oder der Villacher Westbahnhof am Eisenbahnknotenpunkt der Kronprinz-Rudolf-Bahn von 1864-66 mit der Tauernbahn von 1908. Sein Entwerfer *Hans von Granichstaedten* verarbeitet in dem von 1908-10 errichteten Bauwerk zwar prinzipiell den klassischen Typengrundriss für Bahnhöfe, aber im neuartigen Putzdekor des Jugendstil sowie dessen starker Farbgebung, in Villach ein kräftiges Blau auf sandfarbenem Grund.[418]

Dieser **Typengrundriss** basierte auf einem lang gestreckten Baukörper mit sich abzeichnendem Mittelbauteil sowie zwei davon deutlich abgesetzten Seitenflügeln, die jeweils an den Endpunkten wieder durch Überhöhung akzentuiert wurden. Der Mittelteil beinhaltete im Allgemeinen die große Abfahrtshalle, an die an einem Enden die Fahrdienstleitung mit der Dienstwohnung, am anderen die Wartesäle der diversen Klassen, oft zweigeschossig ausgeführt, anschlossen. Gleisseitig war über die gesamte Länge ein überdachter Perron vorgelagert, über den die Giebelfelder der überhöhten Seiten- wie Mittelteile hinausragten. An diesen Giebelfronten ließen sich vor allem an der wichtigeren, von der Bahn abgewandten Seite herrlich die diversen unterschiedlichen Architekturgestaltungen ausleben, wie der noch biedermeierlich angehauchten Bad Ischler Kaiserbahnhof und der eigenartig nachklassizistischen Badgasteiner Hauptbahnhof von 1905 unschwer aufzuzeigen. Sehr spät erst wird diese ziemlich symmetrische Baukörperdisposition

---

418 Vgl. WEHDORN / GEORGEACOPOL-WINISCHHOFER, *Baudenkmäler der Technik und Industrie in Österreich, Band 2*, S. 223

zugunsten freierer romantischer Formen aufgegeben, wie der Bahnhof von St. Veit an der Glan *(Abb. 7.15)*, 1911-13 erbaut, heute noch schön zeigt. Entworfen wurde St. Veit an der Glan vom selben *Granichstaedten*, der innerhalb der Staatsbahndirektion offensichtlich das Privileg hatte, seine Bauten auch signieren zu dürfen. *Achleitner* meint jedoch, dass die freiere Baukörperbehandlung von St. Veit an der Glan im architektonischen Detail einen histori-

Abb. 7.15: Romantische Baukörperdisposition: Entwurf der Staatsbahndirektion für St. Veit an der Glan.

sierenden Rückschritt zu Glockenturm und Ziergiebel bedeutet, wenn man *Granichstaedtens* strengen, dem Wiener Jugendstil verpflichteten, Villacher Westbahnhof als Vergleich heranzieht.[419]

Bemerkenswert dauerhaft im Vergleich zu den gerade in der aktuellen Mode entworfenen fashionablen Hauptbahnhöfen erweist sich hingegen die Ausführung der einfachen **Haltestellen** oder kleineren Bahnhöfe der kaiserlich-königlichen Staatsbahnen, die zwar nicht so prätentiös ausgeführt wurden, sich dagegen aber durch „gute Proportionen, durch Wahl einfacher Materialien und optimale Funktionserfüllung bei kleinsten Baukubaturen auszeichnen"[420], wie *Wehdorn* und *Georgeacopol-Winischhofer* bei ihrer Beschreibung des 1902 errichteten Aufnahmegebäudes von Eisenkappel knappest zusammenfassen. Dies gilt vor allem auch für die Ende der 19. Jahrhunderts in ihrer Errichtung durch die Regierung geförderten Lokalbahnen. Bis heute scheint es, dass die nun als ÖBB zusammengefassten österreichischen Eisenbahnen darin ihren besten Beitrag zur Architekturgeschichte leisten. Die heutige Generation von **Typenbahnhöfen**, größtenteils von *Zechner & Zechner* entworfen, schließen mit ihren filigranen Stahl-Glas-Konstruktionen durchaus an diese Tradition an. Zudem verstehen sie es, durch die Wahl industrieller Materialien wie Technologien an die Hochbauten für die Eisenbahn anzuschließen, die sich immer mehr als Bauten der Technik denn als Bauten der Baukunst verstanden, und daher wie alle Industriebauten in Sichtziegelbauweise ausgeführt wurden. Immer noch existentes Beispiel dafür ist der Grazer Ostbahnhof, 1872-73 von *Albert von Szent Györgyi* für die Ungarische Westbahn-Gesellschaft errichtet[421] sowie letzte Überreste auf dem Nordbahnhofgelände in Wien.

---

419 Vgl. ACHLEITNER, *Ö.Arch. 20. Jh. Band II*, S. 78

420 WEHDORN / GEORGEACOPOL-WINISCHHOFER, *Baudenkmäler der Technik und Industrie in Österreich, Band 2*, S. 144

421 Vgl. WEHDORN / GEORGEACOPOL-WINISCHHOFER, *Baudenkmäler der Technik und Industrie in Österreich, Band 2*, S. 40f.

Abb. 7.16: Bahnhof der Zukunft.

Ganz in diesem Sinne scheint sich nun wieder eine recht bemerkenswerte Architekturkultur für die neuste Generation von Bahnhofsbauten in Österreich anzubahnen. Zweifelsohne aufregendstes Gebäude diesbezüglich ist der 1998-2001 errichtete Bahnhof von St. Anton am Arlberg *(Abb. 7.16)* der Architekten *Manzl.Ritsch.Sandner.* „Eine architektonische Empfangsgeste, die auch sehr viel größeren Städten wohl anstehen würde", bemerkt dazu die Architekturkritik, eine Overall Lösung für dieses lange und nur acht Meter Tiefe Gebäude mit Hülle aus feinmaschigem, textil wirkenden Edelstahlgewebe, das bis auf den breiten Eingang Gebäude und Schallschutzwände überzieht. Der Zugang zu den Bahnsteigen wie die Bahnhofshalle liegen der Topografie des Ortes entsprechend **unterirdisch**, was durch die wohltuend leuchtende Farbigkeit der gläsernen Wandpaneele dieser Bereiche ausgeglichen wird.[422]

Eine derartige Einstellung würde auch der jüngst von den ÖBB ausgerufenen **Bahnhofsoffensive**[423] gut tun, die die zwanzig frequenzstärksten Bahnhöfe mit 45 Prozent aller Fahrgäste und 70 Prozent der Umsätze im Personenverkehr von ihren Abnutzungserscheinungen befreien soll. Hintergrund ist unter anderem auch der extrem gestiegene Wert dieser **städtischen Immobilien** als neuerdings erkannter begehrter Geschäftsstandort aufgrund der Lage an Verkehrsschnittstellen. Allerdings soll für diese Bahnhofsoffensive eine neue Strategie im Unterschied zur Entstehungszeit der k.k.-Eisenbahn eingeschlagen werden, keine standardisierte Form mehr, die sich als roter Faden durch das ganze Land zieht, sondern Architekturqualität als Identifikationsmerkmal, ein vergleichbarer Ansatz zu den Lebensmittelmärkten der Kette M_Preis. Der Grund dieses Einstellungswechsels wäre darin zu suchen, dass der früher große Abstand zwischen Ansiedlung und Bahnhof, der einer klar ablesbaren Architektur-Typologie bedurfte, heute durch das Heranrücken der Städte nicht mehr vorhanden ist, und daher individuelle, maßgeschneiderte Lösungen, die das urbane Umfeld mit einbeziehen, nötig geworden sind.[424]

---

422   Vgl. Liesbeth WAECHTER-BÖHM, *Austria-West*, S. 113f.

423   Vgl. dazu Supplements zu *architektur.aktuell* 9-2001: „Bahnhofsoffensive. Die neuen Bahnhöfe der Österreichischen Bundesbahnen", und *architektur.aktuell* 5.2003: „Das Modernisierungsprogramm der Österreichischen Bundesbahnen"

424   Vgl. Vorwort von Leopold DUNGL zu: „Bahnhofsoffensive. Die neuen Bahnhöfe der Österreichischen Bundesbahnen", Spezialbeilage zu *architektur.aktuell*, 9-2001, hier: S. 1f.

Zur Sicherung dieser Architekturqualität als Identifikationsmerkmal wurden für die angepeilten Bahnhofsumbauten mittlerweile eine ganze Menge an Architektenwettbewerben abgehalten, was jedoch vielerorts dazu führte, dass sich einzelne Künstlerpersönlichkeiten wiederum in der großen Geste eines Hauptbahnhofes auszutoben versuchen, ein Ansatz, der vielleicht bei der Neuerrichtung des Wiener Westbahnhofes nach den Kriegszerstörungen als erster repräsentativer Monumentalbau nach 1945 noch einigermaßen legitim war, heute jedoch alles andere als angebracht ist.[425] Ein neuzeitlicher Bahnhof darf sich nur mehr als **Servicestation mit Informationsdesign** verstehen, ein Ansatz, wie er von *Riegler & Riewe*, den Siegern aus dem 2001 durchgeführten Wettbewerb für die Reisezentren der ÖBB in ihren Bahnhöfen Ernst genommen wird.[426]

7.2.3 Bauwerke für städtische Schienenfahrzeuge

Wie schon öfter erwähnt, erhielt Wien erst spät im Vergleich zu den anderen europäischen Metropolen des 19. Jahrhundert ein effektives öffentliches Verkehrssystem, gefördert vor allem durch den Bürgermeister *Karl Lueger*. Dieses traditionelle Nachhinken hat sich durchgehend als sehr positiv erwiesen, denn Wien erhielt durch *Otto Wagners* Stadtbahn ein so mustergültig ausgebautes System, dass es bis heute nicht überholt ist. Ganz im Gegenteil, konnte es doch durch Sanierungsmaßnahmen gegen Ende des 20. Jahrhunderts als den gegenwärtigen Anforderungen voll entsprechendes Liniennetz mit dem modernen U-Bahnnetz verknüpft werden, und zwar so erfolgreich, dass die österreichischen Entwicklungen für **städtische Nahverkehrsmittel** mittlerweile zum Exportschlager geworden sind.

Begonnen hat das Wiener Straßenbahnnetz mit **Pferdestraßenbahnen**. Aus dieser Zeit ist mit dem mittlerweile aufgelassenen und einer teilweisen Neunutzung zugeführten Betriebsbahnhof Währing ein eindrucksvolles geschlossenes Ensemble aus drei Hallen, Büro- und Wohngebäuden sowie Werkstätten relativ unverändert erhalten geblieben. Die jetzige Neunutzung als Bezirkssubzentrum mit Supermarkt, Musikschule und anderen Infrastruktureinrichtungen resultiert daraus, dass schon früher, obwohl nur durch technische Bauten bedingt, ein charakteristischer Ort durch die platzartige Erweiterung an der Kreuzgasse, die heute aufgestelzt überbaut ist, entstand. Das abschüssige Gelände und die damit notwendige Substruktion an der Staudgasse ergeben ein besonders kompaktes Erscheinungsbild. Die mittlere Halle I (Holzkonstruktion, Walmdach), die ehemaligen Stallungen und die Schmiede (später Werkstätten) an der Staud- und Lacknergasse sowie das Büro- und

---

425 Ergebnisse des Architektenwettbewerbes „Wien West" 2003, ua. veröffentlicht als Sonderbeilage der Zeitschrift *Architektur&Bauforum*, Wien 2003

426 Vgl. dazu: „Reisezentrum der ÖBB-Bahnhöfe: Präzise Akzente" in: „Bahnhofsoffensive. Die neuen Bahnhöfe der Österreichischen Bundesbahnen", Spezialbeilage zu *architektur.aktuell*, 9-2001, S. 5

Abb. 7.17: Typikum der Wiener Remisenar-
chitektur: basilikaler Raumquerschnitt, Portalfront und Sichtziegelmauerwerk.

Wohngebäude an der Ecke Kreuzgasse gehen auf die Pferde-straßenbahn (1883) zurück. Die westliche Halle II, ein besonders eindrucksvoller **basilikaler Raum** mit einer zarten Eisenkonstruktion, wurde 1901, die östliche Halle III, ebenfalls in Eisen konstruiert (Entwurf: *Josef Klingsbigl*), wurde ab 1905 in zwei Bauetappen er-richtet. Die Hallen II und III zeigen außerdem noch die charakteristi-schen Portalfronten, die schon außen das Raumprofil erkennen lassen.[427]

Der **Betriebsbahnhof** Gürtel der Wiener Verkehrsbetriebe besteht ebenfalls aus drei Hallen und einem Büro- und Wohngebäude in einer kontrollierenden Kopfposition. Die exponierte Lage am äußeren Knie des Währinger Gürtels und die etwas komplizierten Grundstücks- und Terrainverhältnisse ließen keine so geschlossene, regelmäßige Anordnung der Hallen wie etwa beim Betriebsbahnhof Währing zu. Die älteste war die Halle II (mit einer Holzkon-struktion). Sie wurde 1902-03 erbaut, vermutlich von *F.E. Schurich* entworfen und 2003 leider abgerissen. Auch sie zeigte die charakteristische Ausbildung der **Portalfront**, die allgemein auf die Bahnhofarchitektur des späten 19. Jahrhunderts und als **Sichtziegelarchitektur** ganz allgemein auf die Traditi-on des Industriebaus verweist *(Abb. 7.17)*. Die Halle III, entlang des Gürtels um 1907 errichtet, ist bereits in Eisenbeton konstruiert, und zwar in einem System, das später allgemein bei Wiener **Remisen** angewendet wurde. Es handelt sich im Prinzip um eine Plattenbalkenkonstruktion mit Primär- und Sekundärträgern, wobei jedes zweite Joch eine Ausnehmung für die Later-nensheds hat. Bemerkenswert ist die Zartheit der Konstruktion, die auch die im gleichen System errichtete Halle I im Westen aufzuweisen hat.[428]

Neben dem sukzessiven Aufbau des Straßenbahnnetzes existierten in Wien jedoch seit 1857[429] verschiedenste Projekte für ein bis 1924 Dampf betriebe-nes Nahverkehrs-Eisenbahnnetz namens **Stadtbahn**, das von 1894-1902 als Teil des Generalregulierungsplanes letztendlich sehr zügig unter der gestal-

427 Vgl. ACHLEITNER, *Ö.Arch. 20. Jh. Band III/2*, S. 235

428 Vgl. ACHLEITNER, *Ö.Arch. 20. Jh. Band III/2*, S. 235f.

429 Dies ist das Jahr, an dem der Fall der Stadtmauern beschlossen wurde. Es dauerte jedoch noch bis zum 1892 beschlossenen Generalregulierungsplan 1892, der nach der Aufgabe des Linienwalles 1890-92 infolge der Eingemein-dung der Vororte die Stadt Wien und das Land Niederösterreich gemeinschaft-lich zur Umfassenden Neugestaltung des öffentlichen Verkehrs in und um Wien verpflichtete. Vgl. PAWLIK / SLEZAK, *Wagners Werk für Wien*, S. 9

terischen Leitung des Büros von *Otto Wagner*, das damals etwa 70 Mitarbeiter aufwies, errichtet wurde. Projektleiter des Stadtbahnbaues war *Joseph Maria Olbrich*, aber auch *Max Fabiani*, *Josef Hoffmann* und *Jože Plecnik* waren als junge Architekten in *Wagners* Team daran beteiligt. „Die Wiener Stadtbahn kann als größtes Gebäude von Wien bezeichnet werden. Über 30 Stationen und Haltestellen sowie ca. 45 km Schienenlänge wurden nach Wagners Entwürfen realisiert: Vorortelinie (1895-96), Donaukanal-Wientallinie (1896-1900), Gürtellinie (1895-1897), Linie in den II. Bezirk (1899, wieder abgerissen). Wagner hat über 2000 Pläne für die Stadtbahn gezeichnet, wobei es genaue Vorgaben gab."[430] Diese imposante Bauaufgabe, die *Wagners* Ehrgeiz nicht sonderlich befriedigte, da es sich um keine Architekturaufgabe im Sinne der traditionellen Baukunst bestand, muss dennoch als **Wende zur Moderne**, nicht nur in *Wagners* Werk, angesehen werden. Nicht zufällig gelten die oben angeführten jungen Architekten unter *Wagners* Mitarbeitern als Begründer der modernen Architektur weit über Wien hinaus. „Der Auftrag für das neue Massenverkehrssystem der Wiener Stadtbahn führte ihn zu einer Auseinandersetzung mit den technischen, von Wagner stets auch als ästhetische Herausforderung begriffenen, Problemen der unbegrenzten Großstadt."[431]

Die Trassierung der verschiedenen Stadtbahnlinien führt teils oberirdisch, teils unterirdisch durch das wellige Gelände der Wiener Vorstädte. 1898 konnten sowohl die Vorortelinie wie die Gürtelline eröffnet werden, wobei der Hofzug zur Verbindung bereits die Obere Wientallinie mit einbeziehen konnte. Hinsichtlich dieser ersten Hoch- wie Tiefbauten stellt *Achleitner* fest, dass diese noch mehr in historischen Kategorien befangene Architektur einen typologischen Ernst aufweist, der bei den späteren Sondertypen (Hofpavillon, Karlsplatz) in eine gewisse spielerische Leichtigkeit überwechselt.[432] Besonders die vier **Hochstationen** im Bereich der Hochlage zwischen Nußdorfer Straße und Josefstädter-Straße wurden von *Wagner* als Stadttore *(Abb. 7.18)* konzipiert, die anstelle der Kreuzungspunkte der alten Ausfallstraßen mit dem 1890-92 niedergerissenen Linienwall, der um 1704 zur Verteidigung der Vorstädte errichtet worden war, an diese alte **Zollgrenze** erinnern sollten. *Wagners* Leistung besteht darin, aus dem Topos Zollstation einen unverwechselbaren Gebäudetypus als architektonisch lesbares Bild für die neue funktionelle Bauaufgabe Stationen eines modernen Massenverkehrsmittels geschaffen zu haben. „*Wagner* verwendet dazu Ordnungsprinzipien der Symmetrie, die durch die jeweiligen Geländebedingungen des Ortes, der Lage, gestört werden, so dass das Prinzip zur Darstellung des anderen, durch Sichtbarmachung der Abweichungen, beiträgt."[433] Dazu kommen unübersehbare Zeichen einer **Festungsarchitektur** wie rustizierendes Mauer-

---

430 *Architektur Wien. 500 Bauten*, S. 94 f.

431 Matthias BOECKL in: *Architektur im 20. Jahrhundert. Österreich*, S. 122

432 Vgl. ACHLEITNER, *Ö.Arch. 20. Jh. Band III/1*, S. 23f.

433 ACHLEITNER, *Ö.Arch. 20. Jh. Band III/1*, S. 232

Abb. 7.18: Die Hochbauten der Stadtbahn-Gürtellinie entlang des alten Linienwalles nehmen die Typologie von Stadttoren auf.

werk, nun in reine Putzarchitektur übersetzt, geböschte Sockelbereiche und Pylone als Relikte alter Wehrtürme. Besonders schön ist letzteres an der Station Gumpendorferstraße zu sehen, die 1896-97 als „reizvolle Verflechtung von Unter- und Oberbau" eine „topographische wie verkehrstechnische Sondersituation" darstellt.[434] Das ihr benachbarte Wiental-Viadukt, 1895-98 errichtet, in der die Stadtbahn in einer „Stadtgegend mit der Atmosphäre offener Grenzen" Wienfluss samt Wientallinie der Stadtbahn und dazu die Hauptausfallstraße nach Westen schlechthin kreuzt, kann selbst als reines **Tiefbaugebäude** die bisher angeschlagene Sprache konsequent weiter verfolgen. „So haben die Pylone eine stadträumliche Doppelfunktion, einerseits als Markierung eines Stadttores, andererseits als Portale für das Tragwerk im Sinne der auf Schauerlebnisse (nach *Czech*) konzipierten Bahn."[435]

Interessant ist die von *Boeckl* attestierte Dialektik zwischen Hoch- und Tiefbaustationen, letztere entlang des Wientals sowie des Donaukanals. „Die Hochbauten entlang des Gürtels definierte Wagner als Tor, das die Außen- mit den Innenbezirken durch großzügig angelegte Durchfahrten verband, während die Tiefbauten dieses System umkehrten, indem sie die Fahrgäste durch oberirdische Aufnahmegebäude über gedeckte Treppen auf das tiefer liegende Niveau der Gleise führten. Die Formensprache dieser Gebäude, die den Massenverkehr auch als ästhetisches Erlebnis der modernen Stadtlandschaft definierten, verbinden eine feine Klassizität mit technischen Details, die zu sprechend-dekorativen Bauplastiken umgedeutet wurden."[436]

Letzteres gilt jedoch nicht mehr für die beiden vollkommen anders behandelten Wientalstationen, den Schönbrunner Hofpavillon *(Abb. 7.19)* von 1896-99 und die Karlsplatz-Pavillons von 1898-99. Ersterer, nur einmal anlässlich der Eröffnung von *Kaiser Franz Joseph I.* benützt, macht „einen ästhetischen Hofknicks in Form einer Annäherung an die Barocke"[437], wie *Achleitner* so unnachahmlich schreibt, und beide Bauwerke betreffend fortfährt: „*Wagner* hat mit diesen beiden Stationsbauten den Höhepunkt seiner Dialektik von Zweck und Poesie, Konstruktion und Dekoration erreicht, wobei sein strenger Rationalismus fast mit dem secessionistisch geprägten Dekor in Kon-

---

434 Vgl. ACHLEITNER, *Ö.Arch. 20. Jh. Band III/2*, S. 199

435 ACHLEITNER, *Ö.Arch. 20. Jh. Band III/2*, S. 328

436 *Architektur im 20. Jahrhundert. Österreich*, S. 122

437 ACHLEITNER, *Ö.Arch. 20. Jh. Band III/2*, S. 73

kurrenz geriet."[438] Bei der Station Karlsplatz hingegen hat *Otto Wagner* endlich seine Interpretation der zukünftigen Architektur versucht: „Die Frage: Wie sollen wir bauen? kann wohl nicht strikte beantwortet werden; unser Gefühl muss uns aber heute schon sagen, dass die tragende und stützende Linie, die tafelförmige Durchbildung der Fläche, die größte Einfachheit und ein energisches Vortreten von Konstruktion und Material bei der künftigen, neuerstehenden Kunstform stark

Abb. 7.19: Typologisches Einzelbauwerk unter den Stationen der Stadtbahn: >Hofpavillon< in Schönbrunn.

dominieren werden; die moderne Technik und die uns zu Gebote stehenden Mittel bedingen dies."[439] Die **Pavillons**, die mit ihren tonnenförmigen Dächern Referenz der den Platz beherrschenden Kuppeln der Karlskirche aufweisen[440], sind seit dem Neubau der U-Bahnstation zwar renoviert, aber vollkommen sinnentleert ungefähr an historischer Stelle, dem Kreuzungspunkt der Achse der Karlskirche mit der Akademiestraße, wiedererrichtet worden.

Das Kapitel abschließend ist zu bemerken, dass die bisherigen **Ergänzungen** des Stadtbahnnetzes im 20. Jahrhundert, sofern ihre Bauten an namhafte Architekten vergeben wurden, an *Otto Wagners* Dialektik anzuschließen vermochten. Beim Gestaltungswettbewerb der neuen U-Bahnabschnitte von 1970 ging es nur mehr um eine mehr oder weniger selbstständige Auskleidung der **unterirdischen Stationen**, die die Arbeitsgruppe U-Bahn, zusammengesetzt aus *W. Holzbauer, H. Marschalek, G. Ladstätter* und *N. Gantar* von der Not zur Tugend machten, in dem sie eine unabhängige, abschirmende Raumhülle mit Einbauelementen wie Sitzbänken und Papierkörben entwarfen, die als Raum-im-Raum-System zu den roh belassenen Teilen der Fahrbereiche einen starken Gegensatz herstellte.[441] Im Unterschied zu dieser Anknüpfung an *Wagners* Tiefbautypen sind die Hochbauten der Verlängerung der U-Bahnlinie 6 nach Süden, 1990 von *Johann Georg Gsteu* als Architekt gestalterisch betreut, durch Verwendung von Aluminiumtrapezblech (Technologie: Einziehverfahren), blau lasiertem Beton und Glas von markanter Signalwirkung. Ähnlich wie Wagner versucht *Gsteu* die Gestaltung aus dem technischen Verfahren und seiner Herstellung zu legitimieren.[442]

---

438   ACHLEITNER, *Ö.Arch. 20. Jh. Band III/1*, S. 82

439   Otto WAGNER, „Moderne Architektur", 1896, 1898, 1902; zitiert nach: GRAF, *Otto Wagner. Das Werk des Architekten*, S. 287

440   Vgl. ACHLEITNER, *Ö.Arch. 20. Jh. Band III/1*, S. 82

441   Vgl. ACHLEITNER, *Ö.Arch. 20. Jh. Band III/1*, S. 83f.

442   *Architektur Wien. 500 Bauten*, S. 352

7.3 Straßen und andere Bauten für Automobile

Neben Straßenbauten, also der Trassierung von Straßen einschließlich ihrer Brücken wie Galerien und Tunnels, alles Aufgaben, die für Architekten nicht besonders viel Betätigung im herkömmlichen Sinn beinhalten, soll hier doch vor allem auf die **sichtbaren** Hochbauten, die im Zusammenhang mit Straßen stehen, wie Zollhäuschen oder Raststätten und Tankstellen eingegangen werden. Dazu kommt noch ein Themenbereich, der der Reparatur wie dem Verkauf von Autos gewidmet ist, letzteres deshalb, weil Kaufhäuser für Autos in gestalterischer wie typologischer Hinsicht kaum Gemeinsamkeiten mit anderen Bauten für Handel und Verkauf aufweisen.

7.3.1 Straßenbauten

Für Bauten, die der Anlage einer Straßentrasse dienen, gibt es auf österreichischem Gebiet vielfältige Hinweise bis in die Römerzeit zurück, wie die Reisstraße über die Stubalpe (Gaberl) in der Steiermark beweist, sogar bis in die vorrömische Epoche. Es handelte sich um alte **Handelswege**, die im Kriegsfalle als **Heerweg**, Reisstraße genannt, verwendet wurden. Hinweise auf die Römerstraßen sind zumeist die noch vorhandenen schweren und großformatigen Steinplatten des Belags sowie Spurrillen im gewachsenen Fels.[443] Darüber hinaus sind von den Römern über das Mittelalter bis ins 18. Jahrhundert eine ganze Menge an **Steinbrücken** erhalten, die für die großen Verkehrsbauten des 19. und teilweise noch des 20. Jahrhunderts als die natürlichen Vorbilder herangezogen wurden. So war beispielsweise die Stephansbrücke über die Ruetz, 1842-46 von *Paul Venotti* und *Josef Lazzanis* konzipiert wie ausgeführt, die zum Zeitpunkt der Erbauung größte Natursteinbrücke Österreichs. Sie besteht aus einem Halbkreisbogengewölbe aus Höttinger Brekzie mit einer lichten Weite von 43,6 Meter bei 36 Meter Höhe, wurde im Zuge der neuen Brennerstraße für den Pferdefuhrwerksverkehr errichtet und hält selbst den Belastungen des heutigen Verkehrs immer noch stand.[444]

Lange Zeit wird bei Auflagern wie Pylonen im Brückenbau nur dem Steinbau vertraut, weshalb viele **Mischkonstruktionen** das Bild von Brücken des 19. Jahrhunderts bestimmen. Schön zu sehen war dies an der Kronprinz-Rudolf-Brücke, die 1872-76 über die Donau bei Wien errichtet und 1934 durch die erste Reichsbrücke von *Theiss & Jaksch* ersetzt wurde, die 1976 spektakulär einstürzte. Im Vergleich der beiden erkennt man sehr schön den Transformationsprozess, der auch hinsichtlich der baukünstlerischen Gestaltung in dieser Zeitspanne vor sich gegangen ist, ganz abgesehen vom rein technischen Fortschritt, der sich vor allem in den Brückenkonstruktionen niederschlägt.

---

443 Vgl. WEHDORN / GEORGEACOPOL-WINISCHHOFER, *Baudenkmäler der Technik und Industrie in Österreich, Band 2*, S. 94

444 Vgl. ACHLEITNER, *Ö.Arch. 20. Jh. Band II*, S. 300

Die Kronprinz-Rudolf-Brücke drückt den im 19. Jahrhundert noch allgegenwärtigen Stadttorgedanken durch ihre **Pylone** aus, die flankierenden Wehrtürmen gleich die Brückenauflager verteidigen, und ihre Wehrhaftigkeit durch Attribute wie stark gebosste Quaderungen an den Sockelgeschoßen unterstreichen. Staatsklassizismus pur, aber auch die Visualisierung der Stärke einer Konstruktion durch ihre Massivität war unverzichtbar. Selbst die neue Reichsbrücke, eine Hängekonstruktion mit Kettengliedern und einschließlich der Pylonen ganz aus Stahl, wird von den Architekten in der Wettbewerbsperspektive nach wie vor als **Stadttor** mit dem Stephansdom im Blickpunkt dargestellt.[445]

Zwischen diesen beiden Brücken liegt eine ganze Menge an **Eisenbrücken**, von denen hier vor allem die hinsichtlich ihrer Baukunst schönsten Beispiele erwähnt werden sollen, ohne Anspruch auf Vollständigkeit. Vor allem die Brückenkonstruktionen, die in ihren gestalterischen Details auf die Formensprache des Jugendstils zurückgreifen, wie die >Hohe Brücke< in der Wiener Innenstadt von 1903-04 begeistern uns, daneben Konstruktionen wie die Salzach-

Abb. 7.20: Die elegante Linienführung des Tragwerkes einer Jugendstil-Brücke der Jahrhundertwende über die Salzach.

brücke zwischen Oberndorf und Laufen *(Abb. 7.20)*, 1902-03 erbaut, bei der aus städtebaulichen und ästhetischen Gründen besonderes Gewicht auf die Linienführung des Tragwerks gelegt wurde, ein Kragträger mit kettenförmig gekrümmtem Ober- und geradem Untergurt.[446]

In der Zeit um die Jahrhundertwende werden daneben die ersten **Stahlbetonbrücken** erbaut, wie die Elisabethbrücke in Baden bei Wien von 1900-01 und die Unterzellerbrücke von 1903-04 in Waidhofen an der Ybbs. Beide der leider Anfang der Achtzigerjahre des 20. Jahrhunderts abgebrochenen Brücken bezeugten zudem ein großes gestalterisches Spektrum. Die Elisabethbrücke bestand aus vier flachen Stahlbetonbogenträgern zur Bewältigung der 22,7 Meter freien Spannweite. Die dazwischen liegende Brückentafel war als 30 Zentimeter hohe Bruchsteinschicht mit Makadam-Belag ausgeführt[447]. Ausdrucksmäßig war die Elisabethbrücke viel eleganter als die mittels Vierendeel-Träger ausgeführte Waidhofener Brücke, die schon eine betonierte Brückentafel aufwies.[448]

445   Vgl. SCHWALM-THEISS, *Theiss & Jaksch*, S. 105

446   Vgl. ACHLEITNER, *Ö.Arch. 20. Jh. Band I*, S. 235

447   Vgl. WEHDORN / GEORGEACOPOL-WINISCHHOFER, *Baudenkmäler der Technik und Industrie in Österreich, Band 1*, S. 140f.

448   Vgl. WEHDORN / GEORGEACOPOL-WINISCHHOFER, *Baudenkmäler der Technik und Industrie in Österreich, Band 1*, S. 242f.

Die 1912-13 errichtete Schalklschluchtbrücke in Tirol ständert hingegen die Fahrbahn mittels dünner vertikaler Pfeiler auf dem **Bogentragwerk** auf[449], eine Stahlbeton-Konstruktion, die zweifelsohne aus den eisernen Fachwerkbrücken entwickelt wurde. Obwohl in vollkommen anderen Maßstäben und einer gemischten Konstruktionsweise ausgeführt, begegnet uns das System des Aufständerns wieder bei der Europabrücke der Brennerautobahn, der 1959-63 durchgeführten, ersten Überquerung der Alpen mittels einer Autobahn. Ihre beeindruckenden 190 Meter Höhe über der Talsohle bewältigt die Europabrücke mittels eines relativ leichten **Hohlkastenträgers** aus Stahl, der auf hohlen, dreizelligen Stahlbetonschächten von bis zu 146, 5 Metern Höhe auflagert.[450] Heute werden dergleichen Straßenbrücken ausschließlich in Stahlbeton ausgeführt, wobei im Allgemeinen weder die Kühnheit der Konstruktionen noch deren Gestaltung eine entsprechende Würdigung erfahren. Das letzte Beispiel für vorbildliche Gestaltung eines Straßenbauwerks, das nennenswerten Eingang in Architekturzeitschriften fand, war die Tunnelwarte des Plabutschtunnel in Graz-Webling, die *Eilfried Huth* und *Heribert Altenbacher* 1987 entwarfen.

Abb. 7.21: Die originale Randausbildung der Großglockner-Hochalpenstraße mittels >Wehrsteinen<.

Ganz anders noch wurde der Straßenbau in den dreißiger Jahren des 20. Jahrhunderts betrachtet. Sowohl die 1930-35 errichtete Großglockner-Hochalpenstraße wie die 1936 eröffnete Wiener Höhenstraße werden als austrofaschistische Staatsbauten vor allem zwecks Arbeitsplatzbeschaffung gefördert, aber auch zur Propaganda einer Fremdenverkehrsoffensive.[451] Der österreichische Bauingenieur *Franz Wallack* hatte schon seit 1925 die Planung einer **Alpenstraße** von 48 Kilometern Länge über das Tauernmassiv vorangetrieben, das beim Fuscher Törl mit 2428 Metern Seehöhe seinen höchsten Punkt erreicht. Dieses Projekt sollte als durchgehende Nord-Süd-Verbindung auf der Trasse einer alten Römerstraße den Verlust Südtirols von 1922 wett machen, dabei aber auch mittels Stichstraßen **touristisch** attraktive Aussichtspunkte erschließen. Durch die wirtschaftlichen Schwierigkeiten verzögerte sich der Baubeginn bis 1930, um jedoch ab der Besichtigung durch *Kanzler Dollfuss* 1932 in das Arbeitsplatzbeschaffungsprogramm der Regierung aufgenommen und umso schneller 1935 eröffnet zu werden. Bei der Linienführung ging es dem erfahrenen Schifahrer und Alpinisten *Wallack* dar-

449   Vgl. ACHLEITNER, *Ö.Arch. 20. Jh. Band I*, S. 335

450   Vgl. ACHLEITNER, *Ö.Arch. 20. Jh. Band I*, S. 299

451   Vgl. Jan TABOR in: *Architektur des 20. Jahrhundert. Österreich*, S. 39

um, jene Lagen zu meiden, wo der Schnee bis in den Sommer hinein mehrere Meter hoch liegen bleibt. Zugleich wollte er mit einer möglichst geringen Zahl von **engen Kehren** auskommen. Diese engmaschigen Entwicklungen sind ein Merkmal der im 19. Jahrhundert erbauten Pass-Strassen, etwa jener über das Stilfserjoch von 1824, die noch ein handwerkliches Verhältnis Natur-Technik zu Tage legen, bei dem das Gelände noch nicht durch Maschineneinsatz vergewaltigt wird. Wichtig ist auch die **Randausbildung** der Straße mittels einer Kette von Wehrsteinen *(Abb. 7.21)*, die als räumliche, punktförmige Elemente erscheinen, was im Unterschied zu den Deutschen Alpenstraßen steht, deren Randausbildung wie mit dem Messer gezogen erscheint.[452]

Unabdingbar war in diesem Zusammenhang das Erinnerungsmal für die Erbauer der Großglockner-Hochalpenstraße am Fuscher Törl, das *Clemens Holzmeister* 1936 gestalten durfte. Er wählte dazu die archaische Form einer **Pyramide** aus rauem Bruchstein der Umgebung *(Abb. 7.22)*, was hinsichtlich des Atmosphärischen ähnlich der Ausführung eines Zielpunkte der Wiener Höhenstraße am Leopoldsberg war. Ein anderes Ziel des Autoausflugsver-

Abb. 7.22: Erinnerungsmal einer heroischen Epoche: Fuscher Törl an der Großglockner-Hochalpenstraße.

kehrs der **Höhenstraße** war das nach einem Wettbewerbsentwurf von *Erich Boltenstern* 1935-37 ausgeführte Restaurant am Kahlenberg, das im Gegensatz dazu unverkennbar Züge moderner Architektur aufweisen kann. Dieser Widerspruch artikuliert sich dennoch innerhalb des Bauwerks, das auf einem schweren Rustikamauerwerkssockel aufsitzend als Stahlbetonkasten freischwebend auskragt. Großflächige Schiebefenster und offene Veranden runden diesen luftigen, schiffsdeckartigen Charakter ab.[453]

7.3.4 Tankstellen und Raststätten

Im Gegensatz zu den gerade geschilderten Straßenbauten aus staatsideologischen Gründen, die nicht nur in Österreich die Dreißigerjahre des 20. Jahrhunderts dominierten, dienen die Bauten der zweiten Hälfte dieses Jahrhunderts ausschließlich **wirtschaftlich motivierten** Zwecken. Dies drückt sich unter anderem darin aus, dass nur äußerst selten Architekten zur Gestaltung dieser Bauten im Zusammenhang mit der explodierenden Automobilisierung

---

452   Vgl. Walter ZSCHOKKE in: *Architektur des 20. Jahrhundert. Österreich*, S. 163 und ACHLEITNER, *Ö.Arch. 20. Jh. Band I*, S. 229

453   Vgl. WEIHSMANN, *Das Rote Wien,* S. 414f.

herangezogen werden. So ist aus architekturhistorischer wie baukünstlerischer Hinsicht der Tankstellen- wie Raststättenbau im Normalfall eine einzige Katastrophe, obwohl es sich um äußerst lohnenswerte gestalterische Aufgabenbereiche handeln würde. Ein paar frühe Beispiele wie der Villacher[454] und der Wiener Neustädter Autobusbahnhof oder so manche Tankstellenüberdachung aus der Zeit bis in die fünfziger Jahre[455] zeigen, dass sich zarte **Pilzkonstruktionen** aus Stahl oder Stahlbeton für diese Aufgaben hervorragend bewährt haben. In ihnen steckt das Potential für den einer bestimmten Bauaufgabe eindeutig zuweisbaren, adäquaten formalen Ausdruck, der heute vollkommen aus den gebauten Beispielen entwichen ist.

Abb. 7.23: Die >Benzin-Boutique< (*Tabor*) hinter dem Burgtheater: Tankstelle in Wien.

Einzig die Tankstelle Löwelstraße *(Abb. 7.23)* in der Wiener Innenstadt, von *Rupert Falkner* und *Katsuhito Mitani* 1990 entworfen, fällt aus dem Rahmen des Üblichen. *Tabor* beschreibt sie folgendermaßen: „Hinter dem Burgtheater schimmern Nirosta, Nickel, Glas und Granit ... wegen der prominenten Lage unter Architekturdenkmälern ist diese Tankstelle keine, sondern die Inszenierung einer, eine **Benzin-Boutique** mit geschickter Beleuchtungsführung, sodass sie von Innen heraus zu leuchten scheint. Das schwerelose Dach wird von den matt polierten Säulen nicht getragen, sondern förmlich erhöht."[456] Auch dies kann wohl nicht der richtige Gestaltungsweg für die Zukunft sein, und über die Architektur der Autobahnraststätten muss überhaupt geschwiegen werden. Sie haben sich bisher weder aus ihrer Bauernhof- noch ihrer Burgenattitüde befreit, um einen selbstbewussten Ausdruck dieser auch schon hundert Jahre alten Bauaufgabe zu finden.

---

454 Entwurf von *Oskar Schober*, 1930; vgl. ACHLEITNER, *Ö.Arch. 20. Jh. Band II*, S. 111

455 Ua. Aral-Tankstelle in Neu-Landskron von *Wolfgang Klemt* 1953-54 „im Geist der Verkehrsarchitektur der dreißiger Jahre entworfen"; vgl. ACHLEITNER, *Ö.Arch. 20. Jh. Band II*, S. 111. In Graz-West existiert noch ein vergleichbares Beispiel, das allerdings als Tankstelle bereits aufgelassen ist, und wohl demnächst abgerissen wird. Auch die Mobiltankstelle Fasangarten von *Eliot Noyes* 1970 entworfen und die Tankstelle am Franz-Josefs-Kai von *Rupert Falkner*, 1980 errichtet, existieren in ihrer damaligen Form nicht mehr.

456 HASLINGER / TABOR, *Architektur und Industrie*, S. 113

7.3.4 Garagen, Reparaturwerkstätten und Autohäuser

Ganz ähnlich verhält es sich bei den Kauf- und Servicestellen für Automobile. Die Euphorie über dieses neue private Verkehrsmittel, das hinsichtlich seiner Geschwindigkeit und persönliche Freiheit symbolisierenden Eigenschaften noch am Beginn des Jahrhunderts **poetisch** beschrieben wurde, drückt sich in den ersten Jahrzehnten des 20. Jahrhunderts in der Architektur der Servicebauten für Autos aus. Voller Stolz wird da von namhaften Architekten beispielsweise an Studien für die Autogarage des Südbahnhotel am Semmering[457] gearbeitet, die selbstbewusst dieses Fahrzeug des Individualverkehrs förmlich ausstellen sollten, das zur Eroberung der Landschaft in dieser Zeit genauso beigetragen hat, wie die Eisenbahn ein Jahrhundert davor.

Heute erobern sich Servicebauten für Autos nur selten diesen Status zurück. Garagen und Parkhäuser werden nach Möglichkeit unter der Erde versteckt. Selbst die **Autohäuser**, in denen Autos zum Verkauf angepriesen werden, vermögen es kaum, diesem ästhetisch zweifelsohne ansprechenden Produkt eine angemessene architektonische Hülle zu verpassen. Zu den besseren Ergebnissen in dieser Hinsicht zählen die Repara-

Abb. 7.24: Autohaus in Salzburg: Schaugalerie für den Verkauf des Produktes.

turwerkstätten und Autohäuser von *Gerhard Garstenauer* in den sechziger und siebziger Jahren wie die ÖFAG *(Abb. 7.24)* an der Innsbrucker Bundesstraße in Salzburg[458]. Für heutige Vorstellungen versucht *Garstenauer* an diesem 1974 entstandenen Bau zu sehr, nur über die Konstruktion aus vorgefertigten, runden Stahlbetonstützen mit Auflagerkonsolen eine geistige Verbindung zum ebenfalls aufgrund seiner Konstruktion zu bewundernden **Produkt** Auto aufzubauen. „Wie sechs riesige Stellagen-Gestelle werden die Auto-Ausstellungshallen entlang der Bundesstraße aufgestellt. Die rhythmische Gliederung des langgestreckten, niedrigen Gebäudes scheint dem Wahrnehmungsvermögen des vorbeifahrenden Autofahrers zu entsprechen"[459], meint dazu *Tabor*. Die Schau-Umgänge in den Obergeschoßen jedoch erweisen sehr wohl den Galerien der großen Kaufpaläste des 19. Jahrhunderts Referenz.

---

457 *Emil Hoppe* und *Otto Schönthal*, 1928; vgl. SCHWARZ, „Stilfragen der Semmeringarchitektur (2)", in: KOS (Hrsg.), *Die Eroberung der Landschaft,* S. 573

458 Als anderes erwähnenswertes Beispiel wäre die Mercedes-Benz Reparaturwerk in der Schippingerstraße 8 in Graz aus den Jahren 1962-64 anzuführen.

459 HASLINGER / TABOR, *Architektur und Industrie,* S. 68

Einen ähnlichen Weg der Gestaltung gehen die Autohäuser der achtziger Jahre, wie beispielhaft dargestellt am BMW-Zentrum an der Heiligenstädter Lände in Wien, 1988 von *Hlaweniczka & Partner* errichtet. Die verwendeten Materialien und Farben spiegeln die technischen und sachlichen Qualitätsmerkmale des Produktes wie Unternehmens[460], wobei die dafür gewählte Architektursprache eine Synthese aus klassischer Moderne und High-Tech ist. Zu Recht als **Autosalon** tituliert, erweist sich dagegen der Mazda-Lietz Ausstellungsraum plus Service-Center bei Waidhofen an der Ybbs, den *Boris Podrecca* 1992 als Hommage an die Dreißigerjahre des 20. Jahrhunderts konzipierte. „The mystery of how cars enter the showroom becomes an event: an earthern berm connects the outer bounds of the site to the built complex, evolving from a wall into a concrete display ramp that flows through the showroom following the curve of the building envelope at the second-floor level. It comes to an abrupt end at the front facade, where a new vehicle is parked"[461], beschreibt dies *Dimster*.

7.3.4 Stützpunkte von Rettung und Feuerwehr

Eine andere Art von Garagen sind Feuerwehr- und Rettungsstützpunkte, wobei diese Bauwerke durch eine kleine Verwaltungseinheit mit Büroräumlichkeiten, Geräteräumen, Schlafsälen oder Bereitschaftszimmern, Duschen und Umkleiden sowie bei Feuerwehren häufig auch mit einem Turnsaal ergänzt werden. Nichtsdestotrotz bleiben die Charakteristika dergleichen Bautypen die großen **Garagen** für die Einsatzfahrzeuge und ein **Turm**. Bei den Feuerwehren begründet sich dieser auch durch die Funktion als Schlauchturm, der zumeist gleich als Übungsbauteil Verwendung findet. Bei Rettungen ist der Turm eher in symbolischer Funktion zu denken, zum Anzeigen der Gefahrenquelle wie der Uhrzeit, ganz in der Tradition des Kirchturmes, in dem die Glocken in Katastrophenfall zur Warnung Sturm geläutet wurden. Architektonisch ist diese Kombination von oft ausgedehnten, eher horizontalen Garagentrakten mit dem vertikal aufragenden Turmgebilde sehr zu begrüßen, und vermittelt heute noch unweigerlich das Signalhafte dieser Bauten.

Wien weist mit der 1686 gegründeten Berufsfeuerwehr eine der ältesten derartigen Institutionen der Welt auf. Untergebracht war die Feuerwehrzentrale in einem Amtsgebäude am Hof, das 1884 um das angrenzende ehemalige Bürgerliche Zeughaus erweitert werden konnte[462], als dieses Waffendepot ins Arsenal übersiedelte. Aus dem Umstand, dass diese beiden Gebäude nicht von Anfang an als Feuerwehren errichtet wurden, erklärt sich wohl, dass für Feuerwehr- und die neuerdings aufkommenden Rettungs- und Feuerwehrzentralen des gründerzeitlichen Wiens diese städtischen Typen keine allzu große Vorbildwirkung ausüben. Die 1912-14 errichtete, heute noch

---

460 HASLINGER / TABOR, *Architektur und Industrie*, S. 100

461 DIMSTER, *The New Austrian Architecture*, S. 184

462 Vgl. dazu DEHIO, *Wien I. Bezirk Innere Stadt*, S. 310 und 626

demselben Zweck dienende Hauptfeuerwache Mariahilf *(Abb. 7.25)* stellt sich als „an romantischen Landsitzen orientiertes Objekt dar, spätsecessionistisch mit Sympathie für die Heimatschutzbewegung"[463], wie *Achleitner* attestiert. Er fügt an, dass diesem „anspruchsvollen Amtsentwurf, dem ein Projekt von *Albert H. Pecha* vorausgegangen ist, das vermutlich das architektonische Niveau der Behandlung des Themas fest-

Abb. 7.25: Hauptfeuerwache Wien-Mariahilf: Architektur eines Landsitzes.

gelegt hat". Wahrscheinlich hat die Vielfalt der Funktionen von Gerätehalle, Tagraum, Turnsaal der Mannschaft, Kanzleien, Hausbesorgerwohnung im Erdgeschoß und Lehrmittelzimmer, Wohnungen, Schlafsaal mit Küche und Waschräume im Obergeschoß dazu geführt hat, sich an Kompositionsregeln für **Landsitze** zu orientieren.

Diese profanen Vorbilder romantischer Schloss- und Villenarchitektur mischen sich vor allem bei den als Freiwillige Feuerwehren organisierten Institutionen am Land mit einfachen Vorbildern aus der Sakralarchitektur. Dies liegt ebenfalls wieder aus funktionellen Gründen auf der Hand, denn eine kleine Landfeuerwehr bringt ihren Fuhrpark von ein bis zwei Löschzügen im Normalfall in einer größeren Halle als Depot wie Garage unter, der der Schlauchturm angefügt ist. Diese Kombination schafft unweigerlich Assoziationen zu einfachen **Landkapellen**. Daher sehen auch im 20. Jahrhundert Feuerwehrdepots in ländlichen Gemeinden lange so aus wie das auf 1925-26 datierbare von Timelkam des Baumeisters *Johann Puchhammer*. *Achleitner* meint dazu, dass der Turm ein wenig an alte städtische Feuerwachtürme mit Turmstube und Umgang erinnert, und das Thermenfenster dem Depot eine würdige Fassade verleihe.[464]

Für die heutigen Lösungen dieser sehr lohnenswerten Aufgabe für Architekten, wie das spektakuläre Gebäude von *Zaha Hadid* für die firmeneigene Feuerwehr von Vitra in Weil am Rhein exemplarisch vorführte, seien für die österreichische Szene einige Projekte hervorgehoben. Das älteste ist die Feuerwehr- und Rettungszentrale von Perchtoldsdorf, mit der *Heinz Tesar* 1981-83 ein Gebäude schuf, das erstmals wieder das Bewusstsein über das baukünstlerische Potential von dergleichen Anlagen in die Diskussion zurück brachte. *Tesar* schafft es, durch die Disposition der einzelnen funktionellen Teile an die Tradition des vorher beschriebenen Landsitz-Feuerwehr-Typs anzuknüpfen, obwohl die von der Architekturkritik attestierte Eleganz[465] aufgrund des derzeit erbarmungswürdigen Bauzustandes kaum mehr abzulesen ist.

---

463   ACHLEITNER, *Ö.Arch. 20. Jh. Band III/1*, S. 188

464   ACHLEITNER, *Ö.Arch. 20. Jh. Band I*, S. 115

465   Vgl. KRÄFTNER, *Bauen in Österreich*, S. 154f

Abb. 7.26: Den Gemeinden Identität stiftende Feuerwehrhäuser in Vorarlberg.

In Vorarlberg gibt es neuerdings „das Phänomen, das bald schon jeder Ort im Ländle, der etwas auf sich hält, sein eigenes neues Feuerwehrhaus hat. Der kritische Blick des Fremden kann dabei oft nicht übersehen, dass diese Gebäude manchmal auch ungebührlich groß dimensioniert sind. Fest steht jedenfalls, dass die Feuerwehrhäuser mit ihren hoch aufragenden Schlauch- und Übungstürmen Wahrzeichenfunktion für die jeweilige Kommune erfüllen."[466] Es scheint, dass hier das **Feuerwehrhaus** nicht nur die Identität stiftende Funktion der Kirche für eine Gemeinde als auch nach außen hin **sichtbares Zeichen** unserer zunehmend säkularisierten Gesellschaft übernimmt, sondern endlich auch der adäquate architektonische Ausdruck für derartige Aufgaben gefunden wurde. Dazu sei *Kapfingers* Kommentar zu einem dieser neuen Feuerwehrhäuser[467], dem in Dornbirn *(Abb. 7.26)*, von *Wolfgang Ritsch* 1991-95 geplant und umgesetzt, angeführt: „Der Farbklang des klassischen Funktionalismus mit schwarz, weiß, rot signalisiert spezielle Funktionalität: Alarmbereitschaft, Schnelligkeit, reibungsloses Teamwork von Mensch, Bau und Maschine in höchster Gefahr ..."[468]. Dies und eine ähnliche Baumassendisposition mit lang gestreckten Hallenbauten, die durch einen vertikalen Turm ausbalanciert werden können, würden auch Flughafengebäude als grundsätzliches Entwurfspotential mitbringen, allerdings in etwas anderen Maßstabsverhältnissen.

7.4   Bauten für den Flugverkehr

Natürlich gibt es beim Fliegen keinen physisch zu erbauenden Flugweg mehr, wie bei allen anderen Bauten für Verkehrswege, dafür aber in Form der Flughäfen riesige Areale, die sich aus Bauten für die unterschiedlichsten Funktionen zusammensetzen. Der aus der Schifffahrt übernommene Terminus >Hafen< beschreibt nur sehr unzulänglich diese Anforderungen, selbst wenn man alle mittlerweile zu einem **Flughafenareal** gehörenden Gebäude

466   WAECHTER-BÖHM, *Austria West*, S. 135

467   Weitere Beispiele in Vorarlberg: Feuerwehrhaus in Frastanz von *Gohm & Hiessberger*, 1999-2000; Feuerwehr- und Kulturhaus in Hittisau von *Cukrowicz & Nachbaur & S. Wäger*, 1998-2000; Biomasse Nahwärme und Feuerwehrhaus in Düns von *Wolfgang Ritsch*, 1999-2001 und Feuerwehrhaus in Lauterach von *Wolfgang Ritsch*, 1998-2000

468   KAPFINGER, *Baukunst in Vorarlberg seit 1980*, S. 4/10

in Fremdtypologie wie Büros, Hotels und Autogaragen abzieht. Die ureigenen Bauten eines Flughafens bestehen in der Lande- und Startpiste, einem Turm zur Flugüberwachung, dem den Stationsbauten typologischen zugehörigen so genannten Abfertigungsgebäude einschließlich der Wartehallen und Hangars, den Garagen der Flugzeuge. Wie bei großen Industriearealen wird ein Flughafen nur im seltensten Falle in einem Zug errichtet, sondern setzt sich eher aus vielerlei Einzelbauwerken, die nach und nach durch Zu- und Umbauten entstanden beziehungsweise neu ergänzt wurden zusammen. Daher erfordert die Konzeption mittlerweile **städtebauliche Prinzipien**. Hier kann nur auf den Ausdruck einzelner typischer Bauwerke innerhalb des Flughafens hinsichtlich Sprache eingegangen werden. Für die Nachzeichnung einer Entwicklungslinie fehlt in Österreich sowieso eine Dimension, nämlich die einer größeren Anzahl gebauter Beispiele.

Die 1960 fertig gestellten frühesten Bauten wie die alte, beinahe quadratische Ankunfts- und Abflugshalle des Wiener Internationalen Flughafens in Schwechat, geplant von *Fritz Pfeffer, Kurt Klaude, Adolf Hoch* und *R. Schimka* nahmen mit ihrem „anmutig geschwungenen Hängedach" auf die baulichen Ausformulierungen von **Hangars** generell Bezug, eine Einordnung in die Gesamtanlage, auf die heute offensichtlich keine Rücksicht bei der Neuplanung mehr genommen wird. Auch die „zwei jeweils den Seiten angefügten, leicht zueinander gewinkelten, flache, viergeschossige Gebäudetrakte, die die vier Windrichtungen versinnbildlichen sollten"[469], fügten sich mit ihren towerartigen, rundum verglaste Erhöhung nahtlos in die Silhouette ein. Heute ähnelt ein Flughafen, auch wenn er noch so elegant ausformuliert wurde, wie der Internationale Flughafen von Graz, den *Riegler & Riewe* 1989-94 durch Umbau des alten erschufen, dennoch einer **multifunktionellen** Industriehalle, auch wenn *Achleitner* hier meint: „Architektur erobert hier, im Gegensatz zum üblichen Einklinken auf eine reine Zeichenwelt, den Raum sinnlicher Erfahrung zurück"[470]. Eher vermag man da dem Urteil des Industriebauers *Sommer* folgen: „Atmosphärisch entspricht die Architektur der Eigenart von Flugzeugen: Beide sind funktional optimiert, leicht und in der Erscheinung elegant"[471]. Dennoch, an den österreichischen Beispielen ist die endgültige sprachliche Ausformulierung einer guten Flughafenarchitektur noch nicht abzulesen.

---

469   Vgl. TABOR / HASLINGER, *Architektur und Industrie*, S. 53

470   *Architektur im 20. Jahrhundert. Österreich*, S. 276

471   SOMMER et al., *Architektur für die Arbeitswelt*, S. 57

8 Bauten der Technischen Infrastruktur

Man könnte vermuten, dass es sich bei Bauten der technischen Infrastruktur, die der Energiegewinnung und -verteilung, der Wasserversorgung und der Abwasserentsorgung dienen, um Bautypen handelt, die erst in den letzten beiden Jahrhunderten aufgekommen sind, und dass sie deshalb einen derartig geringen Status in der Baukunst einnehmen. Die eindrucksvollen Relikte der römischen Baukunst belehren uns aber, dass bereits in der Antike diese Bauten einen wesentlichen Anteil am gesamten Baugeschehen hatten. Einige dieser Bauten, wie die großartigen Aquädukte, vermögen uns heute noch zu begeistern. Es steht daher außer Frage, dass sie zum großen baukulturellen Erbe der europäischen Architekturgeschichte zu zählen sind. Das allgemeine Kunstverständnis im 19. Jahrhundert ließ jedoch lange die Einordnung derartiger Bauaufgaben unter die Baukunst nicht zu, auch noch nicht im 20. Jahrhundert.

8.1 Bauten für Energiegewinnung und Verteilung

Für keinen Bautyp als für die Bauten einer technischen Infrastruktur ist folgendes Statement von *Achleitner* zutreffender: „Bauten der Technik geben immer auch Information über das Verhältnis Mensch - Natur. Während im 19. Jahrhundert noch ein gewisser kultureller Minderwertigkeitskomplex in **architektonischen Zierformen** oder **typologischen Zitaten** (Burg, Schloss) kompensiert wurde, gewann nach der Jahrhundertwende die technische Funktion mehr Selbstvertrauen, d.h. sie wurde von den Architekten auch als direkte Information über Fortschritt und Leistung benützt. Damit verbunden war auch eine **Heroisierung** (Expressionismus) und später **Adelung** (Nazismus) **der Arbeit.**"[472] Insbesondere trifft dies aber für technische Bauten in einer Naturbelassenen Landschaft zu.

8.1.1 Kraftwerke und Talsperren in der Naturlandschaft

Mehrere Wege zur gestalterischen Bewältigung derartiger Bauwerke wurden daher eingeschlagen. Aufgrund der Dichte auf österreichischem Territorium ist die Formfindung an Bauten zur Energiegewinnung aus Wasserkraft ein äußerst lohnendes Kapitel der Architekturgeschichte. *Tabor* beschreibt zutreffend, was man gerne als die erste Phase einer Architekturgeschichte von Kraftwerken bezeichnen möchte: „Solange die Anlagen klein waren, ergab sich kein gestalterisches Problem: die Baumeister griffen wie üblich auf einen scheinbar beliebigen Typus zurück, Villa, Burg, Schloss, Kapelle, Kirche, Tempel. Erst als die Stauwerke größer wurden und Beton zum Hauptbauma-

---

472   ACHLEITNER, *Ö.Arch. 20. Jh. Band I*, S. 61

terial avancierte, entstand die Notwendigkeit, eine spezifische Architektursprache zu entwickeln."[473]

Abb. 8.1: Die schlossähnliche Anlage des Murkraftwerkes in Deutschfeistritz

Die Bauwerke der ersten Generation, vornehmlich Laufkraftwerke, begeistern als architektonische Kompositionen uneingeschränkt, solange man nicht nach einer ihre spezifische Funktion ausdrückenden Physiognomie sucht. Gerade aber diese Eigenschaft erlaubt den Bauwerken, die aufgrund ihrer frühen Entstehung mittlerweile nicht mehr in wilder Naturlandschaft stehen, sich mit der von Menschenhand gestalteten Kulturlandschaft auszusöhnen. Daher, und weil sie im Allgemeinen nicht mehr ihre großzügigen Turbinenhallen zum Betrieb benötigen, erscheinen sie heute als begehrenswerte Bauten für verschiedenste Nachnutzungen. Es wäre aus heutiger Sicht sehr bedauernswert, wenn ein sich zweifellos als stolzes Schloss präsentierendes Murkraftwerk in Deutschfeistritz *(Abb. 8.1)*, 1903-08 nach dem Entwurf von *Josef Hötzl* in einer prachtvollen Mischung zwischen Neobarock und Jugendstil erbaut, dem Abriss zum Opfer gefallen wäre. Neuerdings wird bei einem derartigen Bau endlich akzeptiert, dass im Gegensatz zu späteren Entwicklungen er sich nicht in romantisierender Weise in die Landschaft einbindet, sondern mit Selbstbewusstsein als technischer Bau zur Schau stellt.

Abb. 8.2: Kraftwerk der Stadt Klagenfurt in Poggersdorf an der Gurk: Palladianische Villenarchitektur

Noch im vollen Betrieb mit Turbinen aus der Erbauungszeit steht das Gurk-Kraftwerk der Stadtwerke Klagenfurt in Poggersdorf *(Abb. 8.2)*, 1900-02 von *Ackermann & Madile* in für Österreich einem ungewöhnlichen palladianischen Klassizismus erbaut. Deutlicher auf eine Villentypologie als diese beiden schlossähnlichen Anlagen beziehen sich die nächsten beiden Bauten, die mittlerweile selbst von ihren Betreibergesellschaften problemlos als erhaltens- und ausstellungswürdige Baudenkmäler akzeptiert werden. Das Forstseekraftwerk von *Franz Baumgartner*, 1924 in Techelsberg erbaut, schafft es, sich friktionslos in die Villenlandschaft des

---

473   TABOR / HASLINGER, *Architektur und Industrie*, S. 31

Wörthersee einzureihen und so etwas wie der „Prototyp für Kleinkraftwerke in Kärnten (auch für weniger begabte Architekten)"[474] zu werden. Das viel früher, 1908, errichtete Elektrizitätswerk Steyrdurchbruch *(Abb. 8.3)*, vom Wagner-Schüler *Mauriz Balzarek* geplant, verweist in seinem Krafthaus ebenfalls deutlich auf das formale Vorbild der Villa, was sich im zarten Dekor der Fassaden mit flachen Lisenen, Schleppgiebeln am Ansatz des Walmdaches so-

Abb. 8.3: Kraftwerk Steyrdurchbruch: Inszenierung eines spektakulären Ortes
(Foto: Wolfgang JÄGER)

wie einem asymmetrischen Turmaufsatz niederschlägt. Die gesamte Anlage fasziniert durch den fulminanten Einbau in eine beengten Schlucht: „Beherrschung und Ausbeutung der Naturkräfte werden in eine **ästhetische Inszenierung** verwandelt", meint dazu *Achleitner*, und sieht darin eine „optimistische Synthese von Technik, Natur und Kunst."[475]

Das Weiche, das die schloss- und villenähnlichen Beispiele der ersten Phase noch auszeichnet, verlieren die Bauten im zweiten Jahrzehnt des 20. Jahrhundert. Mit der Steigerung der Dimensionen der Bauwerke geht eine Steigerung der Monumentalität einher, aber auch eine neue Sachlichkeit des formalen Ausdrucks, der gerade beim Kraftwerk Partenstein in Kleinzell im Mühlkreis, ebenfalls *Mauriz Balzarek* zugeschrieben und 1919-24 errichtet, auch einen Schuss Expressivität aufweist. Weniger ausdrucksfähig, dafür stärker aus einem versachlichten Klassizismus entwickelt, sind die Kraftwerke, die der Architekt *Fritz Haas* und der Bauingenieur *Hermann Grengg* in Arbeitsgemeinschaft für die steirischen Elektrizitätswerke kurz nach deren Gründung errichteten. Beim ersten gemeinsam realisierten Kraftwerk bei Voitsberg, dem Teigitsch-Speicherkraftwerk von 1922-25, zeigt schon die Zeichnung der Sperre Langmann, vermutlich der ersten Arbeit von *Fritz Haas*, wie sehr er sich bemühte, seine Bauten in die Landschaft einzubinden.[476] Dies konnte bei dem in idyllischer Waldlandschaft gelegenen Stausee nur bedeuten, der oberen Sperre die Gestalt einer schlichten Waldkapelle zu geben. Das dazugehörige Krafthaus Arnstein hingegen übt durch die Sichtbarmachung seiner Funktionsteile eine starke Wirkung auf den Betrachter aus. Dies ist ganz im Sinne des zeitgemäßen **Expressionismus** in Architektur und Kunst, dem auch Partenstein von *Balzarek* zugezählt werden kann. Beide Beispiele verwenden erstmals sichtbar gelassenen Stahlbeton, und zwar nicht nur bei den technisch orientieren Sperren, sondern auch bei den

---

474   ACHLEITNER, *Ö.Arch. 20. Jh. Band II*, S. 90

475   Zitiert nach SOMMER et al., *Architektur für die Arbeitswelt*, S. 19

476   Vgl. ACHLEITNER, *Ö.Arch. 20. Jh. Band II*, S. 320

Krafthäusern. Beide Entwerfer nutzten die amorphen Materialeigenschaften zur Erzeugung des Ornats.

„Bei den Stauwerken von *Haas & Grengg* fällt auf, dass die Gestalter stets von der jeweiligen landschaftlichen Situation ausgingen, dass sich ihre Kraftwerke von Ort zu Ort wandelten. ... Daher erinnern ihre Bauten an alte Brücken, Wehranlagen, Wehrkirchen, Wehrtürme. *Haas & Grengg* aber zitieren nicht, sie wandelten das Essentielle in eine neue Typologie um."[477] Diese Herrschaft über die Natur kommt insbesondere bei der

Abb. 8.4: Wehranlage von Pernegg an der Mur: Symbol der Herrschaft über die Natur

stolzen Wehranlage in Pernegg an der Mur *(Abb. 8.4)*, die mit Turm und Laufgang an die Bautypologie einer mittelalterlichen Landschaft[478] anknüpft, zum Ausdruck. Sie wird von Haas bis zum Wehr Gstatterboden des Laufkraftwerkes Hieflau, erst 1953-55 errichtet, beibehalten: „Die Behandlung der Pfeiler, der Bedachungen, aber auch der brückenartigen Zwischenelemente (flache Bögen) orientiert sich an der elementaren Geometrie historischer **Wehrbauten**, die für uns bereits legitime Bestandteile der Kulturlandschaft sind."[479] Die Krafthäuser von Pernegg und Laufnitzdorf, 1929-31 erbaut und ebenfalls an der Mur gelegen, „widmen sich einer visuell prägnanten, fast zeichenhaften Verknappung und einer biedermeierlichen Einkleidung"[480]. „Das Prinzip ist, den Baukörper in seiner geometrischen Figur als schlichten, präzise proportionierten Mauerkörper erscheinen zu lassen, die meist kleinen oder kleingeteilten Öffnungen haben überwiegend geometrische Grundfiguren oder zur Fläche in Spannung gesetzte, gestreckte Formate."[481]

Mit diesen von *Balzarek* und *Haas* schon recht weit ausentwickelten Sprachen findet der weitere Kraftwerksbau bis heute das Auslangen. Recht wenig weiterentwickelt wird die biedermeierlich-klassizistische Ausformulierung der Kraftwerkshäuser nicht einmal beim symbolträchtigsten Projekt der Kraftwerksgruppe Glockner-Kaprun von 1947-55, dessen wichtige bautechnische Vorarbeiten unmittelbar nach dem Anschluss Österreichs an das Dritte Reich begannen. Nach dem Krieg wurde Kaprun als Baustelle zum **nationalen Mythos**, nicht nur der wirtschaftlichen Eroberung des Hochgebirges, sondern

477 TABOR / HASLINGER, *Architektur und Industrie*, S. 31f.

478 Vgl. Friedrich ACHLEITNER in: SOMMER et al., *Architektur für die Arbeitswelt*, S. 19

479 ACHLEITNER, *Ö.Arch. 20. Jh. Band II*, S. 206

480 ACHLEITNER in SOMMER et al., *Architektur für die Arbeitswelt*, S. 19

481 ACHLEITNER, *Ö.Arch. 20. Jh. Band II*, S. 286

auch zur „Hoffnung auf Unabhängigkeit vom Ausland, auf Wirtschaftsauf-
schwung, Elektrizität für Fabriken, Licht und Wärme"[482]. „Seine Hochbauten
entstanden in einer Zeit höchster architektonischer Unsicherheit", attestiert
Achleitner. „Man war bei der Gestaltung der Staumauern ernsthaft um Architektur bemüht, wie der Wettbewerb für die Ausbildung der Limbergsper-
renkrone (August 1950) beweist und bei dem vom technizistischen Pathos
bis Klassizismus und Heimatstil alles vertreten war. Das Krafthaus Limberg
bedient sich dann auch einer vereinfachenden klassizistischen Sprache."[483]
Interessanterweise gewann mit *Edith Lassmann* ausgerechnet eine Frau den
Gestaltungswettbewerb dieses so prestigeträchtigen österreichischen Natio-
nalprojektes.

Das Krafthaus der Limbergsperre
von *Lassmann* muss hinsichtlich
der architektonischen Ausgestaltung in eine Gruppe mit den zeitgleich errichteten Donaukraftwer-
ken von Ybbs-Persenbeug *(Abb.
8.5)*, immerhin ein Entwurf von
Clemens Holzmeister, datiert auf
1954, und von Jochenstein, entworfen von *Fick & Scheide* und
1952-56 errichtet, eingereiht werden. „In seiner monumentalen Erscheinung stellt es einen Sonder-

Abb. 8.5: Donaukraftwerk Ybbs-Persenbeug:
gemäßigter Klassizismus und nationaler Pathos bei Bauaufgaben der Nachkriegszeit

fall dar und besitzt zu den rund zwanzig Jahre zurückliegenden Bauten von
Bonatz größere Verwandtschaft als zur zeitgleichen Architektur."[484] Dieses
von *Kräftner* gefällte Urteil über das Donaukraftwerk Jochenstein gilt gleichermaßen für alle drei Anlagen, wobei es im Zusammenhang mit seinem
Architekten *Roderich Fick*, der für *Hitlers* Hauptstadt-Pläne ausführend
zeichnet, noch am wenigsten verwundert. Die grimmige und doch auch **biedermeierliche** Architektur des im Zusammenhang mit dem Kraftwerk errichteten Werkhofes in Kaprun erinnert sehr an eine Ausgestaltung, wie sie auch
in Zusammenhang mit den Linzer Plänen für die nicht so prominenten Bauwerke vorstellbar ist.

Überwunden wird diese nationale Attitüde des Kraftwerksbaus erst über einen Jahrzehnte andauernden Prozess rein sachlicher Amtsplanungen[485] auf
diesem Sektor, die sich so jeder architektonischen Aussage enthalten. Vielleicht hat zu einem Umdenken beigetragen, dass das bislang letzte der Do-

---

482   TABOR / HASLINGER, *Architektur und Industrie*, S. 46

483   ACHLEITNER, *Ö.Arch. 20. Jh. Band I*, S. 232

484   KRÄFTNER / RIHA, *Bauen in Österreich*, S. 182

485   Ua. der Donaukraftwerke Wallsee von *Hitzginger & Hinterleitner*, 1965-68, Ab-
      winden-Asten von *Bauer & Hitzginger*, 1976-79 und Melk, 1976-79

Abb. 8.6: Donaukraftwerk Wien-Freudenau: eine transparente Brückenkonstruktion

naukraftwerke erst nach einer Volksbefragung 1991 gebaut werden durfte. Die Sieger des vorangegangenen Gestaltungswettbewerbes für das Kraftwerk Wien-Freudenau *(Abb. 8.6)*, die im *Team 3c* vereinten Architekten *A. Wimmer, H. Schwarz* und *G.* und *T. Hansjakob* legten offensichtlich größten Wert darauf, ein derartiges Projekt frei von jedem Pathos und frei von jeder Monumentalität zu halten. Es gelang ihnen, eine doch neue, fröhlich-technoide Sprache für diese Aufgabe zu entwickeln, die sich im Zusammenhang mit dem offensiv um **Transparenz** bemühenden Betreiber bis heute dahingehend bewährt hat, dass dieses 1998 eröffnete Kraftwerk plötzlich wieder von einem Großteil der Bevölkerung stolz als fortschrittliches technisches Bauwerk anerkannt wird. Das, obwohl die dahinter stehende Technologie und Funktionalität schon bei den vorangegangenen Amtsplanungen für Flusskraftwerke endgültig ausformuliert und bewährt gewesen war. Sprachlich lehnt sich das Kraftwerk in der Freudenau in seinen sichtbaren Teilen an Stahlfachwerkskonstruktionen an, wie sie schon vor mehr als hundert Jahren für Brücken zum Einsatz kamen, wobei die beiden symbolhaften Gestaltungsvarianten, der Brückenbogen und der Hängepylon, durchaus bewusst zum Einsatz kommen, sozusagen in einer postmodernen Renaissance technischer Bauten des 19. Jahrhundert.

Einen anderen Weg schlagen zur selben Zeit zwei kleinere Kraftwerke ein, die sich dadurch die legitime Aufmerksamkeit der Architekturkritik erobern. Beide gewinnen ihr gestalterisches Potential aus der Anknüpfung an die expressiven Anklänge der von *Balzarek* und *Haas* gestalteten Beispiele, wobei sie es endlich schaffen, diesen Ausdruck nicht mehr nur auf die Wehranlage zu beziehen, sondern auch auf die Krafthäuser zu übertragen. Insbesondere drückt dies das als **Betonskulptur** titulierte Krafthaus des Flusskraftwerkes Frauenburg bei Unzmarkt aus, das *Günther Domenig* in Zusammenarbeit mit *P. Hellweger* 1989 gestaltete. *Domenig*, dem eine spätexpressive Formensprache als Personalstil zugeordnet werden muss, erzielt seine „beinahe dramatische Gliederung der Wände" durch einen aufwändigen Beton-Hyperboloidschalenbau.[486] Weniger eklektizistisch ist da schon das Kleinkraftwerk >Hängender Stein< bei Salzburg, 1991 vom Wasserbauingenieur und Architekten *Max Rieder* ebenfalls in Sichtbeton gestaltet. Ihm gelingt es sowohl, die betriebstechnisch notwendigen Abläufe klar ablesbar zu machen, was zu einer gewissen Ruhe in der Komposition führt, wie durch die Wider-

---

486   Vgl. TABOR / HASLINGER, *Architektur und Industrie*, S. 98

spiegelung wilder Felsformationen das Kraftwerk dynamisch in die Umgebung einzubetten.[487]

8.1.2 Heizkraft- und Umspannwerke in städtischer Umgebung

Doch auch Bauten der technischen Infrastruktur innerhalb der städtischen Umgebung können ihren gestalterischen Ansatz nur von ähnlichen Strategien beziehen, wenn sie stilistische Bezüge aus der Tradition der Baukunst vermeiden wollen. Dies macht klar, warum die bis heute schönsten Ergebnisse aus der Architektur der zwanziger Jahre des 20. Jahrhunderts stammen, denn durch den dieser Zeit eigenen Expressionismus lässt sich ein Medium wie die Elektrizität besonders adäquat ausdrücken, am leichtesten bei der Bauaufgabe Umspannwerk, denn im Gegensatz zum Heizkraftwerk benötigt sie keine großen Bauvolumina, kann sich also dem städtischen Maßstab besser einfügen.

Das Umspannwerk in Knittelfeld *(Abb. 8.7)*, 1925 von *Leo Steinitz* entworfen, ist einer dieser „futuristischen Tempel der Elektrizität mit Anleihen aus Expressionismus wie tschechischer Kubismus, die auf vordergründige, stilistische Bezüge verzichten können",[488] wie *Achleitner* treffend meint. Voll zur Entfaltung kommt diese spezifische Stilistik im Umspannwerk Favoriten *(Abb. 8.8)*, das *Eugen Kastner* und *Fritz Waage* 1928 für das Wiener Stadtbauamt planten. Seine Markanz bezieht das Bauwerk aus dem spitz zulaufenden Gelände, auf dem die Architekten, parallel zur Funktion des Bauwerks, die komplizierten technischen Nutzanforderungen in eine irreale, dynamische Komposition zu transformieren vermochten. Vor allem ein halbkreisförmig überstehender Verbindungsgang, der brückenartig quer ausgreift, entwickelt durch Fensterband und Gesimse eine starke **Dynamik** und erinnert an zeitgenössische Eisenbahnstellwerke beziehungsweise *El Lissitzkys* Wolkenbügel-Studien.[489] Eine derartige Formensprache ist für die gegenwärtige Architekturszene extrem anregend, auch wenn sie längst nicht mehr nur für technische Infrastrukturbauwerke Verwendung findet. Interessant ist im Zusammenhang mit dem vor sich gehenden Shift von Bauwerksnutzungen, dass das jüngste der städtischen Umspannwerke in Österreich, das von Salzburg-Mitte *(Abb. 8.9)*, 1991-95 nach von *Marie-Claude Bétrix & Eraldo Consolascio* bereits 1986 entwickelten Plänen errichtet wurde, mittlerweile als Architekturzentrum verwendet wird. Offensichtlich war dieser Bau für ein technisches Bauwerk so überentwickelt, dass es sofort in die Klasse kultureller Bauwerke aufgenommen werden konnte.

---

487 Vgl. SOMMER et al., *Architektur für die Arbeitswelt*, S. 47

488 Vgl. ACHLEITNER, *Ö.Arch. 20. Jh. Band II*, S. 239

489 Vgl. Axel DRIESCHNER in: *Architektur im 20. Jahrhundert. Österreich*, S. 150

Abb. 8.7: Umspannwerk
Knittelfeld: futuristisch-
kubistische Formensprache

Abb. 8.8: Umspannwerk
Wien-Favoriten: dynami-
scher >Wolkenbügel<

Abb. 8.9: Umspannwerk
Salzburg-Mitte: intellektuell-
architektonische Komposition

Nicht so leicht haben es technische Infrastrukturbauwerke mit größeren Bauvolumina. Exemplarisch gelang dennoch die Transformation der spektakulären Gasometer in Wien-Simmering zu einer artfremden Nutzung als gemischte Wohn- und Veranstaltungsbauten. Ursprünglich enthielten die 1896-99 errichteten, die östliche Stadtsilhouette Wiens unverwechselbar prägenden
Bauten, nichts anderes als eiserne Gasbehälter mit einem Fassungsvermögen von jeweils 90.000 m3, und drückten dies anschaulich durch ihre zylindrische Form aus. Erst die Aneinanderreihung von vier Stück ergibt die spezielle Faszination, die von diesen zeittypisch in Sichtziegelmauerwerk gehaltenen Bauwerken mit freitragenden Schwedlerkuppeln als oberem Abschluss
ausgeht, deren technische Konstruktion von dem Berliner Ingenieur *Schim-
ming* in Zusammenarbeit mit dem berühmten Brückenkonstrukteur *Ignaz
Gridl* und der Firma *Waagner-Biro* entwickelt und unter der Bauleitung von
Franz Kapaun für das Wiener Stadtbauamt ausgeführt wurde. Bei aller gestalterischen Verbrämung durch eine neogotische Backsteinarchitektur drücken die Gasometer doch nichts anderes aus, als das, was sie sind, nämlich
überdimensionale **Behältnisse**.

Dies ist genau die Einstellung, zu der ein *Ferdinand Schuster* in den sechziger Jahren des 20. Jahrhunderts bei parallelen Bauaufgaben zurückkehren
wollte. Bei seinem Fernheizkraftwerk Graz-Süd, 1960-64, und verstärkt beim
Dampfkraftwerk in Werndorf, 1966-69 erbaut, versuchte er „dieses Formden-
ken in Häusern überwinden zu können. So wurden aus dem Kesselhaus vo-
luminöse Luftableitungen herausgenommen, ... um das Volumen zu verrin-
gern, da ja deren Einschluss in die Kesselhülle weder notwendig noch vorteilhaft ist, ... und dadurch dem Ganzen ein **apparathafter** Formenausdruck

verliehen"[490], der weit über die generelle Forderung des Industriebaus nach technoider Ästhetik, gestalterischer Klarheit und Ablesbarkeit der Funktion hinausgeht. Aber auch *Schuster* nutzt expressionistische Gestaltungsmöglichkeiten, um durch „kiemenartige Ausfaltung der Wände"[491] Licht von Norden in den Raum zu bringen.

Die Synthese zwischen *Schusters* Ansatz, der bei allem Wollen bei den

Abb. 8.10: Fernheizkraftwerk Salzburg-Nord

Abb. 8.11: Fernheizkraftwerk Wien-Spittelau

Turbinenhallen über die industrielle Box nicht hinauskam, und den Zylindern, die so direkt den Topos des Behältnisses auszudrücken vermögen, gelingt erst der neuesten Generation an Heizkraftwerken, wie dem im 23. Bezirk von Wien, von *Martin Kohlbauer* gestaltet und 1993 eröffnet, und dem 1995 fertig gestellten in Salzburg-Nord *(Abb. 8.10)*, wiederum von *Marie-Claude Bétrix & Eraldo Consolascio* entworfen. Kohlbauer vermeidet jegliche Inszenierung und bringt alles unter einem kompromisslosen, blechbeschlagenen Tonnendach als liegendem Zylinder unter, der noch dazu zehn Meter tief in die Erde versenkt wurde. Eine „adäquate städtebauliche Gestalt und zeitgenössische Interpretation einer verloren gegangenen Industrie-Baukultur"[492], wie die Architekturführer lakonisch verzeichnen. Dasselbe in einer viel teureren Detaillierung der Materialstöße sowie unter Verzerrung der Körper im Aufriss[493] stellt das Salzburger Beispiel in die Nähe eines stilistischen Spät-Expressionismus, der die Aufnahme in die Architekturmagazine erzwingt, ohne qualitativ besser als *Kohlbauers* Ansatz zu sein. Da war die von der Architekturkritik so geschmähte Umgestaltung des Fernheizkraftwerkes in der Wiener Spittelau *(Abb. 8.11)*, 1990 durch den Maler *Friedensreich Hundertwasser* unternommen, wenigstens fröhlich anzusehen, auch wenn sein Augenzwinkern mit Narrenkappe und goldener Zwiebel die öffentliche Diskussion entfachte.

---

490 SCHUSTER, zitiert nach: ACHLEITNER, *Ö.Arch. 20. Jh. Band II*, S. 333f.

491 ACHLEITNER, *Ö.Arch. 20. Jh. Band II*, S. 334

492 *Wien 500 Bauten*, S. 357

493 Vgl. *Architektur im 20. Jahrhundert. Österreich*, S. 320

8.2   Wasserver- und Entsorgungsanlagen

Bis vor kurzem hätte man Heizkraftwerke gerne komplett versteckt, obwohl man zu Beginn des 20. Jahrhunderts noch stolz auf derartige Bauten blickte. Ähnliches ist leider immer noch für vor allem Klär- und Entsorgungsanlagen zu sagen, deren Nutzen zwar alle positiv anerkennen, mit denen man aber in gestalterischer Hinsicht nicht zutraut, Staat zu machen. Dass dies nicht überall so sein muss, geht aus *Steiners* Analyse der Architektur der Phosphateliminationsanlage von *Gustav Peichl* für Berlin-Tegel entworfen und 1980-85 gebaut, hervor: „Und wie in einem Reflex befriedigte Peichl die ihm zugedachte Aufgabe perfekt. Sein **Kläranlagenschiff** befriedigte beide, die übrig gebliebenen Spätmodernen genauso wie die historisch symbolsüchtigen Postmodernen dieser Zeit. Postmodern historisch war das Schiff, weil es die historische Schiffsmetapher der Moderne realisierte. Spätmodern war das Schiff, weil eben für die ewigen Modernen die Moderne gar keine historische Dimension haben durfte. Elegant und ästhetisch war der Bau in Tegel obendrein. Also hatte *Peichl* alle damals verfeindeten Lager geschickt übertölpelt."[494]

Peichl könnte als Wiener von den wahrhaft großartigen Bauten des zwischen etwa 1870 und kurz nach 1900 ausgebauten Kanalsystems seiner Heimatstadt geprägt sein, die nicht zuletzt durch den Film >Der Dritte Mann< eine gewisse weltweite Berühmtheit erlangten. Das für die Durchführung aller derartiger Projekte in Wien, ob Regenüberfallkammern der Wienfluss-Sammelkanäle, in denen >Der Dritte Mann< gedreht wurde, oder spektakuläre Hochquellwasserleitungen, die Wien bis heute effektiv mit Trinkwasser versorgen, verantwortliche Stadtbauamt, fasste für die auf den hohen Standorten am unverbauten, grünen Stadtrand gelegenen diesbezüglichen Bauwerke den Entschluss, ihnen eine reichere charakteristische Architektur zu geben. So wird beispielsweise das Entnahmebauwerk des unterirdischen Wasserbehälters am Hackenberg, 1908-10 entstanden, mit Dekorelementen des Jugendstils versehen, und erinnert formal-typologisch deutlich an die als Hofpavillon der Kaiserin vorbehaltene Stadtbahnstation, die *Otto Wagner* noch vor der Jahrhundertwende in Hietzing errichtet hatte. Vor diesem größtenteils funktionslosen Arkadenbau liegt ein „im Terrain versenktes Bassin, das beiderseits von Rampen begleitet den gloriettenhaften Eindruck der Architektur noch unterstreicht."[495] Ob in diesem Falle mittels behauenen, teils bossierten, teils glatten Steinquadern aus Gmünder Granit, oder wie beim zeitgleich entstandenen unterirdischen Wasserbehälter der Marktgemeinde Stainz bei Marhof, in Sichtbeton ausgeführt[496], zurückgegriffen wird in jeden

---

494 *Gustav Peichl. A Viennese Architect*, S. 20

495 WEHDORN / GEORGEACOPOL-WINISCHHOFER, *Baudenkmäler der Technik und Industrie in Österreich, Band 1*, S. 96

496 Vgl. WEHDORN / GEORGEACOPOL-WINISCHHOFER, *Baudenkmäler der Technik und Industrie in Österreich, Band 2*, S. 78f.

Fall auf bauliche Vorbilder aus dem Bereich der Gartengestaltung wie Pavillons, Pergolen und Brunneneinfassungen. Man kann mit Fug und Recht von **Denkmälern des Wassers** sprechen.

Zu diesen Mahn- und Denkmalcharakter passt, dass der besser im Bewusstsein verankerte Teil technischer Infrastrukturbauten zur Wasserversorgung aus funktionellen Gründen in Form von Türmen auszubilden war. Architektursprachig sind die meisten dieser Wassertürme aufgrund ihrer Entstehungszeit zwischen 1870 und dem Ersten Weltkrieg in der anfänglich romantisierenden Sprache der Wehrarchitektur[497] ausgeführt. Die Nationalromantik dieser Architektur führt beispielsweise dazu, dass in Wiener Neustadt nach dem Zweiten Weltkrieg der städtische Wasserturm, 1909-10 von *Theiss & Jaksch* entworfen[498], als **Wahrzeichen** wiederaufgebaut wird. Welche gestalterische Bandbreite das neue Material Stahlbeton zwischen Nationalromantik und neuer Sachlichkeit im Turmbau zuließ, zeigt der Vergleich des Wasser- und Stiegenhausturmes der Teesdorfer Baumwollspinnerei, nach einem Entwurf des Prager Architekten *Bruno Bauer* 1908-10 erbaut[499], mit dem 1910-11 nach einer Planung des Wiesbadener Architekten *Carl Kleinert* errichteten Wasserturm des Städtischen Schlachthofes Klagenfurt[500]. Beides sind reine Stahlbetonbauten, wobei das Teesdorfer Beispiel das Stahlbetonskelett auch in der Fassadengliederung deutlich herausstreicht, der Turm in Klagenfurt hingegen auf die historisierende Formensprache eines freien Neobarock und damit den nationalspezifischen Kirchturmtyp zurückgreift.

8.3 Funk- und Sendeanlagen

Die Funk- und Sendeanlagen werden erst in den späten dreißiger Jahren als baulicher Ausdruck einer neuen Technologie geboren. Da ihre Entstehung in unseren Breiten unter rigorosen ideologischen Bedingungen vor sich geht, drückt sich dies anfänglich sehr wohl auch in der Architektur aus. Der ehemalige Sender Alpen in Dobl bei Graz, 1940 von *Walter Schmidt* für das Reichspostministerium in Berlin als Funkversuchsanlage G des Senders Do-

---

497 Als typisches Beispiel sei auf den Wasserturm der habsburgischen Herrschaft Ungarisch-Altenburg am Gut Friedrichshof im Burgenland hingewiesen, der 1908 in der klassizistischen Formensprache der Neorenaissance erbaut wurde. Vgl. WEHDORN / GEORGEACOPOL-WINISCHHOFER, *Baudenkmäler der Technik und Industrie in Österreich, Band 1*, S. 280f.

498 WEHDORN / GEORGEACOPOL-WINISCHHOFER, *Baudenkmäler der Technik und Industrie in Österreich, Band 1*, S. 254f. und SCHWALM-THEISS, *Theiss & Jaksch*, S. 132

499 Vgl. WEHDORN / GEORGEACOPOL-WINISCHHOFER, *Baudenkmäler der Technik und Industrie in Österreich, Band 1*, S. 232f.

500 Vgl. WEHDORN / GEORGEACOPOL-WINISCHHOFER, *Baudenkmäler der Technik und Industrie in Österreich, Band 2*, S. 174f.

Abb. 8.12: ORF-Landesstudio Innsbruck: futuristisches Flaggschiff der Technik

nau und Alpen, der von Norwegen bis Nordafrika gehört werden konnte, errichtet, drückt diese Zugehörigkeit in seiner „behäbigen, bodenständigen, monumentalisierten Architektur zwischen Gutshof und Ordensburg" deutlich aus. „Landschaftliche Einbindung, Gliederung der Baumassen, Dominanz verputzter Mauerflächen und Holzschindeldächer dienen als Tarnung der Macht des Instruments der **Propaganda** .... Raffinierte Dialektik von politischem Inhalt und biedermeierlicher Form"[501], meint dazu *Achleitner*.

Doch auch im 1935 ausgelobten Wettbewerb für das nationale Funkhaus in der Argentinierstraße hatte eine „leichte internationale Architektur wie beispielsweise die von *Fellerer & Wörle*„ keine Chance auf Realisierung, denn „es ging nicht nur um die Klärung einiger architektonisch-räumlicher Fragen, sondern überhaupt um die Interpretation der Bauaufgabe Funkhaus. Der Ständestaat hatte offenbar auch die politische Dimension des neuen Mediums erkannt." Daher wird letztendlich das baureife Vorprojekt von *Schmid & Aichinger* durch den Wettbewerbssieger *Clemens Holzmeister* zu einem blockhaft-monumentalen Baukörper ummodelliert, der aber interessante Spuren des kulturellen Selbstverständnisses wie die Ausbildung des ehemaligen Musikstudios I als großbürgerlicher Musiksalon in sich birgt.[502] Fortgesetzt wird die Suche nach dem Österreichischen Rundfunk als Flaggschiff der Nation beim 1968 durchgeführten Wettbewerb für die diversen Landesstudios. Mit den „phantastischen Möglichkeiten eines idealen Bauherrn in Form des baubesessenen wie ambitiösen Generalintendanten *Gerd Bacher*, der dem ORF gerade eine starke und durchgearbeitete Corporate Identity verpasste", erschafft der Sieger dieses Gestaltungswettbewerbes *Gustav Peichl* „dem ORF eine österreichische Identität."[503] Die symbolhafte Sprache *Peichls* drückt dies in den ersten Landesstudios in der weiß-roten Farbgebung aus, die beim Grazer Landesstudio in Anspielung auf das Land in Weiß-Grün abgewandelt, und bei dem erst jüngst eröffneten in St. Pölten in Anlehnung an die umgebenden Bauten in Niro-Grau abschwenkt. Zu *Peichls* Erfolg trug zweifelsohne „die Entwicklung eines konsequent rationalen Systems an verbindbaren Bauteilen und eine optimale Ablauforganisation bei der Realisierung" bei, die zu blitzartigen Bauzeiten von 1969-72 für die ORF-Landesstudios in Salzburg, Linz, Innsbruck *(Abb. 8.12)* und Dornbirn führten.

---

501   ACHLEITNER, *Ö.Arch. 20. Jh. Band II*, S. 170

502   Vgl. ACHLEITNER, *Ö.Arch. 20. Jh. Wien III/1*, S. 149f.

503   Dietmar STEINER in: *Gustav Peichl. A Viennese Architect*, S. 18f.

Wurden die Landesstudios aufgrund ihrer **futuristischen** Gestalt häufig mit fliegenden Untertassen tituliert, so erweist sich ein weiteres Gebäude von *Gustav Peichl*, die Erdfunkstelle der Österreichischen Post zur Nachrichtenübertragung mittels Satelliten im Fernverkehr in Aflenz *(Abb. 8.13)*, als eingewehte Untertasse. *Achleitner* meint leicht ironisch dazu, dass die wichtigste gestalterische Maßnahme bei diesem 1981 errichteten Bauwerk darin besteht, alle baulichen Objekte mit Erde zu be-

Abb. 8.13: Erdfunkstelle der Post in Aflenz: versunkene Architektur und Antennenspiegel in der Landschaft

decken, ohne dass sie im eigentlichen Sinne unterirdisch wirken. „Die raffinierte Ästhetik besteht in der Konfrontation beziehungsweise Durchdringung von technisch-geometrischen und natürlichen Formen. ... Dem an sich schon beeindruckenden Gebilde des Antennenspiegels von 32 Meter Durchmesser antwortet eine halb versunkene Architektur, die durch ihre betonte, elementare Geometrie die Form des Geländes eigentlich erst sichtbar macht."[504] *Steiner* erklärt die Ursache dieser Entwurfsstrategie damit, dass *Peichl* den Auftrag von der österreichischen Postverwaltung vor allem deshalb bekam, weil „diese nach vielen vom Naturschutz abgelehnten Projekten die Hoffnung in dessen Reputation setzte und meinte, dass wohl nur er in der Lage sein würde, ein derartiges Projekt zu verwirklichen. *Peichl* machte aus der Not eine Tugend, vergrub die gesamten Baulichkeiten und verhüllte sie mit einer deckenden Schicht aus Gras. Spektakulär und gleichzeitig stimmig für die Zeit."[505]

---

504   *Architektur im 20. Jahrhundert. Österreich*, S. 208

505   *Gustav Peichl. A Viennese Architect*, S. 19f.

9 Hospitäler, Heime und Hotels

Spitäler, Heime und Hotels erfüllen einen einzigen funktionellen Zweck, der unter dem Begriff Hospital firmiert. Zum einen kommt darin der Ursprung des Hospitals sowohl als Kranken- wie als Armenhaus zum Ausdruck, zum anderen aber auch sehr deutlich die Verwandtschaft mit dem Hotel, das im Mittelalter vor allem Alten- und Pflegeheime bezeichnete und erst in den jüngeren Zeiten Namen gebend für Herbergen geworden ist, sich auf die eigentliche Bedeutung des Stammwortes >hospitium< für **Gastfreundschaft** beziehend. Daraus wird klar, dass alle Bauten mit den unterschiedlichen Bezeichnungen Spital, Hospiz, Armen-, Kranken- und Waisenhaus, Wohn- und Pflegeheim, Herberge, Hotel und Gasthof in funktioneller und baulicher Form miteinander in Beziehung stehen müssen.

9.1   Spitäler und Krankenhäuser

Gebäude zur Krankenpflege beziehen ihre funktionellen Vorbilder aus zwei unterschiedlichen Quellen. Zum einen waren die Klöster aufgrund der Aufforderung zur christlichen Nächstenliebe (>caritas<) zu allen Zeiten Auffangort der **Armen** und **Kranken**, wobei krank in diesem Sinne eher chronisch und daher unheilbar bedeutete, also die Betreuung der Alten, Waisen und Irren. Eine Krankenpflege im Sinne einer Akutversorgung erfolgte normalerweise in **Lazaretten**, ein Begriff, der seit dem 16. Jahrhundert als Bezeichnung für Militärkrankenhaus und Feldspital verwendet wird. Dies verweist auf den zweiten baulichen Vorgängertyp für Spitäler, die Kasernen. In diesem Zusammenhang ist zu erwähnen, dass im Gefolge der Kreuzzüge in den Orient moderne medizinische Erkenntnisse mitgebracht wurden, die in den militärischen Spitalbau eingeflossen sind.

Daraus erklärt sich sehr anschaulich die unterschiedliche typologische Formgebung dieser Großprojekte, die mit der Neuordnung, respektive Ordnung, des Spitalwesens durch die von *Kaiser Josef II.* 1781 erlassenen Direktiv-Regeln einhergingen. Ziel dieser Regeln war, die vielen verschiedenen Spitäler und Wohlfahrtseinrichtungen, die sich in Wien innerhalb und außerhalb der Stadtmauern angesammelt hatten, zu **zentralisieren**[506], aber auch,

---

506   Hinsichtlich der städtebaulichen Situierung der Spitäler wie anderer Wohlfahrtseinrichtungen ist festzustellen, dass sie sehr wohl innerhalb der Stadtzentren angesiedelt waren. Es wurde jedoch bereits erkannt, dass stark ansteckende Krankheiten wie Pest und Lepra am besten vor den Stadttoren abgefangen werden können, weshalb viele Spitäler an Ausfallstraßen vor den Stadtmauern situiert wurden. In Wien trifft dies für das 1211 gestiftete Heiliggeistspital an der Wiedner Hauptstraße am rechten Wienflussufer zu, wohingegen gegenüber am linken Wienflussufer in der Gegend der heutigen Akademiestraße das Bürgerspital situiert war. Die Filialen des Bürgerspitals wie Klagbaum etc. sind der Grundstock für die Versorgungshäuser der Stadt Wien, die einerseits mit dem

die Erkenntnisse aus seiner Reise nach Frankreich 1777, bei der er sich mit den neuesten medizinischen Leistungen und den damit verbundenen Bauten vertraut gemacht hatte, in Neubauten umzusetzen. Als Beispiel für die typische Umfunktionierung und Neuadaptierung der josephinischen Zeit ist der in Wien III 1783-86 erfolgte Umbau des seit 1727 als St. Johann Nepomuk-Spital installierten Armenhauses zum Militär-Invalidenhaus anzuführen. Dessen bauliche Veränderungen, insbesondere die Vergrößerung des Gebäudes und Aufstockung sowie die einheitliche Fassadierung in der Sprache eines Barockklassizismus lag in den Händen des bürgerlichen Baumeisters *Josef Gerl*, der auch beim Allgemeinen Krankenhaus zum Zuge kam.[507]

Abb. 9.1: Nachfahre der >anatomischen Theater<: Hörsaal in der Wiener Universitätsfrauenklinik in der Spitalgasse.

Das Anfang des 20. Jahrhunderts demolierte Militär-Invalidenhaus folgte somit der **Klostertypologie**. Ganz anders hingegen präsentiert sich bis heute das Josephinum, die 1783-85 neu erbaute chirurgisch-medizinische Akademie. Dessen Architekt *Isidor Canevale* überträgt mit diesem Bau den Typus der **Ehrenhofanlage** in die Wiener Architektur. Diese Form findet sich in Frankreich für die städtischen Wohnpaläste der Barockzeit, war in Wien aber nicht gebräuchlich, bis sie *Carnevale* bei diesem Nutzbau, der nur sekundär der Repräsentation dient, einführte. Die Architektur des Josephinum zeigt somit nach Außen hin nicht nur einen französisch beeinflussten Barockklassizismus, sondern auch den Charakter eines Schlosses. Damit bleibt es im Spitalbau aber eine Einzelerscheinung, wahrscheinlich, weil es doch als Akademie eher dem Schulbau zugerechnet wurde. Interessant ist zudem die Anlage eines amfitheatralischen Festsaales, der Assoziationen mit den berühmten **anatomischen Theatern**, Schauhörsälen für Operationen der mittelalterlichen Medizinuniversitäten von Padua und Uppsala, erweckt. In deren Tradition sind übrigens heute noch die Hörsäle der Universitäts-Frauenklinik in der Spitalgasse *(Abb. 9.1)*, 1902-1909 von *Franz Berger* entworfen, und als freistehende Stahlkonstruktion ausgeführt, zu besichtigen.

Neubau des Alten Allgemeinen Krankenhauses Ende des 18. Jahrhunderts zentralisiert werden, andererseits insbesondere in der Versorgung der geistig Kranken aus Wien nach Mauerbach, Ybbs, Gugging, Mauer-Öhling etc. ausgesiedelt werden. Vgl. dazu: KUCHYNKA, *Pflegeheim Liesing,* Diplomarbeit an der Technischen Universität Wien 2001

507 Vgl. *Klassizismus in Wien. Architektur und Plastik,* S. 124

Bleibt als weiterer großer, von *Kaiser Joseph II.* initiierter Spitalbau das Allgemeine Krankenhaus[508], eine **riesenhafte Anlage** mit vielen Um- und Neubauten. Schon nach dem Türkenkrieg von 1683 wurden hier als Folge dieses Ereignisses drei Höfe für die Invaliden und Obdachlosen geschaffen. Die großzügige Umgestaltung von 1783-84, die *Joseph II.* aus seinem Privatvermögen bezahlte, dehnte die bestehende Anlage um weitere axial angelegte Höfe aus, so dass „der Eindruck einer großzügigen Klosteranlage entstand. Diese traditionelle Lösung mit **Hofsystem** fand auch bei den Kasernenbauten ihre Anwendung."[509] Oberarzt Dr. *Josef Freiherr von Quarin* hatte die Oberleitung der Planung über, *Josef Gerl* die technische Durchführung. Der Anteil *Isidor Canevales* bei diesem Bau hingegen ist nur schwer abzugrenzen, meint *Wagner-Rieger*, und *Kaiser Josef II.* wird sicher selbst mitgeplant haben. Auf der Rückseite des Kupferstiches von *Joseph* und *Peter Schaffer* befindet sich eine detaillierte Beschreibung der nun neuen Anlage, aus der hervorgeht, dass sie für 2000 Kranke, „von denen jeder sein besonderes Bett hat", in 111 Krankenzimmern Platz beinhaltete. Diese Zimmer sind bemerkenswert, da es sich dabei nicht mehr nur um große **Säle** handelt, wie sie seit dem Mittelalter dafür üblich waren. Diese sind aus dem Langhausbau der Kirchen beziehungsweise den Dormitorien der Klöster hervorgegangen und sahen als einzige Privatsphäre mit Vorhängen abgetrennte Kojen (Bettnischen) vor. Auch hygienisch war das Wiener Allgemeine Krankenhaus bereits äußerst fortschrittlich. „Die Ordnung und Reinlichkeit in diesem Krankenhause ist bewundernswerth. Ausser dem Wasser, das von dem Gebirge dahin geleitet wird, befinden sich in den Höfen eigene Bassins, durch welche die Kanäle unaufhörlich gereinigt werden. In den Krankenzimmern sind Zuglöcher angebracht, welche die Luft immer Rein erhalten."[510] Zudem wird hervorgehoben, dass allen Frauen die Möglichkeit einer anonymen Geburt eingeräumt wird.

Die lange, nur sehr flächig und zurückhaltend dekorierte Hauptfront des Allgemeinen Krankenhauses an der Alserstraße mit dem auf 1784 datierten Mittelrisalit, dient als Randbebauung für den ersten Hof, der das zentrale Großarmenhaus der Stadt Wien beinhaltet. Im hintersten Hof, dem ehemaligen Kontumazhof, einer 1647 errichteten Versorgungsstelle für Pestkranke, befindet sich mit dem Narrenturm *(Abb. 9.2)* das interessanteste Gebäude der Anlage. In ihm manifestiert sich am eindeutigsten die Nähe *Canevales* zum Revolutionsklassizismus. Der auf die stereometrische Grundform eines Zylinders reduzierte Baukörper wies ursprünglich eine rustizierende Putzfassade mit nur ganz schmalen Schlitzfenstern auf, was die Wiener dazu veranlasste, ihn bei allem Festungscharakter liebevoll mit >Guglhupf< zu titulieren.

---

508 Es handelt sich hier um den heute als Altes Allgemeines Krankenhaus (AAKH) bekannten Universitätscampus an der Alserstraße und nicht um den gegenwärtig als Allgemeines Krankenhaus bezeichneten Neubau.

509 *Klassizismus in Wien. Architektur und Plastik*, S. 125

510 *Klassizismus in Wien. Architektur und Plastik*, S. 126

Die innere Organisation erfolgte über einen auf der Hofseite liegenden Gang, von dem die pro Geschoß achtzehn vollkommen gleich großen Zellen zu je zwölf Quadratmetern radial erschlossen wurden. Fünf Abteilungen für bis zu 500 Insassen stapeln sich so übereinander, mit den schwersten Fällen der Tobsüchtigen ganz

Abb. 9.2: Narrenturm am Gelände des Alten Allgemeinen Krankenhaus in Wien: >aufgeklärte< Gefängnisarchitektur.

oben. Der Kontroll- und Verbindungstrakt für die Wärter quer durch den Hof enthält das einzige Stiegenhaus, eine Maßnahme, die den Bau typologisch in die Nähe der **Gefängnisarchitektur** rückt[511]. Fortschrittlich war an diesem Gebäude nicht nur wiederum der hygienische Standard mit eigenem Abort pro Zimmer, geneigten Steinböden zur Kanalisation hin und einer Warmluftheizung über vertikalen Schächten, sondern generell die Einstellung den geisteskranken Patienten gegenüber, die nicht mehr angekettet buchstäblich >in den Kellern< hausten, sondern aus **arbeitstherapeutischen** Gründen bei der Hausversorgung mithalfen beziehungsweise sich durch Garnwinden eigenes Geld dazuverdienen konnten.

Das aus der Kloster-, Gefängnis- und Kasernentypologie hervorgegangene Hofsystem des Spitalbaues, das *Kaiser Josef II.* als Optimum für die Krankenhäuser seiner Zeit aus Frankreich importiert hatte, wird rund hundert Jahre später vom **Pavillonsystem** abgelöst, dessen Entwicklung und Ausformulierung auf das seit *Josef II.* vorbildliche Spitalswesen Österreichs zurückzuführen ist. Die verschiedenen Architekturkonzepte gehen vor allem auf Entwicklungen in der **Psychiatrie** zurück. Das Zelle – Korridorsystem beispielsweise des Narrenturmes wurde später modifiziert und zum Konzept einer relativ – verbundenen Heilanstalt (no-restraint) weiter entwickelt, in der **Gruppenverbände** und Wachsäle geschaffen wurden[512], die die zellenartige Zimmerstruktur ablösen, wie *Paschinger* schreibt. Die 1848-53 errichtete Anstalt am Brünnfeld gehörte zu diesem Typus, bei dem nur mehr die gemeingefährlichen Irren in einer Anstalt zu verbleiben hatten, die harmlosen aber in

511   Vgl. *Architektur Wien. 500 Bauten,* S. 183

512   Vgl. Susanne PASCHINGER, *Der Narrenturm,* Seminararbeit an der Technischen Universität Wien 2001

die Armenfürsorge abgeschoben wurden. Dennoch füllen sich in der zweiten Hälfte des 19. Jahrhunderts die **Irrenanstalten** der Großstadt Wien, die aus politischen Gründen vom Land Niederösterreich betreut werden, so schnell, dass bald nachdem 1870 der Narrenturm aufgelassen wurde, ein ehemaliges Fabrikgelände in Klosterneuburg-Kirling adaptiert werden muss. Diese erste moderne Irrenanstalt Gugging wird daher zum Geburtsort eines vollkommen neuen Architekturkonzeptes für den Krankenhausbau.

Die 1898-1902 in Mauer-Öhling von Grund auf neu erbaute Kaiser-Franz-Josef I. Landes-Heil- und Pflegeanstalt trachtet diese neuen Errungenschaften nicht nur in der Offenen-Tür-Behandlungsart (open-door) auszudrücken, sondern dafür auch eine adäquate Architektur niederzuschreiben, die durch den Charakter des ehemaligen Fabrikgeländes stark geprägt ist. Um den unheilbar Nicht-Beschäftigungsfähigen das Kerkergefühl zu ersparen, werden in sogar die **Mauern** in Gräben versenkt und überwachsen, sowie die **Vergitterung** der Fenster aufgegeben. Dazu findet der Architekt *Carlo von Boog* vom Landesbauamt mit einer neuartigen Kombination von Portland-Zement-Stampfbeton und Monierbauweise eine die Kosten senkende Errichtungsmethode einschließlich eines patentierten Deckensystems aus flachen Tonnen[513]. Sogar die Fassadenornamente, die Mauer-Öhling zu einem >Jugendstiljuwel< machen, werden in Beton gegossen, wobei die Sichtziegelarchitektur auch von den unverputzt gelassenen Vierkantbauernhöfen der Umgebung beeinflusst gewesen sein könnte.

Der jung verstorbene *von Boog* entwickelte auch noch für das psychiatrische Krankenhaus für Geistes- und Nervenkranke auf der Baumgartner Höhe >Am Steinhof< die Grundlage. *Otto Wagner* überarbeitet jedoch den Beamtenentwurf *Boogs* dahingehend, dass die insgesamt sechsundsechzig Objekte (Pavillons) dieser zwischen 1902 und 1907 errichteten rund einen Quadratkilometer großen Anlage aus Heil- und Pflegeanstalt, Kolonie und Pensionat[514] in eine **strenge Ordnung** gebracht wurden. Sie schmiegen sich nun allerdings nicht mehr die Kosten minimierend an das **Gelände** an. Dafür schuf sich *Wagner* in der Mittelachse mit Verwaltungsbau, Küche, Theater und Kirche die von ihm lange herbeigesehnte Möglichkeit, eine der klassischen Bauaufgaben der hohen Baukunst inszenieren zu können. Nichtsdestotrotz wurde die Anlage von *Boog* und seinem Nachfolger *Franz Berger* in dem Bewusstsein konzipiert, mit 2400 Betten nicht nur die größte Einrichtung die-

---

513 Es wird im Allgemeinen viel zu wenig gewürdigt, dass *Carlo von Boog* vor *Otto Wagners* Postsparkassa und *Plečniks* Heiliggeist-Kirche Eisenbeton in derartigen Ausmaßen im Hochbau einsetzt. Zur Kostensenkung bei der Errichtung trug aber auch bei, dass *Boog*, der zuvor im Straßen- Brücken- und Wasserbau tätig war, dessen Baustellenlogistik wie Materialgewinnung aus der Umgebung mit eigenem Gleissystem innerhalb der Baustelle auch beim Bau von Mauer-Öhling einsetzte. Vgl. dazu im Detail: KOLLER-GLÜCK / KUNERTH / ZDRAZIL, *Carlo von Boog und Mauer-Öhling*, S. 15-17

514 für Angehörige des Mittelstandes und vermögender Bevölkerungskreise

ser Art auf der Welt zu schaffen, sondern auch, was Form, Lage und Ausstattung betrifft, die modernste und zukunftsweisendste. „Ein bemerkenswertes Argument für das Pavillonsystem war nicht nur die **Isolierung** der einzelnen Gruppen (ruhige, halb-ruhige, unruhige, gewalttätige, unruhig-unreine, unreine-sieche Patienten), sondern auch die räumlich **elastischere Organisationsform** mit Wachsälen."[515]

Abb. 9.3: Landeskrankenhaus Leonhardplatz in Graz: Zur Zeit der Erbauung das größte und schönste Krankenhaus Europas.

Hatte Wien mit der Psychiatrie >Am Steinhof< ein Konzept gefunden, das „zu den signifikantesten Problemlösungsstrategien der spätbürgerlichen Gesellschaft gehört", wie *Haiko* meint, leistet sich Graz mit dem Landeskrankenhaus am Leonhardplatz *(Abb. 9.3)* das damals „schönste und größte Spital Europas" mit 1600 Betten. Obwohl sein Planer *Adolf Rosmann* vom Landesbauamt dafür so heftig kritisiert wird, dass er sich aus Enttäuschung (über die unendliche Diskussion) auf der Baustelle erschießt, erweist sich im Ersten Weltkrieg diese Entscheidung als zweckmäßig und richtig. Auch die Wahl des flexiblen Pavillonsystems erlaubte bis heute eine Adaption an moderne Verhältnisse sowie eine Erweiterung auf derzeit 3000 Betten. Die von Leonhardplatz über einen schrägen Aufstieg erschlossene Anlage verteilt sich axialsymmetrisch auf einem **Plateau**, was in Konzeption und Gestaltung der Einzelgebäude stark an die >weiße Stadt< des Steinhof in Wien erinnert. Auch wenn über die Ornament- und Stilfrage keine weitere Diskussion geführt wurde, da baulich-hygienische Maßnahmen und medizinische Einrichtungen absoluten Vorrang hatten, „dürfte sich das Baukomitee dennoch der psychotherapeutischen Wirkung einer optimistischen, **weißen** und detailfreudigen Architektur bewusst gewesen sein"[516], meint dazu *Achleitner*.

Damit ist nicht nur das Charakteristikum der Architektur der klassischen Moderne geboren worden, sondern mit dem Pavillonsystem ein beinahe bis heute gültiges **Konzept** des Spitalbaus überhaupt. Hybridhafte Auswüchse, wie das ab 1974 errichtete neue Allgemeine Krankenhaus der Stadt Wien, machen die Aktualität dieses Ansatzes umso sichtbarer. Dennoch war aufgrund der gestiegenen infrastrukturellen Ansprüche innerhalb des Krankenhausbaues zwischendurch eine Neuorientierung nötig, die sowohl *Gustav Peichl* 1966-68 mit einem Pavillon auf Basis einer von der Raumfahrt angehauchten **Maschinenästhetik**[517] beim Rehabilitationszentrum in Meidling,

---

515   ACHLEITNER, *Ö.Arch. 20. Jh. Band III/2*, S. 88

516   ACHLEITNER, *Ö.Arch. 20. Jh. Band II*, S. 371f.

517   Vgl. *Gustav Peichl. A Viennese Architect*, S. 18

wie auch *Anton Schweighofer* im Ansatz eines Pavillonkrankenhauses in Zwettl in Niederösterreich *(Abb. 9.4)* 1974-79, versuchten. Auch Zwettl wird von *Kräftner* die Assoziation mit einer „kompakten Maschine in der freien Landschaft"[518] attestiert.

Dennoch ergab keiner dieser beiden Versuche eine rundum befriedigende Lösung für die heutige Generation von Krankenhausbau-

Abb. 9.4: Pavillonkrankenhaus Zwettl.

ten, die aufgrund der knappen Platzverhältnisse im Bestand der Städte kaum im Pavillonsystem ausgebaut werden können. So stellen sich die vorbildlichen Neubauten der Chirurgie-West der Landeskrankenanstalten in Salzburg, 1996-2001 von *Markus Pernthaler* errichtet sowie das Landeskrankenhaus von Hartberg, 1997-99 von *Klaus Kada* entworfen, als **zeilenförmige,** zwei- bis dreigeschoßige Baukörper dar, die **flügelartig** von zentralen Einheiten wegführen. Hier zeigt sich deutlich ein Ansatz im Krankenhausbau, der ebenfalls schon auf die wegweisenden Neubauten des frühen 20. Jahrhundert zurückgeht. Denn schon einzelne Pavillons der von *Franz Berger* entworfenen großen Wiener Krankenhäuser um die Jahrhundertwende, wie das Wilhelminenspital von 1900-02 und die Neuen Universitätskliniken in der Spitalgasse von 1902-09, zeigen deutliche Tendenzen zur zeilenförmigen Baukörperausprägung. Dies trifft nicht nur auf die auch im Krankenhausbau unverzichtbaren Verwaltungsbauten zu, die, wie beim Landeskrankenhaus in Graz folgerichtig als repräsentativer Palasttyp[519] ausgeführt, den Eingangsbereich vom Leonhardplatz aus dominieren.

Der Zeilentypus im Spitalbau geht auf die Anlage von Versorgungshäusern und somit Typologien zurück, die heute als Heime bezeichnet werden. Das zeigt deutlich die Entstehungsgeschichte neuen Wiener Universitätskliniken in der Spitalgasse, insbesondere der geburtshilflich-gynäkologische Frauenklinik auf den Gründen der Alserbachanstalt >Zum Blauen Herrgott<. Der Bestand dieses **Versorgungshauses** ging bereits auf 1697 errichtete Stallungen für ein Lohnwagenamt zurück und wies eine eingeschoßige **Zellenstruktur** mit Walmdächern entlang eines lang gestreckten Hofes auf, der zur Lazarettgasse mit einer Portalanlage abgetrennt war. Die innere Organisation bestand folglich aus einer Aneinanderreihung unterschiedlicher Zimmer, die teils über einen Korridor mit kleinen Fenstern zum Hof und teils direkt von diesem aus, erschlossen waren. 1864-68 wird nach einem Entwurf eines Architekten des Stadtbauamtes, *Niernsee*, an die vorhandenen Gebäude als symmetrische, viergeschoßige **Palastanlage** angeschlossen *(Abb. 9.5)*, mit

---

518 KRÄFTNER, *Bauen in Österreich*, S. 130

519 Vgl. ACHLEITNER, *Ö.Arch. 20. Jh. Band II*, S. 371f.

Abb. 9.5: Stehen gelassener Mittelteil des neuen Versorgungsheimes >Zum Blauen Herrgott<, ein palastartiges Gebäude mit interessanten Gruppentoiletten.

Kapelle am Haupttrakt und drei-geschoßigen Flügelbauten. Dies ist neben der bemerkenswerten **Toilettanlage**, die sich in einem großen Zimmer um einen zentra-len Kanalstrang gruppierte[520], in-sofern interessant, als über den Repräsentativanspruch der zur Straße hin schlossähnliche Ge-bäudeform das neu erwachte, bürgerliche Selbstverständnis zum Ausdruck kam. Nun wird es nicht mehr nur den kirchlichen Institu-onen überlassen, sich darum zu kümmern, die mittellosen, kranken und alten Mitbürger von der Straße wegzubekommen, wo sie sich durch Bet-teln ihr Überleben zu sichern hatten.

Der mittlerweile viel beschäftigte **Spezialist** für Spitalbauten *Franz Berger* ließ beim Neubau der Universitätsfrauen-Klinik von 1902-1909 den Mittelteil des bestehenden Versorgungsheimes samt der Kapelle als Pavillon beste-hen und bildete mit diesem Torso einen Torbau und eine Achse für die neue Bebauung. *Achleitner* meint, dass die „räumlichen und architektonischen Qualitäten in der gestalterischen Behandlung der Funktionsgruppen, der Präzision und der freien Behandlung der Fenstergruppen über den Jugend-stildekor im Wagnerschen Sinne hinausgehen", und sich in dem Ensemble „in einmaliger gesamtheitlicher Weise die kulturelle Potenz der Wiener Medi-zinischen Schule widerspiegelt".[521]

9.2   Sanatorien und Heime

Im Unterschied zu Krankenhäusern benötigen Heilstätten und Sanatorien sowie Alters- und Pflegeheime keine großen medizinischen **Spezialanlagen** wie Operationssäle und Ambulanzen und keine allzu aufwändige technische Infrastruktur bis in die einzelnen Zimmer hinein. Dazu kommt, dass die Klien-tel dieser Anstalten im Unterschied zu den >allgemeinen<, also für jeder-mann zugänglichen Kranken- und Versorgungsanstalten, historisch gesehen, den reicheren Bevölkerungsschichten entstammen. Schon in den mittelalter-lichen Spitälern wie dem 1443 gegründeten Hôtel-Dieu in Beaune im Bur-gund gab es neben dem allgemeinen Saal mit Vorhangkojen private Kran-kenstuben für die Reicheren.

---

520   KUCHYNKA, *Pflegeheim Liesing,* S. 35 ff.

521   ACHLEITNER, *Ö.Arch. 20. Jh. Band III/1,* S. 239 f.

Interessant werden beide Typen, sowohl die **Liegehalle,** als auch die **Aneinanderreihung** von privaten Einzelzimmern, für die Heilstätten und Sanatorien, die sich um die Wende von 19. zum 20. Jahrhundert blitzartig ausbreiten. Es wird erkannt, dass ein Gutteil von Krankheiten, Tuberkulose vor allem, auf die prekären sanitären Verhältnisse der Großstadt zurückzuführen waren und leicht und ohne große medizinische Kunst über gute Frischluft, die heilende Wirkung des Sonnenlichts sowie eine vitaminreiche Ernährung ausgeglichen und geheilt werden konnten. „In den **Lungenheilstätten** der Jahrhundertwende ist etwas vorweggenommen, was in der Architektur der zwanziger und dreißiger Jahre zu einer Art weltanschaulichem Symbol wird: das Öffnen der Räume zu Luft und Außenraum"[522], meint dazu *Achleitner*, wobei dies schon 1929 von *Siegfried Giedion* ausgesprochen wurde: „Die neuesten Untersuchungen von medizinischer Seite über den Bau von Krankenhäusern gehen durchaus einig mit dem Wollen, das sich über das ganze Gebiet der Architektur erstreckt: auch der Arzt verlangt möglichste Auflösung der Wände in Glas, freiesten Lichtzutritt!"[523]. Der Bau von Sanatorien ist aus diesem Grunde in Österreich und anderswo für die Architektur der klassischen Moderne das entscheidende Vorbild. Nicht nur der hohe Fensteranteil und die exzessive Anordnung von Balkonen und Loggien am Baukörper, sondern auch die aus hygienischen Gründen weiße Farbgebung sowie die Vermeidung der staubanfälligen Gipsornamentik und schweren Textilien, prägt unverkennbar diese Architekturströmung. Zur Ausbreitung als >moderner< Stil trägt bei, dass sich nur die besser gestellten Gesellschaftsschichten den Aufenthalt in derartigen Heilstätten leisten konnten. Durch diese als Kulturträger dienende Schicht wurde diese neue Baukunst schnell verbreitet.

Insbesondere die **avantgardistischen** Architekten der Großstadt setzten sehr schnell die vorher beschriebenen Kenntnisse aus dem modernen Krankenhausbau in die neue Bauaufgabe >Sanatorium< um. 1904 entsteht das Sanatorium Westend in Purkersdorf *(Abb. 9.6)*, das zur Erholung durch die frische Luft des Wienerwaldes dient. In dem Bau von *Josef Hoffmann* manifestieren sich früh alle Elemente der neuen Bauaufgabe, die eine Synthese aus dem Krankenhausbau und dem Palastbau

Abb. 9.6: Sanatorium >Westend< in Purkersdorf: Prototypischer Beitrag zur Entwicklung einer >modernen< Architektursprache.

darstellt. Es scheint, dass sich in den **exklusiven** Sanatorien die aussterbende Gattung des Landschlosses zum letzten Mal artikuliert. Das Sanatori-

---

522 ACHLEITNER, *Ö.Arch. 20. Jh. Band II*, S. 171

523 Zitiert nach: MORODER, *Hotelarchitektur*, S. 26

um in Purkersdorf zeigt genau dies. *Achleitner* stellt aber auch über *Otto Wagners* 1909-13 errichtete Lupusheilstätte im Wilhelminenspital dasselbe fest: „Dieses Spätwerk *Otto Wagners*, das noch einmal, in knappster Form verdichtet, seine architektonischen Mittel vorführt, zeigt interessante Auseinandersetzung zwischen dem Funktionalisten und dem Klassizisten *Wagner*, wobei ersterer die Oberhand behielt. Da die 60 Krankenzimmer in drei Etagen nach Süden gelegt werden mussten (mit einer einreihigen, blendfreien Aufstellung der Betten), entschloss sich *Wagner* zur Aufgabe der Symmetrie des Baukörpers", wobei er bemüht war, das klare Ordnungsprinzip mittels eines nach Westen orientierten Ehrenhofes zu retten. *Wagner* und *Hoffmann* konnten die traditionelle Palastarchitektur für eine derartig neue Aufgabe noch nicht verlassen, obwohl es ihnen ein Anliegen war, die „dominierenden Anforderungen, wie Hygiene, Durchlüftung und Durchsonnung (die *Wagner* vorbehaltlos akzeptierte)", auch als ästhetische Inhalte, als Zeichen modernen Lebens zu vermitteln. „Der **formale Purismus** weiß sich eins mit dem **wissenschaftlichen Fortschritt**, dem medizinischen Kredo von einer bedingungslosen Sauberkeit. Der Baukörper ist auf strahlende Flächen (Terra nuova) und schlanke Öffnungen reduziert."[524]

Abb. 9.7: Sanatorien setzen die modernen medizinisch-hygienischen Erkenntnisse der Jahrhundertwende sukzessive in eine neue Architektursprache um.

Etwas anders präsentieren sich die Beispiele für Sanatorien am Lande, wie die in der Nähe von Graz liegende Landes-Lungenheilstätten in Eisbach-Hörgas und Eisbach-Enzenbach, von *Leopold Theyer* zwischen 1905 und 1915 entworfen. „Zwar werden die großen Volumen (die in ihrer inneren Organisation den ärarischen Charakter beibehalten) etwas mit Landhaus- und Heimatstil verpackt, ihr dominantes Merkmal aber bleibt doch eine zur Landschaft geöffnete Raumstruktur mit oft imposanten Wirkungen."[525] Diese Strukturen erinnern deutlich an die großen Sommerfrische- und Kurhotels. Wie viel näher der Typus des Wohnheims dem Sanatorium im Vergleich zum Krankenhaus steht, zeigt noch das erst in den Fünfzigerjahren errichtete Kinderheim in der ehemaligen Sonnenheilstätte auf der Stolzalpe, die 1904 zur Bekämpfung der Tuberkulose in der Steiermark gegründet wurde. Dieses von *Franz Plentner* vom Landesbauamt 1950-52 entworfene Gebäude zeigt in seiner Architektur deutlichste Affinitäten zum Lungensanatorium von *Alvar Aalto* in Paimio, das 1929-33 erbaut zu einer Ikone der **Internationalen Moderne** wurde. Dass sich in Österreich

524   ACHLEITNER, *Ö.Arch. 20. Jh. Band III/2*, S. 160f.

525   ACHLEITNER, *Ö.Arch. 20. Jh. Band II*, S. 171

selbst die aufgeschlossenen Architekten noch in den Dreißigerjahren nicht von den palastartigen Typen zu lösen vermochte, zeigen sowohl das Institut Zeileis von *Schmid & Aichinger* in Gallspach, 1929, als auch das Sanatorium Wehrle von *Wunibald Deininger* in Salzburg, 1930 geplant *(Abb. 9.7)*.

Auf jeden Fall bemerkenswert am Institut Zeileis ist, dass sich diese in seiner Architektur großstädtische Anlage mittels Laubengang um einen Hof gruppiert.[526] Hier deutet sich an, was die Architekten bei heutigen Wohnheimen, ob für Studenten oder Senioren, andenken. Es muss die **Zellen-Korridor-Struktur**, die die oben beschriebene Architekturströmung der Moderne aufgrund ihrer scheinbaren funktionellen Klarheit und Ordnung so favorisierte, endlich überwunden werden. Da es bei Heimen, wie der Name andeutet, um das Schaffen einer **temporären Heimat** bei allem medizinisch-pflegerischem Komfort geht, ist die Suche nach einer adäquaten Form abseits des Typischen angebracht. Die derzeit sichtbare Tendenz ist die Rückkehr zum Hof, der offensichtlich ein Gefühl der Geborgenheit symbolisch wie funktionell sinnvoll auszudrücken vermag.

Die beiden jüngst in Feldkirch entstandenen Alters- und Pflegeheime versuchen auch, dem Nachteil der Abgeschlossenheit der **Hofstruktur**, die früher zum Wegsperren der nicht mehr gesellschaftsfähigen Leute, wie der Armen, Alten und Narren diente, dahingehend gegenzusteuern, dass sie öffentliche Nutzungen in den Baukörperverband integrieren. Beim Alters- und Pflegeheim in Feldkirch-Gisingen *(Abb. 9.8)* von *Noldin & Noldin* aus den Jahren 1993-96, bestehen diese in einem

Abb. 9.8: Bei Alten- und Pflegeheimen muss im Unterschied zum Krankenhausbau der >Heimatwert< hervorgekehrt werden.

großen Café mit Terrasse, einer Bibliothek und einer Mütterberatungsstelle, beim Heim in Feldkirch-Nofels von *Rainer Köberl* aus den Jahren 1992-96 im lokalen Postamt. Viele detailliert überlegte gestalterische Maßnahmen versuchen zudem, die Heimat für die Heimbewohner zu rekonstruieren, so beispielsweise Wohnzimmer-Erker in Gisingen oder die Baukörpergestalt eines landwirtschaftlichen Vierkanters in Nofels.[527]

---

526   Vgl. ACHLEITNER, *Ö.Arch. 20. Jh. Band I*, S. 47

527   Vgl. WAECHTER-BÖHM, *Austria-West*, S. 76 und 78

9.3 Hotels

Die Herkunft des Begriffes Hotel bezeichnet sehr eindeutig die Funktion, wobei das spälateinische >hospitale< mit **Gastschlafzimmer** als Wortstamm die komplette Palette von Spital, Heim, Herberge, Hospiz bis zum Gasthaus beinhaltet. Das **Hotel** wird, parallel zur Herauslösung als Begriff, die im 18. Jahrhundert vor sich geht, als Qualitätsmerkmal für ein „Haus mit einem gewissen Komfort, in dem Gäste übernachten und verpflegt werden können"[528], eingesetzt. Dies dient der Unterscheidung von der **Herberge**, die heute noch in Form der Jugendherberge das Billigsegment der Übernachtung abdeckt. *Wöhler* differenziert 1911 deutlich im modernen Sinne in das einfachere **Gasthaus** und das noblere Hotel: „Von der Kleinstadt bis zur Großstadt steigern sich unsere Ansprüche an das Gasthaus oder Hotel ..."[529]. Seine weitere Kategorisierung der Gaststätten und Hotels erweist sich heute noch als recht brauchbar hinsichtlich der Differenzierung der funktionellen wie ästhetischen Ansprüche. Das Gasthaus in Ortschaften und Städten einschließlich der drei unterschiedlichen **Komfortstufen** entspricht in etwa dem Typus der Stadt- und Seminarhotels. *Wöhlers* Seestrandhotel in Kombination mit dem Mittelgebirgshotel ergibt in der österreichischen Architektur des 19. und 20. Jahrhundert das komplette Spektrum der Kur- und Sommerfrischehotels und sein Hochgebirgshotel einschließlich einiger Erkenntnisse aus seinen Alpenvereinshütten kann als Gruppe der Berg- und Alpinhotels zusammengefasst werden.[530]

9.3.1 Stadt- und Seminarhotels

Stadthotels haben ihren Ursprung in den profanen Reisestützpunkten für die höfische Gesellschaft. Sie mussten eine verteidigungsfähige Architektur aufweisen, da es galt, Gepäck und Verkehrsmittel zu schützen. Beispiele, wie der bis ins 14. Jahrhundert nachweisbare **Knappenhof** in Perchtoldsdorf, deuten die Funktion derartiger baulicher Strukturen an, nämlich die adeligen Gefolgsleute des durch sein Reich reisenden Herrschers zu beherbergen. Kein Wunder, dass die Barockpaläste Wiens, die entstanden, als der Kaiser diese Stadt zu seiner ständigen Residenz erhob, sowohl in der Stilsprache, als auch in der funktionellen Anordnung als Vorbilder für die noblen Stadthotels der Gründerzeit verwendet wurden. Selbst die Namensgebung weist darauf hin. So präsentiert sich der Ende des 19. Jahrhunderts in Salzburg entstandene >Österreichische Hof< in der Schwarzstraße als typischer Neorenassiance-Palast mit überhöhten Eckrisaliten, blockhaft mit einem glas-

---

528 Günther DROSDOWSKI (Hrsg.), *Das Herkunftswörterbuch. Etymologie der deutschen Sprache*, DUDEN Band 7, Mannheim 1989 (2. Auflage), S. 292

529 WÖHLER, *Gasthäuser und Hotels Band I*, S. 5

530 Vgl. WÖHLER, *Gasthäuser und Hotels*, Inhaltverzeichnis von Band II

überdeckten Hof, um den die mit einer prächtigen Stiegenanlage erschlossenen Galerien laufen[531], an denen die einzelnen Zimmer liegen.

Auch die Wiener Ringstraße als der Prachtboulevard des Staates erhielt gegen Ende der Monarchie seine **Nobelabsteigen**. Bautypologisch lehnen sie sich aus den bereits angeführten Gründen an die Palasttypologie der Herrengasseverbauung aus dem 17. und 18. Jahrhundert an. Das Hotel Imperial *(Abb. 9.9)* entstand 1872-73 überhaupt erst aus dem **Umbau** des 1863-65 erbauten Palais von *Philipp von Württemberg*[532]. Aber auch das Hotel Bristol hat sich ab 1893 erst durch sukzessives Adaptieren mehrerer Wohnhäuser am Kärntner Ring gebildet, bis es 1913 zum Neubau der Eckhäuser an der Kärntner Straße kam, die auch noch heute das stadträumliche Erscheinungsbild bestimmen. Aus dieser Zeit sind trotz mehrmaliger Umgestaltung innen das sehenswerte Treppenhaus und die ovale Halle erhalten.[533]

Abb. 9.9: Das Hotel Imperial an der Wiener Ringstraße entstand durch Umwidmung des Palais Württemberg.

Aus der Entstehung aus dem Palast erklärt sich auch die Wertigkeit, die die **Lobby** als Hotelhalle nach wie vor aufweist. Sie ist für den Typus des noblen Stadthotels bis heute der wichtigste und repräsentativste Raum geblieben. Immer noch wird hier der Auftritt in der Öffentlichkeit geprobt, auch wenn längst nicht mehr die prächtigen Stiegenhäuser, die früher Teil dieser Inszenierung waren, benutz werden, sondern die Lifte. Doch schon *Wöhler* beschreibt nach der Jahrhundertwende die Funktion der Hotelhalle so: „In ihr konzentriert sich das Hotelleben; sie ist der Raum, der nicht zu einem besonderen Tun auffordert, sie ist der Raum der zwanglosen Unterhaltung."[534] Selbst noch im ausklingenden 20. Jahrhundert hält die Lobby großen Interpretationsspielraum für die Hotelarchitektur bereit. Im Hotel Marriott am Stadtpark an der Wiener Ringstraße, wurde von den Architekten *Glück & Partner* diese öffentliche Funktion der Lobby folgerichtig dahingehend ausgelegt, dass sie in Funktionalität wie Sprache an die noblen Einkaufspassagen des 19. Jahrhunderts anknüpft.

Doch auch der zweite große Hotelneubau aus dieser Zeit an der Ringstraße, das 1986-88 errichtete Plaza-Hotel *(Abb. 9.10)* von *Hlaweniczka & Partner*, schließt nur allzu deutlich an die Tradition des prächtigen Stadtpalais an.

---

531   Vgl. ACHLEITNER, *Ö.Arch. 20. Jh. Band I*, S. 276

532   Vgl. ACHLEITNER, *Ö.Arch. 20. Jh. Band III/1*, S. 58

533   Vgl. ACHLEITNER, *Ö.Arch. 20. Jh. Band III/1*, S. 58

534   WÖHLER, *Gasthäuser und Hotels Band I*, S. 8

Abb. 9.10: Das Hotel Plaza fügt sich in die Palastarchitektur und die Polychromie dieses Ringstraßenabschnittes bewusst ein.

Dies manifestiert sich einerseits in der Wahl edelster Materialien sowie der Detailausführung dieses Luxushotels mit etwa 200 Appartements und Suiten, andererseits deutlich in der Außenerscheinung. Die Architekten analysierten die Umgebung dahingehend, dass sich im Finanzviertel rund um die Börse reich gegliederte, großzügige Baublöcke befinden, deren Prägnanz als Einzelbaukörper einzig durch die Betonung von Mittelteilen und Gebäudeecken bestimmt wird. Darauf reagiert auch der Neubau durch die abgetreppten Ecken und dem leicht konkav-konvex behandelten Mittelteil. Zudem nimmt er die für den Schottenringabschnitt typische **Polychromie** auf, die von den Bauten *Hansens* (Börse) und *Wagners* (Mietshaus) stammt. Der Baukörper selbst wird nach der traditionellen Palastfassade der Renaissance ausgeführt, mit massiv und geschlossen ausgebildetem Sockelbereich für Erdgeschoß und erstes Obergeschoß, den gleichmäßig fortgeführten Normalgeschoßen und dem Abschluss durch die Attikazone mit dichter, dafür kleiner angeordneten Öffnungen. „Durch diese besondere Beachtung der Material- und Farbkomponente sowie der Proportionen des Historismus wurde eine Einbindung des zeitgemäß gestalteten Bauwerkes in den Formenkanon der Ringstraße sichergestellt."[535]

Der Palastcharakter für das repräsentative Stadthotel lässt sich bis zur Anknüpfung an die Schlosstypologie steigern. Das direkt an der Südbahn gelegene Werkshotel der Gebrüder Böhler in Kapfenberg von 1918, das laut *Achleitner* „architektonisch mit Nachdruck auf die k.u.k.-Tradition verweist"[536], muss nicht nur symbolisch mehrere Funktionen in sich vereinen. Es versteckt hinter seiner mächtigen Fassadenwand gleichzeitig die nicht so repräsentativen Seiten des Industriekomplexes, um auf der anderen Seite dessen gesellschaftlich-wirtschaftliche Wertigkeit herauszustreichen. Damit ist nicht nur die Macht der Waffenproduktion in Kriegszeiten gemeint, sondern auch eine sehr viel friedlichere Dimension, die die Hotels dieser Generation tatsächlich für die Gesellschaft ausfüllten. In Wahrheit erfüllten sie nämlich gerade in den kleineren Städten auch eine sehr wichtige kulturelle Funktion, denn sie beinhalteten nicht nur Übernachtungsmöglichkeiten, sondern auch **Säle** für kleinere und größere **Veranstaltungen**, die im Zusammenhang mit der ohnedies meist vorhandenen Restauration als Ball-, Konzert- oder Theatersäle allgemein genutzt werden konnten.

535   Fachzeitschrift *Bauforum 130/1988*, S. 49

536   ACHLEITNER, *Ö.Arch. 20. Jh. Band II*, S. 230

Auch das ehemalige Hotel International in Graz *(Abb. 9.11)*, von *Hubert Gessner,* 1928-30 geplant, war bis zur schweren Beschädigung im Zweiten Weltkrieg und einem „Wiederaufbau mit Unverständnis" ein derartiges Ensemble von Hotel und Kammersälen. „Trotz dieser Eingriffe ist diese Baugruppe heute noch ein eindrucksvolles Dokument einer architektonisch anmutigen Zeit. Die großen horizontalen, dynamisch gekurvten Linien waren Symbole der Bewegung, des Lebens der Großstadt, aber auch (über die Ikonographie des Ozeandampfers) der Weltaufgeschlossenheit. Trotz dieser, den lokalen Rahmen zweifellos sprengenden Gestik, sind die Bauten gut in ihre Umgebung eingebunden und in ihrer Erscheinung dem Ort verpflichtet"[537], meint *Achleitner,* ohne anzusprechen, dass auch derartige Bauten immer noch von der Pa-

Abb. 9.11: Das ehemalige Hotel International in Graz trägt expressionistische Züge einer Großstadtarchitektur.

lasttradition abstammen. Sie haben zwar ihre Sprache versachlicht, aber der Eckturm weist als Kompositionselement auf den repräsentativen Anspruch hin.

Damit sind wird beim Versuch angelangt, den Turm am Hotel zu einem **Turmhotel** umzuinterpretieren. Organisationstechnisch war das folgerichtig für die Zeit der Moderne gedacht, die davon ausging, dass der vertikale Aufzug die herkömmliche Treppe ersetzen würde, somit sich Gebäude auf Basis des Kompositionsprinzips der Reihung in Zukunft in die Vertikale und nicht mehr die Horizontale erstrecken würden. Der Hochhausturm, bevorzugt als Büro- aber auch als Hotelturm eingesetzt, gibt diesen zukunftsweisenden Architekten der ersten Generation, die sich mit derartigen Projekten auseinander setzten, im nachhinein Recht, wenn sie auch die Baukörperdimensionen insgesamt komplett unterschätzt haben dürften.

Österreichs Beitrag zum Turmhotel ist das wunderschöne Sporthotel Seeber in Hall in Tirol von *Lois Welzenbacher,* 1930-31 erbaut und als eine der Ikonen der Moderne durch eine betriebstechnisch-wirtschaftliche Erweiterung der Architekten *Henke & Schreieck* mit einem zweiten Turm vom Abriss bewahrt *(Abb. 9.12)*. Abgesehen von der städtebaulichen Dominante, die der achtgeschoßige Turmbau bildete, gewährte er den Zimmern einen wunderbaren **Ausblick** über das Inntal bis Innsbruck. Die Ost-, Süd- und Westseite ist durch bis zu zweieinhalb Meter

Abb. 9.12: Turmhotel Seeber in Hall in Tirol: dynamische Architektur einst und heute.

---

537 ACHLEITNER, *Ö.Arch. 20. Jh. Band II,* S. 345f.

auskragende Balkone stark gegliedert. Diese sind im Grundriss wie horizontale Windmühlenflügel angeordnet, wodurch eine schraubenförmige Bewegung und räumliche **Dynamisierung** entsteht. Das letzte Geschoß als Sonnenterrasse mit Flugdach, das aus auf Stahlstützen aufliegendem Stahlbetonrahmen besteht, erzeugt eine mediterrane Leichtigkeit, wie schon die zeitgenössische Kritik feststellt, die gemeinsam mit der Ausstattung der einzelnen Zimmer mit Stahlrohrmöbeln und eingebauten Kleiderschränken[538] die eigentliche Sensation darstellte, denn sie verzichtete scheinbar auf jegliche repräsentative Gestik, wie sie für ein Hotel beinahe bis heute als unabdingbar angesehen wird. Übersehen wurde, dass schon der Turmbau allein als Zeichen und als Symbol die gesellschaftliche Repräsentation des Bauwerks übernimmt. Vom Standpunkt der Ökonomie her ist ein Turmhotel dieser minimalen Dimension glatter Selbstmord, ganz abgesehen von der nicht sehr rationellen Zimmeranordnung. Es ist zu hoffen, dass die neue Erweiterung als Vier-Sterne-Parkhotel, die in architektonischer Hinsicht ein sehr spannender Dialog zwischen dem weißen, kubischen Altbestand von *Welzenbacher* und dem neuen, dunklen, aber sehr transparenten, trichterförmigen Neubau von *Henke & Schreieck* ist[539], beiden das Überleben sichert.

Abb. 9.13: >Aufgestellte Streichholzschachtel<: Hotel Europa am Salzburger Bahnhofsvorplatz, einst der Stolz der Stadt.

Den 1995 drohenden Abbruch hat auch der zweite Beitrag der österreichischen Architekturgeschichte zum Thema Hotelturm mittlerweile überlebt, das Hotel Europa in Salzburg *(Abb. 9.13)*, 1956-57 nach einer Planung von *Josef Becvar* errichtet. Auch dieses war als weithin sichtbares **städtebauliches Zeichen** an der Stelle des zerbombten Grand Hotel de l'Europe im Zuge der Gesamtplanung des Bahnhofsvorplatzes entstanden, nach der „Idee der Zeit als Solitärbaukörper in einer Parklandschaft". Vom Ansatz her war dieser Bau nun folgerichtig eine **aufgestellte Streichholzschachtel** mit sechzehn recht hohen Geschoßen. An der Nordseite lag hinter versetzten Schlitzfenstern der Erschließungskorridor, der insbesondere bei Nacht Signalwirkung auf die am Bahnhof Ankommenden auswirken sollte. Die sehr tief gestreckten Zimmer wirkten großzügig, waren aber unökonomisch. Fantastisch der Ausblick über die Stadt vom Café, mittlerweile Restaurant, im obersten Stockwerk. Salzburg war zum Zeitpunkt der Eröffnung sehr stolz auf diesen zeitgemäß als Stahlbeton-Skelett mit Mantelsteinausfachung ausgeführten Scheibenbau, bis heute das einzige Hotel dieser Art in Österreich. „Der Neubau selbst, als Ob-

---

538 Vgl. SARNITZ, *Welzenbacher*, S. 75 ff.

539 Vgl. WAECHTER-BÖHM, *Austria-West*, S. 132

jekt betrachtet, darf als formal-schön bezeichnet werden" und „Salzburg wurde Großstadt, die Silhouette erinnert an UN-Hauptquartier in New York", schrieben die Salzburger Nachrichten.[540]

Die Stadthotels haben sich heute vor allem zu Seminar- und **Konferenzhotels** entwickelt, wobei diese Nebenfunktion zur klassischen Übernachtung nicht mehr ganz neu ist, wie das Nachschlagen bei *Wöhler* beweist, wenn er das 1902 erbaute Parkhotel Düsseldorf detailliert beschreibt: „Ferner schließen sich an das Treppenhaus die übrigen Unterhaltung- und Gesellschaftsräume des Hotels an. Den örtlichen Anforderungen entsprechend sind hier mehrere Räume von verschiedenen Größen angeordnet, die in erster Linie geschäftlichen Konferenzen dienen sollen."[541] Ein Beispiel dieser Art, das 1988-94 von *Thomas Herzog* und *Wolfgang Kaufmann* in einem Zuge mit dem Design-Center in Linz errichtete Kongress-Hotel *(Abb. 9.14)*, versucht, die Scheibenbauweise des Hotel Europa in Salzburg wieder aufzunehmen, und dennoch dessen sich im Lauf der Zeit aufbauende Ablehnung durch die öffentliche Meinung zu vermeiden. Daher ist dieser in Schottenbauweise errichtete Stahlbetonbau[542] wohl nicht nur sehr sorgfältig proportioniert, sondern auch mit einer vorgehängten Ziegelplattenfassade versehen worden. Die Strategie ist zweifelsohne aufgegangen, denn der gesamte Gebäudekomplex erfreut sich einer ungebrochenen Beliebtheit und Akzeptanz.

Abb. 9.14: Nachfolger der >Streichholzschachtel< als Kongresshotel in Linz.

Das Geschick der Planer wird heute bei derartigen **Multifunktionskomplexen** am Hotelsektor zumeist dadurch gefordert, dass sich die aus funktionellen Gründen notwendige Baumasse städtebaulich integrieren und gleichzeitig repräsentieren soll. Am besten gelungen ist dies bisher wohl dem Team von *Baumschlager & Eberle* beim Hotel Martinspark im Zentrum von Dornbirn, 1992-95 errichtet, bei dem das auffällige Restaurant mit seiner prägnanten Form wie Materialität aus oxidierten Kupferplatten diese Repräsentativfunktion übernimmt. Die Komplexität des Programms geht aus der Beschreibung *Kapfingers* hervor: „Die beste Leistung von B+E lag hier darin, die Baumasse mit dem komplexen Bauprogramm leicht, nobel und gelassen ins Zentrum zu gliedern. Das große, zentrale Kaufhaus ist unten von Arkaden gesäumten Läden, darüber von Hotelzimmern und Büros, on top zurückgesetzt von

540   Norbert MAYR, „Die aufgestellte Streichholzschachtel", in: *architektur & bauforum 176/1995*, S. 66-71

541   WÖHLER, *Gasthäuser und Hotels Band II*, S. 31

542   „Differenzierte Weite. Kongresshotel in Linz", in: *architektur aktuell 168*, 6/1994, S. 42-47

Abb. 9.15: Zurück zum >Hof< als Stadthotel.

Wohnungen ummantelt. Stadträumlich eher versteckt das Hotel-Entree mit dem hochgestelzten, angedockten Beiboot des Restaurants und der ovalen Lobby"[543], die wir schon vom Hotel Bristol an der Wiener Ringstraße kennen.

Auch für das klassische städtische **Übernachtungshotel** zeigt sich eine neue Tendenz mit alten Wurzeln. Mittlerweile liegen derartige Anlagen nicht mehr in Stadtmitte, sondern aufgrund der besseren Erreichbarkeit mit dem Auto beziehungsweise des größeren Platzangebots, am Stadtrand. Das bedingt eine neue typologische Ausformulierung, weg vom Palast, zurück zum Hof. Der Text der Architekten *Ortner & Ortner* zu dem von ihnen 1991 geplanten Maxx-Hotel in Linz *(Abb. 9.15)* macht dies deutlich, und auch, dass das Hotel als repräsentative Bauform dennoch nicht zu kurz kommt. „Über die Donau weithin sichtbar wird alles, was hier steht, zum markanten Teil der Stadtsilhouette. Das geplante Hotel gruppiert sich mit mehreren Gebäudeteilen um das bestehende Fehlingergebäude, und bindet es in eine U-förmig zur Donau hin geöffnete Anlage ein. ... Zusammengefasst wird dieses Arrangement durch eine Pergola, die als symbolisches Dach dem Hotelkomplex zu einer prägnanten Großform verhilft."[544]

9.3.2 Kur- und Sommerfrischehotels

Die Freizeitvergnügungen einer wachsenden Schicht wohlhabender Städter hat vor allem gegen Ende des 19. und zu Beginn des 20. Jahrhunderts einen ungeheuren Bedarf an **saisonalem Wohnraum** in bevorzugten Landstrichen hervorgerufen, der im Unterschied zum Landschloss und Landhaus der noch begüterteren, nicht im Privatbesitz der Benutzer sich befand. Dennoch orientiert sich die Architektur dieser Sommerfrischehotels und Pensionen sehr deutlich an den oben angeführten Typologien von Villa und Schloss, wobei vollkommen den Gesetzen der Logik folgend, je nach den Größenverhältnissen der zu errichtenden Strukturen mehr zum einen oder anderen Vorbild tendiert wurde. Damit hängt die Unterscheidung in der Benennung des jeweiligen Haustyps zusammen, wobei sich dies auch in der inneren Funktionalität niederschlägt. **Pensionen** werden im Allgemeinen die kleineren Bauwerke, die der Villenarchitektur nahe stehen, genannt, die weniger repräsentativ, aber umso wohnlicher sind. Der Begriff >Pension< geht auf ein Ruhegehalt in Form eines Ehrensoldes oder eines Kostgeldes zurück, das man bezahlt,

543 KAPFINGER, *Baukunst in Vorarlberg seit 1980*, 4/4

544 ORTNER & ORTNER, *Baukunst*, S. 118

um sich auf Zeit in einen Hausverband einzumieten, ohne dass dieser dadurch seinen Privatcharakter verliert. Das bedeutet für die Ausformulierung des Grundrisses derartiger Häuser, dass das Speisezimmer, obwohl nach dem Vorbild im englischen Landhaus mit >hall< bezeichnet, nicht zu einem Speisesaal aufsteigt. Der öffentliche Aufenthaltsort der Pensionatgäste manifestiert sich im Kaminzimmer.

Klassische, diesem Typ zuzurechnende Privatpensionen finden sich in Österreich in dem Bauten *Franz Baumgartners* für die **Badesommerfrische** am Wörthersee. Da es vollkommen unmöglich ist, ohne die Entstehungsgeschichte und die Besitzverhältnisse der Häuser im Einzelnen zu kennen, einen Unterschied in Privatvillen und Privatpensionen zu treffen, kann man sich nur an der Bezeichnung selbst orientieren. Es ist davon auszugehen, dass eine >Villa< Almrausch ersterem zuzurechnen ist, und ein >Haus< Egerland, 1922 in Velden errichtet, letzterem. Aus der Bezeichnung mit >Haus< klingt die Tendenz der Entwicklung des Typs der Pension für das 20. Jahrhundert heraus, die sich, wie *Moroder* meint, am Beginn dieses Jahrhunderts zu polarisieren beginnt. Zum einen wandeln sich Pensionen in Hotels, und müssen ihre Speisezimmer zu Speisesälen vergrößern, wohingegen der andere Teil zur Privatzimmervermietung schwindet, die architekturtypologisch dem Einfamilienhausbau zuzurechnen ist.[545] Dies kündigt sich, um bei derselben baukulturellen Gegend zu bleiben, in der Wörthersee-Architektur an, wenn man sich beispielsweise die Pension Schnür in Pörtschach vor Augen führt, 1925-27 von *H. Kovatsch* entworfen und häufig *Baumgartner* zugeschrieben.[546]

Baumgartner unterscheidet in der Formensprache seiner Sommerfrische-Architektur eindeutig zwischen Villen und Pensionen einerseits und Hotels andererseits. Die erste Bautengruppe lebt vom „Rückgriff auf nationale und besonders lokal traditionalistische Bauweisen und Bauformen. ... Bei höheren Aufgaben, wie zum Beispiel beim Hotel Carinthia oder beim Hotel Kointsch in Velden, kamen Traditionszitate feudaler

Abb. 9.16: Das Hotel Kointsch in Velden, ein Schlüsselbau der >Wörtherseearchitektur<.

Epochen – wie der Giebel, Erker und die Säulen hinzu"[547], meint *Schurz*. Dennoch ist das Hotel Kointsch in Velden *(Abb. 9.16)* von 1909, von *Achleitner* als „prototypische Arbeit, die vermutlich als der Schlüsselbau für die charakteristische **Wörthersee-Architektur** anzusehen ist", im Fassadenaufbau

545   Vgl. MORODER, *Hotelarchitektur,* S. 21

546   Vgl. dazu: ACHLEITNER, *Ö.Arch. 20. Jh. Band II*, S. 70

547   Vgl. SCHURZ, „Franz Baumgartner im Spiegel der Zeit", S. 72

kleinteilig, die einzelnen Versatzelemente der Villenarchitektur entnommen. Auch „der Grundriss entspricht dem Typus der konventionellen Villa, wobei die Vorliebe *Baumgartners* zur geräumigen englischen >hall< in allen Geschoßen zur Wirkung kommt."[548]

Beim Hotel Mösslacher, dem nächsten großen Bau von *Franz Baumgartner* in Velden und in das Jahr 1912 datiert, ist er damit konfrontiert, dass im Hotelbau im Gegensatz zur Villa durch die ausgedehnten Säle mit großen freien Spannweiten zu rechnen ist. Zur Bewältigung dieser stellt er Säulen in den Saal, deren Rhythmus er in der Fassade durch große Rundbogenfenster wiederholt. Die sollte jedoch neben den Umbauten der Mösslacher-Wirtschaftsgebäude das einzige Objekt *Baumgartners* mit **freiem Grundriss** bleiben, denn beim noch größeren Hotel Carinthia gegenüber, 1924 errichtet, kehrt er in der Konstruktion zurück zur tragenden Mittelmauer und zu einer konventionellen Raumlösung.[549]

Interessant ist in Zusammenhang mit dem Verhältnis Privatvilla zu Hotel, dass *Wöhler* 1911 feststellt: „Rangstufe und Größe eines Hotels bestimmen die Anzahl, Ausdehnung und Ausstattung derjenigen Räume, die jedem Hotelgast zur Benutzung offen stehen. Sie sollen dem Hotelgast das ersetzen, was er außer seinem Schlafzimmer in seiner eigenen Wohnung zur Verfügung hat: Räume zum Speisen, Spielen, Lesen, Schreiben. In Anlage und Ausstattung dieser Räume wird in modernen Hotels mehr Luxus geboten, als ein entsprechendes Privathaus gewöhnlich bietet. Da jeder Gast gezwungen ist, die **Gesellschaftsräume** des Hotels mit anderen Gästen gemeinsam zu benutzen, ist hier eine Art höherer Luxus berechtigt, es muss gewissermaßen einen Ersatz schaffen für die Unmöglichkeit des Alleinseins."[550] Die tatsächlich überdimensionierten Gesellschaftsräume entspringen gesellschaftlichen Entwicklungen des 19. Jahrhunderts, das seine wirtschaftlichen Aufsteiger, mit Großbürgertum und Finanzaristokratie hinlänglich bezeichnet, nicht das Selbstverständnis des eingesessenen Adels aufbrachten, dem sie in allen Lebensformen nachstrebten, und daher zu Überrepräsentation neigten. Lieber lebten sie in **Hotelzimmern** auf Basis von Gefängnisgrundrissen, wie es *Moroder* ausdrückt, als auf teils wirklich funktionslose Gesellschafts- und Repräsentationsräume zu verzichten.[551]

In einem Aspekt unterscheidet sich die Hotelarchitektur vom Schlossbau, der doch in der Festungsarchitektur der Burgen wurzelt. Gerade Kur- und Sommerfrischehotels vermögen im Allgemeinen eine gewisse Atmosphäre der Leichtigkeit und Heiterkeit zu vermitteln, die zweifelsohne Erbe der **Kurararchitektur** ist, die zu einem Gutteil aus einer Pavillonarchitektur in großen Parkanlagen besteht. In der Namensgebung der **Parkhotels** schwingt dies

---

548 SCHURZ, „Franz Baumgartner im Spiegel der Zeit", S. 74

549 Vgl. SCHURZ, „Franz Baumgartner im Spiegel der Zeit", S. 74

550 WÖHLER, *Gasthäuser und Hotels Band I*, S. 7f.

551 Vgl. MORODER, *Hotelarchitektur*, S. 15

noch mit. Formal vererbt sich diese Atmosphäre am Außenbau der Hotels durch die Leichtigkeit der Balkone, Veranden und Loggien, die in den hölzernen und oft aufgestelzten Badeanlagen der Kurarchitektur wurzeln. Das Parkhotel Kärnten in Villach, 1909-11 nach einem Entwurf von *L. Fiedler*, errichtet, zeigt noch diesem „Typus des Großhotels von Nobelkurorten vor allem mit einer eindrucksvollen, in Loggien aufgelösten Südfassade."[552] *Herbert Missoni* versuchte bei seinem 1963 geplanten Hotel Rainer in Feldkirchen eine Anknüpfung der modernen Hotelarchitektur an diese Sprache, wie *Achleitner* herausstreicht: „Der Bau stellt, gewissermaßen auf dem Umweg über die kubische Architektur der dreißiger Jahre, insofern einen Rückgriff auf frühere Hotelbauten dar, als er die klassische Holzloggia in einem neuen ästhetischen Zusammenhang thematisiert, also die Zeichenhaftigkeit (Signal Hotel) dieses typologischen Elements unterstreicht."[553]

Auch hinsichtlich der Hotelfunktionen schwingt die Badekultur der Kurorte bis heute mit, indem alle großen Hotels **Hallenbäder** aufzuweisen haben. *Franz Baumgartner* schafft es, auch zu diesem Typ einen formal und konstruktiv bemerkenswerten Beitrag in der österreichischen Architekturgeschichte abzuliefern. Sein Grand Hotel Toplice einschließlich der Dependancen Belvedere (heute Trst) und Adria (heute Jadran) in Bled, heute in Slowenien gelegen, zeigt, 1929-31 errichtet, eine „fast konstruktivistische Auflösung der Seefassade in Stützen und Platten, einem Raster, der den dahinterliegenden Zimmern entspricht". Dennoch kommt in der Detaillierung mittels Kanneluren und Balustern das herrschaftliche Moment nicht zu kurz, war doch das Hotel für die Diplomaten des nahe gelegenen königlichen Schlosses errichtet worden und daher repräsentativ ausgestaltet. Das Hallenbad im Erdgeschoß erinnert mit den dorischen Säulenstellungen am Rand des Beckens an frühe *Hoffmann*-Bauten und vermittelt noch heute ein Bild dieser alten Badekultur.[554]

Noch ein Einfluss neben der Villen-, Schloss- und Bäderarchitektur prägt die Baukunst der Sommerfrische- und Kurhotels Ende des 19. Jahrhunderts, und zwar der Cottage-Stil mit seinen Laubsägearbeiten. Vielleicht ist dies darauf zurückzuführen, dass sich die neuen Bauten der Sommerfrische an den Bestand oft winziger **Bauerndörfer**, die ganz plötzlich für den Tourismus in Mode kamen, angleichen wollten. Diese Entwicklung zeigt das kleine Örtchen Neuhaus an der Triesting, in dem das erste Hotel 1886 aus der Umgestaltung des Gutshofes der Grafen *Wimpffen* entstand, der als Eck- bzw. Mittelerker mit Pyramidendach luftige Holzbalkone angefügt bekam[555], wohl um mit dieser Leichtigkeit der Kurarchitektur die Schwere des gemauerten und verputzen Gutshofes aufzuheben. Das Hauptobjekt der Hotelbautengruppe,

---

552 ACHLEITNER, *Ö.Arch. 20. Jh. Band II*, S. 109

553 ACHLEITNER, *Ö.Arch. 20. Jh. Band II*, S. 28

554 Vgl. HARB, *Architekt Franz Baumgartner*, S. 47f.

555 Vgl. KITLITSCHKA, *Historismus und Jugendstil in NÖ*, S. 96

das Curhotel d'Orange, aus dem Jahre 1913, kehrt hingegen in seiner Aussage zur barock-sezessionistischen Schlossarchitektur zurück.

Die **Höhepunkte** in der Architektur von Kur- und Sommerfrischehotels der österreichischen Architektur ereignen sich zweifelsohne um die Wende von 19. zum 20. Jahrhundert am Semmering und in Badgastein. Beide eint ihre schnelle Anbindung an die Großstädte durch das neue **Massenverkehrsmittel** der Eisenbahn. Unterschiedlich ist jedoch ihre architektonische Ausprägung. Am Semmering finden sich sehr deutlich ländliche Einflüsse, allerdings durch Städter transponiert, in Form des Swiss-Cottage und des Tirolerhaus-Stiles, in Badgastein hingegen die Palastarchitektur des Historismus aus Wien und München[556].

Abb. 9.17: Der Erweiterungs-flügel des Südbahnhotels mit den großen Aussichtsfenstern zum Landschaftsgenuss.

Das folgerichtig am Semmering 1881 als erstes errichtete Bauwerk ist das Südbahnhotel, das als schmuckloser Sichtziegelbau vom Chefarchitekten der Südbahngesellschaft *Wilhelm von Flattich* als reiner **Nutzbau** ganz ohne romantische Ansprüche errichtet wurde. Folgerichtig verglich *Peter Rosegger* diesen Hotelbau sehr treffend mit einer Kaserne. Doch der schon 1883 folgende Erweiterungsflügel orientierte sich mit seinen sehr eleganten Gesellschaftsräumen am Restauranttrakt des Hotel Toblach, ebenfalls von *Flattich*. Die auffallend großen Aussichtsfenster *(Abb. 9.17)* trugen folgerichtig der grandiosen **Landschaftsszenerie** Rechnung. Dass die Giebel- und Verandaverdachungen mit ausgesägten Holzverzierungen im Schweizerhausstil versehen wurden, ordnet das Südbahnhotel in die bereits bestehende Landschloss- und Villentypologie von Payerbach und Reichenau ein. Dazu passt, dass die Vergrößerung des Südbahnhotels um einen sechsgeschoßigen Zubau, zwischen 1901 und 1903 ausgeführt, nach Plänen der Architekten *Robert von Mopurgo* und *Alfred Wildhack*, eines Mitarbeiters des Semmeringarchitekten *Franz von Neumann*, ausgeführt wurden. „Es entstand ein Bau von eindrucksvollen Dimensionen und reich gegliederter Silhouette, geprägt von vorspringenden Dachgiebeln und Gaupen, Türmchen und Balkonen. Das Ergebnis entsprach den im internationalen Tourismus eben erst aufgekommenen Idealvorstellungen des **Hotelpalastes**. Nachträglich wurde dem Erweiterungstrakt an der Eingangsfront ein zuerst nicht vorgesehener Turm asymmetrisch angefügt, der formale Ähnlichkeit mit Kirchenburgen Siebenbürgens aufweist. Dieser nationalromantische Aspekt war offenbar dazu bestimmt,

---

556 Vgl. ACHLEITNER, *Ö.Arch. 20. Jh. Band I*, S. 217

das zahlreiche ungarische Gästepublikum besonders anzusprechen"[557], schreibt dazu *Schwarz*, und weiter: „Obwohl die Bauaufgabe der Hotelarchitektur von im Voraus festgelegten funktionellen Bedingungen bestimmt war, durchlief die stilistische Bekleidung dieser Bauten die gleichen **modischen** Wandlungen wie die Villenarchitektur. Der Hotelbau reagierte auf den Publikumsgeschmack sogar noch viel lebhafter und prompter, als der stärker von individuellen Wünschen und Idealvorstellungen geprägte Villenbau."[558]

Doch wesentlich anders als die „markante Körperhaftigkeit des Südbahn-Hotels" präsentiert sich das Hotel Panhans *(Abb. 9.18)* als mehrfache, lineare Erweiterung eines 1888 von einem lokalen Baumeister begonnenen Baukörpers entlang derselben steilen Geländekante. *Schwarz*: „1894 wird ein Flügel nach Norden und 1904 ein Erweiterungstrakt nach Süden angebaut, um dessen turmartig aufgegipfelten Mittelpavillon die Fassadenordnung des Hauptge-

Abb. 9.18: Der Hotelpalast des >Panhans< war zum Zeitpunkt der Errichtung einer der größten Luxusbauten Europas.

bäudes gespiegelt und auf 25 Fensterachsen verdoppelt wurde. 1913 erreichte die Längserstreckung des Hotelpalastes Panhans, den man einen der größten **Luxusbauten** Europas und eine der größten Hotelanlagen des Kontinents nannte, ihr Maximum, als südseitig ein weiterer, 128 Meter langer Trakt angefügt wurde. Auf fünf Etagen verteilt hatte das Hotel damit eine Nutzfläche von über 17.000 Quadratmetern. Der vom Wiener Architekturbüro *Fellner & Helmer* gestaltete Bau, welcher weitere 25 Fensterachsen umfasste, wurde als moderner Stahlbetonbau konstruiert und wirkt von der Talseite her betrachtet durch die vorgezogenen Loggien der Balkonzimmer tatsächlich wie ein Skelettbau. Dennoch wurden beträchtliche Zugeständnisse an den Geschmack des damals noch vorwiegend konservativen Gästepublikums gemacht: Die regelmäßige Risalitbildung, die strenge Fassadensymmetrie und das behäbige Mansarddach verliehen dem Bau die Silhouette eines ins 20. Jahrhundert transponierten Barockschlosses."[559]

Das Panhans entspricht damit viel eher dem **Palast-Hotel-Typ**, der auch in Badgastein, ob beim Hotel Europe[560], beim Hotel Gasteinerhof, 1913 vom

---

557   PUSCH / SCHWARZ, *Architektur der Sommerfrische*, S. 105f.

558   PUSCH / SCHWARZ, *Architektur der Sommerfrische*, S. 105

559   PUSCH / SCHWARZ, *Architektur der Sommerfrische*, S. 106

560   Zur Datierung vgl. ACHLEITNER, *Ö.Arch. 20. Jh. Band I*, S. 220: Ende des 19. Jahrhunderts erbaut; genauere Angaben sind nicht möglich, da weder Pläne noch Bauakten auffindbar;

Abb. 9.19: Das >Wolkenkratzerdorf< Badgastein mit den spektakulären Überresten des Hotels Gasteinerhof.

selben *L. Fiedler* adaptiert, der das Parkhotel Kärnten in Villach gestaltete, oder beim Hotel Savoy des örtlichen Baumeisters *Angelo Comini*, ebenfalls 1913 erbaut. Unterschiedlich ist nur, dass die Bauten im sonnenarmen und extrem steilen Talabschluss noch spektakulärere **Substruktionen** brauchten, als die auch nicht gerade in der Ebene errichteten Semmering-Hotels. *Achleitner* beschreibt dieses in den achtziger und neunziger Jahren des vorvorigen Jahrhunderts entstandene Ensemble folgendermaßen: „Die Faszination besteht ungebrochen darin, dass in einer alpinen, zum Teil wildromantischen Topographie eine großstädtische Architektur gebaut wurde, die den denkbar größten Kontrast zur natürlichen Kulisse darstellt. ... Das **Wolkenkratzerdorf in den Bergen** war für einige Jahrzehnte Treffpunkt der vornehmen Welt und zählt in seiner Vitalität zu den reinsten architektonischen und städtebaulichen Selbstdarstellungen der Monarchie."[561] Die größte architektonische und städtebauliche Einzelleistung stellt zweifellos das Hotel Gasteinerhof *(Abb. 9.19)*, 1893-98 von *Ludwig Tischler* erbaut, dar, das von der Orts-(Schau-)seite in ruhigen, gut gegliederten Flächen aufgebaut scheint, „in Wirklichkeit eine äußerst komplizierte Überbauung eines schwierigen Grundstücks, das durch eine Straßengabelung und die steile Hangsituation bestimmt ist. Erst wenn man das Bauwerk umwandert, kommen seine fast dramatische Körperhaftigkeit und die brückenartige Verbindung der beiden Hauptbaukörper zum Vorschein. Die von der Ferne fast schematisch wirkende Architektur erweist sich als äußerst detailreich und vielfältig"[562], schreibt *Achleitner* noch 1982, wobei mittlerweile ganze Bauteile des leer stehenden Gebäudes fehlen.

Badgastein wie Semmering kommen in den zwanziger Jahren noch einigermaßen über die Runden, da es neben dem aufkommenden **Massentourismus** in Form von Tagesausflügen und Wochenendpartien, die an die Stelle der saisonalen Familienaufenthalte auf dem Lande traten, bei der allgemeinen Krise auch gar nicht so wenige Gewinner gab, die man gerne als Schieber und Emporkömmlinge einstufte, die den Lebensstil der Reichen der Monarchie kopierten. Ihnen verdankt beispielsweise das Südbahnhotel einige Zubauten (Foyer, Hallenbad, Autogarage) von *Emil Hoppe* und *Otto Schönthal* im zeittypischen Stil der >Neuen Sachlichkeit<.[563]

---

561   ACHLEITNER, *Ö.Arch. 20. Jh. Band I*, S. 217

562   ACHLEITNER, *Ö.Arch. 20. Jh. Band I*, S. 220

563   Vgl. SCHWARZ, *Architektur der Sommerfrische*, S. 110

Doch die Vorzeichen nicht nur gesellschaftlicher Natur hatten sich geändert, was sich in der Baukunst niederschlug. Es stirbt zwar die Architektur der Kur- und Sommerfrische-Hotels als Gattung aus, nicht aber die Gattung des Berghotels an sich. Die **Einstellung** ihrer Benutzer hatte sich allerdings geändert, wie *Kos* so hinreißend beschreibt: „Touristische Erschließungen waren Binnenkolonisierungen, die durchaus nach Art großer Entdeckungsabenteuer gefeiert werden konnten. ... Die Hotelarchitektur der Jahrhundertwende, als man es noch wagte, mit markanten Bauten offensive Eroberungszeichen in die landschaftliche Szenerie zu setzen, was etwa auf die Kritik der beginnenden Heimatschutzbewegung stieß, ist geprägt von einem schroffen Abstandhalten zu Natur und Landleben. ... Der Reiz nobler Alpenhotels lag gerade in der Möglichkeit, der Natur im Abendkleid, mit dem Sektglas in der Hand, gegenüberzutreten. Die Künstlichkeit solcher Situationen wurde als romantischer empfunden als die eigentliche Bergwelt."[564]

Diese Romantik, die ihren adäquaten Ausdruck in den laut *Kos* burgenartigen Berghotels fand, wird abgelöst von der bis heute anhaltenden Suche nach der **Authentizität** des Erlebnisses, die aber andererseits gerade die alpine Landschaft einschließlich ihrer Bewohner unter Druck setzt oder zerstört, da sie nicht mehr Abstand zu halten vermag. Aber auch das Verhältnis der Baukunst zur Hotelarchitektur scheint vor allem im Bereich der Thermalorte, die das Erbe der alten Kur- und Sommerfrischeorte angetreten haben, nachhaltig gestört. „Hoteliers und Tourismus-Unternehmer verstanden sich ja stets als Illusions-Regisseure ... Die Tourismusbranche beschäftigte stets Spezialisten für zeitgeistige und effiziente Abwicklung; Raum für baukünstlerisches Durchatmen gab es selten. Dieses Odium des Unseriösen hat das Hotel zu einem Außenseiter der Architekturgeschichtsschreibung gemacht. In seinem Buch über Palast-Hotels hat *Michael Schmitt* darauf hingewiesen, dass die Hotels höchstens als negative Architekturbeispiele kurz angesprochen wurden. Zeitgenossen, ob Heimatschützer oder Modernisten, warfen ihnen Maskenhaftigkeit und Verlogenheit vor ..."[565]

Als erträgliches Beispiel, das sich als „geplanter Pionier einer neuen **Tourismusarchitektur** offenbart", sei das Domino-Suites-Hotel der Architekten *Ifsits*, *Ganahl* und *Larch*, 1990-93 in Ebreichsdorf errichtet, dennoch genauer vorgestellt: „Die Gustostücke sind zweifellos die Maisonetten mit drei Ebenen und die Einraumwohnungen im Erdgeschoß, die für Hotels der Viersterneklasse unbekannte Raumeindrücke bieten. Vom Stellplatz des Kraftfahrzeuges oder von der Lobby über den Gang kommend, betritt man einen Vorraum, von dem aufsteigend die Wohnebene der großen Suiten erreicht wird. Noch ein Halbgeschoß höher liegt der Schlafplatz. Der Einbauschrank, das WC und das Bad – eine Kleinwohnung. Direkt von Gang werden die südseitig gelegenen kleineren Einheiten erschlossen. Die Belichtung erfolgt über die Süd- bzw. Nordfassade und mittels über den Betten angeordneten Dachöff-

---

564　KOS, „Die touristische Kulturlandschaft" in: *Denkmalpflege in NÖ. Band 8*, S. 6

565　KOS, „Die touristische Kulturlandschaft" in: *Denkmalpflege in NÖ. Band 8*, S. 10

nungen. Durch diese vertikale Raumorganisation hat man einerseits den Eindruck, ein eigenes Haus im Grünen zu bewohnen, andererseits das Land sogar auf dem Bett liegend überblicken zu können."[566]

9.3.3 Berg- und Alpinhotels

Die Kur- und Sommerfrischehotels waren nach urbanen Gesichtspunkten wie dem Vorrang der öffentlichen Bereiche und der Beziehung zur gebauten Umgebung konzipiert und daher Solitäre in der Landschaft. „Mit der Zeit gewinnt aber die Landschaft, nicht nur als attraktive Kulisse, an Bedeutung. Die immer besser aufbereitete Natur animierte zu mehr oder weniger sportlicher Betätigung. Die Bauten lösen sich dementsprechend immer stärker von den bestehenden Siedlungen, wenden sich der Landschaft, der Aussichts- und Sonnenseite zu", meint *Moroder*, und weiter: „Mit dem Standort verändern sich auch die inneren Gegebenheiten: die Gästezimmer werden privater und streng von den allgemein zugänglichen Gesellschaftsräumen getrennt."[567] Außerdem verlagern sich die bevorzugten Ferienziele der Städter aus dem Mittelgebirge ins Hochgebirge, was mit dem Aufkommen des **Sports** als Abenteuer und Herausforderung zu tun hat. Dazu passte das herkömmliche Erscheinungsbild der in romantischen und historistischen Formen gestalteten Bauten nicht mehr. Man befand sich in den Zwanzigerjahren des 20. Jahrhunderts bereits intensiv auf der Suche nach einem adäquaten Ausdruck für diese neue Lebensform. Die Architekturtheoretiker hatten knapp vor und während des Ersten Weltkrieges Geschwindigkeit und Dynamik als dazupassende Ausdrucksmedien entdeckt, was sich am deutlichsten in Skizzen und Projekten der Futuristen und Expressionisten ablesen lässt. In der gebauten Architektur bedurfte es zuerst des Verschwindens der doch recht engen Gesellschaftsformen der Monarchie, um den Weg für die Moderne zu bereiten. Diese findet für eine kurze Zeit in der Ausgestaltung des Alpinhotels durch junge Tiroler Architekten die angemessene Formensprache einerseits für die Situierung der Bauten in spektakulärer Gebirgskulisse und andererseits als Ausdruck des modernen Lebensgefühles der städtischen Gäste.

Besonders das Hungerburgplateau im unmittelbaren Nahebereich von Innsbruck, ein dreihundert Meter über dem Talkessel situiertes Terrassenband vor der Gebirgskulisse der eindrucksvollen Nordkette, eignet sich besonders gut zur Darstellung dieser Prozesse. 1845-46 errichtete *Josef Andreas Attlmayr* direkt an der abfallenden Kante dieses Plateaus den Neuhof Mariabrunn, einen zweigeschoßigen mittelaxial angelegten Bau mit Walmdach und aufgesetztem Kapellentürmchen über der Portalzone. 1903 erwirbt der Geschäftsmann *Sebastian Kandler* das Objekt, um, aufgrund der besonderen topographischen und klimatischen Verhältnisse, ein Kurhotel in romantizistischem Stil zu errichten. Der Altbau wird in das neue Gästehaus miteinbezo-

---

566   Walter M. CHRAMOSTA in: *architektur & bauforum 160/1993*, S. 72ff.

567   MODODER, *Hotelarchitektur*, S. 13

gen, indem die beiden vorhandenen Geschoße adaptiert und der Dachboden als Mansardgeschoß ausgebaut wird. Die Mittelachse der Westfassade erhält einen dreigeschoßigen, turmartig vorspringenden Baukörper mit hochgezogenem Pyramidendach vorgesetzt, der aber, um die Symmetrie zu brechen, im Osten an den etwas nach Süden versetzten Neubau angegliedert, einen weiteren Turm mit umlaufendem Aussichtsbalkon entgegengesetzt enthält. Der Bau mit seinen nun 30 Gästezimmern entspricht in dieser Phase dem Bild des romantischen Sommerfrischehotels in der Landschlosstradition, und dient nach der Eröffnung der Hungerburgbahn von 1905 auch ganz in diesem Sinne genutzt. Einen atmosphärischen Eindruck von der Hungerburg als spätgründerzeitliches **Naherholungsgebiet** für die Städter vermittelt und heute noch die dem Hotel Mariabrunn benachbarte Pension >Zur Linde<. 1929 erwirbt jedoch der Vorarlberger Industrielle *Hans Hämmerle* den Baukomplex einschließlich seiner Gartenterrassen am Fuß und beauftragt den jungen *Siegfried Mazagg* mit dem Wiederaufbau nach einem Brand. *Mazagg* zergliedert den Baukörper mit horizontal umlaufenden Balkonen und einem vertikalen, turmähnlichen Kubus als Ausgleich, und erzielt über extrem flache Pultdächer die optische Wirkung von Flachdächern.[568] Der junge Architekt erhält also eine kubistische Komposition ganz in der Tradition der zeitgleichen europäischen Moderne.

Dieses Ausbalancieren der Horizontale mit einem vertikalen Element hatte *Mazagg* zuvor schon in dem leicht gekrümmten und sich damit lang gestreckt und konvex Sonne wie Aussicht zuwendenden Hotel Berghof in Seefeld *(Abb. 9.20)*, 1929-30 geplant und errichtet[569], zur Lösung der schwierigen Aufgabe verwendet, der „ausgehend vom funktionellen Grundriss eine nahezu perfekte räumliche Lösung bietet. Wegeräume, Erschließungen, Raumfunktionen

Abb. 9.20: Zur Sonne gekrümmter Horizontaltrakt und zur Balance ein vertikaler Bauteil: Kennzeichen des modernen Alpinhotels.

und Raumrelationen scheinen ebenso berücksichtigt wie die umgebende Topographie und die Einbindung in die lokale Bautradition. ... Mit dem Hotel Berghof gelang *Mazagg* zwar die Konzeption eines spezifischen Hoteltyps, nämlich des in bestehende dörfliche Bausubstanz ein- bzw. angebundenen Bauwerks, darüber hinaus jedoch auch ein typologisch abwandelbares System"[570], schwärmt *Moroder* uneingeschränkt. *Achleitner* spezifiziert diese Einbindung in die **lokale Bautradition** damit, dass *Mazagg* die klassischen

568 Vgl. MORODER, *Hotelarchitektur*, S. 142 ff.

569 Vgl. ACHLEITNER, *Ö.Arch. 20. Jh. Band I*, S. 338

570 MORODER, *Hotelarchitektur*, S. 20f.

Elemente alpiner Baukultur wie Balkone, Erker und sichtbare Holzverscha-
lungen als Wandverkleidung innen wie außen „in verwandelter Form"[571] nach
wie vor einbindet.

Der leider allzu jung noch nicht einmal dreißigjährig verunglückte *Siegfried
Mazagg* ist jedoch keine Einzelerscheinung, sondern er bildet mit *Hans Feßler*[572], *Franz Baumann* und *Lois Welzenbacher* eine offensichtlich auch sich
gegenseitig befruchtende **Tiroler Szene** auf dem Gebiet der alpinen Frei-
zeitarchitektur. Die Ausstrahlung einer ungeheuren Dynamik wird bei diesen
Entwürfen durch ein charakteristisches Krümmen der Baukörper erreicht, das
durch horizontale Fensterbänder und Balkone noch unterstrichen wird. Besonders die diversen, leider undatierten Bleistift- und Kohle-Skizzen *Welzen-
bachers* zum Thema Berghotel[573], rücken ihn in die Nähe des Expressionismus eines *Erich Mendelsohn*. Die Krümmung der zumeist lang gestreckten
Hauptfassade nach Süden wird funktionell dadurch legitimiert, dass so eine
maximale Anzahl der einzelnen Zimmer Sonne und Aussicht genießen können. Dies bezieht sich wiederum auf ein bevorzugtes Thema der Moderne,
das wie schon dargelegt, aus medizinisch begründeten Forderungen an den
Bau von Sanatorien und Krankenhäusern zu Beginn des 20. Jahrhunderts
kommt. Dieses Verlangen nach einem Maximum an Licht und Luft ergibt
auch im Hotelbau große Fensterfronten, die allerdings im Unterschied zu anderen Bauten der klassischen Moderne mittels weit auskragender Dachvor-
sprünge geschützt werden.

Dieses Zugeständnis an die **hochalpinen Klimaverhältnisse** kennzeichnet
insbesondere die Bauten von *Franz Baumann*, auf den wohl auch der früheste der datierbaren Entwürfe in dieser Art zurückgehen dürfte. Sein schlussendlich in dieser Art nicht ganz ausgeführtes Projekt für das Hotel in der
Seegrube, das im Zusammenhang mit der Errichtung der Nordkettenbahn
von 1927-28 steht, zeigt erstmals einen viergeschoßigen, lang gezogenen
Baukörper, der sich konvex nach Süden krümmt, und durch einen turmartigen Bauteil an seiner Ostseite akzentuiert wird. Über dem gekrümmten Bauteil in dunkel gebeizter, horizontal verlegter Holzschalung ist deutlich der
auskragende Vorsprung des flachen Pultdaches als Krempe erkennbar, dessen Sparren durch schräge Hölzer sichtbar abgestützt werden.[574] Diese Art
der Abstützung des Dachvorsprunges wird schlussendlich zum besonderen
Kennzeichen des Sporthotel Monte Pana, das *Baumann* 1930 in St. Christina

---

571 Vgl. ACHLEITNER, *Ö.Arch. 20. Jh. Band I*, S. 338

572 Vgl. ua. Erweiterung des Hotel-Pension Gstrein in Vent, 1933-35 in: MORO-
     DER, *Hotelarchitektur*, S. 205 ff. und ACHLEITNER, *Ö.Arch. 20. Jh. Band I*,
     S. 346

573 Vgl. dazu Werkverzeichnis in: SARNITZ, *Lois Welzenbacher*, S. 235f. (die im
     Besitz der Graphischen Sammlung Albertina befindlichen Skizzen WV 255-262)

574 Vgl. MORODER, *Hotelarchitektur*, S. 40f.

im Grödnertal errichten konnte.[575] Aber auch die Skizze zum Vorentwurf für das bis 1950 ausgeführte Hotel Hochfirst in Obergurgl, von *Baumann* auf 1932 datiert, lebt von den drei beschriebenen Merkmalen, dem gekrümmten, lang gestreckten Baukörper mit Dachkrempe auf weißem Sockel, der einen turmähnlichen, auf Schräghölzern aufgeständerten Erker als Gegenakzent aufweist. Erst in der Erweiterungsphase von 1950 wurde dieser Erker als überhöhtes Turmbauwerk ausgeführt.[576]

Trotz der fulminanten Bauwerke der Anfangszeit schlägt die Entwicklung des Hotelbaus in den alpinen Regionen Österreichs bedauernswerter Weise zunächst eine andere Richtung ein, die *Benevolo* als traditionellen Eklektizismus bezeichnet und sich auf die von *Clemens Holzmeister* vorgegebene Linie bei der Überbauung des Hotel Post in St. Anton am Arlberg *(Abb. 9.21)*, 1925-29 ausgeführt, und der Erweiterung

Abb. 9.21: Die Überbauung des Hotels Post in St. Anton am Arlberg prägte Generationen der Hotelarchitektur.

des Hotel Tre Cime in Sexten-Moos von 1930 bezieht, ohne *Holzmeisters* Sensorium für die Einbindung ins **Ortsbild** zu besitzen[577]. Dieses „spekulative Einhüllen des überdimensionierten Baukörpers in den Formenschatz der lokalen und traditionellen Architektur"[578] kam den Sehgewohnheiten des Publikums entgegen. Wie schreibt *Oskar Kleschansky* 1931 über die Baukunst Tirols: „Aber das Äußere sollte über den Charakter des adaptierten Stadels nicht hinausgehen."[579]

Vor weniger als zwanzig Jahren beginnt die Revolte gegen den adaptierten Stadel, die derzeit in Vorarlberg und Tirol extrem boomt. Von den älteren Beispielen, die diese Qualitätslawine auslösten, müssen jedoch zwei genannt werden. „Im Reform-Hotelbau ist es vor allem das Formen- und Ausdrucksrepertoire der **Alpensachlichkeit** der Zwischenkriegszeit, an das angeknüpft wird: dynamisch geschwungene Baukörper, Zitatspiel mit Turm und frechem Pultdach, klare Kanten, stolze Distanz zur Landschaft, raffinierte Wechselspiele zwischen weißen Mauern und hellen, bewusst leicht einge-

---

575 Vgl. dazu ua. das zeitgenössische Werbeplakat in: HAMBRUSCH / MORODER / SCHLORHAUFER, *Franz Baumann*, S. 80

576 Vgl. HAMBRUSCH / MORODER / SCHLORHAUFER, *Franz Baumann*, S. 92 ff.

577 Vgl. MUCK / MLADEK / GREISENEGGER, *Architekt in der Zeitenwende. Clemens Holzmeister*, S. 141

578 MORODER, *Hotelarchitektur*, S. 18

579 Zitiert nach MORODER, *Hotelarchitektur*, S. 17

Abb. 9.22: Das Silvrettahaus auf der Bielerhöhe nimmt alle Elemente des Alpinhotels der Zwischenkriegszeit auf.

(Foto: Mariela DITTRICH)

setzten Holzpartien"[580], schreibt *Kos* 1995 für die Ausstellung der österreichischen Architektur im 20. Jahrhundert im Deutschen Architektur Museum über *Hans Peter Petris* Hotel Windegg in Steinberg am Rofan, 1988-89 errichtet. Ganz hinten im Pitztal ist aus derartiger Architektur mittlerweile ein ganzer Ort entstanden. Mandarfen fußt auf einem Bebauungskonzept einschließlich Gestaltungskatalog und Objektplanung für das Alpin-Hotel und das Hotel >Vier Jahreszeiten<, das von *Alois* und *Elena Neururer* 1990-92 entwickelt wurde und „die üblichen Gestaltungsklischees der österreichischen Tourismusbranche"[581] negiert.

Als letztes Beispiel nach der Typologie der lang gestreckten, geschwungenen Baukörper soll das Silvrettahaus *(Abb. 9.22)* auf der Bieler Höhe von *Much & Much Untertrifaller* sowie *Gerhard Hörburger*, ebenfalls von 1990-92 errichtet, aus zwei Gründen angeführt werden. Die Architekten ergänzen die klare Morphologie - Sockel in Bruchsteinmauerwerk, Hauptgeschoße weiß verputzt, Dachzone verschalt mit auskragendem Pultdach – um ein gerades, massives Rückgrat aus Sichtbeton auf der Nordseite, um damit Bezug auf die elementaren Verhältnisse der Hochgebirgswelt zu nehmen. Dieses Haus wird nicht nur touristisch genützt, sondern dient als hochalpiner Stützpunkt für die Belegschaft der Vorarlberger Illwerke AG.[582] Damit ist das Silvrettahaus der legitime Nachfolger sowohl der **Alpenvereinshütte** wie des Werkshotels, beides traditionelle Bauaufgaben aus dem Hotelbau zu Beginn des 20. Jahrhundert.

9.4 Gaststätten

Es ist beinahe unmöglich, aus der Vielzahl und Vielfalt der mit Gaststätten betitelten Einrichtungen eine baulich-architektonische Typologie zu ermitteln. Das liegt unter anderem daran, dass es sich größtenteils um reine Inneneinrichtungen handelt, die als sehr kurzlebige **Dekorationsarchitektur** anzusehen sind. Auch das Heranziehen anderer Bautypen als Vorbilder ist für eine Systematisierung nicht gerade hilfreich. Dazu kommt eine sehr schlampige Benennung, fürs Erste einmal nur aufgezählt: Gasthof und Wirtshaus, Re-

---

580 Wolfgang KOS, „Das Alpine schlug zurück", in: *Architektur im 20. Jahrhundert. Österreich*, S. 71

581 Otto KAPFINGER in: *Architektur im 20. Jahrhundert. Österreich*, S. 284

582 Vgl. KAPFINGER, *Baukunst in Vorarlberg seit 1980*, 11/13

staurant und Schnellimbiss-Stube, heute Fastfood-Lokal genannt, Milchtrink-halle und Café, dazu abschließend Bar, Discothek und Nachtklub.

9.4.1 Wirtshäuser und Restaurants

Gasthof und Wirtshaus sind vorwiegend ländlich gelegene **Stützpunkte** im Zusammenhang mit dem **Reisen** beziehungsweise der Verkehrserschlie-ßung, die als Postkutschenstationen, Bahnhöfe und Autobahnraststätten der Übernachtung, dem Ausrasten und der leiblichen Versorgung der Reisenden einschließlich des Services für die Transportmittel dienen. Dennoch überwie-ge die Funktion als >Gaststätte<, meint *Wöhler* 1911, und die ursprünglichs-te Form habe das einfache „Gasthaus auf dem Lande. Es ist nicht in erster Linie Logierhaus, sondern Wirtshaus und lebt vorwiegend vom Besuch der Einheimischen. Der Fremdenbesuch ist eine seltene Erscheinung. Der Wirt wird nicht nur Gasthofbesitzer sein, er wird auch Landwirtschaft betreiben und somit ergeben sich Nebengebäude ... Aber neben seinem Gasthofbe-trieb kommt gewöhnlich noch ein Laden als Nebenerwerbsquelle in Betracht, sei es ein Metzgerladen, da der Gasthofbesitzer eigene Schlachterei betreibt, sei es ein Kolonialwarenladen, der zur Verbilligung seines Gasthausbedarfes beiträgt ... in Fig. 1 sei ein ländlicher Gasthof dargestellt, der in der Salzbur-ger Gegend ausgeführt ist. Die Anlage des Ladens ist hier so getroffen, dass zwei Zimmer unmittelbar anschließen, der Laden mit Wohnung also vermie-tet werden kann. Dass im 1. OG sogar ein Badezimmer vorgesehen ist, be-weist, dass das Festhalten an alten traditionellen Einrichtungen nicht die Aufnahme moderner Errungenschaften ausschließt."[583]

Eine erkennbare spezielle Aus-formulierung dieses Typs durch die Architektur ist nicht festzustel-len, nicht einmal eine einheitliche Benennung, die im ländlich-bäuer-lichen Bereich bei **Wirtshaus** und **Gasthof** bleibt, jedoch um die Jahrhundertwende beginnt, den Terminus >Hotel< auch für sich zu reklamieren. Baulich bewegt sich die Palette vom Bauernhoftypus für die ersteren Beispiele bis zu Merkmalen von Landhaus und Vil-la bei letzteren, wie die Beschrei-

Abb. 9.23: Posthotel Kassel in Oetz: romanti-scher Reisestützpunkt inmitten der Alpen.

bung *Achleitners* für das Hotel Petersberg in Friesach, 1902-03 von *Georg Wünschmann* als zeittypischer Reisestützpunkt konzipiert, Preis gibt: „Be-merkenswertes Jugendstilhaus mit leicht nationalromantischem Einschlag

583   WÖHLER, *Gasthäuser und Hotels Band II*, S. 5 ff.

(Giebel-Erkerkombination)"[584]. Selbst ein dezidiert als **Werkshotel** ausge-
wiesener Bau der Österreichisch-Alpinen Montangesellschaft von 1908 in
Zeltweg ist zwar repräsentativer, aber ansonsten ähnlich: „*Forabosco* hat
hier den Typ des englischen Landhauses mit der freien, funktionalen Disposition der Räume, der damit verbundenen starken Konturierung des Grundrisses und der an ein asymmetrisches Konzept eingebundenen Teilsymmetrien
verwendet."[585] Beim dritten Beispiel, außerhalb der Kleinstadt und von einer
spektakulären Gebirgslandschaft umgeben, ist keine andere Einstellung der
Architektur gegenüber festzustellen. Das Posthotel Kassel *(Abb. 9.23)*, um
1900 in Oetz entstanden, wird von *Achleitner* als liebenswürdiges, aber dennoch „frühes Beispiel alpiner Illusionsarchitektur nach nationalromantischem
Muster"[586] benannt, aber es verrät wenigstens in der Bezeichnung **Posthotel**, dass es sich um einen Reisestützpunkt auf diesem alten Alpenübergang
handelt. Seine bauliche Ausformulierung deutet zudem auf ein Sommerfri-
schehotel zum Aufenthalt von Städtern in hochalpiner Landschaft hin.

Diese Unschärfe bei Funktionalität und Sprachlichkeit ist sicherlich ein
Hauptgrund dafür, dass der Hotelbau generell nicht als hohe Baukunst akzeptiert wird. Der Bauherrenwunsch im Verein mit dessen Wirtschaftlich-
keitsdenken stehe zu sehr im Vordergrund, analysiert *Moroder*[587]. Besonders
interessant ist die kurzfristige Entwicklung, die die **Gaststube** in Tirol unter
dem Einfluss der unter den Alpinhotels geschilderten Architektenszene Tirols
in den Zwanzigerjahren des 20. Jahrhunderts nehmen konnte. Die modernen
Tiroler-Stuben eines *Nikolaus Prachensky* im Hotel >Weißes Rössl< in Gries
am Brenner, auf 1923-28 datiert, und eines *Franz Baumann* für den Gasthof
Marberger in Umhausen im Ötztal, durch diesen Umbau von 1929 zum Hotel
Krone aufsteigend, „gehen im Handwerklichen wie im Formalen neue Wege.
... Auch hier ist, von der großflächigen Vertäfelung bis zu den Kleiderhaken
und Deckenleuchten, vom gemauerten Ofen bis zur Bestuhlung alles aus einem Guss entworfen. Diese wenigen Stuben aus den zwanziger und dreißiger Jahren gehören zu den besten Zeugnissen Tiroler Baukultur, die noch
mit Recht das Vertrauen hatte, auch Neues schaffen zu können, statt sich
der Ausbeutung einer falsch verstandenen Tradition zu widmen."[588] Dennoch
kann dieses architektonische Niveau nicht sehr lange beibehalten werden.
Die Suche nach „heimeliger Atmosphäre" in diesen „Wohnstuben des Erholung suchenden Gastes" schlägt bald in eine missverstandene Folklore um,
die es mit der „geheimnisvolle Folklore ferner Länder, eines japanischen
Teehauses oder chinesischen Feinschmeckerrestaurants" aufnehmen soll.

---

584 ACHLEITNER, *Ö.Arch. 20. Jh. Band II*, S. 31

585 ACHLEITNER, *Ö.Arch. 20. Jh. Band II*, S. 337

586 ACHLEITNER, *Ö.Arch. 20. Jh. Band I*, S. 327

587 Vgl. ua. MORODER, *Hotelarchitektur*, S. 16 und KOS, „Die touristische Kulturlandschaft" in: *Denkmalpflege in NÖ Band 8*, S. 10

588 ACHLEITNER, *Ö.Arch. 20. Jh. Band I*, S. 302 und 345

„Dem Architekten jedoch wird mehr denn je eine doppelte Aufgabe gestellt, Zweckmäßigkeit und Volkstümlichkeit zu koordinieren."[589]

Ein anderer Typ als diese Wirtshäuser als Reisestützpunkte auf Wegrouten sind Wirtshäuser als **Ausflugsziele** im Nahebereich der Städte. Dass ihre Architektur durch den Ausdruck von Verkehrsbauwerken beeinflusst werden kann, zeigt der Gasthof Baumann, 1903 am Leopoldauerplatz in Wien-Floridsdorf vom örtlichen Stadtbaumeister *Friedrich Dietz von Weidenberg* errichtet, der stark auf *Otto Wagners* Stadtbahnarchitektur Bezug nimmt.[590]

Parallel zum Hotel mit Stadtrestaurant, das *Wöhler* 1911 als den am häufigsten vorkommenden Hoteltyp bezeichnet[591], gibt es bei derartigen Gasthöfen zumeist eine Nebenfunktion. „Verwandt mit dem Gasthaus auf dem Lande ist noch das Gasthaus in der kleinen Stadt. ... Der Fremdenbesuch tritt noch nicht in den Vordergrund und die Einrichtungen des Gasthauses treten noch nicht aus dem Rahmen des Bürgerhauses der Nachbarschaft heraus. Das einzige, was ihn über das allgemein Bürgerliche erhebt, ist das Vorhandensein eines Saales. Die kleine Stadt braucht für Veranstaltungen mancher Art einen Saal. Für Vereine, größere Familienfeste, ja ... für Versammlungen aller Art ... und da die selbstständige Existenz eines solchen in einer kleinen Stadt unmöglich ist, bleibt die Vereinigung mit dem Gasthof die beste Lösung der Frage."[592] Leider sind viele dieser typischen **Saalbauten** aus der ersten Hälfte des 20. Jahrhunderts, deren Pavilloncharakter in Österreich mit **Salettl** bezeichnet wird, mittlerweile verschwunden, so wie der 1982 von *Achleitner* noch genannte Saalbau des Morzgerhofes südlich von Salzburg, vom Wagner-Schüler *Karl Pirich* 1913 entworfen: „Der spätsecessionistische Saalbau mit leicht folkloristischem Charakter ... versucht die Synthese von bäuerlicher Architektur und Jugendstil."[593]

Dass sich hier im Gaststättenbau ein ausgeprägter Typus entwickelt hat, untermauert *Achleitner* anhand des Kaffee-Restaurant Sonnblick in Böckstein, im selben Jahr 1913 von *Paul Geppert dem Älteren* entworfen[594], und gleichfalls heute nicht mehr existent. Interessant ist hier die Benennung *Achleitners* mit **Ausflugsrestaurant**, was deutlich auf den Anspruch dieses Saalbaues an eine gewisse Eleganz hinweist, der sich wohl daraus erklärt, dass das Publikum in Böckstein sich aus den noblen, großstädtischen, Kurgästen Gasteins rekrutiert, die von hier aus den Anblick des spektakulären Hochgebirges beim Mittagessen oder Nachmittagskaffee genossen.

---

589 W. MITTERER im Vorwort zu: *Gaststätten im Alpenland* (Band 56 von >Neuzeitliche Raumkunst<

590 LEHNE, *Jugendstil in Wien*, S. 142

591 Vgl. WÖHLER, *Gasthäuser und Hotels Band II*, S. 15

592 WÖHLER, *Gasthäuser und Hotels Band II*, S. 8f.

593 ACHLEITNER, *Ö.Arch. 20. Jh. Band I*, S. 277

594 Vgl. ACHLEITNER, *Ö.Arch. 20. Jh. Band I*, S. 223

Abb. 9.24: Bizarrer Speisesaal im Klosterhof.
(Foto: Hannes TOIFEL)

Übrigens sieht man hier deutlich die gesellschaftliche Dimension, die aus dem ursprünglich äußerst einfach gestalteten Speisesaal in der Tradition des Kloster-Refektoriums um die Jahrhundertwende die eleganten **Speisesäle** der Hotels zu Restaurants werden lässt. Dies ist insofern bemerkenswert, als der Begriff >Restaurant<, der im 19. Jahrhundert aus dem Französischen übernommen wurde, ursprünglich einen nahrhaften Schnellimbiss beschreibt, in dem man sich mittels einer Art >Kraftbrühe< zwischendurch stärken (>restaurare< = wiederherstellen) konnte.[595] Die architektonische Ausgestaltung dieser Art von Restaurants in Saaldimensionen ist immer noch sehr schwierig, die im Allgemeinen am besten gelingt, wenn vorhandene, großräumige Strukturen umgebaut werden können. Schwieriger als bei diesen den Bereich Innenarchitektur-Raumdekoration nicht verlassenden Umgestaltungen wird es bei neu zu errichtenden Solitärbauten. In der österreichischen Baukunst des 20. Jahrhunderts haben bisher nur *Günther Domenig* und *Eilfried Huth* mit der Mensa der Schulschwestern *(Abb. 9.24)* in Graz-Eggenberg dazu eine Antwort gegeben. Die 1973-77 erbaute „animalisch anmutende Struktur aus Spritzbeton auf einem Stahlgitterwerk" wirkt innen „licht und leicht … Sie verliert im Gebrauch das bizarr-exaltierte Gehaben und wird in einer merkwürdigen Art selbstverständlich, ja versöhnlich, als wäre man aus einer langen geschichtlichen Wanderung heimgekehrt"[596], meint *Achleitner*.

Diesem Restaurantbau, der aus der Tradition des umhüllenden Gewölbebaus als Anspielung an das Kloster-Refektorium zu verstehen ist, muss man *Oswald Haerdtls* Wiener Volksgartenrestaurant von 1954-58 gegenüberstellen, um die volle Bandbreite der Architekturaufgabe >Restaurant< zu begreifen. *Haerdtl* hatte die Aufgabe, einen teilweise zerstörten (Planung ab 1948) klassizistischen Kaffeepavillon von *Peter Nobile* von 1823, - eine halbkreisförmige Kolonnade – in das neue Konzept einzubeziehen,[597] wodurch das Lokal, das multifunktional als Tanzfläche, Restaurant und Café eingesetzt wird, trotz seiner Größe den Charakter eines freistehenden, leichten Pavil-

---

595 Vgl dazu: Günther DROSDOWSKI (Hrsg.), *Das Herkunftswörterbuch. Etymologie der deutschen Sprache,* DUDEN Band 7, Mannheim 1989 (2. Auflage), S. 590

596 ACHLEITNER, *Ö.Arch. 20. Jh. Band I*, S. 366; kürzlich ist die schon etwas angegriffene Spritzbetonschale mit einer Verblechung überzogen worden;

597 Vgl. ACHLEITNER, *Ö.Arch. 20. Jh. Band III/1*, S. 79

lons beizubehalten vermag. Dennoch verweist das prächtige Interieur aus Marmor und Edelholzfurnieren, der raffinierten Verwendung von Spiegeln sowie dem gediegenen Mobiliar auch auf die Tradition der üppigen und opulenten Inszenierungen der Restaurants wie Kaffeehäuser der Gründerzeit.

Die Großstadt beherbergt jedoch nicht nur diese größeren, lichteren Saalräume zum eleganten Speisen, sondern genauso die Gaststuben für den gemütlicheren und bodenständigeren Geschmack. Diese Formen der Gaststube, im allgemeinen mit dunklen Wandvertäfelungen und wenig Licht ausgestattet, sind auf ihre Platzierung in den Erdgeschoßzonen enger innerstädtischer Straßen und Gassen zurückzuführen und nahmen ihren Ursprung mit Sicherheit in Gewölbslokalitäten. Diese Nähe zum Typ des Verkaufsraumes schlägt sich in Mischungen mit diesen nieder, wie als ein schönes gestalterisches Beispiel am **Delikatessengeschäft** und Restaurant >Zum schwarzen Kamel< in der Bognergasse im Zentrum von Wien noch heute nachzuvollziehen ist. Das 1903 von *Robert Oerley* im 1902 von *Julius Mayreder* errichteten Haus mit sezessionistischer Fassade gestaltete Interieur besteht aus teilweise intarsierter und kassetierter Eichenholzvertäfelung, über denen Fliesenstreifen und Stuckfriese im Dekor des Jugendstils angebracht sind.[598]

Nachdem heute die funktionalistische Doktrin nach möglichst viel Licht und Luft sowie klinisch-weißen Wänden endgültig überwunden ist, getraut sich die Innenarchitektur, auf die oben beschriebene „Ästhetik des Wiener Beisls in den saalhohen, kahlen Räumen von Gründerzeithäusern, mit dunklen Wandverkleidungen und einfachen Tischen" anzuknüpfen, wie *Achleitner* anlässlich des vom Duo *Eichinger oder Knechtl* 1989 gestaltete Restaurant Wrenkh *(Abb. 9.25)*, ebenfalls in der Wiener Innenstadt, schreibt. „Hier wurde ein präzises Spiel mit scheinbar gewöhnlichen Elementen getrieben: Die Vertäfelung ist tapetenartig entmaterialisiert, der Glasvorhang steht wie eine Klinge im Raum, die Tische urgieren hartnäckig die fünfziger Jahre. Und es handelt sich um überhaupt kein Beisl: der Saal wirkt wie von der Straße ins Haus geschoben und die schräge Auslage wie ein Rechen, an dem die vorbeischwimmenden Touristen hängen bleiben sollen."[599]

Abb. 9.25: Neuinterpretation des Wiener Beisls: Wrenkh.

Letzteres ist neu für die **Beisl-Typologie**. An der Gestaltung der Fassaden-

598 Vgl. LEHNE, *Jugendstil in Wien*, S. 11

599 ACHLEITNER, *Ö.Arch. 20. Jh. Band III/1*, S. 74

Abb. 9.26: Spektakuläre Neuinterpretation des Topos >Kaffeehauspavillon<: Murinsel.

zonen wird in Zukunft die Qualität der Gaststättenarchitektur zu messen sein, denn, wie postuliert *Helmut Richter* kategorisch: „In der Tat gibt es kein ästhetisches System, nur die Tatsache Restaurant, und schon gar keine Semantik, weder zum Chinesischen noch zum Wienerischen ...“[600] anlässlich seiner wahrhaft Aufsehen erregenden Architektur in den diversen Kiang-Restaurants, die er seit 1984 umgestaltete.

9.4.2 Milchtrinkhalle und Kaffeehaus

Wenn, wie allgemein verbreitet, das Wiener Kaffeehaus tatsächlich auf die Türkenbelagerungen zurückgeht und aus der Kultur der Belagerer importiert wurde, ist der **Kaffeehaus-Pavillon** der originale bauliche Typus in der Nachfolge einer Buden- und Zeltarchitektur der Osmanen. Aber auch die diversen Milchtrinkhallen des 19. Jahrhundert, die heute kaum noch im kollektiven Gedächtnis verankert sind und oftmals zu Kaffeehauspavillons umfunktioniert wurden, haben mit einem ähnlichen Ansatz zu tun, denn die sind Relikt der verschiedenen Belustigungspavillons der Schlossparks, die um 1800 geöffnet und damit verbürgerlicht wurden. Neben dem schon erwähnten Kaffeehauspavillon des *Peter Nobile* im Volksgarten vor der Hofburg, der 1820-22 als Zweites Cortisches Kaffeehaus errichtet wurde[601], ist für die Wiener noch die 1903 von *Josef Hackhofer* im Stadtpark erbaute Milchtrinkhalle[602] ein Begriff geblieben und für die Grazer gleichfalls die um 1933 durch das Café Sorger ersetzte Milchtrinkhalle im Stadtpark. Diese Kaffeehausidee klingt im 20. Jahrhundert noch in den diversen **Esplanadencafés** der Kurorte der Monarchie nach, wie dem 1929 in Bad Ischl errichteten Café Esplanade von *Carl Witzmann* oder dem Café-Pavillon des Gasteiner Hofes auf der Kaiser-Wilhelm-Promenade in Badgastein, 1905-06 vom Baumeister *Franz Wagner* entworfen.[603] Auch die jüngst von *Vito Acconci* in Graz errichtete Murinsel müsste dieser Gruppe an Pavillon-Cafés zugezählt werden *(Abb. 9.26)*.

Das klassische **Wiener Kaffeehaus** der Gründerzeit ist im Gegensatz dazu von einer komplett anderen, dunkel-düsteren und rauchigen Atmosphäre[604]

---

600 Zitiert nach: ACHLEITNER, *Ö.Arch. 20. Jh. Band III/1*, S. 78

601 Vgl. *Klassizismus in Wien*, S. 122: „Das Gebäude ist ein halbkreisförmiger Kolonnadenbau, von zwei Antentempeln abgeschlossen."

602 Vgl. MORAVÁNSZKY, *Architektur der Donaumonarchie*, S. 92

603 Vgl. ACHLEITNER, *Ö.Arch. 20. Jh. Band I*, S. 33 und 223

604 Vgl. STILLER, *Haerdtl*, S. 114

und wiederum dem Gewölbslokalitäten-Typus zuzuordnen. Als das älteste dieser legendären Literatencafés wird das vom ehemaligen Apotheker *Heinrich Griensteidl* im alten Palais Herberstein 1847 gegründete Ecke Herrengasse - Schauflergasse angesehen, das zuerst Politiker als Stammgäste aufzuweisen hatte, bevor die legendären Autoren des Kreises Jung-Wien es okkupierten[605]. Die alten Fotografien der Räumlichkeiten eines Café Central im 1868 erbauten Palais Ferstel zeigt die Vielfalt eines derartigen Kaffeehauses nicht nur im Zeitungsangebot, für das das Central zu Recht berühmt war. Es gibt hier neben dem Großen Saal auch einen Schachsaal, einen Damensalon und den Arkadenhof und das noch 1928.[606]

Wiens erstes Kaffeehaus der Moderne ist das von *Adolf Loos* 1899 ausgestaltete Café Museum, das übrigens die typische **Ecklokal-Form** an einer wichtigen Straßenkreuzung aufweist. Der sich dadurch ergebenden L-förmigen Raum wird über die Diagonale erschlossen. Die Einrichtung dieses bald mit >Café Nihilismus< titulierten Lokals war die Antwort von *Loos* auf die überladen dekorierten Cafés der Ringstraßenzeit, für die aber gerade das abgeschirmt Sein, die Intimität hinter schweren Vorhängen, die das hektische Treiben der Großstadt draußen hielten, die Essenz bedeuteten. Denn dies gewährleistete den Raum, in dem die Künstler stundenlang diskutieren, lesen und schreiben konnten.[607] Nichtsdestotrotz wies auch das Café Museum immer noch die traditionellen Merkmale der Kaffeehäuser dieser Zeit auf: **Sitzkassa** im Schnittpunkt der L-förmigen Trakte, Lese- und Billardraum sowie Spielzimmer.[608]

Die tatsächliche Rebellion gegen diesen klassischen Kaffeehaus-Typ gelingt tatsächlich erst *Oswald Haerdtl* mit dem durch ein verglastes Portal betret- und durch große Scheiben gut einsehbaren **Espressotyp**, der besonders auf die kurzzeitige Komponente der oft nur flüchtig im Stehen getrunkenen Tasse Kaffee in Anlehnung an die italienische Kaffee-Kultur orientiert war.[609] Das >Arabia< am Kohlmarkt von 1950 war „der spektakuläre Auftakt der Wiener Einbürgerung des Espresso, ein Akt, der dem grantelnden Wiener wieder einmal Untergangsstimmung verschaffte, obwohl es sich um einen äußerst lebensfreudigen, bunten, formenreichen und zukunftsorientierten Stil handelte."[610] Ein bisschen konnte sich diese neue Stimmung bis heute im von *Haerdtl* 1955 ausgestalteten Café Prückl an der Ecke Ringstraße - Wollzeile erhalten.

---

605 Vgl. *Das Wiener Kaffeehaus*, S. 78

606 *Das Wiener Kaffeehaus* S. 82: 235 Zeitungen und 58 Jahrgänge der für das gesellschaftliche Leben so wichtigen Adressbücher lagen im Café Central auf;

607 Vgl. STILLER, *Haerdtl*, S. 114

608 Vgl. *Das Wiener Kaffeehaus*, S. 86

609 Vgl. STILLER, *Haerdtl*, S. 114

610 ACHLEITNER, *Ö.Arch. 20. Jh. Band III/1*, S. 76

Der gegenwärtige Popularitätsschub des Kaffeehauses hat bisher eher Revival-Qualitäten hervorgebracht, auch bei den Gestaltungen durchaus avantgardistischer Architekten. Ein Café Glockenspiel, von *Eilfried Huth* 1981 in Graz gestaltet, lebt von den Anspielungen auf das klassische Gründerzeitcafé, wie im Café Goldegg, 1910 an der Wiener Argentinierstraße erbaut, noch nachzuvollziehen, und zwar ohne es zu kopieren. *Huth* versteht es, diese spezielle Atmosphäre in eine heutige Stilsprache zu übertragen. Oder das legendäre >Kleine Café< eines *Hermann Czech*, 1970 am Franziskanerplatz in Wien eingerichtet, das das Kunststück zustande brachte, von allem Anfang an **Patina** angesetzt zu haben, etwas, was normalerweise nicht planbar ist, sondern erst durch Zeitschichten entstehen kann, durch Ramponieren und Überpinseln schaffte.[611]

9.4.3 Bars und Nachtlokale

Czech nimmt bei der Ausgestaltung des >Kleinen Café< recht deutlich auf Loossche Gestaltungsprinzipien für Gaststätten Bezug. Die Verspiegelung der Rückwände der Sitzbänke, der Materialwechsel bei den Pfeilern und die durchhängenden Stürze charakterisierten die >American Bar< im Kärntner Durchgang *(Abb. 9.27)*, die *Adolf Loos* 1908-09 inszenierte, und die in der rekonstruierten Fassung von *Rukschcio* und *Czech* seit 1989 wieder benützbar ist. „Handelt es sich um eine Art von Erinnerungscollage, die *Loos* aus Amerika mitbrachte, um einen liebgewordenen Topos aus Chicago oder um ein den Sezessionisten zum Trotz erfundenes Unikum?" schreibt *Achleitner*, und führt fort: „Das Portal ist ikonographisch überhaupt zwischen Ein- und Zweideutigkeit, zwischen repräsentativer Solidität und vorlautem Chichi angelegt, als wollte es den dahinterliegenden Ernst, die auf ein paar Kubikmeter zusammengepresste Monumentalität

Abb. 9.27: *Loos*-Bar im Kärntner Durchgang: amerikanisiertes Kastenportal.

verbergen"[612]. Spiegel sind der Trick, der aus den nur drei Jochen eine geräumige Pfeilerhalle macht, wichtig dabei das Millimeter genaue Versetzen, das über Aughöhe auf 2,30m Hochziehen der Mahagonipaneele, und das Durchschimmern der Onyxplatten von der Eingangsfront, sodass der Raum nur zweiseitig begrenzt erscheint. Damit wurde auch die indirekte Belichtung samt Belüftung gelöst.

---

611 Vgl. dazu: ACHLEITNER, *Ö.Arch. 20. Jh. Band III/1*, S. 75

612 ACHLEITNER, *Ö.Arch. 20. Jh. Band III/1*, S. 75f.

Die Bezeichnung >Bar< kommt übrigens von der **Schranke,** (Barriere), die ursprünglich den Gastraum vom **Schankraum** trennte. Mittlerweile ist der Topos der Bar eine eigenständige Bauaufgabe geworden und hat sich in der Bezeichnung längst auf die gesamte Baulichkeit einer Gaststätte ausgeweitet. In Bars wird dann im Unterschied zur Gaststätte kein Essen gereicht, sondern normalerweise beinahe ausschließlich alkoholische Getränke einschließlich allfälliger Snacks. Daher ist der Bartresen das spezifische Merkmal dieser Gattung, und falls zusätzliche Sitzgelegenheiten vorhanden sind, diese in Form gemütlicher Lounge-Chairs, was die Bar in gestalterische Nähe zur Hotelarchitektur bringt. Die Bar ist unverzichtbarer Bestandteil wie Wesenszug der unterschiedlichsten Ausprägungen des Nachtlokals. Ein besonders poetischer architektonischer Beitrag von *Coop Himmelb(l)au* zum Typus des Nachtlokals besteht in Wien in Form

Abb. 9.28: Die Einbauten des >Roten Engel< erobern den Straßenraum.

der Liederbar >Roter Engel< *(Abb. 9.28)*, 1980-81 am Rabensteig in unmittelbarere Nähe zur *Kornhäusel*-Synagoge errichtet, die vor allem auch der Karriere der beiden Architekten Flügel verlieh. Wie schreibt *Achleitner* so treffend: „Roter Engel als metaphorisches Bezugssystem für architektonische Fragmente – die Flügel des Engels, die das Gewölbe durchschneiden – aus verformtem Blech und Mauerwerk, Glasbausteinen, etc., sind Installationen, die in die *Kornhäuslsche* Harmonie wie der Blitz hineinfahren; nicht nur lesbar als Analogie zur Musik, aufgehängt an einer zuckenden Tonlinie, sondern auch als Haltung gegenüber einer hermetisch-harmonisierten Ästhetik. Die Eingriffe in die Bausubstanz sind tatsächlich substantiell ..."[613]

---

613   ACHLEITNER, *Ö.Arch. 20. Jh. Band III/1,* S. 77

10 Freizeitanlagen

Eine der Forderungen der französischen Revolution nach Freiheit und Gleichheit betraf auch das **Recht auf freie Zeit**, Freizeit, die zuvor ausschließliches Privileg der höfischen Gesellschaft gewesen war. Deren Freizeitvergnügen bestanden vor allem in der Jagd als sportlicher Betätigung, die noch auf die höfische Tradition des Mittelalters zurückgeht und auch dem körperlichen Training für den Kampf diente. Der andere Teil der Vergnügungen des Hofstaates und nicht nur der Frauen, bestand im Lustwandeln in den Parkanlagen um die Schlösser und Paläste mit einer Unzahl verschiedenster, inszenierter Belustigungen, deren baulicher Niederschlag vor allem in der Spätrenaissance und im Barock kultiviert wird. Dies erklärt, warum die Sportanlagen des 20. Jahrhunderts immer noch einen pavillonartigen, ephemeren Charakter aufweisen, sofern sie nicht, wie die großen Stadien, Anleihen an den Bautypen der Antike nehmen.

10.1 Einrichtungen zur Belustigung und zum Vergnügen

Wiederum ist es Kaiser *Joseph II.* Zu verdanken, dass vormals ausschließlich dem Hof zugängliche Gebiete, wie der Wiener Prater, der bis 1766 das Jagdgehege der Habsburger war[614], nun allgemein zugängliches Erholungsgebiet werden, wobei das Staatswohl im Sinne der Aufklärung die treibende Kraft war, die den Kaiser mit seinem Besitzrecht völlig in den Hintergrund treten ließ. *Joseph II.* lässt sich selbst im Prater von *Isidor Canevale* 1781-82 ein schmuckloses Wohnhaus, das so genannte Kaiser-Joseph-Stöckl, errichten, das er als Aufenthaltsort Schönbrunn vorzog, da es seiner Lebensphilosophie nach einer möglichst einfachen Lebensweise mehr entsprach. Dafür baut er zwei **Lusthäuser** bewusst für die Benutzung durch jedermann, also den Typ, der zuvor rein für das Vergnügen der Herrschenden zur Verfügung stand, wie das noch 1775 im Prater errichtete private Lusthaus des *Grafen Gallitzin*, das ebenfalls schon *Isidor Canevale* zugeschrieben wird[615]. Eines davon, das Lusthaus im Prater, 1781-84 wiederum von *Canevale* geplant, ist „ein runder, ganz frei stehender Pavillon, mit zwei über einander angebrachten hübschen Sälen, und drei außen rings herum laufenden Gallerien, von denen man eine sehr angenehme Aussicht auf die umliegende Gegend hat. Dieses Lusthaus ist das ganze Jahr zum Vergnügen des Publicums offen, und nicht fern davon ist ein Wirthshaus angelegt, wo man einige Erfrischungen haben kann. Es sind auch von allen Seiten angenehme Spaziergänge und Alleen dabei angebracht ..."[616].

---

614   Vgl. *Architektur Wien. 500 Bauten*, S. 143: 1162 urkundlich nachgewiesen; seit 1403 als >Prater< bezeichnet;

615   Vgl. *Klassizismus in Wien*, S. 86

616   Johann PEZZLs Beschreibung von Wien 1926, S. 174f.; zitiert nach: *Klassizismus in Wien*, S. 86

Abb. 10.1: Die Baukunst auf den Kopf gestellt: Laxenburg, >Haus der Laune< (Modell).

Diese Beschreibung des Lusthauses im Prater von *Pezzl* aus dem Jahre 1926 erklärt hinlänglich den Zweck eines Lusthauses, wobei es hinsichtlich dieser Bauaufgabe eine ziemlich große Bandbreite gibt, vom Frühlingsschlössl des Fürsten *Johann I. von Liechtenstein*, das nach Plänen *Joseph Kornhäusels* vom Baumeister *Joseph Meißl d. J.* noch 1814-16 am Schüttel errichtet wird[617], bis zum >Haus der Laune< des *Ferdinand Hetzendorf von Hohenberg*, knapp vor 1799 im Laxenburger Schlosspark nach der Idee der Kaiserin *Marie Therese von Neapel* von vornherein als früher touristischer Anziehungspunkt konzipiert. Dieses europaweit Aufsehen erregende Gebäude sollte seinen Besuchern zur Belustigung die eigenen schlechten Charaktereigenschaften, eben Launen, wie beispielsweise Spielsucht, Eifersucht und Putzsucht, durch Ausgestaltung eigener Räume vorhalten. Zusätzlich regte der Außenbau zu einer höchst intellektuellen Auseinandersetzung des Zeitalters der Vernunft mit dem Thema der Unvernunft auf Basis der Ausdrucksmöglichkeiten der Baukunst an, in dem es beispielsweise den Keller in das Dachgeschoß verlegt, um eine buchstäblich verkehrte Welt darzustellen. Auch sonst erzeugen allerlei architektonische Mittel eine gewisse Labilität des Baus, wie heute nur noch am erhaltenen Modell *(Abb. 10.1)* gut ablesbar, denn im Schlosspark ist dieses Lusthaus, das auch als >maison burlesque<, >maison de caprice< oder >maison de phantaisie< bezeichnet wurde, nur mehr als Ruine zu besichtigen.[618]

Abb. 10.2: Nachfolger der barocken Treillagepavillons: Kurpavillons der Sommerfrische, Beispiel Payerbach.

Insbesondere die Architektur der **Kurpark-Einbauten** des späten 19. beginnenden 20. Jahrhundert nimmt Anleihe an diesen Lusthäusern der spätbarocken Schlossparks. So müssen ein 1895 von *Karl Weinzettl* im Kurpark von Reichenau errichteter Vergnügungspavillon oder der Konzertpavillon von *Franz Gölles* im Payerbacher Kurpark *(Abb. 10.2)* von 1909 als Nachfolger der Treillagepavillons angesehen werden. Diese Lattenholzpavillons, wie die um 1750 datierten in den Kammergärten von Schönbrunn[619] oder das um 1760 errichtete >Grüne Lusthaus< in Laxenburg, auch Dianatempel genannt, waren Lieblingsaufenthalte der *Kaiserin Maria Theresia* zum Kartenspiel[620].

---

617 *Klassizismus in Wien,* S. 100

618 Vgl. *Der Schlosspark Laxenburg,* S. 134-138

619 Vgl. DEHIO, *Wien X. bis XIX. und XXI. bis XXIII. Bezirk,* S. 208

620 Vgl. *Der Schlosspark Laxenburg,* S. 82

Zu einer seriöseren Art der Belustigung gedacht war eine andere Gruppe von Bauten, die ebenfalls ihren Ursprung in den Parks um die Schlösser und Paläste der Herrschenden nahm, die der **Gewächshäuser**, die wie die Bezeichnungen **Wintergarten** und **Orangerie** andeuten, vor allem zur Überwinterung der mediterranen und exotischen Pflanzen dieser Parks errichtet wurden. Sie sollten von Anfang an den Zweck einer botanischen Sammlung erfüllen, weshalb beispielsweise im zwischen 1818 und 1822 errichteten Glashaus im Kaisergarten der

Abb. 10.3: Auch das Palmenhaus in Schönbrunn folgt in seiner Baukörperanordnung der Schlosstypologie: überhöhter Mittelbau samt Kuppel, horizontal gestreckte Seitenflügel und Abschlusspavillons.

Hofburg die Gewächse auf Stellagen gereiht ausgestellt waren, um den wissenschaftlichen Charakter zu betonen. Erst 1847 erfolgte die Umgestaltung in einen Wintergarten, der mit den Wohn-Appartements des Kaisers unterirdisch durch einen „lichten, lüftigen und trockenen, auch beheizten"[621] Gang verbunden war. Bei diesem 130 Meter langen und mehr als 13 Meter hohen Glashaus, für dessen Rückfront ein Teil der alten Festungsmauer verwendet wurde, kam „eine damals neue Bauform, die Eisenkonstruktion zur Anwendung". Obwohl also das Gebäude kurz nach Fertigstellung bereits unter den Merkwürdigkeiten Wiens detailliert beschrieben wurde, und die Coversations-Salons an den beiden Enden der Pflanzenhäuser Spiegel als typisch höfische Dekoration aufwiesen, fiel seine Planung und Durchführung offensichtlich nicht unter die allerhöchste Hofbaukunst, denn entworfen wurde das Glashaus von *Ludwig von Remy*, dem Direktor des k.k. Generalhof-Bauamtes. Außerdem wird bei *Böckh* ausdrücklich darauf hingewiesen, dass die Ausführung ohne Bau- und Zimmermeister „lediglich durch die Mannschaft des vortrefflichen k.k. Pioniers-Corps" erfolgt war.

Erst die spätere und heute so bewunderte Generation der **Palmenhäuser** drückt in ihrer äußeren Gebäudeform ihre Zugehörigkeit zu den Repräsentationsbauten des Hofes aus. So zeigt das Palmenhaus in Schönbrunn *(Abb. 10.3)*, das 1881 nach Vorbild der englischen und französischen Glashausbauten der Jahrhundertmitte errichtet wurde, die sein Erbauer *Franz von Segenschmid* auf einer Dienstreise kennen lernen durfte, durch Verteilung der gläsernen Volumina in einen Mittelpavillon mit Seitenflügeln eine typologische Anlehnung an den Schlossbau. Es verbindet damit auch durch seine Größe, zum Zeitpunkt der Errichtung war es mit 114 Metern Länge, 25 Metern Höhe und 29 Metern Breite weltweit eines der größten seiner Art, die

---

621 Franz Heinrich BÖCKH, „Wien's Merkwürdigkeiten, I. Theil", Wien 1822, S. 441ff.; zitiert nach: *Klassizismus in Wien*, S. 119f.

traditionelle Repräsentationsarchitektur mit den neuen Materialien Glas und Stahl.[622] Auch das ab 1901 das alte Glashaus im Kaisergarten ersetzende Palmenhaus im Burggarten war von *Friedrich Ohmann* vor allem in Hinblick auf die bauliche Integration in das bestehende Ensemble von Hofburg und Albertina konzipiert worden, was sich in der Einführung der steinernen Risalite sowie der Reflexion der Zeltdächer der Nationalbibliothek niederschlägt. *Achleitner* schreibt dazu, dass *Ohmann* das Impressionistische am Herzen lag, wodurch bei dieser „poetischen Collage mit modernen Baustoffen" kaum eine Stilzuordnung möglich ist.[623]

Abb. 10.4: Die neuen Glashäuser des Botanischen Gartens in Graz: spektakuläre Anordnung und verbesserte Technologie.

Typologisch wie konstruktiv spektakuläre Wege beschreiten dagegen zwei weitere Bauten, die gegen Ende des 20. Jahrhunderts errichtet wurden. Die schräg im Erdreich zu versinken scheinenden, sich gegenseitig durchschneidenden, **Glashäuser** im Botanischen Garten von Graz *(Abb. 10.4)*, die *Volker Giencke* 1982-93 nach nach einem Wettbewerbssieg bauen durfte, sind auch technologisch eine Pionierleistung, die nicht zuletzt auf Erkenntnissen auf der Sanierung der beiden Wiener Palmenhäuser fußt. Die leichte Tragkonstruktion aus Aluminium ermöglicht einen maximalen Lichteinfall und integriert in den paraboloid gebogenen Tragrohren eine Warmwasserheizung, die umgekehrt zur Kühlung über ein Düsensystem einen feinen Nebel zu produzieren vermag, der die Temperatur augenblicklich um 5 Grad abfallen lässt. Die Tragstruktur wird dadurch geschont, dass die doppelschaligen Acrylglaselemente, die pro Feld kissenartig bombiert sind, sie umhüllen.[624]

Das schwere und wenig isolierende Glas wird auch bei der durchscheinenden Außenhaut des Traisenpavillons in St. Pölten durch Wellkunststoff ersetzt, der von *Adolf Krischanitz* 1989 als provisorischer Ausstellungs- und Veranstaltungspavillon für die Geburt der Hauptstadt entworfen wurde. Spektakulär war in diesem Falle vor allem die von *Wolfdietrich Ziesel* erfundene **Radnabenkonstruktion** für die Überdachung, bei der vom äußeren Druckring Zugstangen wie Radspeichen zu einem schwebenden Tambour in der Mitte führten.[625] Die Benennung Tambour verrät schon die Nähe zur Kuppel,

622   Vgl. *Architektur Wien. 500 Bauten*, S. 230

623   ACHLEITNER, *Ö.Arch. 20. Jh. Band III/1*, S. 80

624   Vgl. Andrea NUSSBAUM in: *Architektur im 20. Jahrhundert. Österreich*, S. 228

625   Vgl. Walter ZSCHOKKE in: *Architektur im 20. Jahrhundert. Österreich*, S. 257

einem traditionell der Repräsentationsarchitektur zugehörigen Element der Baukunst. Die Konstruktion erinnert frappant an ein umgelegtes Riesenrad, und damit dem Riesenrad im Volksprater in Wien, das anlässlich des fünfzigjährigen Regierungsjubiläums des Kaisers 1896-97 vom englischen Ingenieur *Walter B. Basset* errichtet wurde. Obwohl das Riesenrad mit seinen 430 Tonnen Gesamtgewicht und einer Höhe von 64,75 Metern mittlerweile als typisch Wienerisch angesehen wird, ist es doch der Import eines >gigantic wheel<, die *Basset*, der aus Watermouth kam, zuvor schon in London und Blackpool errichtet hatte.[626]

10.2 Einrichtungen zum sportlichen Training und Wettkampf

Pferdesport und Fechten waren die körperlichen Ertüchtigungen des Mittelalters, die nach der besonders leibfeindlichen Zeit des 16. bis 18. Jahrhunderts in der europäischen Kulturgeschichte als erste Sportarten auftauchten, da sie zum überlieferten Bild des höfischen Lebenswandels gehörten, dem das neu entstehende Bürgertum des Kapitalismus in allen Lebensbereichen nachstrebte. Beim Turnierplatz in Laxenburg, der 1798 als Caroussel-Platz altdeut-

Abb. 10.5: Mit dem Wiedererwachen des Ritterkults um 1800 entsteht in Laxenburg ein kurioser Turnierplatz.

scher Art begonnen wurde und einen wesentlichen Bestandteil des Rittergaus ausmacht, geht dies auf den **Ritterkult** des ausgehenden 18. Jahrhunderts zurück, den insbesondere die Freimaurer ins Leben gerufen hatten. Ab 1790 wurde die Wildensteiner Ritterschaft zur Blauen Erde in Seebenstein gegründet, die als geheimer Verein die mittelalterlichen Gebräuche in spielerischer Form zu verwirklichen suchte. In Laxenburg fand 1791 ein Ritterumzug statt, dessen bühnenhafte Architekturelemente die Stilformen der Neugotik zeigten, die von *Michael Riedl* in den einzelnen Bauten des Turnierplatzes wie Kaiserloge, Richterlogen *(Abb. 10.5)* und Zuschauertribünen wieder aufgenommen werden. In Anknüpfung an diese örtliche Tradition der Ritterspiele gab es auf dem kuriosen Turnierplatz im Laxenburger Schlosspark im 19. Jahrhundert regelmäßige Vorstellungen für das breite Volk.[627]

Pferderennen zählen auch im Wiener Prater zu den ältesten und vornehmsten Vergnügungen, und daher wurde bereits 1862 eine Galopprennbahn in

---

626 Vgl. *Architektur Wien. 500 Bauten*, S. 138

627 Vgl. *Der Schlosspark Laxenburg*, S. 115f.

der Freudenau gegründet. 1885-87 muss nach einem Brand die schon bestehende zarte Gusseisenkonstruktion mit gemauerter Rückseite von *Carl von Hasenauer* und *Adolf Feszty* durch *Anton* und *Josef Drexler* wieder aufgebaut werden[628], wobei dieses Ensemble aus Stallungen, Tribünen und dem Verwaltungstrakt bis heute ihren ursprünglichen **Pavilloncharakter** eines freien Historizismus zu bewahren verstand, obwohl so mancher Bauteil, wie die ehemalige Hofloge, nachträglich durch Glas geschlossen wurde. Im Gegensatz dazu überlebten die hölzernen **Zuschauertribünen** einschließlich einer prunkvollen Kaiserloge bei der Trabrennbahn in der Krieau, die seit 1874 entstanden, nicht bis heute. Dennoch zählen die 1912-13 an ihrer Stelle entstandenen Tribünen und Totalisateurgebäude sowie der erst 1919 errichtete Schiedsrichterturm, alle auf Basis eines Wettbewerbsgewinns von *Emil Hoppe*, *Marcel Kammerer* und *Otto Schönthal* im Jahre 1910, zu den innovativsten technischen Lösungen ihrer Zeit. *Achleitner* tituliert das Ensemble insgesamt als „Sonderleistung der Wiener Architekturgeschichte, als hier, bedingt durch die Aufgabe, einmal die Anwendung des Eisenbetons für eine offene Halle in seiner frühen Entwicklungsphase zu einer kühnen Lösung geführt hat, zum anderen, weil es den Otto-Wagner-Schülern gelungen ist, die konstruktiven Möglichkeiten der Zeit als bestimmende Momente in eine eindrucksvolle architektonische Konzeption zu integrieren."[629] Im Detail ist der reine Betonbau noch handwerklich-steinmetzmäßig durchgebildet, was zu einer Prägnanz der Form führt, die man erst in den dreißiger Jahren wieder findet, wie *Achleitner* weiter schreibt. Der **Schiedsrichterturm** zählt zu den interessantesten reinen Stahlskelettbauten Wiens mit tragenden Eisenstützen aus gewalzten I-Trägern und genieteten Profilen, wobei die sehr transparenten Wandflächen zwischen den eisernen Ständern aus Kunststeinparapeten und teils aufschiebbaren Glasflächen bestehen[630]. Der insgesamt fünfgeschoßige Turm mit geschoßweise einspringenden Aufbauten wird oben durch eine dreiteilige zylinderförmige Laterne abgeschlossen, deren Vorbilder im sakralen wie profanen Kuppelbau liegen.

Tribünen haftet bis heute der Charakter des **Ephemeren**, Vergänglichen an, wohingegen das Sportstadion der Neuzeit ein monumentaler Bautyp ist, der sich auf das steinerne Olympiastadion von Athen aus dem Jahre 1896 bezieht. Obwohl der Begriff **Stadion**, der auf die griechische Längenmaßeinheit der Stadien zurückgeht, in der Antike noch ausschließlich Pferde-Rennbahnen wie den Circus Maximus in Rom oder Laufbahnen wie die von Olympia bezeichnete, die aus zwei parallelen Geraden und einer Kehre bestanden, verwendet das moderne Stadion den Begriff für den ebenfalls der Antike entstammenden Bautyp des **Amphitheaters**.[631] Ganz diesem Typ

---

628 *Architektur Wien. 500 Bauten*, S. 142

629 ACHLEITNER, *Ö.Arch. 20. Jh. Band III/1*, S. 108

630 Vgl. WEHDORN / GEORGEACOPOL, *Baudenkmäler der Technik und Industrie in Österreich, Band 1*, S. 22

631 Vgl. PEVSNER / HONOUR / FLEMING, *Lexikon der Weltarchitektur*, S. 601

entspricht das 1931 zur Arbeiter-olympiade eröffnete Praterstadion von *Ernst Otto Schweizer*, das in den Fünfzigerjahren auf ein Fassungsvermögen von 90.000 Zusehern erweitert wurde. In konstruktiver Hinsicht einzigartig ist die Stadionüberdachung von *Erich Frantl*, *Peter Hofstätter* und *Robert Sturmberger*, die im Zuge der Generalsanierung 1985-86 mit einer freien Auskragung von 50 Metern zur Mitte hin eine Vollüberdachung gewährleistet, und damit zu einer der weitest gespannten der

Abb. 10.6: Vollüberdachtes Praterstadion: Übersetzung eines antiken Amphitheaters in moderne Materialien und heutige Konstruktionstechniken (Knotenpatent).

Welt zählt *(Abb. 10.6)*. Die dazu von *Frantl* entwickelte und patentierte, Beton gefüllte Knotenverbindung erlaubt eine besonders leichte Montage ohne Gerüst mit vier Kränen und ist Teil eines einschaligen Hängetragwerkssystems mit Bedachung aus profiliertem, verzinktem und kunststoffbeschichtetem Stahlblech, das über automatische Pumpen entwässert wird.[632]

Das gestalterisch derzeit wohl aufregendste Stadion Österreichs ist die Schisprungarena auf dem Berg Isel bei Innsbruck, die 2002 von *Zaha Hadid* konzipiert wurde. *Boeckl* meint, dass *Hadids* Entwurf aufgrund seiner außerordentlichen Eleganz überzeugt, die in einer einzigen gedrehten und gewellten Bewegung *(Abb. 10.7)* nicht nur die neue Zusatzfunktion Restaurant auf dem Sprungturm umsetzt, sondern auch die Anlaufspur in diesen Schwung integriert. Konstruktiv ist die Anlauframpe ein Stahlfachwerktrog mit Seilunterspannung.[633]

Abb. 10.7: Bauten für ein Sportspektakel: Sprungturm und Aussichtsrestaurant am Berg Isel.

Eine weitere Gruppe von Sportarten dient nicht so sehr der Publikumsbelustigung, sondern der allgemeinen Körperertüchtigung, die ganz im Sinne der griechischen **Gymnastik** Körper und Geist in einem gewissen Gleichgewicht halten sollte. In den letzten Jahrzehnten des 18. Jahrhunderts werden Gymnastik, Laufen, Springen und Schwimmen von besonders aufgeklärten Geistern bereits als notwendige Bestandteile der Erziehung angesehen. Der Moralphilosoph und Pädagoge

---

632 Vgl. dazu: *Architektur Wien. 500 Bauten*, S. 141 und ACHLEITNER, *Ö.Arch. 20. Jh. Band III/1*, S. 108

633 Vgl. *architektur.aktuell 11.2002*, S. 90-94

Johann Bernhard Basedow darf in Dessau sogar eine fürstliche Erziehungsanstalt betreiben, deren schriftlich niedergelegten Grundsätze er unter anderem dem österreichischen Kaiser *Josef II.* widmet und der *Giedion* den „Charme und auch den Luxus der höfischen Übungen"[634] attestiert.

Abb. 10.8: Spätes Werk des deutsch-national geprägten Turnsaalbaues auf Vereinsbasis.

Dennoch bedarf es der militärisch-national orientierten Turnausbildung auf Vereinsbasis eines *Ludwig Jahn*, um mit **Vereinshäusern** erste echte Gebäude zur Gymnastik- und Geräteturnausübung zu konzipieren. Obwohl *Jahn* bereits 1811 auf dem Turnplatz auf der Hasenheide bei Berlin diverse Veranstaltungen abhielt, entstehen in Österreich die frühesten Turnhallen sehr viel später im 19. Jahrhundert. *Kitlitschka* beschreibt die Entwicklung für Niederösterreich folgendermaßen: Seit 1860 wuchs die Zahl der Deutschen Turnvereine ständig. Die Vereinigungen waren zumeist betont national ausgerichtet, wie die Feuerwehren zu einem Landesverband zusammengeschlossen und veranstalteten ihre Gauturnfeste. Von den Bauten, welche die Vereine für sich errichteten, insofern sie nicht bereits bestehende Baulichkeiten benützten, hat sich nicht allzu viel erhalten, lediglich die Turnhallen von Hollabrunn und Stockerau sind zu erwähnen.[635] Interessant an der 1884 nach den Plänen des Wiener Architekten *Josef Drechsler* errichteten Turnhalle in Stockerau ist die Einordnung in die Architekturgeschichte. Die basilikale Anlage mit außen Sichtziegelmauerwerk kombiniert mit Naturstein deutet auf den damals üblichen, reinen Nutzbau hin, wobei die gewählten Stilformen der Renaissance den kulturellen Auftrag, also die Zugehörigkeit zum Erziehungswesen, andeuten. Dennoch verankern sich diese frühen **Turnsäle** Österreichs, die aufgrund ihres kulturpolitischen Hintergrundes eine ganze Skala deutschnationaler Romantizismen aufzuweisen haben, stark im Bewusstsein der Bevölkerung, wie die Moritz-Etzold-Halle in Wels *(Abb. 10.8)*, 1927-30 von *Leo Keller* errichtet. Vielleicht ist das darauf zurückzuführen, dass sie eindrucksvoll und durchaus über die Ansprüche einer Turnhalle hinaus gehend mit einem Festsaal zu vergleichen ist, da der Innenraum mit Bühne und an drei Seiten umlaufenden Galerien versehen ist.[636]

Diese Doppelnutzung ist den meisten der **Schulturnsäle** sinnvollerweise geblieben, wobei dadurch der Turnsaalbau bis heute zwischen Industriehalle und repräsentativer Form pendeln muss. Die Turnhalle des Gymnasiums in der Johannitergasse in Feldkirch, von *Christian Zangerle* um 1900 entworfen,

634 GIEDION, *Geschichte des Bades,* S. 36

635 KITLITSCHKA, *Historismus und Jugendstil in NÖ*, S. 38

636 Vgl. ACHLEITNER, *Ö.Arch. 20. Jh. Band I*, S. 138

zeigt eine frühe Jugendstilfassade bei besonders schöner Gliederung des Baukörpers[637], was unweigerlich einen festlichen Charakter des Bauwerks heraufbeschwört. Auch die Turnhalle des Bundesschulzentrums Weiz, von *Viktor Hufnagl* 1964-68 als Stahlbeton-Fertigelementhalle mit Sichtziegelfassade konzipiert, zeigt eine repräsentative Formensprache mit Symmetrie in der Komposition, flankierenden Risaliten und einem Oberlichtkranz, wohingegen die Schulturnhalle des BG/BRG Klusemannstraße in Graz-West von *Fellerer & Vendl* als Stahlfachwerk mit Blechdach und Blechhülle ausgeführt wurde, und sich daher außen nicht von der Bauform einer Industriehalle unterscheiden lässt, obwohl sie die funktionellen Anforderungen an eine moderne Turnhalle besser erfüllt, als *Volker Gienckes* in den Schulhof des Grazer Keplergymnasiums eingegrabene, konstruktiv wie konzeptionell so elegante Halle aus den Jahren 1987-94. Vielleicht nimmt die Formensprache von *Gienckes* Vor- und Schutzdach über dem Hofabgang endlich die festlich-unrepräsentative Ausdrucksform für eine sportliche Architektur vorweg, nach der so lange nicht nur in Österreich gesucht wurde. *Santiago Calatravas* Bauten für die Sommerolympiade 2004 in Athen scheinen diese Tendenz zu bestätigen.

10.3   Einrichtungen zum Baden

Im Großen und Ganzen lässt sich das Baden in vier Gruppen einteilen, die nicht nur verschiedene Zielsetzungen hinsichtlich des Einflusses auf Körper und Geist des Menschen ausüben, sondern unterschiedliche bauliche Maßnahmen herausfordern. Das Baden als Teil einer gesamtheitlichen **Regeneration** des Menschen ist der griechischen und römischen Antike vorbehalten. Das griechische Bad bestand, untrennbar mit dem Gymnasion als erzieherischem Mittelpunkt verknüpft, vor allem aus kalten Duschen und Übergießungen, deren baulicher Niederschlag nicht über den **Marmortrog** hinauskam. Dieses Bad hatte seinen Platz zwischen den gymnastischen Spielen in der Palästra und den philosophischen Diskussionen im Halbrund der Exedra. Die römischen **Thermen** sind dagegen schon eine Einrichtung der Öffentlichkeit für Besuchermassen, wobei die technische Errungenschaft der Hypokaustenheizung ein Heißluftbad in verschieden temperierten Räumen ermöglicht. Die Verbindung mit der körperlichen Bewegung wird bei den Römern beibehalten, die Exedra dient jedoch nur mehr dem Ausruhen und nicht mehr dem geistigen Diskurs, der in die öffentlichen Bibliotheken verlegt wird.[638]

Das mittelalterliche Baden als stundenlanges Liegen in warmem Wasser, das mit ausgiebigem Essen und Trinken sowie teils unmäßigen **Aderlässen** als medizinische Praxis einherging, wird zur Zeit der großen Seuchen des Spätmittelalters aufgegeben und in der Folge gesellschaftlich als unsittlich gebrandmarkt. Erst das späte 17. Jahrhundert bringt von England ausgehend

---

637   Vgl. ACHLEITNER, *Ö.Arch. 20. Jh. Band I*, S. 436

638   Vgl. GIEDION, *Geschichte des Bades*, S. 9ff.

eine Neuorientierung, da **Schwimmen** als Körperertüchtigung der Knaben wieder anerkannt wird[639], was die militärisch-nationalen Strömungen des 19. Jahrhunderts gerne aufnehmen und in der Folge zur Errichtung so genannter Schwimmschulen führt. Auch die Aufklärung mit ihrem Motto >Zurück zur Natur< erkennt in **Kaltwasserkuren** im Zusammenhang mit Bewegung unter freiem Himmel und der heilenden Kraft der Sonne einen neuen medizinischen Wert des Badens, der in den Kurbädern des 19. und beginnenden 20. Jahrhunderts einen ungeheuren Bauboom auslöst. Zuletzt wird der **hygienische** Wert des Bades entdeckt, wobei am Anfang nicht ausgesprochen war, dass das private **Wannenbad** im Verbund mit dem Schlafzimmer die zukünftige Lösung sein würde. Eher gingen die Versuche in der zweiten Hälfte des 19. Jahrhunderts in Richtung **Volksbäder**, allgemein zugänglicher Einrichtungen mit Duschkabinen[640], in Wien noch heute als >Tröpferlbad< bekannt, obwohl die letzten derartigen Anlagen auch hier bereits abgerissen wurden.

10.3.1 Kur- und Thermalbäder

Auslöser des Kurens finden sich zu Beginn des 19. Jahrhunderts mehrfach auf österreichischem Territorium. In den ersten beiden Jahrzehnten dominiert Baden bei Wien und dessen warme und Schwefel hältigen **Heilquellen**, die schon den Römern bekannt waren. Kaiser *Franz I.* weilt von 1803 bis 1834 jeden Sommer hier und so wird aufgrund der ihn begleitenden Adeligen, Geldleute, Politiker und Künstler, Baden zum Kurort in Mehrzweckfunktion, die abseits der Gesundheit und der Erholung der Repräsentation in der Gesellschaft und damit Kultur und Kongressen galt. Die zumeist schon bestehenden Badegebäude über den Quellen erhielten eine neue Gestalt, die sich außen in der Stilsprache eines mäßigen Revolutionsklassizismus zeigt und gemeinhin mit der Architektur *Josef Kornhäusels* gleichgesetzt wird, der aber von den wichtigsten Bädern nur das Engelsbad und den Sauerhof, beide zwischen 1820 und 1822, plante. 1796 war schon das Ursprungsbad in einer recht exotischen Weise umgestaltet worden, 1804 erhielt der auf 1697 zurückgehende Rechteckbau unter einem Walmdach des Josefsbades einen Zubau nach dem Vestatempeltyp. 1812 folgt das neue klassizistische Leopoldsbad und 1820-21 das Frauenbad, das *Karl von Moreau* zugeschrieben wird.[641] Der Sauerhof nimmt schon die Multifunktionalität eines Kurhauses vorweg, indem er Hotel und Restaurant mit einem so genannten **Römerbad** verband, das als dreischiffiger Raum mit acht dorischen Säulen und einer mittleren Tonne mit Oberlicht in einem der Flügelbauten untergebracht war.

---

639 Vgl. LEHER / PUCHBERGER, *Bad Fischau*, Diplomarbeit an der Technischen Universität Wien 1996, S. 16

640 Vgl. GIEDION, *Geschichte des Bades*, S. 56 ff.

641 Vgl. Viktor WALLNER, „Die >Bauschübe< in Kurorten", in: *Denkmalpflege in NÖ Band 8*, S. 29-32; hier S. 29 und DEHIO, *NÖ südlich der Donau Band 1*, S. 176f.

Zur Therapie wird aber kaum in unserem Sinne gebadet, sondern vor allem Heilwasser getrunken und auf und ab gewandelt, was die Kurorte des 19. Jahrhunderts um den Typus der **Trinkhalle** bereichert, wie die von Bad Ischl, 1829-31 als biedermeierlich-klassizistische Wandelhalle *(Abb. 10.9)* erbaut, heute noch gut zur Schau stellt. Bad Ischl löst Baden als kaiserlichen Kurort nach dem Tod von *Franz I.* ab, da auf dessen Nachfolger Kaiser *Ferdinand I.*

Abb. 10.9: In den frühen Kurorten wird das Heilwasser vor allem getrunken.

dort ein Attentat verübt wurde und zudem die *Erzherzogin Sophie* ihre Kinder und damit den Thronfolger erst nach mehrjährigem Gebrauch der Solebäder in Ischl geboren hatte.

Die Gattung des Kurhauses oder auch Kurmittelhauses zeigt am deutlichsten die gesellschaftliche Komponente jeder Kur als Synthese aus Amusement und Therapie. Wirtschaftlicher Erfolg aufgrund einer gelungenen Unterhaltung der Gäste war wichtiger, als funktionell gut organisierte Therapie-Anlagen. Kein Wunder, dass die neue Gebäudegattung des Kurhauses im 19. Jahrhundert aus den Conversations- und Festsälen der Bäder entsteht und sich vor allem als **kultureller Mittelpunkt** jedes Kurortes versteht. Charakteristisch für die Bauform ist das dominierende Mittelgebäude, das den zentralen Saal enthält, mit vorgelegtem Portikus und flankierenden Pavillonbauten, die durch Kolonnaden verbunden sind.[642] Gesamtkomposition wie Einzelelemente kommen eindeutig aus dem Palastbau, vor allem dem Typus des venezianischen Palazzo Ragione der Spätrenaissance, der aufgrund der notwendigen Ratsversammlungen ebenfalls ein großer Saalbau mit aus klimatischen Gründen vorgelagerten Arkadenstellungen war. In diesem Zusammenhang ist anzuführen, dass der Begriff >Pavillon< in der barocken Profanarchitektur noch die Zeltdächer über den Mittel- und Seitenrisaliten bezeichnete[643] und nicht kleine, freistehende Strukturen mit Kuppel- oder Zeltdächern, wie sie dann als Kioske die Kurparks des 19. Jahrhundert bevölkerten.

Das 1870 in Bad Aussee errichtete **Kurhaus** zeigt heute noch diese Mischung aus Schlösschen und Pavillon, wohingegen das Kurhaus in Baden bei Wien, 1884-85 von *Eugen Fassbender* und *Max Katscher* geplant und errichtet, den Palazzo Ragione Typus nur allzu deutlich hervorkehrt und damit auch das Wiener Operngebäude paraphrasiert, wie *Kitlitschka* herausstreicht. „Das Kurhaus spiegelt wie kaum eine andere Architekturschöpfung

---

642   Vgl. LEHER / PUCHBERGER, *Bad Fischau*, S. 16ff.

643   Vgl. RECLAM, *Kleines Wörterbuch der Architektur*, Stuttgart 1997 (4. Auflage), S. 98

des Späthistorismus in Niederösterreich das Luxus- und Repräsentationsbedürfnis der gehobenen Gesellschaftskreise des Fin de Siecle, das sich darin erschöpfte, bombastische Architekturmotive traditioneller Art zu einer Art Imponierarchitektur zu verbinden".[644]

Abb. 10.10: Kurhäuser und Kurmittelhäuser sind die kulturellen, aber auch die administrativen Zentren jedes Kurortes.

Doch auch die späteren Kurhäuser bis in die Dreißigerjahre des 20. Jahrhunderts, die längst diese Stilarchitektur verlassen haben, können sich dem Anspruch, das baulich ausdrückbare Zentrum der Administration wie Kultur des Kurortes zu sein, bewahren, wie heute noch das Kurhaus in Bad Hofgastein *(Abb. 10.10)*, 1914-20 von *Eduard Zotter* oder das **Kurmittelhaus** von Bad Ischl, 1929-31 von *Clemens Holzmeister* & *Max Fellerer* errichtet, mühelos beweisen. *Achleitner* findet an Bad Hofgastein vor allem „den Saalbau mit seiner kräftigen Pfeilerstruktur und der langen, geschlossenen und gut proportionierten Fassade"[645] bemerkenswert, wohingegen er beim Kurmittelhaus von Hall in Tirol, das *Hans Illmer* 1930-31 entwarf, die städtebauliche Konzeption mit der Schaffung von zwei Plätzen sowie die große Halle mit umlaufender Galerie erwähnt und dazu, dass innen noch die „repräsentative Kurhausarchitektur der Vorkriegszeit spürbar ist"[646].

Der **naturheilkundliche** Aspekt des Kurens geht auf die Hydrotherapie des *Vincenz Prießnitz* zurück, der 1829 seine erste Kaltwasserheilanstalt in Gräfenberg tief in den schlesischen Wäldern eröffnete, wo alsbald „Damen der österreichischen Aristokratie ihre Körper vollkommen nackt"[647] dem herben Bergklima und einem massiven, armdicken Wasserstrahl aussetzten, natürlich umgeben von hölzernen Verschlägen. Dazu wurde durch feuchte Packungen Schwitzen hervorgerufen, dem Untertauchen in kaltem Quellwasser nachfolgte, sowie stundenlange Spaziergänge und eine einfache, gesunde Kost verordnet. Diesen *Prießnitzschen* Ansatz zur Abhärtung des Körpers griffen bald auch Gesunde als Ausgleich gegen großstädtische Abnutzung auf. Die naturnahe Lebensweise und die ab 1870 vom Schweizer *Arnold Rikli* entdeckte Ausnutzung der Strahlung von Luft und Sonne für Heilzwecke als Atmosphärische Kur[648] führte zur Erfindung des **Luftkurortes** und dem Son-

644   KITLITSCHKA, *Historismus und Jugendstil in NÖ*, S. 92

645   ACHLEITNER, *Ö.Arch. 20. Jh. Band I*, S. 226

646   ACHLEITNER, *Ö.Arch. 20. Jh. Band I*, S. 305

647   Vgl. GIEDION, *Geschichte des Bades*, S. 40f.

648   Vgl. GIEDION, *Geschichte des Bades*, S. 51

nenbad. Baulich schlägt sich dies in Kur- und Erholungsheimen nach dem Hotel- und Sanatorientypus nieder, wie beispielhaft das Kurhaus am Semmering aufzeigt, das 1909 von *Krauss & Tölk* für den Höhentherapiespezialisten *Franz Hansy* entworfen wurde[649]. Kennzeichen derartiger Nobelquartiere war eine besondere Ruhe und Diskretion, die mit dem Baden heute nichts gemein hat.

Das Dunstbad in Badgastein, von *Paul Geppert dem Älteren* 1913-14 entworfen, trägt noch die kioskhafte Atmosphäre der echten Badebauten eines Kurortes in sich, die in den ab den Siebzigerjahren des 20. Jahrhunderts in Neubauten wieder auflebenden **Kurzentren** keine Berücksichtigung mehr fanden. Deren multifunktionelle Hallenbauten in Betonfertigteilbauweise, auf die zum Errichtungszeitpunkt die Gemeinden stolz verwiesen, haben sich mittlerweile

Abb. 10.11: Thermalbadarchitektur: Anknüpfen an den Charme früherer Bäder.

komplett überholt. Mit Sicherheit ein Grund dafür ist, dass das Atmosphärische zur Regeneration einen mindestens ebenso großen Beitrag leistet wie der medizinisch beweisbare Anteil. Mit der gegenwärtigen **Thermen-** und **Wellnesswelle** wird dem gerade Rechnung getragen, mit architektonisch wechselndem Erfolg zwar, obwohl die Bauten aus den späten Siebzigerjahren durchaus die Atmosphäre alter Kur- und Badeanlagen aufzunehmen vermochten, wie *Achleitner* anlässlich des Thermalbades in Bad Radkersburg feststellt, das vom *Team A Graz* 1978-79 als Gesundheits- und Erholungsbad[650] aufgebaut wurde. Seine formale Konzeption einer einfachen, sichtbaren Holzkonstruktion mit gekrümmten Pultdächern um ein kreisrundes Freibecken *(Abb. 10.11)* erinnert an das Solarbad in Dorfgastein, das *Gerhard Garstenauer* kurz zuvor, 1976-78, als „Prototyp eines Freibades für einen Erholungsort im Gebirge"[651] sich ausgedacht hatte. Diese merkwürdige Mischung aus Hallen- und Freibad ist aus zwei kreisrunden, exzentrisch liegenden Becken um ein Solarium hinter Glas als Mittelpunkt der Anlage entwickelt und versteht es besonders im Winter, die Sonne durch das leicht nach Süden abfallende Gelände auszunützen.[652] *Garstenauers* Zielvorstellung bei der Benutzung war ebenso originell wie sympathisch, nämlich mit den Skiern bis vor den Eingang zu gelangen, um eine ideale Synthese zwischen Sport und Regeneration anzustreben. Interessant im Ansatz einer In-

649 Vgl. Wolfgang KOS in: *Denkmalpflege in NÖ Band 8*, S. 12

650 Vgl. ACHLEITNER, *Ö.Arch. 20. Jh. Band II*, S. 148f.

651 GARSTENAUER, *Interventionen*, S.100

652 Vgl. ACHLEITNER, *Ö.Arch. 20. Jh. Band I*, S. 228

terdisziplinarität war auch das Sport- und Kulturzentrum in Seefeld in Tirol, das *Hubert Prachensky* und *Ernst Heiss* 1973-75 entwarfen, wobei die Idee der Verbindung dieser beiden heute doch recht antagonistisch angesehenen Freizeitbereiche nicht ganz neu ist, wie die Hallenbäder des 19. Jahrhunderts aufzeigen werden.

10.3.2 Hallenbäder

Es liegt auf der Hand, dass die ersten Hallenbäder im großstädtischen Bereich aus einer Mischung aus den bis dahin ausschließlich im Freien angesiedelten Badeanstalten an Flüssen und Seen, die zum Schwimmen dienten, und den Wannenbädern der Kurorte zu regenerativen Zwecken entstanden. Sie konnten mehr Komfort und mehr Hygiene als die so genannten Schwimmschulen im Flusswasser bieten, und im Gegensatz zu den Kur- und Thermalbädern zusätzlich die Möglichkeit zum sportlichen Schwimmen. Die ersten echten Hallenbäder mit einer Beckengröße von 8 mal 6 Metern sind für Magdeburg und Liverpool im Jahr 1828 nachzuweisen, wobei das Bad in Liverpool mit einer **Waschanstalt** kombiniert war.

Auch Wiens wohl berühmtestes frühes Bad, das Dianabad, entstand als Wannenbad und bekam erst später seine eindrucksvolle Schwimmhalle. 1808 erwarb der Architekt *Karl von Moreau* zusammen mit dem Maler *Karl Hummel* ein Areal in der Leopoldstadt, auf dem er ein **Badhaus** errichtete, in dem er selbst bis zu seinem Tode 1840 wohnte. Zum Donaukanal hin zeigte sich das erste Dianabad mit einer dreigeschoßigen Straßenfront mit flankierenden flachen Risaliten beidseits des Eingangs, die durch die häufige Verwendung des palladianischen Fenstermotivs, der >Serliana< und einer Rundbogenarkade auf Pfeilern, als von der französischen Architektur des 18. Jahrhunderts beeinflusst erscheint. Diese Fassadenkomposition wird in der Folge für Wiens bürgerlichen Wohnbau sehr wichtig. Durch das mittlere Portal des Vordertraktes gelangte man in einen kleinen Vorhof, in dem die Trakte für Männer und Frauen sich trennten. Der eigentliche Badeteil bestand aus Wannenbädern, die in zwei Etagen um einen Gartenhof angeordnet waren. Die Anlage wurde mit einem Erfrischungssaal abgeschlossen, dem ein Portikus mit vier Säulen vorgelagert war.[653] Es ist klar erkenntlich, dass sich die Architektur der Anlage an der monumentalen Form der antiken Thermen orientierte, was aber generell am Klassizismus als vorherrschender Kunstrichtung lag und nicht so sehr an der Bauaufgabe. Mit *Moreaus* Tod veränderte sich die Anlage zu einem Hallenbad, als das Bad von 1841 bis 1843 neben wichtigen technischen Anlagen vor allem eine **Schwimmhalle** mit umliegenden Kabinen zugefügt bekam. Die von *Ludwig von Förster* und *Karl von Etzel* entwickelte Dachkonstruktion überspannte dieses Becken bei einer lichten Spannweite von rund 21 Metern mit gusseisernen Dachträgern, eine Konstruktionsweise, die zuvor vor allem bei Bahnhofshallen angewandt wurde.

---

653   Vgl. *Klassizismus in Wien*, S. 129

Die für viele Jahre größte Schwimmhalle Europas hatte eine Länge von 53 Metern bei einer Beckengröße von 36 mal 12,65 Metern, und wurde im Winter als Ball- und Konzertsaal genutzt, in dem unter anderem *Johann Strauss* den berühmten Donauwalzer uraufführte.[654]

Auch die Sophiensäle in der Marxergasse entstanden auf ähnliche Art und Weise aus einem frühen Bad. *Franz Morawetz* ließ 1838 dort ein bis dahin in Wien nicht gekanntes russisches Dampfbad errichten, das nach einer erfolgreichen Kur einer erkrankten Kammerfrau der *Erzherzogin Sophie* großen Erfolg erzielte. 1845-48 wird dieses Sophienbad durch *Siccardsburg & Van der Nüll* zu einer Schwimmhalle mit einem frühen Beispiel einer großen Eisenkonstruktion als Dach umgebaut und im Jänner 1846 als **Ballsaal** eröffnet. Erst im darauf folgenden Sommer wird es erstmals als Schwimmbad benützt. Die ursprünglich offen zu sehende Eisenkonstruktion wird bei einer weiteren Umgestaltung im Jahr 1870 ummantelt, und zwar die Längswände zweigeschoßig mit Riesenpilastern und Gitterbalkonen im Obergeschoß, die Schmalseite mit einer Ehrentribüne in aufwändiger Neorenaissancedekoration. Die Decke wurde mit Kassettenfeldern versehen. Die Außenfassade zur Marxergasse zeigt eine secessionistische Schaufront mit flachbogigem Giebel zwischen pylonartig überhöhten Pfeilern von 1899[655].

Dieses Bild einer städtischen Schwimmhalle lebt nochmals im Amalienbad am Reumannplatz *(Abb. 10.12)* auf, das *Otto Nadel* und *Karl Schmalhofer* 1923-26 im Auftrag der nun sozialdemokratisch gewordenen Stadtregierung als Ergänzung des Wohnbauprogramms durch Hygiene- und Körperkultureinrichtungen, bauten. Selbst die Benennung nach der Gemeinderätin *Amalie Pölzer* ist in dieser bewusst feudalen Tradition als **Schwimmpalast** für die Arbeiter zu sehen. Damit stimmt der Ansatz der prächtig-festlichen Schwimmhalle mit tonnenförmigem Glasdach überein, die mit rundum laufenden Galerien versehen ist, von denen sich die Umkleidekabinen und der Sprungturm erschließen. Der Grundriss der Gesamtanlage ruft durch die Anordnung der Räumlichkeiten für die diversen Dampf- und Heißluftbäder, Wannen und Brausen sowie Einrichtungen für Schlamm- und Solebäder die Erinnerung an **römische Thermen** hervor, was durch die gediegene Ausstattung des Wiener Kunstgewerbes in einer Spätsecessionismus-Art-deco-Phase noch verstärkt wird. Außen werden die mit Pathos aufgeschichteten Baumassen zeichenhaft durch einen Wasserturm überhöht[656]. Früher konnte das Glasdach über der Schwimmhalle geöffnet werden und erinnert an die vergleichbare Einrichtung beim Grazer >Bad zur Sonne<, wo die Einreichpläne aus dem Jahre 1887 den Vermerk für die gedeckte Halle tragen: „Entfernung der Dachbinder (Gespärr) nach mündlicher Angabe". Wahrscheinlich wurde das Bad dann aber doch erst 1928, vorwiegend als Kabinentrakt, überbaut.[657]

---

654   Vgl. LEHER / PUCHBERGER, *Bad Fischau*, S. 29ff.

655   Vgl. DEHIO, *Wien II. bis IX und XX. Bezirk*, S. 97

656   Vgl. ACHLEITNER, *Ö.Arch. 20. Jh. Band III/1*, S. 284

657   Vgl. ACHLEITNER, *Ö.Arch. 20. Jh. Band II*, S. 435

Abb. 10.12: Amalienbad in Wien: Schwimmpalast für die Arbeiter mit Anklängen an römische Thermen in der Grundrissgestaltung und der Detaillierung.

Die pathetische Phase der **städtischen Hallenbäder,** wie beispielsweise das 1928 von *Friedrich Konzert* in Innsbruck errichtete, verlassen erst so kompromisslos moderner Architekten wie *Ferdinand Schuster* beim Stadionbad in Kapfenberg, 1952 errichtet, oder *Roland Rainer* beim Wiener Stadthallenbad, 1962-74 erbaut. Kurz danach leistet sich der altehrwürdige Kurort Badgastein 1967-68 das Felsenbad, das *Gerhard Garstenauer* zu einer wahren Inszenierung zwischen dem sichtbar gelassenen natürlichen Felsen, aus dem es herausgesprengt ist, und Sichtbeton gestaltet und das eine extreme Vorbildwirkung für den kommunalen Bäderbauboom der Siebzigerjahre auslöst. Dennoch bleibt es im Unterschied zu den beinahe zur Massenware vereinheitlichten Stahlbeton-Fertigteil-Konstruktionen seiner Nachfolger unverwechselbar und einzigartig aufgrund seiner äußerst schwierigen topografischen Situation.[658]

10.3.3 Schwimmschulen und Freibäder

Der Begriff >Freibad< umfasste anfangs nur das Baden unter freiem Himmel, das im Unterschied zum Kuren in den Römerbädern stand, und maximal ein Wannenbad und keinesfalls irgendeine sportliche Betätigung beinhaltete. Das 1781 vom Stadt- und Gerichtsarzt Wiens *Pascal Joseph Ferro* betriebene Bad an der Donau beim Augarten war eine Freibadeanstalt, die aber nicht so sehr auf die Möglichkeit zum Schwimmtraining zurückging, sondern auf das Kaltwasser-Kuren. *Ferros* Badeanlage bestand aus zwei hölzernen **Badehütten,** die über einen Mittelgang erschlossen wurden. In ihnen befanden sich Kabinen mit einer Aussparung im Fußboden, in die hölzerne **Badekörbe** eingehängt waren, in denen man direkt im Flusswasser baden konnte. Die Besonderheit des Ferrobades bestand offensichtlich in den Stürzbädern, bei denen der Badende sich an einem Seil haltend von Bediensteten durch das Becken ziehen ließ, nachdem er hineingesprungen (gestürzt) war.[659] Wie

---

658   ACHLEITNER, *Ö.Arch. 20. Jh. Band I*, S. 224

659   Vgl. LEHER / PUCHBERGER, *Bad Fischau*, S. 166 ff.

man sieht, konnte man also im Allgemeinen nicht Schwimmen und ein Bad mit freiem Eintritt, wie man im 20. Jahrhundert beim Begriff >Freibad< zu Recht erwarten könnte, war das Ferrobad auch nicht. Die wohlhabenden Gesellschaftsschichten, die das Bad benützten, zahlten Eintritt, und zwar mit solchem Erfolg, dass *Ferro* sein Bad bereits nach zwei Jahren vergrößern musste.

Frei und zum Schwimmunterricht bestimmt waren hingegen die **Schwimmschulen**, die das Militär schon im 17. und 18. Jahrhundert einzurichten begann, vor allem aus Gründen der körperlichen Ertüchtigung wie der körperlichen Sauberkeit, als die allgemeine Wehrpflicht in den europäischen Staaten eingeführt wurde. So gab es seit 1813 eine k.k. Militärschwimmschule im Prater. Das ehemalige Militärbad im Bodensee in Bregenz, von den Vorarlbergern

Abb. 10.13: Trotz Holzarchitektur überlebt: Ehemalige Militärschwimmschule am Bodensee, um 1840 errichtet.

liebevoll >Mili< genannt und 1840 errichtet, ist heute noch als Freibad in Betrieb *(Abb. 10.13)*. Es zeigt die klassische U-Form der alten Schwimmschulen auf Pfählen, wo sich früher im geschlossenen Geviert ein Holzrost befand, mit dem man die Wassertiefe regulieren konnte.[660] Genau nach diesem Prinzip funktionierten auch die so genannten **Badeschiffe**, im Fluss verankerte Plattformen, auf denen hölzerne Badehütten standen, in denen wiederum im Boden Aussparungen angelegt waren, über die man direkt ins Wasser gelangen konnte. Dazu gab es auf diesen Flößen[661] Hütten mit Wannen, woran leicht der Sinn und Zweck dieser ersten staatlich betriebenen Bäder mit freiem Eintritt zu erkennen ist, nämlich die Volksgesundheit durch körperliche Bewegung und Körperpflege zu stärken, wie es das Militär als erstes erkannt hatte.

Doch auch die Frauen mussten schwimmen lernen, wozu Anstalten wie das spätere Marienbad in Wien dienten, das das alte Ferrobad als Damenschwimmschule am Tabor seit 1831 ersetzte. Doch schon im Jahre 1832 bekamen die Männer Zutritt und zwar bei freiem Eintritt und natürlich streng getrennt nach Geschlechtern. Somit ist das Marienbad am Tabor nächst dem Augarten das erste **Freibad** Wiens. Später im 19. Jahrhundert ließen die in sozialen Dingen fortschrittlich denkenden Fabrikherren für ihre Arbeiter Schwimmschulen als Freibäder errichten, so *Josef Werndl* im Wehgraben von Steyr vor 1889[662]. Lange bestimmte die Tradition dieser einfachen Holz-

660   ACHLEITNER, *Ö.Arch. 20. Jh. Band I*, S. 422

661   Vgl. LEHER / PUCHBERGER, *Bad Fischau*, S. 27

662   Siehe: WIPPERSBERG, *Die Stadt Steyr*, S. 95

bauten, aufgeständerte Strukturen mit Plattformen und niedrigen Hütten, das Erscheinungsbild aller Freibäder. Aus den Badehütten, in denen anfangs gebadet wurde, werden sukzessive **Kabinentrakte**, die sich um die einzelnen Becken gruppieren, wie heute noch in Bad Fischau zu sehen, einem schon den Römern bekannten Ort an der Thermenlinie, an dem klares, kaltes Wasser direkt aus dem Fels tritt. 1891-99 wird dieses zur heutigen Gestalt in zwei **Becken** gefasst, einem ovalen für die Damen und einem vieleckigen für die Herren, beides über einen spätklassizistischen Portikus vom Dorf aus zu betreten. Gerade an der Architektur dieses Bades lassen sich die beiden Kur- und Sommerfrischewellen im Nahebereich Wiens ablesen, die auf der leichten Erreichbarkeit für jedermann mit der Bahn fußten. Das Flair des Ortes, der durch die gelb-grün gestreiften Badekabinen aus den Zwanzigerjahren des 20. Jahrhunderts hervorgerufen wird, hat insbesondere in jüngster Zeit wieder viele Anhänger gefunden.

Abb. 10.14: Flussbadeanlage: Kabinenetrakte mit Walmdach und Lichtband im Uferwald.

Bad Fischau ist jener Gruppe von Freibadeanstalten zuzurechnen, die wie die Nobelkurorte nicht mehr nur vom Adel und den Großkapitalisten der Gründerzeit lebten, sondern für breitere Bevölkerungsschichten attraktiv wurden. Insbesondere **Fluss-** und **Strombadeanlagen** sind dazu zu zählen, da ihre Anlagen keine großartigen Errichtungskosten verursachten. Sie waren nicht überdacht und wegen der natürlichen Wassertemperatur im Winter geschlossen. Ihre einfache Infrastruktur verteilte sich auf Hütten und Pavillons im Uferwald. Die größtenteils heute noch in Betrieb befindlichen Flussbadeanlagen entlang des Kamp[663] zeigen schön die Entwicklung von der einfachen Badehütte mit Satteldach und vorgelagerter Laube, wie in Zöbing, bis zur prächtigen und ausgedehnten Anlage aus den späten Zwanzigerjahren in Thunau. Das Freibad in Gars mit nachweisbaren Bauaktivitäten 1884, 1891, 1896 und 1911-12 ist heute leider beinahe zur Gänze abgetragen beziehungsweise so umgestaltet, dass der ursprüngliche Charakter dieser Anlage von mittigem Badehaus mit Wannenbädern und seitlich angefügten Kabinentrakten inmitten einer als Kurpark umgestalteten Uferlandschaft kaum noch erkennbar ist. Das Langenloiser Freibad muss offensichtlich dem ersten Boom knapp vor den ersten Weltkrieg zugerechnet werden, dessen Charakteristikum an den Kabinentrakten in einem **Walmdach** besteht, das der Höhe nach durch ein horizontal durchgehendes **Lichtband** in zwei Bereiche unterteilt wird *(Abb. 10.14)*.

---

663   Vgl. Wolfgang HUBER, „Das Kamptal und seine Bäder", in: *Denkmalpflege in NÖ Band 8*, S. 33-38

Auch die 1908 in Schönberg errichtete Anlage, die seit 1973-74 als Veranstaltungsraum dient, zeigt diese typische Dachform mit Laterne, dazu aber schon die starkfarbige Streifenbemalung, die als typisch für die Bäderarchitektur der Zwanzigerjahre nicht nur am Kamp anzusehen ist. Die zweifellos schönste Gruppierung der Baumassen zeigt das 1928 angelegte Freibad in Plank. Die beiden hakenförmigen Trakte schließen das Bad zur Straße und seitlich ab, wodurch ein zum Fluss hin geöffneter, Baum bestandener Innenhof entsteht. Die Kabinentrakte sind in horizontal verschalter Holzständerbauweise mit Schopfwalmdächern über einem hohen Bruchsteinmauerwerkssockel ausgeführt. Ihre Trauf- und Giebelseiten weisen dreiachsige, segmentbogige **Lauben** mit ornamental ausgeführten Geländern auf *(Abb. 10.15)*. Die Kabinen

Abb. 10.15: Segmentbogige Lauben des Freibades in Plank am Kamp.

in ihnen sind beidseitig eines mittleren, über Eck geführten Ganges situiert und zur Belüftung unter dem Dachansatz mit Spaliergittern versehen.

Die gestalterischen und sprachlichen Qualitäten dieser Flussbadeanlagen werden im Bäderbaujahr 1928 sogar in die Großstadt transferiert. *Erich Leischner* verwendet sie für das Kongressbad im 16. Bezirk von Wien, das in unmittelbarer Nähe zu einigen großen Wohnanlagen der Gemeinde Wien angelegt wurde, um den Arbeitern und Arbeiterinnen ein Angebot für eine sinnvolle Freizeitgestaltung einschließlich sportlicher Betätigung zu liefern, auch zur Bekämpfung der weit verbreiteten Tuberkulose. Im Gegensatz zum großstädtischen Amalienbad mit seiner repräsentativen, gediegenen und pathetischen Ausstattung fügt sich das Kongressbad mit seiner langgestreckten, in den Farben der Gemeinde rot und weiß gestrichenen und leicht gebogenen Holzfront einfach und unprätentiös in die vorstädtische Umgebung ein.[664] Auch wenn *Bogner* behauptet, dass *Leischners* Planung stark von der damals aktuellen Strömung des Konstruktivismus beeinflusst ist, die sich insbesondere in den Details wie den Brüstungen und Kandelabern niederschlägt[665], ist das Kongressbad wie die beiden typologischen Nachfolgebauten *Leischners*, die **Kinderfreibäder** Hofferplatz und Herderpark, eindeutig ins Gesamtbild des Bäderbaus der Zwanzigerjahre mit Formenelementen zwischen Kubismus und Art-Deco einzuordnen[666]. Ein Charakteristikum aller Badeanstalten, das auch das Kongressbad *(Abb. 10.16)* aufweist, ist ihre **ty-**

---

664 Erich BERNARD / Barbara FELLER, „Erich Franz Leischner. Anmerkungen zu Leben und Werk", in: *Amt, Macht, Stadt. Erich Leischner und das Wiener Stadtbauamt*, S. 50-71; hier: S. 55

665 Vgl. BERNARD / FELLER, „Erich Franz Leischner", S. 57

666 Vgl. ACHLEITNER, *Ö.Arch. 20. Jh. Band III/2*, S. 182

Abb. 10.16: Bäderarchitektur der Zwischenkriegszeit in Wien: pathetisch und fröhlich.

pische Baukörperanordnung mit einem deutlich akzentuierten und überhöhten Mittelbau als Eingangsbereich und symmetrisch angefügten, langgestreckten Kabinentrakten als horizontale Flügel.

Das Werzerbad in Pörtschach, 1894 von *Josef Victor Fuchs* entworfen, zeigt diesen Typus noch in der Tradition der alten Schwimmschulen als Holzständerkonstruktion auf Holzpiloten, wobei das Damen- wie das Herrenbassin symmetrisch angeordnet und dreiseitig von den Kabinentrakten umschlossen, jeweils in die Bodenplattform eingelassen sind. Die Ansichten werden von den beiden Eckpavillons und der breiten Veranda des Mitteltraktes geprägt[667] sowie von der Leichtigkeit der **durchbrochenen** Skelettkonstruktion, eine Atmosphäre, die heute als Synonym für die Wörtherseearchitektur angesehen wird. Bemerkenswert ist in diesem Zusammenhang, dass der Wörtherseearchitekt schlechthin, *Franz Baumgartner*, dieselbe Sprache zwar beim Strandbad Bulfon, 1927 in Velden errichtet, und anderen Bauten am Ufer des Wörthersees anwendet, bei der Badeanstalt auf der Faakersee-Insel von 1928-29 jedoch einen **bodenständigeren**, bäuerlicheren Charakter erzielt, obwohl die Gebäudetypologie bis auf das Weglassen der Schwimmbassins unverändert bleibt. Die zweigeschoßige, durch einen Mittelbau akzentuierte Kabinenanlage im Faaker See hat durch die laubenartigen offenen Gänge und die schlanken Bogenöffnungen der Treppenanlage im Mitteltrakt den „typischen Charakter eines Sommerbaus"[668], der ein feines Gleichgewicht zwischen elementarer, ländlicher Einfachheit und einer strengen, beinahe schlossartigen Komposition hält.

Genau dies vermag *Johannes Spalt* noch 1947 beim Seebad von Altmünster am Traunsee weiter zu führen. Erst die jüngsten Arbeiten der **Seebadarchitektur** des Salzkammergutes des Teams *Luger & Maul* vermögen sowohl aus der Strenge der Komposition wie dem unverkennbaren Geist der Heimatschutzarchitektur auszubrechen, ohne deren spezifische Atmosphäre zu verlieren. Das Seebad Häupl in Attersee *(Abb. 10.17)* von 1991, eine aufgrund der Topografie geschwungene Kabinen-Anlage mit einseitigem Abschlusspavillon als gedeckter Sitzplatz und Sonnendeck, alles auf der hölzernen Bodenplatte leicht über dem Grund schwebend, wurde deshalb zurecht international erfolgreich prämiert.[669]

---

667   Vgl. WEHDORN / GEORGEACOPOL-WINISCHHOFER, *Baudenkmäler der Technik und Industrie in Österreich, Band 2,* S. 200f.

668   ACHLEITNER zitiert nach: HARB, *Baumgartner,* S. 45

669   Romana RING in: *Luger und Maul. Umbauten,* ohne Seitenangabe

Dass dieser Typus der Badeanstalten in andere Bauweisen abseits der Holz-Ständerkonstruktion
mühelos übertragbar war, zeigen
etliche große so genannte **Strand-
bäder**, die wie das in Baden bei
Wien oder das von Gmunden, in
den späten zwanziger Jahren errichtet wurden. Sie weisen alle die
lang gestreckte, schlossartige
Grundtypologie auf, die mit stark
expressiven Details angereichert
sind. Dies mag darauf zurückzuführen sein, dass ihre Architekten

Abb. 10.17: Nostalgisches Revival der Seebadarchitektur am Ende des 20. Jahrhundert.

wie beispielsweise *Franz Gessner* für das Strandbad in Gmunden, in den
kommunalen Wohnbau Wiens der Zwischenkriegszeit involviert waren, der
gleichfalls eine barock-expressionistische Formgebung bei schloss- und pa-
lastartiger Grundkonzeption vorzuweisen hat.[670]

Das Strandbad Gänsehäufel, von
Max Fellerer und *Eugen Wörle*
1948 als „Wurf in die lichte, kulti-
vierte Zukunft einer ausgegliche-
nen Gesellschaft nach dem 2.
Weltkrieg" konzipiert, versucht der
pompösen Attitüde dieser lang
gestreckten Badeanlagen dadurch
zu entkommen, dass es zu eine
Skelettbauweise, nun allerdings in
Stahlbeton zurückkehrt, und die
Baumassen als locker in den Auwald verteilte **Pavillonstrukturen**

Abb. 10.18: Gänsehäufel: Leichte Pavillonstrukturen aus Stahlbeton im Auwald.

aufsplittet *(Abb. 10.18)*. Die Gesamtanlage für immerhin 30.000 Besucher
vermeidet jegliche Symmetrie und Axialität. Die schlanken, rechteckigen
Stützen tragen ein Netz von Unterzügen und Deckenplatten, wodurch die
Fragilität und Duftigkeit der hölzernen Architektur eines Werzer-Bades wieder heraufbeschworen werden kann. *Zschokke* meint dazu, dass das Gänsehäufel den Anschluss an die neue Geisteshaltung der Dreißigerjahre, aber in
der Formensprache der Fünfzigerjahre findet.[671] Dieser Umschwung in den
Ausdruck der Architektur der internationalen Moderne lässt sich interessanterweise recht deutlich anhand der Badehütten und Bootshäuser in der österreichischen Architektur nachzeichnen, und zwar unabhängig von der Region.

---

670   Vgl. ACHLEITNER, *Ö.Arch. 20. Jh. Band I*, S. 53

671   Walter ZSCHOKKE in: *Architektur im 20. Jahrhundert. Österreich*, S. 170

10.3.4 Badehütten und Bootshäuser

Abb. 10.19: Exotische An-klänge: Bootshaus in Pört-schach am Wörthersee.

Auch die frühesten nachvollziehbaren Boots- und Badehäuser am Wörthersee waren nicht frei von klassizistischen Einschlägen, vor allem, wenn sie von Architekten geplant wurden, wie die beiden *Carl Miller* zugeschriebenen. Das Bootshaus der Pension Seegarten in Töschling von 1898 wie das Boots- und Badehaus der Villa Riva in Pörtschach, 1901 datiert, zeigen trotz Holzständerbauweise das Imitat einer typischen spätbarocken Putzarchitektur mit breiter Pi-lastrierung und aufgelagertem Tempelgiebel. Erst die Bauten aus den Zwanzigerjahren ver-zichten auf den Dekor und beschränken sich auf das Notwendige, das in diesem Falle in weit ausladenden Walmdächern zur Regenabwehr und einer guten Durchlüftung zwischen der Ver-schalung besteht. Beides führt zu einer charak-teristischen Bauform der Bootshäuser im Kärntner Seengebiet, die sehr leicht zu wirken vermag und dabei oft vollkommen unbeabsichtigt **exotische** Anklänge heraufbeschwört *(Abb. 10.19)*. Nicht nur ein genau vermessenes Boots- und Badehaus in Landskron – St. Andrä am Ossiachersee, auf vor 1920 zu datieren[672], sondern auch das Bootshaus der Pension Schnür in Pörtschach von vermutlich 1926-27 erscheinen wie luftige Pavillons, die auf den kubischen Bootsgaragen mit Lattenholztoren zu schweben scheinen. Bei der Strandvilla des *Anton Redlich* in Klosterneuburg-Kritzendorf, 1928 er-baut, führt diese Bauform sogar dazu, dass der Volksmund heute noch das Haus als >Chinesentempel< oder >Indonesisches Teehaus< bezeichnet.[673]

Im Strombad von Kritzendorf, das sich in einer ersten Phase ab 1903 typolo-gisch betrachtet als Schwimmschiff mit Badekörben entwickelte und in einer zweiten Glanzzeit in den späten Zwanzigerjahren vom jungen Architekten *Heinz Rollig* zu dem noch heute sichtbaren Brückenbauwerk zwischen zwei Pylonen mit Sonnenterrasse und Café umgemodelt wurde, vollzieht sich an den das Bad ergänzenden Strandhäusern ein nicht unwesentlicher Beitrag zur internationalen Moderne. Diese aufgrund der permanenten Hochwasser-gefahr auf Betonstelzen errichteten **Weekend-Bungalows** waren im Normal-fall als multifunktionelle Einraumhäuser konzipiert und wurden durch die durch Raumknappheit bedingte Notwendigkeit zur Funktionalität und Kosten-reduktion zum Experimentierfeld zwischen Bauhausarchitektur und Alpinstil,

---

672 Vgl. WEHDORN / GEORGEACOPOL-WINISCHHOFER, *Baudenkmäler der Technik und Industrie in Österreich, Band 2*, S. 176f.

673 Vgl. FISCHER, *Die Riviera an der Donau*, S. 88f.

wie *Lisa Fischer* feststellt.[674] Auch das Engagement der Klosterneuburger Wagenfabrik (Kawafag) auf dem Sektor **vorgefertigter** kleiner Eigenheime aus Holz führte nicht nur zu einem sehr kostengünstigen Bauen in den Strombadeorten Kritzendorf, Höflein und Greifenstein, sondern zu einer auffallenden Klarheit und Funktionalität in der Gestaltung. Optisches Merkmal und Erkennungszeichen waren die Bullaugen und Rundungen, die an Schiffsarchitektur denken ließen.[675] Insbesondere das von *Felix Augenfeld* um 1928 entworfene Strandhaus der bekannten Textilkünstlerin *Maria Strauss-Likarz* wurde in zahlreichen in- und ausländischen Architekturzeitschriften publiziert, und hatte dadurch genauso wie das häufig publizierte Bootshaus der Villa Eichmann in Seewalchen-Litzlberg einen enormen Einfluss auf die sich herauskristallisierende Formensprache der internationalen Moderne in Österreich. Die Wirkung des Bootshauses Eichmann, das 1928 von *Clemens Holzmeister* entworfen wurde, besteht „sicher in der Geschlossenheit des Baukörpers, der trotz seiner Vielfalt an plastischen Elementen wie aus einem Guss erscheint".[676] Beide Bauten bewiesen, dass die gestalterischen Grundsätze der klassischen Moderne nicht nur in weiß verputzten Mauerwerkskörpern umzusetzen waren, sondern sich auch in Holzbauweise verwirklichen ließen. Durch die erzwungene Emigration von *Felix Augenfeld* ist die Bausprache von Kritzendorf bis nach Fire Island vor New York gelangt, wo sich noch drei weitere ähnliche Strandhäuser nachweisen lassen.[677] Jedenfalls haben alle diese **Strandhäuser** und Badehütten entlang der Donau mit den anonymen und heute noch bestehenden **Fischerhütten** im selben Gebiet gestalterische Gemeinsamkeiten.

10.4 Alpine Sommer- und Wintersporteinrichtungen

Der Ausbau des Eisenbahnnetzes im 19. Jahrhundert beschränkte sich nicht nur darauf, die Städter aufs Land zu bringen, sondern wurde bald auch dazu eingesetzt, die ersten **Aussichtpunkte** und **Berggipfel** zu erobern. Der Wettbewerb dazu setzte im Nahebereich der Reichshauptstadt ein und wurde vor allem durch die Weltausstellung 1873 verschärft. So eröffnete man in diesem Jahr eine Drahtseilbahn auf die Sophienalpe und eine auf den Leopoldsberg. Die Bahn auf den Leopoldsberg wurde bereits drei Jahre später von der konkurrierenden Kahlenberggesellschaft aufgekauft und eingestellt.[678] Die Talstation dieser Drahtseilbahn auf den Leopoldsberg, 1868-71 errichtet, sieht dem 1874-75 errichteten Südbahnhofgebäude von *Flattich*

---

674 FISCHER, *Die Riviera an der Donau*, S. 83

675 Vgl. FISCHER, *Die Riviera an der Donau*, S. 81

676 ACHLEITNER, *Ö.Arch. 20. Jh. Band I*, S. 96

677 Vgl. FISCHER, *Die Riviera an der Donau*, S. 87

678 Vgl. HEINERSDORFF, *Die Kaiserlich-königlichen Eisenbahnen Österreichs 1860-1914*, S. 112f.

recht ähnlich, wenn es auch auf dessen üppigen Dekor verzichtet. Das Gebäude verstand sich als klassizistisch-großstädtische Anlage mit Tempelgiebel und rustizierendem Putzsockel[679] und zeigte nicht das geringste Merkmal ländlicher, naturverbundener Architektur.

Zur selben Zeit beginnt die Eroberung der ersten wirklich spektakulären Berggipfel mit Hilfe der neuen Technik, die die 1874 eröffnete Kahlenbergbahn bei Wien, die heute noch in Betrieb befindlichen Schafbergbahn in St. Wolfgang und die Festungsbahn in Salzburg, letztere bis in die Fünfzigerjahre des 20. Jahrhunderts mit Wasser als Gewichtsausgleich, nutzen. Auch die Schneebergbahn, die in den Neunzigerjahren des 19. Jahrhunderts erbaut wurde und die Pöstlingbergbahn bei Linz basieren auf Schienensystemen. Die Schafbergbahn, die der ersten **Bergbahn** der Welt auf den Schweizer Rigi, 1872 erbaut, nacheiferte, versucht erstmals, bei der Architektur der Stationsgebäude eine alpine Sprache zu finden, letztendlich das großes Thema der Architekturgeschichte der Zwanzigerjahre.

Abb. 10.20: Dynamik der alpinen Architektur des beginnenden Massenbergtourismus.

Dieser zweite Bergbahnenboom der Zwanzigerjahre des 20. Jahrhunderts basierte auf der Erfindung der **Seilschwebebahn**, die in Österreich erstmalig zur öffentlichen Personenbeförderung bei der Raxbahn eingesetzt wurde. Deren 1925-26 erbaute Bergstation mit Nobelrestaurant[680] zeigt eine mögliche Antwort auf das Bauen in hochalpiner Landschaft, nämlich die Sprachlichkeit eines Nationalromantizismus in sichtbar rau belassenem Bruchsteinmauerwerk, wie sie noch *Wallack* in den Dreißigerjahren für die Infrastrukturbauten der Großglockner-Hochalpenstraße als adäquat empfand. *Wallack* ergänzt beispielsweise beim Aussichtsrestaurant auf der Edelweissspitze die recht konservative Gebäudeform der Bergstation der Raxbahn um eine dynamisch-expressive Ausdrucksweise *(Abb. 10.20)*, vornehmlich hervorgerufen durch großzügige Rundungen, wie sie durch die Szene junger Tiroler Architekten in einer Putz-Holz-Variante nicht nur für Berghotels entdeckt worden war.

Kos meint, dass der „Seilbahnbau ähnlich wie der Bahnbau im 19. Jahrhundert durch ein Primat des Technischen eigenständige und neue Bauformen begünstigte, die noch frei waren von den Zwängen des so genannten alpinen

---

679   Vgl. Foto aus dem Jahre 1873 in: HEINERSDORFF, *Die Kaiserlich-königlichen Eisenbahnen Österreichs 1860-1914*, S. 81

680   Vgl. Günther LUXBACHER, „Bergauf Schweben. Die Raxbahn – die älteste moderne Seilbahn Österreichs", in: *Die Eroberung der Landschaft*, S. 557-566

Stils."[681] Der Boom der Seilschwebebahnen ab 1926 hätte durch deren Benützung (das sanfte Schweben) der Bergästhetik eine neue virtuelle Dimension gegeben. Als Vorreiter erweist sich interessanterweise der Maler *Alfons Walde* bei der Hahnenkammbahn in Kitzbühel, deren Talstation 1926-28 erbaut, am Beginn dieser Welle steht. Da es für derartige Bauaufgaben keine Vorbilder gab, musste „aus der Funktion, der Lage und der Auffassung her eine Synthese gefunden werden, die merkwürdigerweise in dieser frühen Phase des **alpinen Bauens** viel besser gelang als unter den späteren Zwängen des so genannten alpinen Stils, der zu einem Trivialsymbol für bestimmte Inhalte des Schitourismus wurde"[682], wie *Achleitner* zur Hahnenkammbahn anmerkt, und weiter: „Die wenigen Bauten, die an der Schwelle vom alten (exklusiven) Alpinismus zum Volkssport entstanden sind, kannten noch die einfache Sprache sportlicher Ideale und Naturbezogenheit".

Zur Architektur dieser Bauten in Zusammenhang mit Bergbahnen – vielfach wurden die **Stationsgebäude** mit angeschlossenen Restaurants und Berghotels als bauliche Ensembles begriffen –, lässt sich feststellen, dass eine Gruppe, zu der die oben angesprochene Hahnenkammbahn zählt, aber auch die Kanzelbahn, die 1927-28 erbaute Seilbahn auf die Gerlitzen bei Villach und die Feuerkogel-Seilbahn bei Ebensee, deren Stationsgebäude vom Welser Baumeister *Josef Warsch* 1927 entworfen wurden, noch ohne jegliche dynamisch-expressionistische Eigenschaften auskommt. Erst mit den beiden ambitionierten Innsbrucker Unternehmungen, der Patscherkofelbahn, 1927-28 von *Hans Feßler* architektonisch betreut, und der Nordkettenbahn, bei deren Wettbewerb von 1926 offensichtlich die Initialzündung für den alpinen Expressionismus des Siegers *Franz Baumann*, aber auch eines *Lois Welzenbacher* fiel, beginnt eine neue Epoche. *Welzenbacher* etwa reicht Skizzen für die Bergstation ein, die der geschwungenen Topografie durch ein langgestrecktes horizontales Gebäude mit konvexer Krümmung entlang der Konturen des Geländes folgt. Auch das Siegerprojekt von *Baumann*, das letzendlich errichtet wurde, ist ein „bewusst inszenierter Dialog mit dem hochalpinen Terrain. *Baumanns* Projekt akzentuiert den höchsten Punkt des Bauplatzes durch ein Gebäude in Form einer konzentrischen Spirale, die dadurch, dass sie sich an den Felsen schmiegt, zu einem integralen Bestandteil des Berges wird. Diese sowohl ins Skulpturale wie ins Metaphorische reichende Wechselbeziehung zwischen Bau und Gebirgslandschaft"[683] lebt erst 1955 in der Vallugabahn eines *Willi Stigler senior* im Arlberggebiet und in den Sportgasteiner Liftbauten eines *Gerhard Garstenauer* wieder auf.

Baumanns Konzept für die Nordkettenbahn beeindruckt jedoch nicht nur durch die Bergstation, sondern vor allem durch den gesamtheitlichen Ansatz,

681 Wolfgang KOS, „Das Alpine schlug zurück", in: *Architektur im 20. Jahrhundert. Österreich*, S. 69

682 ACHLEITNER, *Ö.Arch. 20. Jh. Band I*, S. 316

683 Vgl. Wolfgang KOS, „Das Alpine schlug zurück", in: *Architektur im 20. Jahrhundert. Österreich*, S. 69

Abb. 10.21: Die Talstation der Nordkettenbahn nimmt die bäuerliche Tradition der
Waldlandschaften in ihre Architektur auf.

der auf die unterschiedliche **Naturlandschaft der Umgebung** der
Stationen Rücksicht nimmt. Die
architektonische Leistung *Baumanns* war schon bei der Errichtung erkannt worden, wie eine
Broschüre von *Alfred Strobl* belegt. Bei der Talstation inmitten
der Waldregion *(Abb. 10.21)* wird
noch sehr viel Holz eingesetzt,
wohingegen bei der Bergstation
nur mehr eine Steinmauerung in
Frage kommt. Die Mittelstation auf
der Seegrube bildet eine Art
Übergang vom grünen Berghang
zum kahlen Felsen, was dazu führt, dass „ihre große Baumasse über den
Rücken, der der Seegrube vorgelagert ist, zurückgreift und in ihm gleichsam
seine natürliche Verankerung findet." Somit zieht sich auf der Nordseite das
Dach als Schutz gegen Wind und Wetter tief gegen den Boden, wohingegen
sich die Südseite mit vorgelagerten breiten Restaurantterrassen und vorgebauten Fensterreihen sich dem Talblick wie der Sonne und Wärme öffnet.
Achleitner ergänzt, „dass Baumann hier, offenbar unter den Zwängen der extremen Lage des Geländes und der technischen Anforderungen, eine größere Freiheit in der Entwicklung seines Baues erreichte als in den Niederungen,
wo baukulturelle Bedenken und Traditionen ihn mehr hemmten und zur alpinen Anpassung veranlassten. Aufmerksamkeit verdient auch die Einrichtung
der Stationen, die bis jetzt wohl den größten Beanspruchungen standgehal-
ten hat."[684]

Später und bisher letzter Höhepunkt dieser hochalpinen Sportbauten sind
zweifelsohne die **Liftstationen**, die *Gerhard Garstenauer* 1970-71 für Sport-
gastein entwickelte. In diesen extremen Höhen kann nur einige Monate im
Jahr gebaut werden, weshalb *Garstenauer* vorgefertigte Glas-Alu-Kuppeln
(Abb. 10.22) entwarf, die er mit dem **Hubschrauber** in die Gletscherregion
verpflanzen ließ. Nicht nur, dass sich die **Kuppeln** durch Wirbelbildung
selbst vom Schnee freihalten, was „ein landschaftsverbundenes Bauen einmal unter einem anderen Blickwinkel"[685] ist, wie *Achleitner* meint, sondern es
ist heute noch ein „visionärer Eingriff in die von pervertierter Folklore, von
verschwommener Heimat- und Naturideologien dominierte Alpin-Wirtschaft"[686],
wie *Kapfinger* zutreffend ausdrückt. *Garstenauer* selbst gesteht, dass ihn
sein gestalterisches Gefühl für die Szenerie des Hochgebirges sowie *Bruno*

684 ACHLEITNER, *Ö.Arch. 20. Jh. Band I*, S. 388 ff.

685 ACHLEITNER, *Ö.Arch. 20. Jh. Band I*, S. 240

686 Otto KAPFINGER, „Gerhard Garstenauer. Konstrukteur und Visionär. Realist
     und Romantiker", in: GARSTENAUER, *Interventionen*, S. 123-129; hier: S. 124

Tauts Fantasien zu seiner **Alpinen Architektur** angeregt hätten. Auch sei für den allseitigen Angriff von Wind und Wetter die Minimalform der Kugeloberfläche bei maximalem Rauminhalt nahe liegend gewesen.[687] Die Architektur von Freizeitanlagen ist seither nicht weiter vorangekommen.

Abb. 10.22: Vorgefertigte Glas-Alu-Kuppeln reagieren als Liftstationen auf die extremen Bedingungen des Hochgebirges.

---

687   Vgl. GARSTENAUER, *Interventionen*, S. 126

11 Bauten für Bildung und Erziehung

Zum besseren Verständnis der baulichen Ausformulierungen einzelner Schultypen ist es notwendig, einen kurzen Abriss über die **Gliederung** des Erziehungswesens in Österreich während des 19. und 20. Jahrhunderts zu geben. Im Allgemeinen gliedert sich das Schulwesen nach Altersstufen. Schulpflichtig sind die Kinder Österreichs zwar schon seit den Erlässen Kaiser *Josefs II.*, jedoch erst seit dem Reichsvolksschulgesetz von 1869, mit dem der Pflichtschulsektor vom Staat übernommen wurde, ist die **Schulpflicht** für alle mit mindestens acht Jahren festgesetzt: „Volksschule ist die Schule für das Volk, in der jeder, egal welchen Standes, lesen, schreiben und rechnen lernen sollte". Dieses Gesetz schrieb daher vor, dass für Kinder, die durch Erwerbsarbeit in Fabriken oder größeren Gewerbsunternehmungen am Besuch öffentlicher Schulen gehindert sind, der Fabrikinhaber allein oder in Verbindung mit anderen Fabrikinhabern **Fabrikschulen** zu errichten habe. Seither besuchen die Sechs- bis Zehnjährigen **Volksschulen** und mussten, sofern sie nicht in eine weiterführende Bürgerschule beziehungsweise eine **Mittelschule** überwechselten, die folgenden vier Jahre in der Volksschuloberstufe verbringen. Die Bürgerschule, mit der Ersten Republik in Hauptschule umbenannt, sollte den Zehn- bis Vierzehnjährigen über die Volksschule hinaus erweiterte Kenntnisse nahe bringen. Das Gymnasium war bis nach dem 2. Weltkrieg für die wenigen reserviert, deren gesellschaftliche Verhältnisse auch ein Universitätsstudium erlauben würden. Sie diente vor allem der Vorbereitung auf dieses. Österreichisches Spezifikum ist, dass sich sehr früh bereits neben den Allgemein Bildenden Höheren Schulen (AHS) Berufsbildende Höhere Schulen (BHS) mit technischer, kaufmännischer oder frauenberuflicher **Spezialisierung** ausbilden. Diese Schulen existieren je nach Länge mit oder ohne Maturaabschluss und sind nicht als Universitätsvorbereitung gedacht, sondern als höher qualifizierte Berufsausbildung.[688]

Für die Errichtung und den Erhalt der **Pflichtschulen** sind die Städte und Gemeinden zuständig, für die weiterführenden Schulen der Bund, in dessen Kompetenz auch die Gymnasialunterstufe und die Lehrerausbildung über die Pädagogischen Akademien fallen. Der Bund bezahlt allerdings die Gehälter aller Lehrenden. Die konfessionellen und Privatschulen sind komplett in das System eingegliedert und werden gefördert, nicht zerstört. **Universitäten** und **Akademien** sind mittlerweile keine Hochschulen des Bundes mehr, aber dennoch vom Staat abhängig. Sie sind für alle mit Maturaabschluss zugänglich. Akademien sind nicht allgemein zugänglich, sondern nur über eine Aufnahmeprüfung.

---

688 Vgl. LOICHT / LEINWATHER, „Schulentwicklung" in: *Schulbau in Österreich von 1945 bis heute*, S. 9 ff.

11.1 Schulpaläste und Gangschulen

Wenn bis 1869 trotz allgemeiner Schulpflicht ausschließlich konfessionelle Schulen existierten, muss auch die traditionelle Wurzel des Schulbaus dort liegen. Die bauliche Struktur der Klöster ist bis heute für den Bildungs- und Erziehungsbetrieb so perfekt geeignet, dass im Allgemeinen nur die infrastrukturelle Inneneinrichtung modernen Anforderungen des Unterrichts angepasst werden kann. Dadurch zeichnen sich Um-, Zu- und Einbauten des 19. wie 20. Jahrhunderts bei den **Klosterschulen** im äußeren Erscheinungsbild nur sehr wenig ab. Dies gilt für *Josef Kornhäusels* Bibliothekseinbau im Schottenstift in Wien, der 1826 erfolgte, ebenso, wie für das Stiftsgymnasium in Viktring, bei dem nur die Vordächer beziehungsweise die nun durch Verglasungen geschlossenen Arkadengänge vom barocken Erscheinungsbild abweichen.

Zwei architektonisch äußerst bemerkenswerte **Erweiterungen** von Schulen in altehrwürdigen Klöstern zeigen zusätzlich zum hochkomplexen Raumprogramm gültige Antworten auf die Restriktionen des Denkmalamtes. Das Benediktinerstift Lambach ergänzte 1975-81 das schon länger bestehende Oberstufenrealgymnasium, das zur Gänze in den bestehenden Räumlichkeiten des Stiftes untergebracht war, durch Neubauten für eine landwirtschaftliche Fach- und Berufschule. Die Architekten *Hans Puchhammer* und *Gunther Wawrik* ließen den Hauptteil der großen neuen Volumina, ein Klassentrakt mit Speisesaal und Turnsaal, in den alten Bastionen und Terrassengärten verschwinden, die den steilen Abhang des Stiftes zur Traun prägen. Nur die flachen Dächer mit horizontalen Oberlichtbändern, die über den für den Neubau mitbenutzen alten Stützmauern angebracht sind, treten parallel zur Hangkante in Erscheinung und formen eine neue Kulturlandschaft. Die Untersicht der auskragenden Dächer vermittelt den hierher verpflanzten Bauernkindern das Gefühl von Heimat, indem sie an ein typisches Element der großen Vierkanthöfe der Umgebung erinnert, ohne sich allzu sehr anzubiedern.[689]

Abb. 11.1: Schigymnasium Stams: barock-expressive Gestik.

Sehr viel spektakulärer im Auftritt ist das Sportgymnasium in Stams *(Abb. 11.1)*, das von *Othmar Barth* zeitgleich zu Lambach und unter ähnlich rigiden Vorgaben des Denkmalamtes geplant wurde. Aufgrund der öffentlich geführten Diskussion und der Initiative des Priors wurde schlussendlich der auffällige Neubau in einer Größenordnung durchgedrückt, der aus einer Schulsonderform für zukünftige Leistungssportler resul-

---

689 Vgl. Caroline JÄGER, in: HOPPE, *Schulbau in Österreich 1996*, S. 96

tiert. Die stark expressive Sprachgebung, die zeichenhaft die spezielle Ausbildung zum Ausdruck bringt, geht einerseits auf Konfrontation mit dem alten Stift, andererseits bewirkt die Einbettung des langen niedrigen Baukörpers in die Topografie der Hangkante doch eine Anpassung. Der unter 90 Grad verdrehte Internatstrakt, der dadurch etwas mehr Höhe gewinnt, nimmt den Dialog mit den beiden Türmen des Stiftes auf.[690] Die **Gestik** des geschwungenen Daches, das unter anderem die Internatszimmer von den Zellen des Klosters unterscheidet, ist als modernes Zugeständnis an das barocke Stift interpretierbar.

Die ersten Schulneubauten des 19. Jahrhunderts sind unzweifelhaft eine Reihe von Universitäten neben der Hauptuniversität Wien, die ein über Jahrhunderte gewachsenes Ensemble in der Wiener Innenstadt belegte, das in seiner baulichen Ausformulierung von einem Klosterkomplex nicht zu unterscheiden ist. So sind die ersten universitären Bauten des beginnenden 19. Jahrhundert das Polytechnische Institut *(Abb. 11.2)*, dessen Haupttrakt am Karlsplatz

Abb. 11.2: Hofbauamtsplanung: Front der Technischen Universität Wien.

1816-18 von *Joseph Schemerl* und die Tierärztliche Hochschule, 1821-23 von *Johann Amann*, beide in den nüchternen, klassizistischen Formen des **Hofbauamts** errichtet werden.[691] Baukörperanordnung erfolgt beim Haupttrakt der Veterinärmedizinischen Fakultät entlang des Wiener Neustädter Kanals als axialsymmetrische Anlage mit vier Trakten um einen querrechteckigen Hof angeordnet und die Technische Universität stellt überhaupt eine umfangreiche mehrhöfige Anlage dar.

Nach diesen Vorbildern sind die ersten **Schulneubauten** der Gründerzeit klassische **Hofanlagen**, wie am deutlichsten sichtbar am Akademischen Gymnasium, das *Friedrich von Schmidt* 1863-66, „nach dem Prinzip eines mittelalterlichen Kreuzganghofes mit umlaufenden Arkadengängen in allen Geschoßen und Brunnenhaus"[692] in neogotischen Formen entwarf. Auch *Theophil Hansens* kurz zuvor fertig gestellte Evangelische Schule am Karlsplatz mit ihren Neorenaissance-Details, ist als kubisch geschlossener Bau um einen Glas überdachten Innenhof gruppiert[693], mit dem die Klassen er-

---

690 Vgl. Johannes SCHEURECKER, in: HOPPE, *Schulbau in Österreich 1996*, S. 102

691 Vgl. DEHIO, *Wien II. bis IX. und XX. Bezirk*, S. 159 und S. 97f.

692 DEHIO, *Wien I. Bezirk – Innere Stadt*, S. 268

693 Vgl. DEHIO, *Wien II. bis IX. und XX. Bezirk*, S. 153f.

schließenden Gang rund um den Hof. Das Hofsystem ist also keine Folge der mittelalterlich geprägten Neostilsprachen, sondern tief mit der Tradition der Klöster als die einzigen Bildungsbauten verknüpft. Dennoch ist es für die Mitte des 19. Jahrhunderts in Österreich ungewöhnlich, einen Bildungsbau in neogotischer Architektur zu halten, obwohl dies in der europäischen Architekturtradition durchaus üblich ist. Der „Prüfungssaal im Stil der englischen Gotik mit offenem Dachstuhl"[694] verweist tatsächlich auf die mittelalterlichen Colleges als Vorbild, obwohl das Akademische Gymnasium eine Institution ist, die bereits 1552 von den Jesuiten als Staatsgymnasium der kaiserlichen Residenz gegründet wurde.

Abb. 11.3: Die Hofstruktur aus der Klostertradition und eine repräsentative Architektur prägen den Universitätsbau noch heute.

Alle anderen **Prestige-Bildungseinrichtungen** der Monarchie folgten dem Kodex des >strengen< Historismus, wonach derartige Bauten in neoklassizistischen Stilsprachen gehalten werden müssen. So weist die Neue Universität an der Ringstraße, 1873-74 von *Heinrich von Ferstel* erbaut, trotz ihres „komplexen Grundrisssystems nach barocken Klosteranlagen wie dem Escorial" Einzelformen aus der italienischen Hochrenaissance (Palazzo Ragione Silhouette) und eine bewegte Dachlandschaft nach dem Pavillonsystem des französischen Barockklassizismus auf, dazu Reminiszenzen an das Belvedere, wie die Fassadengliederung und das Ehrenhofmotiv.[695] *Ferstel* hatte seine ersten Erfahrungen auf den Gebiet eines modernen Universitätsbaues 1868-72 mit dem Chemischen Institut an der Währinger Straße gesammelt, das er „nach Angaben des Chemikers *Josef Redtenbacher*" für die funktionelle Organisation außen als Sichtziegelbau mit Neorenaissance-Formen konzipierte. Der Grundtypus folgt mit seinem hinteren U-förmigen Anbau auf dem stark abschüssigen Terrain schon teilweise dem **Palastschema**, das den geschlossenen Klosterhof im Schulbau um etwa diese Zeit ablöst. Auch die Akademie der Bildenden Künste in Wien, 1872-77 nach Plänen von *Theophil Hansen* als „allseitig freistehender blockhafter Monumentalbau mit Ecktürmen nach dem Kastelltypus"[696] errichtet, fällt in diese Kategorie. Interessanterweise hält diese repräsentative Sprache des Staates im Universitätsbau bis heute an. Die Naturwissenschaftliche Fakultät in Salzburg-Freisaal *(Abb. 11.3)*, 1978-86 nach Planungen von *Wilhelm Holzbauer* errichtet, bezieht sich durchaus mit großem Erfolg hinsichtlich der Funktionalität auf den

694   DEHIO / GINHART, *Wien und Niederdonau* (1941), S. 52

695   Vgl. DEHIO, *Wien I. Bezirk – Innere Stadt*, S. 599f.

696   DEHIO, *Wien I. Bezirk – Innere Stadt*, S. 266

repräsentativen Klosterhoftypus. Die Bibliothek der Technischen Universität in Wien, 1987 von *Justus Dahinden* und *Reinhard Gieselmann* außen als mittelalterlicher Burgenpalast Mittelitaliens mit leicht auskragendem Attikageschoß, Eulen als Zinnenersatz und winzigen Fenstern in der Tradition der Pechausgussöffnungen konzipiert, weist durch diese Vorgabe deutlich größere funktionelle Mängel für die Nutzer auf.

Doch nicht nur die Postmoderne operiert mit diesem Vokabular aus dem Burgen- und Schlösserbau. *Richard Berndls* Salzburger Musikuniversität Mozarteum von 1910-14 ist der heiteren Muse entsprechend dem Typus nach ein **Sommerschlösschen** des Rokoko und selbst *Ernst Hiesmayrs* Wiener Juridicum, 1968 als spektakuläre Hängekonstruktion über der Parzelle eines **Gründerzeitblocks** errichtet, fügt sich typologisch durchaus in diese Tradition, auch wenn er die Erdgeschoßzone für den Passanten durchlässig gestaltete, und die Hörsäle als größte Volumina in die Erde eingrub. Nichtsdestotrotz organisiert er die Räumlichkeiten um den quadratischen Innenhof, der wie in der späten Gründerzeit zwar überdacht, aber doch einigermaßen finster ausfiel. Dies liegt nicht am Architekten, sondern an den beengten Verhältnissen der innerstädtischen Lage, und man sollte *Hiesmayr* hoch anrechnen, dass er damit den verhassten Kasernentyp mit langem Mittelgang umging.

Die als **Schulkaserne** diskreditierte Gangschule der Hoch- und Spätgründerzeit übernahm zwar die so hervorragend geeignete Klosterstruktur mit ihrer Hintereinanderreihung der Klassenzimmer entlang eines Ganges, ohne jedoch diesen über einen großzügigen Hof zu belichten. Bei diesen Schulen wurde von der Staatsplanung ein sehr grundstücksökonomischer Typus entwickelt, der entlang eines schmalen, finsteren und gleichförmigen **Mittelganges** beidseitig die Klassentrakte aufstapelte und das über zumeist drei bis vier Geschoße hinweg. Trotz des wechselnden stilistischen Fassadenschmuckes entstand ein über das gesamte Monarchiegebiet hinweg unverkennbarer Bautyp, der als Machtattribut die typische Zonierung der Palastfassade des Staatsklassizismus inklusive einer einschlägigen Rhetorik aufweist, in funktioneller Hinsicht jedoch Mängel zeigt, die erst spät im 20. Jahrhundert überwunden werden.

Anzukreiden ist der allgemeine Systemfehler, der jeder **Typenplanung** anhaftet, dass sie sich nicht den individuellen örtlichen Gegebenheiten anzupassen vermag. Daher gleichen typische Gründerzeitschulen Wiens, wie die am Leipzigerplatz von 1893, legitim für dicht bebaute Nachbarschaften entwickelt, denen in lockerer Umgebung, wie beliebig herausgegriffen, der Volksschule in der Preinsbacherstraße von Amstetten, 1900-06 erbaut. Den-

Abb. 11.4: Schulpalast und Schulkaserne der Gründerzeit: Kennzeichen eines fortschrittlich-aufgeklärten Staatswesens.

noch ist diesen Schulen zugute zu halten, dass sie sich aufgrund der Bauqualitäten als bis heute adaptionswürdig und adaptionsfähig erweisen, wie die jüngste Erweiterung der Volksschule Hietzing, im Ursprung 1872 von *Otto Thienemann* entworfen, mühelos zur Schau stellt. *Elsa Prochazka* zeigt in ihren 1992-94 ausgeführten Anbauten sowohl eine Antwort auf die heutige Fortführung des Palastfassadenschemas wie eine der modernen Pädagogik entsprechende Vermeidung des Gangsystems im Grundriss. Zusatzbonus sind die von ihr eingeführten und hartnäckig durchgesetzten multifunktionellen **Fensternischen** inmitten der Klassenräume, die dieser Schule nun auch die Qualitäten einer Wohnraumschule zukommen lassen.[697] Eine andere Gründerzeitschule, die Zentralen Berufsschulen Mollardgasse *(Abb. 11.4)*, 1909-11 von *Hammel & Pliwa* entworfen, zeigt stellvertretend für viele die unbestreitbaren städtebaulichen Qualitäten dieser Schulbaugeneration als Identifikation stiftende **Markierungspunkte** in der uniformen Stadtlandschaft und als stolze Bildungspaläste eines sehr fortschrittlichen Staatswesens.

Abb. 11.5: Die >Stilklassen< von Berndorf: Bildung durch das Schulgebäude selbst. (Foto: Kingsbury MARZOLF)

Architektonisch erreichen diese **Schulpaläste** der Gründerzeit zweifelsohne ihren Höhepunkt im Jugendstil, der mit seinen geplanten Unregelmäßigkeiten das Strenge der Fassaden zu brechen vermochte, wenn auch die Rigidität der Grundrisse noch länger beibehalten wird. So kehren etwa bei der Handelsakademie am Hamerlingplatz in Wien-Josefstadt, 1906 von *Julius* und *Wunibald Deininger* geplant, in Form der die Fassade einrahmenden Bay-windows Attribute aus dem bürgerlichen Wohnbau in den Schulbau ein. Vom konzeptionellen Ansatz ähnlich sind die hohen und steilen Bürgerhaus-Giebel an der Jubiläumsvolksschule in Wels-Neustadt, 1912 von *Mauriz Balzarek* geplant. Das wohl interessanteste pädagogische Experiment der Innenraumgestaltung findet man in den **Stilklassen** der Kruppschen Fabrikschule in Berndorf, die von *Max Hegele* und *Hans Peschl* 1908-09 konzipiert wurden. Erstmals soll hier die Erziehung der Schüler anhand des Bauwerks selbst erfolgen, sozusagen im täglichen Anschauungsunterricht, weshalb die einzelnen Klassenzimmer *(Abb. 11.5)* im ägyptischen, dorischen, pompejanischen, maurischen, byzantinischen, romanischen, gotischen, Renaissance-, Barock-, Rokoko-, Louis XVI- und Empire-Stil ausgeführt sind[698]. Dass diese Innenarchitektur den durchgehenden

---

697 Vgl. Walter M. CHRAMOSTA, „Der Geist der Veränderung in den Farben der Kontinuität", in: *Das Neue Schulhaus*, S. 74-77

698 Vgl. DEHIO, *Niederösterreich südlich der Donau Teil 1*, S. 255

Gebrauch bis heute unbeschädigt überstanden hat, ist der beste empirische Beweis für heutige Erkenntnisse der Schulpsychologie und Pädagogik, die Schülern ein großes Identifikationspotential mit stark-farbigen, individuell ausgestalteten Schulzimmern attestiert.

11.2 Wohnraum- und Hallenschulen

Die Jugendstilschulen zeigen deutliche Tendenzen, den Schulbau aus der staatlichen Repräsentationsarchitektur loszulösen, die sich vor allem an der äußeren Erscheinungsform als Schulpaläste und der Grundrissanordnung als Schulkaserne manifestierte. Nun wird der Schulraum als erweiterter Wohnbereich der Kinder angesehen. Hilfreich auf dem Weg zu einer echten Wohnraumschule waren da vor allem die **Dorfschulen**, die schon alleine aufgrund ihres viel geringeren Raumprogramms und der Einpassung in die kleinteilige Umgebung wie Wohnhäuser aussehen mussten. Die nationalromantischen Tendenzen der Architektur nach der Jahrhundertwende knüpften da an eine schon vorhandene Schulbau-Tradition an, die nun aus gesellschaftspolitischer Gründen eine gewisse Distanz zur Staatsmacht ausdrücken will.

Achleitner bringt dies auf den Punkt, wenn er das durch den Spendenaufruf des bekannten Heimatdichters *Peter Rosegger* finanzierte Waldschulhaus *(Abb. 11.6)* auf dem Alpl, beschreibt: „Der philanthropische Bau in der Waldheimat ist ein architektur-, ja kulturgeschichtliches Dokument. Handelt es sich doch bereits um einen Bau so genannten Heimatstils, also einer bereits städtischen Interpretation ländlichen Bauens, das

Abb. 11.6: Roseggers >Waldschulhaus<: bäuerliches Mittelflurhaus als Dorfschule.

mit seinen Vorbildern (etwa dem nahe liegenden Geburtshaus Roseggers) kaum etwas zu tun hat."[699] Der einfache Grundriss des **bäuerlichen Mittelflurhauses** enthält das Raumprogramm einer einklassigen Volksschule mit Lehrerwohnung und einem Balkonzimmer für *Rosegger* selbst. Geplant und ausgeführt wurde dieses Schulhaus, das sich auch außen durch nichts von den umliegenden Häusern unterscheidet, vom Rosegger-Freund *Anton Habersack* aus Krieglach im Jahre 1902.

Auch in Kalwang, einem kleinen Ort an der Schoberpass-Straße, entsteht 1910-12 weit weg vom Schulbaugeschehen der Staatsmacht ein neuer Schultyp, der „genauso genommen schon als **Vorläufer** der heutigen Hallenschule gelten kann. [Ihr Planer *Anton*] *Gold* hat die Klassen so angeordnet, dass vier von sechs zweiseitig belichtet und durchlüftet sind (die einseitig be-

---

699 ACHLEITNER, *Ö. Arch. 20. Jh. Band II*, S. 140

Abb. 11.7: Die ehemalige Staatsrealschule bildet mit anderen Schulbauten einer süddeutschen Heimatstilbewegung ein bemerkenswertes städtebauliches Ensemble am Fuß der Veste Kufstein.

lichteten sind schmäler). ... Jedenfalls ist das Gesamtkonzept dieser Schule eine außergewöhnliche Pionierleistung, die, zumindest in Österreich, nicht ihresgleichen hat."[700] Diese Volksschule in Kalwang ist also in ihrer funktionellen Gliederung wichtig. Die Formensprache der **Heimatstilbewegung**, die sie außen zeigt, ist auch an den zeitgleichen Kufsteiner Schulbauten *(Abb. 11.7)* eines *Willy Graf* deutlich ausgeprägt, die einer süddeutschen Romantik folgen. *Grafs* Bauten müssen bei der Bildung des städtischen Ensembles am Fuß der Veste Kufstein als so bedeutsam angesehen werden, dass sie in der Orientierungslosigkeit der österreichischen Baukunst nach dem Zweiten Weltkrieg erste Rollenmodelle für später so bedeutende Architekten der Moderne wie *Roland Rainer* und *Lois Welzenbacher* abgeben. Die lokale Figur der Welser Architektin *Hilde Döring* schafft durch diese Anregungen noch in den Fünfziger Jahren des 20. Jahrhunderts Schulbauten wie die Volksschule in Wels-Vogelweide, die bis heute ihre hervorragenden städtebaulichen wie funktionellen Qualitäten zur Schau stellen kann, auch wenn die Moderne ihre Formensprache diskreditiert.

Abb. 11.8: Turmartiges Bauwerk mit expressionistischen Anklängen: Hauptschule in Ebensee aus der Zwischenkriegszeit.

Dazwischen liegen einige exzeptionelle Schulbauten in Oberösterreich, die eine aufregend **expressionistische** Formensprache für die **Fassaden** und die Überwindung des Gangtyps im Schulbau fanden. *Julius Schulte*, der seit 1910 vor allem öffentliche Bauten errichtete, zeigt bei der Hauptschule in Ebensee *(Abb. 11.8)* aus dem Jahre 1927 „eine regionale Neufassung dieser Aufgabe, indem er hier den Grundstein für die Entwicklung der Hallenschule mit Zentralgarderobe und Freiluftklassen gelegt hat (*F. Achleitner*)"[701]. Die turmartigen Anklänge dieser Schule, die aus der Hochwassergefährdung resultieren, führte dazu, dass das Erdgeschoß unter den beiden Klassengeschoßen

---

700   ACHLEITNER, *Ö. Arch. 20. Jh. Band II*, S. 216

701   Matthias BOECKL in *Architektur im 20. Jahrhundert. Österreich*, S. 145

nur mit Schulwartwohnung, Schulküche, Speiseraum und Brausebädern sowie der zentralen Garderobe belegt war und die Zeichen- wie Physiksäle des dritten Unterrichtsstockwerkes Terrassen für den Freiluftunterricht vorgelagert hatten. Die gestalterischen Aussagen von *Schulte,* wie die ursprünglich kräftig rote Farbgebung, die weiß umrahmten Bullaugenfenster und der **Turmtopos** sind offensichtlich so fortschrittlich, dass sich erst *Roland Gnaiger* bei der Volks- und Hauptschule mit Gemeindesaal in Warth, 1990-92 errichtet, getraut, diese für einen Schulbau wieder aufzunehmen, was zu beachtlichen Rezensionen dieses Baus führt.[702] Warth reagiert wie Ebensee auf die spezifische geografische Lage, diesmal neben der Baukörperausformulierung als Turm mit freigespanntem Dachstuhl, der auf Schneehöhen von bis zu drei Metern bedacht nehmen muss und den Gemeindesaal stützenlos hält. Dazu enthält der Bau als typische Dorfschule „nur zwei Klassen, aber mit allen für eine Hauptschule nötigen Sonderräumen: Werkraum, Küche, Turnsaal, Gruppenräume für EDV und Fremdsprachen."[703]

Mindestens ebenso bemerkenswert wie *Schultes* Schulbauarchitektur der Zwischenkriegszeit ist die des jungen Linzers *Hans Steineder*, der für den Orden der Schulschwestern in Vöcklabruck zwischen 1927 und 1935 fünf Schulbauten *(Abb. 11.9)* errichtet, die den Schulpalästen der Staatsmacht vor dem Ersten Weltkrieg ein adäquates Pendant im konfessionellen Bereich entgegensetzen konnten. „Das bezeugt

Abb. 11.9: Eine starke Zeichenhaftigkeit prägt die Schulbauten von *Hans Steineder* für den Orden der Schulschwestern in Oberösterreich.

auch sein Bestreben, mit neuer, mit **plakativer** Architektur, deutlich sichtbare Signale im Stadtraum zu setzen. Nennen wir es mit heutigen Worten: *Steineder* war sich der Werbe- und Marketingwirkung seiner Bauten sehr wohl positiv bewusst und wollte sichtlich, dass dies auch so verstanden wird"[704], meint dazu *Steiner.* Das skulpturale Kreuz der Fassadenkomposition bei seinem

---

702   Vgl. ua. Kunsthaus Bregenz (Hrsg.), *Roland Gnaiger. Schule in Warth*, Stuttgart 1993

703   Vgl. Otto KAPFINGER in: *Architektur im 20. Jahrhundert. Österreich*, S. 280

704   Architektur Zentrum Wien (Hrsg.), *Viel zu modern. Hans Steineder*, S. 11f.

ersten derartigen Bau, der Hauptschule der Schulschwestern in Linz von 1927-29, lässt an Deutlichkeit wohl nichts zu wünschen übrig. Interessant ist zudem, dass auch er bei seinem Hauptwerk im Schulbau, der Mädchen-Hauptschule der Schulschwestern in Puchheim aus 1934-35 und wohl aus der ökonomischen Notsituation geboren, von ihm selbst erst in der Diskussion rund um die Linzer Ausstellung 1967 erkannt, mit der Form der **Zentral-schule** die spätere Hallenschule vorwegnahm. *Steineder* ordnete nämlich jeweils vier Klassen in zwei Geschoßen symmetrisch um eine platzartige Erweiterung des Mittelganges, der seinen Neubau mit dem bestehenden Altbau verbindet, und dockt daran das helle und offene Stiegenhaus geradezu extern an.[705]

Abb. 11.10: Schulbaustandard in der Tradition der Moderne: Die >Hubatschschulen< .

Dieses fast vollkommen verglaste Stiegenhaus *Steineders* in Puchheim steht in Zusammenhang mit den Strömungen der Neuen Sachlichkeit, die sich im österreichischen Schulbau nur beim Erweiterungsbau des Mädchen-Realgymnasiums in der Wenzgasse in Wien-Hietzing, 1930 von *Theiss & Jaksch* errichtet, in realisierter Form niederschlägt. Die Österreicherin *Margarete Schütte-Lihotzky*, schon vor dieser Zeit in Frankfurt am Main und später in der Sowjetunion maßgeblich an der Entwicklung moderner Schulen und Kindergärten beteiligt war, darf hier erst ab den Fünfzigerjahren und nur bei ganz wenigen Bauten ihre internationale Erfahrung umsetzen. Der Einsatz von viel **Glas** bei *Theiss & Jaksch* wird in der zeitgenössischen Kritik folgendermaßen beschrieben: „Der Charakter ist klar und präzis, sehr hell, etwas spröde, nirgends ungemütlich, passt zu einer Schule ausgezeichnet."[706] Dennoch werden derartige Eigenschaften erst im Schulbau der Sechzigerjahre Standard und vor allem durch *Wilhelm Hubatsch* am Schulbauinstitut der Akademie der Bildenden Künste in wissenschaftlichen Versuchen weiterentwickelt. Dessen Erkenntnisse, wie die mehrgeschoßigen Klassentrakte zu einer gemeinsamen **Pausenhalle** zusammenzufassen, in der auch außerhalb der Unterrichtszeiten Aktivitäten stattfinden und von der aus die Unterrichtsräume mit Stichgängen erschlos-

---

705 Vgl. STEINER in: *Viel zu modern. Hans Steineder*, S. 13

706 Erika KRIECHBAUM in: *Bau- und Werkkunst 1932/1*; zitiert nach ACHLEITNER, *Ö.Arch. 20. Jh. Band III/2*, S. 17f.; Vgl. auch: Georg SCHWALM-THEISS, *Theiss & Jaksch Architekten*, S. 100-102

sen werden[707], sind heute aktueller denn je, auch wenn seine Bauten wie das 1. Bundesrealgymnasium in der Canierigasse in Graz *(Abb. 11.10)*, 1959-62 erbaut, mittlerweile bauphysikalisch nachgerüstet werden mussten.

Noch eine pädagogische Erkenntnis des Schulbaus der Moderne, die Unterrichtsmöglichkeit im Freien, die *Julius Schulte* schon 1927 bei der Hauptschule in Ebensee vorsah und damit noch vor dem gemeinhin als Erfinder der **Freiluftklassen** genannten *Wilhelm Schütte* tatsächlich anwandte, bestimmt die Schulbautendenzen kurz nach dem Zweiten Weltkrieg. Die erste überdeckte Freiluftklasse hierzulande baut *Roland Rainer* bei der Volksschule in Siebenhirten 1949[708], wohl den Schütteschen Pavillon der Freiluftklassen in Frankfurt am Main von 1930 kennend. *Wilhelm Schütte* selbst darf erst um 1960 dieses Konzept bei der Allgemeinen Sonderschule in der Franklinstraße in Wien-Floridsdorf in realisierte Architektur umsetzen, wobei seine Freiluftklassen, die er durch weit zu öffnender Fensterfronten erzielt, gerne angenommen und benützt wurden[709]. Bei Freiluftklassen außerhalb des Klassenverbandes wie bei der Solarhauptschule in Koblach, 1992-94 von *Bösch & Bösch* vorgesehen, ist dies leider nicht der Fall.

Die erste programmatisch als solche erbaute **Hallenschule** Österreichs ist *Viktor Hufnagls* Hauptschule in Strobl am Wolfgangsee von 1955-59, bei der zwei aneinander gereihte Klassentrakte von je einer zweigeschoßigen Halle erschlossen sind *(Abb. 11.11)*. Diese Schule war nicht nur das Startzeichen für eine größere Auseinandersetzung im österreichischen Schulbau[710], sondern brachte zudem die Umsetzung neuer

Abb. 11.11: Die erste der programmatischen Hallenschulen: Strobl am Wolfgangsee.

pädagogischer Erkenntnisse: Quadratische Klassenräume zum Gruppenunterricht, beidseitige Belichtung dieser, Faltwände sowie Freiluftloggien für jede Klasse.[711] *Hufnagl* konnte dieses Konzept in der Folge in mehrfach abgewandelter Form realisieren. Vor allem bei den in den Sechziger und Siebziger Jahren errichteten großen **Bundesschulzentren** wie Weiz oder Wörgl,

---

707   Vgl. NEHRER / WACHBERGER, in: *Schulbau in Österreich von 1945 bis heute*, S. 35 f. und *Neue Architektur in Österreich 1945-1970*, S. 142

708   NEHRER / WACHBERGER, in: *Schulbau in Österreich von 1945 bis heute*, S. 33

709   Vgl. LORBEK / STOSCH, „Frankfurt in Wien. Alte (Un)bekannte VI (Sonderschule Floridsdorf)“, in: *architektur & bauforum*, 19. Dezember 2003, S. 12f.

710   ACHLEITNER, *Ö.Arch. 20. Jh. Band I*, S. 240

711   Vgl. *Schulbau in Österreich von 1945 bis heute*, S. 51

beide als modulare Sichtbetonbauten, Weiz noch in Ortbeton[712], Wörgl schon in vorgefertigter Elementbauweise ausgeführt, zeigen mit den zentralen mehrgeschoßigen Hallen, um die sich alle anderen Unterrichtseinheiten gruppieren, hervorragende baukünstlerische wie funktionelle Qualitäten. *Lang* schreibt dazu: „Eine größtmögliche Konzentration der räumlich-funktionellen Erfordernisse und eine maximale Überschaubarkeit ist erreicht."[713] Das Bundesschulzentrum in Wörgl, von *Viktor Hufnagl* 1969-73 errichtet, zählt wie das Bundes(real)gymnasium Völkermarkt von *Herbert Thurner* und *Ottokar Uhl*, 1969-74 entstanden und das Bundesrealgymnasium in Imst, von *Franz Kiener* und *Ferdinand Kitt* 1970-73 realisiert, zu den ausgeführten **Modellschulen** des Forschungsauftrages >Vorfertigung im Schulbau<, den das damalige Bundesministerium für Bauten und Technik vergab, um Impulse zur Weiterentwicklung des Schulbaus zu geben.

Die positiven Auswirkungen dieses Forschungsauftrages bestimmten die Szene des österreichischen Schulbaus bis 1992, als die Stadt Wien ihr >Schulbauprogramm 2000< mit qualitativ ähnlich ambitionierten Zielsetzungen startete. Alle Versuchsbauten der ersten Phase basierten aus Vorfertigungsgründen auf einem **modularen System**, was zusätzlich

Abb. 11.12: Experimentelle Modellschule: von oben belichtete Halle als offener Raumbereich der Kommunikation.
(Foto: Christoph REINHOLD)

eine größtmögliche Flexibilität und Variabilität für die Nutzer durch verstellbare Zwischenwände ergab. Stehen bei *Hufnagl* und *Kiener* die plastisch-geometrischen Eigenschaften der schalreinen Betonoberflächen sowie dramatische Lichtführungen im Vordergrund, so nutzt *Uhl* seine Modellschule *(Abb. 11.12)* für das Experiment, dass „diese Schule gewissermaßen erst durch den jeweiligen Gebrauch vollendet wird, das heißt, ihre Leistung entsteht zum Teil durch den Benutzer. ... Diese Schule stellt den radikalsten Versuch der österreichischen Architekturentwicklung dar, einen Bau als variables und flexibles räumliches Gerät zu interpretieren. Der Flachbau von 96x76x5 Metern ist im Prinzip eine von oben belichtete Halle mit definierten fixen (Klassen, Lehreinrichtungen etc.) und offenen Raumbereichen (Kommunikation etc.), die einer Langzeitentwicklung angepasst werden können."[714] Mittlerweile hat sich ein relativ fixer Zustand eingependelt. Nur mehr ganz wenige Bereiche werden zu bestimmten Anlässen im Schul-

712 Vgl. *Neue Architektur in Österreich 1945-1970*, S. 156

713 Christian LANG, „Typologie – Raumqualität", in: HOPPE, *Schulbau in Österreich 1996*, S. 19-34; hier: S. 21

714 ACHLEITNER, *Ö.Arch. 20. Jh. Band II*, S. 112

jahr verändert[715], was wie bei anderen Schulen dieser Generation am abnehmenden Engagement der Lehrpersonen wie an der technisch zu wenig ausgefeilten Beschlagstechnik der damaligen Falt- und Schiebewandsysteme gleichermaßen liegt.[716]

Zweifelsohne noch ein Höhepunkt der großen Hallenschulen ist das Gymnasium der Ursulinen in Innsbruck, von *Josef Lackner* 1971-79 in seiner gewohnt kräftigen Formensprache entworfen und ausgeführt. „Die weitgespannten, geschoßhohen Stahlfachwerksträger des Obergeschoßes prägen durch ihre Diagonalstruktur die Architektur des gesamten Gebäudes. ... Ein im wesentlichen zweigeschoßiger Hallenbereich mit zentraler Turnhalle, Schwimmbecken und Pausenflächen bildet diese Zone öffentlicher Kontinuität mit großzügiger Öffnung zu den Freiräumen der Gesamtanlage. ... Als positiv, weil Bauvolumen einsparend, darf der Verzicht auf eine zentrale Aula gewertet werden – für Veranstaltungen wird die Turnhalle benützt."[717] An ein derartiges Vorbild anschließen wollte zweifelsohne *Helmut Richter*, als ihm das >Schulbauprogramm 2000 der Stadt Wien< 1992 den Auftrag zur Doppel-Hauptschule am Kinkplatz erteilte. Um der häufig geäußerten Kritik an der **Multifunktionalität** der zentralen Hallen der ersten Generation zu entgehen, die zu oft in eine alle störende Parallelnutzung mündete, legt *Richter* zwei Hallen an, eine Eingangshalle und eine als Turnsaal. Die daraus resultierenden Volumina, die das Gesamtkonzept auf Kosten einer rückschrittlichen Mittelflurerschließung der Klassentrakte dominieren, sind jedoch zu unmenschlich ausgefallen, um ein gutes Schulgebäude abzugeben.

Doch schon vor dem Wiener >Schulbauprogramm 2000< setzen eine Abkehr vom klassischen Konzept der Hallenschule und eine typologische Weiterentwicklung ein, deren Resultate als **Gang-Hallen-Typen** den heutigen Schulbau nach wie vor prägen. *Fellerer & Vendl* sehen im Planungskonzept für ihr BG/BRG Klusemannstraße in Graz-Webling, 1987 erstellt, vor, dass sich das Gebäude als sehr breiter Riegel dreizonig entlang einer Längsachse erstreckt. Ausschließlich nach Süden orientiert ist der halb in die Erde versenkte dreigeschoßige Klassentrakt, der über eine zentrale, multifunktionelle Erschließungszone in Form einer mehrgeschoßigen und mit viel Tageslicht ausgestatteten Gang-Halle *(Abb. 11.13)* als Aufenthalts-, Pausen- und Ausstellungsbereich mit den Turnsälen, der Bibliothek und der Verwaltungseinheit

Abb. 11.13: Multifunktionelle Gang-Halle des Schulbau heute.
(Foto: Christoph REINHOLD)

---

715 Vgl. Caroline JÄGER in: HOPPE, *Schulbau in Österreich 1996,* S. 84

716 Vgl. auch Christian LANG in : HOPPE, *Schulbau in Österreich 1996,* S. 30

717 Johann ÜBERLACKNER in: HOPPE, *Schulbau in Österreich 1996,* S. 90

Abb. 11.14: Einprägsame Eingangssituation: eine der vielen Stärken der Gesamtschule Absberggasse.
(Foto: Christoph REINHOLD)

verbunden ist. Den Architekten gelingt es dadurch, mit einfachsten formalen und konstruktiven Mitteln ein Maximum an räumlicher Nutzbarkeit entstehen zu lassen.[718]

Dennoch zeigt die umfangreiche **Nutzerbefragung**, die im Rahmen der Studie >Schulbau in Österreich. Eine qualitative Bestandsaufnahme 1996< von einem Team junger Architekten und Architekturlehrender um *Diether S.* Hoppe durchgeführt wurde, dass Schüler wie Lehrer sich von architektonisch noch so gelungenen Großbaukörpern genauso abschrecken lassen wie von als grau und kalt empfundenen Sichtbetonflächen. Kleinräumliche Strukturen in Kombination mit warmen Materialien und einer bunten Farbgebung finden vollen Zuspruch. Intuitiv muss *Rüdiger Lainer*, der Architekt der ebenfalls im Zuge des >Schulbauprogramms 2000 der Stadt Wien< errichteten **Gesamtschule** in der Absberggasse dies vorweg erfühlt haben. Vielleicht hat er diese Anforderungen an ein gutes Schulgebäude im Zuge der intensiven Planungsgespräche mit den zukünftigen Nutzern detailliert erfragt. Jedenfalls schneidet dieser Schulbau mit Abstand am Besten in der Evaluierung ab und wird darüber hinaus selbst von der Architekturkritik hoch gelobt. Im Prinzip handelt es sich um einen kammartigen Bau, der als dreigeschoßiges Rückgrat weiche, fließende Gang-Hallenbereiche enthält, die über großzügig verglaste Stiegenhäuser, die gleichzeitig als Gewächshäuser für mehrere Geschoße hohe Pflanzen dienen, vertikal erschlossen sind. Rückzugsnischen, Sitzstufen und teils flexibel gestaltbarer Zusatzräume runden das Programm dieser öffentlichen Zone ab, an die fingerförmig die einzelnen Klassentrakte sowie als Eingangstor der auffällige, schwebende Querriegel angehängt sind *(Abb. 11.14)*. Gut abgeschottete Gartenhöfe zwischen den Klassentrakten und eine attraktive Außenflächengestaltung runden das gelungene Programm ab, das sich bis in viele intelligente Detaillösungen durchzieht.

Lainer arbeitet hier Erkenntnisse ein, die aus den neben den Hallenschulen parallel entwickelten Atrium- und Wohnraumschulen kommen, die das alte Hofthema wieder in den Schulbau zurückholen. „Neben der Hallenschule entstehen zentrale Anlagen durch die Anordnung von Freiklassen um einen Innenhof in Verbindung mit einer Pausenhalle. So sind in der 1957 von *Gustav Peichl* geplanten Volksschule >In der Krim< **Atriumhof**, Pausenhalle und beidseitig belichtete Klassenräume mit vorgelagerten Freiräumen zu einem einfachen, klaren Entwurfskonzept vereinigt."[719] Der Peichl-Schüler *Martin*

---

718 Vgl. Christian LANG in : HOPPE, *Schulbau in Österreich 1996*, S. 30

719 NEHRER / WACHBERGER, *Schulbau in Österreich von 1945 bis heute*, S. 34

Kohlbauer konzipiert im Rahmen des >Schulbauprogramms 2000 der Stadt Wien< mit der Hauptschule Eibengasse in Wien-Donaustadt eine späte Reminiszenz auf diese Typologien, wobei die **formale Rigidität** keinen Spielraum für Veränderungen der Zukunft übrig lassen wird.

An einer zu unflexiblen Grundrisskonfiguration ist schon einmal ein ansonst recht gut gemeintes Schulbaukonzept gescheitert, das in der Grundidee stark an *Lainers* Abs-

Abb. 11.15: Zu unflexibel: Pavillonklassen. (Foto: Christoph REINHOLD)

berggasse erinnert. Auch *Roland Rainer* hatte 1967 beim Bundes(real)gymnasium Bernoullistraße in Wien-Donaustadt die in mehrere Trakte aufgelösten Klassenriegel fingerförmig an die zentral nutzbare Gemeinschaftshalle mit Stiegenhaus angehängt. Er probierte dieses Konzept allerdings mit aus Skandinavien importierten **Pavillonklassen**, wabenförmigen und über Eck belichteten Klassenräumen mit begehbaren Flachdächern *(Abb. 11.15)*, die ausdehnungs- und gestaltsmäßig zu stark gebunden waren, um die nachfolgenden Zeiten mit stark boomenden Schülerzahlen als ausbaufähige Idee zu überleben. Dass der Pavillongedanke für die Architektur von Erziehungsbauten dennoch gewinnbringend einsetzbar ist, zeigen vor allem Kindergärten.

11.3 Kindergärten und Pavillonschulen

Der gesellschaftliche Umbruch, der durch den Ersten Weltkrieg ausgelöst wurde, brachte den Kindergarten als Bauaufgabe wie als Teil der Ausbildungskette der Kinder. Zuvor gab es nur **Kinderverwahranstalten** in Form der gefürchteten Armen- wie Waisenhäuser und als Folge der Industrialisierung im 18. Jahrhundert **Kleinkinderschulen**, die zwar eine institutionelle Betreuung von Kindern im Vorschulalter brachten, jedoch kaum pädagogische Zielrichtungen aufzuweisen hatten. Die theoretischen Ansätze zum pädagogischen Spiel eines *Friedrich Fröbel* um die Mitte des 19. Jahrhunderts und später einer *Maria Montessori* zeigen ihre Auswirkungen in neuen baulichen Strukturen, Zeit versetzt im 20. Jahrhundert.[720] Zuvor war es offensichtlich notwendig, die großbürgerlichen Strukturen, in denen die Kinder vor allem von den Haushälterinnen erzogen wurden, aufzulösen sowie die Straßenkinder, resultierend aus der Berufstätigkeit der Mütter in den unteren Gesellschaftsschichten, von der Straße wegzubekommen. Aus den Großbürgerhaushalten wurde der Begriff der legendären >Tanten< übernommen, der

---

720 Vgl. Susanne BAUMGARTNER-HAINDL, „Für Kinder bauen" in: *Margarete Schütte-Lihotzky. Soziale Architektur*, S. 247-260; hier S. 247

Abb. 11.16: Öffentlicher Kindergarten im kommunalen Wohnhof: Soziales Programm der Stadt Wien nach dem Ersten Weltkrieg.

von den erziehenden Haushälterinnen auf die Erzieherinnen in den Kindergärten überging.

Die sozialistischen und kommunistischen Gesellschaftsmodelle der Zwischenkriegszeit bringen durch die gleichberechtigte und erwerbstätige Frau die Notwendigkeit von Kindergärten im großen Stile, auch in Österreich, und da vor allem in Wien. Dieser gesellschaftspolitische Ansatz manifestiert sich in der baulichen Nähe und eindeutigen Zugehörigkeit der ersten Kindergärten zu den von der sozialistischen Stadtverwaltung errichteten großen Wohnhöfen. Das erklärt zur Genüge die bauliche Ausformulierung der ersten Kindergärten als Pavillons, denn wenn die Wohnhöfe als Paläste der Arbeiter einzustufen sind, sind die aus funktionellen Gründen mitten in die Gartenanlagen der Höfe gestellten Kindergärten die Gartenpavillons der Schlossparks[721]. Die **kommunalen Kindergärten** im Karl-Marx-Hof wie im Lindenhof *(Abb. 11.16)*, beide von *Karl Ehn* 1924-26 mitentworfen, stellen diese Pavillonarchitektur deutlich in einer expressionistischen Formensprache zur Schau, die interessanterweise von *Hans Hollein* 1977 bei seiner Volksschule in der Köhlergasse als Dachaufbauten und Terrasseneinbauten wieder aufgenommen wird. *Hollein* wählte diese ungewöhnliche Lösung aufgrund der „äußerst geringen Grundstücksfläche, der Steilheit des Geländes, des Baumbestandes und der etappenweisen Bauführung zur Aufrechterhaltung des Unterrichts im Altgebäude bis zu dessen Abbruch".[722]

Die Postmoderne liebte wohl diese Formensprache aus ästhetisch-theoretischen und nicht aus pädagogisch-funktionellen Überlegungen, wie sie die Planungsgruppe um *Ernst May* bei ihren bahnbrechenden Entwicklungen von Kindertagesstätten und Kindergärten für das >Neue Frankfurt< in den Zwanzigerjahren anstellte. In dieser **Planungsgruppe** waren zwei Österreicher maßgeblich auf dem Gebiet des **Kindergartenbaus** tätig. Einer davon ist *Franz Schuster*, der 1926, noch bevor er Wien Richtung Frankfurt verließ, am Rudolfsplatz einen Montessori-Kindergarten errichtete, nach seinen eigenen Beschreibungen ein „einfacher, anspruchsloser Rahmen für eine eigene, kleine Welt der Kinder".[723] Die sich schon in diesem Bau abzeichnende Struktur eines nordseitigen Erschließungsganges, an den im Süden, deutlich voneinander zu unterscheiden, die Gruppen-Spielräume der Kinder ange-

721 Vgl. dazu WEIHSMANN, *Das Rote Wien*, S. 123

722 *Schulbau in Österreich von 1945 bis heute*, S. 92

723 Zitiert nach BAUMGARTNER-HAINDL in: *Schütte-Lihotzky. Soziale Architektur*, S. 248

hängt sind, ist beim zu Recht bekanntesten Kindergarten *Schusters*, dem 1948-49 errichteten Kindergarten >Schweizer Spende< im Auer-Welsbach-Park in Wien-Penzing charakteristisch ausgebaut. An der bogenförmig geschwungenen Zeile mit Endvolumina für allgemeine Einrichtungen als Rückgrat docken sechs Kindergarteneinheiten an, die jeweils eigene Zugänge an der Nordseite, direkt in die zwischengeschalteten Garderoben führend, und klar hervortretende Spielsäle an der Südseite aufweisen. Zwischen diesen Pavillons der **Gruppenräume** spannen sich teils überdeckte **Spielhöfe** vor dem eigentlichen Gartenbereich auf, der sukzessive in den umgebenden Park übergleitet.[724]

In der Planungsgruppe May in Frankfurt am Main arbeitet auch *Margarete Schütte-Lihotzky* mit, die mit ihrem zweiten Kindergartenentwurf für Praunheim 1929 einen vollkommen neuartigen **Typus** konzipierte. Er besteht aus vier Pavillons, die die Arme eines **kreuzförmigen** Grundrisses um eine zentrale Erschließungshalle bilden, und drei Gruppeneinheiten sowie einen gemeinsamen Spiel-, Turn- und Schlafsaal enthalten. Die Anlage folgt keiner strengen Symmetrie, sondern schafft zusätzlich zur aus hygienischen Gründen so wichtigen Trennung der einzelnen Gruppenbereiche individuelle Bereiche der Freiräume für die Kinder.[725] Leider wurde dieser Kindergarten im Zuge des >Neuen Frankfurt< nicht mehr gebaut. *Margarete Schütte-Lihotzky* konnte diese Idee in ähnlicher Form erst 1961 beim Kindertagesheim in der Rinnböckstraße in realisierte Architektur umsetzen. Dies ist umso bedauerlicher, als Schütte-Lihotzky in jahrzehntelanger Arbeit im Ausland eine Menge von Typenkindergärten und Typenkinderkrippen in der Sowjetunion der frühen Dreißigerjahre und in Bulgarien 1946 tatsächlich errichtete. *Schütte-Lihotzky* und *Schuster* entwickelten ihre heute noch höchst modernen Kindergärten durch **interdisziplinäre Studien** in Zusammenarbeit mit Pädagogen und Medizinern. Diese Erkenntnisse über kindgerechte Möbel und Parapethöhen, Rückzugsnischen als Wohnhöhlen, die die größeren und höheren Gruppenräume ergänzen sollen, Farbgebung mittels Primärfarben zur eindeutigen Orientierung und viele andere Detailfragen einer sinnvollen Kindergartenarchitektur beschreibt *Schütte-Lihotzky* in international publizierten Aufsätzen. Der moderne Kindergarten sollte auf keinen Fall eine Bewahranstalt sein, sondern die Kinder auf das gesellschaftliche Leben in der Familie wie in der Gemeinschaft zwar spielerisch, aber mit dem nötigen Ernst und der Verpflichtung zu einer aktiven Mitarbeit, vorbereiten. Aus politischen Gründen, *Schütte-Lihotzky* war bekennende Kommunistin, wird der international anerkannten Kindergartenexpertin in Österreich zeitlebens eine adäquate Beauftragung vorenthalten.

Hinsichtlich der architektonischen Sprache ist interessant, dass selbst *Schütte-Lihotzky*, die schon in den Zwanzigerjahren, also gleichzeitig mit der

---

724 Vgl. Modellfoto und Grundriss in: *Architektur im 20. Jahrhundert. Österreich*, S. 172f.

725 Vgl. *Schütte-Lihotzky. Soziale Architektur*, insbesondere S. 119 f. und S. 250

Abb. 11.17: >Zauberschlöss-
chen<: Kindergarten der Heimatstilbewegung.

Avantgarde, die Ausdrucksfähigkeit der klassischen, internationalen Moderne kompromisslos
für alle ihre Bauten, und daher auch die Kindergärten, anwandte, bei ihrem ersten Kindergarten
in Österreich, dem am Kapaunplatz inmitten des
Engelshofes von *Perco*, 1950-52, die Strenge
dieses Stils durch tief herabgezogene Walmdächer abmilderte, ein Zugeständnis an Forderungen aus der Heimatstilbewegung, wie sie auch
die schon erwähnte Welser Lokalarchitektin *Hilde Döring* bei ihrem 1952 eröffneten Kindergarten in Lichtenegg *(Abb. 11.17)* anwandte. Heute
noch attestieren die ehemaligen Benutzer diesem Ende 2004 leider abgebrochenen Bauwerk
das Attribut eines liebenswürdigen Zauber-
schlösschens.[726]

Dass sich an den Prämissen des Kindergarten-
baus seit den Zeiten der klassischen Moderne, die die pädagogisch fortschrittlichen Erkenntnisse des späten 19. Jahrhunderts umsetzten, kaum
mehr verändert haben, zeigt die Kurzbeschreibung des 1994 von *Adolf Krischanitz* im Wiener Prater errichteten >Neue-Welt< Kindergartens: „Im Gegensatz zur üblichen Verniedlichung und zum kindlichen Raumkitsch werden
hier klare, gut proportionierte Räume angeboten, die durch eine präzise Fe-
nestrierung gekennzeichnet sind. Der **kindliche Maßstab** wird auf der Ebene
des Mobiliars individuell gestaltet. ... Farbe wird als raumbildendes Element
nicht als Dekor verwendet."[727]

Diese Sprachlichkeit der Kindergärten, die aus dem Pavillongedanken durch
präzise Umsetzung funktionell-pädagogischer Erkenntnisse eine allgemein-
gültige Typologie zu formen verstand, lässt sich in andere Bereiche des
Bauens für Bildung und Erziehung übertragen. *Anton Schweighofer* erkennt
bei der >Stadt des Kindes< in Wien-Penzing, 1969-74 als offenes **Kinder-
und Jugendheim** der Stadtgemeinde errichtet, dass sich die kompositori-
schen Prinzipien des Pavillonkindergartens in größere städtebauliche Dimensionen übersetzen lassen. Seine fünf Vierfamilienhäuser für die Familien
aus Pflegekindern sind an derselben Stelle positioniert, an der *Franz Schuster* seine Gruppenspielräume anordnete. Angedockt sind sie nun nicht mehr
an einen Erschließungsgang, sondern einen linearen Straßenraum im Norden, der wie die gesamte Anlage höchsten Wert auf Transparenz und Kommunikation in der Architektur legt.[728]

---

726 Vgl. *Oberösterreichische Nachrichten* vom 24. August 2004, „Im Blickfeld"

727 *Architektur Wien. 500 Bauten*, S. 140

728 Vgl. Friedrich ACHLEITNER in: *Architektur im 20. Jahrhundert. Österreich*,
     S. 193

Gleichzeitig dazu wandeln *Franz Riepl* und *Othmar Sackmauer* für die Pädagogische Akademie der Diözese Linz, 1968-75 erbaut, gewisse Eigenschaften einer guten Kindergartenarchitektur wie die Unverwechselbarkeit der Orte, den hohen Kommunikationswert der Erschließungswege und die deutliche Formgebung der Kernaufenthaltsräume, in diesem Falle der Hörsäle, erstmals in Österreich zu einem modernen Universitätsbau ab. *Alvar Aaltos* Hochschule in Otaniemi, 1955 entworfen und 1961-64 erbaut, scheint sie darin bestärkt zu haben. Bis heute zeichnet die Architektur von **Hochschulen** diese Mischung von lang gestreckten Verwaltungstrakten mit zeichenhaft aus diesen heraustretenden, überdimensionalen Pavillonformen der großen Hörsäle und zutiefst urbane Hallen- und Gangräume im Freien wie im Inneren als kommunikative Treffpunkte aus.

Dies trifft vor allem auf die neueste Generation, wie die Rechts-, Sozial- und Wirtschaftswissenschaftlichen Fakultäten von Graz, 1985-92 von *Günther Domenig* und *Hermann Eisenköck* und auf die Sozial- und Wirtschaftswissenschaftliche Fakultät in Innsbruck *(Abb. 11.18)*, 1994-99 von *Henke & Schreieck* geplant, zu. *Domenig* schreibt selbst, dass das gesamte organisatorische Programm durch einen lang gestreckten Baukörper als **Rückgrat** aufgenommen wird, an dem die einzelnen Baueinheiten der **Institute** andocken.[729] Dies erinnert wiederum an

Abb. 11.18: Trichterförmige Eingangssituationen und aus den linearen Baukörpern herausquellende Hörsäle: Kennzeichen der jüngsten Universitätsbauten.

die Kindergartenstruktur *Franz Schusters* mit der Rückgraterschließung und den angehängten Pavillons der Gruppenräume, nun allerdings in mehrgeschoßigen und stadträumlichen Dimensionen.

Unterscheidbar werden all diese Universitätsbauten durch sehr charakteristische **solitäre Bauteile**, wie die hoch aufragenden, auf viertelkreisförmigen Grundrissen beruhenden **Auditorien** der Pädagogischen Akademie in Linz und die flügelförmigen, aus den Längsbaukörpern heraustretenden, zur Sogwirkung der Eingangstrichter beitragenden Auditorien in Graz und Innsbruck. Auch bei verschiedenen Schulen ist dieses Prinzip der Unverwechselbarkeit von Einzelbauteilen, das stark Identität stiftend wirkt, mittlerweile von den Architekten angewandt worden, um der kritisierten Form der monotonen Schulkaserne zu entgehen und gleichzeitig die Repräsentationsformen der Schulpaläste aus der Schlossarchitektur durch unverfänglichere Zeichen für die Hoheitsmacht zu ersetzen. Der auffallende **Musikkegel** des Sport-Realgymnasiums in Wels, seit dem Umbau von *Riepl & Moser* 1987-94 diese

---

729   Vgl. DOMENIG, *Werkbuch*, S. 126

Abb. 11.19: >Würfel der Weisheit<: Suche nach der richtigen Form für Bibliotheken.

Schule charakterisierend und auch der **Rundbau** des Musterhotels der Kärntner Tourismusschulen in Warmbad Villach, 1990-94 vom *Team A Graz* geplant, fallen in diese Kategorie.

Bleibt als Nachspann anzuhängen, dass das derzeit auch die Strategie beim **Bibliotheksbau** zu sein scheint, um diesen von der üblichen Zeilenstruktur abzuheben, wobei immer noch nicht ausgesprochen ist, was die adäquate gebäudetypologische Ausdrucksform für eine Bibliothek sein könnte. *Ortner & Ortner* suchte diese mit den Leseturm-Projekten im Wiener Museumsquartier ebenso verzweifelt wie erfolglos, wobei der Turm an sich aus funktionellen wie statischen Gründen sich äußerst schlecht für eine Bibliothek geeignet ist. An Zeichenhaftigkeit lässt er wohl nichts zu wünschen übrig. Der beinahe hermetisch geschlossenen **Kuben** der Niederösterreichischen Landesbibliothek samt Landesarchiv *(Abb. 11.19)*, die von *Karin Billy*, *Paul Katzberger* und *Michael Loudon* 1992-97 im Zuge des Landeshauptstadt-Quartiers in St. Pölten errichtet wurden, sind da schon subtiler. Die gewählte Architektursprache ist zwar zweifelsohne der Neomoderne am Ende des 20. Jahrhunderts zuzuordnen, auch wenn die Kubusanordnung, die mit dem zurückgesetzten Verbindungstrakt der Verwaltung den traditionellen Ehrenhof der Schlossarchitektur aufnimmt, als gemäßigte Repräsentationsarchitektur interpretiert werden kann. Bleibt anzufügen, dass auch die Öko-Hauptschule in Mäder, 1999 von *Baumschlager & Eberle* aufgestellt, den Topos des Kubus zeigt. Vielleicht ist doch der >Würfel der Weisheit< der neuzeitlich Bautyp für Bildungseinrichtungen.

12 Ausstellungsbauten

In der Antike wurden Kunstwerke als kostbare Weihe- und Opfergaben in Tempeln und Schatzhäusern verwahrt. Auch für das Mittelalter ist das Kunstwerk keine >l'art pour l'art<, sondern Anbetungsgegenstand der Gläubigen und Mittelpunkt ihrer geistigen Versenkung sowie Identifikation mit dem Dargestellten. Seit dem 14. Jahrhundert gibt es mit den fürstlichen Kunst- oder Wunderkammern **Kunstsammlungen**, in denen bunt gemischt Reliquien, Raritäten, Kuriositäten und Schätze aller Art gesammelt, aufbewahrt und ausgewählten Besuchern aus der höfischen Gesellschaft gezeigt wurden. Die Trennung von Kunst- und Naturaliensammlung ist neueren Ursprungs. Das Öffnen der Sammlungen für die Allgemeinheit erfolgt erstmals beim im Auftrag des Preußenkönigs *Friedrich II.* erbauten Sanssouci in Berlin. In Österreich werden unter Kaiser *Josef II.* die Wiener Sammlungen **öffentlich**. Das erste Museum, das nicht auf eine fürstliche Sammlung zurückgeht, ist das 1753 gegründete British Museum in London.[730]

Aus dieser Tradition erklärt sich der heute immer noch gebräuchliche klassische **Museumstyp**, in dem die einzelnen Räume den Exponaten fix zugeschrieben sind und die oft sehr unterschiedlichen Räume zu komplexen Konglomeraten zusammengefasst werden. Ausstellungsbau und Inhalt sind eine untrennbare Einheit, das Gebäude Teil der Ausstellung. Diese Tradition lebt gegenwärtig eher in den Landesausstellungen der einzelnen Bundesländer Österreichs als in Kunstmuseen fort, wenngleich es hier nicht mehr um eine bunte Ansammlung von Schaustücken, sondern um inhaltlich unterschiedliche Themenausstellungen geht.

Eine zweite Gruppe dient der Präsentation von Produkten eines Landes auf Gewerbe- und Industrieausstellungen. Diese waren anfangs nicht so sehr als nationaler Wettstreit gedacht. Im Sinne einer **Messe** sollten die Neuerungen von Industrie und Technik vorgestellt werden. Bald werden aus diesen nach wissenschaftlichen Themen gegliederten Weltausstellungen technische Maschinengalerien, reine Leistungsschauen der Nationalökonomien, die im 20. Jahrhundert in Fachmessen übergehen. Auf den **Weltausstellungen** wird nun nur noch die nationale Selbstdarstellung betrieben, die im Falle Österreichs aus der Darstellung der Landschaft zur Bewerbung des Tourismus besteht. Organisiert werden die Präsentationen bis heute durch die Wirtschaftskammern. Durch die Weltausstellungen entstehen mit der Ausstellungshalle und dem Ausstellungspavillon andere Bautypen der Museumsarchitektur. Heute werden Museen beinahe ausschließlich als **Kunsthallen** nach dem Vorbild früherer Messehallen konzipiert, obwohl sie in einem gewissen Understatement heute Kunsthäuser, früher Künstlerhäuser, genannt werden. Dies hängt mit einer Überhöhung der Kunst zusammen, die aus dem Religiösen kommt und den Museumsbau im Unterschied zum Messebau der

---

730 Vgl. PEVSNER / HONOUR / FLEMING, *Lexikon der Weltarchitektur*, S. 438

Monumentalbaukunst zuordnet. Pavillons besitzen jedoch den Charakter einer ephemeren Architektur und werden als temporäre Ausstellungsstrukturen häufig nach vollendetem Gebrauch endgültig abgerissen. Schlussendlich ist anzumerken, dass das bis heute übliche Messesystem in der Kombination von **temporären Pavillons** mit **fixen Hallen** besteht.

12.1 Museen

Nicht nur inhaltlich, auch baulich, lösen sich die Museen nur langsam aus dem Schlosskomplex, um zu einer eigenständigen Gebäudegattung zu werden. In Österreich ist die Franzensburg in Laxenburg prototypisch für diesen Prozess der Entstehung der Museen. Sie wurde als reine **Schauburg** ohne jede Wohnabsicht erbaut. Auch die Hofmuseen des Kaiserforums in Wien sind als Erweiterung der Schausammlungen der Habsburger in ihrer Residenzburg zu sehen. Sie müssen daher in Zusammenhang mit dem Völkerkundemuseum (früher die Weltreisesammlung Kaiser *Franz Ferdinands*) und der Schatzkammer in der Hofburg betrachtet werden, und stehen baulich in der Tradition der klassischen **Galerie**. Mit diesem Begriff wurden in früheren Zeiten die Korridorbereiche der Schlösser bezeichnet, in denen entlang der Wände vor allem Gemälde zur Ansicht aufgehängt waren[731]. So ist es schlüssig, dass seit 1978 das Ephesosmuseum im Haupttreppenhaus der Neuen Hofburg untergebracht ist. Andere Sammlungen befinden sind hingegen schon seit dem Beginn der Innenausstattung des Segmentflügels im Jahre 1908 in weiteren Bereichen der Neuen Hofburg.[732]

Abb. 12.1: Wiener Hofmuseen: Rechteckblock und Fünfkuppelmotiv.

Die auffälligsten Bauten der sich über Jahrzehnte ziehenden Erweiterung der Wiener Hofburg sind das Kunst- und Naturhistorische Museum *(Abb. 12.1)*, die schlussendlich 1871 bis 1891 nach den Entwürfen von *Hasenauer* und *Semper* erbaut wurden. Das Kunsthistorische Museum mit der Ägyptischen Sammlung, der Antikensammlung, der Kunstkammer und der viertgrößten Gemäldegalerie der Welt, bildet den weltberühmten Kernbereich der habsburgischen Kunstsammlungen und auch das Naturhistorische Museum beherbergt eine der größten naturwissenschaftli-

---

731 Vgl. Hans KOEPF, *Bildwörterbuch der Architektur*, Stuttgart 1968, 1974 (2. Auflage), S. 163, Stichwort Galerie: Langgestreckter Verbindungsgang oder Festsaal in einem Renaissance- oder Barockschloss, manchmal auch zum Aufhängen von Bildern benutzt, deshalb auch für die Räume einer Gemäldesammlung benutzt.

732 Vgl. DEHIO, *Wien I. Bezirk – Innere Stadt*, S. 454

chen Sammlungen Europas.[733] Beide Baukörper sind mächtige **Rechteck-blöcke** mit jeweils um zwei seitliche Innenhöfe gelegten Ausstellungssälen und einem erhöhten Zentraltrakt mit beherrschender Mittelkuppel sowie vier Trabantenkuppeln.[734] Dieses **Fünfkuppelmotiv** taucht erstmals bei *Hasenauers* zweitem Entwurf von 1868 auf und wird, obwohl *Semper* in seinem Gutachten *Hasenauers* ersten Entwurf von 1867 als den besseren bezeichnet, in der gebauten Variante beibehalten.[735]

Die lange Planungsgeschichte der Hofmuseen beginnt 1833 mit ersten Überlegungen zu einer öffentliche Präsentation der kaiserlichen Kunstsammlung. Der heutige Standort für die Hofmuseen wird allerdings erst 1857 im Zuge der Ringstraßenplanungen in Anlehnung an den Wettbewerbsbeitrag von *Siccardsburg & Van der Nüll* fixiert. Im Frühjahr 1867 lagen endlich vier Projekte vor: *Heinrich von Ferstels* Vorschlag verbindet die beiden Museen zu einem geschlossenen Bezirk, einem **Karree** mit überhöhten Eckrisaliten, ein Konzept, das *Ferstel* beim Museum für Angewandte Kunst am Stubenring wieder aufnimmt. *Theophil Hansens* Entwurf einer **Museums-Agora** im „griechischen Renaissance-Baustyl" hätte durch eine zusätzliche Terrainanhebung die Sicht auf die Hofstallungen komplett verstellt, weshalb der Kaiser auch dieses Projekt ablehnt. *Moriz von Löhr* hält sich wie *Carl von Hasenauer* an die in der Ausschreibung geforderte **Isolierung** der Museumsblöcke. Sein Projekt wird zunächst auch aufgrund der Bescheidenheit vom Hof favorisiert, jedoch durch heftige Polemik der Wiener Künstler und Architekten gegen *Löhrs* Befangenheit als ministeriell gebundener Beamtenarchitekt zu Fall gebracht. So ordnet der Kaiser die Überarbeitung der Entwürfe von *Löhr* und *Hasenauer* an und holte schlussendlich 1869 als externen Gutachter *Gottfried Semper*, der sich als Planer des Dresdner Zwinger **Forums** einen international hervorragenden Ruf erarbeitet hatte. In seinem Gutachten wollte *Semper* jedoch keines der Projekte zur Ausführung empfehlen, - *Löhrs* Museumsentwurf gleiche einem Warenmagazin und bei *Hasenauers* Projekt bemängelte er die unruhige Pavillonarchitektur, woraufhin der Kaiser ihn mit der Planung der Museen und der Neuen Hofburg beauftragte, jedoch mit der Auflage, eines der bestehenden Museumsprojekte samt Architekten in die Arbeiten mit einzubeziehen. *Semper* entschied sich für Hasenauer, „vielleicht weil er in dem Kuppelmotiv in *Hasenauers* Entwurf seine eigenen Ideen wiederfand". *Hasenauer* und *Semper* bildeten schlussendlich aber kein gutes Team, da sich *Hasenauer* zu sehr als Schöpfer der Museen verstand und *Semper* nur als Korrektor.[736]

---

733   Vgl. DEHIO, *Wien I. Bezirk – Innere Stadt*, S. 482 und 486

734   Vgl. DEHIO, *Wien I. Bezirk – Innere Stadt*, S. 476

735   Vgl. GOTTFRIED, *Kaiserforum*, S. 73

736   Vgl. dazu insgesamt: Margaret GOTTFRIED, „Die Baugeschichte der Museen" in: dies., *Das Wiener Kaiserforum*, S. 62-90

Abb. 12.2: Aus einer Privatsammlung hervorgegangen: Leopold-Museum im Wiener Museumsquartier.

Parallelen zum Erwachsen der Hofmuseen aus der Privatsammlung der Habsburger finden sich im 20. Jahrhundert nur noch in der **Privatsammlung** *Essl*, die in der Firmenzentrale von Schömer in Klosterneuburg begann. 1985-88 plante *Heinz Tesar* in klassischer Tradition Eingangshalle und Stiegenhaus dieses Bürogebäudes als Ausstellungsräumlichkeiten, wobei das anhaltende Wachstum der Sammlung schlussendlich 1996-99 zur Errichtung des Kunstmuseums in Klosterneuburg vom selben Architekten führte. Auch die Sammlung *Leopold (Abb. 12.2)*, die schlussendlich im neuen **Museumsquartier** in Wien von *Ortner & Ortner* mit *Manfred Wehdorn* ihren Platz fand, ist eine private Kunstsammlung, die allerdings der Staat aufkaufte. Das Museumsquartier in den ehemaligen barocken Hofstallungen *Fischer von Erlachs* unterlag genau so wie die Hofmuseen einer langen und heftig polemisierten Wettbewerbs- und Planungsgeschichte zwischen 1988 und 2001, eine adäquate Fortsetzung und hoffentlich auch der Abschluss der Kaiserforums-Diskussion, die somit beinahe über zwei Jahrhunderte hinweg geführt wurde.

Auch eine recht lange Planungsphase geht dem heutigen Historischen Museum der Stadt Wien am Karlsplatz voraus, das schlussendlich 1954-59 nach dem Entwurf von *Oswald Haerdtl* erbaut wurde. Die ersten Gedanken zu einem derartigen Projekt wälzte 1900 *Otto Wagner*, der zwischen 1903 und 1909 für das Kaiser-Franz-Joseph-Stadtmuseum unermüdlich Entwürfe erstellte.[737] Schlussendlich blieb davon nur die Situierung. Leider verstand es die Stadt Wien 1953 nicht, in der Vorbereitungsphase des Wettbewerbes für das Historische Museum die wichtigsten Fragen des Raumprogramms, der Umraumgestaltung und der Verkehrslösung vorab zu klären, was heftige Kritik des damaligen Juryvorsitzenden *Franz Schuster* auslöste. Dies trug deutlich dazu bei, dass das Museum wohl nur „aus der Summe der Möglichkeiten dieser Zeit analysiert werden kann", wie *Achleitner* vorschlägt.[738] Auch *Achleitners* Anmerkung, dass „die Aufgabe [Museumsbau] in neuerer Zeit so selten gestellt wird, dass von einer Tradition nicht die Rede sein kann"[739], beeinflusst diesen Bau. Deutlich zu fühlen ist der Kampf zwischen dem klassischen Museumstyp des 19. Jahrhundert mit seiner **Enfilade** nacheinander zu durchschreitender Räume um einen unbetretbaren Innenhof und dem Kon-

737 Vgl. dazu insbesondere: Otto Antonia GRAF, *Otto Wagner. Das Werk des Architekten*, S. 457-487

738 Adolph STILLER, „Ein weitgehend unterschätzter Bau. Das Historische Museum der Stadt Wien 1953-59", in: ders., *Haerdtl*, S. 151-165; hier: S. 164

739 ACHLEITNER, *Ö.Arch. 20. Jh. Band III/1*, S. 150

zept eines möglichst offenen, **durchfließenden** Innenraumes, das zweifelsohne *Haerdtl* anstrebte. Für die integrale Miteinbeziehung des Innenhofes in den Ausstellungsbereich konsultierte er 1955 immerhin *Mies van der Rohe* und *Philipp Johnson*, doch die immer größer werdende Schar der mitbestimmenden Beamten waren ganz offensichtlich überfordert. Was blieb, ist ein sich logisch entwickelndes Raumkonzept für einen Rundgang von zwei Stunden sowie feine Details und Materialien, die sich allerdings nicht vordergründig erschließen.

Auch das letzte Beispiel **klassischer Museen** zur Schaustellung öffentlicher Sammlungen, das erst kürzlich in St. Pölten eröffnete Niederösterreichische Landesmuseum *(Abb. 12.3)* von *Hans Hollein*, ist nicht unbedingt geglückt. *Kapfinger* umschreibt neutral: „Das Museum selbst spiegelt in seiner Konzeption die ursprünglich geplanten Hauptbereiche wider – Zeitgeschichte, Kunst und Naturwissenschaften – die hier sowohl organisatorisch als auch räumlich

Abb. 12.3: Vordergründige Inszenierung des Eingangsbereiches: *Holleins* Niederösterreichisches Landesmuseum.

überlagert sind und eine reich gegliederte, mehrgeschossige Halle mit zentralem Glasdach umfassen."[740]

Vielleicht liegt es auch hier an zu unpräzisen Vorgaben beziehungsweise permanenten Abänderungen während des Planungsprozesses, denn *Hollein* hat mit dem Städtischen Museum Moderner Kunst am Abteiberg in Mönchengladbach 1972-82 gezeigt, dass er sein Handwerk im Museumsbau beherrscht. Dieses Kunstmuseum kann über eine fast barock als Prozessionsweg inszenierte und dennoch unpathetische Wegeführung errichtet werden. „Die einzel-

Abb. 12.4: >Kunstwerk im Kunstwerk<: *Holleins* Abteiberg Mönchengladbach. (Foto: Kingsbury MARZOLF)

nen Baukörper-Glieder wenden sich beantwortend Strukturen der umgebenden Bebauung zu, jeder Zoll der äußeren Situation ist unwiederholbar charakteristisch, im Material edel, stellenweise an Goldschmiedearbeit angenähert. Im Inneren *(Abb. 12.4)* war nicht funktionale Flexibilität und Neutralität Ziel des Architekten, sondern >der Raum soll von einer komplexen Neutralität sein. Flexibel bedeutet nicht Beweglichkeit von Wänden und Decken,

---

740 KAPFINGER / STEINER, *St. Pölten neu*, S. 60

sondern ein Angebot vielschichtiger Situationen. ... Beweglich sind primär das Kunstwerk und der Mensch – innerhalb von Architektur. Die Verantwortung des Architekten wird nicht auf den Kurator übertragen. Der Architekt schafft ein **autonomes Kunstwerk** für Kunstwerke und Mensch< (*Hollein*). Das Konzept ist folgerichtig nicht linear (Rundgang), sondern baut auf einer Matrix vielfältiger Überschneidungen von Räumen, Erschließungen, Blickbeziehungen, auf kunstvoller Verklammerung der fließenden Großräume mit Individualräumen auf"[741], meint *Flagge*. Dies dürfte in St. Pölten nicht mehr voll geglückt sein. Man muss *Hollein* zugute halten, dass es ihm in Österreich nicht gestattet wurde, die konsequente Weiterentwicklung seines Konzeptes vom Museum am Abteiberg zu einem Museum im Berg, wie er es für *Guggenheim* in Salzburg 1989 vorgeschlagen hätte, zu verwirklichen.

Diese Einheit zwischen Hülle und Inhalt, die zur Bedingung wie zur Folge hat, dass die Ausstellung **permanent** ist, findet heute am Seltensten bei Kunstausstellungen ihre Anwendung. Der weltumspannende rege Austausch zwischen den Beständen einzelner Sammlungen ergibt andauernd neue Konstellationen unter den Schaustücken und damit andere Anforderungen an die Ausstellungsumgebung. Diese flexiblen Anforderungen zu erfüllen gelingt am besten neutralen architektonischen Strukturen wie Hallen. Immer noch auf einen spezifischen Ort wie ein spezifisches Thema zugeschnitten, sind gegenwärtig die Bauten für die diversen **Landesausstellungen** Österreichs, die von den einzelnen Bundesländern gefördert an ständig wechselnden Orten Ausstellungen thematisieren, die in intensiver inhaltlicher Beziehung zu diesem Ort und seiner Vergangenheit stehen. Der Hintergedanke dabei ist, durch gezielte Förderung und Bewusstseinsbildung in der Öffentlichkeit, den historisch wertvollen Standort zu sichern. In architektonischer Hinsicht sind diese Projekte eine interessante Mischung aus Restaurierung und Neubau, wobei sich durch die fixe Ausrichtung des Baus auf das Programm der Eröffnungsausstellung zumeist doch größere Probleme hinsichtlich der Nachnutzung ergeben können.

Abb. 12.5: Durchdringung von Alt und Neu: Bürgerhäuser und Zubau des Landesmuseums in Eisenstadt.

Einer der frühesten nach diesem Ansatz durchgeführten Bauten ist das Landesmuseum in Eisenstadt. Für dieses wurde ein Hausblock mit Bürgerhäusern aus dem 17. und 19. Jahrhundert 1965-76 von *Hans Puchhammer* und *Gunter Wawrik* zum Museum umgebaut. *Kapfinger* attestiert den beiden Architekten eine „unter dem Anschein der Selbstverständlichkeit analytisch radikale und von der Heterogenität des Altbestandes

---

741   FLAGGE, *Museumsarchitektur 1985*, S. 23

subtil inspirierte Entwurfsleistung". Zugeständnis an die im Vergleich zur ursprünglichen Raumaufteilung sehr unterschiedlichen Anforderungen des Museums sind eine zweigeschossige Ausstellungshalle samt Verwaltungstrakt als Neubau *(Abb. 12.5)* und der die beiden Altbauten verbindende, glasüberdachte Hof. „So entstand in dem komplexen Gefüge ein großzügiger innerer Foyer- und Verteilerraum, der auch als Veranstaltungssaal genutzt wird und in dem Alt und Neu einander durchdringen".[742] Vom architektonischen Ansatz vergleichbar ist der 2000 entstandene Minoritenkomplex in Wels von *Luger & Maul*, bei dem aus einem schon durch *Josef II.* aufgelassenen Kloster ein Veranstaltungsort einschließlich Wohnungen entstand, um der Verödung durch eine rein **museale Nutzung** zu entgehen.

Die museale Umnutzungen innerstädtische Ensembles zur Rettung vor dem drohenden Verfall und Abriss eines Stückes Identität haben dazu geführt, dass ein neues Bewusstsein der eigenen baulichen Vergangenheit gegenüber entstanden ist. Daher werden mittlerweile kaum noch ehemalige Wohnhäuser oder Klöster abgebrochen. Anders steht es nach wie um Industriedenkmale, obwohl auch hier längst ein Umdenkprozess in Gang gekommen ist, der wiederum durch Landesausstellungen zu einschlägigen Themen gefördert wurde. Das 1987 entstandene >Arbeitsweltmuseum< im Wehrgraben von Steyr bewirkte, dass diese ins Mittelalter zurück reichende einzigartige Industrielandschaft aus Mühlen, Hammerwerken, Schleifstätten und Sägen entlang eines künstlich angelegten Gerinne mittlerweile wieder zu einem begehrten Stadtteil Steyrs wurde, nachdem seine komplette Ausradierung schon beschlossen war.[743]

Die Interpretation bestimmter **Themen** für diese Landesausstellungen bringt mit sich, dass auch die Architekten Querverbindungen in die Architekturgeschichte darstellen können. Das 1988 von *Klaus Kada* entworfene >Glasmuseum< in Bärnbach *(Abb. 12.6)* vermittelt anhand des Baues „gleichsam didaktisch die Sehnsüchte der Moderne, für die eben das Glas eine wesentliche Rolle spielte: die Auflösung der Baumasse in voneinander unabhängige Flächenteile, die innige Durchdringung von Außen- und Innenraum, die größtmögliche Transparenz aller Übergänge und Raumgelenke."[744] Im Kontrast zu den gitterartigen Stahl-

Abb. 12.6: Themenausstellung: >Glas<.

742   Otto KAPFINGER in: *Architektur im 20. Jahrhundert. Österreich*, S. 189

743   Vgl. STÖGMÜLLER, *Wehrgraben*

744   in: *Architektur im 20. Jahrhundert. Österreich*, S. 252

betonrahmen des alten Generatorenhauses der Bärnbacher Glashütte bestehen die umhüllenden Zubauten aus großformatigen horizontalen und vertikalen Scheiben, die sowohl vom Bestand als auch voneinander durch verglaste Flächen auf Distanz gerückt sind. Der spektakulärste Teil der Eingangshalle ist die rund zehn Meter hohe, sprossenlose Glaswand an der
Straßenfront, die an der Innenseite durch quer gestellte Glasrippen ausge-
steift, mit wenigen Metallhalterungen und Stahlseilen verzurrt und an der
Nordseite von einem Blechzylinder durchdrungen ist.

Dass diese Museen leider auch zu
toten **Denkmälern** werden können, verdeutlicht *Günther Domenigs* >Knappenmuseum< in Hüt-
tenberg-Heft *(Abb. 12.7)*, 1993 errichtet, auch wenn es die „seltene
Chance war, einen unglaublich
eindrucksvollen, kraftvollen archa-
ischen Bestand mit dem Inhalt der
Aufgabe und der zeitgemäßen
Aussage von Architektur in De-

Abb. 12.7: Kraftvolle Architektur für einen ar-
chaischen Bestand: >Knappenmuseum<.

ckung zu bringen",[745] wie der Architekt selbst meint. Höchst positiv
zu bemerken ist über viele der
Landesausstellungsbauten, dass sie sehr viel kraftvoller sind als alle Ausstel-
lungs-, Messe- und Kunsthallen, denn sie leben alleine durch eine intensive
Auseinandersetzung mit dem Ort, wohingegen der Hallentyp nur eine neutrale Hülle für wechselnde Inhalte ist, und daher zumeist auch örtlich aus-
tauschbar wäre.

12.2 Weltausstellungs- und Messehallen

Der Typ der Messe- und Ausstellungshallen erlebte seine Hochblüte im 19.
Jahrhundert. Er bezieht bis heute seine Faszination aus seiner spektakulären
Technologie, also aus Konstruktion und Material, wobei dies zur Entstehungszeit sicherlich nicht so empfunden wurde. Ausstellungshallen galten
wie Bahnhofshallen und Orangerien als reine Nutz- und Zweckbauten, wobei
aber doch auch ein Quantum Repräsentation vorhanden sein musste: *Carl
Hasenauers* als Triumphbogen gestaltete Eingangsfassade zum Industriepalast in Wien 1873, der Londoner >Kristall-Palaste< von 1851 oder die Pariser
>Galerie des Machines< 1867. Trotz dieser Bezüge zur traditionelle Bau-
kunst leben Weltausstellungen und Messen von zwei neuen Bautypen, der
Halle und dem Pavillon und zwar in ihrer Kombination neben und sogar ineinander. Pavillons, die in große Hallen eingebaut sind, bestimmen heute
noch den Messebau, nur werden sie mittleweile Ausstellungs-Kojen oder

---

745 DOMENIG, *Werkbuch*, S. 222

>Stände< genannt. Die architektonischen Kriterien sind die gleichen geblieben. Spezifikum der Weltausstellungen ist im Unterschied zur sonstigen Messearchitektur die Darstellung des Landes selbst als Produkt. Seit der Suche nach einer **nationaltypischen Fassade**, wie als Motto für die Pariser Weltausstellung von 1878 allgemein ausgegeben und mit der >österreichisch-ungarischen Fassade< von *Gustav Korompay* beantwortet,[746] ist dies die vorherrschende Aufgabe für die Architekten bei Weltausstellungen. Sie wurde mit unterschiedlichem Erfolg gelöst, wie der Vergleich der österreichischen Pavillons, **Einbauten** in die vom Veranstalter vorgegebenen Hallenstrukturen, zeigt: *Emil Bessler* 1893 in Chicago, *Otto Wagner* 1900 in Paris und *Eichinger oder Knechtl* mit *Peter Kogler* 2000 in Hannover.

Der auf der Wiener Weltausstellung in der Krieau 1873 mit **Industriepalast** benannte Hauptpavillon unterschied sich von seinen Vorgängerbauten, die noch als einheitliche Baustruktur von überdimensionaler Größe betrachtet wurden. Zwar war die gewählte Stilsprache immer noch eine pompöse Neorenaissance, aber der von *Siccardsburg & Van der Nüll* konzipierte Grundriss „kann als Summe der bisherigen Weltausstellungsbauten betrachtet werden. Er bestand aus dem üblichen rechteckigen Baublock, der jedoch nicht von einem oder drei, sondern von siebzehn Querschiffen durchkreuzt wurde. Es gab nur einen einzigen Mittelgang, der aber über 900 m lang war. Die Querschiffe waren geschlossen, sodass sich eine Fischgrätenstruktur ergab."[747] Diese **Struktur**, die sozusagen die Straßenzüge einer modernen Großstadt des 19. Jahrhunderts mit Blockraster und überdachten Einkaufsgalerien zu Ausstellungszwecken wiedergab, ist sicherlich aus dem Zusammenhang des großen Erfolges der >Rue d'Autriche< auf der Exposition Universelle 1867 in Paris entstanden, mit der die Österreicher auf die etwas komplizierte Gesamtstruktur des dortigen Ausstellungspalastes reagiert hatten[748]. Zudem passte diese Struktur zum Motto der Ausstellung 1873, das die rasante Entwicklung Wiens zur mitteleuropäischen Metropole und den Ringstraßenbau darstellte.

Trotz dieser Modernität in der Anlage der Innenräume ist die Gesamtanlage der Weltausstellungsbauten in der Krieau im Grundriss immer noch sehr deutlich der Schlossarchitektur zuzuzählen. Nicht nur die zentrale Axialität, die in der großen **Rotunde** gipfelt, sondern das gesamte Layout des Industriepalastes, ist als Großform ein typischer Schlosspalast mit vorgezogenen Seitenrisaliten als Flügelansätze und einer Kuppel als glanzvoll überhöhender Mittelpunkt. Dazu kommt als Nebenanlage die **Maschinengalerie**, beinahe so lang wie der Industriepalast selbst, aber sehr schmal, Typikum aller traditionellen Galerien im Schlossverband. Anders als in der bisherigen Repräsentativarchitektur, handelt es sich hier um keinen massiven Monumentalbau mehr, sondern um einen schmiedeeisernen und gläsernen Kern, der

---

746   FELBER / KRASNY / RAPP, *Smart Exports,* S. 71 ff.

747   MATTIE, *Weltausstellungen*, S. 28

748   Vgl. FELBER / KRASNY / RAPP, *Smart Exports,* S. 45

die typischen Elemente des Schlossbaus gleichsam als Kulisse vorgestellt bekam. Die Rotunde ist zwar vom allgemeinen Typ her eine Rippenkuppel von gigantischen 107 Metern Durchmesser, die von 32 Säulen mit je 24 Metern Höhe getragen wird, aber dennoch in ihrer Silhouette eher einem Zirkuszelt als bisherigen Kuppeln vergleichbar. Auf die Affinität von Kuppel und Pavillon im Schlossbau der europäischen Tradition wurde schon hingewiesen, doch auch eine Schlosssilhouette, die einer Zeltlandschaft ähnelt, ist in der Wiener Baukunst nichts Neues – wurde doch dem Belvedere immer nachgesagt, dass es die Zeltstadt der zweiten Türkenbelagerung Wiens in seiner Architektur reflektiere.

Bezeichnend für das mangelnde österreichische Selbstbewusstsein ist, dass sich die einheimischen Ingenieure nicht an die Konstruktion der Rotunde wagten. Man beauftragte den Engländer *John Scott Russell* damit und zeigte die spektakuläre Konstruktion von außen nur ansatzweise. Im Inneren war sie von den üppigen Verzierungen und dem gigantischen Kronleuchter mit 85 Metern Durchmesser verdeckt. Dennoch bewahrte dieses Abgeben der Verantwortung für die Ingenieurbaukunst an das Ausland nicht vor einem gravierenden **Baufehler**, der den Erfolg der Ausstellung neben der allgemeinen europäischen Finanzkrise sowie dem Ausbruch der Cholera empfindlich schmälerte. Das Dach des Ausstellungsgebäudes war undicht und das im ständigen Regen des Jahres 1873.

Die Entscheidung für ein rundes Bauwerk mit einer Kuppel war neu bei Weltausstellungen. Bisher gab es, abgesehen von kleineren Rundbauten, die schon 1855 in Paris zu sehen gewesen waren, nur eine Anregung von *Hittorf* für Paris 1855. Diese Ansätze entwickelten sich von Paris und Wien ausgehend zu den **Länderpavillons** aller späteren Weltausstellungen. Noch ein neues Konzept entstand aus diesen wichtigen ersten Weltausstellungen, nämlich das Konzept für **Freilichtmuseen**, das die Doppelmonarchie 1867 in Paris wählte, um sich mit einem >österreichischen Dorf< im Ausstellungspark, das die typischen ethnografischen Bauernhäuser des gesamten riesigen Staatsgebietes zeigte, als Agrarland darzustellen. Folgerichtig war für die Wiener Weltausstellung als Nachnutzung ein Getreidelager in der Maschinengalerie und eine Getreidebörse im Industriepalast vorgesehen, die vortrefflich mit den für die Weltausstellung verlegten Gleissystemen erschlossen gewesen wären.[749]

Der Vergleich dieser Ausstellungshallen des 19. Jahrhunderts mit heutigen zeigt deutlicher als alle anderen Bautypen den Einstellungswandel bei der **Dialektik** zwischen Technik und Kunst, die im Bauwesen immer noch den Ingenieur vom Architekten trennt. Die erste Phase, der die Wiener Weltausstellung zuzurechnen ist, fasst die Konstruktion mit architektonischen Elementen[750], wie *Achleitner* zur Innsbrucker Messehalle in der Ingenieur-Etzel-

---

749   Vgl. dazu auch: MATTIE, *Weltausstellungen*, S. 29ff.

750   ACHLEITNER, *Ö.Arch. 20. Jh., Band I*, S. 361

Straße anmerkt, die 1891 für die Prager Maschinenausstellung konzipiert, anschließend zerlegt und 1893 in Innsbruck wieder aufgebaut wurde. Dergleichen Bauwerke zeigen „jene vorfunktionalistische Phase der Architektur, in der den technischen Elementen noch keine autonome Rolle zugestanden wurde."

Ganz anders hingegen die Einstellung hundert Jahre danach, wenn beim 1994 eröffneten Linzer Designcenter *(Abb. 12.8)* von *Thomas Herzog* und *Wolfgang Kaufmann* „sowohl der Scheitel des Bogens als auch das Widerlager im Außenbereich, wo der Stahlbogen auf der Erde fußt, gleichsam emotionslos ausgebildet sind. Ohne Erinnerung an das Pathos des mechanischen Zeitalters, wie es in den Pariser >Galerie des Machines< kulminiert, wo demonstrativ

Abb. 12.8: Auch funktionell Nachfolger der technisch eindrucksvollen Weltausstellungshallen: >Design-Center< in Linz.

ausgebildete und expressiv ankämpfende Widerlager die Regel waren, schwingt sich der flache Bogen über die Weite."[751] Nur durch diesen Einstellungswandel ergeben sich Synergien zwischen Architektur und Bautechnik wie das geniale **Belichtungssystem** des Designcenters, das von den Architekten gemeinsam mit dem Lichtingenieur *Christian Bartenbach* für dieses Gebäude entwickelt wurde. Dieses Isolierglassystem erlaubt durch einen retroreflektierenden Raster von Lichtprismen, dass nur Streulicht durchgelassen, die direkte Sonneneinstrahlung jedoch weggespiegelt wird. Dadurch kommt beim Besucher – obwohl klima- und wettergeschützt – ein Gefühl auf, als würde man sich in einem milden Halbschatten bewegen, Ergebnis der gleichmäßigen Raumausleuchtung wie der heiteren Raumstimmung.

Eine andere, nicht minder spektakuläre heutige Ausstellungshalle ist der Hangar-7 *(Abb. 12.9)* in Salzburg, 2003 von *Volkmar Burgstaller* für die Red-Bull-Sammlung historischer Flugzeuge maßgeschneidert. Die Formgebung als schräg aus der Erde hervorquellendes **Himmelsgewölbe** mit zwei in die Glasschale eingeschnittenen, vertikalen **Zylindertürmen** für Büros, Lounges und Restaurant wird erst durch die heutige

Abb. 12.9: >Himmelsgewölbe< für einen Schau-Hangar historischer Flugzeuge.

---

751   Walter ZSCHOKKE in: *Architektur im 20. Jahrhundert. Österreich*, S. 266

computergesteuerte Produktionstechnik überhaupt ermöglicht, die 1754 unterschiedlich große, zum Teil speziell gebogene, Glastafeln für diesen Bau hervorzubringen hatte sowie Silikonfugen von rund 16 Kilometern Länge[752]. Das hätte wohl auch ausgereicht, um den lecken Industriepalast der Wiener Weltausstellung von 1873 erfolgreich abzudichten.

12.3 Künstlerhäuser, Kunsthallen und Kunsthäuser

Doch nicht nur die Leistungsfähigkeit der Nationalökonomien wird im 19. Jahrhundert in Hallentypen ausgestellt, auch Kunstwerke aller Art. Das renommierteste Ausstellungslokal der Wiener Künstler gegen Ende des 19. Jahrhunderts war zweifellos das Künstlerhaus am Karlsplatz, das 1865-68 nach Plänen von *August Weber* errichtet worden war. Allerdings sahen Kunstausstellungen damals etwas anders aus als heute: „Der schon genannte Basar- und Markthallencharakter des Künstlerhauses fand darin seinen pejorativen Ausdruck, dass man die Wände der Ausstellungssäle von oben bis unten mit Bildern tapezierte. Wenn es Usus war, dass jeder Erwerber sein Bild, wie es einmal heißt, als Weihnachtsgeschenk gleich mit nach Hause nehmen konnte, dann kam es zwangsläufig vor, dass für die restliche Dauer der Ausstellung mitten in der Wand ein Loch klaffte. Dergestalt bestimmten kommerzielle Interessen und überkommene Attitüden die spärliche Gestaltung der Ausstellungen."[753]

Abb. 12.10: Als temporärer Ausstellungspavillon konzipiert: Secession in Wien.

Die im Gegensatz zum Künstlerhaus nicht institutionell gebundenen **Ausstellungslokalitäten,** wie die Säle der Gartenbaugesellschaft, 1863-64 ebenfalls von *August Weber* entworfen oder im Sommer die nicht beheizbare Weltausstellungs-Rotunde, zeigen deutlich den sehr profanen Charakter damaliger Kunstausstellungen, eine Einstellung, die sich erst mit der 1897 von *Joseph Maria Olbrich* errichteten Secession ändern sollte. Dennoch zeigt auch Olbrichs erstes Projekt für die Wollzeile deutlichen Pavillon-Charakter, kein Wunder, war doch die Secession nur als **temporäre** Ausstellungshalle für zehn Jahre konzipiert, ein Schicksal, das sie mit der von *Adolf Krischanitz* 1992 entworfenen ersten Kunsthalle am Karlsplatz teilt. Erst nachdem dieses Projekt für die Secession an der Wollzeile vom gegenüber sich ansiedelnden k. k. Kriegsministerium übel zu Fall gebracht wird, weist die Gemeinde den sich vom Künstlerhaus abspal-

---

752 offizielle Beschreibung der Red Bull GmbH

753 FORSTHUBER, *Moderne Raumkunst,* S. 19

tenden Secessionisten unter Führung von *Gustav Klimt* und *Carl Moll* den heutigen Bauplatz mit der Auflage zu, dass das zu errichtende Gebäude von solider Konstruktion und dauerhaftem Material zu sein habe. Doch *Olbrich* bleibt bei seiner Idee, dass die Secession nicht mehr als ein **Ausstellungs-zelt** sein solle,[754] und verändert den Grundcharakter nur wenig: Der das Wollzeile-Projekt krönende Lorbeerblätterkranz mutiert zur von Innen nicht wahrnehmbaren Kuppel *(Abb. 12.10)*, aber nur, um dem Entree einen pseudosakralen Charakter[755] zu verleihen. Dahinter spannt sich in den drei Ausstellungsräumen ein weitestgehend undeterminierter Raum auf[756], der das Neue und den bis heute bestimmenden Unterschied zu den Künstlerhäusern davor und danach ausmacht. Die steil aufragenden Glasdächer über diesen, unter die *Olbrich* einen Nesselstoff spannte, der den Lichteinfall dämpfte und filterte, und damit das erste für einen Ausstellungsraum adäquate Belichtungssystem erfand, weckten bei einzelnen Kunstkritikern die Assoziation mit einem Gewächshaus, da diese Art bisher nur für Markthallen und Passagen verwendet wurde.[757]

Diese >Moderne Raumkunst< bestimmt die Kunstbauten bis heute, von *Peichls* Bundes-Kunsthalle in Bonn, 1986-92 erbaut, bis zu *Ortners* Leopold-Museum im neuen Wiener Museumsquartier. *Peichl* bezieht sich bei der Bonner Kunsthalle wie bei der 1988 zum Kunstforum umgebauten Länderbank auf der Freyung in Wien selbst in der Sprache einer „ornamentalen Ästhetik"[758] auf *Olbrich*. *Ortner* ergänzt das Konzept eigentlich nur um eine grandiose, dreidimensionale Verknüpfung der Räumlichkeiten um einen gedeckten Innenhof.

Abb. 12.11: Intelligente >Kiste mit Loch<: die neue Generation der Kunsthäuser.

Selbst die neuen Kunsthallen der Neunzigerjahre sind hinsichtlich der **Innenraumgestaltung** noch nicht recht weiter gekommen. Wenn beispielsweise die >Blaue Blase< des Grazer Kunsthauses von *Cook & Fournier*, 2003 eröffnet, den >Kisten< entkommen will, handelt sie sich damit unlösbare Probleme ein: „Museologische zwingt die runde Schale mangels gerader Hängeflächen zu freistehenden Installationen, die nicht nur hohe Kosten der einzelnen Ausstellungen verursachen, sondern auch den dramatischen Raumeindruck der beiden stützenfreien,

---

754 Vgl. FORSTHUBER, *Moderne Raumkunst*, S. 23

755 Otto KAPFINGER in: *Architektur im 20. Jahrhundert. Österreich*, S. 124

756 Vgl. FORSTHUBER, *Moderne Raumkunst*, S. 28

757 Vgl. FORSTHUBER, *Moderne Raumkunst*, S. 25

758 Dietmar STEINER in: *Gustav Peichl*, S. 20

übereinander liegenden Hauptsäle empfindlich beeinträchtigen. Vor allem Objektkunst wird deshalb reüssieren, Flachware kaum vorteilhaft präsentiert werden können. Die hermetische Ästhetik des Objekts im Objekt, die damit unterschwellig propagiert wird, führt zurück zur Frage der Angemessenheit"[759], kommentiert *Boeckl*. Zielführender sind da wohl die Ansätze der Kunsthäuser in Bregenz, 1991-97 von *Peter Zumthor* und Linz, 1998-2003 von *Weber + Hofer* geplant und errichtet, die sich explizit mit der architektonischen Hülle als Behältnis (Container) für Kunst auseinandersetzen. Vielleicht gelingt es den nüchternen Schweizern leichter, die latente Ornamentik des Kunstpavillons in minimalistische **Kisten** mit höchsten Ansprüchen an die Oberflächenqualitäten umzusetzen. Das Lentos *(Abb. 12.11)* ist zudem als >Kiste mit Loch< konzipiert, um die schöne Stadtsilhouette in Panoramaformat (als Replik auf den Topos Fotografie) einzufangen[760] und entgeht damit dem Vorwurf der Beliebigkeit der >Kunstkisten< hinsichtlich ihres Aufstellungsorts.

12.4 Ausstellungspavillons

Abb. 12.12: >Monumentaler Pavillon< oder >Kunstcontainer<: Hoffmanns Österreich-Bau für die Biennale in Venedig.

Neben der Dimension unterscheidet im Ausstellungsbau den Pavillontyp vom Hallentyp nur die Zeichenhaftigkeit, die die Attitüde der Monumentalität normalerweise zu vermeiden trachtet. Pavillons sollten vom Charakter her heitere und leichte Strukturen darstellen, jedenfalls dezidierte Gegensätzlichkeiten zur Monumentalarchitektur. Alleine *Josef Hoffmann* versteht es, sozusagen **monumentale Pavillons** zu entwerfen, wobei er mit seinem Biennale-Pavillon in Venedig *(Abb. 12.12)* 1934 den Typus der Kunstbox des 20. Jahrhunderts vorwegnimmt. „*Hoffmann* begann die Projektierung des Ausstellungspavillons für die Biennale, indem er in der für ihn gewohnten Weise auf ein formtypologisches Vorbild zurückgriff, das ihm schon mehrmals für Ausstellungspavillons gute Dienste geleistet hatte: die symmetrische Anlage mit je einer rechteckigen Galerie rechts und links von einem mittleren Verbindungstrakt."[761] Die anderen Beispiele, die *Sekler* hier anspricht, sind die Vorprojekte für den Biennale-Pavillon von 1912 und die Pariser Ausstellung von 1925.

759   Matthias BOECKL in: *architektur.aktuell 12.2003*, S. 88

760   Vgl. Wojciech CZAJA, „Schweizer Kiste mit Loch", in: Tageszeitung *Die Presse*, 17. Mai 2003

761   SEKLER, *Hoffmann*, S. 210

Hoffmann erzielt trotz Gestik und Symmetrie eine bis heute für Kunstausstellungen gültige Ästhetik, die „nicht zuletzt auf der zeitlosen Einfachheit des Grundkonzeptes und der Sparsamkeit in der Verwendung der Kunstmittel beruht."[762] Die leichte horizontale Rillung der Marmorfassade, „welche die kubischen Baukörper davor bewahrt, durch ungemilderte Massigkeit brutal zu werden", darf man heute zudem als Referenz an den seriellen, internationalen Transportcontainer lesen, wie das auch *Adolf Krischanitz* bei seiner ersten Kunsthalle am Karlsplatz so deutlich herausstrich.

Hoffmanns Ansätze zum modernen Ausstellungspavillon führt *Oswald Haerdtl* bruchlos weiter: War der Biennale-Pavillon von 1934 für *Hoffmann* der Abschluss einer Serie, wird ein ähnliches Bauwerk für seinen Schüler und Mitarbeiter *Haerdtl* zum Beginn einer bedeutenden Karriere. Schon 1935 entschließt sich das junge austrofaschistische Regime zu einem deklariert bescheidenen **Regierungspavillon** auf der Weltausstellung in Brüssel, der die dafür aufgewendeten öffentlichen Mittel zum Zwecke der Werbung für Wirtschaft und Tourismus gezielt einsetzen soll. *Haerdtl* setzt diese Forderung in einer riesige Fotocollage als Reliefdarstellung sehenswerter Produktionsstätten und Landschaften Österreichs im Inneren eines Baues um, der durch eine erweiterte Transparenz und die Wölbung der Hauptfassade eine Aktualisierung und Modernisierung des Hoffmannschen Pavillons darstellt, jedoch nicht die Radikalität anderer Entwürfe der jungen Avantgarde unter den österreichischen Architekten besaß.[763] Mit diesem Bau wird von *Haerdtl* die künftige Visitenkarte für das Selbstverständnis Österreichs als Land mit einem großen kulturellen Erbe und einer vermarktbaren Landschaft abgegeben.

Auf der Weltausstellung 1937 in Paris, die ein Spiegelbild der verschiedenen Ideologien abgab, die Europa in den nachfolgenden Jahren zerreißen sollten, kann *Haerdtl* als Wettbewerbssieger seine Konzeption von 1935 weitertreiben. Er verschafft Österreich durch seinen Pavillon in bemerkenswerter Weise ein transparentes und fragiles Image, indem er ihn recht deutlich von den ihn umgebenden Bauten eines monumentalen Klassizismus abhebt, den neben Deutschland und der Sowjetunion wider Erwarten auch die skandinavischen Länder und die Niederlande eingeschlagen hatten. Die Hauptfassade ist diesmal nicht gebogen, sondern eine ungeteilte **Vitrine**, durch die der Blick auf das gebogen angeordnete **Alpenpanorama** dahinter, eine Fotocollage von 10 auf 30 Metern, freigegeben wird. Insbesondere bei Nacht lässt sich dieser Schauraum zur Darstellung der Zähmung der wilden Gebirgslandschaft durch große Infrastrukturprojekte, wie die Großglockner-Hochalpenstraße, die Pack- und Gesäusestraße, als Ausblick aus einem österreichischen Hotelfenster lesen. Seitlich angebrachte Vorhänge unterstreichen dieses Vexierspiel eines >Fensters auf Österreich<. Durch eine neue Lichttechnik, die das Panorama nachts hinterleuchtete, sodass es als „über-

---

762 SEKLER, *Hoffmann*, S. 211

763 Vgl. FELBER / KRASNY / RAPP, *Smart Exports,* S. 118f.

dimensionales, weiß gerahmtes und leuchtendes Gemälde",[764] bekrönt vom weißen Wappenadler wahrgenommen wird, sticht *Haerdtl* sogar die von *Albert Speer* erfundenen Lichtdome, vertikal gerichtete Flakscheinwerfer, an Spektakularität aus. Dass ihm dies bewusst war, zeigt sein Vorentwurf für den Österreichischen Pavillon in Paris, in dem noch drei dieser Flakscheinwerfer vor dem in seiner Form nicht mehr veränderten, tatsächlich erbauten Pavillon bildbeherrschend aufgebaut sind.[765]

Nur folgerichtig, dass *Oswald Haerdtl* mit diesen beiden Weltausstellungspavillons „das legitime Erbe *Hoffmanns* als Arrangeur moderner Inhalte bei verschiedensten Messen und Ausstellungen"[766] im Inland antrat und Bauten wie seinen **Messepavillon** der Kabel- und Gerätefabrik Felten & Guilleaume auf dem Wiener Ausstellungsgelände, 1954 errichtet, zu Ikonen der Nachkriegsmoderne werden[767], wie *Stiller* meint. Auch *Boeckl* attestiert diesem Bau: „Das Ergebnis, ein baldachinartiges, filigranes Gerät, das wie von einer diaphanen Haut mit einer Glashülle umfangen wird, zählt zu den freiesten und konsequentesten Arbeiten der optimistischen Wiederaufbau-Phase der fünfziger Jahre. Typisch für die kulturelle Gesamtsituation ist allerdings, dass diese Haltung auf die temporäre Architektur für Ausstellungen beschränkt bleib und sich ansonsten kaum durchsetzen konnte."[768]

Abb. 12.13: Nachnutzung des erfolgreichsten Österreich-Pavillons auf Weltausstellungen als Kunstmuseum.

Umso erstaunlicher, dass auf dem Sektor der Weltausstellungspavillons nach *Haerdtl* nochmals eine Steigerung hinsichtlich architektonisch anerkannter Qualität möglich war und doch ist erst der nationale Pavillon in Brüssel 1958 von *Karl Schwanzer* der **erfolgreichste** Weltausstellungsbeitrag Österreichs aller Zeiten. Laut Positionspapier versuchte sich das Land in Fortsetzung der nun schon einmal eingeschlagenen Strategie „als Oase der Erholung und Entspannung zu präsentieren und seine geistige und wirtschaftliche Eingliederung in die europäische Völkerfamilie darzustellen". *Schwanzer* gelingt dies in der auch politisch interpretierbaren **Brückenmetapher** zwischen Ost und West anhand seiner Konstruktion des Pavillons: „Vier Stahlstützen auf quadratischem Grundriss trugen ein Auslegergeschoß für die Ausstellung. Das Erdgeschoß war offen und hatte in der Mitte einen Lichthof. Ein unter das Obergeschoß einge-

---

764   FELBER / KRASNY / RAPP, *Smart Exports*, S. 135

765   Siehe: Wettbewerbsprojekt - Perspektive, WV 127, in: STILLER, *Haerdtl*, S. 90

766   Matthias BOECKL in: *Architektur im 20. Jahrhundert. Österreich*, S. 174

767   Vgl. STILLER, *Haerdtl*, S. 141ff.

768   Matthias BOECKL in: *Architektur im 20. Jahrhundert. Österreich*, S. 174

schobener Baukörper war für ein Reisebüro sowie eine Lounge vorgesehen, ein weiterer Baukörper für einen internationalen Kindergarten", der aufgrund des intensiven Einsatzes und persönlicher Vermittlung parallel zur Informationsabteilung den Pavillon zu einem der beliebtesten Treffpunkte der Ausstellung machte. Zur unglaublichen Flut an Preisen, die dem Gebäude selbst und beinahe zwei Drittel der ausgestellten Objekte zuteil wurde, trug daneben die programmatische Abkehr von der üblichen industriellen Leistungsschau bei: „Nicht die Fülle von Objekten war das Credo der Ausstellungsmacher, sondern klare Bilder und die Konzentration auf Originalexponate und eigens für die Ausstellung entworfene Szenarien."[769]

Um „etwas vom Erfolg der Weltausstellung heimzuholen"[770], erhält der Pavillon als Museum des 20. Jahrhundert im Schweizergarten *(Abb. 12.13)* 1959 eine **Nachnutzung**, für die er nicht konzipiert war, aber anfangs als Einraummuseum für Zeugnisse aus einem Jahrhundert recht gut geeignet erschien[771]. Daher wurde der Bau im Erdgeschoß geschlossen und der Hof überdacht, wodurch es heute nicht mehr leicht fällt, die einstige Brückenidee wieder zu erkennen. „Der Pavillon schwebt nicht mehr über der Erde wie in Brüssel, sondern wird dem Eindruck nach von den Außenwänden getragen. Der einstige Lichthof geht nun unspektakulär in einem zweigeschossigen Ausstellungsraum auf. Der endgültige Garaus wurde dem Brückenprinzip erst vor einigen Jahren gemacht. Man spannte, um mehr Hängeflächen zu erhalten, weiß gestrichene Wände zwischen die Stahlpfeiler"[772], was wie eine Vorwegnahme des sich derzeit abzeichnenden Problems des Grazer Kunsthauses erscheint.

Obwohl der wieder von *Karl Schwanzer* entworfene Österreich-Pavillon auf der Weltausstellung von Montréal *(Abb. 12.14)* 1967 den Erfolg von 1958 nicht mehr wiederholen konnte, ist das Bauwerk selbst der Beginn einer Serie von Ausstellungs- und Messepavillons, die wiederum ein sehr innovatives Programm verfolgen, das bis heute in Variationen beibehalten wurde. Es geht nicht mehr um die transparenten, zarten und dadurch schwebenden Konstruktionen der modernen Archi-

Abb. 12.14: Die geometrischen Dreiecksflächen dieses Österreich-Pavillons werden zum Cover eines kanadischen Schulbuches. (Foto: Kingsbury MARZOLF)

769   Vgl. FELBER / KRASNY / RAPP, *Smart Exports*, S. 146-148

770   Friedrich ACHLEITNER in: *Architektur im 20. Jahrhundert. Österreich*, S. 175

771   Vgl. *Neue Architektur in Österreich 1945-1970*, S. 118

772   FELBER / KRASNY / RAPP, *Smart Exports*, S. 154

tektur, sondern um signalhafte Bauten auf Basis einer **zukunftsweisenden Geometrie**, wie die *Schwanzerschen* Dreiecksflächen aus Stahlbeton des Pavillons in Montréal, die es in Kanada bis auf das Cover eines gängigen Schullehrbuches über Geometrie schafften.[773] Die schrägen Flächen, die schon in Montréal einerseits als Dach, andererseits als Hülle dienten und in den Erdboden hinein verliefen, führen beim Messepavillon der Reformwerke in Wels, 1978 von *Karl Odorizzi* entworfen, dazu, dass das schräge Dach gleichzeitig als Podest für die auszustellenden Objekte dient, - im konkreten Fall von Landwirtschaftsmaschinen, die noch die steilsten Bergwiesen der Alpen zu bearbeiten vermögen.

Abb. 12.15: Erprobung des Österreich-Pavillons für die Weltausstellung in Sevilla als Schauraum in Klagenfurt.

Neben dieser positiven Multifunktionalität ergibt sich aus diesem Ansatz im Allgemeinen das Problem, dass zu wenig Raumhöhe auf zu großen Flächen unter der Außenhaut-Dachhülle vorhanden ist. *Volker Giencke* versuchte bei seinem österreichischen Weltausstellungspavillon für Sevilla 1992, diesem Mangel entgegenzuwirken, indem er das Niveau im Inneren generell absenkte, ein Ansatz, den er schon im Jahr zuvor beim Schau- und Lagerraum der Firma Odörfer *(Abb. 12.15)* in Klagenfurt erfolgreich ausprobiert hatte[774]. Der eskalierende, auch personelle, Streit zwischen **Ausstellungskonzept** und Architektur verhindert bei der Weltausstellung in Sevilla 1992 den durchschlagenden Erfolg dieses intelligenten Entwurfsgedankens, der bei aller Innovation das Potential in sich trug, die glanzvollsten Konzepte der bisherigen Weltausstellungsbauten zu vereinen. Die spektakulär unterspannte Konstruktion hätte sich leicht neben der besten Ingenieursbaukunst des 19. Jahrhunderts behaupten können und die Idee, die Bilder Österreichs von Innen auf die schräg stehende Glaswand des Pavillons zu projizieren, um sie von außen als nationale Fassade lesen zu können, steht ganz in der Tradition von Korompays Versuch einer österreichisch-ungarischen Fassade 1878 bis zu Haerdtls >Alpenpanorama< in Paris 1937.

---

773   Vgl. FELBER / KRASNY / RAPP, *Smart Exports,* S. 163

774   Vgl. TABOR / HASLINGER, *Architektur und Industrie,* S. 119

13 Aufführungsstätten

„Der englische Akustiker *Hope Bagenal* pflegte alle Auditorien in zwei Gruppen einzuteilen: solche mit der **Akustik** einer Höhle oder eines geschlossenen Raumes und solche mit Freiluftakustik. Aus der ersten Gruppe entstand der Konzertsaal, aus letzterer entwickelte sich das Theater."[775] Das, was hier *Forsyth* über **Bauwerke für Musik** festhält, lässt sich als gutes Gerüst einer Typisierung aller Aufführungsstätten verwenden, denn aus der Nutzung lassen sich bei dieser Gruppe von Bauten keine eindeutigen Rückschlüsse auf die Bauform feststellen. Die erklärt eine Vielzahl und die Unschärfe der gemeinhin verwendeten Bezeichnungen.

Die oben angeführten geschlossenen Räume sollte man im Allgemeinen als **Rechtecksaal** umschreiben. Das ist die Form des heute noch gebräuchlichen Konzertsaales, der unzweifelhaft aus dem Schlossbau stammt und genauso als Tanz- und Ballsaal, >Redoute< also, herangezogen wurde. Das erklärt, warum weder der Boden leicht ansteigend noch eine fixe Bestuhlung erwünscht war, also den Konzerten im Stehen und Umherwandeln gelauscht wurde. Der Grundriss basiert auf einem längs gerichteten Rechteck, wobei der Raum häufig Balkone oder Emporen an den schmalen Enden sowie schlanke Galerien entlang der Breitseiten aufweist. Dieses Faktum erzeugt erst zusammen mit der starken Reliefierung durch die üppige Wanddekoration eine gute Akustik für konzertante Aufführungen. Der Typus kommt im 20. Jahrhundert immer noch vor, häufig als Kinosaal, daneben aber genauso als Vortragssaal. Auch kleine Theatergruppen in der Tradition der früheren Wanderschauspieltrupps spielen heute in derartigen Sälen. Auch das höfische Theater hat so begonnen, wie das Logentheater veranschaulicht. Sein Zuschauerraum ist ebenfalls ein im Prinzip rechteckiger Saal, dessen Emporen und Galerien zu Logen ausgebaut sind. Sein Aufführungsbereich basiert in Form der **Guckkastenbühne** ebenfalls auf den Möglichkeiten des Rechteckraumes.

Der zweite Raumtyp, der am besten simpel mit Theater zu umschreiben ist, obwohl der angelsächsische Raum den Ausdruck **Auditorium** bevorzugt, lehnt sich an das **antike Theater** an. Dieses war ein Freilufttheater, wird in der europäischen Architekturgeschichte der Neuzeit aber aufgrund der raueren Witterungsverhältnisse nicht nur überdeckt, wie teilweise schon in der Antike, sondern komplett umschlossen. Der Typ taucht im großen Stile erst mit dem 19. Jahrhundert auf, sehr wahrscheinlich aufgrund archäologischer Erkenntnisse über die antiken Theater. Vorläufer ist *Andrea Palladios* Teatro Olympico in Vicenza, das aus einer ähnlichen Anregung durch das Studium der *Vitruvschen* Aufzeichnungen über die klassische Architektur des Altertums hervorgegangen ist. Im 19. Jahrhundert wird diese Theaterform, die im Unterschied zum Rechtecksaal sehr große Zuschauer- und Zuhörermassen

---

775 FORSYTH, *Bauwerke für Musik*, S. 3

zu fassen vermag, für Theater- und Schauspielhäuser sowie für Opernaufführungen der Raumtyp schlechthin.

Da einzelne Raumtypen für eine Art von Aufführung besser geeignet sind als für andere, besteht die ultimative Ausformulierung moderner Veranstaltungszentren in einem **Saalmix**. Das gilt für Festspielhäuser genauso wie für Kinokomplexe oder Gemeindezentren. Vorgänger existieren schon im 19. Jahrhundert, wobei die Idee aus den Residenzen der Fürstenhöfe vertraut ist, die schon immer verschiedene Saalkonfigurationen für verschiedene öffentliche Anlässe aufwiesen.

13.1 Aufführungs- und Veranstaltungssäle

Musiziert wurde nachweisbar seit dem Mittelalter in Sakralräumen, wobei die Musik auf diese speziellen Räume mit langen Nachhallzeiten komponiert wurde, aber auch die **Sakralräume** nach für **Musik** zutreffenden Kompositionsregeln ausgelegt waren. Auch auf den **Fürstenhöfen** wurde Musik aufgeführt. Das Vortragen mittelalterlicher Lieder auf den Burgen ist nachweisbar. Dennoch gab es keine eigens dafür entworfenen Räume: „In den Palästen und Fürstenhöfen Europas wurde ... im privaten Kreis vielfältig musiziert, meistens in irgendeinem passenden Ballsaal, einem Wohnraum, einem Salon oder einer Halle: Diese Räume waren nicht unbedingt nur für Musikaufführungen gebaut worden, da Orchestermusik im Gegensatz zur Oper keine speziellen Einrichtungen außer dem Orchester selbst erforderte."[776] So ist maximal in der Wand- oder Deckenausschmückung ein Hinweis auf diese Raumfunktion zu finden. In schon länger demokratischen Ländern wie England, wurde zudem für die Bürgerschaft in Wirtshäusern oder in Parks Musik **öffentlich** zur Aufführung gebracht. Die Gründung von Musikgesellschaften und Vereinen führte zur Errichtung von eigenen **Konzerthäusern**, nachdem zuvor existierende Räumlichkeiten adaptiert wurden, wie das alte Leipziger Gewandhaus vorführt, das 1780-81 durch Umwandlung des Tuchbodens über dem Bibliotheksgebäude des Gewandhauses entstanden war.[777]

Einer der ältesten auf österreichischem Territorium nachweisbaren **Konzertsäle** ist der >Große Saal<, heute >Haydn-Saal< im Eisenstädter Schloss, das 1663-72 durch Umbau der mittelalterlichen Burg von *Carlo Martino Carlone* und *Sebastiano Bartoletto* entstand. In diesem rechteckigen Saal für etwa 400 Zuhörer mit einer bemalten, gewölbten Decke und tiefen Fensternischen an den Seitenwänden, ist die erste bauliche Maßnahme zu einem Konzertsaal gesetzt worden, als *Joseph Haydn*, seit 1761 zweiter Kapellmeister, vor seinem ersten Konzert verlangte, dass ein **Holzboden**, der heute noch dort liegt, über dem vorhandenen Steinboden aufgebracht wird, um damit ein Schwingen des Fußbodens zu erreichen und so den starken Nachhall in den tiefen Frequenzen zu verkürzen. Die Fürsten Esterházy führten

---

776 FORSYTH, *Bauwerke für Musik*, S. 21

777 Vgl. FORSYTH, *Bauwerke für Musik*, S. 61

diese Tradition, ihr starkes musikalisches Engagement durch ihre Bauten auszudrücken, in Schloss Esterháza, der Residenz von *Nikolaus I.*, fort, das ab 1762 errichtet wurde und einen Konzertsaal (1766 fertig gestellt), ein Opernhaus für italienische Opern (1768 fertig gestellt), ein Marionettenthea-ter (1773), als Grotte mit Steinen und Muscheln auch an den Wänden und in den Nischen ausgeführt, und ein besonderes >Haus für die Musiker< (1768) umfasste, in dem die Mitglieder des Orchesters und die durchreisenden Opernsänger und Theatertruppen wohnten. Wegen der vielen Besucher durf-ten die zum Hof gehörenden Musiker, die meist aus Wien waren, ihre Ehe-frauen nicht mitbringen, was den Anlass für *Haydns* >Abschiedssymphonie< abgab, um den Fürsten darauf hinzuweisen, dass es Zeit sei, die Musiker in Urlaub zu schicken. Der Konzertsaal in Esterháza für 200 Personen ent-spricht mit einem trockenen, klaren, Klang immer noch den Bedingungen heutiger kleiner Konzertsäle.[778]

Auch in der Reichshauptstadt sind die Redoutensäle in der Wiener Hofburg bis zur Eröffnung des heutigen, zweiten Musikvereinsgebäudes 1870, die Hauptveranstaltungs- und Musikaufführungssäle. Sie gehen auf das >Komö-dienhaus am Tummelplatz< zurück, einem 1629-31 erbauten **Tanzsaal**, der durch die 1744-48 erfolgten Umbauten von *Jean Nicolas Jadot* erst seine heutige Struktur als Konglomerat von zwei Rechtecksälen erhielt. Der >Klei-ne Redoutensaal< weist abgerundete Ecken und eine konchenartige Auswei-tung an der nördlichen Längswand auf, der >Große Redoutensaal< geht nach wie vor auf die Rechteckanlage des Tanzsaales von 1630 zurück und bekommt beim Ausbau 1769-72 durch *Nicolaus Pacassi* mittig an den Lang-seiten Balkons eingesetzt, die in den 1770er Jahren von *Franz Anton Hille-brand* zu einer umlaufenden **Galerie** erweitert werden.[779] Trotz diverser Um-bauten und Dekorationen für Opernaufführungen werden die beiden Säle hauptsächlich für gesellige Veranstaltungen und Bälle benützt, für die *Haydn*, *Mozart* und *Beethoven* Tänze schrieben.

1812 wird in Wien eine **musikalische Vereinigung** gegründet, die sich 1813 den Namen >Gesellschaft der Musikfreunde des österreichischen Kaiser-staates< gibt, und 1825 vom Grafen *Kolowrat* ein Haus am Tuchlauben er-wirbt, das 1829-30 von *Franz Xaver Lössl* zum >Alten Musikverein< umge-baut wird. *Lössl* gliedert die hochrechteckige **Fassade** in eine dreiportalige Sockelzone mit zarter Rustika sowie ein Hauptgeschoß, das mit einer Abfol-ge von fünf schmalen Fenstern zwischen Pfeilern und einem segmentförmi-gen Fenster darüber die Lokalisierung des Konzertsaales eindeutig signali-siert. *Wagner-Rieger* meint, dass diese Lösung an *Schinkel* erinnert, und bemerkt, „dass die Einheitlichkeit der Komposition für die gesamte Fassade bezeichnend ist, die eine Zerlegung in Geschosse und Fensterachsen be-deutungslos erscheinen lässt."[780]

---

778 Vgl. FORSYTH, *Bauwerke für Musik*, S. 53ff.

779 Vgl. DEHIO, *Wien I – Innere Stadt*, S. 439f.

780 *Klassizismus in Wien*, S. 136f.

Auch das neue, heutige, Musikvereinsgebäude, 1866-70 nach Plänen von *Theophil Hansen* in den Neorenaissanceformen des Strengen Historismus erbaut, steht in der Tradition von *Karl Friedrich Schinkel*, diesmal mit dem Deutschen Schauspielhaus in Berlin als Vorbild. Der monumentale Baublock über querrechteckigem Grundriss mit basilikalem Querschnitt enthält im erhöhten Mitteltrakt den >Großen Musikvereinssaal< und in den niedrigeren Seitentrakten den Brahms- und den Kammersaal und Musikzimmer.[781] Der >Große Saal< folgt der im späten 19. Jahrhundert erfolgreichsten und am häufigsten nachgeahmten **Schuhschachtel-Form** des rechtwinkeligen Konzertsaals für Aufführungen von Orchester- und Chorkonzerten, „schmal mit hoher Decke, einem ebenen Fußboden, einer erhöhten Bühne an einem Ende und einer umlaufenden Galerie. Er hat viel Nachhall und einen üppigen, vollen Klang, der gut zur Musik dieser Zeit passt."[782]

Abb. 13.1: Die äußere Formensprache des Musikvereinsgebäudes von *Hansen* weist starke Ähnlichkeiten mit dem Südbahnhofgebäude von *Flattich* auf.

Der >Große Saal< des Musikvereinsgebäudes wird wegen seines reich vergoldeten Schmuckes von zweiunddreißig Karyatiden, die mit den dahinter stehenden ionischen Säulen die seitlichen Galerien, die rückwärtige Empore und den Orgelchor tragen sowie seiner guten Akustik wegen, >Goldener Saal< genannt: „Das Raumvolumen und die harten, verputzten Wände ergeben einen vollen, reichen Bassklang, wegen der geringen Breite und der strukturierten Oberfläche wird jeder Platz unmittelbar mit Schallreflexionen versorgt, so erhalten die Streicher einen besonders schönen, klaren Ton"[783], analysiert *Forsyth*. In der Außenerscheinung *(Abb. 13.1)* unterscheidet sich das Musikvereinsgebäude hinsichtlich funktioneller Ausdrucksform nicht von *Wilhelm Flattichs* Südbahnhof, was sehr anschaulich darauf hinweist, welche Probleme man bei der Formgebung von Gebäuden mit neuen Funktionen hatte. Es existiert dafür weder eine Symbolik noch eine Signalhaftigkeit.

Mit den beiden Musikvereinsgebäuden lässt sich in der Entwicklungsgeschichte des Veranstaltungs- und Aufführungssaales eine Unterscheidung in Konzertsäle einerseits und **Vergnügungssäle** andererseits feststellen. Zuvor wurden alle derartigen Säle sowohl für Konzerte als auch für Bälle, Ballette, Theater- und Opernaufführungen ohne Unterscheidung gemischt genutzt, was den Nachvollzug der diversen Räumlichkeiten im Hofburg-Konglomerat

---

781   Vgl. DEHIO, *Wien I – Innere Stadt*, S, 516

782   FORSYTH, *Bauwerke für Musik*, S. 205

783   FORSYTH, *Bauwerke für Musik*, S. 208

– Redoutensäle, Hofoper, Hoftheater – sehr erschwert. Definiert wurde die Nutzung all dieser Räume über die **Dekoration**, die nicht wie heute nur den Bühnenbereich umfasste, sondern den ganzen Saal. Auch der Apollo-Saal, 1808 vom Armeelieferanten *Sigmund Wolffsohn* in der entlegenen Vorstadt des Brillantengrundes als Vergnügungslokal errichtet, das auch der Hochadel samt Kaiser besuchte, ist ein Saalkomplex aus diversen Tanz-, Gesellschafts- und Speisesälen. „Nach Wunsch des Bauherrn kontrastierte die einfach gehaltene, einstöckige Fassade gegen die Zieglergasse zur prunkvollen Ausstattung im Inneren, die ... laufend verändert wurde. In den zeitgenössischen Beschreibungen werden dabei die Theatermaler *Gail* und *Sacchetti* als Dekorateure genannt. Tatsächlich baute sich die Wirkung der Räume aus einer abwechslungsreichen Aneinanderreihung theaterhafter Effekte der Zeit auf, die ein anspruchsloses architektonisches Gerüst verdeckten."[784] Dies erklärt, warum sich der Apollosaal ab 1839 so einfach als Arbeitssaal einer Kerzenfabrik verwenden ließ, bis er 1876 durch einen Brand zerstört wurde.

Auch das seit dem Umbau 1975-80 durch die *Werkgruppe Graz* als Kongreßzentrum genutzte **Saalkonglomerat** um den Stephaniensaal in Graz zeigt von Anfang an eine wechselnde Geschichte an Raumfunktionen, 1882-85 wurde der Trakt zur Schmiedgasse nach Plänen von *Matthias Seidl* als Steiermärkische Sparkasse erbaut, wobei erst der entscheidende Ausbau von 1905-08 durch *Leopold Theyer* nicht nur eine einheitliche Erscheinung des Blockes in späthistoristischen-secessionistischen Fassaden[785], „sondern vor allem eine vielfältige wirtschaftliche und kulturelle Nutzung brachte. ... Der Ausbau zu einem Kongreßzentrum gab dem sehr unterschiedlichen Raumangebot wieder eine übergeordnete Funktion, wobei neue Maßnahmen, wie der Einbau des Steiermarksaals als Mehrzwecksaal in den ehemaligen Hof, die Schaffung von Versorgungs- und Nebenräumen und die Wiederherstellung der historisch wertvollen Säle (Kammermusiksaal, Stephaniensaal, >Blauer Saal<) und des Vestibüls mit der Prachtstiege zu einem beachtlichen Raumensemble führten, dessen Geschichte sich auch in der vielfältigen Nutzung widerspiegelt,"[786] wie *Achleitner* meint.

Wie schwer es vor allem für die Architektur des 20. Jahrhundert ist, für Veranstaltungs- und Aufführungssäle eine adäquate Baukörper- und Fassadensprache zu entwickeln, zeigt beispielhaft der Umbau der Innsbrucker Stadtsäle und Kammerspiele *(Abb. 13.2)* 1957, bei dem immerhin mit *Franz Baumann* einer der aufregendsten Wegbereiter der modernen Architektur in den Dreißigerjahren, am Werk war. Um der „schwer wirkenden Gründerzeitarchitektur mit imperialem Ausdruck", die stark Bomben geschädigt war, „einen neuen Ausdruck für die junge Demokratie" zu verleihen, wählt *Baumann* ei-

---

784   *Klassizismus in Wien,* S. 130

785   DEHIO, *Graz,* S. 101

786   ACHLEITNER, *Ö.Arch. 20. Jh. Band II,* S. 343

nen uns heute vollkommen nichts sagenden internationalen Stil.[787] Es scheint, dass die Architektur des 20. Jahrhunderts bei derartigen Saalbauten lange Zeit größte Probleme hat, eine würdige Nachfolge für die Raumdekorationskunst der Theatertradition der vorherigen Jahrhunderte zu finden.

Abb. 13.2: Vollkommen nichtssagender internationaler Stil: Stadtsäle Innsbruck.

13.2 Theater

Das Theater als Bauform artikulierte sich schon in der Antike immer dann, wenn es sich als Unterhaltung und nicht ein religiös motiviertes **Ritual** mit größtmöglicher aktiver Teilnahme des Publikums verstand. Diese Tradition fand im Mittelalter in Europa eine Fortsetzung in den kirchlichen Passionen. Die Ausformulierung des antiken Theaters als unverkennbares Gebäude im vierten vorchristlichen Jahrhundert symbolisiert bereits die Institutionalisierung des Repertoire-Theaters, eine Entwicklungsgeschichte, die sich im höfischen Theater der Barockzeit in Europa wiederholen sollte. Auch hier erstarrt das zuvor recht lebendige **Logentheater**, das in der Spätrenaissance entstanden war und auf dem Dialog zwischen dem erhaben oder komisch agierenden Schauspieler auf der Bühne und der im Logenrund befindlichen höfischen Gesellschaft aufbaute. Das Logentheater erfüllte vor allem eine gesellschaftliche Funktion, wie sie uns heute noch beispielsweise der Wiener Opernball vorexerziert. Klarerweise war das Geschehen auf der Bühne unter diesen Rahmenbedingungen nur eine Nebenerscheinung und folgerichtig die Aufgabe des Theaterarchitekten, den gesamten Raum und nicht nur die Bühnenkulisse zu gestalten. Den bauwütigen Barockherrschern bot sich unter diesen Bedingungen die Möglichkeit zur uneingeschränkten Entfaltung architektonischer Phantasie. Nicht der dargestellte Inhalt der Stücke, noch die schauspielerische Leistung, allein das sich permanent verändernde **Bühnenbild** einschließlich der dafür erfundenen Mechanismen bot den Augenschmaus, der akustisch von den unbeweglich ihre Rollen absingenden Hofsängern und Hofsängerinnen untermalt wurde.[788]

---

787 HAMBRUSCH / MORODER / SCHLORHAUFER, *Baumann,* S. 210

788 Vgl. dazu: Sokratis DIMITRIOU, „Mimus und Theaterraum einst und heute", in: *architektur & bauforum 1*1998* (Nachdruck der Ausgabe 1968), S. 60-62; hier: S. 60f.

Dies ist der Status der Theaterbau-Entwicklung, der dem Opernhaus in der Wiener Hofburg im 17. und 18. Jahrhundert seinen architektonischen Stempel aufdrückt und erklärt, warum zwischen Oper und Theater als Bauform in dieser Zeit nicht unterschieden werden kann. Das >Komödienhaus am Tummelplatz<, als Tanzsaal Vorgänger der Redoutensäle, stand schon, als auf der Kurtine 1665-66 von *Ottavio Burnacini* das erste, noch hölzerne Hofopernhaus errichtet wurde, das dann während der Türkenbelagerung 1683 aus militärischen Gründen abgerissen und 1687 wieder aufgebaut wurde. 1699 brannte es endgültig nieder und wird durch das >Opernhaus am Rietplatz<, 1706-08 von *Francesco Galli-Bibiena* erbaut, ersetzt. *Galli-Bibiena* stammt aus einer **Familie** von spezialisierenden Architekten und Theaterbaumeistern, deren Beitrag zur Oper über ein Jahrhundert oder drei Generationen lang, immens war. Der Herkunftsort der Familie lag bei Bologna, doch sie waren am kaiserlichen Hof in Wien tätig, von wo sie sich über ganz Europa als Architekten von Opernhäusern, Erfinder von Theatereffekten und brillante Entwerfer fantastischer Theaterdekorationen und pompöser Musikfeste ausbreiteten und Ruhm erlangten. Schon *Burnacini* war von der Familie *Galli-Bibiena* als Planer des rechteckigen Logenbaus an den Wiener Hof empfohlen worden, in den dann die *Galli-Bibienas* ihre illusionistischen Dekorationen, zumindest Decke und Bühnenraum umfassend, setzten. *Francesco Galli-Bibienas* neuer Bau des >Opernhauses am Rietplatz< war zeitgemäßer als *Burnacinis* **Hofopernhaus** und umfasste zwei Theater, ein großes für festliche Opernaufführungen und ein kleineres für musikalische Komödien und Schauspiele. 1744 brannte dieses Bauwerk nieder und wurde zu den Redoutensälen *(vgl. Abb. 1.8)* umgebaut, die ebenfalls diese Struktur von zwei Sälen, einen großen mit ungefähr 1500 Plätzen und einen kleinen für 400, aufweisen.[789]

Mit der Erstarrung des Theaters zur Hofoper während der Barockzeit werden die guten Schauspieler von der Hofbühne verdrängt, beziehungsweise durch statisch agierende Opernsänger ersetzt. Sie können daher nur als Komödianten ihre bis zur Akrobatik gehenden Bewegungskünste und sprachlichmimische Ausdruckskraft unter Beweis stellen. Dies führt dazu, dass der Kaiser in Wien 1709 das Kärntnertortheater den Wanderkomödianten als steinernes Schauspielhaus anstelle ihrer feuergefährlichen, hölzernen **Komödienbuden** zur Verfügung stellt. Der berühmte Hans-Wurst-Darsteller *Josef Anton Stranitzky* pachtet dieses noch als Hoftheater zu bezeichnende Haus von 1709-26, um darin ein künstlerisches Stehgreiftheater aus den höfischen Prunk- und Zauberopern zu entwickeln[790]. Es brennt 1761 ab, wird 1763 nach Plänen des Hofarchitekten *Nikolaus Pacassi* neu erbaut[791] und erst 1888, nach Vollendung des Burgtheaters an der Ringstraße, abgebrochen. Auch wenn das Kärntnertortheater wie später das Burgtheater als **Hof-**

---

789   Vgl. FORSYTH, *Bauwerke für Musik*, S. 80f.

790   Vgl. *Österreich-Lexikon Band II*, Wien 1995, S. 457

791   CZEIKE, *Wien. Geschichte in Bilddokumenten*, S. 97

theater eingereiht werden, da sie im Hofburgverband zu betrachten sind, ist es doch eine erster Schritt zu einem öffentlichen Theater, wie *Forsyth* im Zusammenhang mit einer Unterscheidung der vermeintlichen zwei unterschiedlichen Gebäudetypen Oper und Theater preisgibt: „Der bauliche Unterschied zwischen dem Opernhaus und dem gewöhnlichen Theater ist oft nicht ganz klar. *George Saunders* schreibt in seinem >Treatise of Theatres<, London 1790, dass das Opernhaus Logen, das Theater dagegen nur einfache Galerien habe, was den sozialen Unterschied zwischen beiden widerspiegele: Oper war das Vorrecht für jene vom ersten **Rang**, während Schauspiel für jede Klasse des Volkes war."[792]

Die weiteren Entwicklungen zu einem **bürgerlichen**, unhierarchischen, **Theater** spielen sich nicht unerwartet im Zuge der gesellschaftlichen Umwälzungen gegen Ende des 18. Jahrhunderts vor allem in Frankreich ab, wobei die baulichen Vorbilder in den antiken Theatern und Amphitheatern zu finden sind und daher zuerst in Italien ausprobiert wurden. Nicht nur *Palladio*, auch *Carlo Fontana* hatte bereits Formen ausprobiert, auf die unter anderen *Claude-Nicolas Ledoux* bei seinem Theater in Besançon, 1784 eröffnet, zurückgreifen kann. Dennoch ist neu, dass das Theater, das bisher entweder als **Privatvorstellung** vor dem Fürsten und maximal in den Appartements aristokratischer Stadtvillen oder aber als populäres Spektakel auf Marktplätzen, Festwiesen und Ballspielplätzen stattgefunden hat, in den Schutz eines öffentlichen Bauwerks zum Vergnügen des Provinzbürgertums gestellt wird.[793] Natürlich stoßen die neuen Theaterformen mit aufsteigenden Sitzreihen, die nicht mehr der gesellschaftlichen Hierarchie mit **Logen** für Adel und Hof und dem **Parkett** für die Bürger Tribut zollen, auf Widerstand, doch *Ledoux* argumentiert geschickter als vor ihm *De Wailly* und macht zudem Zugeständnisse in Form von Rängen. Er beseitigte die geschlossenen Logen, um mit Transparenz die Sittlichkeit im Zuschauerraum zu fördern, und erfindet zudem den Orchestergraben.[794]

Bis ins 18. Jahrhundert gab es in Wien als erstes nachweisbar öffentliches Theater einen hölzernen **Rundbau** in der Hetzgasse im 3. Bezirk, von dessen Tribünen vor allem **Hetzjagden** wilder Tiere beobachtet werden konnten. Daneben existierten aber auch anspruchsvollere **Privattheater,** wie das 1787 in der südöstlichen Ecke des fürstlich Starhembergschen Freihauses errichtete Theater, in dem sein Direktor *Emanuel Schikaneder* unter anderem die Opern von *Mozart* aufführen ließ. Obwohl *Joseph II.* bereits das Theatermonopol der adeligen Pächter beendet, **Spektakelfreiheit** angeordnet[795] und damit das kaiserliche Privileg auf Theater aufgelassen hatte, unterlagen diese privaten Theater doch einer starken Zensur. Folgerichtig treten sie als

---

792   FORSYTH, *Bauwerke für Musik*, S. 72

793   Vgl. Anthony VIDLER, *Claude-Nicolas Ledoux*, Basel (Birkhäuser) 1988, S. 87

794   Vgl. VIDLER, *Ledoux*, S. 93 ff.

795   Vgl. *Klassizismus in Wien,* S. 123

Bauten bis zum 1800-01 errichteten Theater an der Wien nicht besonders auffällig in Erscheinung. Doch auch den höfischen Theatern zuvor muss attestiert werden, dass offensichtlich die äußere Gestalt nicht wirklich ein Thema war, wie beispielsweise ein zeitgenössischer Stich zu *Pacassis* Kärntnertortheater-Neubau von 1763 vor Augen führt. Die höfischen Theater waren genauso in einen Baukomplex **integriert,** wie die bürgerlichen Theater des späten 18., beginnenden 19. Jahrhunderts: „Weder das Kärntnertortheater noch das Leopoldstädter Theater und sicherlich auch das 1788 erbaute Theater in der Josefstadt, von dem keine Außenansicht erhalten ist, stachen in ihrer Erscheinung von den umgebenden Häusern sonderlich ab."[796]

In diesem Zusammenhang ist auf das Stadttheater von Grein an der Donau zu verweisen, mit dem die Greiner Bürger nach Aufhebung des Klosters unter anderem die notwendigen finanziellen Mittel zur Versorgung der Armen aufbrachten[797]. Auch dieser im Obergeschoss des ehemaligen Getreidespeichers des Rathauses eingebaute **Theatersaal** *(Abb. 13.3)* von 1790-91 ist von Außen nicht zu erkennen. Sein historisches Erscheinungsbild, ein rechteckiger, zur Bühne hin abfallender Zuschauerraum mit **Sperrsitzen** und

Abb. 13.3: Theatersaal im Rathaus von Grein: Sperrsitze und Bühnenvorhang mit Stadtvedoute.
(Foto: Herbert KLEIN)

einer eingeschossigen, halbkreisförmigen Galerie auf schlanken Holzsäulen ist weitgehend erhalten und seit seiner Vermietung 1792 an Komödianten fast unterbrechungslos bis heute bespielt. Besonderheiten sind das Fenster aus dem Gemeindekotter, eine Abortnische mit Vorhang für den Blickkontakt zur Bühne sowie rechts vor der Bühne eine Loge mit hölzernem Vorhang. Die nicht abgeschnürte Guckkastenbühne zeigt einen Bühnenvorhang, der mit der **Stadtvedoute** von Grein bemalt ist[798], was auf die Analogie vom Theater als Mikrokosmos der Stadt[799] hinweist, in dessen Tradition sich die bürgerlichen Schauspielhäuser der Komödianten im Unterschied zu den Opernhäusern des Hofes verstanden. Die fixen Bühnenbilder von *Ledoux* für das Stadttheater von Besançon 1784 und von *Schinkel* für das Berliner Schauspielhaus am Gendarmenmarkt 1821, die von der Architektur- und Kunstgeschichte als so bemerkenswert hervorgehoben werden, vermitteln

---

796   *Klassizismus in Wien,* S. 128

797   Prinzipal Michael GERT über „Das Stadttheater von Grein von 1791" in der Broschüre zu den Sommerspielen 2004

798   Vgl. DEHIO, *Oberösterreich – Mühlviertel,* S. 226f.

799   Vgl. VIDLER, *Ledoux,* S. 97

nicht mehr oder weniger. Jedenfalls ergibt die Stadt als Theaterkulisse in Gebäuden mit Fassaden ohne jeden Hinweis auf ihre Funktion innerhalb der Stadt, eine feine Dialektik.

Doch zurück zu den oben genannten ersten **bürgerlichen Theatern** Wiens, dessen ältestes das Theater in der Leopoldstadt ist, 1781 nach Plänen des kaiserlichen Wasserbaudirektors *Jean Baptiste Brequin* unter Bauführung des bürgerlichen Baumeisters *Peter Mollner* errichtet, nachdem *Karl von Marinelli*, Mitglied der aus Baden kommenden Wanderschauspielertruppe von *Matthias Menninger*, 1780 das kaiserliche Privilegium für alle Arten von Schauspiel und Pantomimen mit Ausnahme des Balletts erhalten hat. Das Theater lag recht günstig auf dem Weg zum Prater an der Jägerzeile, heute Praterstraße, wobei der eigentliche Theaterbau sich entlang der Komödiengasse erstreckte. Der zwei überdachten Eingänge, die sich in der Fassade zur Jägerzeile im Sockelgeschoß unter den zwei Stockwerken mit neun Fensterachsen abzeichnen, führen einerseits über diesen Quertrakt direkt in den Zuschauerraum, andererseits über den **Theaterhof** seitlich ebenfalls dorthin. „Das Leopoldstädter Theater zeigt mit seiner Wandaufschichtung dieselbe Fassadengestaltung, wie sie für die Bürgerhäuser in den Vorstädten des ausgehenden 18. Jahrhunderts typisch war"[800], und keinerlei repräsentative Gestaltung, ganz so, wie es auch für das Josefstädter Theater zu vermuten ist. Die Pläne *Josef Allios* für den ersten Bau dieses Theaters 1788 geben nur Grundriss und Querschnitt wieder. Es ist aber bekannt, dass der Bau im Garten des Hauses >Zum goldenen Straußen< lag und **keinen direkten Zugang** zur Straße hatte. Erst der zweite Bau, von *Josef Kornhäusel* 1822 erbaut, dreht das Theater um 90 Grad, wobei 1841 ein Straßenteil hinzugefügt wird, sodass die Fassade des Theaters von nun an im Hof eines Wohnhauses zu liegen kommt, den man seit weiteren Umbauten im 19. Jahrhundert, als Foyer und geschützt zu durchqueren kann.

Abb. 13.4: Frühes bürgerliches Theater an der Wien: Seitenansicht mit Papagenotor.

Die Fassade des zweiten Theaters in der Josefstadt ist schon eine Weiterentwicklung der Fassade des Theaters an der Wien *(Abb. 13.4)*. Erbaut 1800-01 gegen das Böhmische Gassl, mit plastisch ausgeschmücktem Mittelrisalit – unter anderem der Papagenogruppe über dem von Doppelsäulen flankierten Portikus – versucht man erstmals einer **Theaterfassade** einen unverwechselbaren Charakter zu geben. *Kornhäusel* ließ hingegen bei seinen Theaterfassaden den Portikus weg. Vorläufer der josefstädter Fassade war die Front des Badener Stadttheaters, von *Kornhäusel* 1811-12 errichtet, die einen

---

800 *Klassizismus in Wien*, S. 123

blockartigen Risalit mit Bänderung der Sockel- und der Seitenzonen aufweist, in dessen glatter Mittelfront über dem Portal ein dreiteiliges Fenster in Form des Palladiomotivs eingelassen ist. Die Fassade des Josefstädter Theaters ist ähnlich, nur schwingt sie konkav vor.[801]

Zweifellos der einflussreichste Theaterneubau ist der des Theaters an der Wien 1800-01, als dessen Schöpfer der Steinmetz *Franz Jäger der Ältere* angesehen werden muss, auch wenn die Einreich- wie Detailpläne vom Baumeister *Josef Reymund dem Jüngeren* stammen und auch der Hofarchitekt *Johann Aman* in diesem Zusammenhang aufscheint.[802] Es geht auf die Initiative *Emanuel Schikaneders* zurück, löste dessen 1789 geschlossenes Theater im Freihaus ab, war zum Zeitpunkt seiner Vollendung das größte Theater Wiens und blieb es auch lange Zeit. Auch dieses Theater ist noch nicht freistehend, sondern mit zwei älteren Gebäuden verbunden, in denen die Direktionsräume, Kanzleien, Proberäume, aber auch Wohnungen unterkamen.

Als vorbildlich galt vor allem die **Innenausstattung** in einer Silber-Blau-Kombination, die als Vorbild sowohl für die Umgestaltung des Leopoldstädter wie des Josefstädter Theaters erwogen wurde. Letzteres sollte aber in den Zwanzigerjahren des 20. Jahrhunderts ein ganz anderes Erscheinungsbild annehmen: „Als der Bankier *Camillo Castiglioni* überraschend *Max Reinhardt* das Angebot machte, ihm ein Theater zu schaffen, entschied er ..., dass das baufällige Haus eine Architektur bekommen sollte, die es in einer zeitlos-phantastischen Theaterwelt an sich darstellt, also gewissermaßen Theater im Theater ins Architektonische transformiert. *Witzmanns* Kunstgriff bestand darin, sich nicht auf eine bestimmte historische Zeit oder gar auf einen konkreten Stil zu beziehen. Er ging bewusst hinter *Kornhäusel* zurück, angeregt vom Teatro La Fenice, aber auch dies nicht nachahmend, obwohl kleine Details ... an dieses erinnern. Der Zuschauerraum sollte eine Farbe bekommen, die die goldene Ornamentik besonders trägt und ihn als eine Einheit erscheinen lässt. ... Eine besondere Leistung war aber auch die Gestaltung des Eingangsbereiches, der sich als eine spannende Raumsequenz (Kassenhalle - Garderoben - ovales Vestibül - >Roter< Salon) darstellt und schrittweise in die Welt des Theaters einführt. Dort, wo noch substantiell Originales vorhanden war, hat *Witzmann* konserviert, das gilt vor allem für die Sträußlersäle"[803], schreibt *Achleitner* anschaulich.

Mit dem Neubau des Theaters in der Leopoldstadt als Carltheater, benannt nach *Karl Carl*, dem Pächter des Theaters an der Wien, der es 1838 bereits finanziell und baulich recht abgewirtschaftet übernommen hatte, unternehmen 1847 die damit beauftragten Planer *Siccardsburg & Van der Nüll* erste Schritte in Richtung **Oper,** allerdings nur im Inneren mit einer Glaskuppel als

---

801   Vgl. *Klassizismus in Wien,* S. 125

802   Vgl. *Klassizismus in Wien,* S. 127

803   ACHLEITNER, *Ö.Arch. 20. Jh. Band III/1,* S. 220 f.

Decke, in der die Nacht bläulich durchschimmerte, und nicht so sehr in der Außenerscheinung, die das Theater immer noch als Bürgerhaus darstellte. Mittlerweile gab es in Europa andere Operngebäude, die sich sehr wohl als allein stehende Monumentalbauten ausdrückten, wie die 1742 von *Knobelsdorff* für *Friedrich den Großen* erbaute Staatsoper in Berlin. England und Frankreich hatten durch ihre von Italien und Österreich unterschiedlichen Gesellschaften zum Auflösen der Logen in **Galerien** beigetragen, sichtbar an Bauten wie dem Grand Théâtre in Bordeaux, 1777-80 von *Victor Louis* gebaut, und dem Theatre Royal Covent Garden, 1858 eröffnet, das sechs Galerien anstelle der Logen aufwies, mehr als jedes andere Theater zuvor oder danach.

Dadurch beseitigte man auch die verheerende akustische Wirkung der **Logen** bei Opernaufführungen, wobei sich dies fern von jeder gesicherten Erkenntnis abspielte: „Der offensichtliche Erfolg der Pariser Oper wurde von *Garnier* in seinem Buch >L'Operá<, Paris 1880, mit einem Achselzucken abgetan: >Ich quälte mich, diese seltsame Wissenschaft der Akustik zu beherrschen, aber ... nirgends fand ich einen genauen Leitfaden; im Gegenteil, nichts als widersprüchliche Behauptungen ... ich muss hinzufügen, dass ich nach keinem Grundsatz gearbeitet habe, dass mein Plan auf keiner Theorie gründet und dass ich Erfolg oder Misserfolg allein dem Glück überlasse...<".[804] Zudem war man über die Sprache der Revolutionsarchitektur eines *Etienne-Louis Boullée* und eines *Friedrich Gilly* im Opernbau endlich auf Baukörperformen gekommen, die die innere Gestaltung im Äußeren in einfachen **geometrischen** Formen ausdrückten. Nun sind das kubische Bühnenhaus, der halbzylindrische Zuschauerraum, einen entsprechender Hinterbühnenbereich sowie das Tympanon über dem Eingang deutlich sichtbar.[805]

Dies ist der Hintergrund zu den beiden wichtigsten **Kulturbauten** für Theater und Oper, die das österreichische Kaiserhaus für den neuen **Prunkboulevard**, die Wiener Ringstraße, in Auftrag gab. Nicht zufällig ist die heutige Staatsoper 1861-69 chronologische als das erste Bauwerk der Ringstraße entstanden, um das alte Kärntnertortheater als Hofoper funktionell wie örtlich abzulösen[806]. Auch nicht zufällig wurde sie im selben Jahr bei *Siccardsburg*

---

804 FORSYTH, *Bauwerke für Musik*, S. 179

805 Vgl. dazu FORSYTH, *Bauwerke für Musik* und Nikolaus PEVSNER, *A History of Building Types*, London 1976

806 Das Kärntnertortheater befand sich nicht ganz an der Stelle der heutigen Staatsoper, wo ja noch die Befestigungswälle intakt waren, als es errichtet wurde. Es stand in etwa dort, wo sich heute das Hotel Sacher befindet. Für *Siccardsburg & Van der Nüll* ergaben sich beim Opernbau aus diesem Grunde extreme Terrainprobleme, teils aufgrund der noch nicht zugeschütteten Gräben der alten Bastion, teils weil das Niveau der Ringstraße zu diesem frühen Zeitpunkt noch nicht fixiert war. Darauf könnte auch zurückzuführen sein, dass die Staatsoper kaum eine Sockelzone in ihrer Fassadenkomposition aufzuweisen hat. Probleme dieser Art und allfällige Kritik, wie sie an jedem neuartigen Bau-

& *Van der Nüll* als Wettbewerbssieger in Auftrag gegeben, in dem
der französische Kaiser *Napoléon
III.* sein Pariser Opernhaus an den
jungen *Charles Garnier* als Wettbewerbssieger vergab. „Äußerlich
ist die Wiener Staatsoper schlichter als *Garniers* Bauwerk, obwohl
sie diesem in Größe und Anlage
praktisch gleicht, im Innern jedoch
sind Säle und Foyers, die um den
hufeisenförmigen Zuschauerraum
herum angelegt sind, aufwendig
ausgestaltet."[807] Unterschied zu den früheren Hofopern ist, dass sie von den

Abb. 13.5: Die neue Hofoper war das erste Monumentalgebäude an der Ringstraße.

Herrscherhäusern nicht mehr zum privaten Gebrauch, sondern als öffentliche
Theater für die mittlerweile in Massen heranströmenden Bürger in Auftrag
gegeben wurden. Dennoch sind sie nicht so sehr als königliche Subvention
eines bürgerlichen Vergnügens gedacht, sondern als Mittel zur **Selbstdarstellung** der Herrscherhäuser. Dies drückt sich deutlich in ihrem Entwurf
(Abb. 13.5) aus, sowohl an den Kuppeln über den Zuschauerräumen als tra-
ditionelles Zeichen der repräsentativen Macht, als auch an den üppigen
Stiegenhäusern, für die sowohl die Pariser wie die Wiener Oper berühmt
sind. Hier konnte sich, wie früher nur in den barocken Treppenanlagen der
Residenzschlösser, die Gesellschaft öffentlich darstellen. Zu sehen und gesehen zu werden war der eigentliche Zweck des Theater- und Opernbesuches.
Die Stiegenhäuser ersetzten also das, was im Logentheater noch im Zuschauerraum vor sich gegangen war.

Parallel zu dieser Entwicklung formiert sich erstmals ein architektonischer
Ansatz im Opern- und Theaterbau, der endlich nur aus der dargestellten
Kunstform selbst seine Basis bezieht. Ab 1850 entwickelt *Richard Wagner*
Theaterformen zur Aufführung seiner Opern, die vor der Bühne einen un-
sichtbaren, versenkten **Orchestergraben** und ein **amphitheatralisches Au-
ditorium** aufweisen, damit jeder Zuschauer gleichen und freien Blick zur
Bühne habe. Diese Ideen hätte *Wagner* gerne an hölzernen provisorischen
Theatern in Zürich und München ausprobiert, doch sein Gönner seit 1859,
König *Ludwig II. von Bayern*, verlangt ein Monumentaltheater in Stein für
München.

Als *Wagner* 1864 dafür den Auftrag vom König erhält, schaltet er seinen alten Freund *Gottfried Semper* als Architekten ein, der diesem **Monumentaltheater** für München endgültig Gestalt verleiht. *Forsyth* beschreibt dieses

---

werk auftaucht, könnten am frühen Tod der beiden Architekten noch während
des Baues mitbeteiligt gewesen sein: *Van der Nüll* nahm sich das Leben, und
Siccardsburg starb wenige Jahre später an Herzversagen.

807 FORSYTH, *Bauwerke für Musik*, S. 171

folgendermaßen: „... im Äußeren größer als die Pariser Oper, im Inneren zu ausgedehnt, um eine befriedigende Akustik zu erzielen. Das große Bühnenhaus, dessen Dach wie bei einem antiken Tempel gestaltet ist, ist auch von außen in seiner Funktion erkennbar, ebenso bringt die halbrunde Fassade die amphitheatralische Sitzordnung im Inneren zum Ausdruck. Zu beiden Seiten der halbrunden Fassade des Zuschauerhauses schließen sich langgestreckte Flügelbauten an, in denen eine Gesangs- und Schauspielschule untergebracht werden sollten."[808] Aufgrund von Intrigen des Kabinetts von König *Ludwig II.*, die *Wagner* für einen Verrückten halten, bekommt *Semper* seine Bezahlung für die Planung dieses Monumentaltheaters sowie für ein provisorisches gläsernes zum Ausprobieren erst, nachdem er einen Rechtsanwalt einschaltet, doch dienen ihm die in München nie errichteten Projekte als gute Grundlage für das zweite Dresdener Opernhaus 1871-88, das er gemeinsam mit seinem Sohn *Manfred Semper* entwirft, nachdem das erste, das ebenfalls von ihm stammte, abbrannte, und auch *Richard Wagner* sollte schlussendlich in Bayreuth mit diesem Wissen 1872-76 sein Festspielhaus umsetzen können, das eine sehr viel bessere Akustik bekam, als es das Monumentaltheater in München je zustande gebracht hätte.

Abb. 13.6: Das Wiener Burgtheater folgt der neuen Theater-Typologie, die *Richard Wagner* und *Gottfried Semper* für den bayrischen König Ludwig II. entwickelten.

Noch enger an das Münchner Projekt lehnt sich das **Burgtheater** in Wien an *(Abb. 13.6)*. *Gottfried Semper* erhält diesen Auftrag direkt, nachdem in den beiden Wettbewerbsdurchgängen, in denen er Juror war, keine befriedigende Lösung gefunden wurde. 1869 unterbreitet er dem Kaiser einen Vorschlag, nimmt sich wieder *Carl Hasenauer* als Partner und beginnt den Bau 1871. „Das monumentale Bauwerk im Stil der Neorenaissance und des Neobarock hat ein relativ kleines Theater mit 1475 Plätzen, in den Seitenflügeln sind im Gegensatz zu jenen von *Wagners* Theater Eingänge und Treppenhäuser zu den privaten kaiserlichen Suiten untergebracht, die sich an die kaiserlichen Logen im Theater anschließen."[809]

Schneller als das erst 1888 eröffnete Burgtheater schreitet das von denselben Architekten zu errichtende **Kulissen-** und **Dekorationsdepot** der Hoftheater, heute >Semper-Depot< genannt, voran, das zwischen 1874 und 1877 entsteht. Heute erscheint uns der auf die spitzwinkelig dreieckigen Grundstückverhältnisse zugeschnittene Bau selbst als wahrhaft faszinierendes Theater. An einer Ziegelhülle, außen in minimalistischer Komposition

---

808 FORSYTH, *Bauwerke für Musik*, S. 181

809 FORSYTH, *Bauwerke für Musik*, S. 186

dem klassischen Palastfassaden-schema der Neorenaissance und den Grundstückaußengrenzen folgend, kragen innen gusseiserne schmale Galerien aus ebensolchen Säulen in den über alle vier Geschosse durchgehenden Raum an der Grundstücksspitze. Dahinter folgen geschoßweise unterteilt großzügige **Lofts**, in denen einst Theaterkulissen und Dekorationen hergestellt und auch gelagert wurden[810]. Konzipiert wurde alles rein aus der Zweckmäßigkeit heraus, doch kamen bei den Gusseisen-

Abb. 13.7: Das >Semper-Depot< reagiert als reiner Nutzbau nur auf die Zweckmäßigkeit als Kulissendepot und den spitzwinkeligen Grundstückszuschnitt.

galerien im Kulissendepot Konstruktionstechniken zum Einsatz, die gleichzeitig im Theaterbau entwickelt wurden, um die Balkone der Zuschauerräume freitragend und damit stützenlos zu machen. Im Depot fehlt jedoch aufgrund des Verständnisses als Nutzbau die im Theaterbau allgemein als notwendig angesehene kunstvolle Stuckdekoration *(Abb. 13.7)*. Doch gerade das bewirkt die heutige Faszination. Diesen Typologie-Shift in der Baukörperausformulierung zeigt *Gustav Peichl* nochmals bei der 1993 im Arsenal errichteten **Probebühne** des Burgtheaters. Die äußere Form mit zwei aneinandergereihten Tonnenhallen in Wellblech ist eher einem Depot angemessen. Sie zeigt, aber in einer sehr subtilen Art und Weise, *Peichls* Weiterentwicklung des Projekts für das Technische Museum in Mannheim. Die Burgtheatertypologie hingegen, diente *Peichl* als Vorbild für seine ORF-Landesstudios.[811]

Doch nicht die beiden Monumentalbauten auf der Ringstraße begründeten den Ruf Wiens als >Theaterhauptstadt Europas<, sondern ganz andere Aspekte des Theaterbaus, als die Reformansätze von *Semper* und *Wagner*. Auf der Technischen Hochschule und der Akademie in Wien ausgebildete Architekten wie *Miklós Ybl*, der beim Bau der Budapester Staatsoper 1875-84 neuentwickelte **Feuerschutzeinrichtungen** und eine hydraulische Bühnenmaschinerie anwandte[812] und vor allem die auf den Theaterbau spezialisierte Architekturfirma von *Hermann Helmer* und *Ferdinand Fellner*, die über siebzig Opernhäuser und Theaterprojekte von New York bis Odessa entwarfen, von denen über fünfzig verwirklicht wurden, begründeten diesen Ruf. Neben

---

810 Seit einem Umbau 1993 durch *Carl Pruscha* dient das Kulissen- und Dekorationsdepot heute den Akademieschülern als Ateliergebäude. Vgl. Martina KANDELER-FRITSCH, „Ein beispielhafter Dialog von Alt und Neu. Zur Sanierung des ehemaligen k. k. Hoftheater Kulissendepots", in: *architektur & bauforum 2/1996*, S. 58-67

811 Vgl. dazu: *Gustav Peichl. A Viennese Architect,* S. 90, 91, 152 und 153

812 Vgl. FORSYTH, *Bauwerke für Musik*, S. 172

schon von *Siccardsburg & Van der Nüll* angewandten ausgeklügelten technischen Neuerungen bei Lüftung und Heizung – bei der neuen Hofoper an der Ringstraße saugte der zentrale Gasluster die verbrauchte Luft aus dem Zuschauerraum ab – war es vor allem der große **Brand** 1881 im Ringtheater (>Komische Oper<), 1873-74 von *Emil Förster* errichtet, der mit über dreihundert Toten zu neuen Sicherheitsstandards und Theatergesetzen führte, mit denen sich die Wiener Architekten einen international hervorragenden Ruf als **Theaterspezialisten** erarbeiteten.

Abb. 13.8: Das Volkstheater in Wien wurde als deutsche Sprechbühne und Nationaltheater der Monarchiehauptstadt gegründet.

Helmer & Fellner waren damit so erfolgreich, dass sie sich auf der Weltausstellung 1902 im Prater sogar ein 1:1 Modell für ein Theater für 1600 Personen in Holz als Werbung erlauben konnten. Es war ihr Wiener Volkstheater *(Abb. 13.8)*, 1887-89 errichtet und von Wiener Bürgern, darunter der Dramatiker *Anzengruber* und der Möbelfabrikant *Thonet*, als deutsche Sprechbühne und Gegenstück zu den diversen **Nationaltheatern** der Monarchiestädte wie zum Hofburgtheater gegründet, der als erster Theaterbau allen nach den katastrophalen Theaterbränden in Wien und Nizza erlassenen Sicherheitsvorschriften entsprach. Er ar daher beispielsweise von Anfang an ausschließlich elektrisch beleuchtet.[813]

Abb. 13.9: Ein weiteres typisches Beispiel der international höchst erfolgreichen Theaterspezialisten *Helmer & Fellner*: Grazer Oper.

In formal-architektonischer Hinsicht waren die Theater von *Helmer & Fellner* jedoch keineswegs innovativ und, bei der Produktivität auch nicht verwunderlich, einander sehr verwandt, wie der Vergleich der Eingangsfassaden von Wiener Volkstheater und Grazer Opernhaus *(Abb. 13.9)*, 1893-99 errichtet, unschwer erkennen lässt. Doch auch der Ansatz des Burgtheaters, das Halbrund des Auditoriums zum den Baukörper bestimmenden Kennzeichen werden zu lassen, ist in der weiteren Entwicklung von Theater und Oper um die Jahrhundertwende durchaus gängig, wie das 1893 in Wien errichtete Raimundtheater von *Franz Roth* zeigt.

---

813   Vgl. insbesondere DEPISCH, *Raum für Theater,* Diplomarbeit an der Technischen Universität Wien 2003

Heute tendieren wir aufgrund der geforderten **Formwahrheit** dazu, diesen Ansatz in der Architektur höher zu bewerten als die neutrale Kiste, die eigentlich den Theater- und den nachfolgenden Kinobau des 20. Jahrhunderts mehr prägten.

Wien ist in insofern eine Ausnahme, denn dem Theaterbauboom des 18. und 19. Jahrhunderts folgte seit dem ersten Weltkrieg bis heute nicht ein einziges umgesetztes Bauwerk nach. Die einen behaupten, dass der Bedarf für Theater in Wien mit der ersten Generation an überlebenden Bauten für immer abgedeckt wurde, als sich mit den neuen Sicherheitsvorschriften die **Lebenszeit** der Theater von durchschnittlich nur achtzehn Jahren im 19. Jahrhundert deutlich erhöhte, die anderen hingegen meinen, dass der hier vorherrschende Konservativismus als Grundströmung des Kultur-Bürgertums jegliche Innovation verhindere. An Ansätzen dazu fehlte es in der Architektenschaft nicht, wie *Kurrent* und *Spalt* mit dem Artikel >Der österreichische Beitrag zum modernen Theaterbau< 1968 zweifelsfrei nachwiesen[814].

Typologisch betrachtet gehen die ältesten der vorgestellten Beiträge auf antike Vorbilder zurück, wie das **Reformtheater** des *Andreas Streit*, zu Ende des 19. Jahrhunderts als Gegenentwurf zu den Helmer & Fellner-Theatern publiziert. Auch das Loossche >Theater der 4000< von 1898 folgt antiken Entwurfsprinzipien für eine große Cavea um eine kreisrunde Orchestra, doch seine Hülle um das Auditorium, für die er in den antiken Freilufttheatern keine Vorbilder finden konnte, ist mit der **Eiform** im Längsschnitt heute aktueller denn je. Nur *Ernst Anton Plischke* nimmt diesen Gedanken im >Entwurf für ein Schauspielhaus< 1924 auf, wobei zu seinem bestimmenden Bauköpermerkmal gerundete Stahlbetonrahmen werden, die besonders im Verbund mit den erschließenden Galerien und Stiegenaufgängen einiges vorweg nehmen, was jüngst *Coop Himmelb(l)au* beim Ufa-Kinokomplex in Dresden in Gebautes umsetzten und vor allem *Friedrich Kiesler* nach seiner Emigration in die USA zu unzähligen **Theaterprojekten** zwischen 1924 und 1962 wie das >Railway-Theater< oder das >Endlose Theater< anregte, von denen leider kein einziges verwirklicht wurde. *Kieslers* totale Dreidimensionalität, die schon zuvor *Strnad* beim >Entwurf für ein Schauspielhaus< von 1920 erreichte, indem er die Zuschauer gleichsam in einen unendlichen Raum, einen körperlosen, entmaterialisierten Raumkomplex zu versetzten versucht, taucht ebenfalls bei einem *Coop Himmelb(l)au*-Projekt, dem von 1987 für den Ronacher-Umbau auf, was Papadakis mit folgenden Stichworten restlos umschreibt: „... image of a stage space ... open access for the public and in which performances could be held from basement to roof."[815]

Ideen wie *Oskar Strnads* >Dreibühnentheaterprojekt< von 1917 oder sein >Schauspielhaus mit Ringbühne< von 1920, beide basierend auf dem 1914 angemeldeten Patent einer drehbaren, **ringförmigen Bühne** des Theaterdi-

---

814   Veröffentlicht in der Zeitschrift *architektur & bauforum*, Wien 1968; Nachdruck: 1*1998, S. 63-73

815   PAPADAKIS / COOK / BENJAMIN, *Deconstruction*, S. 227

rektors *Alfred Bernau*, stehen dem viel publizierten >Totaltheater< von *Walter Gropius* in Berlin in nichts nach, nur dass sie deutlich früher entstanden sind. Die von *Kurrent* und *Spalt* 1968 als aktuelle und interessante Beiträge zum Theaterbau hervorgehobene Zeltkonstruktion von *Strnad* für New York, 1934 oder die vorgefertigte >Würfelbühne< von *Hans Fritz* aus 1924 sind heute nur mehr als Zeitgeist-Dokumente relevant. Anders das >Studententheater< von *Ottokar Uhl* und das >Mehrzwecktheater< für Dornbirn der *Arbeitsgruppe 4*, beide 1960 entstanden, die unmittelbare Anwendung im zeitgleichen Reformkirchenbau fanden und die **Kleintheater-** und **Kellerbühnenszene** mit Aufstellungslösungen für die Zuschauersitze in bestehenden Strukturen versorgten. *Kieslers* Vorschläge für ein >Doppeltheater< in Brooklyn, 1926, oder der späte Entwurf für ein >Universaltheater< von 1962 nehmen sich der Problematiken der Aufführungsstätten des 20. Jahrhunderts an, die vor allem aus einer Folge von großen und kleinen Theaterhäusern entsteht, die zu einem Baukomplex zusammengefasst werden müssen, wie es die folgenden Festspielhäuser und Veranstaltungszentren insbesondere aufzeigen werden.

13.3 Festspielhäuser und Veranstaltungszentren

Die Gegenüberstellung der ersten beiden dieser Vereinigung verschiedener Aufführungssäle unter einem Dach noch in der späten Gründerzeit in Wien, zeigt deutlich die problematischen Auswirkungen auf die Baukörperform. *Helmer & Fellner* entscheiden sich mit *Ludwig Baumann* 1913 beim Wiener Konzerthaus und Akademietheater dafür, nicht die unterschiedlichen Raumformen nach außen zu tragen, sondern noch ganz klassisch, den beiden Innenräumen ihre angestammte Formensprache zuzuweisen: Neoklassizismus in der Schuhschachtel-Nachfolge beim Konzerthaus und Neobarock in der Logentheaternachfolge beim Akademietheater. Außen weisen beide, wie *Forsyth* meint, die in Osteuropa für derartige Bauaufgaben bevorzugten Formsprache des Neobarock auf.[816]

Abb. 13.10: Urania: >Flaggschiff der Volksbildung>.
(Foto: ÁKOS György)

Viel weniger an die **Konvention** gebunden fühlt sich offensichtlich *Max Fabiani* bei der Wiener Urania *(Abb. 13.10)*, noch vor dem Konzerthaus 1909-10 errichtet, da er auf eine einmalige Grundstückssituation mit einem vollkommen neuen Raumprogramm, dem eines kulturellen Mehrzweckbaus, antworten konnte. Sein >Flaggschiff der Volksbildung< gewissermaßen auf einem Abfallgrundstück der Ringstraßenbebauung antwortet mit dem „verkappten Expressionismus in der Plastik des Baukörpers (*Poz-*

---

816 FORSYTH, *Bauwerke für Musik*, S. 222

zetto) ..., könnte aber auch mit der in Schwung begriffenen Barockrezeption erklärt werden"[817]. Die von *Achleitner* als genial bezeichnete gegenläufige **Verschränkung** der Vortragssäle nimmt nicht nur das Konzept des Looss-schen >Raumplanes< vorweg, sondern auch *Kieslers* >Doppeltheater< von Brooklyn. „Der Bau hat sowohl die Konservativen als auch die Modernisten aufgeregt. Der Grund lag zweifellos in der historisierenden Verpackung eines modernen Raumkonzeptes, die andererseits wieder verräterisch genug war, die Abweichungen vom Konventionellen auszudrücken. *Fabiani* war zu dieser Zeit Privatberater des Thronfolgers *Franz Ferdinand* und hatte so vielleicht die Auseinandersetzung von Tradition und Moderne in der speziellen Wiener Form besonders verinnerlicht", meint dazu abschließend *Achleitner*, und könnte damit genauso den Festspielhauskomplex in Salzburg, von *Clemens Holzmeister* ab 1926 bis 1960 sukzessive errichtet, gemeint haben.

Holzmeister gelang es jedoch im Unterschied zu *Fabiani* stets, die Konfrontation mit der öffentlichen Meinung zu vermeiden. *Boeckl* meint, dass dies am seinem „genialen inszenatorischen Talent" lag, „das ihn scheinbar mühelos Motive aller Perioden in einer modernen, anscheinend stets aus dem Ambiente heraus gewachsenen Formensprache verarbeiten ließ. ... Der 1926 begonnene schrittweise Ausbau der zum Teil von *Fischer von Erlach* entworfe-

Abb. 13.11: Einbettung in eine spektakuläre Stadtkulisse: >Konglomeratfassade< des Festspielhauses in Salzburg.

nen erzbischöflichen Reitschulen und Hofstallungen zu vollwertigen Großauditorien musste die komplizierten Vorgaben der weitgehenden Erhaltung des Altbestandes, der **Einbettung** in die dahinter liegende Bergwand und die barocke Stadtkulisse, der zeitgemäßen Funktionalität und nicht zuletzt auch des signalhaften Ausdrucks einer kulturellen Botschaft miteinander verbinden. Die eindrucksvolle äußere Gestik des Bühnenhauses des >Kleinen Festspielhauses< und dessen Verflechtung mit der dahinter liegenden, skulptural durchgestalteten Mönchsbergstiege, alles in mit einer das Konglomeratgestein des Berges simulierenden Oberfläche *(Abb. 13.11)*, zeigen, welch bestechende Sicherheit *Holzmeister* im Umgang mit Symbolen hatte – und welche heute kaum mehr vorstellbare Entschlossenheit damalige öffentliche Bauherrn."[818]

Die politische Situation nach dem Zweiten Weltkrieg ließ aber ein Anknüpfen an eine derartige Symbolik in der österreichischen Architektur nicht mehr zu. Dies führt dazu, dass *Roland Rainer* beim zwischen 1952 und 1994 entstan-

---

817   ACHLEITNER, *Ö.Arch. 20. Jh. Band III/1*, S. 34

818   Matthias BOECKL in: *Architektur des 20. Jahrhunderts. Österreich*, S. 140

Abb. 13.12: Profaner Ortsmittelpunkt: Veranstaltungszentrum Gunskirchen.
(Foto: Wolfgang JÄGER)

denen Wiener Stadthallen-Komplex den Ausdruck für diese „locker gegliederte Gruppe verschiedenartiger Veranstaltungs-, Sport- und Trainingshallen" ausschließlich in der „konstruktiven Sprache moderner Architektur" fand, wie er selbst dazu meint: „Bei weitgehender Transparenz auch der Tribünenkonstruktion konnten nicht nur sämtliche Stahltragwerke, sondern auch alle Luft- und Elektroleitungen als gleichwertige Elemente einer konstruktiven Sprache moderner Architektur offen gezeigt werden."[819] Ein viel stärker der großen Geste verpflichteter Entwurf wie der von *Alvar Aalto* für die Wiener Stadthalle, kam daher aus politischen Gründen nicht in Frage, obwohl *Aalto* als Skandinavier sicherlich völlig unverfänglich gewesen wäre. Die Öffentlichkeit hatte in dieser Zeit ein zu gutes Bewusstsein für die Symbolik der Repräsentation entwickelt. Erst spät darf sich eine derartige Zeichenhaftigkeit wieder als Identität stiftender **Ortsmittelpunkt** deklarieren, noch dazu, wenn sie eine derartig gute Balance zwischen Monumentalität und Angemessenheit hält, wie das Veranstaltungszentrum in Gunskirchen *(Abb. 13.12)* aus der Mitte der Achtzigerjahre des 20. Jahrhunderts vom deklarierten Rainer-Schüler und Aalto-Bewunderer *Hans Puchhammer*.

Abb. 13.13: Skandinavische Interpretation des Burgtheatertyps: Brucknerhaus Linz.

Genau unter diesen Gesichtspunkten muss auch die Entstehung des Brucknerhauses *(Abb. 13.13)* in Linz ab 1962 gesehen werden, nach dem Zweiten Weltkrieg der mit Abstand größte Kulturbau Österreichs für lange Zeit. Die Finnen *Kaija* und *Heikki Siren* errichteten das 1974 eröffnete Brucknerhaus in der Tradition jenes „skandinavischen Klassizismus, der in den dreißiger Jahren eine Synthese mit dem Funktionalismus einging und sich durch eine einfache räumliche Disposition, Bescheidenheit in den formalen Mitteln und besondere Gediegenheit in Detail und Material auszeichnet"[820]. Sie waren vor allem aus Political Correctness Wettbewerbssieger geworden. Die von ihnen gewählte Formensprache ist eine **Abstraktion** jenes **Burgtheatertyps**, den *Semper* und *Wagner* für das Mo-

---

819 Roland RAINER in: *Architektur im 20. Jahrhundert. Österreich*, S. 176

820 ACHLEITNER, *Ö.Arch. 20. Jh. Band I*, S. 156

numentaltheater-Projekt 1864 in München entwickelt hatten, in den Konstruktionsweisen und Materialien der Sechzigerjahre des 20. Jahrhunderts, wobei die imposante Szenerie der Wiener Ringstraße nun durch eine ebenso imposante Stadtlandschaft am Donauufer ersetzt wird.

Nochmals auf diese Typologie greifen *Baumschlager & Eberle* beim Gemeindesaal in Mäder *(Abb. 13.14)* in Vorarlberg zurück, der 1991-95 entstanden ist. Die komplizierte Form des eigentlichen Veranstaltungssaales für 470 Personen „mit der markanten Rundung vorne, den nach oben auseinander fallenden Wänden und der gewölbten Decke resultiert aus dem Bemühen, akustische Voraussetzungen zu schaffen, die für Sprechtheater genau-

Abb. 13.14: >Burgtheater am Land<: Gemeindesaal Mäder in Vorarlberg.

so wie für Konzerte geeignet sind."[821] In seiner äußeren Form und Symbolik ist dieser Saal ein erfrischender Versuch, die **Burgtheatertypologie** in eine ländliche Umgebung mit einer prägenden **Holzarchitektur** zu versetzen, ohne den gängigen Klischees eines engstirnigen Regionalismus zu erliegen.

Keine wesentlich andere Gebäudetypologie als das Brucknerhaus in Linz, weist das Amsterdamer Musiktheater *(Abb. 13.15)* von *Wilhelm Holzbauer* auf, das auf einem Wettbewerbsgewinn von 1968 basiert, aber erst 1986-87 realisiert wurde. Es macht durch die Gegenüberstellung transparenter und massiver Volumina die einzelnen Funktionen innerhalb des Gesamtensembles aus Theater- und Rathauskomplex sichtbar, wobei der Theatersaal sowohl in

Abb. 13.15: Österreichische Architektur nach einer Skizze des Deutschen *Friedrich Gilly*: Opernhaus in Amsterdam.

der Farbgebung und Raumatmosphäre wie in der Form auf die klassische Typologie zurückgeht. *Holzbauer* bekennt sich auch dazu, und nennt ehrlicherweise eine **Skizze** von *Friedrich Gilly* als seinen Ausgangspunkt.[822] Wenn uns auch *Holzbauers* Sprache mittlerweile schon als überholt erscheint, Maßstab und Proportionalität sowie die Oberflächenqualitäten sind perfekt in das Stadtgefüge eingefügt.

---

821 WAECHTER-BÖHM, *Baumschlager & Eberle*, S. 54

822 Vgl. *Wilhelm Holzbauer. Bauten und Projekte 1985-1990*, S. 62

Abb. 13.16: Skulpturales Selbstverständnis eines neuen Festspielhauses: St. Pölten.

Mittlerweile scheint sich wieder eine gewisse Sicherheit beim Entwurf derartig komplexer Bauaufgaben eingestellt zu haben, wie *Klaus Kadas* Festspielhaus in St. Pölten, 1992-97 gebaut, souverän vorzeigt. Die heutige Freiheit, unbelastet von jeder Ideologie, derartige Monumentalbauten ausführen zu dürfen, drückt sich höchst positiv bei der Gestaltung aus. Selbstverständlich sind die inneren Raumformen außen abzulesen *(Abb. 13.16)*. Selbstverständlicher Anspruch ist geworden, dass Lichtzäsuren und transparente Fassaden die Grenzen von Innen und Außen verwischen, so dass das Foyer als Teil der davor liegenden Platzräume erscheint und ein offenes Haus ohne Barrieren suggeriert. Der mit leicht grünlich gefärbtem, transluzentem Glas umhüllte Saal wird mit Reflexionslicht hinterleuchtet, und bildet einen faszinierend anziehenden Leuchtkörper nach außen. Dem größten Problem, einem multifunktionell für Oper, Ballett, Musical und Konzert genutzten Raum optimale akustische wie sichttechnische Form zu verleihen, wurde durch eine mechanische Veränderbarkeit der Oberflächen begegnet.[823]

Abb. 13.17: Ein Kinofoyer als wahrhaft >theatralische< Inszenierung: Coop Himmelb(l)au in Dresden.

Selbst **Kinos**, bisher bevorzugte >black-boxes< ohne jeden eigenen formalen Ausdruckswert, schaffen es mittlerweile durch dieselbe architektonische Strategie, zu aufregenden städtebaulichen Landmarks zu werden, wie der Dresdener UFA-Komplex *(Abb. 13.17)* von *Coop Himmelb(l)au*, 1993-98 geplant und errichtet, werbewirksam vorzeigt. Die Kinosäle können ruhig monolithische Blöcke bleiben, solange das kristallförmige Foyer das gesellschaftlich wichtige Sehen und Gesehenwerden zulässt. Faszinierte vor Jahrhunderten die üppige Inszenierung eines barocken Stiegenhauses mit sich verästelnden Läufen, wird dies nun zu einem dreidimensionalen Labyrinth unter einer Glashülle, das auf das frühe Interesse von *Prix & Swiczinsky* für *Piranesis* >Carceri< deutlich hinweist[824], als **Raumvision** zweifellos >Theater< in allerbester Tradition.

823 Vgl. KAPFINGER, *Klaus Kada*, S. 130-143

824 *architektur.aktuell 216*, S. 47

14 Sakralbau

Die Formensprache dieses zweifelsohne traditionsreichsten Gebäudetyps der europäischen Baukunst greift im 19. und 20. Jahrhundert auf drei Gruppen von Vorbildern als Inspirationsquelle zurück. Zum einen kommt durch den Klassizismus der griechisch-antike **Tempel** wieder zu Ehren, nun jedoch nicht mehr nur als Motivgeber der Tempelfassade, sondern als Formgeber für den Gesamtbaukörper. Turmfassade und Kuppelbekrönung als die klassischen Symbole des Kirchenbaus tauchen in der österreichischen Architektur mit dem durch die Gründerzeit angekurbelten Kirchenneubau in sämtlichen historistischen Formensprachen wieder auf, wobei erst die Architekten der Secession die Schwelle zu einem modernen Kirchenbau zu überschreiten vermögen. Daran anschließend bilden sich erneut zwei divergente Richtungen für den Kirchenbau der Gegenwart heraus: Die konservativere geht den Weg des Langhausbaus mit Turm in einer neuen Material- und Konstruktionssprache weiter, ohne die überlieferte Liturgie in Frage zu stellen. Die andere reagiert auf die Neuordnung der Kirche durch das II. Vatikanische Konzil mit einem baulichen Ansatz, der ohne repräsentative Symbolik auszukommen vermag und sich an der Idee von Versammlungshallen der **Urkirche** als in jeder Hinsicht neutrale Gotteshäusern anknüpft.

Diese letzte Strömung führt nach dem Zweiten Weltkrieg zu einer Serie von höchst beeindruckenden Pfarr- und Seelsorgezentren, die einen Gutteil der qualitativ hochwertigen Architektur von den Fünfziger- bis in die Achtzigerjahre in Österreich darstellt. Bildungshäuser sind in Analogie zu diesen neuen Gotteshäusern die Nachfolger der **Klöster**. In der Formensprache der Krematorien und Aufbahrungshallen hingegen spiegelt sich die Unsicherheit der katholischen Kirche bei der Suche nach einem Selbstverständnis für derartige Aufgaben.

14.1 Kirchen und Gotteshäuser

Die in der österreichischen Kunst und Architektur >Klassizismus< genannte Gegenbewegung zu Barock und Rokoko[825] ist nichtsdestotrotz im Kirchenbau

---

825 Vgl. zum Begriff >Klassizismus<: PEVSNER / HONOUR / FLEMING, *Lexikon der Weltarchitektur*, S. 351: In Deutschland allg. gebräuchliche Bezeichnung für jene Stilstufe der abendl. Kunst, die in der 2.H. des 18. Jhs. als Gegenbewegung zum Barock und Rokoko entsteht und in der 1.H. des 19. Jhs. vom Historismus abgelöst wird. Die im 20. Jh. an diesen K. anknüpfende Bewegung heißt in Deutschland Neoklassizismus. In den westl. und nördl. Ländern entstand in Weiterführung der Gedanken der Renaissance im 17. Jh. ein Stil, für den die Merkmale des Barocks nur bedingt gelten und der in der internationalen Kunstwissenschaft klass. Stil (architecture classique; classical architecture) und bei uns barocker Klassizismus genannt wird. Die Stilstufe, die hierauf folgt und die man in Deutschland K. nennt, heißt daher in diesen Ländern Neuklassizismus (Neo-classicism).

des späten 18. Jahrhunderts ein sehr barocker Klassizismus, so, wie noch der Kirchenbau des späten 20. Jahrhunderts hierzulande nicht ohne ausgeprägte Tendenz zum Barock in ihrem Expressionismus auszukommen vermag. Dies liegt zum einen daran, dass in der Zeit der von Kaiser *Josef II.* angeordneten **Klosteraufhebungen** und Schließung aller Privatkapellen ohnehin viel zu viele Kirchenbauten vorhanden sind. Daher werden im späten 18. und frühen 19. Jahrhundert kaum neue katholische Kirchen in den Stammlanden der Monarchie gebaut, in denen der im Norden und in Frankreich massiv einsetzende Klassizismus ausprobiert werden hätte können. Zum anderen gab es als Alternative zur schon hereinbrechenden **Regotisierung** im Kirchenbau für die konservativeren Kreise nur die Fortsetzung der barocken Tradition. Dieser war allerdings von Seiten des Staates größte **Einfachheit** verordnet worden, um im Sinne der Aufklärung vom Pomp des Papsttums und vom generellen >barocken Theater< Abstand zu nehmen. Die Kirche wurde von staatlicher Seite als **Predigerkirche** im Sinne der Volkserziehung und Belehrung verstanden, weshalb die Kirchenräume überschaubar und ohne Ablenkung sein sollten. Daraus erklären sich viele architektonische Maßnahmen an den wenigen Kirchenneubauten des ausklingenden 18. Jahrhunderts, unter anderem in einigen Wiener Vororten, die aufgrund der 1783 erfolgten Umstrukturierung der Diözese notwendig wurden. Diese Kirchen, wie die Gumpendorfer, die Schottenfelder und die Reindorfer Pfarrkirche, zeigen insbesondere in ihren ganz im Sinne der angeordneten Vermeidung jeglicher Monumentalität nur eintürmig ausgeführten Fassadengestaltung eine klassizistische Formensprache mit deutlichster **Barockorientierung.**[826]

14.1.1 Tempel und Tempelfassade im Sakralbau des 19. und 20. Jahrhundert

Nur bei den großen Kirchenbauten in den Randgebieten der Monarchie, die wie Ungarn teils türkisch besetzt gewesen waren und daher einen großen Bedarf an katholischen Neubauten aufwiesen, kommt eine nicht-barocke Formensprache zum Einsatz. Dies erfolgte auf bewusste Anordnung des Staatskanzlers *Franz Anton Kaunitz*, der für diese **Staatskirchenbauten** definitiv eine Abkehr vom katholischen, und daher barocken, Stil hinzu einem allgemein-christlichen Stil der Aufklärung forderte. Modellhaft wird die Pfarrkirche von Austerlitz in Mähren, 1785-86 errichtet, für die sich *Hetzendorf von Hohenberg* durch die Regotisierung von Augustiner- und Minoritenkirche in Wien empfohlen hatte. Er wählt für diesen Kirchenneubau die Sprache eines neutralen Klassizismus als unverfänglichen Staatsstil und konzipiert einen tonnengewölbten Saalraum ohne Joche, dessen Wand- und Gewölbeteile nur mehr mittels „neutraler, zarter Rahmen gleichförmig bedeckt wer-

---

826 Vgl. BLAHA / GRÜLL / KAINE / SCHMID, „Katholischer und nichtkatholischer Kirchenbau" in: *Klassizismus in Wien,* S. 54 ff.

den"[827]. Der blockhaft wirkenden, turmlosen Fassade wird im unteren Ge-schoß ein Säulenportikus vorgesetzt, der Mittelteil darüber durch ein Ther-menfenster artikuliert.

Mit dieser Spielart des Klassizismus kommt die **Tempelfassade** in einer merkwürdig flachen Va-riante in die Kirchenarchitektur zurück. Deutlich zu sehen ist dies an der 1792 der Michaelerkir-che in der Wiener Innenstadt von *Ernst Koch* an der vorgeblendeten Fassade in Form eines Tempelgiebels, dessen räumliche Wirkung aller-dings durch das Projizieren in die Fläche verlo-ren geht.[828] Derartige Fassaden werden nicht nur bestehenden mittelalterlichen Kirchen wie unter anderem 1808 der Malteserkirche in der Wiener Kärntnerstraße vorgeblendet, sondern auch zur Reparatur von in den Napoleonischen Kriegen zerstörten Kirchen verwendet, wie bei-spielsweise beim 1819 wieder aufgebauten Langhaus der Pfarrkirche >Zum Hl. Michael< in Rosegg bei Velden *(Abb. 14.1)*. Der ehemalige Chorturm wird durch einen Westturm ersetzt,

Abb. 14.1: Völlig verflachte Tempelfassade als typische Kirchenfront des österreichi-schen Staatsklassizismus.

der die Westfassade mit Giebelbekrönung über seitlichen Pilastern ab-schließt[829].

Wirklich wichtig wird der Klassizismus im katholischen Kirchenbau Öster-reichs jedoch nie. Seine Bedeutung im Sakralbau liegt auf den Gotteshäu-sern der **nichtkatholischen** Konfessionen, die aufgrund des 1781 erlasse-nen **Toleranzediktes** endlich eigene Bethäuser errichten durften, wenn auch mit Einschränkungen, die die Architektur prägen. So durften diese Kirchen-bauten der Lutheraner Calvinisten und der Griechisch-Orthodoxen keine **Glockentürme** aufweisen und genau wie die jüdischen Synagogen keinen **öffentlichen Eingang** direkt von der Straße oder Gasse aus haben[830]. Streng an diese Vorgabe hält sich das schon 1782 begonnene Bethaus der evangelisch-reformierten Kirche in der Dorotheergasse von *Gottlieb Nigelli*, das erst durch die 1886-93 erfolgten Umbauten Turm wie direkten Zugang von der Straße erhielt *(Abb. 14.2)*. *Nigelli* musste, wie er selbst schreibt, „alle

---

827 Vgl. dazu: Kersten SITTE, Parkcafé *>Haus der Laune< im Laxenburger Schlosspark,* Diplomarbeit an der Technischen Universität Wien, 2003, S. 30f. sowie BLAHA / GRÜLL / KAINE / SCHMID, „Katholischer und nichtkatholischer Kirchenbau", in: *Klassizismus in Wien*, S. 60

828 Vgl. *Klassizismus in Wien,* S. 139

829 Vgl. DEHIO, *Kärnten*, S. 500

830 Vgl. BLAHA / GRÜLL / KAINE / SCHMID, „Katholischer und nichtkatholischer Kirchenbau", in: *Klassizismus in Wien*, S. 62

Abb. 14.2: Die evangelisch-reformierte Kirche in der Dorotheergasse wies weder Glockenturm noch direkten Straßenzugang auf.

anziehende Pracht vermeiden, und was das Schwerste ist, selbst den Charakter der äußeren Form verleugnen". Das Tor in der Kirchenfassade der Dorotheergasse wurde „nur der Symmetrie wegen und zwar blind angelegt"[831]. Ein weiteres Tor führte in den Pfarrhof, wo sich die echten Eingänge zur Kirche befanden. Auch der Innenraum ist für Wien einzigartig, nicht verwunderlich, gab es doch für den Bau protestantischer Bethäuser keine Vorbilder. Das Langhaus besteht aus zwei hintereinander gefügten Kuppeljochen, deren flache Pendentifkuppeln auf Gurtbögen aufruhen. Seitlich wird es von Emporen begleitet, über denen sich die Pendentifkuppeln in Tonnengewölben fortsetzen, wobei durch Malerei Stuckelemente vorgetäuscht werden.

Gleicht *Nigelli* die Fassade der Dorotheerkirche dem benachbarten Pfarrhaus an, so **versteckt** *Josef Kornhäusel* die 1824-26 erbaute Synagoge in der Seitenstättengasse ganz im Sinne der Vorschriften des Toleranzpatentes überhaupt **hinter** einem Zinshaus, in dem sich im Erdgeschoß die geforderte Schule und das Frauenbad befanden. „Sie [die Synagoge] ist vom Zinshaus her betretbar, aber als eigener Baukörper gestaltet, was vor allem durch die eigene Verdachung in Form einer Kuppel und einem eigenen, repräsentativ mit Triumphbogenmotiv ausgestalteten Eingang an der Westseite zum Ausdruck kommt."[832] *Feuchtmüller* sieht die „harmonische Verbindung von bürgerlichem Zweckbau und klassizistisch repräsentativer Gestaltung"[833] als typisches Kennzeichen von *Kornhäusels* Architektur generell an. Unter diesem Aspekt ist der bei der Synagoge verwendete längsovale **Rundtempel,** dessen monumentale Säulen nicht nur den Kuppelring tragen, sondern auch die in sie eingehängten Frauenemporen[834], sehr viel komplexer in die Architekturgeschichte einzuordnen.

Es ist bekannt, dass sich *Kornhäusel* mit *Nigellis* evangelisch-reformierter Kirche in der Dorotheergasse als Vorbild für sein jüdisches Bethaus ausein-

831 Zitiert nach: BLAHA / GRÜLL / KAINE / SCHMID, „Katholischer und nichtkatholischer Kirchenbau", in: *Klassizismus in Wien*, S. 65

832 BLAHA / GRÜLL / KAINE / SCHMID, „Katholischer und nichtkatholischer Kirchenbau", in: *Klassizismus in Wien*, S. 68

833 FEUCHTMÜLLER, *Biedermeier in Österreich*, S. 23

834 Vgl. *Architektur Wien. 500 Bauten*, Wien 1997, S. 123

ander setzte. Dennoch entschied er sich für einen zylindrischen Baukörper mit Kuppelabschluss, obwohl *Nigellis* Raumschöpfung in funktioneller Hinsicht gleich geeignet gewesen wäre. Deshalb ist ein anderes Motiv zu vermuten, das seinen Ausgangspunkt im Begriff >Tempel< nahm, der sich am Beginn des 19. Jahrhundert anstelle des ursprünglichen Begriffes der Synagoge als >Haus für eine Versammlung< einbürgerte. Inhaltlich geht dies darauf zurück, dass seit dem Toleranzedikt nicht mehr für die Rückkehr nach Jerusalem gebetet, sondern das Bethaus selbst als heiliger Ort umgedeutet wurde. Andere Gründe für *Kornhäusels* Wahl liegen in der archäologischen Antikenrezeption der Zeit und den bevorzugten Formen des Revolutionsklassizismus, in dessen theoretischer Aufarbeitung *Durand* **Rotunden** erstmals als Mittelpunkt für Gebäude der staatlichen Repräsentation „wie Museen" vorschlägt. In diesem Zusammenhang ist es durchaus möglich, die neue Synagoge als Denkmal für die Toleranz Kaiser *Josephs II.* und der Güte Kaiser *Franz I.* anzusehen, als **Pantheon**, dessen Form die christlichen Gotteshäuser nicht konkurrierte.[835] Die wortwörtliche Interpretation des Tempels als Bethaus der Juden zeigt bis heute Auswirkungen auf die Synagogen-Architektur. *Fritz Goffitzers* Linzer Synagoge bezieht noch 1966-68 in einer durchaus modernen Formensprache ihre Inspiration aus dem antiken Tempelbau, diesmal jedoch nicht aus der Form des Tholos, wie bei Kornhäusel, sondern aus den Peripteros.

Das **Tarnen** als Bürgerhaus, das der Synagoge in der Seitenstettengasse in der >Reichskristallnacht< das Überleben sicherte, ist auch an den frühesten Bauten der griechisch-orthodoxen Religion nachzuweisen. Die 1803-06 durch *Franz Wipplinger* erbaute griechisch-nichtunierte Kirche in der Griechengasse[836] zeigt in ihrer Außengestalt bis auf die „tempelartige Fassade mit ionischen Kolossalpilastern mit kreuzbekröntem Dreiecksgiebel"[837] recht wenig Hinweise auf ein monumentales Gotteshaus. Im Grundriss ist eindeutig der gangähnliche Vorraum zu erkennen, über den der überkuppelte Kirchensaal betreten wird, um dem Edikt mit dem Verbot eines direkten öffentlichen Einganges zu genügen.

Abb. 14.3: Die neobyzantinische Vorhalle der griechisch-nichtunierten Kathedrale: Sinnbild der Herkunft der Religion und *Hansens* Personalsprache.

Selbst die griechisch-nichtunierte Kathedrale Wiens am Fleischmarkt ist als 1782-87 erbaute klassizistische Kirche von der Straße nicht einsehbar, obwohl ein bereits 1796 erteiltes **Privi-**

---

835 Vgl. BLAHA / GRÜLL / KAINE / SCHMID, „Katholischer und nichtkatholischer Kirchenbau", in: *Klassizismus in Wien*, S. 71

836 Auch: Griechisch-orthodoxe oder griechisch-orientalische Kirche >Zum hl. Georg<

837 DEHIO, *Wien I – Innere Stadt*, S. 71

leg zur Errichtung von Turm und Straßeneingang zum so genannten >alten< Turm im unmittelbaren Anschluss des Kirchenbaus führt.[838] Das heutige byzantinische Erscheinungsbild des Kirchenensembles am Fleischmarkt *(Abb. 14.3)* mit Pfarrhaus, Schule, Wohnungen und Geschäften einschließlich des jetzigen Turmes geht auf den 1858 im Auftrag des Baron *Simon von Sina* erfolgten Umbau durch *Theophil Hansen* zurück. Sie legt die Akzeptanz der anderen Religionen in der sich neu konstituierende Gründerzeitgesellschaft offen. *Sina* ist als einer der reichsten Männer der Monarchie unter anderem tatkräftiger Finanzier staatlicher Bahnprojekte und so darf sich seine Kirche als Sitz der Metropolis von Austria und Exarchie von Ungarn und Mitteleuropa in aller Pracht eines orientalisch beeinflussten Neobyzantinismus einschließlich symbolischer Insignien wie Turm und Kuppel endlich öffentlich **darstellen**. Dies geschieht vor allem durch die von *Hansen* angefügte Vorhalle, in der er seiner persönlichen Vorliebe zu einer sehr sinnlich-differenzierten Oberflächengestaltung nachgeht. „Der Bezug auf byzantinische Vorbilder ist zwar für einen griechisch-nichtunierten Kirchenbau sehr passend, wird aber im Wiener Historismus generell für spirituelle Bauten verwendet"[839].

Abb. 14.4: Auch der erste evangelische Kirchenbau Wiens außerhalb der Inneren Stadt erscheint byzantinisch angehaucht.

Dies demonstriert die 1846 errichtete evangelische Gustav-Adolf-Kirche in der Gumpendorferstraße *(Abb. 14.4)*, die *Hansen* gemeinsam mit seinem Schwiegervater *Ludwig Förster* plante. Auch dieser erste evangelische Kirchenbau außerhalb der Inneren Stadt weist jene **islamisch-byzantinischen** Elemente der Dekoration auf, die in den folgenden Jahrzehnten fast kanonisch für nicht katholische Sakralbauten werden sollten. Der geschlossene Baukörper der Kirche ohne Turm schließt in der Einfachheit des Volumens an den Klassizismus an, während der Dekor schon auf die der Bauaufgabe angepasste Variabilität des Historismus vorgreift.[840]

Dass unter diesen Prämissen ein **Orientalismus** als die adäquate Architektursprache für die jüdischen Bethäuser angesehen wird, der das bisher dafür angewandte Tempelmotiv des Klassizismus ablöst, liegt auf der Hand. *Kitlitschka* dazu ausführlicher: „Renate Wagner-Rieger stellte angesichts der Wiener Synagogen des ausgehenden 19. Jahrhunderts fest, >der Reichtum des soziologisch aufsteigenden Judentums< habe >die schon vorher festzustellende Tendenz< gefördert, >Bethäuser und Tempel des mosaischen Be-

---

838 Vgl. DEHIO, *Wien I – Innere Stadt*, S. 68

839 *Architektur Wien. 500 Bauten*, S. 124

840 Vgl. *Architektur Wien. 500 Bauten*, S. 170

kenntnisses mit der Üppigkeit orientalischer, meist islamisch gefärbter Motive zu überhäufen<. Zumeist handelt es sich um weite Innenräume, die in drei Schiffe unterteilt waren. Die Wahl orientalisierender Formen zur Gestaltung des Außen- und Innenbaues hängt wohl mit der historischen und geistigen Standortbestimmung des Judentums zusammen. Auf diese Weise konnte auf den Vorderen Orient als Ursprung und Heimat hingewiesen werden."[841] Dem voll entsprechend führt *Ludwig Förster* 1858, im Jahr des Umbaus der griechisch-orthodoxen Kathedrale am Fleischmarkt durch seinen Schwiegersohn, die berühmteste Synagoge Wiens in der Tempelgasse in der Leopoldstadt aus, konstruktiv als zarte Gusseisenkonstruktion mit Emporen und städtebaulich beidseits von Zinshäusern flankiert. Die **Pracht** der zarten >arabisch-orientalischen< Ornamentik wird bedauerlicherweise zur Haupttriebfeder für ihre Zerstörer in der >Reichskristallnacht< 1938. Etwas von der speziellen Atmosphäre derartiger Synagogen zeigt uns die 1904 in Ushgorod in der heutigen Ukraine erbaute, eine der wenigen bis heute erhaltenen auf Gebiet der Donaumonarchie. Die Farbigkeit und Formenvielfalt dieser späten Variante des Historismus ist recht gut mit >neomaurischem Stil< umrissen.[842]

14.1.2 Kuppel- und Turmkirchen im Sakralbau des 19. und 20. Jahrhundert

Dass für die Synagoge des ausgehenden 19. Jahrhundert trotz aller Orientalismen ein weiter stilistischer Gestaltungsspielraum vorhanden war, zeigt *Kitlitschkas* Kommentar zur 1893-95 von *Max Fleischer* entworfenen Synagoge von Krems: „... wobei sich die Gestaltung der reich gegliederten **Treppengiebelfassade** an *Camillo Sittes* Front der Mechitaristenkirche *(Abb. 14.5)*, 1871-73 im >Neorenaissancedekor in Art des oberitalienischen Quattrocentro< entworfen[843], orientiert. Gleichzeitig liegt ihr aber auch die schöpferische Auseinandersetzung mit der Architektur Venedigs aus der zweiten Hälfte des 15. Jahrhunderts, vor allem mit der Fassade von San Zaccaria, zugrunde."[844] *Sitte* könnte bei der Gestaltung seiner Kirchenfront vom Herkunftsland des Mechitaristenordens, Armenien, zu dieser doch recht exotischen Fassade inspiriert worden sein, ist jedoch sicherlich auch von den

Abb. 14.5: Die venezianisch-historistische Kirchenfassade der aus Armenien stammenden Mechitaristen in Wien.

---

841   KITLITSCHKA, *Historismus und Jugendstil in NÖ*, S. 73f.

842   Vgl. SCHEER / SCHMIDT, *Die Ukraine entdecken*, S. 211

843   DEHIO, *Wien – II.-IX. und XX. Bezirk*, S. 281

844   KITLISCHTKA, *Historismus und Jugendstil in NÖ*, S. 74f.

einflussreichen und weit verbreiteten Schriften des englischen Kunsttheoretikers *John Ruskin* bestimmt, der in seinem 1849 erschienenen Hauptwerk, den >Seven Lamps of Architecture<, ausgehend von der Forderung, „wir wollen keinen neuen Stil ... die schon bekannten Formen der Baukunst sind für uns gut genug"[845], diese „vollkommenen" Stile aufzählt: die Pisaner Romanik, die Frühgotik Westitaliens, die venezianische Gotik und der früheste Decorated Style. Damit und mit seinem nächsten Buch über >The Stones of Venice<, 1851-53 geschrieben, leitet er die Renaissance der **mittelalterlichen** Baustile ein, die in der Kirchenarchitektur endgültig den Klassizismus ablösen sollten.

Abb. 14.6: Die ersten neogotischen Kirchen waren noch sehr freie Interpretationen unter Einfluss der Theorien von *Ruskin*.

Dennoch ist die erste Phase noch sehr von der freien Interpretation der Gotik bestimmt und zwar in einer uns heute als merkwürdig erscheinenden, bei genauerem Überdenken des *Ruskinschen* Einflusses jedoch folgerichtigen Mischung mit der **venezianisch-byzantinischen** Baukunst. Schönstes Beispiel in der österreichischen Architektur für diesen Umbruch ist die Altlerchenfelder Pfarrkirche *(Abb. 14.6)*, die 1846 noch vom den Klassizismus als Staatsstil propagandierenden Leiter des Hofbauamtes *Paul Sprenger* begonnen wurde, 1849-51 jedoch durch *Johann Georg Müller, Eduard van der Nüll* und *Franz Sitte*, dem Vater *Camillo Sittes*, als „Hauptwerk des Frühhistorismus"[846] in dieser oben geschilderten freien, italienischen Neogotik vollendet wird. Doch nicht nur *Ruskins* Kunsttheorien beeinflussen diesen Umsturz in der Architektur, auch national-politische Gründe sind dazu ausschlaggebend. So legte *Karl-Friedrich Schinkel* 1821-30 für die Friedrich-Werdersche Kirche zwei Entwürfe zur Auswahl vor, einen klassizistischen und einen gotischen, bei der die gotische Fassung gebilligt wurde[847]. Denn die Gotik wurde gemäß *Goethes* 1773 verfasster Anregung >Von deutscher Baukunst<, in der er seine persönlichen Eindrücke des Straßburger Münsters verarbeitet, bereits als **Nationalstil** des um politische Einheit ringenden Deutschland angesehen.

Ist die Altlerchenfelder Pfarrkirche geprägt von der Einstellung des >romantischen Historismus<, zeigt die 1856 begonnene Votivkirche *(Abb. 14.7)* des jungen *Heinrich von Ferstel* als Wettbewerbssieger deutlich den Einstellungswandel zum >strengen Historismus<, der keine Gleichzeitigkeit verschiedener Stile in einem Bauwerk zulässt. *Ferstel* baut in der Votivkirche ein

845 PEVSNER / HONOUR / FLEMING, *Lexikon der Weltarchitektur*, S. 543

846 *Architektur Wien. 500 Bauten*, Wien 1997, S. 175

847 Vgl. PEVSNER / HONOUR / FLEMING, *Lexikon der Weltarchitektur*, S. 559

Substrat des Gotischen[848], also eine stilistisch reiner ausgeführte gotische Kathedrale, als sie jemals in der Geschichte existierte. Den Grundriss orientiert er nach der französischen **Kathedralgotik** insbesondere von Amiens, die Zweiturmfassade nach dem Vorbild des Freiburger Münster, und zur nationalen Legitimierung dieser Dankes- wie Memorialkirche verwendet er Zitate des Wiener Stephansdoms.[849] Aus heutigem Standpunkt höchst interessant ist die Kritik, die *Camillo Sitte* im 1889 erstmals publizierten >Der Städtebau nach seinen künstlerischen Grundsätzen< über die Votivkirche äußerst. Sie bezieht sich nicht darauf, dass hier gleichsam das **Ideal** eines längst der Vergangenheit angehörenden Stiles gebaut wurde, sondern bemängelt die Situierung und den Kontext: „Nur die

Abb. 14.7: Gotischer als die Votivkirche war nie eine mittelalterliche Kathedrale.

Aufstellung und die ganz ungeschickte Parzellierung sind hier Schuld daran, dass man oft hören kann: Die Votivkirche sei zu klein geraten, sie sehe wie ein Modell aus und nehme sich besonders von der Seite sonderbar aus.

Beides ist richtig, aber die Ursache dieser unbefriedigenden Wirkung liegt nicht im meisterhaft durchgeführten Bau, sondern am Platz. Es wurde ja schon früher hinlänglich dargetan, dass ein gotischer Kirchenbau die volle Freilegung und vor allem eine gänzlich freie Seitenansicht aus großer Entfernung nicht verträgt."[850] Besonders stört ihn die Konsequenz des Strengen Historismus, dass mehrere Gebäude in den verschiedenen **Neostilen**, jedes für sich folgerichtig, dennoch keine „Geschlossenheit eines künstlerischen Eindruckes" als **Ensemble** zu erzeugen vermögen, „wenn jeder Architekt selbstgefällig nur darauf ausgeht, die Werke seiner Nachbarn in Schatten zu stellen und nach Möglichkeit um ihre Wirkung zu bringen. ... Wenn man die gotische Votivkirche, die im edelsten Renaissancestil erbaute Universität und die den verschiedensten Geschmacksrichtungen huldigenden Miethäuser zugleich überschaut, ist es nicht anders, als ob man eine Fuge von *S. Bach*, ein großes Finale aus einer *Mozartschen* Oper und ein Couplet von *Offenbach* zu gleicher Zeit anhören sollte. Unerträglich!"[851]

Die Suche nach der idealen Kirche hält in der Interpretation der Votivkirche als Musterkathedrale der europäischen Hochgotik ohnehin nur ganz kurze

848   Vgl. *Architektur Wien. 500 Bauten*, S. 180

849   Andreas LEHNE, *Vorlesung Österreichische Architektur des 19. und 20. Jahrhunderts*, Technische Universität Wien, Wintersemester 1997-98 (Mitschrift JÄGER); vgl. auch DEHIO, *Wien II. bis IX. und XX. Bezirk,* S. 382f.

850   SITTE, *Der Städtebau*, S. 164

851   SITTE, *Der Städtebau,* S. 162 f.

Abb. 14.8: Vor allem aus städtebaulichen Überlegungen als seltener, neogotischer Zentralbau konzipiert: S. Maria von Siege.

Zeit an. Die 1860-62 von *Friedrich Schmidt* als seinem ersten Kirchenbau in Wien errichtete Lazaristenkirche beim Westbahnhof könnte noch zu dieser Gruppe gezählt werden. Als idealtypische **Hallenkirche** der Backsteingotik[852] nimmt sie allerdings auf Vorbilder Bezug, die nicht in der nationalen Architekturtradition Österreichs stehen, sondern aus dem Norden Europas kommen. Schon bei der kurz darauf als Kompensation für den dritten Rang beim Votivkirchenwettbewerb *Friedrich Schmidt* zuerteilten Fünfhauser Pfarrkirche S. Maria vom Siege *(Abb. 14.8)*, 1868-75 erbaut, verbindet der Architekt gotische Bauformen mit architektonischen Grundstrukturen der Renaissance und des Barock. Die Grundidee eines gotischen **Zentralbaus** ist zwar immer noch von der Romantik der Idealkomposition bestimmt[853], wobei die historischen Vorbilder nie zum Zwecke einer Pfarrkirche herangezogen wurden. Zentrale Sakralbauten der mittelalterlichen Gotik dienten als Baptisterien, Karner oder Kapitelhäuser, nicht aber als Predigerkirchen. Die weithin sichtbare Kuppel und die schräg gestellten Fassadentürme sind demnach für die städtebaulichen Kriterien dieser Vorstadtkante am Gürtel komponiert, genügen jedoch nicht dem funktionellen Konzept einer Pfarrkirche.

Unter den Ferstel-Schmidt-Schülern erstarrt schlussendlich um die Jahrhundertwende der österreichische Kirchenbau derart, dass der 1898 ausgeschriebene Wettbewerb für die Kaiser-Franz-Josef-Jubiläumskirche am Mexikoplatz zu einer heftigen **Kontroverse** zwischen den Traditionalisten und den Modernisten wird. Obwohl dieser teuerste aller Kirchenbauten noch als mächtige späthistoristische Basilika für 4000 Personen nach dem Vorbild der rheinischen Romanik von *Victor Luntz* und *August Kirstein* bis 1913 vollendet wird[854], führt die 1899 erstellte Studie >Die Moderne im Kirchenbau<, die *Otto Wagner* als Reaktion auf den Wettbewerb zur Jubiläumskirche verfasste, letztendlich zum Überwinden der formalen Erstarrung. *Wagner* behandelt zu diesem Zeitpunkt den Kirchenbau nicht nur theoretisch, parallel zur Entstehung der Jubiläumskirche arbeitet er schon an der Steinhofkirche und der Joanniskapelle, beides Sakralbauten, die ihm im Zuge von Gesamtplanungsaufträgen für die Stadtbahn einerseits und die Psychiatrische Klinik des Landes Niederösterreich auf der anderen Seite zufielen.

852   Vgl. DEHIO, *Wien II. bis IX. und XX. Bezirk*, S. 279

853   Vgl. DEHIO, *Wien X. bis XIX. und XXI. bis XXIII. Bezirk*, S. 339

854   Vgl. dazu: ACHLEITNER, *Ö.Arch.20.Jh. Band III/1*, S. 90 und DEHIO, *Wien II. bis IX. und XX. Bezirk*, S. 10

Bei der Joanniskapelle am Währinger Gürtel *(Abb. 14.9)*, die eine im Zuge des Stadtbahnbaus abgerissene Kapelle ersetzen muss und, obwohl der Auftrag 1895 erteilt wurde, nach *Graf* wahrscheinlich erst nach 1907 erbaut wurde, handelt es sich um ein kleines symmetrisches Gebäude mit Zentralkuppel[855] in tiefster Renaissancetradition. Diese Form wählte *Wagner*, und das unterscheidet ihn von den anderen Kirchenbauern der Zeit, sehr bewusst hinsichtlich der Bauaufgabe, und nicht mehr aufgrund einer formalen Präferenz. Deutlicher wird dieser andere Ansatz des Kirchenbaus bei der Kirche St. Leopold am Steinhof, die *Otto Wagner* 1902-04 entwirft, und von 1905-07 getreu seinen Maximen unter „Rücksicht auf Optik, Akustik und Hygiene des Kirchenraumes"[856] baut. In der Studie über den modernen Kirchenbau von 1899

Abb. 14.9: Aus der Renaissancetradition entwickelter, moderner Zentralbau: *Otto Wagners* Stadtbahnkapelle.

rechnet er in **funktionalistischer** Schärfe vor, wie viel ein den Hochaltar sehender Besucher bei den verschiedenen Kirchenformen Wiens[857] kostete. Doch zweifelsohne dient diese Polemik nur dazu, den Anspruch der gewählten Form des mit einer weithin sichtbaren, goldenen Kuppel überkrönten Zentralbaus zu legitimieren. *Wagners* tragisches Schicksal als Architekt war, dass er mit einem Bankgebäude seinen lang ersehnten Wunsch nach dem Auftrag für einen schlossähnlichen Palast erfüllen musste und den nach einer monumentalen Kathedrale der Christenheit mit einer Anstaltskirche. Obwohl *Boeckl* der Steinhofkirche attestiert, „Prototyp einer geglückten Verbindung uralter Traditionen des Kirchenbaus mit der Moderne"[858] zu sein, behaupte ich doch, dass diese Kirche abseits der von *Wagner* und auch *Semper* üblicherweise gehuldigten „Überhöhung, Sublimierung des Faktischen durch Maskierung der Konstruktion, durch Bekleidung des nackten Materials"[859], doch nur der Abschluss des historistischen Kirchenbaus des 19. Jahrhunderts im höchst intelligenten Verschnitt von Renaissance und Barock darstellt.

---

855 Vgl. *Architektur Wien. 500 Bauten*, S. 185

856 Entwurfserläuterung von Otto WAGNER, in: GRAF, *Otto Wagner. Das Werk des Architekten*, Wien 1985, S. 400 ff.

857 Wagner vergleicht hier die Karlskirche, S. Maria vom Siege, die Breitenfelder Kirche, die Kirche in Ottakring und eine von ihm für Währing projektierte Kirche. Zur Kritik der Polemik, der sich Wagner hier bedient, vgl. Hermann CZECH, „Die Sprache Otto Wagners" (1974), in: ders. *Zur Abwechslung*, S. 73-76

858 Matthias BOECKL in: *Architektur im 20. Jahrhundert. Österreich*, S. 126

859 Otto KAPFINGER, „Glanz des Ornats - Glamour der Verpackung" S. 83f.

Wie sehr *Wagner* das allerdings beherrscht, und wie sehr so etwas misslingen kann, zeigt, die Lueger-Gedächtniskirche des jungen Hasenauer- und Luntz-Schülers *Max Hegele* am Wiener Zentralfriedhof, 1908 erbaut. Sie nimmt zwar „sichtbaren Bezug auf die Steinhof-Kirche, mied aber sowohl die ikonologische als auch die technologische Auseinandersetzung mit der Wagnerschen Architektur. Er begnügt sich mit der secessionistischen Einkleidung eines historistischen Bautyps, indem er die Wagnerschen Erfindungen, wie etwa die transformierte Doppelturmlösung am Steinhof, rückwandelte und als **Versatzstücke** in das monumentalistische System integrierte. ... Während etwa *Plečnik* die Architektur einer Totenstadt durch das Herauslösen von architektonischen Formen aus ihrer Zeitlichkeit suchte, also Zeitlosigkeit durch Häufung von Zeitspuren veranschaulichte, ging *Hegele* den einfacheren Weg, indem er eine damals noch lebendige Architektur (die der Secession) in einem leblosen Pathos erstarren ließ."[860]

Abb. 14.10: Erster basilikaler >Breitraum< durch Eisenbetonträger anstelle der traditionellen Erdgeschoßarkaden.

Achleitner hat es schon angesprochen, erst *Jože Plečnik* fällt das Verdienst zu, den modernen Kirchenraum zu schaffen, wie es immer für Wagner reklamiert wird. Die Heilig-Geist-Kirche auf der Schmelz ist endlich die typologische und nicht stilistische **Transformation** der Basilika, indem ihr junger Architekt das gerade aufgekommene Material Eisenbeton zu einer echten Weiterentwicklung des basilikalen Raumes einsetzt *(Abb. 14.10)*. „Plečnik nutzte beim Kirchenraum insofern die konstruktiven Möglichkeiten des Eisenbetons, als er die seitliche Arkadierung jeweils durch zwei parallel liegende, über 20 m frei gespannte Brückenträger ersetzte. Dadurch war es möglich, die Pfeiler bei den Widerlagern in eine Gruppe zu je vier aufzulösen, wodurch im Gegensatz zur historischen Trennung von Mittel- und Seitenschiff eine Art Raumschichtung entstand, ..."[861]. Damit gelingt es *Plečnik,* den tradierten Richtungsraum zugunsten eines dem Quadrat angenäherten **Breitraumes** aufzulösen, der der Gemeinde eine bessere Annäherung an den Altar erlaubte und gleichzeitig die Sicht- und Hörbedingungen stark verbesserte. Dies war eine den Kirchenbau des 20. Jahrhunderts wesentlich bestimmende Erfindung, die insbesondere den liturgischen und seelsorgerischen Intentionen nach dem Zweiten Vatikanum entgegen kommt.

Doch bleiben wir zunächst noch bei den Traditionalisten, denn auch ihnen liefert *Plečnik* in der Krypta der Heilig-Geist-Kirche einen Ausgangspunkt, indem er „nicht nur den Topos einer alten Raumerfahrung realisiert - den dunklen >kryptischen< Raum mit der dichten Säulenstellung -, sondern mit und

860 ACHLEITNER, *Ö.Arch. 20. Jh. Band III/1*, S. 291f.

861 ACHLEITNER, *Ö.Arch. 20. Jh. Band III/2*, S. 153 f.

durch ihn die Geburt einer neuen architektonischen Sprache insze- niert."[862] Auch hier geschieht dies nicht so sehr in der Annäherung an den tschechischen **Kubismus**, sondern in erster Linie durch die geniale Art des Materialeinsatzes. *Plečnik* erkennt so früh die Ober- flächenqualitäten des neuen Mate- rials, dass er bereits hier den ge- spitzten Sichtbeton, dem er durch Beifügung roten Ziegelsplitts ei- nen warmen und porösen Ton

Abb. 14.11: Kubistische Tempelfront in Ei- senbeton: *Plečnik*-Kirche auf der Schmelz.

verschafft, schalrein einsetzt. Als Gegensatz dazu bildet er die tragende Struktur der überaus dünnen Säulen als den Raum bestimmendes, jedoch von der umhüllenden Wand unabhängiges Gerüst aus, dessen Knoten in Fortführung des Urgedankens der Kapitelle rein aus den Gesetzen des Ei- senbetons ihre Form entwickeln. Auch wenn *Plečnik* an der Hauptfassade noch an die neoklassizistische Tempelfront anknüpft *(Abb. 14.11)*, der Rest dieses als Seelsorgezentrum konzipierten Kirchenkomplexes ist in seiner Modernität des Typologietransfers bis heute unübertroffen.

Der Kirchenbau des 20. Jahrhunderts wendet hinsichtlich seiner Baukörperausformulierung nach *Plečnik* zunächst einem **regionalen Tradi- tionalismus** zu, der sich vor allem des Materials Holz als den Innenraum bestimmendes Element bedient, bevor die weiteren Möglichkeiten des Stahlbetons weiter probiert werden. Dennoch huldigt auch der regionale Traditionalismus im Kirchenbau einem gewissen expressiven Ele- ment, wahrscheinlich da ihn dieselben Protago- nisten pflegen, die den schon den Palasttyp als Antwort auf die spektakuläre Naturkulisse des Hochgebirges zur ausdrucksstarken Hotelform einer alpinen Moderne transformierten. Genau dieselbe Strategie lässt sich im Sakralbau ge- winnbringend anwenden, wie *Hans Feßlers* The- resienkirche in Langen am Arlberg von 1928-29

Abb. 14.12: Traditioneller Langhausbau mit Turm in modernster Materialtechnolo- gie: Pfarrkirche im Ennstal.

besser vorführt als die zahlreichen Kirchen ei- nes *Clemens Holzmeister*. Doch auch der versteht es nur allzu gut, sich frei von allen Zeitströmungen der Interpretation ländlicher Sakralarchitektur hin- zugeben, die mit ihrem teilweise sichtbaren Gebälk sogar auf Elemente früh- christlichen Bauens und mittelalterliche Holzarchitektur zurückgreifen[863]. Pro-

---

862 ACHLEITNER, *Ö.Arch. 20. Jh. Band III/2*, S. 154

863 Vgl. ACHLEITNER, *Ö.Arch. 20. Jh. Band I*, S. 300

totypisch dazu sei *Holzmeisters* Pfarrkirche in Erpfendorf, von 1954-56 errichtet, angeführt. Selbst noch *Volker Gienckes* Pfarrkirche in Aigen im Ennstal von 1985-92 greift auf diesen altbewährten Typus des Langhaus mit Turm *(Abb. 14.12)* zurück, nun in einer bisher im Kirchenbau fremden Materialtechnologie aus Stahl und Glas, aber mit einem sinnlich-spielerischen Ausdruck, der nur aus dieser katholisch-alpinen Tradition zu erklären ist. Den größten Beitrag dazu liefert neben den archetypischen Anklängen des Daches an Holzspanten von Schiffen die Tafeln aus eingefärbtem Rohgussglas[864], die endlich die spezielle Atmosphäre gotischer Kathedralfenster in die neuzeitliche Architektursprache zu transformieren vermögen, ohne irgendeinem traditionalistischen Touch zu verfallen.

14.1.3 Versammlungshallen als Gottes-Häuser der Gegenwart

Noch ein Architekt mit Tiroler Wurzeln versteht es, diesen qualitativ ausgezeichneten katholisch-barock gefärbten Kirchenbau der Gegenwart paradoxerweise in den protestantischen Kirchenbaus zu übertragen. *Heinz Tesars* 1992 errichtete Evangelische Kirche in Klosterneuburg ist nichts anderes als eine Grenzüberschreitung zu einem sinnlichen Raumerlebnis[865] gänzlich ohne alpinem Regionalismus, die einerseits durch den großen deutschen Kirchenbauer *Rudolf Schwarz* in die österreichische Architektur eingeführt wurde, andererseits auf die starke Gestik eines *Josef Lackner*, des nächsten katholischen Kirchenbauers aus Tirol, zurückzuführen ist.

Abb. 14.13: Schwarz-Kirche in Linz: barock-bewegt und doch auf Basis einer modularen Ordnung.

Schwarz bezieht bei der Theresienkirche am Keferfeld *(Abb. 14.13)* in Linz 1958-62, die Idee des eirunden Kirchenraumes zwar aus der Barocktypologie eines *Borromini* oder *Bernini*, deren ausdrucksstarke Lichtführungen ihn zutiefst motiviert haben müssen, doch er kann diese dynamischen Grundeigenschaften trotz aller Bewegtheit in ein Stahlbeton-Rasterwerk einfügen. Genau dieser Forderung der Zeit nach einer **modularen Ordnung**, die aus dem prägenden Einfluss *Konrad Wachsmanns* auf die nachwachsende Generation entstand, genügte *Josef Lackner* bei seiner ersten Pfarrkirche in Neu-Arzl, gleichfalls 1958-60 errichtet, nicht, obwohl er das klassisches Quadrat und nicht eine gekurvte Form als Ausgangspunkt für die Komposition nahm. Auf die damalige >Muss-Frage< seines Kollegen *Johann Georg Gsteu* nach dem

---

864 Vgl. dazu: Otto KAPFINGER, *Architektur im 20. Jahrhundert. Österreich*, S. 236

865 Vgl. dazu: ACHLEITNER in: *Ottokar Uhl, Werk-Theorie-Perspektiven*, S. 42

Modul hatte er sich die legendäre Antwort >Ein Zentimeter< zurechtgelegt[866]. Äußerst interessant ist also die feine Dialektik zwischen dem Expressionismus eines *Rudolf Schwarz*, der seinen konkav-konvex-bewegten Kirchenbau rastert, und dem Expressionismus eines *Josef Lackner*, der ohne jede Kurvung deutlichste gestische Bewegung in seine Kirchenräume hineinbringt.

Lackner bezieht die überwältigende skulpturale Wirkung seiner Kirchenbauten, wie die Pfarrkirche in Völs *(Abb. 14.14)* von 1965-67 so offensichtlich darlegt, aus dem Zusammenklang des punktgenau in die spektakuläre Bergkulisse hineinkomponierten, einprägsamen Baukörpers und einer höchst sinnlichen **Lichtführung** im Inneren entlang der Wände. Genau an diesen zutiefst architektonischen Forderungen scheitert als zeitgleiches Beispiel die Dreifaltigkeitskirche eines *Fritz Wotruba* am Maurer Berg. Sie ist als begehbare Plastik zwar die Manifestation eines Bildhauers, genügt aber nicht den Kriterien guter Architektur, weder im funktionellen noch im materialadäquaten Umgang mit dem Innenraum.[867]

Abb. 14.14: Spektakuläre gestisch-skulpturale Antwort auf die Tiroler Hochgebirgswelt: Pfarrkirche bei Innsbruck.

Typologisch gesehen sind die aufgezählten Kirchenräume alle nicht mehr auf die Tradition der Langhaus-Basilika oder des sakralen Zentralbaugedankens zurückführbar, sondern insbesondere bei *Lackner* nur mehr einem neutralen, indifferenten Hallengedanken verpflichtet. Deutlicher wird dies anhand der Kirchenbauten eines *Ottokar Uhl*, der die Grenzüberschreitung zur Entsinnlichung einer kleinen Gruppe von Katholiken in den Fünfziger und Sechzigerjahren in gebaute Kirchenräume übersetzt: „Der **Purismus** drückte in jeder Form eine Sehnsucht nach dem >Wesentlichen< aus und von dieser Wahrheit konnte man nicht genug haben. Im Kirchenbau bedeutete diese Tendenz eine Art Protestantisierung von Architektur"[868], präzisiert *Achleitner*. *Uhls* Studentenkapelle der Katholischen Hochschulgemeinde in der Ebendorferstraße in der Inneren Stadt, schon 1956 errichtet, und die Studentenkapelle der Katholischen Hochschulgemeinde in der Peter-Jordanstraße, 1963 nachfolgend, drücken die Gemeinsamkeit einer sehr mündigen, intellektuellen Gruppe, die sich um den Tisch des Herrn versammelt, in einer Innenraumgestaltung ohne jede Gemütlichkeit aus, die einzig geistig anregsam sein

---

866 Frei nach ACHLEITNER, „Prototypen, Solitäre, Behauptungen. Zum Werk von Josef Lackner (1931-2000)", in *architektur aktuell 248*, S. 86-95, hier: S. 87

867 Vgl. Andrea NUSSBAUM in: *Architektur im 20. Jahrhundert. Österreich*, S. 188

868 ACHLEITNER in: *Ottokar Uhl, Werk-Theorie-Perspektiven*, S. 42

Abb. 14.15: Rückkehr zu einer >autoritären< Altaraufstellung im heutigen Kirchenbau.

will. Sichtbar gelassener rauer Schalbeton und Gussasphalt-Böden sind der einzige Schmuck. Die gleichmäßige Lichtführung dient der Ausleuchtung des Raumes und vermeidet jeden theatralischen Aspekt.

Als Folgeauftrag erarbeitet *Ottokar Uhl* in einer Studie die **demontable** Kirche, die Kirche dorthin bringen sollte, wo sie gebraucht wird. Dies bezog sich in den Sechzigerjahren auf die schnell entstehenden Großwohnsiedlungen am Stadtrand, und endete damit, dass diese provisorisch errichteten so genannten **Montagekirchen**, die von ungelernten Kräften montiert wurden, sich heute noch an Ort und Stelle befinden. *Uhl* entwickelte zwei unterschiedliche Systeme, eines in Holz, in der 1967 die Montagekirche in der Kundrathstraße errichtet wurde, und eines in Stahl, einem Merosystem aus dem Messebau mit Pyramidendach aus Polyester, unter dem die Montagekirche in der Siemensstraße seit 1964 bis heute recht gut funktioniert. Nachdenklich stimmt, dass trotz lange gelebter Variabilität und Flexibilität die heutige Möblierungsanordnung wieder zu einer autoritären Altaraufstellung zurückgekehrt ist *(Abb. 14.15).* Auch der neuere Kirchenbau ist bei aller Gediegenheit, die die Salvatorkirche am Wienerfeld von *Johannes Spalt* von 1970-79 oder die Kirche am Tesarekplatz von *Otto Häuslmayer* von 1992 an den Tag legen, weit entfernt von der Radikalität des *Uhlschen* Ansatzes, der allerdings auf einer mündigen, selbstbestimmten Kirchengemeinde fußt, die heute nicht mehr überall so wirklich gerne gesehen wird.

14.2 Pfarr- und Seelsorgezentren

Kirchen als Einzelbaukörper sind inmitten dieser neu errichteten Großwohnanlagen der Sechziger und Siebzigerjahre jedoch die Ausnahme. Vielmehr wird der Gedanke der **Pfarrgemeinde** folgerichtig zu Pfarr- und Seelsorgezentren ausgebaut, bewusst oder unbewusst, um zu verhindern, dass die parallel dazu wuchernden Einkaufszentren zu den neuen Gemeindezentren werden. Allerdings recht geschickt gewählt ist zumeist die Typologie dieser neuen Baugattung im Sakralbau, wahrscheinlich eine auf Anhieb gelungene Mischung aus den schon zuvor erprobten, radikal neuen Kirchenräumen und der Unbeschwertheit einer gänzlich neuen Bauaufgabe.

Natürlich beherrschen auch in diesem Segment des modernen österreichischen Kirchenbaus die Erneuerungsbestrebungen innerhalb der Kirche die Tendenz zur Entsakralisierung, Entmystifizierung und Entsymbolisierung von Kultbauten, und kommen damit dem vorgezeichneten Weg in Richtung **multifunktionellem** Raum kongenial entgegen. Die allgemeine architektonische

Forderung nach strenger Trennung von Gerüst und Haut befördert die Entwicklung eines prinzipiell ständig veränderbaren Raumkonzeptes innerhalb eines gegebenen und beständigen Rahmens. Nicht ohne eine gewisse Symbolik in der Ausformulierung von **kreuzförmigen** Stützen als Traggerüst für eindrucksvolle Betonträger, die ihre Querschnitte den jeweiligen Beanspruchungen entsprechend verändern, stellt der erste voll durchentwickelte Bau, das Seelsorgezentrum auf der Ennsleiten in Steyr *(Abb. 14.16)*, 1958-61 von der *Arbeitsgruppe 4* und *Johann Georg Gsteu* entwickelt, diese Neuorientierung in einer fast expressionistischen Weise dar, wie *Achleitner* meint[869]. Dennoch geht in den Seelsorgezentren der bei aller Neuheit zutiefst im Barock verwurzelte Gedanke des nationalen österreichischen Kirchenbaus mit dem vollkommen un-

Abb. 14.16: Uminterpretation der Kreuzsymbolik zum konstruktiven Merkmal.

barocken Purismus eines *Uhl* eine im konventionellen Kirchenraum nie erreichte Symbiose ein, die dieser Zeit zu einer ganzen Reihe bemerkenswerter Seelsorgezentren in Österreich führt[870].

Ganz ohne latenten Symbolismus kommt das Seelsorgezentrum St. Paul der Eisteichsiedlung in Graz *(Abb. 14.17)* von *Ferdinand Schuster* aus, das 1969-71 den End- und Wendepunkt in der Entwicklung des österreichischen Kirchenbaus im Sinne des Selbstverständnisses einer **offenen Kirche** darstellt, äußerlich signalisiert durch einen Prozess der formalen Entschlackung und Entsemantisierung, innerlich getrieben vom Wunsch nach einer essentiellen Aussage, nach einer Überein-

Abb. 14.17: >Entsemantisiertes< Gemeindezentrum der Grazer Eisteichsiedlung: Kirchliche Mehrzweckhalle St. Paul.

stimmung von baulicher Form und neuen Inhalten[871], wie *Achleitner* meint: „Wenn ein Bau diesen Geist [eines zuvor zitierten *Norbert Greinacher*] wider-

---

869   Vgl. ACHLEITNER, *Ö.Arch. 20. Jh. Band I*, S. 102f.

870   Unter anderem zu: Wien XIV, Seelsorgezentrum Baumgarten, *Johann Georg Gsteu*, 1960; Wels, Pfarrzentrum St. Josef in der Pernau, *Franz Riepl* und *Othmar Sackmauer*, 1964-67; Graz, Seelsorgezentrum Kroisbach, *Wolfgang Kapfhammer* und *Johannes Wegan*, 1969-74; Puchenau bei Linz, Seelsorgezentrum, *Roland Rainer*, 1973-76 und Graz, Pfarrzentrum Salvator in der Theodor-Körner-Straße 141, *Team A Graz*, 1978-81

spiegelt, dann ist es diese >Mehrzweckhalle<, zu der *Schuster* mit Nachdruck feststellt, dass es sich >nicht um einen Raum für alle Zwecke, sondern um einen solchen, der mehr Zwecken dienen kann, als der konventionelle Kirchenraum<, handelt. ... Die >eigentliche Kirche< ist die Werktagskapelle mit den fixierten Elementen wie Altar und Tabernakel, während die große Halle für mehr als 800 Personen als zentraler, multifunktioneller Raum ausgebildet ist, in dem eben auch der Sonntagsgottesdienst abgehalten werden kann."

Abb. 14.18: Grandioser Expressionismus der österreichischen Pfarrzentren in der Nachfolge des II. Vatikanischen Konzils.

Damit ist der neue Kirchenraum sehr früh in einer noch heute gültigen Form festgelegt. Zwei bemerkenswerte Bauten seither müssen unbedingt angeführt werden, nicht nur, weil sie formal unheimlich beeindruckende Mehrzwecksäle aufweisen, deren expressiver **Unverwechselbarkeit** sich niemand zu entziehen vermag. Die Totalität der Ausformulierung des Pfarr- und Seelsorgezentrums in Rum *(Abb. 14.18)* bei Innsbruck, 1976-78 von *Horst Parson* geschaffen, überwältigt genauso als Architektur pur wie die grandiose Raumschöpfung des Pfarrzentrums in Graz-Ragnitz von *Szyszkowitz & Kowalski* 1982-87, auch wenn diese kirchlichen Bauten in ihrer Einstellung deutlich konventioneller als die zuvor geschilderten sind. Dennoch, und das ist neu, kreieren sie äußerst vorteilhafte städtebauliche Qualitäten in raum- und platzbildender Hinsicht, und werten dadurch ihre Nachbarschaft in sozialer Hinsicht exemplarisch auf.

Abb. 14.19: Rückkehr zur Würde und Bescheidenheit der Urkirche: Filialkirche S. Franziskus in Wels.

Im besten Sinne postmoderner Nachspann dieser von den Bewohnern angenommenen kirchlichen Zentren ist die 1984 errichtete Mehrzweckhalle samt Pfarrhaus der Architektengruppe IGIRIEN (*W. Appelt, E. Kneissl* und *E. Prochazka*) am Rennbahnweg in Wien-Donaustadt, die die traditionelle Raumabfolge einer Zentralkirche mit Vorhalle, Narthex und Hauptraum durch Verwendung einer **Architekturcollage** aus traditionellen Rundbogenmotiven und

871 ACHLEITNER, Ö.Arch. 20. Jh. Band II, S. 350f.

zeitgenössischer Betonfertigteil-Technologie[872] untermauert, wobei trotz aller Anspielungen auf die traditionelle Baukunst dieser >dekorierte Schuppen< seine sakralen Eigenschaften komplett verliert. Wahrscheinlich liegt dies am Verlust der **Würde**, der der neuesten Generation von Pfarrzentren wie dem von S. Franziskus *(Abb. 14.19)* in Wels, 1997 von *Georg Kirchweger* erbaut und 2004 durch *Luger & Maul* erweitert, beziehungsweise dem jüngst ausführlich publizierten Pfarrzentrum in Podersdorf von *lichtblau.wagner*, 1999-2002 errichtet, ohne großes Nachdenken attestiert werden muss. In ihnen scheint sich die zukünftige Generation schlichter Gotteshäuser unschwer prognostizieren zu lassen.

14.3 Bildungshäuser und Konvente

Im sakralen Bereich wurde der überlieferte Typ des Klosters längst um die Neudefinition als Bildungshaus respektive **Exerzitienheim** bereichert. Diese Bauaufgabe umreißt *Achleitner* wie folgt: „Das Programm eines Bildungshauses ist schwer zu fassen, es handelt sich um keine säuberlich getrennten Funktionen, sondern um deren Mischung und Überlagerung. Ein solches Heim ist Forum und Kolleg, Hotel und Erholungsheim, Schule und Seminar in einem."[873] Unschwer zu erahnen, dass die formalen Ausprägungen der hier aufgezählten Gebäudetypen Einfluss auf dessen Sprachlichkeit ausübten, allerdings aufgrund der nur geringen Bautätigkeit auf diesem Gebiet während des 20. Jahrhunderts so langsam und vereinzelt, dass sich keine **Entwicklungslinien** definieren lassen.

Hans Steineder wählt beim Exerzitienheim Subiaco in Kremsmünster 1928-32 bewusst oder unbewusst die damals avantgardistische Formensprache eines modernen Sanatoriums, wobei er die Hoteltypologie des Mutterhauses der Benediktinerinnen durch die „vorragende, freischwebende Form der Kapelle"[874] mit einer einem Sakralbau zustehenden Gewichtigkeit versieht. *Steineder* hatte schon bei der Hauptschule der Schulschwestern in Linz, ein Jahr zuvor begonnen, durch die plastisch-skulpturale **Kreuzsymbolik** in der Fassade bewiesen, dass er sich sattelfest zwischen der Bedeutungsschwere eines Expressionismus und der Leichtigkeit der klassischen Moderne zu bewegen verstand. *Achleitner* sieht in Subiaco die ins Bild des zuvor ausführlich geschilderten Expressionismus der österreichischen Kirchenarchitektur des 20. Jahrhunderts perfekt passende Antwort auf das barocke Stift am gegenüberliegenden Hang, „die gleiche Kontrapunktik von horizontaler und vertikaler Bewegung"[875].

---

872 Vgl. *Architektur Wien. 500 Bauten*, S. 347

873 ACHLEITNER, *Ö.Arch. 20. Jh. Band I*, S. 258

874 *Viel zu Modern. Hans Steineder,* Werkverzeichnis, S. 74

875 ACHLEITNER, *Ö.Arch. 20. Jh. Band I*, S. 62

Das Kolleg St. Josef in Salzburg-Aigen, 1961-64 von der *Arbeitsgruppe 4* entworfen, sowie der Konvent der Dominikanerinnen in Wien-Hietzing, den *Gustav Peichl* 1963-65 konzipierte, sind typologisch als Schüler- und Studentenheime einzustufen, wobei es im Unterschied zu anderen derartigen Heimen und in Anlehnung an die **Klostertradition** darum geht, über die Gebäude eine nach außen hin sich als solche deklarierende „geistlichen Gemeinschaft"[876] zum Ausdruck zu bringen. Beim Kolleg St. Josef birgt die um einen quadratischen Kreuzgang gruppierte Anlage nach dem Schema eines Klosters sinnigerweise in dessen Mitte, anstelle des ansonsten offenen Klosterhofes, die Tageskapelle. Der Konvent der Dominikanerinnen geht einen anderen Weg, der nichtsdestotrotz auch durch die Klostertradition angeregt erscheint. Die einzelnen Wohnhäuser, die den Kindern „schulische, erzieherische und soziale Heimat bedeuten"[877], sind in der freien Interpretation einer Kartause als einzelne Baukörper so angeordnet, dass jedem ein umschlossener, aber privater Studier- und Aufenthaltshof zugeschrieben werden kann.

Abb. 14.20: Die neue Bauaufgabe >Bildungshaus< in der Nachfolge des altehrwürdigen Klosters.

Auch das von *Wilhelm Holzbauer* ab 1967 geplante und von 1972-76 erbaute Bildungshaus St. Virgil in Salzburg-Aigen weist deutlichste Bezüge zum Klosterbau auf. *Holzbauer* vermeidet zwar in seiner Werkbeschreibung den Ausdruck **Kreuzgang** für die „geräumigen Wandelhallen" des längsrechteckigen Mittelbereiches in Verlängerung der Eingangshalle, die das „individuelle Gespräch innerhalb der Gruppe ermöglichen sollen". Doch schon bei der Schilderung des quer zur Längsachse des Bauwerks liegenden Speisesaals will er „in der räumlichen Konzeption jene der **Refektorien** barocker Stifte neu interpretieren". Sehr deutlich ist sein Bezug zum Sakralbau in der Definition der Formenwahl für Kapelle und Meditationsraum, die barocken Stiftskirchen gleich als **Zweiturmfassade** den Eingang zur gesamten Anlage flankieren *(Abb. 14.20)*. „Die Innenflächen der verbleibenden Zylinderwände sind, wie im gotischen Karner, zur Gänze bemalt", beschreibt *Holzbauer*[878]. Damit ist das Bildungshaus St. Virgil noch ein Beispiel dieses barocken Expressionismus, der den katholischen Sakralbau Österreichs im 20. Jahrhundert so einschneidend prägt und ziemlich konträr zu *Ottokar Uhls* Weg.

---

876   *Neue Architektur in Österreich 1945-1970,* S. 123

877   *Neue Architektur in Österreich 1945-1970,* S. 141

878   Alle zitierten Stellen zum Bildungshaus St. Virgil aus: *Wilhelm Holzbauer, Bauten und Projekte 1953-1985,* S. 60

14.4 Krematorien und Aufbahrungshallen

Mit einer einzigen Gattung sakraler Aufgabenstellungen hat die österreichische Architektur des 19. wie 20. Jahrhunderts große Identitätsprobleme. Dies sind Gebäude, die im Kontext von **Friedhöfen** zu errichten sind. So souverän die Tradition des Katholizismus in modernen Kirchen wie Klöstern fortgeführt wird, bei Krematorien und Aufbahrungshallen wird auf alle erdenklichen sakralen Vorbilder zurückgegriffen, solange sie nicht aus der eigenen Religion genommen werden müssen. Dabei würde sich mit den Beinhäusern in der einheimischen Baukunst grandiose Modelle offerieren, die ein einziges Mal im 20. Jahrhundert, nämlich von *Julius Schulte* im Aufsatz der Zeremonienhalle des Urnenhains am Linzer Stadtfriedhof, 1925-28 errichtet, zur Neuinterpretation dieser Bauaufgabe im 20. Jahrhundert herangezogen wurden.

Doch auch bei diesem Beispiel schreibt die Architekturkritik von skandinavischen Vorbildern[879], wie unter der Architektur eines *Gunnar Asplund* in Schweden zu finden und nicht von Nachfolgern einer heimischen, mittelalterlichen **Karnertypologie**, die als Gegenstück zum Baptisterium den Endpunkt eines christlichen Lebensweges anzeigt. Offensichtlich hat hier die katholische **Memorialarchitektur** ihre Wurzeln aus den Augen verloren. Es steht schlecht um unsere geistige Befindlichkeit, wenn man sich den Worten *Rings* zu dieser Bauaufgabe anschließt: „Der Tod ist uns allen sicher. Die Orte, an denen sich die Menschheit bauend mit dieser womöglich unangenehmsten aller Wahrheiten auseinander gesetzt hat, bieten - von der Pyramide bis zum schluchzenden Engel aus Stein - ein breites Spektrum an Gestaltungsvorschlägen und werden nicht nur von Historikern als Dokumente gesellschaftlicher Verhältnisse und geistiger Befindlichkeiten geschätzt."[880] Das Dilemma offenbart sich bereits in aller Härte um die Mitte des 19. Jahrhundert, als der heute einzig erhaltene der unter *Josef II.* außerhalb des Linienwalles angelegten >communalen Leichenhöfe<, der St. Marxer Friedhof, eine Portalanlage und ein zweigeschossiges Verwaltungsgebäude erhalten sollte, für das man nur den frühhistoristischen Dekor eines Neobyzantinismus für angemessen erachtete, obwohl es sich eindeutig um einen katholisch dominierten Friedhof der Pfarren St. Stephan und anderer Hauptpfarreien der Wiener Innenstadt handelte[881].

Das selbe Problem war seit der Inbetriebnahme des Zentralfriedhofes Zankapfel bei der Errichtung des Krematoriums, da dieses von der katholischen Kirche grundsätzlich abgelehnt wurde. Erst nach dem Ende der Monarchie kann sich die nun sozialdemokratische Wiener Stadtregierung damit durchsetzen und beauftragt 1921 den im Wettbewerb an dritter Stelle gereihten jungen *Clemens Holzmeister* mit der Ausführung, da sein Entwurf eine stärkere Beachtung des historischen Kontextes mit dem Neugebäude als die an-

---

879 Vgl. ACHLEITNER, *Ö.Arch. 20. Jh. Band I*, S. 152

880 Romana RING, „Vermittlung von Hoffnung", in: *architektur.aktuell 11/2001*, S. 120

881 Angaben aus: DEHIO, *Wien II. bis IX. und XX. Bezirk*, S. 137

397

deren Projekte, versprach. Den Rest beschreibt *Drieschner* erschöpfend: „Schwierigkeiten entstanden bei der Bauaufgabe durch den Dualismus Zweckbau-Sakralbau. Bei der Organisation des technischen Betriebsablaufes war auf Pietät zu achten. Es reichte dabei nicht aus, die Schornsteine zu kaschieren (*Holzmeister* verbarg sie in den Eckverstärkungen des Turmkubus). ... Für die künstlerische Gestaltung mussten Lösungen gefunden werden, die eine sakrale Atmosphäre erzeugen, ohne kirchliche Bauformen zu kopieren. Der Arkadenhof und das Spitzbogenmotiv verweisen noch deutlich auf christliche Sakralarchitektur. Der Baukörper des Krematoriums dagegen orientiert sich am Vorbild der babylonischen **Stufenpyramide**. Tatsächlich könnte *Holzmeister* durch die gewaltige Zikkurat-Kulisse angeregt worden sein, die für den Film >Sodom und Gomorrha< in der Nähe von Wien (1922) errichtet wurde."[882]

Abb. 14.21: Aufbahrungshalle am Friedhof: Tradition des Tempels als Baldachin.

Selbst heute lassen Aufbahrungs- oder Totenhallen im Prinzip keine anderen Bezüge als die zum griechisch-klassischen Tempelbau in Form des **Peripteros** zu, der in diesem Fall als Substitut des **Baldachins** angesehen werden muss. *Roland Ertls* 1963-64 erbaute Totenhalle am Friedhof von Thening in Oberösterreich mit der als Zelle frei unter den „allseitig durchlässigen Baukörper hineingestellten Leichenkammer"[883] ist zweifelsohne immer noch durch den moderaten Klassizismus eines *Gunnar Asplund* und *Sigurd Lewerentz* im Stockholmer Waldfriedhof Tallum inspiriert. Doch selbst die neue Aufbahrungshalle am Freistädter Friedhof *(Abb. 14.21)*, 1998-2000 von *Pointner, Pointner & Ullmann* entworfen, kommt nicht über die bewusste oder unbewusste Interpretation von *Mies van der Rohes* Barcelona-Pavillon hinaus, der 1929 bei aller Radikalität der Form in eindeutiger Transformation eines Tempels Deutschlands nationale Identität verherrlichte. Die kreuzförmigen Nirostastützen sprechen im Kontext mit den Steinverkleidungen von Boden und Wänden sowie der Anordnung des Wasserbeckens in Barcelona wie in Freistadt eine deutliche Sprache. Auch hier steht die eigentliche Halle auf einem **Podest** aus drei bis vier Stufen, ganz wie die Krepis des antiken Tempels, wobei sich eher *Mies van der Rohe* dieser Analogie bewusst war, als die jungen Architekten meiner Generation. Selbst die Architekturkritik ist hinsichtlich der Tradition des antiken wie modernen Vorbildes recht unsensibel geworden.[884]

882   Axel DRIESCHNER in: *Architektur im 20. Jahrhundert. Österreich*, S. 136

883   ACHLEITNER, *Ö.Arch. 20. Jh. Band I*, S. 115

884   Vgl. die Rezension des Bauwerkes durch Romana RING in: *architektur.aktuell 11/201*, S. 128

Literaturverzeichnis

ACHLEITNER / DE MICHELIS / REDER (Hrsg.), Supplement-Heft zu *architektur.aktuell* 9-2001: „Bahnhofsoffensive. Die neuen Bahnhöfe der Österreichischen Bundesbahnen", Wien (Springer) 2001

ACHLEITNER, Friedrich / KAPFINGER, Otto / ZSCHOKKE, Walter, *Adolf Krischanitz*, Zürich (Artemis) 1984

ACHLEITNER, Friedrich, „Die Konditionierung der Wahrnehmung. Kunsthaus und Verwaltungsgebäude in Bregenz, Vorarlberg", in: *architektur.aktuell 207*, Wien 1997, S. 50-63

ACHLEITNER, Friedrich, „M-Preis in Wenns", in: *architektur.aktuell* 12/2001, S. 120-129

ACHLEITNER, Friedrich, „Prototypen, Solitäre, Behauptungen. Zum Werk von Josef Lackner (1931-2000)", in *architektur aktuell 248*, S. 86-95

ACHLEITNER, Friedrich, „Werkstatt Gemeindeamt", in: *architektur.aktuell 235*, S. 104-115

ACHLEITNER, Friedrich, *Österreichische Architektur im 20. Jahrhundert. Band I, Oberösterreich, Salzburg, Tirol, Vorarlberg*, Salzburg / Wien (Residenz) 1980

ACHLEITNER, Friedrich, *Österreichische Architektur im 20. Jahrhundert. Band II, Kärnten, Steiermark, Burgenland*, Salzburg / Wien (Residenz) 1983

ACHLEITNER, Friedrich, *Österreichische Architektur im 20. Jahrhundert, Band III/1, Wien 1.-12. Bezirk*, Salzburg / Wien (Residenz) 1990

ACHLEITNER, Friedrich, *Österreichische Architektur im 20. Jahrhundert, Band. III/2, Wien 13.-18. Bezirk*, Salzburg / Wien (Residenz) 1995

Amt der NÖ Landesregierung (Hrsg.), *Semmering. UNESCO Weltkulturerbe* (Denkmalpflege in Niederösterreich Band 29), St. Pölten 2003

Amt der NÖ Landesregierung (Hrsg.), *Sommerfrische. Zum kulturellen Phänomen der Erholungslandschaft* (Denkmalpflege in Niederösterreich Band 8), Wien 1991

Amt der NÖ Landesregierung (Hrsg.), *Speicher, Schüttkästen* (Denkmalpflege in Niederösterreich Band 21), St. Pölten 1999

ANGERER, Henning, *Flakbunker. Betonierte Geschichte,* Hamburg (Ergebnisse Verlag) 2000

Architektur Zentrum Wien (Hrsg.), *Architecture in Austria. A Survey of the 20th Century*, Basel / Barcelona (Birkhäuser / ACTAR) 1999

Architekturzentrum Wien (Hrsg.), *Amt. Macht. Stadt. Erich Leischner und das Wiener Stadtbauamt*, Wien / Salzburg (Pustet) 1999

Architekturzentrum Wien (Hrsg.), *viel zu modern. Hans Steineder, Architekt. 1904-1976*, Wien / Salzburg (Pustet) 1999

ARTL, Gerhard / GÜRTLICH, Gerhard H. / ZENZ, Hubert (Hrsg.), *Vom Teufelswerk zum Weltkulturerbe. 150 Jahre Semmeringbahn*, Wien (Plöchl) 2004

BAMBERGER, Richard und Maria / BRUCKMÜLLER, Ernst / GUTKAS, Ernst (Hrsg.), *Österreich-Lexikon in zwei Bänden*, Wien (Verlagsgemeinschaft Österreich-Lexikon) 1995

BAUMGARTNER-HAINDL, Susanne, „Für Kinder bauen" in: NOEVER (Hrsg.), *Margarete Schütte-Lihotzky. Soziale Architektur*, S. 247-260

BECKER, Annette / STEINER, Dietmar / WANG, Wilfried, *Architektur im 20. Jahrhundert – Österreich*, München / New York (Prestel) 1995

BERGQUIST, Mikael / MICHÉLSEN, Olof, *Josef Frank Falsterbovillorna*, Stockholm (Arkitektur Förlag) 1998

BLAHA, Ruth / GRÜLL, Martha / KAINE Evelyn / SCHMID, Gerda, „Katholischer und nichtkatholischer Kirchenbau" in: *Klassizismus in Wien. Architektur und Plastik*, Ausstellungskatalog des Historischen Museums der Stadt Wien 1978, S. 54-72

BLASCHKE, B. / LIPSCHITZ, L., *Architektur in Wien 1850 bis 1930*, Wien (Springer) 2003

BODE, Peter M. / PEICHL, Gustav, *Architektur aus Österreich seit 1960*, Salzburg / Wien (Residenz) 1960

BÓDI, Edith / HAJÓS, Géza / SCHOBER, Michaela C., *Der Schlosspark Laxenburg. Ein Führer durch Geschichte und Gegenwart*, Laxenburg 1998

BOECKL, Matthias (Hrsg.), „Contemplation", *architektur.aktuell 5.2004*

BOECKL, Matthias, „Dominique Perrault/RPM. Rathausgalerien in Innsbruck, Austria", in: *architektur.aktuell 11.2002*, S. 66-81

BOECKL, Matthias, „spacelab Peter Cook / Colin Fournier. Kunsthaus Graz", in: *architektur.aktuell 12.2003*, S. 78-89

BOECKL, Matthias, „Substanz-Architektur. Kunstsammlung Essl in Klosterneuburg, Niederösterreich" in: *architektur.aktuell 237/238*, S. 130-143

BOECKL, Matthias, „Zaha Hadid. Schisprungschanze am Bergisel in Innsbruck, Tirol" in: *architektur.aktuell 11/2002*

BORSI, Franco / GODOLI, Ezio, *Wiener Bauten der Jahrhundertwende. Die Architektur der habsburgischen Metropole zwischen Historismus und Moderne*, Stuttgart (DVA) 1985

BOUDET / HRAUSKY / REDER / STOCK (Hrsg.), Supplement-Heft zu *architektur.aktuell 5.2003*: „Das Modernisierungsprogramm der Österreichischen Bundesbahnen", Wien (Springer) 2003

BUCHMANN, Bertrand Michael / STERK, Harald / SCHICKL, Rupert, *Der Donaukanal. Geschichte, Planung, Ausführung*, Wien (MA19) 1984

Bundesdenkmalamt (Hrsg.), *Dehio - Handbuch. Die Kunstdenkmäler Österreichs. Topographisches Denkmälerinventar. Graz*, Wien (Schroll) 1979

Bundesdenkmalamt (Hrsg.), *Dehio - Handbuch. Die Kunstdenkmäler Österreichs. Topographisches Denkmälerinventar. Kärnten*, Wien (Schroll) 1981[2]

Bundesdenkmalamt (Hrsg.), *Dehio - Handbuch. Die Kunstdenkmäler Österreichs. Topographisches Denkmälerinventar. Niederösterreich nördlich der Donau*, Wien (Schroll) 1990

Bundesdenkmalamt (Hrsg.), *Dehio - Handbuch. Die Kunstdenkmäler Österreichs. Topographisches Denkmälerinventar. Niederösterreich südlich der Donau in 2 Teilen*, Horn (Berger) 2003

Bundesdenkmalamt (Hrsg.), *Dehio - Handbuch. Die Kunstdenkmäler Österreichs. Topographisches Denkmälerinventar. Wien I. Bezirk*, Horn (Berger) 2003

Bundesdenkmalamt (Hrsg.), *Dehio - Handbuch. Die Kunstdenkmäler Österreichs. Topographisches Denkmälerinventar. Wien II. bis IX. und XX. Bezirk*, Wien (Schroll) 1993

Bundesdenkmalamt (Hrsg.), *Dehio - Handbuch. Die Kunstdenkmäler Österreichs. Topographisches Denkmälerinventar. Wien X. bis XIX. und XXI. bis XXIII. Bezirk*, Wien (Schroll) 1996

Bundesdenkmalamt / Institut für österreichische Kunstforschung (Hrsg.), *Dehio - Handbuch. Die Kunstdenkmäler Österreichs. Oberösterreich. Mühlviertel*, Wien / Horn (Berger) 2003

CONRADS, Ulrich (Hrsg.), *Programme und Manifeste zur Architektur des 20. Jahrhunderts*, Braunschweig / Wiesbaden (Vieweg), 1975, 1981

COOP Himmelblau / ACHAMMER - TRITTHART, „Die Fabrik. Funder-Werk 3", in: *architektur aktuell 129*, Wien 1989-2, S. 42-46

CZAJA, Wojciech, „Schweizer Kiste mit Loch", in: Tageszeitung *Die Presse*, 17. Mai 2003

CZECH, Hermann, „Die Sprache Otto Wagners (1974)", in: ders. *Zur Abwechslung. Ausgewählte Schriften zur Architektur. Wien*, Wien (Löcker) 1996, S. 73-76

CZEIKE, Felix, *Wien. Geschichte in Bilddokumenten*, München (C.H. Beck) 1984

DEPISCH, Katharina, *Raum für Theater! Eine kritische Analyse der Aufgabe Theaterbau*, Diplomarbeit an der Technischen Universität Wien 2003

Deutscher Verein für Kunstwissenschaft (Hrsg.), *Georg Dehio – Karl Ginhart. Handbuch der deutschen Kunstdenkmäler in der Ostmark. Erster Band. Wien und Niederdonau*, Wien / Berlin (Schroll / Deutscher Kunstverlag) 1941

DIMSTER, Frank, *The New Austrian Architecture*, New York (Rizzoli) 1995

DÜLFFER, Jost / THIES, Jochen / HENKE, Josef, *Hitlers Städte. Baupolitik im Dritten Reich. Eine Dokumentation*, Köln / Wien (Böhlau) 1978

DUZER, Leslie van / KLEINMAN, Kent, *Villa Müller. A Work of Adolf Loos*, New York (Princeton) 1994

ECKER, Dietrich / GISELBRECHT, Ernst, *Moderner Holzbau in der Steiermark*, Graz (Akademische Druck- und Verlagsanstalt) o.A.

EIBLMAYR, Judith, „Das neue Haus fürs neue Geld", in: *Tageszeitung 'Die Presse'* vom 23.1.1999, Spectrum S. IX

FELBER, Ulrike / FELLNER-FELDHAUS, Manuela / KRASNY, Elke, *Welt Ausstellen. Schauplatz Wien 1873* (Ausstellungskatalog des Technischen Museum Wien), Wien 2004

FELBER, Ulrike / KRASNY, Elke / RAPP, Christian, *Smart Exports. Österreich auf den Weltausstellungen 1851-2000*, Wien (Christian Brandstätter) 2000

FEUCHTMÜLLER, Rupert / MRAZEK, Wilhelm, *Biedermeier in Österreich*, Wien (Forum) 1963

FEUERSTEIN, Günter / SCHWANZER, Karl (Hrsg.), *Wiener Bauten. 1900 bis heute*, Wien 1964

FISCHER, Lisa, *Die Riviera an der Donau. 100 Jahre Strombad Kritzendorf*, Wien (Böhlau) 2003

FLAGGE, Ingeborg (Hrsg.), *Museumsarchitektur 1985*, Hamburg (Christians) 1985

FORSTHUBER, Sabine, *Moderne Raumkunst. Wiener Ausstellungsbauten von 1898 bis 1914*, Wien (Picus) 1991

FORSYTH, Michael, *Bauwerke für Musik*, München (K.G. Saur) 1992

FREISITZER, Kurt / GLÜCK, Harry, *Sozialer Wohnbau. Entstehung, Zustand, Alternativen*, Wien / München / Zürich (Molden) 1979

GARSTENAUER, Gerhard, *Bauten und Projekte im Gasteinertal*, Salzburg 1979

GARSTENAUER, Gerhard, *Interventionen*, Salzburg (Pustet) 2002

GAUSS, Norbert, „Die historisches Entwicklung des Wohnhauses in Wien", in: DEHIO, *Wien I. Bezirk - Innere Stadt (2003)*, S. XLII-LV

GERETSEGGER, Heinz / PEINTNER, Max, *Otto Wagner 1841-1918. Unbegrenzte Großstadt. Beginn der Modernen Architektur*, Salzburg (Residenz) 1964, 1983

GIEDION, Siegfried, *Geschichte des Bades*, Hamburg (eva) 1998 (Auszug aus Siegfried GIEDION, *Die Herrschaft der Mechanisierung. Ein Beitrag zur anonymen Geschichte*, Hamburg 1982, Deutsche Ausgabe herausgegeben von Henning RITTER)

GLEININGER, Andrea, *Szyszkowitz+Kowalski 1973-1993*, Tübingen / Berlin (Wasmuth) 1994

GOTTFRIED, Margaret, *Das Wiener Kaiserforum. Utopien zwischen Hofburg und Museumsquartier. Imperiale Träume und republikanische Wirklichkeiten von der Antike bis heute*, Wien / Köln / Weimar (Böhlau) 2001

GRAF, Otto Antonia, *Otto Wagner. Das Werk des Architekten, Bd. 1: 1860-1902, Bd. 2: 1903-1918*, Wien (Bundesverlag) 1985

GRESTENBERGER, Erwin Anton, *Festung Pola. Die Verteidigungsanlagen des k. (u.) k. Hauptkriegshafens 1823-1918*, Wien / Graz (NWV) 2003

GRESTENBERGER, Erwin Anton, *K.u.k. Befestigungsanlagen in Tirol und Kärnten, 1860 bis 1918*, Wien (Verlag Österreich / Mittler) 2000

GRÖSSING / FUNK / SAUER / BINDER, *Rot-Weiss-Rot auf Blauen Wellen. 150 Jahr DDSG*, Wien (Bohmann) 1979

GRUBER, Karlheinz / ALBER, Sabine / KRISTAN, Markus, *Ernst Epstein. 1881-1938. Der Bauleiter des Looshauses als Architekt*, Wien (Ausstellungskatalog des Jüdischen Museums) 2002

GÜELL, Xavier (Hrsg.), *Gustav Peichl*, Barcelona / Berlin (Ernst & Sohn) 1987

HAAS, Christoph / PRISTOUNIG, Klaus, *E_151. Umnutzung einer Maschinenfabrik*, Diplomarbeit den der Technischen Universität Wien 2003

HAJÓS, Géza / SCHWARZ, Mario (Hrsg.), *Landhaus und Villa in Niederösterreich 1840-1914*, Wien / Köln / Graz 1982

HAMBRUSCH, Horst / MORODER, Joachim / SCHLORHAUFER, Bettina, *Franz Baumann. Architekt der Moderne in Tirol*, Bozen (Folio) 1998

HANZL, Lieselotte, „Die Franzensburg – Vollkommene Ritterburg und Denkmal Franz' I.", in: *Die Franzensburg in Laxenburg*, Ein Führer durch Geschichte und Gegenwart, Laxenburg, 1998, S. 35-47

HARB, Ulrich, *Architekt Franz Baumgartner 1876-1946*, Klagenfurt (Ritter) 1986, 1997 (2. Auflage)

HEINERSDORFF, Richard, *Die Kaiserlich-Königlichen Eisenbahnen Österreichs 1860-1914*, Augsburg / Wien (Bechtermünz) 1997

HIESMAYR, Ernst, *Juridicum. Universität Wien. Eine vertikale Stadtuniversität*, Wien (Löcker) 1996

Historisches Museum der Stadt Wien (Hrsg.), *Klassizismus in Wien. Architektur und Plastik* (Ausstellungskatalog), Wien 1978

Historisches Museum der Stadt Wien (Hrsg.), *Traum und Wirklichkeit. Wien 1870-1930* (Ausstellungskatalog), Wien 1985

Hochschule für Angewandte Kunst (Hrsg.), *Wilhelm Holzbauer. Bauten und Projekte 1953-1985*, Salzburg / Wien (Residenz) 1985

Hochschule für Angewandte Kunst (Hrsg.), *Wilhelm Holzbauer. Bauten und Projekte 1985-1990*, Salzburg / Wien (Residenz) 1990

HOPPE, Diether S., et al., *Schulbau in Österreich. Eine qualitative Bestandsaufnahme*, Wien (Verlag Österreich) 1996

HUBER, Wolfgang, „Das Kamptal und seine Bäder. Zur Geschichte und den heutigen Problemen", in: Amt der NÖ Landesregierung (Hrsg.), *Sommerfrische* (Denkmalpflege in Niederösterreich Band 8), S. 33-38

HUFNAGL, Viktor / Österreichische Gesellschaft für Architektur (Hrsg.), *Österreichische Architektur 1960-1970*, Wien (Ausstellungskatalog) 1969

HUFNAGL, Viktor, *Bauten – Projekte, Gedanken – Theorien, - Erfahrungen – Erkenntnisse. 1950-2000*, Wien (Verlag Österreich) 2001

KADA, Klaus, „Glasmuseum in Bärnbach. Landesausstellung 1988. Glas und Kohle", in: *architektur & bauforum 137*, Wien 1990, S. 34-39

KALLINGER, Winfried, „Bürohaus 'Office U6', Schönbrunnerstraße, Wien", in: *wettbewerbe 157/158*, Wien 1997-1/2, S. 32-35

KANDELER-FRITSCH, Martina, „Ein beispielhafter Dialog von Alt und Neu. Zur Sanierung des ehemaligen k. k. Hoftheater Kulissendepots", in: *Architektur & Bauforum 2/1996*, S. 58-67

KANDELER-FRITSCH, Martina, „Megabaumax. Architektur als Strategie", in: *architektur&bauforum 6*1998*, S. 73-95

KAPFINGER, Otto / Architekturforum Tirol, *Bauen in Tirol seit 1980. Ein Führer zu 260 sehenswerten Bauten*, Salzburg (Pustet) 2002

KAPFINGER, Otto / Architekturzentrum Wien (Hrsg.), *Klaus Kada. Portraits Österreichischer Architekten Band 4*, Wien (Springer) 2000

KAPFINGER, Otto / STILLER, Adolf, „Neutra und Schindler. Zwei Europäer in Kaliforniern", in: BOECKL (Hrsg.), *Visionäre & Vertriebene*, S. 116-137

KAPFINGER, Otto, „Glanz des Ornats – Glamour der Verpackung", in: KOLLHOFF, Hans (Hrsg.), *Über Tektonik in der Baukunst*, Braunschweig / Wiesbaden (Vieweg) 1993, S. 78-97

KAPFINGER, Otto, „Musée du Verre à Bärnbach", in: *L'architecture d'aujourd'hui 264*, Paris 1989-9, S. 154-157

KAPFINGER, Otto, „Victor Gruen und Rudi Baumfeld. Traumkarriere einer Partnerschaft", in: BOECKL (Hrsg.), *Visionäre und Vertriebene*, S. 255-283

KAPFINGER, Otto, *Baukunst in Vorarlberg seit 1980. Ein Führer zu 260 sehenswerten Bauten*, Bregenz / Stuttgart (Kunsthaus Bregenz / Hatje) 1998

KAPFINGER, Otto, *Neue Architektur in Burgenland und Westungarn*, Salzburg (Pustet) 2004

KEILER, Barbara, „Carlo Baumschlager & Dietmar Eberle. Öko-Hauptschule mit Turnhalle in Mäder, Vorarlberg" in: *architektur.aktuell 233/234*, 1999

KIESLINGER, Alois, *Die Steine der Wiener Ringstraße. Ihre Technische und Künstlerische Bedeutung*, Band IV von: WAGNER-RIEGER (Hrsg.), *Die Wiener Ringstraße*

KITLITSCHKA, Werner, *Historismus & Jugendstil in Niederösterreich*, St. Pölten / Wien (Niederösterreichisches Pressehaus) 1984

KOEPF, Hans, *Bildwörterbuch der Architektur*, Stuttgart 1968, 1974 (2. Auflage)

KOLLER-GLÜCK / KUNERTH / ZDRAZIL, *Carlo von Boog und Mauer-Öhling. Die Kaiser Franz Josef Landes-Heil- und Pflegeanstalt Mauer Öhling. Ein Jugendstiljuwel in Niederösterreich*, St. Pölten / Wien (NÖ Pressehaus) 1988

KOS, Wolfgang (Hrsg.), *Die Eroberung der Landschaft. Semmering. Rax. Schneeberg*, Katalog zur NÖ. Landesausstellung in Schloss Gloggnitz 1992 (NÖ-Landesregierung und Falter Verlag)

KRÄFTNER, Johann / RIHA, Georg, *Bauen in Österreich. Die Fortführung einer großen Tradition*, Wien / München (Edition Brandstätter) 1983

KRISCHANITZ, Adolf / KAPFINGER, Otto, *Die Wiener Werkbundsiedlung. Dokumentation einer Erneuerung*, Wien (Compress) 1985

KRISTAN, Markus, *Josef Hoffmann. Villenkolonie Hohe Warte*, Wien (Album) 2004

KRISTAN, Markus, *Oskar Marmorek. Architekt und Zionist. 1863-1909* (Bd. 40 der Veröffentlichungen der Albertina), Wien (Böhlau) 1996

KUCHYNKA, Birgit, *Pflegeheim Liesing. Neu-, Zu- und Umbau*, Diplomarbeit an der Technischen Universität Wien 2001

KÜHN, Christian (Hrsg.), *Anton Schweighofer. Der Stille Radikale. Bauten, Projekte, Konzepte*, Wien (Springer) 2002

KÜNSTLER, Gustav, *Kleiner Führer zur Alten Kunst und Kultur der Stadt Wien*, Wien (Ed. Hölzel) 1942

KURRENT / SPALT, „Der österreichische Beitrag zum modernen Theaterbau", in: *architektur & bauforum* 1968 (Nachdruck: 1998), S. 63-73

LEHER, Clarissa / PUCHLEITNER, Martin, *Revitalisierung Thermalbad Bad Fischau*, Diplomarbeit an der Technischen Universität Wien 1996

LEHNE, Andreas, *Jugendstil in Wien. Ein Architekturführer*, Wien 1989

LEHNE, Andreas, *Wiener Warenhäuser 1865-1914*, Wien (Deuticke) 1990

LIENHARDT, Conrad (Hrsg.), *Kirchenbau 3- Ottokar Uhl. Werk. Theorie. Perspektiven*, Linz (Schnell & Steiner) 2000

LORBEK, Maja / STOSCH, Gerhild, „Frankfurt in Wien. Alte (Un)bekannte VI (Sonderschule Floridsdorf)", in: *architektur & bauforum*, 19. Dezember 2003, S. 12f.

LUXBACHER, Günther, „Bergauf Schweben. Die Raxbahn – die älteste moderne Seilbahn Österreichs", in: KOS (Hrsg.), *Die Eroberung der Landschaft*, S. 557-566

Magistrat der Stadt Wien (Hrsg.), *Architektur in Wien*, Wien (Prachner) 1984

MALFROY, Sylvain, „Heizkraftwerk Mitte, Salzburg, 1986 bis ca. 2002", in: *Werk, Bauen + Wohnen*, Zürich 1996-7/8, S. 34-37

MALFROY, Sylvain, „Transformer Station in Salzburg", in: *domus 775*, Milano 1995-10, S. 23-31

MARBOE, Isabella, „Pfarrzentrum in Podersdorf, Burgenland von lichtblau.wagner," in: *architektur.aktuell 9.2002*, S. 128-139

MARZOLF, Kingsbury, „Towers of Tuscany", in: Institut für Baukunst, Bauaufnahme und Architekturtheorie der TU Wien (Hrsg.), *Andere Räume – Andere Zeiten. Band 1, 2001-2002*, Wien (NVV) 2002, S. 63-68

MATTIE, Erik, *Weltausstellungen*, Stuttgart / Zürich (Belser) 1998

MAYR, Norbert, „Die aufgestellte Streichholzschachtel", in: *architektur & bauforum 176/1995*, S. 66-71

MORAVÁNSKY, Ákos, *Die Architektur der Donaumonarchie*, Berlin (Ernst & Sohn) 1988

MORAVÁNSKY, Ákos, *Die Erneuerung der Baukunst. Wege zur Moderne in Mitteleuropa 1900-1940*, Salzburg / Wien (Residenz) 1988

MORODER, Joachim / PETER, Benno, *Hotelarchitektur. Bauten und Projekte für den Tourismus im alpinen Raum*, Innsbruck (Haymon) 1993

MUCK, Herbert / MLADEK, Georg / GREISENEGGER, Wolfgang, *Architekt in der Zeitenwende. Clemens Holzmeister. Sakralbau, Profanbau, Theater*, Salzburg (Bergland Buch) 1978

MÜNZ, Ludwig / KÜNSTLER, Gustav, *Der Architekt Adolf Loos*, Wien (Schroll) 1964

N.N., „Differenzierte Weite. Kongreßhotel in Linz", in: *architektur aktuell 168*, Wien 1994-6, S. 42-47

N.N., „Kunst-Betrieb. Museumsquartier Wien, Österreich. Ortner & Ortner mit Manfred Wehdorn", in: *architektur.aktuell 10.2001*, S. 88-105

N.N., „Umspannwerk Salzburg Mitte", in: *architektur aktuell 180*, Wien 1995-6, S. 30-45

NEUMANN, Hartwig, *Festungsbau-Kunst und -Technik. Deutsche Wehrbauarchitektur vom XV. bis XX. Jahrhundert*, Bonn (Bernard & Graefe) 1988, Ausgabe Augsburg 2000

NOEVER, Peter (Hrsg.), *Margarete Schütte-Lihotzky. Soziale Architektur. Zeitzeugin eines Jahrhunderts*, Wien (MAK-Katalog) 1993

OÖ. Landesmuseum (Hrsg.), *Ortner & Ortner. Baukunst*, Linz / Köln (OÖ. Landesgalerie / Walther König) 1993

OPEL, Adolf (Hrsg.), *Adolf Loos. Ins Leere Gesprochen 1897-1900*. Unveränderter Neudruck der Erstausgabe 1921, Wien (Prachner) 1981, 1987

Österreichische Bautendokumentation (Hrsg.), „Hotel Plaza Wien", in: *bauforum 130*, Wien 1988, 21. Jg., S. 49-52

Österreichische Gesellschaft für Architektur (Hrsg.), *Hans Puchhammer. Bauen kann Architektur sein*, Salzburg (Pustet) 2004

Österreichischer Fachzeitschriften-Verlag (Hrsg.), *Neue Architektur in Österreich 1945-1970*, Wien 1969

Österreichisches Institut für Schul- und Sportstättenbau (Hrsg.), *Schulbau in Österreich von 1945 bis heute*, Horn / Wien 1982

Österreichisches Museum für Angewandte Kunst (Hrsg.), *Günther Domenig. Das Steinhaus* (Ausstellungskatalog), Wien 1989

Österreichisches Museum für Angewandte Kunst (Hrsg.), *Günther Domenig Werkbuch*, Salzburg (Residenz) 1991

OTTILINGER, Eva B. / SARNITZ, August, *Ernst Plischke. Das Neue Bauen und die Neue Welt. Das Gesamtwerk*, München (Prestel) 2003

PAP, Robert, *Weltkulturerbe Semmeringbahn. Zum Jubiläum 150 Jahre Semmeringbahn 1854-2004*, Semmering (Tourismusregion NÖ Süd) 2003

PAPADAKIS, Andreas / COOKE, Catherine / BENJAMIN, Andrew (Hrsg.), *Deconstruction. Omnibus Volume*, New York (Rizzoli) 1989

PAWLIK, Hans Peter / SLEZAK, Josef Otto, *Wagners Werk für Wien. Gesamtkunstwerk Stadtbahn*, Wien (Verlag Josef Otto Slezak) 1999

PEICHL, Gustav (Hrsg.), *Ernst Anton Plischke*, Wien (Ausstellungskatalog Akademie der Bildenden Künste) 1983

Peter HAIKO, „Otto Wagner: Die Postsparkasse und die Kirche am Steinhof. Des Architekten Traum und des Baukünstlers Wirklichkeit", in: Historisches Museum der Stadt Wien (Hrsg.), *Traum und Wirklichkeit*, S. 88-105

PEVSNER, Nikolaus / FLEMING, John / HONOUR, Hugh, *Lexikon der Weltarchitektur*, München (Prestel) 1966, 1992 (3. Auflage)

PEVSNER, Nikolaus, *A History of Building Types*, London (Thames and Hudson) 1976

PFEFFER, Franz / KLEINHANNS, Günther, *Budweis – Linz – Gmunden. Pferdeeisenbahn und Dampfbetrieb auf 1106mm Spurweite*, Linz / Wien (OÖ. Landesverlag / Verlag Josef Otto Slezak) 1982

PLISCHKE, Ernst Anton, *Ein Leben mit Architektur*, Wien (Löcker) 1989

PODRECCA, Boris, „Mehr als nur Funktion. Eine Filiale der Ersten", in: *architektur*, Wien 1994-9, S. 46-49

PRELOVŠEK, Damjan, *Josef Plecnik. 1872 - 1957. Architectura perennis*, Salzburg / Wien (Residenz) 1991

Presse und Informationsdienst der Stadt Wien (Hrsg.), *Kommunaler Wohnbau in Wien. Aufbruch – 1923 bis 1934 – Ausstrahlungen* (Ausstellungskatalog), Wien 1978

PRIX, Wolf D. / SWICZINSKY, H., „Funderwerk 3 in St. Veit / A.", in: *DBZ*, Gütersloh 1990-1, S. 57-64

PROKOP, Ursula, *Rudolf Perco 1884-1942. Von der Architektur des Roten Wien zur NS-Megalomanie,* Wien (Böhlau) 2001

PUCHHAMMER, Hans, „Adolf Loos als Konstrukteur", in: *Adolf Loos* (Ausstellungskatalog der Graphischen Sammlung Albertina), Wien 1989, S. 173-190

PURTSCHER, Vera, „Big Box is watching you", in: *Tageszeitung 'Die Presse'* vom 21.5.1995, Spectrum S. IX

PURTSCHER, Vera, „Darling, ich bin in der Bank", in: *Tageszeitung 'Die Presse'* vom 11.12.1993, Spectrum S. IX

RIEHS, Catharina, *Belebte Geschichte. Neunutzung der Flaktürme im Wiener Augarten,* Diplomarbeit an der Technischen Universität Wien 2003

RIGELE, Georg / LOEWIT, Georg (Hrsg.), *Clemens Holzmeister,* Innsbruck (Haymon) 2000

RING, Romana, „Vermittlung von Hoffnung. Aufbahrungshalle Friedhof Freistadt von Pointner / Pointner / Ullmann", in: *architektur.aktuell 11.2001,* S. 120-129

RING, Romana, *Architektur in Oberösterreich,* Salzburg (Pustet) 2004

RING, Romana, *Luger und Maul. Um Bauten,* Wels o.A.

RUKSCHCIO, Burkhard / SCHACHEL, Roland, *Adolf Loos. Leben und Werk,* Salzburg / Wien (Residenz) 1982

SARNITZ, August (Hrsg.), *Gustav Peichl. A Viennese Architect* (Ausstellungskatalog des Historischen Museum der Stadt Wien), Tübingen / Berlin (Wasmuth) 1993

SARNITZ, August, *Lois Welzenbacher. Architekt. 1889-1955,* Salzburg / Wien (Residenz) 1989

SCHEER, Evelyn / SCHMIDT, Gert, *Die Ukraine entdecken. Zwischen Karpaten und dem Schwarzen Meer,* Berlin (Trescher) 2000 (5. Auflage)

SCHLORHAUFER, Bettina, „Architektur aus Selbstverständnis (M_preis Supermärkte)", in: *architektur&bauforum* 8/9*1996, S. 107-116

SCHMIDT, Sabine / SCHWAIGER, Petra, *Das Amalienbad. Die Geschichte einer Wiener Institution,* Wien 2001

SCHURZ, Peter H., „Franz Baumgartner im Spiegel der Zeit – oder: Die Architektur-Introduktion in Kärnten durch Franz Baumgartner 1876-1946", in: HARB, *Architekt Franz Baumgartner,* S. 71-76

SCHURZ, Peter H., *Die Architektur am Wörthersee in Kärnten von der zweiten Hälfte des 19. Jh. bis heute,* Dissertation an der Technischen Universität Graz 1983

SCHWALM-THEISS, Georg, *Theiss & Jaksch. Architekten 1907-1961,* Wien (Chr. Brandstätter) 1986

SCHWARZ, Mario / PUSCH, Eva, *Architektur der Sommerfrische,* St. Pölten / Wien (NÖ Pressehaus) 1995

SCHWARZ, Mario, „Arbeiten des fürstlich Liechtenstein'schen Architekten Gustav von Neumann in Niederösterreich", in: Martin KUBÉLIK / Mario SCHWARZ (Hrsg.), *Von der Bauforschung zur Denkmalpflege. Festschrift für Alois Machatschek*, Wien 1993, S. 261-285

SCHWARZ, Mario, „Stilfragen der Semmeringarchitektur", in: KOS (Hrsg.), *Die Eroberung der Landschaft*, S. 509-520 und 567-577

SEEMANN, Helfried / LUNZER, Christian, *Kaffeehaus Album 1860-1930*, Wien (Album-Verlag) 2000

SEKLER, Eduard F., *Josef Hoffmann. Das architektonische Werk. Monographie und Werkverzeichnis*, Salzburg / Wien (Residenz) 1982

SITTE, Camillo, *Der Städtebau nach seinen künstlerischen Grundsätzen*, 1889, 1909 (4. Auflage), Reprint bei Vieweg, Braunschweig / Wiesbaden 1983

SITTE, Kersten, Parkcafé >*Haus der Laune*< *im Laxenburger Schlosspark,* Diplomarbeit an der Technischen Universität Wien 2003

SLEZAK, Paul, Friedrich & Josef Otto, *Kanal. Nostalgie. Aspangbahn. Ergänzungsband zum Buch „Vom Schiffskanal zur Eisenbahn"*, Wien (Verlag Josef Otto Slezak) 1990

SOMMER, Degenhard / WEISSER, Lutz / HOLLETSCHEK, Bernhard, *Architektur für die Arbeitswelt. Neue Bauten für Industrie und Gewerbe in Österreich*, Basel (Birkhäuser), 1995

STADLER, Gerhard A., „Bauform und Architektur der frühen Fabriken in Niederösterreich" in: Technisches Museum Wien (Hrsg.), *Massenware Luxusgut. Technik und Design zwischen Biedermeier und Wiener Weltausstellung 1804 bis 1873*, Wien 2004, S. 164-175

Stadtplanung Wien (Hrsg.), *Das neue Schulhaus. Schüleruniversum und Stadtpartikel. Das Schulbauprogramm 2000 der Stadt Wien. Eine erste Bilanz 1990-1996*, Wien / Berlin (Koska) 1996

Stadtplanung Wien, MA 18 und MA 19 / Architekturzentrum Wien (Hrsg.), *Architektur Wien. 500 Bauten*, Wien (Springer) 1997

STAFFA, Siegfried, *Gaststätten im Alpenland* (Neuzeitliche Raumkunst Band 56), Kitzbühel o.A.

STEINER, Michaela / KAPFINGER, Otto (Hrsg.), *St. Pölten neu*, Wien / New York (Springer) 1997

STIEBITZ, Robert, *Weltkulturerbe Semmeringbahn und umgebende Landschaft. Entwurf von Besucher- und Informationszentren*, Diplomarbeit an der Technischen Universität Wien 2004

STILLER, Adolph, *Oswald Haerdtl. Architekt und Designer. 1899-1959. Aus der Sammlung des Architekturzentrum Wien*, Salzburg (Pustet) 2000

STÖGMÜLLER, Hans, *Wehrgraben. Führer durch Geschichte und Arbeitswelt*, Steyr (Ennsthaler) 1987

STROBL, Alice, *Das K.K. Waffenmuseum im Arsenal. Der Bau und seine künstlerische Ausschmückung*, Graz-Köln (Böhlau) 1961

SZYSZKOWITZ, Michael / ILSINGER, Renate (Hrsg.), *Architektur_Graz. Positionen im Stadtraum. Mit Schwerpunkt ab 1990*, Graz (Haus der Architektur) 2004 (2. Auflage)

TABOR, Jan / HASLINGER, Regina, *Architektur und Industrie. Betriebs- und Bürobauten in Österreich 1950-91*, Wien (Christian Brandstätter) 1991

TAFURI, Manfredo (Hrsg.), *Vienna Rossa. La politica residenziale nella Vienna socialista 1919-1933*, Milano (Electa) 1980

TREBERSPURG, Martin, *Neues Bauen mit der Sonne. Ansätze zu einer klimagerechten Architektur*, Wien / New York (Springer) 1994

UHL, Ottokar, *Moderne Architektur in Wien von Otto Wagner bis heute*, Wien / München (Schroll) 1966

ULAMA, Margit, „Die Dynamik des Zwischen-Raumes. UFA Kinozentrum in Dresden, Deutschland von Coop Himmelb(l)au", in: *architektur.aktuell 216*, 1998

WAECHTER-BÖHM (Hrsg.), *Carlo Baumschlager & Dietmar Eberle. Portraits österreichischer Architekten Band 2*, Wien (Springer) 1996

WAECHTER-BÖHM, Liesbeth (Hrsg.), *Austria West. Neue Architektur Tirol Vorarlberg*, Basel (Birkhäuser) 2003

WAECHTER-BÖHM, Liesbeth (Hrsg.), *BKK-2*, Wien / New York (Springer) 1997

WAECHTER-BÖHM, Liesbeth, „Dieter Henke / Marta Schreieck. Sozial- und Wirtschaftswissenschaftliche Fakultät (SOWI) der Universität Innsbruck, Tirol" in: *architektur.aktuell 224/225*, 1999

WAECHTER-BÖHM, Liesbeth, „Donaukraftwerk in Wien-Freudenau", in: *architektur.aktuell 217/218*, 1998

WAECHTER-BÖHM, Liesbeth, „Einkaufzentrum Europapark Salzburg", in: *architektur.aktuell 209*, 1997, S. 42-57 (Pläne in *architektur&bauforum 6*1998*, S. 71)

WAECHTER-BÖHM, Liesbeth, „Variation zum Thema Moderne. Roland Rainer und Gustav Peichl. Der neue Akademiehof in Wien-Innenstadt", in: *architektur.aktuell 195*, 1996, S. 84-97

WAGNER, Wilhelm J., *Österreichs Reale Utopien. Viel geplant und nicht verwirklicht*, Wien / München (Kremayr & Scheriau) 2000

WAGNER-RIEGER, Renate (Hrsg.), *Die Wiener Ringstraße - Bild einer Epoche. Die Erweiterung der Inneren Stadt Wien unter Kaiser Franz Josef*, Wiesbaden 1972

WALLNER, Viktor, „Die >Bauschübe< in Kurorten und ihre (meist personellen) Ursachen am Beispiel von Baden bei Wien", in: Amt der NÖ Landesregierung (Hrsg.), *Sommerfrische* (Denkmalpflege in Niederösterreich Band 8), S. 29-32

WALLNER, Viktor, *Das alte Baden*, Wien (Jugend & Volk) 1994

WEHDORN, Manfred / GEORGEACOPOL-WINISCHHOFER, Ute, *Baudenkmäler der Technik und Industrie in Österreich, Bd. 1, Wien, NÖ, Bgld.*, Wien / Köln / Graz (Böhlau) 1984

WEHDORN, Manfred / GEORGEACOPOL-WINISCHHOFER, Ute, ROTH, Paul W., *Baudenkmäler der Technik und Industrie in Österreich, Bd. 2, Steiermark, Kärnten*, Wien / Köln / Graz (Böhlau) 1991

WEIHSMANN, Helmut, *Das Rote Wien. Sozialdemokratische Architektur und Kommunalpolitik 1919-1934*, Wien (Promedia) 2002

WEISSENBACHER, Gerhard, *In Hietzing gebaut. Architektur und Geschichte eines Wiener Bezirks* (2 Bände), Wien (Holzhausen) 1998

WIPPERSBERG, Walter, *Die Stadt Steyr*, Linz (Landesverlag) 1990

WÖHLER, Max, *Gasthäuser und Hotels. 2 Bände*, Leipzig (Göschen) 1911

ZAUNER, Alois, „Historische Verkehrswege durch das Mühlviertel", in: DEHIO, *Oberösterreich, Band I Mühlviertel*, S. LVI-LIX

Zentralvereinigung der Architekten Österreichs (Hrsg.), *Baujahre. Österreichische Architektur 1967-1991*, Wien / Köln / Weimar (Böhlau) 1992

ZIESEL, Wolfdietrich, *Ingenieurbaukunst. The Art of Civil Engineering*, Wien 1989

ZUMTHOR, Peter, *Kunsthaus Bregenz* (Werkdokumente), Bregenz / Stuttgart (Hatje) 1997

Stichwortverzeichnis

Neuer Wissenschaftlicher Verlag
A-1040 Wien, Argentinierstr. 42/6
Telefon: ++43 1 535 61 03-22
Telefax: ++43 1 535 61 03-25
e-mail: office@nwv.at
www.nwv.at

Erich Lehner

Elementare Bauformen außereuropäischer Kulturen

Architektur entsteht aus dem Zusammenwirken von Form, Funktion, Konstruktion und Symbolik. Anhand einer Darstellung der Entwicklung elementarer Bauformen und Konstruktionsweisen indigener Architekturtraditionen Asiens, Afrikas, Amerikas und Ozeaniens werden diese Beziehungen verfolgt und im Kontext mit den jeweiligen Prägungen des technologischen und soziokulturellen Umfelds betrachtet, um grundlegende Prinzipien des Bauens in einer gesamtheitlichen Sicht zu begreifen.

2003, 3-7083-0164-1, 192 S., br., € 28,80

Bestellungen:

AMEDIA GnbR
A-1141 Wien, Sturzgasse 1a
Telefon: ++43 1 982 13 22
Telefax: ++43 1 982 13 22-311
e-mail: office@amedia.co.at

Neuer Wissenschaftlicher Verlag
A-1040 Wien, Argentinierstr. 42/6
Telefon: ++43 1 535 61 03-22
Telefax: ++43 1 535 61 03-25
e-mail: office@nwv.at
www.nwv.at

Neuer Wissenschaftlicher Verlag
A-1040 Wien, Argentinierstr. 42/6
Telefon: ++43 1 535 61 03-22
Telefax: ++43 1 535 61 03-25
e-mail: office@nwv.at
www.nwv.at

Dietrich Ecker

Herbert Eichholtzer : Architekt (1903-1943)

hrsg. von Peter H. Schurz

Herbert Eichholzer war einer der prononciertesten Architekten der Steiermark in der Zwischen-kriegszeit und hat in seinem kurzen Schaffen von 1928 bis zu seiner Hinrichtung 1943 einige Spuren hauptsächlich in Graz hinterlassen, die aus dem Stadtbild nicht wegzudenken sind.

Es war aber nicht sein eigenständiges Werk alleine, das für seine Bekanntheit sorgte, sondern die geschickte Wahl von Partnern und Arbeitgebern, er war Volontär bei Le Corbusier, hatte Arbeitsgemeinschaften mit Badl, Zotter und Hodnik, später bei Holzmeister usw. Im Jänner 1941 wurde er wegen „Vorbereitung zum Hochverrat" verhaftet, am 9.9.1942 zum Tode verur-teilt und am 7.1.1943 hingerichtet. Gerade dieser tragische Tod machte die Erinnerung an Eichholzer „peinlich", „unliebsam", und so fiel er bald dem Vergessen anheim, obwohl seine Entwürfe heute wieder als erschreckend modern empfunden werden und viele Stilelemente der neuesten Architektur vorwegnehmen.

Der vorliegende Band 1 der Reihe „Wissen aus dem Archiv/TU Graz", zurückgehend auf eine vor 20 Jahren am Institut für Architekturtheorie und Baukunst approbierte Dissertation von Dietrich Ecker, ruft das Leben und Werk Eichholzers in die Erinnerung zurück.

Wissen aus dem Archiv / TU Graz – Band 1

2004, 3-7083-0181-1, 210 S., br. (Großformat), € 48,00

Bestellungen:

AMEDIA GnbR
A-1141 Wien, Sturzgasse 1a
Telefon: ++43 1 982 13 22
Telefax: ++43 1 982 13 22-311
e-mail: office@amedia.co.at

Neuer Wissenschaftlicher Verlag
A-1040 Wien, Argentinierstr. 42/6
Telefon: ++43 1 535 61 03-22
Telefax: ++43 1 535 61 03-25
e-mail: office@nwv.at
www.nwv.at

Neuer Wissenschaftlicher Verlag
A-1040 Wien, Argentinierstr. 42/6
Telefon: ++43 1 535 61 03-22
Telefax: ++43 1 535 61 03-25
e-mail: office@nwv.at
www.nwv.at

Caroline Jäger

Europäische Architekturtraditionen

Ideen und Konzepte

Das vorliegende Buch bietet sowohl Studenten als auch allen, die nach einem tieferen Verständnis des Wesens der Architektur suchen, eine spannende Lektüre. Grundsätzliche Charakteristika von „Masse und Raum" werden in kompakten Themenbereichen dargestellt: Achse und Zentrum, Horizontaliät und Vertikalität, Raster und Modul, Komposition und Proportion, Fassade und Ansicht, Einblick und Ausblick, Konstruktionsstruktur und Oberflächentextur, Farbe und Licht, Ideentransport und Polygenese.

2002, 3-7083-0111-0, 186 S., br., € 28,80

Bestellungen:

AMEDIA GnbR
A-1141 Wien, Sturzgasse 1a
Telefon: ++43 1 982 13 22
Telefax: ++43 1 982 13 22-311
e-mail: office@amedia.co.at

Neuer Wissenschaftlicher Verlag
A-1040 Wien, Argentinierstr. 42/6
Telefon: ++43 1 535 61 03-22
Telefax: ++43 1 535 61 03-25
e-mail: office@nwv.at
www.nwv.at